国家治理丛书

新哲学

第一卷

王海明 著

商务印书馆
The Commercial Press

图书在版编目（CIP）数据

新哲学. 第一卷 / 王海明著. -- 北京：商务印书馆，2025. -- (国家治理丛书). -- ISBN 978-7-100-24872-3

Ⅰ.B

中国国家版本馆CIP数据核字第20251FS065号

权利保留，侵权必究。

国家治理丛书

新哲学：第一卷

王海明　著

商　务　印　书　馆　出　版
（北京王府井大街36号　邮政编码100710）
商　务　印　书　馆　发　行
三河市尚艺印装有限公司印刷
ISBN 978 - 7 - 100 - 24872 - 3

2025年3月第1版　　　开本 680×960　1/16
2025年3月第1次印刷　　印张 48 1/4

定价：258.00元

国家治理丛书编委会

主编

陆　丹　三亚学院校长 教授
丁　波　研究出版社总编辑
何包钢　澳大利亚迪肯大学国际与政治学院讲座教授 澳大利亚社会科
　　　　学院院士

编委（按姓氏笔画排序）

丁学良　香港科技大学社会科学部终身教授
王　东　北京大学哲学系教授
王希勇　商务印书馆编审
王绍光　香港中文大学政治与公共行政系讲座教授
王春光　中国社会科学院社会学研究所研究员
王海明　三亚学院国家治理研究院特聘教授
王曙光　北京大学经济学院副院长 教授
丰子义　北京大学讲席教授
韦　森　复旦大学经济学院教授
甘绍平　中国社会科学院哲学研究所研究员
田海平　北京师范大学哲学学院教授
朱沁夫　三亚学院副校长 教授

任　平	苏州大学校卓越教授
仰海峰	北京大学哲学系教授
刘　继	国浩律师（北京）事务所主任 合伙人
刘建军	中国人民大学马克思主义学院教授 教育部长江学者特聘教授
刘剑文	北京大学法学院教授
刘敬鲁	中国人民大学哲学院教授
江　畅	湖北大学高等人文研究院名誉院长 教育部长江学者特聘教授
安启念	中国人民大学哲学院教授
孙　英	中央民族大学马克思主义学院党委书记 北京高校特级教授
孙正聿	吉林大学哲学系终身教授
李　伟	宁夏大学民族伦理文化研究院院长 教授 原副校长
李　强	北京大学政府管理学院教授
李　强	商务印书馆编辑
李炜光	天津财经大学财政学科首席教授
李德顺	中国政法大学终身教授 人文学院名誉院长
张　帆	北京大学历史学系 教授
张　光	三亚学院重点学科群主任 教授
吴　思	三亚学院国家治理研究院研究员 原《炎黄春秋》杂志总编辑
陈家琪	同济大学政治哲学与法哲学研究所所长 教授
杨　河	北京大学社会科学学部主任
罗德明	美国加州大学政治学系教授
周文彰	国家行政学院教授 原副院长
周建波	北京大学经济学院教授
郑也夫	北京大学社会学系教授
郎友兴	浙江大学公共管理学院政治学系主任 教授
赵汀阳	中国社会科学院学部委员
赵树凯	国务院发展研究中心研究员

赵家祥　北京大学哲学系教授
赵康太　三亚学院学术委员会副主任 教授 原海南省社会科学界
　　　　联合会主席
赵敦华　北京大学讲席教授
郝立新　中国人民大学哲学学院 教授
柳学智　人力资源和社会保障部中国人事科学研究院副院长 教授
钟国兴　中共中央党校教授《学习时报》总编辑
姚先国　浙江大学公共管理学院文科资深教授
姚新中　中国人民大学哲学院教授 教育部长江学者讲座教授
耿　静　三亚学院科研处处长 教授
顾　昕　北京大学政府管理学院教授
顾　肃　南京大学哲学与法学教授
钱明星　北京大学法学院教授
高全喜　上海交通大学凯原法学院讲席教授
高奇琦　华东政法大学政治学研究院院长 教授
郭　湛　中国人民大学荣誉一级教授
唐代兴　四川师范大学伦理学研究所特聘教授
谈火生　清华大学政治学系副主任 清华大学治理技术研究中心主任
萧功秦　上海师范大学人文学院历史学系教授
韩庆祥　中共中央党校副教育长兼科研部主任
焦国成　中国人民大学哲学院教授
蔡　拓　中国政法大学全球化与全球问题研究所所长 教授
熊　伟　武汉大学财税法研究中心主任 教授
樊和平　东南大学资深教授 教育部长江学者特聘教授
戴木才　清华大学马克思主义学院长聘教授

作者简介

王海明，现为三亚学院国家治理研究院特聘教授；1950年生，吉林省白城市镇赉县人；1984年考入中国人民大学哲学系，1987年获哲学硕士学位；1993年调入北京大学，历任哲学系教授和伦理学教研室主任以及北京大学应用伦理学中心秘书长；2013年于北京大学哲学系退休后，被聘为三亚学院国家治理研究院副院长。曾在《中国社会科学》等刊物发表论文三百余篇；在商务印书馆和生活·读书·新知三联书店出版《新伦理学原理》、《国家学原理》和《中国经济特色》等学术专著十余部；在北京大学出版社和复旦大学出版社出版《伦理学原理》（北京高等教育精品教材）等独著教材6本。《新伦理学原理》获2018年国家社科基金中华学术外译项目立项，并于2020年在英国卢德里奇（Routledge）出版社出版英译本（全四册）。邮箱wanghaimingw@sina.cn。

内容提要

哲学是关于宇宙一切事物的普遍性的科学，分为元哲学、自然哲学、精神哲学与社会哲学四个哲学学科。因为宇宙一切事物分为自然、人类社会和人类意识三大领域。关于自然、人类社会和人类意识三大领域一切事物的普遍性的科学，就是元哲学，亦即所谓第一哲学、形而上学；该学科的研究对象，按照从抽象到具体等范畴排列顺序之原则，依次是："事物"、"变化和不变"、"相对和绝对"、"原因和结果"、"内容和形式"、"同一和差别、普遍与特殊以及单一、抽象和具体、一般和个别、逻辑与历史"、"偶然和必然、自由、可能和现实"、"现象、性质、规律和本质"、"质和量"、"对立"、"矛盾"、"价值"等12组34个范畴。关于自然、人类社会和人类意识三大领域各自特有的一切事物的普遍性的科学，则分别是自然哲学、社会哲学和精神哲学。因此，自然哲学仅仅研究"物质"范畴；精神哲学仅仅研究"意识"范畴；社会哲学仅仅研究"社会"范畴。

那在时间上最晚出的哲学体系，乃是前此一切体系的成果，因而必定包括前此各体系的原则在内；所以一个真正名副其实的哲学体系，必定是最渊博、最丰富和最具体的哲学体系。

——黑格尔

自 序

一

长江是中国第一大河，但它的主要发源地，不过是唐古拉山东段霞舍日阿巴山东麓的高山沼泽而已。遥想当年，我撰写《新哲学》——此书乃我的《新伦理学》与《国家学》以及《中国学》之母也——的最初动力，不过是道听途说的丁玲"一本书主义"。那是在1957年，我7岁，一天早晨，窗外阳光灿烂，我和长我5岁的二哥海斌刚刚睡起，站在那东北大炕上叠被。二哥问我：你知道"一本书主义"吗？我说：不知道啊。他告诉我，一本书主义就是"一生只要写一本好书，就谁也打不倒你"。从那时起，我就向往着写一本好书了。

特别是，我父亲是铁路工人，月薪五十多块养不起六个儿女，只好到处开荒种地。我常和二哥海斌锄地于烈日之下，挥汗如雨，便把背心浸过凉水穿上。一次，我问二哥："怎样才能逃此苦海，求得富贵？"二哥说："唯有读书。岂不知十年寒窗苦，一朝天下闻？"我遂发愤读书，无论小学还是中学时代，学习成绩差不多总是全班第一。但学得最好的还不是语文、政治和历史，而是数学。初中的最后一个学期，我将三年来的数学教材的装订针去掉，一页一页重新组合编辑，并按照自己的理解写了一本极为幼稚且独特的纲要。该纲要早已丢失，但至今依然记得最搞笑的只言片语："概念是判断的骨头"和"定义是概念的精髓"。

当其时也，中学校长吴国兴教数学，他对我很好奇，因为我小小年纪，竟然重新编写数学教科书，而且一贯不做数学习题，只靠领会原理，但每次考试几乎总是第一。一天吴校长来我们班讨论，他微闭双眼，静静听我们发言。会后，他找我谈话，让我写一下数学学习体会，给全校学生做个报告。我那时只有16岁，报告的题目居然是"我走过的路"。幸好还没有交给校长，那场史无前例的运动就开始了；否则，他看了一定会笑掉大牙。

这场运动不仅要了这位我心中最好的校长的命，而且也改变了我的命运。没有它，我或许会成为数学家。然而，其时举国上下，差不多每个人胸前都挂着一个形状犹如心脏的红牌子，牌子上写个"公"字：此即"公字化"运动也。

"公字化"运动最重要的内容，就是全国各级单位都必须大轰大嗡开展大立"公"字、大破"私"字、狠斗"我"字、把自己从"我"字中解放出来的"公字化讲用会"。讲用会最流行的话就是大庆人的豪言壮语："离我远一寸，干劲增一分；离我远一丈，干劲无限涨；我字若全忘，刀山火海也敢上。"

我自然也必须积极参加这些活动，但内心异常苦闷和困惑：人能否无私？为什么只要目的利己，则不论手段如何利人，都是不道德的？从此我便沉溺于伦理学研究。但很快我便意识到，不懂哲学，不知何为原因、结果、偶然、必然、本质、规律等等，便无法研究伦理学。于是，我又潜心哲学：《新哲学》的写作即源于此也。

然而，我当时已入伍参军。部队没有研究条件，要进行研究和写作必须离开部队。可是，部队很器重我，全师士兵只挑选两个人——我是其中之一——送往锦州机要学校学习两年，前途无量。究竟是在部队争取当将军，还是回家种地著书立说？我反复考虑了近一个月，最后选择了后者。记得我当兵入伍时，二哥曾写一首诗送我："万里长风任乘之，寥廓苍穹任凌之，但有一言应记取：胜金青春勿有失。"然而，当我以红绿色弱为由申请中途退役回家而未被批准的时候，我做出了一个辜负二哥期望且让我现在还后悔和心痛的可怕决定：绝食。

我整天躺在床上，不吃饭，只喝水，除了撒尿，从不下床。这对于食欲旺盛天性好动的我来说，是极度痛苦的。但我当时想，只要坚持三两天，就可以回家了。可是，到第三天，我眼巴巴盼望着批准我回家的通知，一直到晚上也没有消息。三天没吃一点东西，难受极了，我觉得坚持不下去了。但我想第四天一定会来通知的，一定坚持到第四天。第四天果然来人了，但我抖抖精神，定睛一看，来的怎么全是白大褂：他们都是军医呀！

领头的长相凶狠，牙齿外露，手里拿着带有长长胶皮管的漏斗，一边比画一边严肃地问我："到底吃不吃饭？不吃就把这个管子插进你的鼻孔和食道，往里灌鸡蛋汤，那可难受极了！"他一听我的回答是不吃，就对另外几个人说：灌！他们一下子拥上前来，按住我的四肢和脑袋，一个管子就插进我的鼻孔和食道，我一阵痉挛作呕，接着就觉得一股热乎乎的东西流进来，我心里想，那就是鸡蛋汤吧。完事了，他们又劝慰一番，吓唬一阵，说铁打的部队绝不会对你一个人妥协，否则岂不都绝食了？

然而，我想无论如何也要退役著书，除了绝食还能有什么办法呢？于是我决定坚持绝食。每天我都在想，再坚持一两天就能胜利。靠着"再坚持一天就能胜利"的信念，竟然一直绝食24天——如果一开始就知道要绝食24天我决不会选择绝食——每5天左右他们就来三四个人将我结结实实按住灌一次鸡蛋汤。到第25天，团政治处干事田守宽跑来，笑眯眯地向我摇动着手里的一张纸喊道：同意啦！我一下子坐起来，抢来一看，真的是批准王海明半年后中途退役通知书，还盖着3150部队的大红公章呢。我高兴极了，立刻吃饭了。期限快到了，我找田守宽询问怎样办手续。这个好人一听，哈哈大笑，说哪里有什么中途退役的事！那是他为了挽救我偷偷地盖上的公章。我一听呆若木鸡，不可能也不愿意再绝食，只好再等一年半兵役期满复员了。

后来我常想，如果当初田守宽不弄虚作假——当然是奉关爱我的首长之命——我会一直绝食下去吗？很有可能。忍受此等极端痛苦、付出此等极端代价，究竟是为哪般？只为一件事：著书立说也！因此，绝食后最苦恼的事情就是无书可读。那个年代，无处买书也无处借书。然而，幸运的是，一天，我去离营房驻地5里左右的石山站小镇，看到一座挂着"石山镇文化馆"牌子的楼房，我想里面一定有图书，便开门进去。恰好撞见一位年轻姑娘，她问我：什么事？我赶紧立正敬礼，就像士兵对首长那样对她说："很抱歉打扰您，我想借书。"她端详我一下，微微一笑说："书库早已封存，并且从不外借图书呀。"我再三恳求，她叹口气说："只好破例啦。"她轻盈地走到书库，打开门。但见一排排书，满满一小屋。我不禁狂喜，目不暇接，贪婪地看了一会儿，便拿起两卷本莫斯科版的《马克思恩格斯文选》对姑娘说：我想借这两本。她让我写下部队番号和姓名。我便抱着这两本沉甸甸的大书奔回营房。可是，在哪里读书呢？

我发现营房里有一间空房子。每到星期天，吃完早饭，战友们有的逛街，有的打扑克，有的打篮球，有的干脆睡大觉。我则带上书本、墨水瓶和蘸水笔——没有自来水笔和圆珠笔——钻进那间空房读书写作。最苦的是冬天，那可是东北呀。我从上午八点半一直读写到下午三点半吃晚饭，手早已冻僵，墨水也结了一层冰。每个周日都是如此，从未间断也。

白天军训或劳动时，常有半小时休息，我也读书。怕被别人打扰，有一次我爬到一棵高高的大树上看书，结果被一位东张西望悠闲散步的首长发现。他轻声让我下来，叮嘱我再莫如此：掉下来岂不摔断了腿？每天一有空我必读书，就连上厕所的路上，亦必边走边读也。甚至在连队开会时，我也读书。有一次，连长正在讲话，停下来，命令我好好听讲，不准读书。结果遭到我滔滔不绝强词夺理的反击，气得他张口结舌，以后再也不管我了。或许是由于部队首长因我绝食差一点饿死，十分关爱我，连长和指导员也就不敢严格要求我：万一这小子再绝食可怎么对首长交代？师首长白青林、韩振章、韩要州待我如慈父，连长和指导员待我如兄长，解放军大家庭之温馨，永难忘也！

就这样，到1970年2月复员，两年的军旅生涯中，我读完了《四书》、《资本论》、《马克思恩格斯文选》、《列宁选集》、16卷《斯大林全集》、《毛泽东选集》和《联共（布）党史简明教程》等；并写出几本读书笔记和百余首诗词及两篇论文：《反对"公字化"：论个人利益与公共利益的关系》和《反对"忠字化"：论领袖与群众的关系》。

二

复员回到坦途老家，旋即被分配到白城市发电厂当锅炉工。这是一座现代化的发电厂，四座巨兽似的锅炉由一排电子化表盘控制。我是副司炉，8小时的工作只要半小时即可完成，吃饭半小时，其余时间自由支配。工人们大都坐在表盘前聊天或睡觉，我则在表盘背后或其他僻静处读书，每班平均读6小时也。

8小时工作之后的时间，我除了睡觉、看望父母，几乎全都读书和撰写《新哲学》：这部书稿的真正写作开始于1970年刚刚在发电厂工作时也。及至1974年，《新哲学》第一卷初稿刚刚写完，发电厂开始整顿：加强劳动纪律。不准上班睡觉，更不准我读书了。但是，我怎么可能与他们一样，上班聊天而白白浪费六七个小时宝贵时光呢。

于是，我拿来一个大帽子，到稍高一层的工作平台，把书打开，平放到帽子里读，若有人来，便合上帽子，若无其事。但是，有一天，聪明的值长爬到更高一层平台指着我说："小王，可真有办法呀！赶快下去，以后不准看书！"然而，无论如何，我都做不到上班时牺牲6小时读书而与工人师傅们聊天。我仍然偷偷读书。又被值长发现，汇报给厂长，结果在大礼堂召开全厂大会批斗我。

我觉得在发电厂混不下去了，便带上我的《新哲学》书稿和从中独立出来的《逻辑学》书稿，走进宛如宫殿的吉林省委大楼，恳求门卫，把书稿亲手交给宣传部部长。门卫很热心，立刻给宣传部打电话，说明情况。他放下电话后乐呵呵地对我说：赶快进去吧。我推开门，但见一位清瘦俊朗、模样很像傅雷的中年男子——后来知道他就是理论处处长顾民——站起来说：请坐。他听了我的故事便问："这两部书稿你想怎么办？"我答道："《逻辑学》想出版；《新哲学》想请您指教。"他说："好的，这本《逻辑学》我让吉林人民出版社来取；《新哲学》我留下看。"说罢，让我稍等，他马上回来。过一会儿，他回来告诉我："《逻辑学》我已通知出版社来取，能否出版他们会与你联系。我刚才给白城市委宣传部打了电话，让他们对你积极支持、大力扶植。你放心回去吧。"

果然，我回发电厂没几天，就被调到白城市委理论研究室工作了。时值批林批孔运动，竟然由我在白城市东风剧场面向全市总支书记级别以上的领导，做题为"哥达纲领批判历史背景"报告。市委办公室主任杨喜贵主持会议，市委副书记等领导坐在前排，白城市发电厂主要领导也都到场。会后，发电厂党委书记任捍东满脸堆笑请我给全厂员工做这个报告。命运弄人，我就在半年前批斗我的那个大礼堂，面对同样的听众，滔滔不绝大讲一通，竟然博得阵阵掌声！次年，1975年8月末，我便被推荐到吉林大学，变成了哲学系大学生：此即尔后备受轻蔑的"工农兵大学生"也。

我原本是吉林大学法律系学生，帮我转到哲学系的学生处王科长叮嘱我：千万不要一头钻进故纸堆，要与工农大众打成一片！我怎么能不钻进故纸堆呢？还在少年时代，我就曾梦见一掀起褥子，便是一大堆书！除了早晨跑步和一日三餐，我几乎都在读书和继续撰写《新哲学》。图书馆晚上九点关门，我就到化学楼阶梯大教室夜读。可是那里夜里不开灯，我就带上有好几米长电线的台灯，插进远远的插座，继续读书写作。但是到10点半左右，往往被门卫赶出来。有一次我和同学李永成被赶出来，便在楼道继续读书。一位教师走过来，满脸对工农兵大学生的轻蔑，呵斥道："赶紧走！半夜了还读什么？装什么相呢。"

正常情况下，我每天都读书写作10小时。记得有一次发烧，我还在这座阶梯教室写作，烧得难受，就脱了鞋袜，光脚踩水泥地面。三年工农兵大学生活，几乎所有节假日亦皆读书写作也。至今依然记得，一次元旦，我与挚友李永成在空荡寂静的教室读书。我读的是爱尔维修的《精神论》。此书北京大学和清华大学以及中国人民大学图书馆皆未有也：由此可见吉林大学图书馆藏书种类丰富之一斑。

子曰："学而不思则罔，思而不学则殆。"然而，我自1968年当兵一直到今天，56年来，几乎都是为写作而读书，从未为学习而读书也。最难忘，那一天夜晚我围绕着化学楼的天井，在昏暗的灯光下，独自走来走去，苦苦思索矛盾与对立的关系：找到了！我终于明白，自黑格尔以来一直被混为一谈的矛盾与对立原来根本不同！我常享有阿基米德发现真理的狂喜，只是没有达到他发现浮力定律时那样的痴迷境界，以致竟然从浴缸一跃而起，赤身裸体跑到大街高呼：找到了！思维的享受，诚如马克思和黑格尔所言，乃最高享受也！如此这般一直到1978年毕业，历时8年，才完成《新哲学》初稿：第一卷是《元哲学》、第二卷是《自然哲学》、第三卷是《精神哲学》、第四卷是《社会哲学》。

三

1978年后，我不断修改《新哲学》书稿，到1984年，经过14年的孤注一掷，七易其稿，终于完成了一部八十余万字的《新哲学》。及至1984年9月，我到中国人民大学哲学系攻读研究生，便开始在这部书稿有关道德哲学部分的基础上，撰写《新伦理学》，直至2006年末，历经22个春秋，完成《新伦理学》，按电子版数字计算约130万字，送交商务印书馆于2008年出版。2007年，我又开始运用《新伦理学》关于国家治理道德原则——亦即国家制度根本价值标准"正义与平等"和国家制度最高价值标准"人道与自由"以及国家制度终极价值标准"增减每个人利益总量"——的理论，在《新哲学》书稿有关政治哲学部分的基础上，撰写《国家学》，历经五载有余，至2012年完稿，约120万字，送交中国社会科学出版社出版。从2012年开始，我在《国家学》基本原理指导下，开始撰写《中国学》，历经十一载，于2023年完稿，约160万字。这些著作之母皆《新哲学》也。对于这些著作，我读研究生时的老师安启念教授在发给我的短信中这样写道："你的著作的最大的特点是新，新思想、新观点扑面而来，令人目不暇接。"那么，这些著作之母《新哲学》又新在哪里？自2023年5月，我开始全力以赴修改这部尘封39载的《新哲学》书稿，一年过去了，刚刚完成绪论和第一卷——"现象、性质、规律和本质"一章可惜丢失——因而只能谈谈绪论和第一卷主要新在何处。

首先，新在体系也。依我愚见，哲学是关于宇宙一切事物的普遍性的科学，分为元哲学、自然哲学、精神哲学与社会哲学四个哲学学科：伦理学等皆非哲学也。因为宇宙一切事物分为自然、人类社会和人类意识三大领域。关于自然、人类社会和人类意识三大领域一切事物的普遍性的科学，就是元哲学，亦即所谓第一哲学、形而上学；该学科的研究对象，按照从抽象到具体等范畴排列顺序之原则，依次是："事物"、"变化和不变"、"相对和绝对"、"原因和结果"、"内容和形式"、"同一和差别、普遍与特殊以及单一、抽象和具体、一般和个别、逻辑与历史"、"偶然和必然、自由、可能和现实"、"现象、性质、规律和本质"、"质和量"、"对立"、"矛盾"、"价值"等12组34个范畴。关于自然、人类社会和人类意识三大领域各自特有的一切事物的普遍性的科学,则分别是自然哲学、社会哲学和精神哲学。因此,自然哲学仅仅研究"物质"范畴;精神哲学仅仅研究"意识"范畴;社会哲学仅仅研究"社会"范畴。

其次,《新哲学》新在发现矛盾与对立根本不同。笼统言之,矛盾是一个事物在变化时存在的是什么同时又不是什么的互相否定的属性;对立则是两个不论在变化时还是在不变时都互相排斥又互相依赖的相反事物。具体言之,第一,矛盾之为矛盾,只因为变化;对立之为对立,则与变化无关。矛盾是一事物自身具有的两种属性,而不是两个事物的相互关系;对立则是一对相反事物,是两个相反事物的相互关系。第二,矛盾的基本性质是一事物处于自身向他物过渡的中间状态;对立的基本性质则是两个事物互相排斥又互相依赖。第三,矛盾的规律是一个事物在变化过程中,是什么同时又不是什么,不是什么同时又是什么,也是什么也是非什么:是—否、否—是、亦此亦彼。对立的规律则主要是两个对立面在变化过程中,一方必然经过同对方斗争,然后又必然由同对方的斗争而回复为新的自身:否定之否定。对立的规律,一方面,是两个对立面在变化过程中,一方必然经过同对方斗争,然后又必然由同对方的斗争而回复为新的自身:否定之否定规律;另一方面,当一方经过否定之否定变为新事物,而对方尚未变为相应的新事物时,双方便发生矛盾、冲突、斗争,结果必由对方变成相应的新事物,而导致双方的平衡、均衡、适应:对立统一规律。

矛盾与对立之根本不同表明,今日哲学家所谓辩证法三大规律——对立统一规律和否定之否定规律以及量变质变规律——皆与辩证法无关,皆非辩证法规律也。因为,对立统一规律与否定之否定规律仅仅是对立范畴的内涵与规律,而绝不是矛盾范畴的内涵与规律;量变质变规律仅仅是"量与质"范畴的内涵与规律,更不是矛盾范畴的内涵与规律。至于今日哲学界所谓辩证法范畴,如内容与形式、原因与结果、偶然与必然等等,更不是什么辩证法范畴,而是元哲学范畴:所谓辩证法范畴和辩证法三大规律皆是元哲学范畴与规律。辩证法,充其量,不过是关于元哲学的一个范畴"矛盾"的学说,辩证法就是认为一切事物都存在矛盾的学说:"是—否、否—是、亦此亦彼"乃是辩证法公式、辩证法逻辑、辩证法规律。这就是辩证法的全部:如此而已,岂有他哉!

矛盾与对立之根本不同还表明,形式逻辑与辩证逻辑皆乌有之物也!一方面,从所谓思维规律看。同一律(是—是)、矛盾律(否—否)和排中律(非此即彼)都是三大领域一切事物的共同的普遍规律,而决非思维领域特有的普遍规律,因而也就是与辩证法相反而同属元哲学的规律——亦即黑格尔以降所谓"形而上学"规律——而决非逻辑学规律。既然不存在以"是—是;否—否;非此即彼"为逻辑规律的逻辑学(所谓形式逻辑),显然也就不存在以"是—否;否—是;亦此亦彼"为逻辑规律的逻辑学(所谓辩证逻辑):存在的只是一门逻辑学和两种关于矛盾范畴的学说:辩证法与形而上学。

另一方面,从思维形式看。概念的内涵与外延成反比之本性,不论在哪里,不论在哪一门科学中,皆是如此。绝对不存在黑格尔所谓越普遍内涵便越丰富的"具体概念"——因而也绝对不存在发挥和揭示黑格尔所谓"具体概念"的判断与推理等思维形式——绝对不存在揭示黑格尔所谓"具体概念"内涵与外延的辩证逻辑和揭示黑格尔所谓"抽象概念"内涵与外延的形式逻辑;存在的只是一门关于概念、判断和推理等思维形式——这些思维形式不论在哪里和哪一门科学中都具有完全相同的普遍性——的逻辑学:亚里士多德所开创的逻辑学。

最后,《新哲学》的创新,乃在于发现一切价值科学——价值科学与规范科学是同一概念——都可以构建公理化的科学体系。因为优良的行为规范是与行为价值相符的行为规范;恶劣的行为规范则是与行为价值不相符的行为规范。因此,行为应该如何的规范虽然都是人制定的、约定的；但是，只有恶劣的行为规范才可以随意制定、约定。反之，优良的行为规范决非可以随意制定，而只能根据"行为价值"——亦即"行为事实如何"对于"主体需要、欲望和目的"之效用——推导出来，说到底，只能通过"主体的需要、欲望和目的"，从"行为事实如何"中推导出来。因此，所制定的行为规范之优劣，直接说来，取决于对行为应该如何的"价值判断"之真假；根本说来，则一方面取决于对行为事实如何的"事实判断"之真假，另一方面取决于对"主体的需要、欲望、目的判断"之真假。

这就是优良规范的推导和制定过程，这就是伦理学（伦理学是关于道德规范优劣好坏的价值科学）和国家学（国家学是关于国家制度优劣好坏的价值科学）以及中国学（中国学是关于中国国家制度好坏的价值科学）等一切价值科学的优良规范推导公理，可以归结为一个公式：

前提1：事实如何（价值实体）
前提2：主体需要欲望目的如何（价值标准）
─────────────────────
结论1：应该如何（价值）
结论2：规范之优劣（规范是否与价值相符）

这是适用于一切价值科学的公理，进而可以推演出仅仅适用于每一门价值科学的公设；而从每一门价值科学公设，则可以推演出该门价值科学的全部对象、全部内容和全部命题，使该门价值科学成为一种公理化体系。譬如，拙著《新伦理学》便从这一适用于一切价值科学的优良规范推导公理，推演出仅仅适用于伦理学的优良道德规范推导公设：

前提1：行为事实如何（道德价值实体）
前提2：道德目的（道德价值标准）
―――――――――――――――――――
结论1：行为应该如何（道德价值）
结论2：道德规范之优劣（道德规范是否与道德价值相符）

商务印书馆2008年出版我历时22年写成的180余万字数的《新伦理学》的全部对象、全部内容和全部命题，皆从这个公设推演出来，都是对这个公设的四个命题的研究。

拙著《国家学》则从适用于一切价值科学的优良规范推导公理，推演出仅仅适用于国家学的优良国家制度推导公设：

前提1：国家事实如何（价值实体）
前提2：国家目的如何（价值标准）
―――――――――――――――――――
结论1：国家应该如何（价值）
结论2：国家制度之好坏（制度是否与价值相符）

中国社会科学出版社2012年出版我的142余万字数的《国家学》的全部对象、全部内容和全部命题，皆从这四个命题推演出来，都是对这四个命题的研究。

拙著《中国学》则从适用于一切价值科学的优良规范推导公理，推演出仅仅适用于中国学的"优良的中国国家制度推导公设"：

前提1：中国国家制度事实如何（价值实体）
前提2：国家目的如何（价值标准）

结论1：中国国家制度应该如何（价值）

结论2：中国国家制度之好坏（制度是否与价值相符）

我自2012年撰写而完稿于2023年的160余万字数的《中国学》的全部对象、全部内容和全部命题，皆从这四个命题推演出来，都是对这四个命题的研究。

感谢三亚学院校长陆丹教授，在他带领下，将3600亩毒蛇出没的蛮荒之地，变成中国最美校园，让命运多舛的我，来此安心著书立说：此大恩德海明永志不忘也。感谢三亚学院学术委员会主任朱沁夫副校长十年来的关怀、支持和帮助，国家治理丛书饱含他的心血，他是如此关爱该丛书，以致每次到北京再忙也要去商务印书馆涵芬楼书店观看丛书。感谢商务印书馆文津公司责编张双龙，感谢商务印书馆文津公司王希总编辑多次热情相助。感谢商务印书馆郑勇副总编辑，他亲力亲为，审读拙作，提出不少中肯的修改建议；他的学识、才华和风度，皆令人倾倒。感谢商务印书馆陈小文总编辑和生活·读书·新知三联书店常绍民副总编辑以及研究出版社丁波总编辑十余年来一直关心和扶植我的学术研究。感谢已故商务印书馆副总编辑李连科先生，我终生难忘，在我处于人生低谷的时候，他让责编郭红博士转告我：商务印书馆愿意出版我全部书稿，并提高稿酬。感谢三亚学院国家治理研究院孙竹梅助理，长年累月不厌其烦地帮我海量购书借书、核对引文、校对译文和编排引证书目。感谢中央民族大学柏年康城基金资助。

王海明

2024年7月22日

琼海官塘世家忘机轩

目 录

绪 论 1
  一、哲学：定义、对象和分科 1
    1. 科学：概念分析 2
    2. 哲学：定义与分科 6
    3. 元哲学 16
    4. 自然哲学 20
    5. 精神哲学 28
    6. 社会哲学 33
  二、胡塞尔问题：哲学还不是一门科学 36
    1. 学科与科学：科学知识发展的两个阶段 36
    2. 哲学尚未成为科学 38
    3. 哲学已经能够成为科学 49
  三、哲学方法 53
    1. 分析法 53
    2. 超历史、超阶级、超时代的分析方法 57

1

3. 历史分析法和阶级分析法的滥用..................................61
4. 超历史分析法与历史分析法的结合..........................66

四、哲学与其他科学关系..68
1. 从科学研究对象上看：一般与差别关系....................69
2. 从科学体系上看：一般与个别关系............................70
3. 哲学与其他科学：指导与源泉关系............................71

五、哲学体系顺序..77
1. 各范畴相互间的排列顺序..77
2. 每个范畴自身的研究顺序..83

第一卷　元哲学

第一章　事物 89
一、事物：概念分析..89
二、自然、人类社会和人类意识......................................93
1. 自然：自己如此而非人为的事物之总和....................93
2. 社会：经济、文化、政治、德治、法、道德与人际活动之总和..95
3. 自然、人类社会与人类意识：三大领域之比较........102

三、实体与属性..104
1. 实体、物质与属性..104
2. 物体与空间..111
3. 实物与场..115
4. 空间是宇宙万物的始源：物体与空间以及实物与场的关系..117

四、客观事物和主观事物 122
1. 反映与反应：概念分析 122
2. 主观事物与客观事物：基本含义 125
3. 真假对错：主观事物与客观事物关系 126
4. 主观事物与客观事物：派生含义 128

五、主要事物与非主要事物：折衷主义和诡辩论 130
1. 主要事物与非主要事物：概念分析 130
2. 折衷主义 132
3. 诡辩论 133

第二章 变化与不变 137
一、变化与不变：概念分析 137
1. 变化和不变定义 137
2. 变化与不变结构 140
3. 变化与不变分类 143

二、变化与不变基本性质：运动是变化原因 145
1. 运动与变化概念辨析 145
2. 运动即位移：机械论辩难 147
3. 运动与静止：变化和不变原因 152

三、矛盾之有无：变化与不变之本质 155
1. 变化之本质：是—否，否—是，亦此亦彼 155
2. 事物不变之本质：是—是，否—否，非此即彼 157
3. "飞矢不动"难题之破解 158

四、新旧之有无：变化与不变之重大结果 160
1. 新与旧：概念分析 160
2. 新与旧的基本属性 163
3. 新与旧的更替性 165

第三章　绝对与相对...170

一、绝对与相对：概念分析...170

1. 绝对与相对定义...170
2. 绝对与永恒：概念辨析...173
3. 相对与暂时：概念辨析...176

二、绝对与相对关系...178

1. 绝对、相对、无限、有限：四者之关系...178
2. 内容与形式：绝对与相对关系...181
3. 绝对：无数相对之和...183

三、相对主义和绝对主义：关于绝对与相对的理论流派...185

1. 相对主义：伦理相对主义...186
2. 绝对主义...194
3. 伦理绝对主义：最流行的绝对主义...197
4. 绝对主义与相对主义之归宿...200

第四章　原因与结果...204

一、原因和结果：概念分析...204

1. 原因与结果定义...204
2. 因果类型：主要因果、根本因果与终极因果...209
3. 因果类型：始源与派生...213

二、因果律：因果关系本性...214

1. 变化：因果关系之最深层的本质...214
2. 因果律：休谟怀疑主义...216
3. 因果律："归纳问题"...219
4. 因果律：决定论与非决定论...225

三、内因与外因在事物发展变化中的作用...233

导言　亚里士多德四因说...233

  1. 内因和外因定义 ... 235
  2. 内因与外因在事物发展变化中的作用 ... 237
  3. 内因根本原因论驳议 ... 241
 四、穆勒五法：因果关系判定规律 ... 243
  1. 共变律 ... 244
  2. 契合律 ... 245
  3. 差异律 ... 246
  4. 契合差异结合律 ... 246
  5. 剩余律 ... 249

第五章 内容与形式 ... 252
 一、内容与形式概念 ... 252
  1. 内容与形式定义 ... 252
  2. 内容和形式类型 ... 253
  3. 关于内容与形式主流定义 ... 258
 二、内容和形式基本属性 ... 259
  1. 内容与形式的普遍性与相对性 ... 259
  2. 形式与内容的相符一致性 ... 261
  3. 内容与形式的相互作用 ... 268
 三、内容与形式发展变化规律 ... 275
  1. 内容与形式发展变化规律：基本原理 ... 275
  2. 内容与形式发展变化规律：马克思的伟大发现 ... 277

第六章 同一与差别 ... 283
 一、同一与差别 ... 284
  1. 同一与差别定义 ... 284
  2. 同一与差别分类：对立、矛盾与杂多 ... 286

3. 同一和差别的关系 289
　　4. 黑格尔"抽象同一和具体同一"理论：一种偏见
　　　 与偷换概念之谬论 291

二、普遍、特殊、单一 294
　　1. 普遍、特殊与单一：概念分析 294
　　2. 普遍性、特殊性与单一性的绝对性与相对性 297
　　3. 单一性的绝对流逝性·特殊性和普遍性的相对稳定性 298
　　4. 单一性的必不重复性·特殊性的偶然重复性·普遍性的
　　　 必然重复性 299
　　5. 普遍性是内容；特殊性和单一性是形式 300

三、抽象与具体以及一般与个别 302
　　1. 抽象与具体：概念分析 302
　　2. 一般与个别：判定公式 304
　　3. 关于"同一、普遍、一般、抽象、个别、差别、特殊、
　　　 单一、具体"九范畴之关系 306
　　4. 从抽象到具体：科学体系各个范畴相互间的推演顺序 309

四、关于抽象与具体以及普遍、一般与个别关系之理论 311
　　1. 黑格尔关于抽象概念与具体概念的理论 311
　　2. 柏拉图的理念论 314
　　3. 唯名论与唯实论 319

五、逻辑与历史 324
　　1. 逻辑与历史：概念分析 324
　　2. 逻辑与历史一致：马克思主义观点 326
　　3. "科学体系中概念排列顺序"与"概念所反映的事物的
　　　 历史发生次序"是否大体一致 329

第七章　必然与偶然·可能与现实·自由 338

一、必然与偶然 338
1. 必然与偶然：概念分析 338
2. 必然与偶然的固有属性 343
3. 科学：必然性的知识体系 348

二、可能与现实：必然和偶然的结合物 351
1. 可能与现实：概念分析 351
2. 黑格尔的现实概念——凡是合乎理性的东西都是现实的；凡是现实的东西都是合乎理性的 355
3. 可能与现实的分类：真实可能与虚幻可能以及形式可能与实在可能 359
4. 可能变现实的途径 364

三、自由——按照自己意志利用必然性来改变偶然性从而选择实现某种可能性的行为 367
1. 自由：自由与利用自由的能力 368
2. 两种自由概念：自由与自制之等同 375
3. 意志自由：决定论与非决定论 385
4. 自由价值 395

四、偶然、必然、可能、现实与自由五者之关系 404
1. 可能变成现实的过程：必然、偶然与自由 404
2. 人类活动的意义：全在于获得可能变现实的自由 405
3. 科学：人类获得可能变现实的自由之根据 407

第八章　质与量 411

一、量变引发质变规律 411
1. 质与量：概念分析 411
2. 度：量变引发质变规律 415

二、量变引发质变规律：类型分析 ... 418
1. 质变与量变类型 ... 418
2. 量变引发质变规律类型 ... 421

三、量变与质变基本属性 ... 424
1. 量变的渐进性与质变的飞跃性：质量互变规律 ... 424
2. 爆发式飞跃与非爆发式飞跃 ... 429

第九章 对立 ... 435

一、对立的基本属性 ... 435
1. 对立：合二而一 ... 435
2. 对立：一分为二 ... 441
3. 对立：实在对立与潜在对立 ... 446

二、对立规律：否定之否定规律 ... 450
1. 实在对立变化的否定之否定规律 ... 450
2. 潜在对立变化的否定之否定规律 ... 453
3. 否定之否定规律 ... 456
4. 否定之否定规律根源 ... 458
5. 否定之否定规律作用范围 ... 459
6. 否定之否定规律的扩大化和狭隘化 ... 464

三、黑格尔的否定之否定理论 ... 473
1. 黑格尔否定之否定规律的理论渊源 ... 473
2. 黑格尔否定之否定理论主要内容 ... 476
3. 黑格尔否定之否定规律理论的谬误与缺憾 ... 478

四、对立规律：对立面的斗争与平衡规律 ... 482
1. "对立面的斗争与平衡规律"与"对立统一规律"：概念分析 ... 482
2. 对立面的斗争与平衡规律：基本内容 ... 483

3. 对立面的斗争与平衡规律之根源.................486
4. 对立和对立面斗争：事物发生否定之否定的变化方式之
　　根源.....................................489

第十章　矛盾.................................495
一、矛盾：概念分析............................495
　　1. 矛盾概念：矛盾公式、矛盾逻辑与矛盾规律........495
　　2. 矛盾概念：无矛盾公式、无矛盾逻辑、无矛盾规律....498
二、矛盾根源..................................500
　　1. 变化：矛盾的根源、性质和规律................500
　　2. 不变：无矛盾的原因、根源和本质..............502
　　3. 恩格斯：变化是矛盾源泉与不变是无矛盾源泉......503
　　4. 黑格尔的二律背反：变化是矛盾源泉和矛盾是变化源泉...507
　　5. 变化是矛盾原因：必须以同一关系为前提..........511
三、矛盾基本属性..............................513
　　1. 矛盾由一物向他物变化的两事物构成............513
　　2. 为什么一物向他物变化的两个事物能够构成矛盾....519
　　3. 矛盾存在属性：量的方面绝对存在矛盾和质的方面
　　　 相对存在矛盾..............................522
　　4. 结论：矛盾与对立关系......................524
四、矛盾学说..................................526
　　1. 辩证法..................................526
　　2. 形而上学................................530
　　3. 辩证法与形而上学的适用范围.................533
　　4. 极端形而上学和辩证诡辩论...................537
　　5. 形式逻辑与辩证逻辑........................541

第十一章 价值 550

一、价值：概念分析 551
1. 价值概念：效用价值论 551
2. 价值概念：自然内在价值论 560
3. 价值概念：商品价值论 577
4. 价值反应：评价概念 590

二、事实 599
1. 事实：广义事实概念 599
2. 是：狭义事实概念 601
3. 结论：两种事实概念 606

三、价值的存在属性 606
1. 价值存在本质 606
2. 价值存在结构 616
3. 价值存在性质 621
4. 关于价值存在的证明理论：客观论、实在论、主观论与关系论 633

四、价值产生和推导过程 644
1. 休谟难题："价值"能否从"事实"推导出来 644
2. 评价的产生和推导过程 650
3. 评价真假对错的产生和推导过程 659
4. 优良规范产生和推导过程 664
5. 关于价值产生和推导的理论流派：自然主义、直觉主义与情感主义 673

本书所引证的主要文献 693
索　引 711

Contents

Introduction 1

1 Philosophy: Definition, Objects, and Disciplines 1

    1.1 Science: Conceptual Analysis 2

    1.2 Philosophy: Definition and Disciplines 6

    1.3 Meta-philosophy 16

    1.4 Natural Philosophy 20

    1.5 Philosophy of Mind 28

    1.6 Social Philosophy 33

2 The Husserl Question: Philosophy is not a Science yet 36

    2.1 Disciplines and Science: Two Stages in the Development of

        Scientific Knowledge 36

    2.2 Philosophy has not Become a Science yet 38

    2.3 Philosophy has been Able to Become a Science 49

3 Philosophical Methods 53

    3.1 Analytical Method 53

    3.2 Transcending Historical, Classical and Era Analysis 57

    3.3 Abuse of Historical Analysis and Classical Analysis 61

3.4 Combination of Transcending Historical Analysis
    and Historical Analysis..66
4. Relations between Philosophy and other Science..........................68
   4.1 From the Perspective of Scientific Research Objects:
       Generality - Difference Relationship.......................................69
   4.2 From the Perspective of Scientific System: Generality -
       Individuality Relationship 70
   4.3 Philosophy and other Sciences: Guidance -Source
       Relationship 71
5 The Order of Philosophical System..77
   5.1 The Order of the Categories in Relation to each other 77
   5.2 The Research Order of each Category in itself............................83

Volume 1 Meta-philosophy

Chapter 1 Things..89
   1.1 Things: Conceptual Analysis 89
   1.2 Nature, Human Society, and Human Consciousness..................93
       1.2.1 Nature: The Sum of Natural Things Themselves rather than
             Man-made Things 93
       1.2.2 Society: The Sum of Economy, Culture, Politics, Rule of
             Virtue, Law, Morality and Interpersonal Activities.....................95
       1.2.3 Nature, Human Society and Human Consciousness:
             Comparisons of these Three Fields 102
   1.3 Entity and Attribute 104
       1.3.1 Entity, Matter, and Attribute 104
       1.3.2 Object and Space 111
       1.3.3 Physical Object and Field...115

1.3.4 Space is the Origin of all Things in the Universe:
Relation betweenSubstance and Space and between Objects
and Fields 117
1.4 Objective Things and Subjective Things 122
1.4.1 Reflection and Response: Conceptual Analysis........................122
1.4.2. Subjective Things and Objective Things: Basic Meaning.....125
1.4.3 Truth and Falsehood and Right and Wrong: Relation
between Subjective Things and Objective Things 126
1.4.4 Subjective Things and Objective Things:
Derived Meaning 128
1.5 Main Things and Non-main Things: Eclecticism and
Sophistry...130
1.5.1 Main Things and Non-main Things: Conceptual Analysis 130
1.5.2 Eclecticism 132
1.5.3 Sophistry 133

Chapter 2 Change and Invariability 137
2.1 Change and Invariability: Conceptual Analysis 137
2.1.1 Definitions of Change and Invariability..137
2.1.2 Structures of Change and Invariability...140
2.1.3 Classifications of Change and Invariability 143
2.2 Basic Attributes of Change and Invariability: Motion is the Cause
of Change 145
2.2.1 Conceptual Analysis of Motion and Change 145
2.2.2 Motion is Movement: An Analysis of Mechanism...................147
2.2.3 Motion and Stillness: Causes of Change and Invariability.....152
2.3 The Presence or Absence of Contradictions: The Nature of Change
and Invariability..155
2.3.1 Nature of Change: Affirmation - Negation, Negation -
Affirmation, both this and that 155

3

2.3.2 Nature of Invariability: Affirmation - Affirmation, Negation - Negation, either this or that 157
2.3.3 Solution to the Question of "Flying arrows are motionless" 158
2.4 The Presence or Absence of the New and the Old: Significant Results of Change and Invariability 160
2.4.1 The New and the Old: Conceptual Analysis 160
2.4.2 Basic Attributes of the New and the Old 163
2.4.3 Alternativity of the New and the Old 165

Chapter 3 Absoluteness and Relativeness 170
3.1 Absoluteness and Relativeness : Conceptual Analysis 170
3.1.1 Definitions of Absoluteness and Relativeness 170
3.1.2 Absoluteness and Eternality: Conceptual Analysis 173
3.1.3 Relativeness and Temporality: Conceptual Analysis 176
3.2 Relations between Absoluteness and Relativeness 178
3.2.1 Absoluteness, Relativeness, Infinity, Finitude: Relations among them 178
3.2.2 Content and Form: Relations between Absoluteness and Relativeness 181
3.2.3 Absoluteness: The Sum of Countless Relativeness 183
3.3 Relativism and Absolutism: Theoretical Schools of Absoluteness and Relativeness 185
3.3.1 Relativism: Ethical Relativism 186
3.3.2 Absolutism 194
3.3.3 Ethical Absolutism: The Most Popular Absolutism 197
3.3.4 Destinations of Absolutism and Relativism 200

Chapter 4 Cause and Effect 204
   4.1 Cause and Effect: Conceptual Analysis 204
      4.1.1 The Definitions of Cause and Effect 204
      4.1.2 Types of Causality: Main Causality, Fundamental Causality and Ultimate Causality 209
      4.1.3 Types of Causality: Origin and Derivation 213
   4.2 Causal Law: Nature of Causality 214
      4.2.1 Change: The Deepest Essence of Causality 214
      4.2.2 Causal Law: Humean Skepticism 216
      4.2.3 Causal Law: "Induction Problem" 219
      4.2.4 Causal Law: Causal Determinism and Causal Non-determinism 225
   4.3 The Role of Internal Causes and External Causes in the Process of Change of Things 233
      Introduction Aristotle's Four-causes Theory 233
      4.3.1 Definitions of Internal Causes and External Causes 235
      4.3.2 The Role of Internal Causes and External Causes in the Process of Change of Things 237
      4.3.3 Refutation of Theory of Internal Causes being Fundamental Causes 241
   4.4 Mill's Five Methods: Methods to Discriminate Causality 243
      4.4.1 Covariant Method 244
      4.4.2 Method of Conjuction 245
      4.4.3 Method of Difference 246
      4.4.4 Mixed Method of Conjuction and Difference 246
      4.4.5 Method of Surplus 249

Chapter 5 Content and Form 252
   5.1 Concepts of Content and Form 252

5.1.1 Definitions of Content and Form 252

　　5.1.2 Types of Content and Form 253

　　5.1.3 Mainstream Definitions of Content and Form 258

5.2 Basic Attributes of Content and Form 259

　　5.2.1 The Universality and Relativity of Content and Form 259

　　5.2.2 The Consistency of Form and Content 261

　　5.2.3 Interaction of Content and Form 268

5.3 Laws of Change of Content and Form 275

　　5.3.1. Laws of Change of Content and Form: Basic Principles 275

　　5.3.2. Laws of Change of Content and Form: Marx's Great
　　　　　Discovery 277

Chapter 6 Sameness and Otherness 283

6.1 Sameness and Otherness 284

　　6.1.1 Definitions of Sameness and Otherness 284

　　6.1.2 Classification of Sameness and Otherness: Opposition,
　　　　　Contradiction and Miscellany 286

　　6.1.3 Relations between Sameness and Otherness 289

　　6.1.4 Hegel's Theory of "Absolute Identity and Concrete Identity":
　　　　　A Fallacy of Prejudicing and Shifting Terms 291

6.2 Universality, Particularity, Singularity 294

　　6.2.1 Universality, Particularity and Singularity: Conceptual
　　　　　Analysis 294

　　6.2.2 The Absoluteness and Relativity of Universality,
　　　　　Particularity and Singularity 297

　　6.2.3 The Absolute Changeability of Singularity and the Relative
　　　　　Stability of Universality 298

　　6.2.4 Inevitable Unrepetition of Singularity · Accidental Repetition
　　　　　of Particularity · Inevitable Repetition of Universality 299

6.2.5 Universality is Content; Particularity and Singularity are Forms 300
6.3 Abstractness and Concreteness and Generality and Individuality 302
    6.3.1 Abstractness and Concreteness: Conceptual Analysis 302
    6.3.2 Generality and Individuality: Formula to Discriminate Generality and Individuality 304
    6.3.3 Relations among Sameness, Otherness, Universality, Particularity, Singularity, Abstractness, Concreteness, Generality and Individuality 306
    6.3.4 From Abstractness to Concreteness: The Derived Order between each Category in a Scientific System 309
6.4 Theories on Relations between Abstractness and Concreteness and among Universality Generality and Individuality 311
    6.4.1 Hegel's Theories on Concepts of Abstractness and Concreteness 311
    6.4.2 Platonic Theory of Ideas 314
    6.4.3 Nominalism and Realism 319
6.5 Logic and History 324
    6.5.1 Logic and History: Conceptual Analysis 324
    6.5.2 Comformity of Logic and History: Marxist Views 326
    6.5.3 Is "the Order of Concepts in a Scientific System" generally Consistent with "the Historical Order of Things Reflected by Concepts" 329

Chapter 7 Necessity and Contingency · Possibility and Reality · Freedom 338
7.1 Necessity and Contingency 338
    7.1.1 Necessity and Contingency: Conceptual Analysis 338
    7.1.2 The Intrinsic Attributes of Necessity and Contingency 343

7.1.3 Science: Knowledge System of Necessity 348
7.2 Possibility and Reality: The Conjuction of Necessity and
　　Contingency...351
　　7.2.1 Possibility and Reality: Conceptual Analysis................................351
　　7.2.2 Hegel's Concept of Reality: Everything that is Rational is
　　　　　Realistic; Everything that is Realistic is Rational......................355
　　7.2.3 Classification of Possibility and Reality: Real Possibility
　　　　　and Illusory Possibility and Formal Possibility
　　　　　and Realistic Possibility..359
　　7.2.4 Ways for Possibility to Become Reality.......................................364
7.3 Liberty
　　—Acts of using Necessity to Change Contingency so as to Achieve
　　Possibility at Will 367
　　7.3.1 Liberty: Liberty and the Ability to Exercise Liberty 368
　　7.3.2 Two Concepts of Liberty: Liberty as Self-restraint...................375
　　7.3.3 Freedom of Will: Determinism and Non-determinism............385
　　7.3.4 Values of Freedom..395
7.4 Relations among Contigency, Necessity, Possibility, Reality and
　　Freedom 404
　　7.4.1 Process for Possibility Becoming Reality: Necessity,
　　　　　Contigency and Freedom 404
　　7.4.2 The Significance of Human Activity lies in the Freedom of
　　　　　Possibility Becoming Reality...405
　　7.4.3 Science: The Basis for Human Beings Acquire
　　　　　the Freedom of Possibility Becoming Reality..........................407

Chapter 8　Quality and Quantity 411
8.1 Law of Quantitative Change Leading to Qualitative Change 411
　　8.1.1 Quality and Quantity: Conceptual Analysis................................411

8.1.2 Degrees: Law of Quantitative Change Leading to Qualitative Change 415

8.2 Law of Quantitative Change Leading to Qualitative Change: Type Analysis 418

    8.2.1 Types of Qualitative Change and Quantitative Change...........418

    8.2.2 Types of Law of Quantitative Change Leading to Qualitative Change 421

8.3 Basic Attributes of Quantitative Change and Qualitative Change.....424

    8.3.1 Progressivity of Quantitative Change and Leap of Qualitative Change: Law of Mutual Change of Quality and Quantity......424

    8.3.2 Explosive Leap and Non-explosive Leap..................................429

Chapter 9 Opposition 435

9.1 Basic Attributes of Opposition 435

    9.1.1 Opposition: Two Combine into One 435

    9.1.2 Opposition: One Divides into Two..441

    9.1.3 Opposition: Realistic Opposition and Potential Opposition...446

9.2 Law of Opposition: Law of the Negation of the Negation...................450

    9.2.1 Law of the Negation of the Negation of Change of Realistic Opposition 450

    9.2.2 Law of the Negation of the Negation of Potential Opposition 453

    9.2.3 Law of the Negation of the Negation...456

    9.2.4 Origin of Law of the Negation of the Negation........................458

    9.2.5 Scope of Application of Law of the Negation of the Negation 459

    9.2.6 The Magnification and Minification of Law of the Negation of the Negation 464

9.3 Hegel's Theory on Law of the Negation of the Negation 473

9.3.1 Theoretical Source of Hegel's Theory of the Negation
of the Negation 473

9.3.2 Primary Content of Hegel's Theory of the Negation of the
Negation 476

9.3.3 The Fallacy and Shortcomings of Hegel's Theory of the
Negation of the Negation 478

9.4 Law of Opposition: Law of the Struggle and Balance of
Opposition 482

9.4.1 "Law of the Struggle and Balance of Opposition" and "Law
of Unification of Opposites": Conceptual Analysis 482

9.4.2 Law of the Struggle and Balance of Opposition: Basic
Content 483

9.4.3 Origin of Law of the Struggle and Balance of Opposition 486

9.4.4 Struggles between Oppositions: Origin of Change of the
Negation of the Negation of Things 489

Chapter 10 Contradiction 495

10.1 Contradiction: Conceptual Analysis 495

10.1.1 Concept of Contradiction: The Formula, Logic and Law of
Contradiction 495

10.1.2 Concept of Contradiction: The Formula, Logic and Law of
Non-contradiction 498

10.2 Origin of Contradiction 500

10.2.1 Change: The Origin, Properties and Law
of Contradiction 500

10.2.2 Invariability: The Cause, Origin and Nature
of Non-contradiction 502

10.2.3 Engels: Change is the Source of Contradiction and
Invariability is the Source of Non-contradiction 503

10.2.4 Antinomy of Hegel: Change is the Source of Contradiction
　　　　　　and Contradiction is the Source of Change 507
　　　10.2.5 Change is the Cause of Contradiction: Must Bases on the
　　　　　　Premise of Relation of Sameness 511
　10.3 Basic Attributes of Contradiction 513
　　　10.3.1 Contradiction Consists of Two Things Changing
　　　　　　from One to Another 513
　　　10.3.2 Why do Two Things Changing from One to Another can
　　　　　　Form Contradiction 519
　　　10.3.3 Existence Attributes of Contradiction: Absolute
　　　　　　Contradiction in Quantitatity and Relative Contradiction
　　　　　　in Qualitatity 522
　　　10.3.4 Conclusion: Relations between Contradiction and
　　　　　　Opposition 524
　10.4 Theories on Contradiction 526
　　　10.4.1 Dialectics 526
　　　10.4.2 Metaphysics 530
　　　10.4.3 Scope of Application of Dialectics and Metaphysics 533
　　　10.4.4 Extreme Metaphysics and Dialectical Sophistry 537
　　　10.4.5 Formal Logic and Dialectical Logic 541

Chapter 11　Value 550
　11.1 Value: Conceptual Analysis 551
　　　11.1.1 Concepts of Value: Utility Theory of Value 551
　　　11.1.2 Concepts of Value: The Theory on Intrinsic Value of
　　　　　　Nature 560
　　　11.1.3 Concepts of Value: Commondity Theory of Value 577
　　　11.1.4 Reaction of Value: Concepts of Evaluation 590
　11.2 Fact 599

      11.2.1 Fact: The Concet of Fact in the Broad Sense 599

      11.2.2 Is: The Concet of Fact in the Narrow Sense 601

      11.2.3 Two Kinds of Concepts of Fact...606

   11.3 Attributes of Existence of Value 606

      11.3.1 Nature of Existence of Value..606

      11.3.2 Structure of Existence of Value 616

      11.3.3 Properties of Existence of Value 621

      11.3.4 Proof Theories on Existence of Value: Objectism, Realism, Subjectivism and Relationship Theory 633

   11.4 The Process of the Production and Derivation of Value 644

      11.4.1 Hume's Problem: Whether *Value* Can be Derived from *Fact* 644

      11.4.2 The Process of the Production and Derivation of Evaluation...650

      11.4.3 The Process of the Truth and Falsehood and Right and Wrong of the Production and Derivation of Evaluation......................659

      11.4.4 The Process of the Production and Derivation of Exellent Norms...664

      11.4.5 Theoretical Schools of the Production and Derivation of Value: Naturalism, Intuitionism and Emotivism 673

References 693

Index...711

绪　论

内容提要　哲学是关于宇宙一切事物的普遍性的科学，分为元哲学、自然哲学、精神哲学与社会哲学四个哲学学科。因为宇宙一切事物分为自然、人类社会和人类意识三大领域。关于自然、人类社会和人类意识三大领域一切事物的普遍性的科学，就是元哲学，亦即所谓第一哲学、形而上学；该学科的研究对象，按照从抽象到具体等范畴排列顺序之原则，依次是："事物"、"变化和不变"、"相对和绝对"、"原因和结果"、"内容和形式"、"同一和差别、普遍与特殊以及单一、抽象和具体、一般和个别、逻辑与历史"、"偶然和必然、自由、可能和现实"、"现象、性质、规律和本质"、"质和量"、"对立"、"矛盾"、"价值"等12组34个范畴。关于自然、人类社会和人类意识三大领域各自特有的一切事物的普遍性的科学，则分别是自然哲学、社会哲学和精神哲学。因此，自然哲学仅仅研究"物质"范畴；精神哲学仅仅研究"意识"范畴；社会哲学仅仅研究"社会"范畴。

一、哲学：定义、对象和分科

黑格尔《精神现象学》序言的标题是"论科学认识"，所论述的问题依次是："一、当代的科学任务；二、从意识到科学的发展过程；三、哲学的认识；四、哲学研究中的要求。"[①]这意味着：要理解哲学

---

① 黑格尔：《精神现象学》上卷，商务印书馆2015年版，目录。

1

是什么，首先必须知道科学是什么。确实，哲学是一种科学，属于科学范畴。因此，要知道哲学是什么科学，只要知道科学的定义和分类，哲学属于哪一类科学、哲学是什么也就一清二楚了。因此，界说哲学的出发点是：科学是什么？

1. 科学：概念分析

每个人似乎都知道科学是什么。① 但是，真正讲来，科学之界定，正如金岳霖所言："是一件比较烦难的事。"② 它是如此烦难，以致关于科学区别于非科学的所谓"科学分界"问题，竟成为现代科学哲学争议最大的问题之一。不过，至少有一点毫无疑义：科学是知识。从词源上看，也是如此："科学"源于拉丁文 scientia，义为知识。确实，一切科学都是知识，但是，一切知识却不都是科学：科学乃是知识之一种。那么，科学究竟是一种怎样的知识？

要界定科学在知识王国中的范围，正如科学哲学家瓦托夫斯基所指出，首先应该厘清什么知识不是科学："科学这个术语显然不能用来称谓骗术、伪造以及系统化了的迷信。"③ 因为这些都是"根据某些想象的力量或存在物所做出的解释"④。这就是说，科学知识与神学知识不同。因为所谓神学，如所周知，是关于神灵的知识，是关于神、魔、鬼、精灵、灵魂等一切幻想的、实际上并不存在的事物的知识。反之，科学则是关于实际存在的事物的知识，是关于自然、社会、人类的知识："科学是关于自然、社会和思维的知识体系。"⑤ 那么，是否可以把

---

① M. W. Wartofsky, *Conceptual Foundations of Scientific Thought*, The Macmillan Company, New York, Collier-Macmillan Limited, London, 1968, p. 1.
② 金岳霖：《知识论》，商务印书馆 1983 年版，第 9 页。
③ M. W. Wartofsky, *Conceptual Foundations of Scientific Thought*, The Macmillan Company, New York, Collier-Macmillan Limited, London, 1968, p. 44.
④ M. W. Wartofsky, *Conceptual Foundations of Scientific Thought*, The Macmillan Company, New York, Collier-Macmillan Limited, London, 1968, p. 46.
⑤ 《辞海》，上海辞书出版社 1979 年版，第 1745 页。

科学定义为关于实际存在的事物的知识？科学哲学家弗兰克的回答是否定的：

"当我们讲到科学的时候，我们总是在论述或者抽象这两个水平上来讲到它的。其中第一个是日常常识经验的水平，比如我们观察一个黑点相对于别的某些黑点在移动着。这是直接观察的水平，实验报告所处理的就是这些简单的经验事实。……我们所讲的第二个水平，是科学普遍原理水平。这个水平完全不同于常识经验的水平。后者是一切人所共有的，而前者所用的语言非常不同于日常生活所用的语言。科学在本质上是由这些普遍原理组成的，仅仅是一些关于跳动的点这类陈述的集合，不算是科学。"①

这就是说，科学与经验或感性知识根本不同。经验或感性知识是关于事物的现象、偶然性、特殊性的知识。反之，科学则是理性知识，是关于事物的本质、规律、必然性、普遍性的知识。亚里士多德说："科学就是理性的说明。"②"如若不是普遍的，而是就个别而言的东西，那么就将没有科学，一切事物的科学都是普遍的。"③著名科学史家丹皮尔也这样写道："科学可以说是关于自然现象的有条理的知识，可以说是对于表达自然现象的各种概念之间的关系的理性研究。"④

然而，人们往往只承认科学是关于规律、普遍性的知识体系，而不承认科学是关于本质、必然性的知识体系。其实，一方面，凡是普遍性的东西，如"人"，都是感官感觉不到而只能被抽象思维把握的东西。谁见过"人"是什么样的？我们岂不都只见过北京大学的蔡元培、鲁迅、胡适、冯友兰等等？所以，凡是普遍性的东西也就都是感官感觉不到的事物的内在属性，因而也就是所谓的"本质"。另一方

---

① 弗兰克：《科学的哲学》，上海人民出版社1985年版，第16页。
② 苗力田主编：《亚里士多德全集》第七卷，中国人民大学出版社1993年版，第203页。
③ 苗力田主编：《亚里士多德全集》第七卷，中国人民大学出版社1993年版，第83页。
④ 丹皮尔：《科学史及其与哲学和宗教的关系》，商务印书馆1975年版，第9页。

面，凡是普遍的东西，"如人人皆有一死"，都是一定不移、不可避免的、不依人的意志而转移的，因而也就是所谓的必然性。可见，"普遍性"、"必然性"、"本质"、"规律"说到底，实为同一概念。

那么，是否可以把科学定义为关于实际存在的事物的本质、规律、必然性、普遍性的理性知识？还不够准确。因为，举例说，"人人必死"这一个判断，便是关于"每个人"这种实际存在的事物的本质、规律、必然性、普遍性的理性知识。但是，我们显然不能说这一个判断就是科学：科学乃是判断体系，是知识体系。所以，瓦托夫斯基说："科学是一种用普遍的定律和原理建构的有组织的或系统化的知识体系。"[1]

可见，科学是关于实际存在的事物的本质、规律、必然性、普遍性的理性知识体系，简言之，也就是关于实际存在的事物的普遍性的理性知识体系，因为"本质"、"规律"、"必然性"、"普遍性"、"理性对象"大体是同一概念。亚里士多德早已有言："如若不是普遍的，而是就个别而言的东西，那么就将没有科学，一切事物的科学都是普遍的。"[2] 那么，科学是关于实际存在的事物的普遍性的理性知识体系：这就是科学的精确定义吗？还不够精确。因为科学无疑是分科的，是分门别类的。因此，确切些说，科学乃是关于实际存在的事物各个领域、方方面面的分门别类的普遍性的理性知识体系，也就是关于实际存在的事物某个特定领域——各种特定领域构成各种不同科学对象——的普遍性的理性知识体系，亦即关于实际存在事物分门别类的普遍性的理性知识体系。所以，任鸿隽说："科学者，知识而有系统者大名。就广义说，凡知识之分别部居，以类相从，井然独绎一事物者，皆得

---

[1] M. W. Wartofsky, *Conceptual Foundations of Scientific Thought*, The Macmillan Company, New York, Collier-Macmillan Limited, London, 1968, p. 23.

[2] 苗力田主编：《亚里士多德全集》第七卷，中国人民大学出版社1993年版，第83页。

谓之科学。"①

科学是关于实际存在事物分门别类的普遍性的理性知识体系：这总该是科学的精确定义吧？还不是。科学还具有真理的含义，如所谓科学社会主义、科学的伦理学、科学的理论等等。黑格尔《精神现象学》开篇第一个小标题就是："真理之为科学的体系。"通过一番论述，黑格尔得出结论说："只有真理存在于其中的那种真正的形态才是真理的科学体系。我在本书里所怀抱的目的，正就是要促使哲学接近于科学的形式，——哲学如果达到了这个目标，就能不再叫做对知识的爱，而就是真实的知识。"②胡塞尔也这样写道："每一门科学本身，都提供给我们无穷多样的构成物，我们称它们为真理。"③因此，科学乃是关于实际存在事物分门别类的普遍性的真理的理性知识体系：这就是科学的精确定义。诚然，任何一门科学体系所包含的知识，都不可能百分之百是真理，不可能每个判断都是真理。科学之为真理的体系，无疑只是就其整体、主要内容而言。所以，金岳霖说科学是"以普遍的真为目标"：

"以普遍的真为目标的学问都是科学。各种不同的科学当然有各种不同的对象：物理学的对象是物理，生理学的对象是生理，心理学的对象是心理，化学的对象也许不容易用文字表示，但它是某一方面的理则与其他的科学一样。理是普遍的，无论是在哪一方面。社会科学的对象也是理，经济学的对象是经济的理。其余的社会科学的对象也许不容易看清楚，但它们对象之为某一方面的理与自然科学无异。"④

这样，科学的定义便可以表示如图：

---

① 任鸿隽：《说中国无科学之原因》，刘纯、王扬宗编：《中国科学与科学革命》，辽宁教育出版社2002年版，第31页。
② 黑格尔：《精神现象学》上册，商务印书馆2015年版，第4页。
③ 胡塞尔：《第一哲学》，商务印书馆2010年版，第32页。
④ 金岳霖：《知识论》，商务印书馆1958年版，第9页。

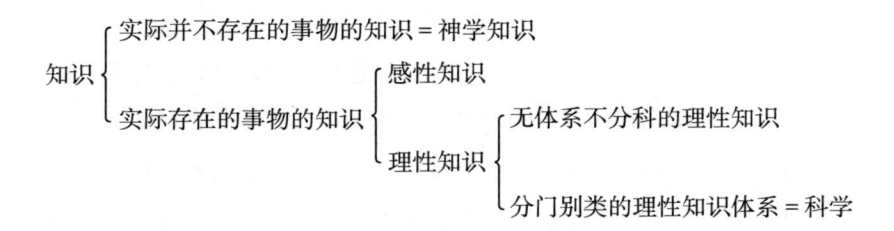

```
       ┌ 实际并不存在的事物的知识 = 神学知识
知识 ┤                              ┌ 感性知识
       └ 实际存在的事物的知识 ┤          ┌ 无体系不分科的理性知识
                              └ 理性知识 ┤
                                        └ 分门别类的理性知识体系 = 科学
```

2. 哲学：定义与分科

科学是关于实际存在的事物某个特定领域——各种特定领域构成各种不同科学对象——的普遍性真理的理性知识体系，亦即关于实际存在事物分门别类的普遍性真理的理性知识体系。那么，所有实际存在的事物可以分为多少种类、多少领域？宇宙万物，如所周知，可以分为三大种类、三大领域："自然"、"人类社会"和"人类意识"。这样，再加上三者的总和"宇宙"，宇宙万物实际上分为四大种类、四大领域："宇宙"、"自然"、"人类社会"和"人类意识"。

这意味着：存在着四大种类、四大领域的普遍性。对于每一种类、每一领域的普遍性的研究，就形成一类科学。因此，科学分为四大种类，亦即哲学、自然科学、社会科学和精神科学：自然科学是关于自然界一切事物的普遍性真理的理性知识体系；社会科学是关于人类社会一切事物的普遍性真理的理性知识体系；精神科学是关于人类意识领域一切事物的普遍性真理的理性知识体系；哲学是关于宇宙一切事物的普遍性真理的理性知识体系，是关于自然、人类社会与人类意识三大领域一切事物的普遍性真理的理性知识体系。

从哲学的词源含义来看也是如此。哲学一词原本不是中国所有的，而是对希腊文 φιλοσοφια 的翻译。φιλοσοφια 义为"爱智慧"：哲学的词源含义是爱智慧。罗伯特·C.所罗门说："什么是哲学？从字面上看，在希腊语中（philein, sophia），它指的是对'智慧的爱'。这个词的发明者是毕达哥拉斯。有人问他是否是一个有智慧之人，他回答说：'不，我没有智慧，但我是一个智慧的爱者。'"①那么，智慧究竟是什么？

智慧无疑属于认知能力范畴：只有认知能力才有智慧与愚昧之分。所以，孟子说："是非之心，智也。"②班固说；"智者，知也。独见前闻，不惑于事，见微知著也。"③福泽谕吉说："智慧就是指思考事物、分析事物、理解事物的能力。"④《辞海》与《汉语大词典》也这样写道："智慧是对事物能认识、辨析、判断处理和发明创造的能力。""智慧，梵语'般若'的意译。佛教谓超越世俗虚幻的认识，达到把握真理的能力。"

然而，智慧究竟是一种怎样的认识能力？马利坦说："智慧属于完满的层次。"⑤皮亚杰也认为："智慧仅是一个种的称谓，用以标志认识结构的组织或平衡的较高形态。""从这一意义上说，智慧就不仅是一种适应，而是一种适应过程的不断扩张的完备化。"⑥这就是说，智慧是相对完善的认知能力，更通俗些说，是相对完善的精神活动能力，是相对完善的思想活动能力。

不难看出，一个人感知眼前的这张桌子，是最为简单的问题：只要看一看就知道了，因而算不上完善的认识能力，算不上有智慧；但是，如果追问桌子是什么，就不是那么好说了：是四条腿呢，还是两条腿？是圆的，还是方的？木制的，还是铁的？如果再普遍一些：用具是什么？就更难说了。如果抽象、普遍到"物质是什么"，那就是个千古难题了，以致围绕着它竟形成唯物主义与唯心主义两大哲学流派。据说，拿破仑当年攻占德国，垂问哲学家雅可比：什么是物质？

---

① 罗伯特·C.所罗门：《哲学导论》，世界图书出版公司2012年版，第10页。
② 《孟子·告子章句上》。
③ 班固：《白虎通·性情》。
④ 福泽谕吉：《文明论概略》，商务印书馆1995年版，第73页。
⑤ 马利坦：《科学与智慧》，商务印书馆1995年版，第20页。
⑥ 皮亚杰：《皮亚杰发生认识论文集》，华东师范大学出版社1991年版，第38页。

雅可比竟答不上来。因此，一个人能够界说物质，那么，他在这一点上的认识能力就比较完善，就算得上富有智慧。

因此，认识越抽象越普遍越一般，就越复杂越高深越难懂而趋于完善，越富有智慧；认识越具体越特殊越个别，就越简单浅薄易懂，越不完善，越少智慧。认识如此，科学亦然：科学是普遍性的认识体系。因此，研究对象越具体越特殊越个别的科学，就越简单浅薄易懂，就越不完善，越少智慧；研究对象越是抽象普遍一般的科学，就越复杂越高深越难懂，就越趋于完善而富有智慧：智慧就是最抽象最普遍最一般的科学。这就是为什么，石里克说："一门科学所达到的抽象程度越高，它洞察实在的本质就愈深。"[1] 爱因斯坦说："一个概念越是普遍，它愈是频繁地进入我们的思维之中；它同感觉经验愈的关系间接，我们要了解它的意义也就愈困难。"[2] 门捷列夫也这样写道："永久的、普遍的和统一的东西，在任何情况下，逻辑上都高于只有在暂时的、个别的和多样的事物中，只有通过理智和被概括的抽象才能认识的现实的东西。"[3]

那么，最抽象最普遍最一般最高层次的科学是什么？按照亚里士多德的见地，无疑是研究万物本原——亦即最初的根本的终极的原因——的科学，亦即哲学：哲学就是智慧，就是研究万物本原的科学，就是最抽象最普遍最一般最高层次的科学，就是"为知识而追求知识，并不以某种实用为目的"[4] 的科学。亚里士多德如此看重这个道理，以致《形而上学》第一卷第一章接连五段这样写道：

"所有的人都主张，研究最初原因和本原才可称之为智慧。前面已经说过，有经验的人比具有某些感觉的人更有智慧，有技术的与有经

---

[1] 石里克：《自然哲学》，商务印书馆2007年版，第7页。
[2] 《爱因斯坦文集》第1卷，商务印书馆2009年版，第367页。
[3] 扎布罗茨基：《门得列也夫的世界观》，生活·读书·新知三联书店1959年版，第62页。
[4] 苗力田主编：《亚里士多德全集》第七卷，中国人民大学出版社1993年版，第29页。

验的相比,技师和工匠相比,思辨科学与创制科学相比均是如此。所以,很清楚,智慧是关于某些本原和原因的科学。

"由于我们所探求的是这种科学,就须解决这样的问题:关于什么原因,什么本原的科学才是智慧。如若有人接受我们对智慧所作的判断,事情也许会由此变得更明显些。首先我们主张,一个有智慧的人要尽可能地通晓一切,且不是就个别而言的知识;其次,有智慧的人还要能够知道那些困难的、不易为人所知的事情(感觉是人皆尽有的,从而是容易的,算不得智慧)。在全部科学中,那更善于确切地传授各种原因的人,有更大的智慧。在各门科学中,那为着自身,为知识而求取的科学比那为后果而求取的科学,更加是智慧。一个有智慧的人,应该发命令而不被命令,不是这个有智慧的人服从别人,而是智慧低下的人服从于他。

"以上就是我们关于智慧和有智慧的人所作的那些种和那些个判断。在这里,只有具有最高层次的普遍知识的人,才必然通晓一切。因为,他以某种方式知道了事物背后的全部依据。最普遍的东西也是最难知的,因为它离感觉最远。在最初因的知识中,最原始的就是最确切的。因为内容简练比语言繁杂更为确切,例如数学比几何学确切。而对原因的思辨科学当然更便于传授,因为传授就是对个别事物的原因的谈论。只有那种以最可通晓的东西为对象的科学才最是为自身而探求、而通晓。为知识自身而求取知识的人,以其最大的努力求取最高的科学。这种科学就是最可通晓的科学。最初原因是最可通晓的,其他事物都是通过它们或由于它们而被知道,而不是它们通过那些作为载体的东西。那种懂得个别事情应该为什么而做的科学,是诸科学中占最主导地位的,和从属的科学相比,它起着更大的指导作用。它是个别事情的善,总而言之,在整个自然中它是最高贵的。

"由此可见,那所寻求的名称正是这种知识,它应该是对最初本原和原因思辨的科学,因为善以及何所为或目的是原因的一种。很显然,这种知识一开始就不是创制科学。不论现在，还是最初，人都是由于好奇而开始哲学思考，开始是对身边所不懂的东西感到奇怪，继而逐步前进，而对更重大的事情发生疑问，例如关于月象的变化，关于太阳和星辰的变化，以及关于万物的生成。一个感到疑难和好奇的人，便觉得自己无知（所以，在某种意义上，一个爱智慧的人也就是爱奥秘的人，奥秘由奇异构成）。如若人们为了摆脱无知而进行哲学思考，那么，很显然他们是为了知而追求知识，并不以某种实用为目的。当前的事情自身就可作证，可以说，只有在生活必需品全部齐备之后，人们为了娱乐消遣才开始进行这样的思考。显然，我们追求它并不是为了其他效用，正如我们把一个为自己、并不为他人而存在的人称为自由人一样，在各种科学中唯有这种科学才是自由的，只有它才仅是为了自身而存在。"①

该书第四卷还一再说："哲学家们应该做的事就是掌握实体的原因和本原。"② "故研究作为存在物的存在物的人能够讲出万物的本原，这人就是哲学家。"③ "哲学家的科学普遍地从整体上研究作为存在物的存在。"④

可见，哲学是关于宇宙万物最抽象最普遍最一般的科学，亦即关于自然与人类社会和人类意识三大领域一切事物普遍性的科学：这就是亚里士多德从哲学的词源含义——爱智慧——所推演出来的哲学定义。黑格尔的哲学定义，如果剔除其唯心主义成分，则与亚里士多德毫无二致：哲学就是关于整个存在、无所不包的存在、整个宇宙一切事物的普遍性的科学。黑格尔这样写道："哲学以思想、普遍者为内容，而内容就是整个的存在……什么地方普遍者被认作无所不包的

---

① 苗力田主编：《亚里士多德全集》第七卷，中国人民大学出版社1993年版，第29页。
② 苗力田主编：《亚里士多德全集》第七卷，中国人民大学出版社1993年版，第85页。
③ 苗力田主编：《亚里士多德全集》第七卷，中国人民大学出版社1993年版，第90页。
④ 苗力田主编：《亚里士多德全集》第七卷，中国人民大学出版社1993年版，第90页

存在，或什么地方存在者在普遍的方式下被把握或思想之思想出现时，则哲学便从那里开始。"①胡塞尔也这样写道："哲学本质上是一门关于真正开端、关于起源、关于万物之本的科学。"②

哲学是关于自然、人类社会与人类意识三大领域一切事物的普遍性真理的知识体系，意味着：自然科学、社会科学和思维科学并不研究自然、人类社会和人类思维三大领域全局的全部的一切的事物的普遍性；而仅仅研究局部的具体领域的普遍性：关于自然界局部、具体领域普遍性真理的科学，是自然科学；关于人类社会的局部、具体领域普遍性真理的科学，是社会科学；关于人类意识、思想、精神、心理——四者是同一概念——的局部、具体领域普遍性真理的科学，是精神科学，如心理学、语言学。

这就是说，关于自然界全局的、整个领域的普遍性的科学并不是自然科学；关于人类社会全局的、整个领域的普遍性的科学也不是社会科学；关于人类意识全局的、整个领域的普遍性的科学更不是思维科学。三者是什么？显然是哲学：哲学是关于自然、人类社会和人类意识三大领域全部的一切事物的普遍性真理的科学，是关于自然、人类社会和人类意识三大领域全部的一切事物的共性的科学，说到底，也就是关于宇宙万物的普遍性真理的科学。

细究起来，自然、人类社会和人类意识三大领域全部的一切的事物的普遍性，可以分为"自然、人类社会和人类意识三大领域所共有的普遍性"和"自然、人类社会和人类意识每个领域特有的普遍性"。关于自然、人类社会和人类意识三大领域所共有的一切事物的普遍性真理的科学，就是元哲学（Meta-philosophy），亦即所谓第一哲学、形而上学；关于自然、人类社会和人类意识三大领域各自特有的一切事

---

① 黑格尔：《哲学史讲演录》第一卷，商务印书馆2019年版，第101页。
② 胡塞尔：《哲学作为严格的科学》，商务印书馆2010年版，第68页。

物的普遍性真理的科学，则分别叫作自然哲学、社会哲学和精神哲学。这样一来，哲学也就分为四个学科：元哲学（关于在自然、社会和精神三大领域都存在的一切事物的普遍性真理的科学）、自然哲学（关于自然界特有的一切事物的普遍性真理的科学）、社会哲学（关于社会所特有的一切事物的普遍性真理的科学）和精神哲学（关于精神领域所特有的一切事物的普遍性真理的科学）。黑格尔说：

"哲学一名词已用来指谓许多不同部门的知识，凡是在无限量的经验的个体事物之海洋中，寻求普遍和确定的标准，以及在无穷的偶然事物表面上显得无秩序的繁杂体中，寻求规律与必然性所得来的知识，都已广泛地被称为哲学知识了。"①

那么，依黑格尔所见，哲学分为多少不同部门？多少学科？黑格尔说："哲学这门科学可以分为三部分：1. 逻辑学，研究理念自在自为的科学。2. 自然哲学，研究理念的异在或外在化的科学。3. 精神哲学，研究理念由它的异在而返回到它自身的科学。"②

黑格尔的逻辑学的内容主要是形而上学："因此逻辑学便与形而上学合流了。形而上学是研究思想所把握住的事物的科学，而思想是能够表达事物的本质性的。"③这就是为什么黑格尔逻辑学的主要研究对象并不是概念、判断与推理等思维形式，而是自然、社会与人类思维三大领域所共有的一切事物的普遍性，如质、有、无、变、有限与无限、排斥与吸引、量、度、本质与现象、同一、差别、对立、矛盾、形式与内容、相对、绝对、偶然与必然、原因与结果、可能与现实、机械性、化学性、目的性、目的与手段等等：黑格尔的逻辑学亦即元哲学也。

与黑格尔的逻辑学名不副实不同，他的自然哲学，从他对其研究

---

① 黑格尔：《小逻辑》，商务印书馆1981年版，第45—46页。
② 黑格尔：《小逻辑》，商务印书馆1981年版，第60页。
③ 黑格尔：《小逻辑》，商务印书馆1981年版，第79页。

绪　论

对象的论述——而不是从他的《自然哲学》实际内容——来看，则名副其实，实乃真正的自然哲学，亦即关于自然界所特有的一切事物的普遍性的科学："现在称为物理学的东西，以前叫作自然哲学，并且同样也是对自然界的理论考察，而且正是思维考察。一方面这种考察并不是从外在于自然的规定出发，如从那些目的的规定出发；另一方面它是以认识自然界里的普遍东西为目标，即以认识力、规律和类属为目标，所以这种普遍的东西同时在自身也就能得到规定；其次，这样的内容也不应该是一种单纯的集合体，而是必须分为纲目，呈现为一种有机体。既然自然哲学是概念的考察，所以它就以同一普遍的东西为对象，但它是自为地这样做的，并依照概念的自我规定，在普遍的东西固有的内在必然性中来考察这种东西。"①

黑格尔的《精神哲学》的研究对象是什么？让我们再细细思考黑格尔上面的话："哲学这门科学可以分为三部分：1. 逻辑学，研究理念自在自为的科学。2. 自然哲学，研究理念的异在或外在化的科学。3. 精神哲学，研究理念由它的异在而返回到它自身的科学。"② 这就是说，逻辑学是形而上学，研究自然、社会与人类思维三大领域所共有的一切事物的普遍性；自然哲学研究自然界所特有的一切事物的普遍性；精神哲学的研究对象则是自然哲学研究对象的异在，是自然界之外的一切事物的普遍性，亦即一切人为（"人为"是"自然"的对立物）事物的普遍性，亦即人类有意识活动（人类意识与意识所支配的实践活动）的普遍性，说到底，就是人类意识与人类社会的普遍性：人类社会就是人类实践活动、实际活动总和。因此，黑格尔《精神哲学》研究对象就是人类社会和人类意识的普遍性，更确切些说，应该是人类意识所特有的一切事物的普遍性与人类社会所特有的一切事物的普

---

① 黑格尔：《自然哲学》，商务印书馆2006年版，第8—9页。
② 黑格尔：《小逻辑》，商务印书馆1981年版，第60页。

13

遍性。

且看黑格尔《精神哲学》。该书共三篇。第一篇标题是"主观精神",包括 A. 人类学,研究"灵魂":a. 自然灵魂;b. 感觉灵魂;c. 现实灵魂。B. 精神现象学,研究"意识":a. 意识本身;b. 自我意识;c. 理性。C. 心理学,研究"精神":a. 理论精神;b. 实践精神;c. 自由精神。第二篇标题是"客观精神",包括 A. 法:a. 财产;b. 契约;c. 法与不法。B. 道德:a. 故意;b. 意图和福利;c. 善和恶。C. 伦理:AA. 家庭。BB. 市民社会:a. 需要的系统;b. 司法;c. 警察和同业公会。CC. 国家:a. 内部国家法;b. 外部国家法;c. 世界历史法。第三篇的标题是"绝对精神",包括 A. 艺术;B. 启示的宗教;C. 哲学。

可见,黑格尔《精神哲学》第二篇研究对象无疑是人类社会;而第一篇和第三篇研究对象则是人类意识、精神、思想:三者实为同一概念,外延同样由"知"、"情"、"意"构成。因此,黑格尔《精神哲学》研究对象应该是人类意识所特有的一切事物的普遍性与人类社会所特有的一切事物的普遍性:唯有前者才是精神哲学研究对象;而后者则是社会哲学研究对象。因此,黑格尔的哲学体系实际上是由四部分或四个学科学构成:第一哲学、元哲学或形而上学(《逻辑学》)、自然哲学、精神哲学和社会哲学。那么,究竟为什么,黑格尔将社会哲学并入精神哲学而不使之独立?

原来,黑格尔将否定之否定规律作为科学——特别是哲学——范畴推演方法。他说:"逻辑理念的开展是由抽象进展到具体。"① 这固然是真理,然而,由抽象进展到具体的范畴推演过程,在黑格尔看来,就是否定之否定的三段式。因为在范畴推演体系中,第一个范畴是正题(肯定);第二个范畴是反题,是正题的否定,是比正题更具体、丰富和复杂的范畴:"因为它是否定的东西,但却是肯定东西的否定,

---

① 黑格尔:《小逻辑》,生活·读书·新知三联书店 1954 年版,第 200 页。

并把肯定的东西包括在自身之内。"①第三个范畴是合题,是对反题的否定,亦即正题的否定之否定,因而把正题和反题都包括在自身之内,不但是比反题更具体、丰富和复杂的范畴,而且是正题之回复。这样一来,科学范畴推演体系就是一种从抽象到具体的三段式之圆圈:

"那在开端中由于其一般的抽象性与直接性而只是片面的东西,在这种进展中消失:它变成间接的东西,并且科学进展的路线因此而自成一个圆圈。"②

这就是为什么,黑格尔硬是将两门根本不同的学科——社会哲学与精神哲学——合并成一门学科而称之为精神哲学,从而使哲学体系是由三门——而不是四门——学科构成的缘故:真真是德国版的削足适履也!

然而,黑格尔哲学的分科之先进,至今尚无出其右者也。诚然,黑格尔哲学分科是对古希腊哲学分科的继承和发展。黑格尔说:"亚里士多德的物理学,主要是自然哲学,而不是物理学。"③诚哉斯言!亚里士多德不但是第一哲学、元哲学或形而上学的奠基者,而且是逻辑学和自然哲学的奠基者。逻辑学自不待言,他的《物理学》就其主要内容来说,乃是人类第一个自然哲学体系:亚里士多德之前只有自然哲学知识而没有自然哲学。然而,亚里士多德以降,一方面,人皆以为亚里士多德的《伦理学》属于哲学,是哲学的一门学科;另一方面,人们大都以为美学也属于哲学,也是一门哲学学科,甚至以为所谓政治哲学、法哲学、经济哲学、文化哲学、人生哲学等都属于哲学,都是哲学的一部分,都是一种哲学学科。

殊不知,哲学仅仅研究自然、社会与意识三大领域一切事物的普遍性(三大领域所共有的一切事物的普遍性与每个领域一切事物所特

---

① 黑格尔:《逻辑学》下卷,商务印书馆2017年版,第542页。
② 转引自张世英:《论黑格尔的"逻辑学"》,上海人民出版社1959年版,第111页。
③ 黑格尔:《自然哲学》,商务印书馆2006年版,第3页。

有的普遍性），因而仅仅包括元哲学或第一哲学、自然哲学、精神哲学和社会哲学四大学科而已。伦理学研究对象仅仅是一切道德的普遍性；政治哲学的研究对象仅仅是一切政治的普遍性；经济哲学的研究对象仅仅是一切经济的普遍性；文化哲学的研究对象仅仅是一切文化的普遍性；法哲学的研究对象仅仅是一切法的普遍性；美学的研究对象则仅仅是美——美是一种特殊价值——的普遍性。这些科学的研究对象皆非社会一切事物的普遍性，更非社会与意识以及自然三大领域一切事物的普遍性，因而皆非哲学（皆非社会哲学与精神哲学以及自然哲学与元哲学）而只能属于社会科学、精神科学、自然科学及其边缘科学。这些科学都被称之为"哲学"，约定俗成，固然可以，却实非哲学，只不过表明它们的研究对象是各自特殊领域最普遍最抽象最一般的属性罢了。这就是为什么，黑格尔反对将伦理学等科学当作哲学的一部分而称之为哲学：

"英国人并称物理学的仪器，如风雨表和寒暑表，为哲学的仪器。又如许多理论，特别是关于道德或伦理学的理论，一些从人心的情感和经验得来的理论也被称为哲学，最后关于政治经济学的理论和原则亦被称为哲学。"①

3. 元哲学

元哲学、第一哲学或形而上学是关于自然、人类社会和人类意识三大领域一切事物的普遍性的科学，也就是关于自然、人类社会和人类意识三大领域所共有的普遍性的科学，也就是关于宇宙一切事物的普遍性的科学。因此，元哲学研究的对象便是自然、人类社会和人类意识三大领域所共有的一切事物的普遍性、共性、共同物，便是宇宙一切事物的普遍性、共性、共同物。那么，自然、人类社会和人类意识三大领域所共有的一切事物的普遍性、共同物是什么呢？且看亚里

---

① 黑格尔：《哲学史讲演录》第一卷，商务印书馆1962年版，第64页。

绪　论

士多德《形而上学》研究对象：

存在、是、变化、不变、实体、属性、质、量、必然、偶然、偶性、自由、可能、潜能、现实、原因、本原、结果、形式、质料、理念、永恒、相对、同一、差别、对立、矛盾等等范畴。

黑格尔的《逻辑学》就其主要研究对象来说，并非逻辑学，而是形而上学、第一哲学、元哲学；因其研究对象主要讲来，并非概念与判断以及推理等思维形式，而是自然、人类社会和人类意识三大领域所共有的一切事物的普遍性：

有、无、变、质、量、度、有限、无限、排斥、吸引、本质、现象、同一、差别、对立、矛盾、形式、内容、相对、绝对、偶然、必然、可能、现实、原因、结果等范畴。

黑格尔《逻辑学》与亚里士多德《形而上学》所研究的这些范畴就是元哲学、第一哲学或形而上学的研究对象吗？答案是肯定的。但是，黑格尔与亚里士多德等古希腊哲学家都极端重视"存在"范畴，黑格尔甚至将"存在"看作是哲学的开端范畴，是有待商榷的。诚然，宇宙一切事物的最抽象最简单的普遍性似乎就是"存在"，亦即巴门尼德那句著名的同义语反复："存在物存在。"[①] 这样一来，"存在"似乎应该是哲学、第一哲学的开端范畴。其实不然，因为，"存在"虽然极其抽象、普遍、一般，却远不及"事物"：一切"存在"都是"事物"；但是，一切事物并不都是"存在"："事物"才应该是哲学、元哲学的开端范畴。

不但此也！"存在"不但不是最抽象最简单最普遍的范畴，而且是一个相当复杂的范畴。分析"存在"范畴的内涵，恐怕首先遇到的就是巴门尼德的那句同义语反复："存在物存在。"进言之，一切存在

[①] 北京大学哲学系外国哲学史教研室编译：《古希腊罗马哲学》，商务印书馆 2021 年版，第 53 页。

物为什么存在着？为什么"存在物产生和消灭"[①]？细细想来，不难看出，事物的存在与不存在，关乎不变与变化；而一切事物之所以存在和不存在及相互变化，就是因为一切事物都具有"质"、"量"和"度"。这恐怕就是为什么，黑格尔《逻辑学》第一篇"存在论"包括"存在"、"不存在"、"变化"、"不变"、"质"、"量"和"度"七大范畴："变化"、"不变"、"质"、"量"和"度"五个范畴是"存在"的分解。因此，当且仅当完成了这五个范畴的研究，才算完成了"存在"的研究："存在"不但不是元哲学的开端范畴，而且不能独立作为元哲学范畴。

诚然，现代西方哲学，也都将"存在"作为极端重要的哲学范畴来探究。海德格尔的代表作就是《存在与时间》。萨特的代表作则是《存在与虚无》。然而，他们所谓"存在"乃是"人的存在"，亦即人的自我选择、自我造就、自我实现。按照这种理论，一个人是什么，或者说他的本质，乃是他的自由活动的自由创造物："人从事什么，人就是什么。"[②]"人不外是由自己造成的东西。这就是存在主义第一原理。"[③]所以，人的自由活动，亦即人的存在，对人的本质便具有优先地位："'存在先于本质'是什么意思？这句话的意思就是说……人之初，是空无所有的，只是后来，人要变成某种东西，于是，人就照自己的意志而造成他自身。"[④]可见，现代西方哲学所谓"存在"，虽然是一个极端重大的独立的范畴，却已不复是哲学范畴，而是一种关乎人的存在、人的本质、人的自我实现的伦理学范畴。

综观自亚里士多德哲学等古希腊哲学以降，两千五百余年的元哲学、第一哲学或形而上学研究，根据业已完稿的拙著《元哲学》，可以将其研究对象归结为 12 组 34 个范畴：（1）事物；（2）变化和不变；

[①] 北京大学哲学系外国哲学史教研室编译：《古希腊罗马哲学》，商务印书馆 2021 年版，第 54 页。
[②] 海德格尔：《存在与时间》，生活·读书·新知三联书店 1987 年版，第 288 页。
[③] 萨特：《存在主义是一种人道主义》，上海译文出版社 1991 年版，第 9 页。
[④] 萨特：《存在主义是一种人道主义》，上海译文出版社 1991 年版，第 18 页。

绪　论

（3）相对和绝对；（4）原因和结果；（5）内容和形式；（6）同一和差别，普遍、特殊和单一，抽象和具体，一般和个别，逻辑与历史；（7）偶然和必然、自由、可能和现实；（8）现象、性质、规律和本质；（9）质和量；（10）对立；（11）矛盾；（12）价值。这12组34个范畴所反映的事物，就是自然、人类社会和人类意识三大领域所共有的一切事物的普遍性、共同物，就是宇宙万物的主要的普遍性、共同物，因而是元哲学、第一哲学或形而上学的研究对象。

可是，为什么我们将这门学科叫作元哲学，而不叫作辩证法呢？这是因为，辩证法是关于自然、人类社会和人类意识三大领域一切事物变化发展的普遍性的科学："辩证法不过是关于自然界、人类社会和思维的运动和发展的普遍规律的科学。"① 然而，变化发展显然远非自然、人类社会和人类意识一切事物的全部普遍性，而仅仅是其一部分普遍性：变化发展仅仅是变化发展着的事物的一种属性，而并非其全部属性。因此，研究自然、人类社会和人类意识一切事物变化发展普遍性的辩证法，也就仅仅是研究自然、人类社会和人类意识一切事物普遍性的元哲学的一部分。这就是我们把关于自然、人类社会和人类意识三大领域都存在的一切事物的普遍性的科学叫作元哲学——而不叫辩证法——的基本根据。

至于更为精当的理由，则只有在《元哲学》第十一章"矛盾"中才能提出。那时我们将知道，辩证法并非一门哲学学科，而是一种与所谓形而上学——亦即静止不变无矛盾学说——相对应的哲学学说；它不像《元哲学》那样研究三大领域一切事物全部普遍性，而只研究这些事物的某一种普遍性：运动—变化—矛盾。更确切些说，元哲学研究上述12组34个范畴，而辩证法仅仅研究其中一个范畴：矛盾。元哲学主要是研究上述12组34个范畴的哲学学科，而辩证法则仅仅

---

① 恩格斯：《反杜林论》，人民出版社2015年版，第150页。

是研究本书倒数第二章"矛盾"的哲学学说。这就是为什么，我们把关于自然、人类社会和人类意识三大领域一切事物的普遍性的科学叫作元哲学——而不叫辩证法——的缘故。

4. 自然哲学

自然哲学和社会哲学以及精神哲学，分别是关于自然界所特有的普遍性真理的科学和关于人类社会所特有的普遍性真理的科学以及关于人类意识所特有的普遍性真理的科学，亦即分别是关于自然、人类社会与人类意识三大领域互相区别的普遍性真理的科学，说到底，亦即分别是关于仅仅在自然界、仅仅在人类社会领域和仅仅在人类意识领域中才是普遍的事物——而不是在三大领域都存在的普遍事物——之科学。

准此观之，自然哲学是关于仅仅在自然界中存在——而在人类社会和人类意识领域中则不存在——的普遍性真理的科学，是关于自然界一切事物所特有的普遍性真理的科学，是关于自然界所特有的一切事物的共性的真理的科学；而不是关于自然、人类社会和人类意识三大领域一切事物的共性、普遍性真理的科学。因此，自然哲学对象，也就仅仅是在自然界中存在——而在人类社会和人类意识中则不存在——的一切事物的普遍性，是自然界一切事物所特有的普遍性。那么，什么是仅仅自然界存在——而在人类社会和人类意识领域却不存在——的一切事物的普遍性呢？自然哲学研究对象究竟是什么？

就自然哲学的研究对象来说，亚里士多德《物理学》恐怕仍然是迄今最好的自然哲学体系。该书研究了"自然"、"本原"、"实体"、"广延"、"时间"、"空间（地点、虚空）"、"运动"、"运动者"、"静止不变"、"无限"、"有限"等范畴。这些不但是自然界一切事物所特有的普遍性，而且几乎是自然界一切事物所特有的全部普遍性。

因为，一方面，"本原"、"实体"、"广延"和"运动者"可以归结为一个范畴：物质；另一方面，"空间"与"时间"乃是物质的存在形式，而"无限"与"有限"则是物质的存在性质。合而言之，自然界一切事物所特有的全部普遍性统统可以归结为一个范畴"物质"：物质就是自然界一切事物所特有的全部普遍性，就是自然哲学全部研究对象。对于物质乃是概括自然界一切事物的普遍性的范畴，笛卡尔曾有极其精深的论述，并得出结论说：

"天和地只不过是同样的物质造成的，不可能有好些个世界。从这一切最后不难推出：地和天是同样一种物质造成的；即使有无穷多的世界，这些世界也只是由这一种物质造成的；由此可见，不可能有好些个世界，因为我们明明白白地理解到，物质的本性仅仅在于它是一个广延的东西，它把可能有这些其他世界存在的一切可以想象的空间都占据了，我们无法在自己的心里发现任何别的物质的观念。"[①]

霍尔巴赫亦如是说："自然，从它最广泛的意义来讲，就是由不同的物质、不同的组合以及我们在宇宙中看到的不同的运动的集合而产生的一个大的整体。"[②]康德则将"物质乃是概括自然界一切事物的普遍范畴"化为一句豪言壮语："只要给我物质，我就给你们造出一个宇宙来。"[③]李达进一步系统论述了"物质乃是概括自然界一切事物的普遍范畴"而得出结论说：

"在天文学、地质学和其他有关的自然科学还不发达的时代，人们中间很自然地流行着关于两个世界的偏见。这种偏见认为，在人们所居住的这个物质的世界，地上的世界之外，还有一个由'上帝'、灵魂等等居住的非物质的天上世界。于是，唯心论和宗教就利用人们知识上的这种缺乏，利用科学暂时还没有被解决的问题，大肆宣扬神秘主义。例如，他们硬说，地球是上帝选定的'宇宙中心'，而人是上帝安放在地

---

① 王太庆主编：《西方自然哲学原著选辑》（三），北京大学出版社1993年版，第71页。
② 霍尔巴赫：《自然的体系》上卷，商务印书馆1999年版，第10页。
③ 王太庆主编：《西方自然哲学原著选辑》（三），北京大学出版社1993年版，第510页。

球上的灵物。他们又说,'地上'世界同'天上'的世界是根本不同的两个世界。地上世界是不完美的,天上世界是完美的。如此等等。但是科学的发展终于粉碎了这些谬论。哥白尼证明,地球并不是什么宇宙中心,而只是围绕着太阳运转的普通星球之一。伽利略、开普勒、牛顿等人的工作,进一步揭示了整个太阳系是按照统一的自然规律运行的。现代科学依靠光谱分析,对宇宙射线的研究和对陨石的化学成分的研究,证明了一切观察所及的天体都是由普通化学元素或基本粒子构成的。辽阔的太空充满着实物粒子或场。这些事实令人信服地表明,整个宇宙天体完全是物质,根本没有什么非物质的天上世界。"[①]

诚哉斯言!整个世界的千差万别、形形色色的无数事物,不过是有形体事物和无形体事物两大类罢了,不过是"空间、场、基本粒子、原子、分子、物体、天体、地球、禽兽、人类、火车飞机"等诸如此类的有形体事物(即物质)和"时间、运动、静止、变化、不变、光、热、颜色、精神、实践、经济、政治"等诸如此类的无形体的事物,即从属于依赖于有形体的事物的属性,说到底,即物质的属性:宇宙万物无非物质及其属性罢了。一言以蔽之,整个宇宙完全是物质及其属性;除了物质及其属性,世界上再无他物存在。

诚然,自然与宇宙并不是同一概念。但是,笛卡尔、霍尔巴赫、康德和李达此处所谓宇宙,则与自然界无疑是同一概念。因此,在他们看来,物质就是概括自然界一切事物的普遍范畴。不但此也,问题的关键还在于:物质是不是自然界一切事物所特有的全部普遍性?换言之,物质是不是自然哲学全部研究对象?显然,要弄清这个问题,首先要进一步弄清什么是自然、人类社会和人类意识。

"自然"一词源于拉丁文 natura,该拉丁文译自希腊文 physis,义为"依靠自己生长、涌现、出现"。这也是自然概念的定义:自己如

[①] 李达主编:《唯物辩证法大纲》,人民出版社 2022 年版,第 185 页。

此而非人为也。亚里士多德一再说:"一切自然的事物都明显地在自身内部有一个运动和静止的根源。"①"自然是它原属的事物因本性(不是因偶性)而运动和静止的根源或原因。"②"自然乃是自身内具有运动根源的(除了在定义中,不能同事物本身分离的)形状或形式。(由质料和形式合成的事物,如人,就不是自然,而是由于自然而存在的事物。)"③柯林武德的《自然的观念》详尽考察了亚里士多德"自然"概念,最后得出结论说,自然就是自己运动的事物的世界:

"亚里士多德和爱奥尼亚学派以及柏拉图一样,把自然界看作是一个自我运动着(Self-moving)的事物的世界。它是一个活的世界:一个不是由惯性(像17世纪的物质世界那样)而是由自发运动为其特征的世界。这样的自然是过程、生长和变化。"④

中文"自然"概念亦是此意:自己如此而非人为也。《广雅·释诂》:"然,成也。"自然就是自成,就是自己如此。王充《论衡·自然篇》曰:"天地合气,万物自生……而物自生,此则自然也。"老子早已有言:"人法地,地法天,天法道,道法自然。"庄子则进而明确区分了自然与人为:"何谓天?何谓人?北海若曰:'牛马四足,是谓天;落马首,穿牛鼻,是谓人。'"⑤

可见,自然原本与人为对立:自然就是自己如此而非人为的事物;自然界就是自己如此而非人为的事物总和。人为,不言而喻,就是人的活动,更确切些说,就是人的有意识活动,就是人的意识与意识所支配的实际活动,说到底,就是人类意识与人类社会:人类社会就是意识所支配的人的实际活动总和,亦即人的实践活动总和。

---

① 王太庆主编:《西方自然哲学原著选辑》(一),北京大学出版社1988年版,第132页。
② 王太庆主编:《西方自然哲学原著选辑》(一),北京大学出版社1988年版,第132页。
③ 王太庆主编:《西方自然哲学原著选辑》(一),北京大学出版社1988年版,第135—136页。
④ 柯林武德:《自然的观念》,商务印书馆2018年版,第101页。
⑤ 《庄子·秋水》。

这样一来，宇宙万物便分为三大领域：自然、人类社会与人类意识。自然是自己如此而非人为的事物，是人为之外的一切事物，是人类有意识活动之外的宇宙；而人类有意识活动就是人类社会和人类意识。因为人类有意识活动不外乎人类的有意识的实际活动（实践）和人脑的反映和反应活动（意识）：人类社会就是人类有意识的实际活动总和，即人类实践活动总和；人类意识就是知情意的总和，就是人脑的反映和反应活动，就是人脑对事物的反映和反应活动，就是事物在人脑中的反映和反应：认知或认识是人脑对事物的反映；感情与意志是人脑对事物的反应。

从自然、人类社会和人类意识的定义我们可以判定，自然哲学对象，亦即仅仅在自然界中存在——而在社会和意识中却不存在——的一切事物所特有的普遍性、普遍事物，就是"物质"。因为，一方面，正如笛卡尔、霍尔巴赫与康德等先哲所言，物质是自然界一切领域一切事物的全部普遍性、共性、共同物：自然界一切事物无非物质及其属性（如运动等）罢了。另一方面，物质仅仅是自然界一切事物所特有的普遍性和共同物，而在人类社会和人类意识领域中则不存在物质。这是由于，人类社会和人类意识是人类有意识活动，它与人类根本不同，人类属于物质范畴，而社会和意识即人类活动，属于物质的运动范畴。所以，社会和意识都是物质的属性，而不是物质，更不包括物质；正像运动仅仅是物质属性，而不是物质，更不包括物质一样。

综上可知，物质是仅仅在自然界中才存在的普遍的一般的共同的事物，并且是自然界一切事物所特有的全部共同的、普遍的事物。所以，自然哲学对象就是并且仅仅是物质。这样，自然哲学一方面，就以研究"物质"这种仅仅在自然界才存在的事物，而与研究"变化、矛盾、原因、结果、必然、偶然"等等在自然、社会和意识三大领域都存在的事物的元哲学区别开来，因而叫作**自然**哲学；另一方面，自然哲学又以研究"物质"这种自然界一切领域的普遍事物，而与研究

"分子、原子、基本粒子、天体"等等自然界各个具体领域普遍事物的自然科学区分开来,因而叫自然**哲学**。

然而,自然哲学是否研究"物质"范畴的一切属性呢?否!因为物质虽然是自然界所独有的事物,却并不妨碍物质有许多属性也同样为社会和意识所共有。这些属性就是自然、人类社会和人类意识的共性,如物质范畴所包含的对立统一规律、否定之否定规律、质量互变规律以及相对与绝对、原因与结果、可能与现实等等属性。这些属性是元哲学对象,在元哲学中已得到专门研究。如果再在自然哲学中研究,就是重复,就侵占了元哲学对象,混乱了学科领域。所以,自然哲学并不研究物质的这些在三大领域共同存在的属性,而是以这些属性的研究成果为指导,只研究物质的仅仅在自然界中存在的普遍属性。对于物质的这种仅仅在自然界一切领域、一切事物中存在的普遍属性的研究,具体说来,可以归结为:

(一)物质概念

1. 物质定义:(1)物质;(2)属性;(3)实体

2. 物质结构:实物与场

3. 物质分类:(1)物体与空间;(2)宏观物质、微观物质与宇观物质;(3)生物与非生物

4. 物体与空间以及实物与场的关系:空间是宇宙万物的始源

(二)物质存在属性

1. 物质存在形式:(1)物质存在性质:自身不断更替与相互共同存在;(2)物质存在形式:时间与空间;(3)时间与空间作为物质存在形式之同异;(4)牛顿与爱因斯坦时空观之比较

2. 物质在空间和时间中的性质:(1)三维可逆性和一维不可逆性;(2)物质在时间和空间中的量度;(3)空间还是物体:随着物质运动速度变化而变化

3. 物质在空间中的有限性与无限性:(1)物质在空间中的有限性

和无限性基本性质；（2）物质在空间中的有限性和无限性关系；（3）所谓真无限与坏无限

4. 物质在时间中的有限性与无限性：（1）物质在时间中的有限性与无限性基本性质；（2）物质在时间中的有限性与无限性关系

（三）物质基本性质

1. 质量与物质形态概念：（1）质量与物质形态定义；（2）质量的量度；（3）关于质量的错误定义

2. 质量和物质形态关系：（1）质量和物质形态的始源和派生之关系；（2）物质组合是物质形态直接原因，物质多少是物质形态终极原因；（3）质量变化和物质形态变化

3. 运动与静止概念：（1）运动和静止的定义；（2）物质运动和静止的分类

4. 运动和静止的原因：（1）力的定义；（2）力的类型；（3）力的量和力的质；（4）力的平衡：静止原因；（5）力的不平衡：运动原因；（6）力的原因和量度；（7）运动的最终原因与直接原因

5. 运动和静止基本性质：（1）运动和静止的相对性；（2）表面的运动、静止与实质的运动、静止；（3）暂时性：实质的运动和静止的相对性；（4）运动的永恒性与静止的暂时性；（5）运动和静止是物质变化和不变原因。物质、力、运动和变化：四者关系

6. 能的形态和能量：（1）能的形态和能量定义；（2）能的形态和能量的原因及量度；（3）能的转化

（四）物质规律

1. 物质的量的规律：（1）质量守恒定律；（2）能量守恒定律；（3）质能相当性定律

2. 物质结构规律：（1）简单和复杂定律：物质变化速度定律、物质种类定律、物质相对含量定律

3. 物质形态规律：（1）进化和退化定律；（2）物质的无序和有序

定律；（3）物质和谐与不和谐定律；（4）物质循环定律

根据拙著《自然哲学》初稿，这些恐怕就是仅仅在自然界一切领域中存在——而在社会和意识领域则不存在——的一切自然物的普遍性，就是自然界所特有的全部共性、共同物，因而是自然哲学研究对象。至于自然哲学研究对象究竟如何，尚待拙著《自然哲学》最终完成之日方可定也。

然而，今日一些学者，却由自然哲学运用和包含"辩证法"，便把自然哲学叫作自然辩证法、辩证自然观。这是不妥的。因为任何一门科学，并不是由于运用、包含什么科学而得名，而是由于这门科学研究对象而得名：一门科学的名称来自研究对象，而不是来自包含什么科学。因为各门科学的名称必须是各不相同的。如果一门科学的名称，不是来自研究对象，而是来自运用、包含什么科学，那么，一切科学就都应该因运用辩证法而有共同的名称了：物理学就应该叫辩证物理学；化学就应该叫辩证化学。反之，如果一门科学的名称是来自研究对象，而不是来自运用、包含什么科学，那么，各门科学便由于研究对象毫无共同之处，也就都有各自不同的名称。

问题是，为什么各门科学可以运用、包含某门科学知识，但在研究对象上却皆互不包含而无共同之处呢？原来，虽然一切具体科学运用和包含一般科学知识，但具体科学对象却丝毫不包含一般科学对象：具体科学丝毫不研究一般科学对象，而是将它当作已知的普遍原理，来指导研究一般科学所不研究的具体的差别性部分。举例说：

经济学的"资本主义生产"概念，虽然应用和包含哲学的"生产"概念，但经济学并不研究"资本主义生产"中所包含的一般"生产"，而是把"生产"当作已知者，从而用以指导研究"资本主义生产"中去掉"生产"所剩余的差别性部分。所以，经济学虽然包含、运用哲学知识，但经济学研究对象却丝毫不包含哲学对象，因而经济学不可称之为经济哲学或哲学经济学。

同理，自然哲学虽然应用、包含辩证法，但自然哲学研究对象却丝毫不包含辩证法对象，所以也就不能叫作自然辩证法。以此类推，社会哲学和精神哲学虽然应用、包含"辩证唯物主义"，但社会哲学和精神哲学研究对象，却丝毫不包含辩证唯物主义研究对象，所以也就不能叫作历史唯物主义或唯物史观，不能叫作唯物精神哲学或辩证唯物主义精神哲学。

诚然，事实上，今日所谓自然辩证法，如《自然辩证法杂志》，不过是自然哲学资料和自然界中的"辩证法"或元哲学资料的混合物：其中自然哲学资料属于哲学学科自然哲学范畴；而自然界中的辩证法资料，则是另一门哲学学科元哲学对象。所以，这种"自然辩证法"不配享有一门哲学学科的美名，却自有其资料作用：一方面，它提供资料以供自然哲学研究；另一方面，则为另一门哲学学科元哲学提供资料，探索自然领域中的辩证法、元哲学，从而验证、丰富和发展辩证法、元哲学。这样一来，这种自然辩证法虽然并非一门哲学学科，却极有价值。因为，如果离开对自然界的辩证法、元哲学的探索，离开对社会和意识领域中辩证法、元哲学的探索，那么，辩证法、元哲学就成了无源之水，无本之木。

5. 精神哲学

精神哲学是研究仅仅在人类意识中存在——而在自然和人类社会中则不存在——的一切人类意识的普遍性真理的科学，是关于人类意识领域一切事物所特有的普遍性真理的科学，而不是自然、人类社会与人类意识三大领域一切事物的普遍性真理的科学。因此，精神哲学研究对象就是仅仅在所有意识中存在——而在自然和社会中则不存在——的一切意识所特有的普遍性，亦即"认识（认知）与情感以及意志、感性认识和理性认识、抽象认识和具体认识、个别认识和一般认识、真理和错误、科学与宗教、哲学与自然科学和社会科学"等等一切种类的意识所特有的普遍性。这种普遍性是什么呢？

自古希腊哲学诞生以降，精神哲学无疑是构建体系的哲学著作最多的哲学学科。仅就黑格尔以前来说，就有亚里士多德的逻辑学、培根的《伟大的复兴》和《新工具》、笛卡尔的《方法谈》和《形而上学的沉思》、斯宾诺莎的《理智改进论》、洛克的《人类理智论》、莱布尼茨的《人类理智新论》、贝克莱的《人类知识原理》、休谟的《人类理智研究》、孔狄亚克的《人类知识起源》、康德的《纯粹理性批判》、费希特的《知识学基础》、谢林的《先验唯心论体系》、黑格尔的《精神现象学》和《精神哲学》等等。

综观以往精神哲学研究可知，仅仅在所有精神、思想、意识（三者是同一概念，都是认知、情感与意志之和）中存在——而在自然和社会中则不存在——的一切意识所特有的普遍性，就是"意识"，就是知、情、意。"意识"显然不但是一切具体种类意识的共同物，而且还是其全部共同物。所以，"意识"便是精神哲学研究对象。这样，一方面，精神哲学就以研究"意识"这种仅仅在所有意识领域才存在的事物，而与研究"矛盾"、"原因、结果"、"可能、现实"等等在自然、社会和意识三大领域都存在的事物的元哲学区别开来，所以叫作**精神**哲学；另一方面，精神哲学又以研究"意识"这种所有意识的普遍性，而与研究意识各个具体领域普遍性的科学，如心理学、高级神经活动生理学等等，区别开来，所以叫作精神**哲学**。

然而，精神哲学是否研究"意识"范畴的一切内涵或属性呢？否！因为"意识"虽然是一切种类意识所独有的事物，但这并不妨碍"意识"有许多属性也同样为自然和社会所共有。这些属性就是自然、社会和意识三大领域的共性，譬如人类思维的对立统一规律、否定之否定规律等等：这些是元哲学对象。这些在元哲学中已得到专门研究，如果再在精神哲学中研究，就是重复、侵占了元哲学对象，混乱了科学领域。所以，精神哲学并不研究"意识"的这些在三大领域共同存在的普遍性,而是以其为指导,研究"意识"的仅仅在一切意识领域存在的普遍性。对于这些仅仅在"意识"领域中存在的一切意识所特有的普遍性的研究,笼统言之,可以归结为:

上篇 意识论:一 反应;二 反射;三 思维;四 意识:知(认识)·情(感情)·意(意志);五 语言

中篇 认识论:一 认识;二 实践;三 真理;四 科学;五 宗教学

下篇 逻辑学:一 概念;二 判断;三 推理;四 论证

根据拙著《精神哲学》初稿,这些恐怕就是仅仅在意识一切领域中存在——而在自然和社会领域则不存在——的一切意识的普遍性,就是意识领域所特有的全部共性、共同物,因而是精神哲学研究对象。至于精神哲学研究对象究竟如何,尚待拙著《精神哲学》最终完成之日方可定也。

精神哲学之所以包括逻辑学,乃是因为,逻辑学全部研究对象"概念、判断、推理与论证"不仅仅存在于理性认识——亦即今日学者所谓"思维"——而且存在于感性认识;"概念、判断、推理与论证"不仅仅是理性认识的特殊形式,而且是一切认识的普遍形式。因此,逻辑学属于关于认识、意识一切领域所有事物的共性的科学,属于精神哲学;而不属于研究认识、意识某一特殊领域共性的具体科学,如心理学、语言学、高级神经活动生理学等等。

然而,哲学家们大都认为概念、判断、推理和论证并不是一切认识的共性、普遍性,而仅仅是所谓"思维"这种理性认识的特殊形式。这样一来,逻辑学也就不属于精神哲学这种研究认识一切领域所有事物的普遍性的科学,而属于研究认识某一特殊领域——亦即理性认识或所谓思维领域——的科学。因此,逻辑学是否属于精神哲学关键在于:概念、判断、推理和论证究竟是一切认识的普遍形式,还是理性认识的特殊形式?

答案是：概念、判断、推理和论证不仅是理性认识的形式，而且是感性和经验等一切认识的普遍形式。首先，不难看出，概念并不仅仅是反映事物一般和本质属性的理性思维形式。举例说：

"马克思"、"北京"、"雷锋"、"南京长江大桥"等一切单一概念，显然不仅反映这些事物的一般和本质属性，而且反映其个别、偶然、现象属性。谁敢说"马克思"这个概念不反映、不包括"马克思生于1818年5月5日"等个别的现象的属性呢？"人"、"城市"等一切普遍概念，也只在内涵方面才反映一般的本质的属性，而在外延方面却反映个别的现象的属性：谁敢说人的外延不包括、不反映"柏拉图、亚里士多德、康德、黑格尔"呢？

可见，概念并不仅仅反映本质的一般的属性，而且也反映现象、个别属性。所以，把概念定义为反映事物一般和本质属性的思维形式是片面的、错误的。退一步说，假如概念不反映个别的、现象的属性，那么反映事物的现象、个别属性的是什么东西呢？答案无疑是：感性认识。然而，感性认识完完全全是由概念构成，因而事物的现象的个别的属性，说到底，仍是由概念反映的。

试想，"这朵凤仙花是多么红"，是感性认识。它岂不是由"这"、"朵"、"凤仙花"、"是"、"多么"、"红"等概念构成的吗？岂不就是通过"这"、"朵"、"凤仙花"、"是"、"多么"、"红"等概念反映的吗？所以，不但理性认识由概念构成，一切事物的本质属性通过概念反映；而且感性认识也都是由概念构成，一切个别现象也都是通过概念反映。一句话，一切认识都是由概念构成，一切事物都是通过概念反映：概念是认识的细胞，是一切认识无处不在、无处不有的普遍因素。所以，概念乃是研究一切认识共性的精神哲学对象。那么，判断、推理、论证呢？

原来，概念与判断、推理和论证，皆非仅仅是理性认识形式，而是像"生产、分配、交换、消费"是"经济活动"四大分类一样，乃是一切认识所分成的四大具体种类。首先，一切认识都可以分成两类。一类是各种客观事物脱离联系而单独分别地在大脑中的反映，叫作"概念"。另一类是各种客观事物因一定关系而联系起来在大脑中的反映，具体分为"判断"、"推理"和"论证"：判断是两事物通过"一为表现一为被表现"关系而直接联系起来在大脑中的反映；推理是两事物通过一中介物而间接联系起来在大脑中的反映；论证是两事物通过两个以上中介物而间接联系起来在大脑中的反映。举例说：

"一朵花是牡丹花，是植物、是生物，它进行着新陈代谢、它必死，它散发香气、鲜艳、可爱"等属性，脱离联系分别在大脑中的反映，便是"这"、"朵"、"牡丹花"、"植物"、"生物"、"新陈代谢"、"必死"、"散发"、"香气"、"鲜艳"、"可爱"等等，便叫作概念。而"这朵牡丹花是植物"，则是"这朵牡丹花"和"植物"通过"表现与被表现"的关系而直接联系起来在大脑中的反映，因而是判断。"这朵牡丹花是植物，凡是植物皆有死，所以这朵牡丹花必死"，则是"这朵牡丹花"和"死"两事物通过"植物"而间接联系起来在大脑中的反映，因而是推理。而"生物皆有死，植物是生物，所以植物皆有死；牡丹是植物，所以牡丹皆有死；这朵花是牡丹，所以这朵花必有死"，则是"这朵花"与"死"两事物，通过"生物"、"植物"、"牡丹花"等两个以上中介物联系起来在大脑中的反映，因而是论证。

可见，概念是各事物脱离联系而单独分别地在大脑中的反映；判断、推理和论证则是各事物因一定关系而联系起来在大脑中的反映。因此，概念、判断、推理和论证乃是一切认识所分成的四个种类，也就是一切认识的四种具体表现形式；正像真理与错误是一切认识所分成的两大具体种类、是一切认识的两种具体表现形式一样。所以，研究概念、判断、推理和论证等一切认识四种形式的逻辑学，也就如同研究真理与错误等一切认识两种形式的真理论一样，属于研究一切认识的共性的精神哲学。

因此，自亚里士多德以降，将逻辑学与伦理学并列而作为两个哲学学科，是个双重错误：一方面，伦理学不是研究道德与政治等一切社会事物的普遍性——而仅仅研究一切道德的普遍性——的科学，因而不是哲学而属于社会科学范畴；另一方面，逻辑学乃是研究感性认识与理性认识等一切认识——而不仅仅是理性认识思维形式——普遍性的科学，因而不是具体的思维科学而属于精神哲学范畴。

6. 社会哲学

社会哲学是关于社会领域一切事物所特有的普遍性真理的科学，是关于仅仅在社会中存在——而在自然和意识中则不存在——的普遍性真理的科学，是关于所有社会一切事物的普遍性真理的科学，而不是关于自然、社会和意识三大领域一切事物普遍性真理的科学。因此，社会哲学对象就是仅仅在所有社会中存在——而在自然和意识中则不存在——的全部普遍性，就是社会所特有的一切事物的全部普遍性、共同物。那么，什么是仅仅在所有社会中存在——而在自然和意识中则不存在——的全部普遍性或共同物呢？

不言而喻，所有社会中一切事物的全部普遍性、共同物，也就是民主社会和非民主社会、公有制社会与私有制社会以及原始社会、奴隶社会、封建社会、资本主义社会等社会中一切事物的全部普遍性、共同物。而这些全部普遍性、共同物是什么呢？无疑就是"社会"："社会"显然不但是民主社会和非民主社会、公有制社会与私有制社会等的普遍性、共同物，而且还是其全部普遍性、共同物。所以，社会哲学对象便是"社会"范畴。这样，一方面，社会哲学就以研究"社会"所特有的、仅仅在所有社会才存在的事物，而与研究"矛盾"、"原因"、"结果"、"质和量"等等在自然、社会和意识三大领域都存在的事物的元哲学区别开来，所以叫**社会**哲学；另一方面，社会哲学又以研究"社会"这一所有社会一切领域所特有的普遍性、共同物，而与研究社会具体领域普遍性的社会科学区分开来，所以叫社会**哲学**。

然而，社会哲学是否研究"社会"范畴的一切东西呢？否！因为"社会"虽然是所有社会所特有的事物，却并不妨碍"社会"有许多属性也同样为自然和意识所具有。这些属性就是自然、社会和意识三大领域的共性，如社会发展的对立统一规律、否定之否定规律、质量互变规律等等。这些属性是元哲学对象，在元哲学中已得到专门研究。如果再在社会哲学中研究，就是重复，就侵占了元哲学对象，混乱了科学领域。所以社会哲学并不研究"社会"的这些在三大领域共同存在的属性，而是以其为指导，只研究"社会"所特有的、仅仅在所有社会中存在的普遍性。对于这种一切社会所特有的普遍性的研究，笼统言之，可以归结如下：

（一）社会：概念分析

1. 社会定义

2. 社会结构

3. 社会分类

（二）经济：创获物质财富的活动

1. 生产

2. 交换

3. 分配

4. 消费

（三）文化：创获精神财富的活动

1. 科学：哲学与社会科学以及自然科学

2. 非科学文化：经验与非体系性理性认识

3. 宗教：最重要的非科学文化

（四）人际活动

1. 与财富无关的活动

2. 与财富没有必然联系的活动

（五）管理：不创获财富的管理活动

1. 权力管理：政治

2. 非权力管理：德治

3. 权力规范：法

4. 非权力规范：道德

（六）社会发展规律

1. 爱有差等：最深刻的人性定律

2. 经济制度的历史必然性

3. 政体制度的偶然任意性

4. 人在社会发展中的作用

（七）社会发展动力

1. 需求

2. 科学

3. 生产力

4. 地理环境

根据拙著《社会哲学》初稿，这些恐怕就是仅仅在所有社会中存在——而在自然和意识中则不存在——的一切事物的普遍性，就是社会领域所特有的一切事物的普遍性，因而也就是社会哲学研究对象。至于社会哲学研究对象究竟如何，尚待拙著《社会哲学》最终完成之日方可定也。

然而，一方面，或许有人问：难道科学与宗教等等不属于"认识"范畴？难道它们不存在于认识领域吗？确实，科学与宗教等等属于认识范畴而存在于认识领域。但是，作为社会哲学对象的科学与宗教，是作为创造精神财富的实际的物质的活动的科学与宗教，如著书立说与讲课布道等等；它们是一种实际的物质的社会活动，与认识根本不同。

另一方面，学者们大都把"社会意识"当作社会哲学对象，这是不妥的。因为，社会意识并不属于社会而属于意识领域。因为与自然和社会并列的意识领域，不外社会意识（即大脑对社会的反映）和自然界认识、自然界意识（即大脑对自然界的反映）。社会意识之不属于社会事物，正如自然界意识之不属于自然界一样。因此，社会意识不是社会哲学对象；而与社会意识相对立的"社会存在"不过是"社会"相对于社会意识来说的别名，因而其普遍性成为社会哲学对象。

二、胡塞尔问题：哲学还不是一门科学

1. 学科与科学：科学知识发展的两个阶段

胡塞尔的名著《哲学作为严格的科学》一开篇便这样写道："哲学在其发展的任何一个时期都没有能力满足这个成为严格科学的要求。即使是在最后一个时期，当哲学在各种哲学流派杂多而对立的情况下仍然遵循着一个本质上统一的自文艺复兴至当代的发展趋向时，它也未能做到这一点。尽管近代哲学的主导习俗（Ethos）恰恰在于，它不愿幼稚地投身于哲学的本欲，而宁可通过批判性反思的手段，在对方法的日趋深入的研究中，将自己构建成一门严格的哲学。但这些努力的唯一成熟结果是严格的自然科学和精神科学的建立与独立，以及各门新的纯粹数学学科的建立与独立。在这种现在才凸现出来的特殊意义上，哲学本身却仍然一如既往地缺乏严格科学的特征。"① 胡塞尔此见能成立吗？

原来，任何一门科学，对于它的对象的研究都存在着一种由部分到全部、由错误到真理的发展过程。这样，科学知识在它发展的历程中，必然存在两大阶段。第一个阶段的特征是：（1）所研究的并不是这门科学的精确的全部的对象，而是或者侵占了其他科学研究对象，或者只是这门科学的一部分对象，或者二者兼而有之；（2）学者们对

---

① 胡塞尔：《哲学作为严格的科学》，商务印书馆2010年版，第2页。

于这些对象的说明和论证不能不犯有各种错误,因而必然是含糊不清、互相冲突的;(3)围绕这门科学的基本问题或难题势必形成各种不同乃至互相矛盾的学说。反之,第二个阶段的特征则是:(1)所研究的乃是这门科学的全部对象:不多不少;(2)对于这些对象的概念分析和理论论证是清晰、精确、全面的;(3)解决了这门科学的基本问题和难题,从而把围绕这些问题所形成的各种不同乃至矛盾的学说统一起来,最终建立了一种逻辑严谨的、开放性的、可能包罗人类有关该科学的全部知识的思想体系。

这两个阶段的区别,可一言以蔽之:前者是包含诸多谬误的片面的理性知识体系,因而是不科学的,不应该享有"科学"的美名,而应该仅仅称之为"学科";后者则是全面的真理的理性知识体系,应该享有"科学"的美名而称之为"科学"。这就是科学的精确含义:科学乃是关于实际存在事物的分门别类的普遍性真理的理性知识体系。因为全面性是真理的本性;片面性是谬误的本性。这样,科学之为真理的涵义,并不是作为一个或几个判断的真理,而是作为一门学科的真理,是作为学科大厦的真理、作为真理的学科大厦。这就是为什么,任何科学知识发展的第一阶段,都不配享有科学的美名而只应称之为"学科",是科学知识发展的"学科"阶段;只有第二阶段才配享有科学的美名,才可以称之为科学知识发展的科学阶段。

可见,我们对于科学概念的分析,与古今中外通用的科学概念的涵义是一致的:一方面,科学是一种与宗教和经验相反的理性知识体系;另一方面,科学是一种普遍性真理的理性知识体系:"只有真理存在于其中的那种真正的形态才是真理的科学体系。"[①] 因此,无论从哪一个角度看,科学都是一个具有二重性的概念:广义的粗略的不严格不精确的科学概念,亦即关于实际存在的事物普遍性的理性知识体系;

---

① 黑格尔:《精神现象学》上册,商务印书馆 2015 年版,第 4 页。

狭义的精确的严格的科学概念，亦即关于实际存在的事物普遍性真理的理性知识体系。

不难看出，任何一门科学知识发展的第一阶段——学科阶段——是容易达到的，它们大都在遥远的古代就已经达到了；难于达到的，是科学知识发展的第二阶段：科学阶段。任何一门科学——不论是物理学还是伦理学——知识发展的目的，都在于经过学科阶段而达于科学阶段。哲学知识发展的学科阶段，早在公元前三百多年，就已经由亚里士多德的《形而上学》、逻辑学和《物理学》完成了。尔后两千三百年来，哲学家们一直在向哲学的科学阶段进军，努力探求科学的哲学、使哲学成为科学。那么，他们达到了目的吗？

2. 哲学尚未成为科学

西方哲学，如所周知，以黑格尔哲学划线：黑格尔以后的哲学为现代西方哲学。黑格尔哲学无疑是他之前哲学之集大成，代表了从古希腊哲学到他那个时代的哲学最高水平。然而，综观从古希腊到黑格尔哲学，确如胡塞尔所言：哲学还没有成为科学。首先，两千余年的哲学研究对象，并非哲学的全部自己的对象。一方面，哲学侵占了其他科学对象，以致伦理学和美学等社会科学被公认为哲学的一部分而成为哲学学科；另一方面，哲学所研究的又仅仅是一部分而非全部对象，以致一些哲学学科，如社会哲学，还没有建立起来。亚里士多德哲学与黑格尔哲学，就其研究对象来说，虽然远高于其他哲学，却远非完备。

因为亚里士多德哲学包括形而上学（亦即元哲学、第一哲学）、自然哲学（即其《物理学》）和部分精神哲学（逻辑学），而没有社会哲学和精神哲学的其余部分。黑格尔虽然构建了至今仍然无人能够超越的最完备的哲学体系，包括元哲学、形而上学（即其《逻辑学》）、自然哲学和精神哲学，但没有独立的社会哲学。黑格尔哲学体系各学科的研究对象也远非各学科的全部的对象。就拿他最高水平——迄今也无人能及——的元哲学、形而上学来说，其中找不到该学科最重要最复杂的范畴"价值"；却侵占了精神哲学对象：概念、判断和推理。黑格尔的《自然哲学》研究对象，与自然哲学的研究对象（亦即自然界所特有的一切事物的普遍性，说到底，亦即"物质"范畴）相去甚远，而不过是物理学、化学和生物学等具体领域的普遍原理，因而属于自然科学范畴，而并非自然哲学。

黑格尔《精神哲学》包括两个哲学学科：精神哲学与社会哲学。就其精神哲学部分——亦即他的《精神哲学》第一篇"主观精神"和第三篇"绝对精神"——来说，其中所研究的显然远非精神哲学的真正对象，亦即远非人类精神领域所特有的一切事物的普遍性，至少没有研究概念、判断和推理的科学：逻辑学。就其社会哲学——亦即他的《精神哲学》第二篇——的主要研究对象来说，如财产、契约、法与不法、家庭、市民社会、司法、警察与同业社会、国家、内部国家法、外部国家法、世界历史法等等，无疑属于社会科学范畴，而远非社会哲学的真正对象：人类社会领域所特有的一切事物的普遍性。

不但此也，黑格尔哲学多有谬误。且不说他的客观唯心主义，就拿他的主要贡献——否定之否定规律和质量互变规律以及对立统一规律——来说，也缺乏科学的表述和论证。特别是对于否定之否定规律，黑格尔并无专门论述：否定之否定主要是黑格尔整个哲学体系构成的根本规律，说到底，不过是从康德那里生吞活剥的范畴推演的"肯定—否定—综合"之三一式方法而已，以致往往牵强附会到荒唐可笑的地步。特别是黑格尔《自然哲学》，其中如关于水、颜色、行星、太阳热不热等问题的见解，充分显示了黑格尔的无知，以致科学哲学家赖兴巴哈说：黑格尔的自然哲学成了科学家们嘲笑的对象。

最伟大的哲学家黑格尔尚且如此，遑论其他！施太格缪勒说："哲学问题通常被认为是固定不变的……面对着这些固定不变的课题，建立哲学体系的尝试却在随着时间而改变。数千年来，人们一再进行这种建立体系的新尝试，这个事实一方面证明人们在对待这些'根本问题'上有顽强不屈和不知疲倦的精神，但是另一方面也可能导致一个悲观的结论，即认为甚至人们数千年的长期辛劳也没有能够确定无疑地解答哪怕是一个这样的问题。"①

诚哉斯言！几乎全部的哲学范畴和所有问题直到今日仍然十分模糊混乱。特别是那些极其重要的范畴，如分别作为自然哲学和社会哲学以及精神哲学全部研究对象的"物质"、"社会"与"精神"，更是远远没有得到精确定义。形而上学的范畴，如"价值"、"矛盾"、"对立"、"事物"、"变化"、"相对和绝对"、"内容和形式"、"同一、差别、普遍、抽象和具体、一般和个别、逻辑与历史"、"偶然和必然、自由"、"现象、性质、规律和本质"、"质和量"等等也都没有确切定义。黑格尔是矛盾理论的创造者和系统阐述者；然而，在他那里不但找不到矛盾的精确定义，而且他还将矛盾与对立混为一谈，贻误至今也。

这样一来，自古希腊哲学以降，几乎所有哲学理论都缺乏黑格尔所强调的精神本性：清楚明晰。毫无疑义，自古希腊以降的所有哲学难题，至今没有一个能够解决和说得清楚；而围绕这些难题所形成的流派林立，各执一偏，遂使哲学成为一种充满矛盾的理论大杂烩，何谈科学？有鉴于此，胡塞尔说：

"因此，虽然哲学的历史目的在于成为所有科学中最高的和最严格的科学，它代表了人类对纯粹而绝对的认识之不懈追求（以及与此不可分割的是对纯粹而绝对的评价与意愿之不懈追求），但哲学没有能力将自身构建成一门真实的科学。这位在人性之永恒事业方面具有天职的教师根本不能进行教授：不能以客观有效的方法进行教授。康德

---

① 施太格缪勒：《当代哲学主流》上卷，商务印书馆1989年版，第15页。

喜欢说，人们无法学习哲学，而只能学习哲思（Philosophieren）。这无非是对哲学之非科学性的供认不讳。在科学、真实的科学伸展的范围内，人们可以教授和学习，并且始终是在相同的意义上。科学的学习从来都不是一种对精神以外材料的简单接受，而始终立足于自身的活动，立足于一种内部的再造，即通过创造性精神而获取的、按照根据与结论而进行的理性明察的内部再造。人们无法学习哲学的原因在于，在这里还没有那种得到客观领悟和论证的明察，而这也就意味着，在这里还缺乏那些在概念上得到明确界定、在意义方面得到完全澄清的问题、方法和理论。

"我并不是说，哲学是一门未完善的科学，而是就干脆说，哲学还不是一门科学，它作为科学尚未开始，而我在这里是以那些得到客观论证的理论学说内容的哪怕很小一部分来作为评判标准的。所有科学都是不完善的，即使是那些备受颂扬的精确科学也是如此。它们一方面是不完备的，面对着众多未解答的问题的无限视域，这些问题使得认识的欲望永远无法得到安宁；另一方面，它们在已经构造出来的学说内容中带有某些缺陷，在这里或那里会表露出在证明的系统秩序和理论方面的不清晰和不完善。但无论如何，一个学说内涵已经形成，它不断地增长并且一再产生出新的分支，任何有理性的人都不会怀疑数学和自然科学的美妙理论的客观真实性或客观论证了的或然性。在这里——从总体上说——没有为私人的'意见'、'观点'、'立场'留下栖身的场所。但只要这些私人的东西还个别地存在着，那么科学就不是、并且一般也不被看作是已经形成的科学，而是、并且一般也被看作是正在形成着的科学。

"刚才所描述的这种为所有科学所具有的不完善性完全不同于哲学的不完善性。哲学不仅不具有一个不完备的和仅仅是在个别方面不完善的学说系统，而是根本就不具有任何学说系统。这里的一切都是有争议的，任何一个表态都是个人信念的事情，都是学派见解的事情，都是'立场'的事情。

"至于那些古代和现代科学的哲学世界文献为我们所提供的设想，它们或许是建立在严肃的、甚至是宏大的精神工作之基础上；不仅如此，它们或许在很大程度上是在为科学严格的学说系统在未来的创建做准备：但在这些文献中，暂时还没有任何东西可以被看作是哲学科学的基础，而且还不存在任何希望，诸如用批判的剪刀在这里或那里裁剪出一块哲学的学说。"①

对于胡塞尔此见，难免有人质疑：难道现代西方哲学——黑格尔之后的哲学——仍然没有使哲学成为科学？是的，现代西方哲学仍然没有使哲学成为科学。因为就构建哲学的科学体系来说，至今无人超过黑格尔也。克洛纳说："文德尔班曾经说过：'了解康德就是超过康德。'我们也可以说：了解黑格尔就是看透了绝对不能再超过黑格尔。如果还可以有一个'后黑格尔'的话，那就必须作出一个新的开端。"②

此言不虚！后黑格尔哲学确实有一个新的开端，毋宁说，现代西方哲学与黑格尔哲学及其以前的哲学根本不同；这种不同是如此根本，以致意味着"哲学的终结"。对此，海德格尔这样写道："我们问：当今的时代，1. 哲学怎样走进了它的终结？ 2. 哲学的终结之际，思的任务还有什么？"③ 接着海德格尔答道：

"谈到哲学之终结是什么意思呢？我们往往把某物的终结过于简单地在否定的意义上理解为纯粹的停止，理解为不再继续，如果还不至于理解为衰败和不可能的话。这里相反，我们所谈的哲学的终结意味的是形而上学的完成。……我们所说的'终结'一词的古义与'位置'一词相同：'从一个终点到另一个终点'，意思就是从一个地方到另一个地方。哲学的终结就是这样一个地方，在此，整个哲学的历史

---

① 胡塞尔：《哲学作为严格的科学》，商务印书馆2010年版，第3—5页。
② 洪谦主编：《现代西方哲学论著选辑》上册，商务印书馆1993年版，第157页。
③ 陈启伟主编：《现代西方哲学论著选读》，北京大学出版社1992年版，第669页。

汇集到它最极端的可能性上。终结作为完成就意味着这一汇集。"①

哲学的终结就是哲学的历史发展、哲学知识的汇集已经实现了它的最极端的可能性，因而从一个地方走到了另一个地方，从一个领域走到了另一个领域。那么，这另一个地方、另一个领域究竟是什么？乃是人的世界，是人以各种各样的方式所重组的世界：哲学是人所经验的世界的科学。对此，海德格尔这样写道：

"作为完成，终结就是汇集到最极端的可能性。要是我们仅只期望弘扬迄今所有近代哲学的风格，那就未免把这种汇集思得太窄了。我们忘了，早在古希腊哲学的时代，决定性的哲学的道路就已经表现出来。即：在哲学开启出来的视域内，诸科学生长起来。科学的成长过程同时也就是它们与哲学分离以及它们独立性的建立过程。哲学的完成，就包含着这一进程。今天，这一科学生长进程的发展正在整个存在者的领域中全力进行。这一发展看来似乎是哲学的消亡，实际上却恰恰是哲学的完成。只要指出心理学、社会学、作为文化人类学的人类学的独立性，指出作为符号逻辑和语义学的逻辑学的作用就足够了。哲学转而研究关于人的经验科学，以及关于所有对于人来说可能成为人的技术的经验对象的东西的经验科学。通过这种技术，人在这个世界之中建立自身。与此同时，他也就以各种各样制作和构造的方式重组这个世界。所有这一切无一不是基于存在者的各个个别领域中的科学发现和按照这种发现来进行的。"②

人的世界的哲学：这就是现代西方哲学的根本特征。伯格森说："形而上学如今化繁就简，更接近生活了。"③ 狄尔泰论及西方现代哲学也这样写道："哲学是那种人在其中观照自身同时又施影响于外的活

---

① 陈启伟主编：《现代西方哲学论著选读》，北京大学出版社1992年版，第670、671页。

② 陈启伟主编：《现代西方哲学论著选读》，北京大学出版社1992年版，第671页。

③ 陈启伟主编：《现代西方哲学论著选读》，北京大学出版社1992年版，第32页。

动。就此而言,哲学的功能与宗教和诗的功能相似。所以,哲学是一种活动,它源于个人精神的下述需要:对其行为的反思、行为的内部形态和稳定性以及与人类社会整体的更稳固的关系。同时,哲学也是一种植根于社会的结构之中而又为社会的完善所必需的功能。"①

这就是为什么,现代西方哲学主流乃是诸如人生哲学、伦理学等各种各样的具体社会科学和精神科学。人生哲学与伦理学不是哲学(哲学只有四部分、四个学科:形而上学与自然哲学以及精神哲学与社会哲学),自不待言。其他各种各样的社会科学和精神科学,就其主要研究对象来说,也皆非社会领域一切事物的普遍性,皆非精神领域一切事物的普遍性;而是社会和精神各自领域的局部事物的普遍性,因而主要属于社会科学和精神科学,而非社会哲学和精神哲学。因此,现代西方哲学,就其主流来说,并非哲学。因此,说哲学至黑格尔而终结,非虚言也:"只要指出心理学、社会学、作为文化人类学的人类学的独立性,指出作为符号逻辑和语义学的逻辑学的作用就足够了。哲学转而研究关于人的经验科学,以及关于所有对于人来说可能成为人的技术的经验对象的东西的经验科学。"②

海德格尔此言实乃真知灼见也!但之所以再引证一次,是想补充一句:即使那些最抽象最理性最晦涩难懂的现代西方哲学,亦非名副其实的哲学也。就拿海德格尔的《存在与时间》和萨特的《存在与虚无》等存在主义论著来说。在黑格尔以前的哲学家那里,从巴门尼德、亚里士多德到黑格尔,"存在"范畴无疑是最抽象最普遍的哲学范畴,是关于宇宙一切事物的普遍性的哲学范畴。但是,《存在与时间》与《存在与虚无》等存在主义论著的"存在"却仅仅是"人的存在";它们的研究对象乃是人的异化、自由与自我选择,属于人生哲学和伦理

---

① 陈启伟主编:《现代西方哲学论著选读》,北京大学出版社1992年版,第83页。
② 陈启伟主编:《现代西方哲学论著选读》,北京大学出版社1992年版,第671页。

学范畴。何以见得？

原来，海德格尔与萨特认为，人的存在，说到底，乃是一种自我实现、自我选择。一个人是什么，或者说他的本质，乃是他的自由活动的自由创造物："人从事什么，人就是什么。"① "人不外是由自己造成的东西。这就是存在主义第一原理。"② 所以，人的自由活动，亦即人的存在，对人的本质便具有优先地位："'存在先于本质'是什么意思？这句话的意思就是说……人之初，是空无所有的，只是后来，人要变成某种东西，于是，人就照自己的意志而造成他自身。"③

这样，人的本质便不是固定的，而是始终处于悬欠的、持续的、未封闭的、不完整的自由造就之中，每个人的活动便都是个不断的自我选择、自我造就、自我获得、自我实现的过程："我永远在进行自我选择，而且永远不能作为已被择定的存在。"④ 这种活动的目的，显然在于不满足自我现状、超越自我现状而追求未来的可能的自我、创造未来的可能的自我："人之所以能存在乃是由于追求超越的目的。"⑤

从此出发，海德格尔与萨特又进而论说，个人自由是每个人自我造就的前提，因而便只有达到个人自由，才能达到自我造就；个人自由是每个人行为的更为直接更为具体的目的；自我造就则是间接的、终极的目的。因此，萨特一再说："在每一具体环境下自由不外是以自己的要求为目的。"⑥

然而，社会生活却使人丧失自由而异化。海德格尔的异化理论，可以称之为"常人论"。这一理论详尽说明，人与人之间的本质关系，乃是消除相互差别和突出之处从而使人人沦为彼此相同、平均的常人

---

① 海德格尔：《存在与时间》，生活·读书·新知三联书店 1987 年版，第 288 页。
② 萨特：《存在主义是一种人道主义》，上海译文出版社 1991 年版，第 9 页。
③ 萨特：《存在主义是一种人道主义》，上海译文出版社 1991 年版，第 18 页。
④ 萨特：《存在与虚无》，生活·读书·新知三联书店 1987 年版，第 616 页。
⑤ 萨特：《存在主义是一种人道主义》，上海译文出版社 1991 年版，第 21 页。
⑥ 萨特：《存在主义是一种人道主义》，上海译文出版社 1991 年版，第 22 页。

之关系:"平均状态是一种常人的生存论性质。常人本质上就是为这种平均状态而存在。……平均状态先行描绘出了什么是可能而且容许去冒险的东西,它看守着任何挤上前来的例外。任何优越状态都被不声不响地压住。一切源始的东西都在一夜之间被磨平为早已众所周知的了。一切奋斗得来的东西都变成唾手可得的了。任何秘密都失去了它的力量。这种为平均状态之烦又揭开了此在的一种本质性的倾向,我们称之为对一切存在可能性的平整。保持距离、平均状态、平整作用,都是常人的存在方式,这几种方式组建着我们认之为'公众意见'的东西。"[1] 这样,一个人只要生活于社会、人群之中,便不能不失去自由、听任常人摆布,从而所造就的便是常人为自己选择的自我,便是没有独特个性的、非本己的、非本真的自我;而不是自己为自己选择的自我,不是具有独特个性的、本己的、本真的自我:常人、他人、社会是自我发生社会异化之根源。

萨特对此的论证,则是其著名的"注视论"。按照这一理论,只要我生活于社会和他人之中,那么,在他人注视下,我便会失去选择自由而成为一个他人所要求的自在存在。这样,不论他人对我如何,他人的注视、他人的存在,客观上便使我失去选择自由而异化;反过来,我的存在、我的注视,客观上也同样使他人失去选择自由而异化:"于是,尊重他人自由是一句空话:即使我们能假定尊重这种自由的谋划,我们对'别人'采取的每个态度也都是对于我们打算尊重的那种自由的一次践踏。"[2] 不但如此,实际讲来,我主观上也力图使他人屈从我的意志;他人主观上也力图使我屈从他的意志。所以,我和他人的本质关系,便是旨在互使对方失去选择自由而异化的诡计关系:"我经常关心的是使他人保持其客观性,而我与对象——他人的关系本质

---

[1] 海德格尔:《存在与时间》,生活·读书·新知三联书店1987年版,第156页。
[2] 萨特:《存在与虚无》,生活·读书·新知三联书店1987年版,第528页。

上是由旨在使其保持为对象的诡计所造成的。"① 因此，无论如何，他人总是我发生异化的根源，因而实乃我之地狱："地狱，就是别人。"②

可见，在海德格尔与萨特看来，社会和他人乃是我发生异化的根源，那么，如何才能摆脱异化、获得自由、实现自我选择？尼采认为，应当逃避社会、远离他人、出世隐居："隐居起来吧，那样你才能够过真正属于自己的生活。"③ 海德格尔则认为，人生即在世、入世，逃避社会、远离他人是不可能的。所以，他说：

摆脱他人宰制、夺回选择自由、只依靠自己来造就未来自我的"决心这一本真的自身存在并不把此在从其世界解脱，并不把此在隔绝在一个飘游无据的我中——决心之为本真的展开状态恰就是本真地在世，它又怎会解脱、隔绝？决心恰恰把自身带到当下有所烦忙地寓于上手事物的存在之中，把自身推到有所烦神地共他人存在之中"④。

萨特也有此见，所以，他的既不给予也不索取而只单纯利己的孤零零的洛根丁，并不是个隐士，而是生活在常人之中："我孤零零地在这一片快乐和正常的人声中。"⑤ 因为——萨特后来对此解释说——一个人无论如何，却总有一不变的事情，即他"必须生存于世界，必须在世界内工作，必须生于他人之中，必须死亡"⑥。在《存在与虚无》中，萨特则诉诸道德，认为道德的起源与目的就在于保障自我选择之自由："现在我们能够更加明确地规定何为自我：它就是价值。"⑦ "价值，就是自我。"⑧《存在与虚无》的最后结论说得更为透彻明晰："本体论和存在的精神分析法应该向道德主体揭示，他就是各种价

---

① 萨特：《存在与虚无》，生活·读书·新知三联书店1987年版，第390页。
② 柳鸣九编选：《萨特研究》，中国社会科学出版社1981年版，第303页。
③ 尼采：《快乐的科学》，中国和平出版社1987年版，第228页。
④ 海德格尔：《存在与时间》，生活·读书·新知三联书店1987年版，第354页。
⑤ 萨特：《厌恶及其他》，上海译文出版社1986年版，第16页。
⑥ 萨特：《存在主义是一种人道主义》，上海译文出版社1991年版，第16页。
⑦ 萨特：《存在与虚无》，生活·读书·新知三联书店1987年版，第139页。
⑧ 萨特：《存在与虚无》，生活·读书·新知三联书店1987年版，第139页。

值赖以存在的那个存在。这样，他的自由就会进而……发现自己是价值的唯一源泉。"①

这就是海德格尔《存在与时间》与萨特《存在与虚无》等存在主义论著的主要理论，无疑属于人生哲学和伦理学而非哲学也。源于巴门尼德、亚里士多德和黑格尔"存在"理论而堪称最抽象最艰深的《存在与时间》与《存在与虚无》尚且不是哲学著作，更何况其他现代西方哲学：现代西方只有各门具体的精神科学、社会科学和自然科学而无哲学也！霍金说：

"在 19 和 20 世纪，科学变得对哲学家，或除了少数专家以外的任何人而言，过于技术化和数学化了。哲学家如此地缩小他们的质疑范围，以至于连维特根斯坦——这位本世纪最著名的哲学家都说道：哲学仅余下的任务是语言分析。这是从亚里士多德到康德以来哲学的伟大传统的堕落！"②

诚然，现代西方哲学论著不乏大量哲学知识，不乏对于自然、社会和精神三大领域一切事物普遍性的研究；但其主要研究对象毕竟越来越狭窄、细碎、局部化而不具有普遍性，不是对于自然、社会和精神三大领域一切事物普遍性的研究，因而非哲学也。既然没有哲学，谈何科学的哲学：现代西方哲学非科学也！对于现代哲学研究对象越来越狭窄、细碎、局部化而失去以往哲学的全局普遍性，金岳霖曾有十分精辟的阐述：

"大师确实消失了，分化成了无数的专家，他们毫无疑问应当被理解为哲学家。……哲学采取当前的发展趋势，只不过是追随其他学科的榜样而已。当前，几乎所有学科都是为着效率而组织起来的，在这样的结构形式中，它们不可避免地伴随着某些特征。首先，总的趋势

---

① 萨特：《存在与虚无》，生活·读书·新知三联书店 1987 年版，第 798 页。
② 霍金：《时间简史——从大爆炸到黑洞》，湖南科学技术出版社 1996 年版，第 156 页。

是分工日益细密，越来越多的学者在越来越窄的知识领域里成为专家。每一个细小的知识分支都成为一个技术园地，很难指望安居其中的专家成为整个学科的大师。在自然科学领域，大师已经消失了，他们也正在经济学和社会学的领域里消失。在哲学的领域，也会很快出现逻辑学家、认识论专家、美学家等等，但就是出不了哲学家。……我们的知识处于此种趋势之下，研究变得越细碎，他们就越外在化，而他们越外在化，研究又变得更加细碎。"①

3. 哲学已经能够成为科学

现代西方哲学，就其主要内容来说，虽然属于具体精神科学和社会科学而不是哲学，却毫无疑义包含大量哲学知识，亦即对于自然、社会和精神三大领域一切事物普遍性的研究。这些研究不但属于哲学知识，而且极其重要，甚至堪称伟大的哲学发现，是元哲学、自然哲学、社会哲学与精神哲学知识的伟大飞跃而远超黑格尔以往哲学，致使哲学能够成为科学也！

原来，任何一门科学知识，都需要逐步积累到一定程度，发生飞跃、革命，造成巨大发现，形成伟大理论，从而解决该科学的基本问题，才能够成为一门独立的真正的科学。因为只有有了解决一门科学基本问题的伟大发现，才能用以整理该门科学所积累的全部知识，从而形成独立的科学体系；正像只有有了基石和栋梁，才能整理砖瓦材料，筑成独立的大厦一样。举例说：

哥白尼的伟大发现，使天文学变成一门独立科学；伽利略和牛顿的伟大发现，使力学变成一门独立科学；拉瓦锡和道尔顿的伟大发现，使化学变成独立科学；达尔文进化论、细胞学说和孟德尔遗传学，使生物学变成独立科学；微积分使分析数学变成独立科学；巴甫洛夫学

---

① 《金岳霖文选》，中国社会科学出版社 2000 年版，第 196、198 页。

说使高级神经活动生理学变成独立科学。

现代西方哲学知识在黑格尔以往哲学基础上的积累,已经达到了使哲学能够成为科学的程度。首先,1903年,摩尔发表《伦理学原理》,宣告了另一种理论伦理学——"元伦理学"(Metaethics)——的诞生。尔后半个多世纪,元伦理学在西方伦理学领域一直居于主导地位。它的代表人物,除了摩尔,还有普里查德、罗斯、罗素、维特根斯坦、石里克、卡尔纳普、艾耶尔、史蒂文森、图尔闵、黑尔等等。元伦理学的核心问题就是"休谟难题":价值能否从事实产生和推导出来。从这些大师的研究成果出发,不难破解休谟难题,从而使元哲学、形而上学最复杂最重要的范畴"价值"可能得到科学解析。休谟难题的破解和黑格尔关于否定之否定规律、质量互变规律以及对立面的斗争和平衡规律的伟大理论,便是对自然、社会和意识三大领域所共有的一切事物基本规律的发现,解决了元哲学的基本问题,从而使该哲学学科能够整理所积累的知识,形成一门科学的哲学学科。

其次,现代自然科学的发展,特别是基本粒子理论、相对论、量子力学、量子宇宙学、弦理论、大爆炸宇宙学理论、分子生物学理论、信息论、系统论、控制论、耗散结构理论与协同学、超循环理论、突变理论与混沌学等等,无疑使自然哲学已经能够成为一门科学的哲学学科。更何况,早在19世纪前后就已发现的质量守恒定律和能量守恒定律,乃是自然界一切领域的基本规律,海克尔称之为"至高无上的包罗万象的自然规律":"我认为实体定律是至高无上的包罗万象的自然规律,它是真的和唯一的宇宙基本规律;就其它一切已知的自然规律都要从属于它这一点而论,它的发现与确立是十九世纪最伟大的智慧成果。在'实体定律'这一概念中,我概括了两个其来源和发现时间都不同的最高的普遍定律:一是较早的关于'物质守恒'的化学定律,一是较晚的关于'力的守恒'的物理学定律。"[1] 爱因斯坦狭义相

---

[1] 海克尔:《宇宙之谜》,上海人民出版社1974年版,第198页。

对论则进而将这两个伟大定律统一为"质能相当性定律"：$E=mc^2$。[①]显然，自然科学已经发展到解决了关于自然界一切领域普遍性的科学——自然哲学——的基本问题，使自然哲学家们能够在质量守恒定律、能量守恒定律和相对论、基本粒子理论、量子力学等现代自然科学基础上，整理所积累的自然哲学知识而形成一门科学的哲学学科。

再次，马克思恩格斯关于生产力决定生产关系、经济基础决定上层建筑的历史唯物论的伟大发现，是对人类社会领域一切事物发展变化基本规律的反映。更何况，早已有儒家"爱有差等"之人性定律的伟大发现：谁给我的利益和快乐较少，谁与我必较疏远，我对谁的爱必较少，我必较少无私地为了谁谋利益；谁给我的利益和快乐较多，谁与我必较亲近，我对谁的爱必较多，我必较多无私地为了谁谋利益。于是，说到底，我对我自己的爱必最多，我为了我自己谋利益必最多；亦即自爱必多于爱人、为己必多于为人；每个人必定恒久为自己，而只能偶尔为他人。这些伟大发现，解决了关于人类社会一切事物普遍性的科学——社会哲学——的基本问题，从而使社会哲学能够整理所积累的知识，形成一门科学的哲学学科。

最后，巴甫洛夫关于大脑两半球生理学的宏伟建筑物"高级神经活动生理学"，无疑使"意识、精神来源于大脑这块物质"的假说变成了科学，正像迈尔、焦耳、格罗沃使笛卡尔的能量守恒定律假说变成了科学一样。爱因斯坦1950年在《物理学、哲学和科学的进步》中也这样写道："空间—时间规律是完备的。这意味着，没有一条自然规律不能归结为某种用空间—时间概念的语言来表述的规律。根据这条原理得出的结论是，举例说吧，相信心理现象以及它们之间的关系，最终也可以归结为神经系统中进行的物理过程和化学过程。"[②] 问

[①] 《爱因斯坦文集》第1卷，商务印书馆2009年版，第585页。
[②] 《爱因斯坦文集》第1卷，商务印书馆2009年版，第701页。

题的关键在于,"意识产生于大脑这块物质",亦即意识的起源、意识与物质以及实践的关系问题,乃是一切意识的基本问题。所以,巴甫洛夫学说和现代物理学解决了关于意识领域一切事物的普遍性的科学——精神哲学——的基本问题,从而使精神哲学能够整理所积累的知识——特别是西方现代纷纭复杂的精神科学所蕴含的精深哲学知识——形成一门科学的哲学学科。

可见,关于哲学的全部学科的知识都已积累到发生巨大飞跃,能够变成科学学科的程度,因而哲学也就已经能够成为科学了。但是,哲学至今也仅仅是已经能够成为科学,而实际上却仍然没有成为科学。哲学全部学科——元哲学与自然哲学以及精神哲学与社会哲学——的知识,皆已积累到发生飞跃、形成伟大理论,因而能够用以整理所积累的知识,形成科学的程度;但实际上,却仍然没有依据这些伟大理论,整理所积累的全部哲学知识而形成科学。仅仅有了能够筑成哲学的科学大厦的基石和材料,但实际却仍然没有筑成哲学的科学大厦。

哲学至今未能成为科学又有什么奇怪呢?17世纪以前,还没有一门科学知识真正成为独立的真正的科学。一直到17、18世纪,力学才成为独立的真正的科学。而物理学、化学、生物学、地质学、经济学、语言学直到19世纪才相继成为独立科学。量子力学和高级神经活动生理学直到20世纪才成为独立科学。既然研究自然、社会和意识的具体的局部的规律的科学,直到19世纪和20世纪才相继成为独立的真正的科学,那么更加抽象更加艰深的研究自然、社会和意识的普遍的全局的规律的哲学,直到20世纪才能够成为而实际上至今仍未成为科学,又有什么奇怪呢?显然,今日哲学家的使命,乃是将可能变成现实,使哲学由能够成为科学走向现实地变成科学:在业已解决各哲学学科基本问题的伟大理论基础上,寻求所有范畴的精确定义,进而解析该门学科的所有难题,从而把围绕这些难题所形成的各种不同乃至矛盾的学说统一起来,最终建立一种可能容纳哲学全部知识的科学体系。

三、哲学方法

1. 分析法

冯友兰在讨论哲学方法的专著《新知言》中写道：哲学的方法与自然科学的方法不同：自然科学的方法是实验；哲学的方法则是思辨，是纯思，亦即所谓抽象思维或理论思维、逻辑思维方法。[1] 马克思亦有此见，他在谈到经济学方法时说："分析经济形式，既不能用显微镜，也不能用化学试剂，二者都必须用抽象力来代替。"[2] 这就是说，经济学的方法与自然科学的方法不同：自然科学的方法是运用显微镜和化学试剂的观察和实验；经济学的方法则是抽象思维。

然而，真正讲来，一方面，抽象思维并不仅仅是哲学、经济学的方法。难道元素周期律或万有引力定律是用显微镜看到的？是用化学试剂化验出来的？是用实验制造出来的？显然不是。任何一门自然科学，既然是科学，就必定与哲学一样，是一种关于客观事物普遍性的知识体系；因而其知识的获得或发现，都不能不依靠抽象思维的方法：感官无法把握普遍，只有思维才能把握普遍。所以，爱因斯坦在总结自然科学的方法时写道："我觉得，只有大胆的思辨而不是经验的堆积，才能使我们进步。"[3] 后来，冯友兰也看到，抽象思维、理论思维是一切科学普遍的方法："哲学的思维是理论思维，科学的思维也是理论思维。"[4]

另一方面，观察和实验也并不仅仅是自然科学的方法，它们也是

---

[1] 冯友兰：《三松堂全集》第五卷，河南人民出版社1986年版，第166、169页。
[2] 《马克思恩格斯选集》第2卷，人民出版社1977年版，第206页。
[3] 《爱因斯坦文集》第3卷，商务印书馆1979年版，第496页。
[4] 冯友兰：《中国哲学史新编》第一册，人民出版社1964年版，第25页。

哲学、伦理学和经济学等社会科学的方法。对此,马克斯·韦伯讲得很清楚:"无论从什么地方开始对任何一个社会机构之研究,其必不可少的一个部分便是细致与长期的个体观察……通过这种观察,研究者能获得很多材料,并以此来清晰自己的观点与思想。他修正自己先前的某些临时分类,检验某些试探性的假设。"[①]

只不过,自然科学的观察和实验方法具有数学的精确性,是能够用数学语言表达的,因而是"精密的观察和实验";反之,哲学、伦理学的观察和实验方法不可能具有数学的精确性,是"非精密的观察和实验"。但是,观察和实验属于实践范畴,不可能直接发现科学理论,而只能直接发现感性知识和检验、证实科学理论。更确切些说,观察和实验所形成的乃是典型的感性知识,是抽象思维最容易从中发现科学理论的经验事实材料。没有这些经验事实材料——正如爱因斯坦所指出的——抽象思维是决不可能发现科学理论的:"从来没有一个真正有用的和深刻的理论果真是靠单纯思辨去发现的。"[②]

因此,观察和实验是发现科学理论的抽象思维方法的基础:只有建筑在观察、实验基础上的抽象思维,才能够是科学的发现方法。但是,观察和实验就其本性来说毕竟不是——至少不主要是——科学理论的发现方法:它主要是科学理论的证实方法。因此,在哲学的发现方法中,我们考察的只是抽象思维方法;而把观察和实验放到哲学的证实方法中去研究。

抽象思维是一切科学的发现方法,意味着:抽象思维是对于事物的普遍性及其体系或整体的发现方法。因为所谓科学,如上所述,无非是关于客观事物的普遍性的知识体系。所以,科学哲学家赖欣巴哈把抽象思维方法称之为"普遍化"(generalization):

[①] 陈波等编著:《社会科学方法论》,中国人民大学出版社1989年版,第164页。
[②] 《爱因斯坦文集》第3卷,商务印书馆1979年版,第438页。

绪　论

"以某种方式摩擦木头就能生火，这就是通过普遍化从个别经验中得出的知识；这一陈述意味着以这样的方式摩擦木头就总是会产生火。因此，发现的艺术就是正确普遍化的艺术。无关的东西，如所使用的那块木头的特殊形状或尺寸，是被排除在普遍化之外的；有关的东西，如木头的干燥性，则包括在普遍化之内。'有关的'这个术语的含义可以这样来界定：为了使普遍化正确而必须提及的，那就是有关的。把有关的从无关的因素中分离出来，就是知识的开始。因此，普遍化是科学的起源。"[1]

那么，抽象思维究竟是怎样发现事物的普遍性及其体系的？客观事物都是无限纷纭复杂、丰富多样的，人类的思维不可能一下子就直接把握它。思维把握这些事物的方法是：先把它们分析为若干部分，分别思维这些部分；然后，再把对于这些部分的分析综合起来，便实现了对于事物整体的认识和发现。所以，抽象思维的方法实际上就是分析与综合方法。也就是说，抽象思维方法分为两类：分析的思维方法与综合的思维方法。分析就是把事物分割为若干部分而逐一对这些部分进行抽象思维的方法，就是把事物分割为若干部分而逐一对这些部分进行归纳——包括简单归纳与直觉或猜想归纳以及类比归纳与因果归纳等各种归纳法——和演绎等抽象思维的方法。同样，综合则是把分析所得到的部分认识结合为一个整体所进行的抽象思维方法，就是把这些部分结合为一个整体所进行的演绎和归纳等抽象思维方法。

这样，分析所能够达到的是发现某种普遍性，却达不到普遍性的体系或整体，因而还达不到科学：科学是普遍性的知识体系。通过分析所得到的一个一个的普遍性，只有通过综合才能发现这些普遍性的内在联系，从而将它们整合为一个普遍性的体系或整体，亦即所谓科

---

[1] Hans Reichenbach, *The Rise of Scientific Philosophy*, University of California Press, Berkeley and Los Angeles, 1954, p. 5.

学。所以，科学发现的方法，笼统地说，是抽象思维方法；具体地讲，则是分析与综合方法，是分析的归纳与演绎等抽象思维方法和综合的归纳演绎等抽象思维方法。所以，分析与综合并不是与归纳与演绎等思维方法并列的思维方法，而是统摄一切思维方法的两大思维方法。分析与综合乃是以某种性质——亦即部分和整体关系的性质——为根据对于抽象思维方法的分类：二者包括了全部抽象思维方法。

因此，布拉德雷和拉卡托斯等科学家、逻辑学家和科学哲学家们都使归纳与演绎等思维方法隶属于分析与综合，而将抽象思维的科学发现方法称之为分析与综合方法。[1] 牛顿也将自然科学的种种发现方法——如归纳与演绎以及观察和实验——归结为分析与综合两大方法：

"在自然科学里，应该像在数学里一样，在研究困难的事物时，总是应该先用分析的方法，然后才用综合的方法。这种分析方法包括做实验和观察，用归纳法去从中作出普遍结论……用这样的分析方法，我们就可以从复合物论证到它们的成分，从运动到产生运动的力，一般地说，从结果到原因，从特殊原因到普遍原因，一直论证到最普遍的原因为止。这就是分析的方法；而综合的方法则假定原因已经找到，并且已把它们立为原理，再用这些原理去解释由它们发生的现象，并证明这些解释的正确性（这显然是演绎法——引者）。"[2]

在分析与综合中——就科学发现方法来说——分析无疑是主要的、占主导地位，而综合不过是分析的结果、总结罢了。因此，我们又可以把抽象思维方法、科学发现方法归结或简称为分析的思维方法，亦即所谓"分析方法"、"分析法"。所以，冯友兰在进一步解释纯思的方法时写道："纯思是哲学的方法。理智的分析、总结及解释，是思

---

[1] 参阅布拉德雷：《逻辑原理》下册，商务印书馆1962年版，第93—99页；张巨青主编：《科学理论的发现、验证与发展》，湖南人民出版社1986年版，第264—295页。

[2] 塞耶编：《牛顿自然哲学著作选》，上海译文出版社2001年版，第235页。

的方法。此所谓理智的,亦可以说是逻辑的。"① 把抽象思维方法简称为或等同于分析方法,早已成为常识。因为我们常常说的"分析"——甚至前面马克思所说的"分析经济形式"的"分析"——显然并不仅仅是分析,而且包括综合:它实际上是思维、思考或思维思考方法的同义词,是分析与综合思维方法的简略语。

2. 超历史、超阶级、超时代的分析方法

分析法或抽象思维方法是一切科学的发现方法,因而也是哲学的发现方法。但是,随着科学的性质不同,抽象思维方法也有所不同。如果一门科学是历史学,是阶级理论,是剩余价值理论,是资本主义理论,它们研究的是**一定**社会的共性、普遍性,那么,这种科学的发现法便应该是历史的、阶级的、时代的抽象思维法,亦即所谓的"阶级分析法"、"历史分析法"。

如果一门科学是人生哲学,是伦理学,是美学,研究的是**一切**社会、**一切**人的某种共性、普遍性,那么,这种科学的发现法便应该是超历史的、超阶级的、超时代的抽象思维法,亦即非历史的分析法或超阶级的分析法。

如果一门科学是元哲学、形而上学,研究的是宇宙一切事物的共性、普遍性,是"原因与结果"、"内容与形式"、"现象与本质"、"对立"、"矛盾"等等超越自然、社会和思维之分的一切事物的共性、普遍性,那么,这门科学的发现法,便是超越自然、社会、思维三大领域之别的抽象思维法,是超越物质和思维之别的抽象思维法,是超形体、超时空的抽象思维法,是最抽象的抽象思维法,因此可以名之为"终极抽象思维法"或"终极分析法"。

可见,正如冯友兰所说:"一门学问的性质,与它的方法,有密切

---

① 冯友兰:《三松堂全集》第五卷,河南人民出版社 1986 年版,第 166 页。

的关系。"[①] 一门科学的方法，是被这门科学的性质决定的。因此，哲学的方法是被哲学知识的性质决定的。那么，哲学知识究竟有何性质？所谓哲学知识，如上所述，是关于宇宙万物普遍性的科学知识，是关于自然、人类社会与人类意识三大领域一切事物普遍性的科学知识，因而也就是超越自然、社会与意识三大领域一切事物以及各自领域一切事物的不同点、超越一切历史阶段事物的不同点、超越一切时代事物的不同点，从而达到自然、社会与意识三大领域一切事物的共性、普遍性的科学知识。所以，哲学知识不但是一种关于自然、人类社会与人类意识三大领域一切事物普遍性的知识，而且是一种关于超越各种自然、社会与意识而普遍存在于一切事物的普遍性的知识，是一种超自然、超社会、超意识、超历史、超时代的普遍性知识。

因此，作为哲学研究对象的一切概念或范畴，如"事物"、"变化和不变"、"相对和绝对"、"原因和结果"、"内容和形式"、"同一和差别、普遍与特殊以及单一、抽象和具体、一般和个别、逻辑与历史"、"偶然和必然、自由、可能和现实"、"现象、性质、规律和本质"、"质和量"、"对立"、"矛盾"、"价值"、"物质"、"社会"与"意识"等等，都是超越一切具体的自然、社会与意识和具体的时代的非历史的概念和范畴。试问，谁敢说这些概念和范畴仅仅存在于某些特定的自然、特定的社会、特定的意识、特定时代、特定阶级，而非存在于一切自然、一切社会、一切意识、一切时代、一切阶级？谁敢说这些概念和范畴仅仅能够指导某些社会、特定时代、特定阶级，而不能够指导一切社会、一切时代、一切阶级？

诚然，很多道德、法律、政治、经济与文化等等是阶级的、历史的、时代的，如 19 世纪哈德逊湾（Hudson Bay）部落流行勒死年老体衰的父母的道德和中国的所谓"三纲（君为臣纲、父为子纲、夫为

---

① 冯友兰：《三松堂全集》第五卷，河南人民出版社 1986 年版，第 173 页。

妻纲)"、"三从(在家从父、出嫁从夫、夫死从子)"等等。但是，真正讲来，这些道德、法律、政治、经济与文化等等并不是哲学对象。如果哲学研究这些道德、法律、政治、经济与文化等等，那也只是为了揭示其中所包含的那种与人类一切社会的道德、法律、政治、经济与文化等等完全相同的普遍性：只有这种一切社会道德、法律、政治、经济与文化等等的完全相同的普遍性，才是哲学对象。哲学对象既然是一切社会、一切历史、一切时代的道德、法律、政治、经济与文化等等的共同点、普遍性，哲学所研究的一切概念或范畴既然都是超越一切具体的社会和具体的时代的非历史的概念或范畴，那么，哲学方法也就只能是一种超社会、超时代、超历史的抽象思维法，只能是一种超阶级分析法或非历史分析法。

可见，哲学方法的这种特点，说到底，是由哲学的最为内在的本性决定的。哲学的抽象，必须超越各种社会的特殊的人性，而达到外延可以包括一切人的抽象的人性；必须超越一切种类的特殊道德、法律、政治、经济与文化等等，而达到外延可以包括一切道德、法律、政治、经济与文化等等的抽象的道德、法律、政治、经济与文化等等；必须超越一切种类的特殊社会、意识与自然，而达到外延可以包括一切社会、意识与自然的抽象的社会、意识与自然。一言以蔽之，哲学的抽象分析方法乃是一种超越一切具体的社会、意识、自然和具体的时代的非历史方法。这样，对于任何哲学的观点和理论，都不可用一定的历史、一定的时代、一定的社会来说明，而只能用人们对于超社会的抽象人性和抽象的社会本性等等的不同理解来说明：历史分析法和阶级分析法不适用于哲学。

试问，我们能用一定的历史、一定的时代、一定的社会、一定的自然与一定的意识来说明"唯物主义与唯心主义"、"形而上学与辩证法"、"经验论与唯理论"、"绝对主义与相对主义"、"客观主义与主观主义"、"自然主义、直觉主义与情感主义"等等重要的哲学理论分歧吗？不能。不能的理由只要举出一个就足够了，那就是，这些理论研究的对象并非仅仅存在于一定的历史、一定的时代、一定的社会、一定的自然与一定的意识；而是超越时空，存在于自然、社会与意识三大领域一切事物。这些哲学理论都是超社会、超自然、超意识、超时代、超历史的，因而也就不能用特定的自然、意识、社会和阶级性——阶级仅仅存在于特定社会——来说明；而只能用同样超自然、超社会、超意识、超时代、超历史的自然、社会与意识三大领域一切事物普遍本性来说明。

举例说，辩证法与形而上学的分歧，便是对于"超自然、超社会、超意识、超时代、超历史的自然、社会与意识三大领域一切事物"变化与矛盾的普遍本性理解的分歧；因而也就只能用同样超自然、超社会、超意识、超时代、超历史、超阶级的分析方法来说明，而不能用特定的自然、意识、社会、历史、时代和阶级分析方法来说明：

辩证法乃是这样一种学说，它认为自然、社会和意识三大领域一切事物都是运动变化的，因而每一事物在不同时间便是不同事物，而在同一时间则处于自身向他事物过渡的中间状态。于是事物是自身，同时又是他物而不是自身；不是自身，同时又不是他物而是自身；是自身同时也是他物：是—否、否—是、亦此亦彼。这样，每一事物自身便都具有互相否定的两种属性而存在着矛盾。因此，辩证法乃认为一切事物都在变化和矛盾的学说，是认为一切事物都是矛盾的学说："是—否、否—是、亦此亦彼"乃是辩证法公式、辩证法逻辑、辩证法规律。

相反地，在形而上学看来，自然、社会和意识三大领域一切事物实质上都是静止不变的，因而事物不能处在自身向他物过渡的中间状态，相互间便彼此隔离，存在僵硬的界限和固定的区别。于是，事物是自身，同时就不能又是他物而不是自身；不是自身，就不能同时又不是他物而是自身；或是自身或是他物：是—是（同一律）；否—否

（矛盾律）；非此即彼（排中律）。这样，事物就不存在互相否定属性，不存在矛盾。因此，形而上学乃认为一切事物都是静止不变因而不存在矛盾的学说，说到底，是认为客观事物不存在矛盾——矛盾不过是一种主观谬误——的学说："是—是、否—否、非此即彼"乃是形而上学公式、形而上学逻辑、形而上学规律。

3. 历史分析法和阶级分析法的滥用

哲学方法是超历史、超社会、超阶级的抽象思维法或分析与综合的逻辑思维方法，是超历史、超社会、超阶级的分析方法，简言之，亦即超阶级分析法或非历史分析法。然而，多年来，人们一直滥用历史分析法和阶级分析法于哲学研究。他们用一定的社会历史环境——特别是一定的经济关系与政治制度以及文化形态——和阶级利益，来说明各种哲学理论。为了揭示滥用历史分析法和阶级分析法的理论根源，最好的方法是分析一个颇为令人感慨的案例：冯友兰治学方法的转变。解放前，冯友兰在《中国哲学史》等著作中对于各种哲学理论的说明，运用的是超阶级、超历史、超时代的抽象思维法。这些著作现在看起来是科学的，有价值的。但是，解放后，冯友兰认为这是资产阶级的研究方法，因而在《中国哲学史新编》等著作中，运用阶级的、历史的、时代的方法来说明各种哲学理论。就拿他对孔子的"仁"的解释来看。他一再说：

"孔子所讲的'仁'的阶级性是很明显的。"[①]"孔子所讲的'仁'是建立在宗法和封建等级制度基础上的，是为维护宗法和封建等级秩序服务的。"[②]"总起来说，孔子所讲的仁，是一种封建的意识形态。"[③]

李泽厚也这样写道："可以确证强调血缘纽带是'仁'的一个基

[①] 冯友兰：《三松堂全集》第七卷，河南人民出版社2000年版，第117页。
[②] 冯友兰：《三松堂全集》第七卷，河南人民出版社2000年版，第116页。
[③] 冯友兰：《三松堂全集》第七卷，河南人民出版社2000年版，第121页。

础含义。'孝'、'悌'通过血缘从纵横两个方面把氏族关系和等级制度构造起来。这是从远古到殷周的宗法统治体制的核心……孔子把'孝''悌'作为'仁'的基础，把'亲亲尊尊'作为'仁'的标准，维护氏族家长传统的等级制度，反对'政'、'刑'从'礼'、'德'中分化出来，都是在思想上缩影式地反映了这一古老的历史事实。"①

然而，问题是，如果"仁"这种儒家哲学核心范畴果真是宗法和封建等级制度的反映，是一种封建道德原则理论，那么，为什么它仍然能够是指导今日人们行为的道德原则理论？为什么"三纲"、"三从"这些封建道德不可能成为今日人们行为的道德原则，而"仁"却能够？显然是因为，"三纲"、"三从"是家天下专制主义的封建道德；而"仁"，则正如冯友兰解放前所说，乃基于对超阶级、超历史、超时代的人性的理解和反映，是一种对于任何社会、任何人都普遍适用的超阶级、超历史、超时代的利他主义道德原则："仁义的本质是利他……仁是从人性内部自然地发展出来的。"②

不但孔子的仁、义理论，而且一切哲学理论，都是超阶级、超历史、超时代的，都是对于超阶级、超历史、超时代的自然、社会与意识一切事物普遍本性的反映；否则它就不是哲学，不是哲学理论，而是某种具体的社会科学、自然科学与精神科学理论。那么，李泽厚和解放后的冯友兰等倡导历史分析法和阶级分析法的哲学家们，究竟根据什么，把超历史、超阶级的哲学理论解释为历史的、阶级的？这种解释的过程究竟是怎样的？

这种解释过程，要言之，是一种诡辩：把一种理论产生的原因和这种理论所反映的内容等同起来。一种理论，不论如何抽象或如何具体，不论如何超越特定的社会历史或如何不能超越特定的社会历史，

---

① 《近四十年来孔子研究论文选编》，齐鲁书社1987年版，第396页。
② 冯友兰：《中国哲学简史》，北京大学出版社1985年版，第86页。

它都是对于一定的社会和历史的某些属性的反映。只不过，比较抽象普遍、超越社会和历史的理论，反映的是一定的社会与其他一切社会的共同的普遍性；而比较具体特殊的理论反映的则是一定社会所特有的普遍性。简言之，超社会理论反映的是**一切**社会的普遍性，而不是**一定**社会的普遍性；非超社会理论反映的则不是**一切**社会的普遍性，而是**一定**社会的普遍性。举例说，马克思的历史唯物主义理论和剩余价值理论都可以说是对于他所生活于其中的一定的社会的某些属性的反映：历史唯物主义反映的是他那个社会和一切社会的共同的普遍性；剩余价值理论反映的是一定社会——亦即存在剥削的社会——所特有的普遍性。

粗略看来，一种理论越具体而非超越特定的时代，它对于解决该时代问题的价值便越大。然而，事实却可能恰恰相反：在一定的限度内，理论越是抽象、普遍、超越社会，它所反映的属性便越是根本，它对于解决一定社会的具体问题的价值往往便越大。就拿任何社会的道德问题来说。不论这个社会如何独特，解决该社会具体道德问题的最有用的理论，一般说来，决不会是那些关于这个社会的道德所特有属性的理论——如应该裹小脚或三从四德理论——而必定是诸如善、应该、正当、道德终极标准、人性、无私利他、为己利他、正义、平等、人道、自由、幸福、良心、名誉、品德等等超越一切具体社会的非历史的概念和范畴的普遍理论。

由此可以理解，为什么马克思和黑格尔一再说，哲学是自己时代的产儿："任何真正的哲学都是自己时代精神的精华。"[①] "哲学开始于一个现实世界的没落。"[②] "哲学是这样一个形式：什么样的形式呢？它是最盛开的花朵。它是精神的整个形态的概念，它是整个客观环境的自

---

① 《马克思恩格斯全集》第 1 卷，人民出版社 1956 年版，第 121 页。
② 黑格尔：《哲学史讲演录》第一卷，商务印书馆 1962 年版，第 54 页。

觉和精神本质，它是时代的精神。"[①] 这岂不就是因为，对于解决自己的特定时代的问题来说，超越时代的哲学与反映特定时代的社会科学是一样有用甚至是更有用吗？科学发展史表明，新的哲学和社会科学甚至还包括自然科学，都同样是在社会的新旧之交的大变革时代产生和兴盛起来的。这就是说，一定的社会历史环境——特别是一定的经济关系与政治制度以及文化形态——和阶级利益，可以是任何哲学、社会科学甚至还包括自然科学产生的原因、导因、契机；哲学、社会科学甚至还包括自然科学都是时代精神。所以，黑格尔接着说："因此，政治史、国家的法制、艺术、宗教对于哲学的关系，并不在于它们是哲学的原因，也不在于相反地哲学是它们存在的根据。毋宁应该这样说，它们有一个共同的根源——时代精神。"[②]

然而，由此却不可以说这些科学便是对于一定的社会历史环境和阶级利益的反映；恰恰相反，这些科学可能倒是对于一切社会的普遍性的反映：一种理论产生的原因和这种理论所反映的内容可能根本不同。举例说，17世纪意大利山洪爆发是流体力学产生的原因、导因、契机，却不是流体力学所反映的内容：流体力学反映的是一切流体的普遍性，而不是一定的流体——意大利山洪——的性质。因此，我们不能说流体力学是意大利山洪力学：它乃是一切流体之力学。

同理，一定的社会历史环境、阶级利益和社会冲突也仅仅是某种哲学、社会科学理论产生的刺激、导因、原因、契机，而未必是这种科学理论所反映的内容。这种科学理论是否反映当时的社会历史环境，取决于它究竟是一种什么科学理论。如果这种科学是历史学、阶级论或特定社会的科学理论，那么，它便不但产生于特定的社会历史环境，而且也是这种特定的社会历史环境的反映。对于这种科学理论进行解

---

① 黑格尔：《哲学史讲演录》第一卷，商务印书馆1962年版，第56页。
② 黑格尔：《哲学史讲演录》第一卷，商务印书馆1962年版，第56页。

释，显然应该运用阶级分析法或历史分析法。

然而，如果这种科学是哲学，那么，我们便只能说这些科学理论产生于特定的社会历史环境，而不能说它们是对于这种特定的社会历史环境的反映：它们是对于一切社会——当然包括产生它的特定的社会——的共性、普遍性的反映。这些反映一切社会的普遍性的科学理论，对于解决当时的社会问题固然具有巨大的意义，固然是解决当时的社会问题的最好武器；但是，我们由此显然不能说，这种哲学理论便是对于当时社会问题的反映：正如不能由流体力学是解决当时意大利山洪爆发的最好理论，便说流体力学是对当时意大利山洪的反映一样。

孔子的"仁学"理论，确实如冯友兰所说，是他所处的春秋时代中国社会大转变时期的产儿。我们还可以承认，孔子是站在家天下的官吏阶级全权——政治权力与经济权力以及结社集会等社会权力和言论出版等文化权力——垄断的极权主义专制立场上的；并且诚如孔子所见，"仁学"是解决当时社会矛盾和阶级利益冲突的最好理论。但是，我们不能由此说"仁学"是当时社会矛盾和阶级利益冲突以及孔子的阶级立场的反映。"仁学"，如上所述，乃是对于当时社会所包含的一切社会的人和道德的共同的普遍性的反映，是对于一切社会的道德的普遍性的反映；而不是对于一定的、当时的社会的道德所特有的普遍性的反映。简言之，"仁学"是对于一切社会的道德的普遍性的反映，而不是对于一定社会的道德普遍性的反映。这就是为什么黑格尔说，哲学是时代的精神，同时又是超时代的：

"由此可以推知哲学与它的时代是不可分的。所以哲学并不站在它的时代以外，它就是对它的时代的实质的知识。同样，个人作为时代的产儿，更不是站在他的时代以外，他只在他自己的特殊形式下表现这时代的实质，——这也就是他自己的本质。没有人能够真正地超出他的时代，正如没有人能够超出他的皮肤。但另一方面从形式看来，哲学也可以说是超出它的时代,即哲学是对时代精神的实质的思维,并将此实质作为它的对象。就哲学是在它的时代精神之内来说,则这精神就是哲学的特定的内容,但同时哲学作为知识又超出了这内容,而与这内容处于对立的地位。"①

李泽厚和解放后的冯友兰等阶级分析论者的错误,就在于把哲学理论产生的原因和这种理论所反映的内容等同起来,因而由"仁学"产生于当时社会矛盾和阶级冲突,便断言"仁学"是对于当时社会矛盾和阶级冲突的反映,而否认"仁学"是对于一切社会的道德的普遍性的反映。请看李泽厚的这种等同:"孔子仁学本产生在早期奴隶制崩溃、氏族统治体系彻底瓦解时期,它无疑带着那个时代的阶级(氏族贵族)的深重烙印。"② 这种"把某种理论产生的原因"和"这种理论所反映的内容"的等同,恐怕便是人们迷信和滥用阶级分析法或历史分析法的认识论根源。

4. 超历史分析法与历史分析法的结合

哲学方法是超社会、超时代、超历史的抽象分析法。但是,任何超社会、超时代、超历史的普遍性的东西,都不能独立地实际存在,而只能存在于一定的社会、一定的时代、一定的历史的特殊性的东西之中。因此,哲学的抽象分析法,乃是从历史的阶级的特殊性中抽象出超历史、超阶级的普遍性的方法。也就是说,哲学家并不是不研究历史的、阶级的特殊性,并不是不运用历史的、阶级的分析方法。恰恰相反,哲学抽象分析法的起点,是对于历史的阶级的特殊性的非哲学认识;尔后,才能上升到超历史、超阶级的普遍性的哲学认识。对于历史的、阶级的特殊性的知识的获得,依靠的无疑是历史的、阶级

---

① 黑格尔:《哲学史讲演录》第一卷,商务印书馆2019年版,第56—57页。
② 《近四十年来孔子研究论文选编》,齐鲁书社1987年版,第408页。

的分析方法。但是，这种方法所得到的特殊性知识，并不是哲学知识，而只是哲学知识的基础和源泉。只有在这种特殊性知识的基础上，进一步运用超历史、超阶级的抽象分析法，从而得到的超历史、超阶级的普遍性知识，才是哲学知识。举例说：

哲学家确实应该研究 19 世纪哈德逊湾部落流行勒死年老体衰的父母的特殊道德规则。对于这种特殊道德的研究无疑应该运用历史分析法，并且不能不承认，这种特定道德的流行是由于当时社会生产力发展水平的低下：所提供的食品不足以养活不断增加的人口。但是，这些判断还不是哲学知识。要形成哲学知识，还必须进一步运用超历史的抽象分析法，从中推出这些特定道德所蕴涵的一个普遍性判断：一切特定道德都是被社会发展所必然决定的、不依人的意志而转移的。这就属于哲学知识了。不过，这或许是一个错误的判断。因为特定道德的变异极为广泛复杂。社会的发展变异只能笼统地、一般地决定特定道德，却不能具体地决定某一种特定道德。也就是说，对于决定特定道德的同一社会变异，并非决定只能制定一种特定道德，而是可以制定多种特定道德。这种特定道德的制定，总的来说，决定于社会发展变异；但究竟制定哪一种，则与社会变异无关，而完全是主观任意、可以自由选择的。让我们再看一些实例：

许多社会都曾处于同样的社会发展阶段：所提供的食品不足以养活不断增加的人口。但是，人们因此而制定和奉行的特定道德规则却不相同。因纽特人的规则是将一部分女婴和年老体衰的父母置于雪地活活冻死。巴西的雅纳马莫人的规则是杀死或饿死女婴，并在男人之间不断进行流血的决斗。新几内亚的克拉基人的规则是男人在进入青春期以后的数年内只可建立同性恋关系。

于是，运用超历史的抽象分析法，我们可以得出结论说，一切特定道德，不论是否被社会的发展变异所决定，在一定的限度内，皆依人的意志而转移，都是任意的、自由的、可以选择的。这不但属于哲学知识，或许也堪称真理。

可见，哲学家并不是不运用历史的、阶级的分析法，并不是不研究特定道德的特殊性，否则，他到哪里去寻求普遍道德或道德的普遍性呢？但是，当他运用历史的、阶级的分析法以解释特定道德或道德的特殊性时，他获得的并非哲学知识；只有当他进一步运用超历史超阶级的分析方法，从特定道德或道德的特殊性中抽象出普遍道德或道德的普遍性时，他所得到的才是哲学知识。所以，虽然哲学著作中含有特定道德或道德特殊性的研究及其所运用的历史的、阶级的分析方法；但是，真正讲来，只有超社会、超历史的抽象分析法，才是哲学方法。

那么，从特定道德或道德的特殊性，究竟如何升华为普遍道德或道德的普遍性？历史的、阶级的道德知识及其方法，如何转变为超历史超阶级的知识及其方法？这种升华和转变过程，无疑是一种由个别到一般的认识过程，因而其实现的方法是归纳法。但是，一旦通过归纳法从历史的、阶级的道德知识，归纳出超历史、超阶级的道德知识，发现真理的行程又倒转过来：从比较抽象的超历史、超阶级的道德知识，通过演绎法，推导出比较具体的超历史、超阶级的道德知识。所以，归纳与演绎便与超历史分析法一起，构成哲学方法：归纳与演绎是超历史超阶级分析的实现方法，是哲学与其他一切科学共同的方法；超历史超阶级分析则是哲学有别于其他一些科学——如一些比较具体的社会科学——的分析方法。

四、哲学与其他科学关系

哲学和其他科学的基本关系，表现为两方面：一方面，从研究对象来看，是一般与差别的关系；另一方面，从科学体系——亦即科学自身——来看，却是一定程度的一般与个别的关系。差别与个别不同：差别等于个别减去一般；个别等于差别与一般之和。举例说，"动物"是一般，"人"、"虎"、"猴"等等是个别。从"人"、"虎"、"猴"的属性中除去"动物"属性，所剩余的部分属性（亦即人的特性、虎的特性、猴的特性等等）就是"差别"。

1. 从科学研究对象上看：一般与差别关系

从科学研究对象上看，哲学与其他科学是一般与差别关系，而非一般与个别关系。因为哲学研究的是一切事物的共同部分，而不是一切科学对象的共同部分。其实，一切科学的研究对象也不应有共同部分，就是两门科学的对象也决不应有共同部分。科学分门别类之本质，正是在于研究对象的完全不同。如果若干门科学研究对象有共同部分，那么，这个共同部分就没有必要一一放在这若干门科学里研究了。因为若干门科学都一一来研究这同一个部分，不但是重复，而且使科学领域混乱不清。不同科学的对象，其共同部分越少，那么重复和混乱便越少；共同部分越多，重复和混乱便越多；完全相同，不同科学便失去存在根据而化为一门科学了。科学史表明，科学分门别类越来越多，各门科学研究对象的共同部分越来越少，各门科学相互间的重复和混乱越来越少，科学领域越来越清晰。

因此，各门科学对象不应有共同部分。在这点上，科学对象与客观事物以及认识是大相径庭的：客观事物有一般事物和包含一般事物的个别事物；认识也相应地有一般认识和包含一般认识的个别认识。但是，科学对象虽有一般科学（譬如各门哲学）的对象，却没有包括一般科学对象的个别科学对象，而只有关于个别事物中除去一般事物所剩下的差别性的科学对象（譬如各门自然科学、社会科学和精神科学的对象）。所以，哲学对象与其他科学对象的关系，乃是互不包含的一般与差别关系，而决非包含与被包含的一般与个别关系。因此，懂得哲学，并不能就懂得自然科学、社会科学和精神科学；懂得共同部分，并不能就懂得不同部分。反之，懂得自然科学、社会科学和精神科学，也同样并不能就懂哲学：懂得不同部分并不能就懂得共同部分。一句话，共同部分的认识和不同部分的认识丝毫不能互相替代。这就是为什么，一个人的哲学理论是真理，他的物理学理论却可能是谬论；反之亦然。

2. 从科学体系上看：一般与个别关系

与哲学对象与其他科学对象的关系是一般与差别——而非一般与个别——相反，从科学体系、科学本身来看，哲学与其他科学却是一定程度的一般与个别关系，而并非纯粹的一般与差别关系。因为任何科学都是概念体系，都是研究概念的。而概念只有"一般概念"与"个别概念"，却决无"差别概念"。譬如，只有一般概念"生产"和个别概念"资本主义生产"，而决无关于"资本主义生产"剔除"生产"所剩下的差别性的概念。

因此，虽然哲学对象是客观事物的一般部分，自然科学、社会科学和精神科学对象是客观事物的差别性部分，并且哲学对象是一般概念；但是，自然科学、社会科学和精神科学对象却不可能是差别概念，而只能是个别概念。自然科学、社会科学和精神科学把这些个别概念中哲学所研究的一般部分，当作已知的知识来应用，以其指导研究这些个别概念的差别性部分。举例说：

"生产"是社会哲学对象；"资本主义生产"剔除"生产"所剩余的差别性部分，是经济学对象。然而，因为没有关于"资本主义生产"剔除"生产"所剩下的差别性事物的概念，经济学就将"资本主义生产"这种个别概念当作对象，而把其中包含的"生产"当作已知概念来应用，以其指导研究"资本主义生产"剔除"生产"所剩下的差别性部分。

因此，哲学与其他科学的关系，与作为同一门科学对象的一般概念与个别概念的关系，是完全一样的。例如，哲学与其他科学的关系，跟经济学中的"价值"与"剩余价值"的关系，是完全一样的：

从研究对象上讲，"价值"与"剩余价值"的关系，也是一般与差别关系，而非一般与个别关系。因为经济学在"剩余价值"的研究中，是把其中包含的"价值"当作已知，而只研究剩余价值减去价值所剩下的差别部分。只有不从研究对象而从科学体系本身来讲，"价值"与"剩余价值"才是一般与个别——而非一般与差别——关系。

可见，哲学和自然科学等具体科学，虽然从研究对象上看是一般与差别关系；但从科学体系、概念体系来看，从科学本身来看，却又是一定程度的一般与个别关系。之所以说是"一定程度"，是因为自然科学等具体科学并不研究个别概念中的哲学对象部分，而是把它当作已知者，用以指导研究个别概念中的自然科学对象部分，因而也就不能包括全部哲学，而只是包括一定程度的哲学知识。

3. 哲学与其他科学：指导与源泉关系

问题的关键在于，如所周知，一般认识是个别认识的指导：不懂一般就不懂个别，只有懂一般才能懂个别。譬如，不懂"价值"就不能懂"剩余价值"；只有懂价值才能懂剩余价值。不懂什么是"树"，也就不能懂什么是"松树"；只有懂得什么是树，才能懂得什么是松树。如此等等。

既然哲学与其他科学是一定程度的一般与个别关系，所以，哲学也就是其他科学的指导：不懂哲学就不能懂其他科学，只有懂哲学才能懂其他科学。不懂社会哲学，不懂得社会是什么，能懂社会科学吗？不懂生产关系，能懂政治经济学吗？不懂道德与法律以及政治与文化普遍原理，能懂伦理学、政治学、法学吗？不懂自然哲学，能懂自然科学吗？不懂物质，能懂原子、分子、基本粒子吗？不懂运动，能懂物理运动、化学运动和机械运动吗？不懂时间和空间，能懂相对论吗？不懂精神哲学，不懂得精神是什么，能懂心理学吗？能懂语言学吗？最后，不懂元哲学、辩证法，不懂形式和内容、原因和结果等等，能懂得和研究其他任何科学吗？

显然，不懂哲学就不能懂其他科学；而只有懂哲学，以哲学为方法做指导，才能懂得和研究其他科学。所以，米丘林说：关于事物不断变化的辩证法原理永远是他一切工作的基本原则。在改良现有品种和培育果树新品种的多次试验里，他曾反复强调了这一点。海森伯甚至这样写道："一个人如果没有希腊自然哲学的知识，就很难在现代物理学中取得进展。"①

不懂哲学，不但不能懂其他科学，而且也不能很好解决任何一个实际问题。因为哲学是关于一切事物的共同部分的科学。所以，如所周知：生活处处有哲学。就是说，任何事物都有哲学的研究对象，都有哲学用武之地。如果我们懂得了哲学，那么我们对任何事物就都懂得了一点（共同点），就都懂得它们的一个部分（共同部分）；而如果我们不懂哲学，那么我们对任何一个事物的认识，就都不能够比较全面，更不能很好地解决相关问题。因为在实践中，要认识任何一个事物以及解决相关问题，都必须既要懂得该事物的特殊性，又要懂得该事物的普遍性（哲学研究的正是一切事物的普遍性），只有以哲学等普遍性知识为指导，将特殊性和普遍性结合起来，才是比较全面地认识了这个事物，从而才能很好解决这个问题。对此，黑格尔曾举例说：

"试举一个抽象的例子：每一个意识都具有并运用那极其抽象的范畴——'有'（或译'是'[Sein]——译者），譬如说：太阳是在天上，这葡萄是成熟的，等等以至无穷。或者在较高的学术领域里，我们的意识进而又有了因与果的关系，力量与它的表现的关系等等，所有我们意识内的知识和观念都为这类的形而上学的观念所意识着，所支配

---

① 海森伯：《物理学家的自然观》，商务印书馆1990年版，第134页。

着。这样的形而上学是一个网,网罗着或把握着人在实践和活动中所从事的一切具体材料。但这个网和它的结在我们通常意识里是沉没在多层性的材料之中,这材料包含着我们意识着的当前的兴趣和对象。但我们对于这些普遍的线索却没有抽引出来,明白地作为我们反省的对象。"[1]

可见,要认识和解决任何一个事物、任何一个问题,不论是自然界的,还是社会的,抑或是精神领域的,都要懂得该事物和问题的普遍性,都要懂得该事物和问题的哲学研究对象部分;却不一定要懂得其他科学的对象。例如,要认识一个阶级斗争问题,不懂哲学是不行的,但不懂自然科学却完全可以。这是因为,生活处处有哲学,任何一个事物都有哲学对象,却不是都有其他科学的对象。

不论搞任何科学、做任何工作的人,如果他们想要认识和解决哪怕只是一个问题,那他可以不懂其他科学,却必须懂哲学:哲学是其他一切科学的指导方法,是一切实践活动的指导方法。既然不懂哲学就不能懂其他科学,那么懂得其他科学的人也就必然都懂得哲学。试想,谁不懂得和不应用"原因与结果"、"必然和偶然"、"可能与现实"、"形式与内容"等哲学范畴呢?只不过有懂得多少、深浅、自觉与自发、正确与错误之分罢了。所以,恩格斯说:

"不管自然科学家采取什么样的态度,他们还得受哲学的支配。问题只在于,他们是愿意受某种环境的时髦哲学的支配,还是愿意受一种建立在通晓思维的历史和成就的基础上的理论思维的支配。"[2]

黑格尔甚至这样写道:"牛顿诚然曾经明白地警告物理学,切勿陷入形而上学的窠臼。但同时我们必须说,他自己却并没有严格遵守他的警告,这对他乃是很荣幸的事。唯一纯粹的物理学者,事实上只

---

[1] 黑格尔:《哲学史讲演录》第一卷,商务印书馆1962年版,第58—59页。
[2] 恩格斯:《自然辩证法》,人民出版社1971年版,第187页。

有禽兽。因为唯有禽兽才不能思想,反之,人乃是能思维的动物,天生的形而上学家。真正的问题,不是我们用不用形而上学,而是我们所用的形而上学是不是一种正当的形而上学,换言之,我们是不是放弃具体的逻辑理念,而去采取一种片面的、为知性所坚持的思想范畴,把它们作为我们理论和行为的基础。"①

然而,或许有人以为,与其懂得、接受坏的错误的哲学,倒不如不懂得哲学;如果接受错误的哲学就可以研究其他科学,那么,不懂哲学岂不就更能研究其他科学吗?殊不知,不懂哲学就不能懂其他科学,要懂得其他科学就必须掌握哲学:或是错误的哲学或者是正确的哲学。试想,不懂何为现象、本质、规律和性质,怎么可能懂得物理规律、原子性质、折射现象?但是,懂得了现象、本质、规律和性质,哪怕是错误的,也就可以研究物理规律、原子性质、折射现象了。所以,不懂哲学就不能研究其他科学,而如果掌握了哲学,哪怕是错误的哲学,也就可以研究其他科学了。因此,恩格斯说:

"自然科学家相信,他们只要不理睬哲学或辱骂哲学,就能从哲学中解放出来。但是,因为他们离开思维便不能前进,而且要思维就得有思维规定,而这些范畴是他们从所谓有教养者的那种受早已过时的哲学残渣支配的一般意识中盲目地取来的,或是从大学必修的哲学课的零星内容(这些内容不仅是片断的,而且是分属于极不相同的和多半是最蹩脚的学派的人们的观点的杂烩)中取来的,或是从不加批判而又毫无系统地阅读的各种哲学著作中取来的——正因为这样,他们同样做了哲学的奴隶,而且遗憾的是大多做了最蹩脚的哲学的奴隶,而那些对哲学家辱骂得最厉害的人恰好成了最蹩脚的哲学家的最蹩脚的庸俗残渣的奴隶。"②

---

① 黑格尔:《小逻辑》,商务印书馆1981年版,第215—216页。
② 恩格斯:《自然辩证法》,人民出版社2018年版,第68—69页。

绪 论

只不过，正确的哲学促进其他科学研究，而错误的哲学则阻碍其他科学研究罢了。这正像没有政治，经济就不能存在发展，而好的政治促进经济，坏的政治阻碍经济一样。哲学对于其他科学并不具有决定作用，而只具有指导作用。促进或阻碍就是哲学对其他科学研究的两种指导作用；正像促进和阻碍就是政治对经济的两种指导作用一样。因此，哲学上的错误并不能决定 —— 而只能促进或阻碍 —— 一个人在其他科学上的贡献。所以，海森伯在哲学上的错误、在哲学上的渺小，并没有决定他在自然科学上也同样渺小，而只不过阻碍了他的自然科学成就更加伟大罢了。

一些学者不懂得这个道理，所以在解释"伟大自然科学家、渺小哲学家"这一现象时，便断言唯心主义者之所以能做出伟大的自然科学贡献，乃是因为他们虽然是自觉的唯心主义，却是不自觉的自发的唯物主义：他们在具体的自然科学研究中总是抱着自发的唯物主义态度。这是谬见。难道自觉地用唯心主义指导科研和实践时，却又总是不自觉地用唯物主义做指导？这岂不是十足的悖论和自相矛盾？

如果真有这样的奇迹，那么，做自觉的唯心主义者就毫无害处，而做自觉的唯物主义者也就无关紧要了。因为不管是唯心主义者还是唯物主义者，只要一接触自然科学研究，那就总是自发唯物主义者了！殊不知，自觉唯心主义者绝不能够总是个自发唯物主义者，而只可能有时是自发唯物主义者，却必然经常是唯心主义者。自觉的唯心主义者只可能在进行科研和实践时，有时抱着自发唯物主义，而却必然经常用唯心主义指导。这样，唯心主义者之所以能做出伟大自然科学成就，也就不能用他们有时的自发唯物主义解释。偶然的活动能成就伟大自然科学成就吗？不是至少只有经常的恒久的活动，才能造就伟大的自然科学成就吗？因此，唯心论者之所以能做出伟大自然科学成就，只是因为哲学和自然科学研究对象毫无共同之处，因而错误的哲学只能阻碍却不能决定自然科学的发现。

不懂哲学就不能懂其他科学。那么，不懂得其他科学能懂哲学吗？完全可以。因为不懂个别完全可以懂一般。例如，不懂剩余价值，完全可以了解价值，不懂秦香莲，完全可以懂得什么是"人"。但这并不是说，哲学家可以不研究其他科学。相反，哲学的发展也在一定程度上有赖于其他科学的发展。因为虽然从研究对象上看，哲学与其他科学是毫无共同之处、完全不相包含的一般与差别关系，因而哲学的主要来源并非其他科学而是那关涉哲学对象的实践活动与思考活动；但从科学体系、科学本身来看，哲学与其他科学又具有一定程度的一般与个别关系，所以其他科学虽然不包含全部哲学，却包含一定程度的哲学知识，从而在一定程度上成为哲学的来源。石里克甚至说："自然科学具有无比的哲学意义：所有过去的哲学进步都是来自科学的知识和科学问题的研究。"[1] 被誉为"哲人科学家"的皮埃尔·迪昂亦如是说："由于它（哲学——引者）与特殊科学相距十分遥远，必须用这些科学的学说养育它，以至它可以把它们吸收并同化到它自身之中；它必定值得重新冠以使它这么长时间生色的称号：科学的科学。"[2] 爱因斯坦则以其惯有的全面性眼光而这样写道：

"如果把哲学理解为在最普遍和最广泛的形式中对知识的追求，那么，显然，哲学就可以被认为是全部科学研究之母。可是，科学的各个领域对那些研究哲学的学者们也发生强烈的影响，此外，还强烈地影响着每一代的哲学思想。"[3]

综上可知，哲学与其他科学在研究对象上是一般与差别关系，在科学体系上却又具有一定程度的一般与个别关系。所以，哲学指导其他科学，又在一定程度上以其他科学为源泉。因此，不懂哲学就不能懂其他科学；而不懂其他科学，虽然可以懂哲学，却使哲学失去了一

---

[1] 石里克：《自然哲学》，商务印书馆2007年版，第7页。
[2] 皮埃尔·迪昂：《物理学理论的目的与结构》，商务印书馆2011年版，第385页。
[3] 《爱因斯坦文集》第1卷，商务印书馆2009年版，第696页。

定程度的来源,在一定程度上,成了无源之水、无本之木。所以,搞其他科学的人必须懂得哲学,而搞哲学的人也应该懂得其他科学。特别是,现代自然科学对于哲学是如此重要,以致海森伯说:"现在无论是谁,如果他没有相当丰富的当代物理学知识,就不能理解哲学。你要是不愿成为最落后的人,就应该马上去学物理。"[1] 然而,海森伯此见有片面性之嫌。爱因斯坦则避免了这种片面性而这样写道:

"科学研究的结果,往往使那些范围远远超出有限的科学领域本身的问题的哲学观点发生变化。科学的目的是什么?对一个企图描述自然界的理论应该要求什么?这些问题,虽然超越了物理学的界限,但却同它有密切的关系,因为科学形成了这些问题由以产生的资料。哲学的推广必须以科学成果为基础。可是哲学的推广一经建立并广泛地被人们接受以后,它们又常常促使科学思想的进一步发展,因为它们能指示科学从许多可能着手的路线中选择一条路线。等到这种已经接受了的观点被推翻以后,又会有一种意想不到的和全然不同的发展,它又成为一种新的哲学观点的源泉。"[2]

五、哲学体系顺序

1. 各范畴相互间的排列顺序

任何科学体系的顺序,都是该科学体系的范畴——范畴是每门科学的基本概念——推演顺序。哲学也不例外:哲学体系的顺序就是哲学范畴推演顺序。因为一切判断,如所周知,都是揭示概念的内涵和外延的思维形式;判断是概念的内涵和外延的表现形式。构成一门科学的全部判断,则无疑是揭示作为这门科学研究对象的基本概念——

---

[1] 转引自林德宏:《科技哲学十五讲》,北京大学出版社 2004 年版,第 124 页。
[2] 《爱因斯坦文集》第 1 卷,商务印书馆 2009 年版,第 515 页。

亦即"范畴"——的内涵和外延的思维形式。因此,任何科学理论体系,归根结底,并不是判断体系,更不是这些判断所构成的推理体系,而是判断和推理所表现的范畴——它的外延和内涵、它所称谓的事物的范围和这一范围事物的普遍属性——的体系。一言以蔽之,任何科学体系都是它所研究的一系列的范畴之体系。所以,爱因斯坦一再说:"科学并不满足于提出经验规律,它倒是试图建造这样一个逻辑体系,这个体系……是许多概念的总体。"①

即使是最严谨的科学体系——公理化体系——也同样是一种范畴体系,是若干初始范畴和它们所推导出的一系列范畴所构成的范畴体系:所有公理或公设乃是揭示那些初始范畴内涵和外延的命题系统,构成公理范畴系统;所有定理或命题则是揭示那些非初始范畴内涵和外延的命题系统,构成定理范畴系统。就拿欧几里得《几何原本》的公理化体系来说,如所周知,它的各篇或各个部分便都是由两部分组成:首先是若干范畴;其次便是揭示这些范畴内涵和外延的一系列命题,亦即公理、公设或定理。请看《几何原本》第一篇,首先便是点、线、直线、面、平面、直角、圆、平行线等23个范畴及其定义。然后,便列出5个公设:

(1)从任一点到任一点作直线是可能的。(2)把有限直线不断循直线延长是可能的。(3)以任一点为中心,任一距离为半径,作一圆是可能的。(4)所有直角都彼此相等。(5)若一直线与两直线相交,且若同侧所交两内角之和小于两直角,则两直线无限延长后必相交于该侧的一点。

不难看出,这些公设都是对点、线、直线、面、平面、直角、圆、平行线等范畴内涵的揭示。《几何原本》其他各篇或各个部分的结构相同:首先是若干范畴及其定义;然后是揭示这些范畴内涵的命题或

---

① 《爱因斯坦文集》第3卷,商务印书馆1976年版,第368页。

定理。

可见，即使是公理化科学体系，说到底，也是一系列的范畴体系，是一系列的初始范畴和非初始范畴所构成的范畴体系：所有的公理或公设无非是对于那些初始范畴内涵的揭示；所有定理或命题则无非是对于那些非初始范畴内涵的揭示。

然而，公理法只是一根构建科学体系的杠杆，只能宏观地解决如何从若干公理推出该门科学的全部命题或定理；却不能解决各个范畴相互间的推演顺序和每个范畴自身各种属性的推演顺序，因而也就不能解决各个公理——这些公理不过是初始范畴的各种属性——的推演顺序和由公理所推出的全部命题或定理的推演顺序：这些命题或定理不过是非初始范畴各种属性。还是拿《几何原本》来说：

公理法显然不能解决点、线、直线、面、平面、直角、圆、平行线等23个范畴的排列、推演顺序，因而也不能解决揭示这些范畴内涵的"所有直角都彼此相等"等5个公设的排列、推演顺序。那么，解决科学体系的各个范畴相互间的推演顺序和每个范畴自身各种属性的推演顺序的方法究竟是什么？

亚里士多德认为，科学体系的各个范畴相互间的推演顺序是从一般到个别："对个别特性的思考是在对共同东西的研究之后。"[①] 马克思则认为，从抽象到具体、从简单到复杂的范畴相互间的推演方法"显然是科学上正确的方法"[②]。马克思与亚里士多德的观点是一致的。因为，凡是"一般与个别"，皆是"抽象与具体"；凡是"抽象与具体"皆是"简单与复杂"。更确切些说，作为科学体系的各个范畴相互间的推演顺序，"从一般到个别"、"从抽象到具体"与"从简单到复杂"三者实为同一原则。

---

① 苗力田主编：《亚里士多德全集》第二卷，中国人民大学出版社1991年版，第57页。
② 《马克思恩格斯选集》第2卷，人民出版社1977年版，第103页。

因为，作为科学体系的各个范畴相互间的推演顺序的原则，所谓从抽象到具体，也就是从一般到个别，说到底，也就是从内涵比较简单的范畴到包含它的比较复杂的范畴，也就是从内涵比较片面的范畴到包含它的比较全面的范畴，也就是从部分到包含该部分的整体范畴："具体之所以具体，因为它是许多规定的综合，因而是多样性的统一。"① 举例说，从价值范畴到剩余价值范畴，就是从抽象到具体、从一般到个别、从简单到复杂：价值是抽象、一般，是内涵比较简单、比较片面的范畴；而剩余价值则是具体、个别，是内涵包含价值的比较复杂、比较全面的范畴。

但是，从抽象到具体、从一般到个别、从简单到复杂的方法，与演绎法并不完全相同：它比演绎法更为复杂和丰富。因为这种方法具有双重含义。一方面，从抽象到具体、从简单到复杂，就是从一般范畴到个别范畴的演绎法。因为凡是一般都是内涵较少、较抽象、较简单的范畴；而凡是个别则都是包含一般的内涵较多、较具体、较复杂的范畴。《资本论》从价值到剩余价值的从抽象到具体，便是从一般到个别的典范。这是演绎法。

但是，另一方面，从抽象到具体、从简单到复杂，则是从初始范畴到非初始或派生范畴。因为初始范畴都是内涵较少、较简单的范畴，而非初始或派生范畴则都是包含初始范畴的内涵较多、较复杂的范畴。《资本论》从第一卷"生产过程"，到第二卷"流通过程"，再到第三卷"分配过程"，便是从初始范畴到派生范畴的典范。但是，这不是演绎法，因为生产、流通与分配都是并列的概念关系，而不是一般与个别的概念关系。

这样，正如马克思所指出，科学理论体系的各个范畴相互间的推演顺序，之所以是从抽象的一般的简单的范畴，上升到比较具体的个

---

① 《马克思恩格斯选集》第 2 卷，人民出版社 1977 年版，第 103 页。

别的复杂的范畴,乃是因为只有懂得抽象的、一般的、简单的范畴,才能懂得包含它的具体的、个别的、复杂的范畴;而如果走相反的道路,则两者都无法理解:"只要知道了剩余价值的各个规律,利润率是容易理解的。如果走相反的道路,则既不能了解前者,也不能了解后者。"[1] 对此,亚里士多德亦曾有言:"对个别特性的思考是在对共同东西的研究之后。"[2] 因此,"从抽象的一般的简单的范畴,上升到比较具体的个别的复杂的范畴",也就是一切科学理论体系 —— 不论是公理化体系还是非公理化体系 —— 的各个范畴相互间的推演顺序。

《资本论》体系的各个范畴相互间的推演顺序,如所周知,是这种方法的典范。《几何原本》的各个范畴的推演方法也是如此。且看《几何原本》第一篇。该篇的点、线、直线、面、平面、直角、圆、平行线等23个范畴的排列顺序所遵循的,便是一种从抽象到具体、从一般到个别、从简单到复杂的方法:从点到线和从线到面是从初始范畴到派生范畴;从面到平面是从一般到个别;从平面到直角、从直角到圆、从圆到平行线是从初始范畴到派生范畴。"此外,定理的编排",克莱因说,"也是从简单的到越来越复杂的"[3]。所以,笛卡尔把这种方法作为一切科学都应该遵循的四条普遍方法之第三条:

"第三条是,按次序进行我的思考,从最简单、最容易认识的对象开始,一点一点逐步上升,直到认识最复杂的对象;就连那些本来没有先后关系的东西,也给它们设定一个次序。"[4]

然而,从抽象到具体、从一般到个别,是不是科学体系的范畴推演顺序的唯一方法?这显然要看这种方法是否适用于构成科学体系的一切范畴的推演;换言之,是否一切范畴的相互关系都是抽象和具体、

---

[1] 《马克思恩格斯全集》第23卷,人民出版社1971年内部版,第242页。
[2] 苗力田主编:《亚里士多德全集》第二卷,中国人民大学出版社1991年版,第57页。
[3] 克莱因:《古今数学思想》第一卷,上海科学技术出版社1979年版,第97页。
[4] 笛卡儿:《谈谈方法》,商务印书馆2000年版,第16页。

一般与个别的关系。一切范畴或概念相互间的关系，如所周知，无非同一关系、从属关系、交叉关系、并列关系（今日逻辑学中所谓的矛盾关系和对立关系）。但是，作为科学对象的范畴，相互间显然决不可能具有同一关系，而只能是从属关系、并列关系和交叉关系。

从属关系完全是抽象和具体关系：一般的概念是抽象概念，个别的概念是具体概念。因此，一切从属关系的范畴完全适用从抽象到具体、从一般到个别的方法。并列关系也大都是抽象和具体的关系，因为并列概念大都一个是初始概念，其他是非初始概念。

可见，科学体系的范畴相互间的关系，几乎完全是从属关系和初始与非初始关系，因而几乎完全适用从抽象到具体方法。至于极少可能出现的交叉范畴和不具有初始、非初始关系的并列范畴的推演顺序，则应该将这些范畴结合起来或相邻相接。因为对于这些范畴，显然不懂得一个，就不能很好地懂得另一个；而只有放在一起、互相对照或相邻相接进行排列，才能真正得到理解。

按照这些方法，哲学的范畴推演体系无疑是：元哲学—自然哲学—精神哲学—社会哲学。因为，一方面，元哲学是最抽象最一般的学科，亚里士多德称之为"第一哲学"，而胡塞尔亦如是说：

"'第一哲学'这个名字就指一种关于开端的科学学科；它会使人们期待，哲学的最高目的理念为这种开端或者诸开端的完整领域要求一种独特的、自身完整的学科，这个学科具有在思想准备诸方面，精确表达方面，然后是科学解答方面的诸开端的独特难题。由于内在的不可避免的必然性，这个学科应该先行于其他一切哲学学科，并从方法上和理论上为其他一切哲学学科奠定基础。"[1]

另一方面，自然哲学的研究对象是"物质"，精神哲学的研究对象是"意识"，社会哲学的研究对象是"社会"。"物质"、"意识"和

---

[1] 胡塞尔：《第一哲学》上卷，商务印书馆 2010 年版，第 33 页。

"社会"是并列范畴，具有初始与派生以及简单与复杂关系：不但"物质"是初始范畴，"意识"和"社会"是派生范畴，而且从"物质"到"意识"再到"社会"，是一种从简单到复杂的关系。

那么，哲学这四个学科各自内部范畴推演顺序是怎样的？按照从抽象到具体、从一般到个别和从简单到复杂的原则，元哲学的范畴体系顺序很难确定，粗略看来，似乎哪一个范畴都可以排列在前，也可以排列在后。因为这12对34个范畴都是自然、人类社会和人类意识三大领域一切事物的普遍性、共性、共同物，都是宇宙一切事物的普遍性、共性、共同物，因而都极端普遍、抽象、一般。除了"事物"是最普遍最抽象最一般的范畴，其他33个范畴的抽象程度实在难分伯仲。然而，细细思量，反复比较，仍然可以看出——按照从抽象到具体、从一般到个别和从简单到复杂的原则——这些范畴的推演顺序应该是：（1）事物；（2）变化和不变；（3）相对和绝对；（4）原因和结果；（5）内容和形式；（6）同一和差别，普遍、特殊和单一，抽象和具体，一般和个别，逻辑与历史；（7）偶然和必然、自由、可能和现实；（8）现象、性质、规律和本质；（9）质和量；（10）对立；（11）矛盾；（12）价值。

自然哲学的研究对象只有一个范畴"物质"；精神哲学的研究对象只有一个范畴"意识"；社会哲学的研究对象只有一个范畴"社会"。因此，这些哲学学科不存在范畴相互间的推演顺序的问题。那么，"物质"和"意识"以及"社会"每个范畴内涵的各种属性的推演顺序又当如何？元哲学研究对象是12组范畴，每个范畴内涵的各种属性的推演顺序又当如何？

2. 每个范畴自身的研究顺序

解决这一难题的起点显然是：每个范畴的内涵究竟都具有哪些属性？范畴不过是对于客观事物的反映。一切客观事物的属性，如所周

新哲学

知，无非现象和本质：现象是感官能够感到的事物的外在的、偶然的、特殊的属性；本质是感官感觉不到而只能被思维把握的事物的内在的、必然的、普遍的属性。本质又可以分为两类：性质和规律。性质是事物的必然状态，也就是事物必然的组成和作用，是事物必然的成分、组合、机能和作用。规律则是事物的必然秩序，是事物的必然状态所遵循的必然秩序，是事物的组成和作用所遵循的必然秩序，是事物的成分、组合、机能和作用所遵循的必然秩序。所以，凡是规律都是性质的某种秩序，因而都是被性质产生和决定的：有什么样的性质便会有什么样的规律。一句话，性质是初始概念，规律则是为性质所派生的非初始概念。

科学，如上所述，是关于事物的本质、必然性、普遍性的理性知识体系。所以，科学体系的各个范畴所具有的属性——亦即它的内涵——便不可能是现象，而只能是本质：性质和规律。因此，科学体系的每个范畴自身各种属性的推演顺序，也就是各种本质——性质和规律——的推演顺序。性质和规律的推演顺序，显然应该是由初始概念"性质"到被性质所产生和决定的非初始概念"规律"。

因为只有懂得事物的必然状态（性质），才能懂得事物的必然状态所遵循的必然秩序（规律）；只有懂得事物必然的成分与组合以及机能与作用（性质），才能懂得事物的必然的成分与组合以及机能与作用所遵循的必然秩序（规律）。一句话，只有懂得初始概念"性质"，才能懂得内涵包含着性质的非初始概念"规律"。所以，牛顿在论及自然科学的研究内容及其推演顺序时写道：

"自然哲学的目的在于发现自然界的结构和作用，并且尽可能把它们归结为一些普遍的法则和一般的定律——用观察和实验建立这些法则，从而导出事物的原因和结果。"[1]

---

[1] 塞耶编：《牛顿自然哲学著作选》，上海人民出版社1974年版，第1页。

但是，对于规律内涵的研究，显然不必再重复规律所包含的性质，而是把性质当作已知属性，用以研究规律所特有的不同于性质的属性。这样，如所周知，性质便极其复杂丰富，对于它的研究构成了科学体系的主要内容；反之，规律则极其简单贫乏，以致往往只要寥寥几句话便可以穷尽了。因此，在科学体系中，对于每个范畴所内涵的性质的揭示，一般分为四部分：定义、结构、类型以及统摄所划分出来的各个部分之关系的基本性质；而对于规律的揭示则附属于其后作为第五部分。这样，每个范畴内涵属性的推演顺序便是：（1）定义；（2）结构；（3）类型；（4）基本性质；（5）规律。

不过，这仅仅是每个范畴内涵推演的理想顺序。它的实现往往受到两方面的左右：一方面是人类的实践理性的要求；他方面是人类以往知识的积累的限制。试想，为什么人类创造的众多的几何学只有欧几里得几何学、罗巴切夫斯基几何学和黎曼几何学流传下来？无疑只是因为这三种对人类有用，而其他几何学对于人类没有多大用处。同理，每个范畴的定义、结构、类型、基本性质和规律都可能是无穷无尽的；但是，科学体系只应该揭示那些对于人类有用的。就拿范畴的类型为例：

每个范畴都可以根据无穷的不同性质而分为无穷的不同类型。可以把人分为男和女两大类型，也可以分为高个、矮个、中等个三大类型：如此可以分为无数类型。那么，科学体系中的范畴应该分为哪些类型呢？应该按照人类的实践理性的要求，分为对于人类和科学最有用最有价值的类型。对于范畴的定义、结构、基本性质和规律的揭示无疑都应该如此。

所谓人类实践理性的要求，其实也就是人类以往知识的积累的限制：二者是一致的。因为人类的科学和知识积累、发展的最终目的，无疑全在于其实践效用：指导人类的行动，创造和获得各种财富，满足其各种需要，从而能够更好地生存发展。所以，我们对于每个范畴内涵——定义、结构、基本性质和规律——的揭示，还应该根据人类对于该范畴的知识积累情况。这样，如果一个范畴的某种结构、类型、性质、规律既没有实践效用，又背离人类知识积累的大路，那么，我们对它就应该置之不理、不予研究。反之，如果它们具有实践效用和价值，或者是以往科学知识所关切的，我们便应该将其纳入科学体系的殿堂，认真研究。基于实践理性和以往知识积累，每个范畴内涵属性的理想的推演顺序便可能发生种种变化，甚至可能干脆就没有必要研究某些范畴的结构或类型，更可能没有规律可见；但是，无论如何不可能没有定义，不可能没有一些性质。

第一卷

元哲学

第一章　事物

本章提要　为什么芝诺说阿基里斯追不上乌龟？因为芝诺假设阿基里斯与乌龟的距离是无限可分的，可以分为无穷短的距离。然而，无穷短的距离之和无疑是无限长的：阿基里斯与乌龟的距离是无限长的；他怎么可能超越无限而追上乌龟呢？同理，如果一个物体可以无限分割，那么，该物体便是无限小的粒子之和，因而是无限大、无穷大的。因此，亚里士多德与黑格尔都曾指出：物体无限可分仅仅是一种可能性而不是现实性。实际上，确如古希腊德谟克利特和当代格林等弦理论物理学家所言，物体不是无限可分的，一定存在着不可分的构成万物的最小粒子："弦"或古希腊人本来意义上的"原子"。物体作为物体是不可能无限分割的；但是，物体作为物质却是可以无限分割的。如果物体作为物体不可分割的界限是弦，那么，进一步分割，弦就无穷大而湮灭、变成空间：唯有空间才因其连续无限无边无际的本性而实乃宇宙万物之始源、本原也！

一、事物：概念分析

黑格尔将"存在"看作是哲学的开端范畴："逻辑开始之处实即真正的哲学史开始之处。我们知道，哲学史开始于爱利亚学派，或确切点说，开始于巴曼尼得斯的哲学。因为巴曼尼得斯认'绝对'为

'有',他说:'惟有在,无不在.'这须看成是哲学的真正开始点。"①黑格尔哲学的开端,正是"存在"(亦即"有"),说到底,是"存在"与"不存在"(亦即"无"):"开端包含有与无两者,是两者的统一。"②

细究起来,黑格尔将"存在"作为哲学范畴体系的开端范畴是不能成立的。因为,按照范畴体系排列顺序的从抽象到具体原则,哲学开端范畴乃是最抽象最普遍最一般的范畴。"存在"是不是最抽象最普遍最一般的范畴?答案是否定的。因为,"存在"虽然极其抽象、普遍、一般,却远不及"事物":一切"存在"都是"事物";但是,一切事物并不都是"存在"。那么,"事物"应否为哲学的开端范畴?换言之,"事物"是不是最抽象最普遍最一般的范畴?答案是肯定的。

原来,宇宙万事万物无非两类:一般与个别。譬如,人是一般;马克思是个别。但是,一般与个别是相对的。人只是相对于马克思、曹雪芹来说才是一般;而相对动物来说,就是个别了。那么,有没有绝对的一般?换言之,有没有最一般的事物,其他一切事物相对它来说,都是个别?答案是肯定的。那么,这种最一般的事物是什么?

粗略看来,这种最一般的事物是物质。试想,日月山河、飞禽走兽、树木草花、楼堂馆舍、飞机大炮、分子原子基本粒子等等宇宙万事万物,岂不都是物质?然而,细究起来,物质并不是最一般的事物。因为,譬如说,精神、思想、意识、知情意、运动、静止、时间等等都不是物质,而是物质的属性。那么,最一般的事物究竟是什么?

物质是一种事物,是有形体、有体积的事物。这意味着,事物比物质一般:事物是一般;物质是个别。那么,事物是不是最一般的?答案是肯定的。奥斯特瓦尔德在《自然哲学概论》第十九节"最普遍的概念"说:"如果我们试图按照不断增加概念的复杂性的原则构想科

---

① 黑格尔:《小逻辑》,商务印书馆1981年版,第191页。
② 黑格尔:《小逻辑》,商务印书馆1981年版,第59页。

第一章　事物

学的整个结构，那么面对我们的第一个问题是：在所有可能的概念中什么概念是最普遍的——它普遍得进入每一个概念和形成并作为决定性的因素起作用？"[①]最后，他得出结论说："事物概念本身是最普遍的概念。"[②]诚哉斯言！翻开亚里士多德《范畴篇》第一句话就是："当事物只有一个共同名称……"通观全篇可知，亚里士多德将所有范畴都当作一种事物：事物是最一般的东西。遗憾的是，亚里士多德将事物当作自明范畴而未予专门研究和解说。黑格尔《小逻辑》第二篇"本质论"将"事物"（Das Ding）作为一个独立范畴而专门予以研究。然而，黑格尔并没有给"事物"下定义。

给"事物"下定义是很难的，毋宁说，"事物"是无法按照逻辑学定义规则来定义的。因为按照逻辑学定义规则，"被定义概念＝种差＋最邻近类概念"。可是，倘若"事物"是最一般概念，那就没有比它更一般的概念：它没有类概念，更不用说最邻近的类概念了。那么，"事物"是否可以定义？答案是肯定的。因为我们可以突破今日逻辑学定义规则，增加一条新规则：被定义概念＝不言而喻的同一概念。举例说：

那还是在1986年，我在中国人民大学哲学系读研究生。一天，我们研究生班在宿舍开会讨论。冯志斌讥讽我学识老朽，我不禁怒发冲冠，当众与冯志斌摆下擂台，并定下两个条件。一个是：他可以提出任何一个哲学原理难题，我不但立刻当即解答，而且还保证答案令他信服。另一个是：他可以任意选出一个理论问题加以解答，我当即反驳，并且保证让他心服口服。在场朱燕来（朱镕基之女）等十多个同学都拍手叫好！冯志斌也说：好！他想了一下，对我说："老王头，你怎么给形式与内容下定义？"我当即答道：这确实是个难题。因为毫

[①] F. W. 奥斯特瓦尔德：《自然哲学概论》，商务印书馆2012年版，第49页。
[②] F. W. 奥斯特瓦尔德：《自然哲学概论》，商务印书馆2012年版，第50页。

无疑义，我们很难确定"内容"与"形式"两概念的最邻近类概念。那么，怎样给它们下定义？可以按照"被定义概念＝不言而喻的同一概念"的新增定义规则来下定义：形式是表现；内容是被表现。这就是形式与内容的定义，这就是按照"被定义概念＝不言而喻的同一概念"的新增定义规则所下的定义。因为"表现与被表现"是不言而喻、谁都明白的两个概念。从这一定义出发，我批驳了"内容就是事物构成要素的总和；而形式则是这些要素的结合方式、结构方式"[①]的主流定义。冯志斌听罢，连连点头称是。

那么，按照"被定义概念＝不言而喻的同一概念"的定义规则，"事物"的不言而喻的同一概念是什么？金岳霖的《知识论》将"东西"作为一个范畴专门予以研究。找到了！"事物"的不言而喻的同一概念就是"东西"。你可能不懂得何为"事物"；但是，谁不懂得何为"东西"？《现代汉语词典》"东西"词条说：

"东西，名词。（1）泛指各种具体的或抽象的事物：他买东西去了；雾很大，十几步以外的东西就看不见了；语言这东西，不是随便可以学好的，非下苦功不可；咱们写东西要用普通话。（2）特指人或动物（多含厌恶或喜爱的感情）：老东西；笨东西；这小东西真可爱。"

可见，事物就是东西，就是一切东西；东西就是事物，就是一切事物：这就是"事物"的定义。一切东西，任何东西，都叫作事物；事物就是一切东西，就是任何东西："事物"与"东西"是同一概念。所以，韩愈《送高闲上人序》曰："天地事物之变，可喜可愕。"诚哉斯言！宇宙万有，莫非事物：宇宙不过就是事物的总和。

因此，事物无处不在，无处不有。没有什么比"事物"更一般更广泛的了，它概括宇宙万事万物，一切都在它的外延之内；没有什么比"事物"更抽象更一般的了，它高高翱翔在思维的太空，一切都在

---

① 高清海主编：《马克思主义哲学基础》上册，人民出版社1985年版，第237页。

它的羽翼之下。但是，外延越宽广繁复，内涵就越稀少简单。"事物"乃是在整个宇宙中不论对于任何东西都绝对是一般、绝对是抽象和绝对是简单的概念，是绝对一般、绝对抽象和绝对简单的概念。这就是为什么，事物是元哲学范畴体系的起点和开端范畴，说到底，是哲学范畴体系的开端范畴。

细细想来，"事物"范畴的内涵是如此简单、稀少，以致除了定义和分类就没有什么可说了。那么，事物的分类究竟如何？以自然与人为的关系为根据，"事物"分为"自然"、"人类社会"和"人类意识"；以认识和被认识的对象的关系为根据，"事物"分为"主观事物"和"客观事物"；以主要与非主要性质为根据，事物分为主要事物与非主要事物；以是否具有形体为根据，事物分为实体与属性。

二、自然、人类社会和人类意识

1. 自然：自己如此而非人为的事物之总和

"自然"一词源于拉丁文 natura，该拉丁文译自希腊文 physis，义为"依靠自己生长、涌现、出现"。这也是自然概念的定义：自己如此而非人为也。亚里士多德一再说："一切自然的事物都明显地在自身内部有一个运动和静止的根源。"[1] "自然是它原属的事物因本性（不是因偶性）而运动和静止的根源或原因。"[2] "自然乃是自身内具有运动根源的（除了在定义中，不能同事物本身分离的）形状或形式。（由质料和形式合成的事物，如人，就不是自然，而是由于自然而存在的事物。）"[3] 柯林武德的《自然的观念》详尽考察了亚里士多德"自然"概

---

[1] 王太庆主编：《西方自然哲学原著选辑》（一），北京大学出版社 1988 年版，第 132 页。
[2] 王太庆主编：《西方自然哲学原著选辑》（一），北京大学出版社 1988 年版，第 132 页。
[3] 王太庆主编：《西方自然哲学原著选辑》（一），北京大学出版社 1988 年版，第 135—136 页。

念，最后得出结论说，自然就是自己运动的事物的世界：

"亚里士多德和爱奥尼亚学派以及柏拉图一样，把自然界看作是一个自我运动着（Self-moving）的事物的世界。它是一个活的世界：一个不是由惯性（像17世纪的物质世界那样）而是由自发运动为其特征的世界。这样的自然是过程、生长和变化。"[1]

中文"自然"概念亦是此意：自己如此而非人为也。《广雅·释诂》："然，成也。"自然就是自成，就是自己如此。王充《论衡·自然篇》曰："天地合气，万物自生……而物自生，此则自然也。"老子早已有言："人法地，地法天，天法道，道法自然。"庄子则进而明确区分了自然与人为："何谓天？何谓人？北海若曰：'牛马四足，是谓天；落马首，穿牛鼻，是谓人。'"[2]

可见，自然原本与人为对立：自然就是自己如此而非人为的事物；自然界就是自己如此而非人为的事物总和。人为，不言而喻，就是人的活动，更确切些说，就是人的有意识活动，就是人的意识本身与意识所支配的实际活动，说到底，就是意识与社会：社会就是意识所支配的实际活动总和。

这样一来，宇宙万物便分为三大领域：自然、人类社会与人类意识。自然是自己如此而非人为的事物，是人为之外的一切事物，是人类有意识活动之外的宇宙；而人类有意识活动就是人类社会和人类意识。因为人类有意识活动不外乎人类的有意识的实际活动（实践）和人脑的反映及反应活动（意识）：人类社会就是人类有意识的实际活动总和，即人类实践活动总和；人类意识就是知情意的总和，就是人脑的反映和反应活动，就是人脑对事物的反映和反应活动，就是事物在人脑中的反映和反应：认知、认识是人脑对事物的反映；感情与意

---

[1] 柯林武德：《自然的观念》，商务印书馆2018年版，第101页。
[2] 《庄子·秋水》。

志是人脑对事物的反应。人类意识是人脑对事物的反映和反应活动总和的定义，显然是毫无疑义的。但是，人类社会是人类有意识的实际活动总和——亦即人类实践活动总和——的定义能成立吗？

2. 社会：经济、文化、政治、德治、法、道德与人际活动之总和

何谓社会？就中文来说，"社"本为祭地神之所。《孝经纬》说："社，土地之主也。土地阔不可尽敬，故封土为社，以报功也。""社会"则是指人们在"社"这种地方的会合，进而指人们在节日里的会合、集会活动。宋孟元老在《东京梦华录·秋社》中写道："八月秋社……市学先生预敛诸生钱作社会……春社、重午、重九亦如此。"逐渐地，"社会"便泛指人们的任何群居、会合了。西文"社会"，society（英）和société（法）都源于拉丁语socius，意为"伙伴"，后经西塞罗而引申为"人类的共同体"。德语中的"社会"Gesellschaft，原意也是"伙伴"，后来也引申为"人与人的结合"。

可见，"社会"的词源，中西相通：均为人与人的集合体、结合体、共同体。细察先哲论著，对于"社会"的概念，亦多如此界说："社会是个人的集合。"（横山宁夫）①"社会就是某一部分人为实现某些特定目的而合作的集合体。"（罗素）②"社会仅仅是一群有交往的人的名字。"（席穆尔）③"社会就是任何一群人，他们之间或多或少在意识上存在着关系。"（艾尔活）④"社会就是一群享有共同地域和共同文化的相互作用着的人。"（罗伯逊）⑤

总而言之，社会乃是因一定的人际关系而结合起来的人群，是两

---

① 横山宁夫：《社会学概论》，上海译文出版社1983年版，第33页。
② 谢康：《社会学研究》，商务印书馆1974年版，第1页。
③ 张德胜：《社会原理》，巨流图书公司1986年版，第12页。
④ 张德胜：《社会原理》，巨流图书公司1986年版，第12页。
⑤ 伊恩·罗伯逊：《社会学》上册，商务印书馆1990年版，第103页。

个以上的人因一定的人际关系而结合起来的共同体,是两人以上的集合体。因此,社会之为社会,在于两个特点。一个是,社会与个人对立,社会不是个人,而是个人的集合,是两人以上的共同体,是两个以上的人联合起来的人群。另一个是,仅仅有两个以上的人在一起、仅仅有人群,还不是社会;只有当这些人发生一定的人际关系从而结合起来,才是社会。假设有一群毫无联系的人行走在深山老林,那么这一人群便仅仅是人群而非社会。然而,同是这一群人,如果行走于闹市,那就是社会了。因为前者是一种毫无人际关系的人群;而后者则因行走在闹市而具有了一定的人际关系,如是否遵守交通规则,是否互相妨碍或妨碍他人等等。所以,孙本文说:"凡是具有交互与共同关系、与表现交互与共同行为的一群人,都可称为社会。"①

进言之,因一定人际关系而结合起来的人群可以分为两类。一类是无组织的,如电影院里看电影的人群、候车室里候车的人群、街道上来来往往的人群;另一类则是有组织的,即所谓团体、集体、集团,如省、市、县、党、团、工会、阶级等等。社会显然主要是指后者:社会,要言之,就是有组织的人群,就是团体、集体。所以费希特说:"一个社会是有组织的人们的一个集体。"②

可见,所谓社会,主要地讲,亦即团体、集体,是有组织的人群;全面地说,则是因一定人际关系而结合起来的人群,是两个以上的人因一定人际关系而结合起来的共同体。这就是主流学者对于社会的定义。然而,细究起来,这一定义是不能成立的:它误将社会与社会团体或人群等同起来。照此说来,唯有团体、集体与有组织的人群及其活动才是社会,而单独的个人及其活动则不属于社会范畴,而只能属于自然范畴了:岂不荒唐?

---

① 孙本文:《社会学原理》上册,商务印书馆1934年版,第10页。
② 龙冠海:《社会学》,三民书局1986年版,第78页。

第一章　事物

显然，作为三大领域——自然与社会以及意识——之一的社会，与社会团体或人群根本不同，决不可以定义为"两个以上的人因一定人际关系而结合起来的共同体"。那么，社会究竟是什么？所谓社会，在罗尔斯看来，乃是人们分工协作、创造财富的社会活动总和，是"我为人人、人人为我"的利益活动合作体系，罗尔斯称之为"一个目的在于增进每个成员利益的合作体系"[1]。

诚哉斯言！社会并不是团体、人群的总和，而是人们分工协作、创造财富的活动的总和，是"我为人人、人人为我"的利益活动总和，说到底，乃是人类有意识的实际活动总和，亦即人类实践活动总和：无论是集体活动还是团体活动抑或孤独的个人活动都属于社会范畴而与自然范畴区别开来。那么，人类社会究竟有哪些活动呢？

人类社会的基本活动，不言而喻，表现为两大方面：关于物质财富的活动和关于精神财富的活动。关于物质财富的活动，也就是对物质财富的生产、交换、分配、消费。这种活动，如所周知，叫作"经济"、"经济活动"。关于精神财富的活动，也就是对精神财富的创作、出版、发行、教育、表演、学习、欣赏等等，如著书立说、戏剧舞蹈、绘画雕刻、讲课听课等活动。这些活动，虽然都是关于精神的，却不是精神活动，不是那种无法进行管理的无形体的大脑反映活动；而是可以进行管理的有形体的物质活动。这种活动就是所谓"文化"、"文化活动"。

因为所谓文化，就是人类思想——亦即通过语言符号进行的思想——所创造的有价值的东西[2]：一方面，文化是人类语言思维自身

---

[1] John Rawls, *A Theory of Justice* (Revised Edition), The Belknap Press of Harvard University Press, Cambridge, Massachusetts, 2000, p. 4.

[2] 这一定义，梁启超早有洞见："文化者，人类心能所开积出来之有价值的共业也。易言之，凡人类心能所开创，历代积累起来，有助于正德、利用、厚生之物质和精神的一切共同的业绩，都叫做文化。"（转引自李荣善：《文化学引论》，西北大学出版社1996年版，第10页）

直接的创造物,亦即思想、心理或观念,如知、情、意、知识、经验和科学等等,属于所谓狭义的文化概念;另一方面,文化是人类语言思维通过支配手脚等躯体和工具,所创造的一切能够满足需要的东西,是人类思想所创造的一切有用的东西,是人类思想心智所创造的一切有价值的东西,包括房屋、衣服、器皿和社会组织等等,属于所谓广义的文化范畴。

经济和文化都是创造财富的活动,都是与财富有必然的、不可分离关系的活动。反之,那些与财富没有必然的、不可分离关系的活动,亦即完全不创造财富的活动,如朋友来往、同学交往、血缘关系、同事交际、爱情婚姻、拐骗盗窃、打架杀人等等,不妨名之为"人际"活动。经济和文化以及人际活动,皆系社会性活动,因而要存在和发展,就必须互相配合、有一定秩序而不可互相冲突、乱成一团。这就需要对这些活动进行管理,于是便产生了管理活动。不过,管理活动有的创造财富,有的不创造财富。创造财富的管理活动,如生产调度的工作和乐队指挥的工作,无疑仍然分别属于经济与文化活动:生产调度的工作属于经济范畴;乐队指挥的工作属于文化范畴。

不创造财富的管理活动也分为两类:政治和德治。孙中山早就说过,政治是一种管理活动:"政就是众人之事,治就是管理,管理众人之事就是政治。"[①] 不过,正如马起华所说,管理众人之事,并非都是政治;政治仅仅是一种权力管理:"权力可以说是政治的标志。"[②] 政治是社会对于人们行为的权力管理,因而也就是对于人们的行为应该且必须如何的管理。因为所谓权力,如前所述,是仅为管理者所拥有且被社会承认的强制力量,是人们必须且应该服从的力量。它一方面表现为暴力强制,如判刑、收监、枪杀、体罚等等;另一方面则表现为行

[①] 马起华:《政治学论》,台湾商务印书馆 1977 年版,第 12 页。
[②] 马起华:《政治学论》,台湾商务印书馆 1977 年版,第 12 页。

政强制，如处分、降职、降薪等等。反之，德治则是非权力管理，是社会依靠非权力力量对于人们的行为应该而非必须如何的管理。因为所谓非权力力量，如前所述，也就是使人应该而非必须服从的力量。它一方面是使人自愿服从的力量，亦即所谓教育，如思想的灌输、熏陶、培养等等；另一方面则是非权力强制，即舆论强制，如人们的议论、谴责、赞扬、批评等等。

政治和德治之分，原本基于它们所管理的对象性质之不同。政治的对象仅仅是那些具有**重大社会效用**的行为，如民族争端、阶级斗争、杀人放火、贪污盗窃等等。政治所管理的是具有重大社会效用的行为，决定了政治不能不具有"应该且必须服从"的力量，决定了权力是政治的本性：政治是权力管理，它要求被管理的行为应该且必须如何。反之，德治的对象是人们的一切**具有社会效用**的行为，因而既包括具有重大社会效用的行为，又包括不具有重大社会效用的行为，如扶老携幼还是欺幼凌老、有礼貌还是没礼貌等等。这就决定了德治仅仅具有"应该而非必须服从"的力量，决定了教育是德治的本性：德治是非权力管理，它要求被管理的行为应该而非必须如何。这样，具有重大社会效用的行为，便既是政治对象，需要政治对其进行权力管理；同时还是德治对象，还需要德治对其进行非权力管理。反之，不具有重大社会效用的行为，则仅仅是德治对象，仅仅需要德治对其进行非权力管理。

这样，政治与德治虽然都起源于对经济和文化以及人际活动进行管理的需要，却不仅仅是对经济和文化以及人际活动的管理。因为为了实现对这些活动的管理，又要有一定的管理组织、机关，因而便又有了对管理组织及管理活动本身的管理。所以，政治与德治是对被管理活动与管理活动的双重管理，也就是对人们的一切具有社会效用的行为的管理：政治是社会对于具有重大社会效用的行为应该且必须如何的不创造财富的权力管理；德治是社会对于具有社会效用的行为应

99

该而非必须如何的不创造财富的非权力管理。

可是，人们往往以为，只有对管理组织、管理活动的管理——恩格斯称之为对人的管理——才是政治；而对经济和文化的管理——恩格斯称之为对物的管理——则是经济或文化。这是不妥的。因为经济活动创造物质财富、文化活动创造精神财富，二者都是创造财富的活动；反之，政治和德治不创造财富，是不创造财富的管理活动。所以，一种管理活动，如果创造财富，那就是经济或文化；如果不创造财富，那就不是经济或文化，而是政治或德治。一句话，判断一种管理活动究竟是政治或德治还是经济或文化，与管理对象无关，而仅仅取决于是否创造财富。这样，一方面，一切对管理活动和管理组织的管理，如各级政府的管理，无疑都不创造财富，因而都不是经济或文化，而是政治或德治。另一方面，对经济和文化的管理，却有创造财富与不创造财富之分：前者属于经济或文化；后者则属于经济和文化方面的政治或德治。

例如，一个工厂的厂长和生产调度，都是管理者，但其管理的性质是不一样的：后者创造财富，因而是经济活动；前者不创造财富，因而是经济方面的政治。一个电影制片厂的厂长和导演都是管理者，但其管理活动的性质也是不一样的：后者创造精神财富，因而属于文化；前者不创造精神财富，因而是文化方面的政治。列宁曾十分明确地把经济与对经济的不创获财富的权力管理区别开来，而称后者为经济方面的政治：

"我们走向战胜白卫分子的每一步都会使斗争的重心逐渐转向经济方面的政治……现在我们主要的政治应当是：从事国家的经济建设，收获更多的粮食，供应更多的煤炭，解决更恰当地利用这些粮食和煤炭的问题，消除饥荒，这就是我们的政治。"[1]

---

[1] 《列宁选集》第4卷，人民出版社1972年版，第370页。

第一章 事物

然而，孟子曰："不以规矩，不能成方圆。"① 为了使经济、文化和人际以及一切具有社会效用的行为不致乱成一团而有一定秩序，从而保障其存在与发展，仅仅有政治和德治是不行的；还必须有被管理者怎样活动和管理者怎样管理的行为规范，以便用这些规范，一方面使被管理者知道他们的活动范围、标准，知道怎样活动才能够得到社会的允许赞成而不致扰乱社会秩序、侵犯他人利益、触犯规范、受到惩罚和谴责；另一方面则使管理者知道管理的准则、范围，用以惩罚和奖赏、表扬和谴责、允许和不允许人们做什么，从而保障社会行为秩序。否则，如果没有这些规范，那么，管理者就会无所遵循、各行其是、随心所欲滥用职权；而被管理者也就无所适从、糊里糊涂、互相侵犯、乱成一团。

因此，唯有借助行为规范，才能实现对行为的管理，才能实现政治和德治，从而保障经济、文化、人际以及一切具有社会效用的活动之存在和发展。不言而喻，这种行为规范也无非两种。一种是政治规范，是政治活动遵循的规范，亦即具有重大社会效用的行为应该且必须如何的权力规范：这就是法。另一种则是德治规范，是德治活动遵循的规范，亦即具有社会效用的行为应该而非必须如何的非权力规范：这就是道德。

可见，所谓社会，亦即人类有意识的实际活动总和，无非是财富活动与非财富活动之和。财富活动又分为两类：一类是创造物质财富的活动，即经济；一类是创造精神财富的活动，即文化。非财富活动也分为两类：一类是与财富没有必然的、不可分离关系的活动，是完全不创造财富的活动，即人际活动；另一类非财富活动则是与财富有必然的、不可分离关系的活动，是直接不创造财富而间接创造财富的管理活动，说到底，也就是直接不创造财富的管理活动。这种管理活

---

① 《孟子·离娄章句上》。

动又分为权力管理及其规范和非权力管理及其规范：前者即政治与法；后者即德治与道德。于是，社会无非由经济、文化、人际、政治、德治、法和道德7类活动构成。如图：

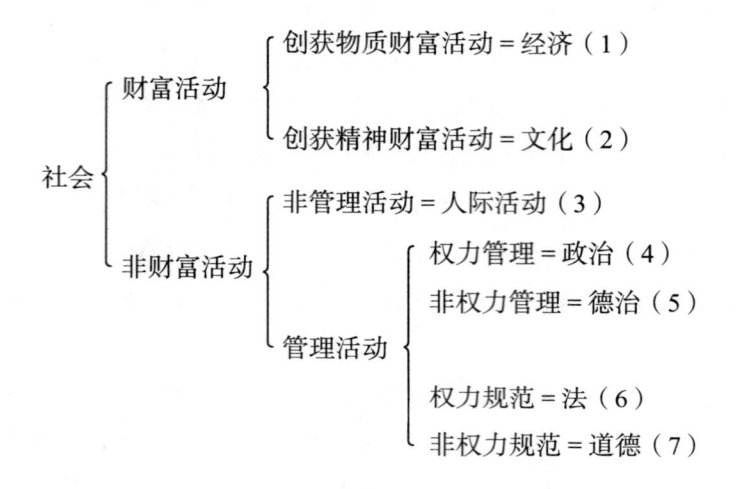

```
                  ┌ 财富活动  ┌ 创获物质财富活动 = 经济（1）
                  │           └ 创获精神财富活动 = 文化（2）
                  │
社会 ┤             ┌ 非管理活动 = 人际活动（3）
                  │           ┌ 权力管理 = 政治（4）
                  └ 非财富活动 │ 非权力管理 = 德治（5）
                              └ 管理活动 ┤
                                         │ 权力规范 = 法（6）
                                         └ 非权力规范 = 道德（7）
```

3. 自然、人类社会与人类意识：三大领域之比较

对社会的概念分析表明，一方面，社会乃是人类有意识的实际活动总和——亦即人类实践活动总和——而与人类、社团、集体、人群根本不同。社会、人类有意识实际活动，乃是人类、社团、集体和个人等特殊物质的一种运动，是物质的运动，属于运动范畴。反之，人类、社团、集体与人群则是特殊物质，属于物质范畴，是社会的实体，而不是社会。这样，把社会（人类有意识实际活动总和）等同于人类、社团、集体，就是把运动等同于物质、把社会等同于社会实体。因此，必须把社会与人类、社团、集体与群体区别开来：只有人类有意识的实际活动或人类实践活动才是社会事物；而人类、社团、集体和群体并非人类实践活动，并非社会事物，而是社会实体，属于自然范畴。唯其如此，人类躯体乃是自然科学对象，而人类意识则是精神科学研究对象；唯有人类有意识实际活动才是社会科学对象。

第一章　事物

另一方面，并非人类一切活动都是社会事物，而只有人类实践活动——亦即受意识支配的实际活动——才是社会事物。人类活动除了实践活动，还有生理活动和意识活动。生理活动不属于社会而属于自然界，不言而喻；但意识活动不属于社会范畴，却不是谁都清楚的。相反地，人们大都把意识活动——尤其是社会意识——当作社会事物。殊不知，与自然和人类社会并列的人类意识领域，不外社会意识（人脑对社会的反映和反应）和自然意识（人脑对自然的反映和反应）：社会意识之不属于社会，正如自然意识之不属于自然界一样。

不但此也，一方面，人类社会的定义"人类实践活动"——亦即人类有意识的实际活动——进一步证实了自然的定义。因为人类社会（人类有意识的实际活动）和人类意识（人脑对事物的反映和反应活动）构成全部人为活动；而除开人类社会和人类意识两大领域所剩下的一切东西，显然就是第三大领域"自然界"：自然是人类有意识的活动之外的一切事物，岂不就是自己如此而非人为的一切事物？

另一方面，当我们把"自然、人类社会和人类意识"的定义与"物质和属性"的定义联系起来时，可以得出一个极其重要的结论，那就是：人类社会和人类意识这两种人类活动与人类根本不同，人类（包括社团、集体、人群和个人）属于物质范畴，而人类社会和人类意识活动则属于物质的运动范畴。所以，社会和意识都不是物质，更不包括物质；一切运动都不是物质，更不包括物质，而只是物质的属性：社会与意识都是物质的属性；而物质则是社会的实体。

意识、精神不是物质，在意识、精神领域中不存在物质，是毋庸置疑的。但是，细细想来，社会怎么不是物质、不存在物质呢？难道人类、飞机、大炮、商品、货币等等，不都是有形体的事物，不都是物质吗？是的，人类、飞机、大炮、商品、货币等等都是物质。但是，从它们具有形体而是物质这方面看，它们并非社会事物，而是自然物；只有人类、飞机、大炮、商品、货币等等中所体现的"人为"、"人类实践活动"这种无形体事物,才是社会事物。人类是有形体的,是物质;但是,有形体的物质的人类之活动、之所为,却是无形体的,却不是物质。这有什么奇怪的呢?不正是因为人为、人类活动是无形体非物质的,所以它才能是人类这种有形体的物质的属性吗?难道一切活动、运动不都是有形体的物质的活动、运动,而这种活动、运动本身却是无形体的非物质事物吗?不正是因为运动本身无形体,所以运动才能成为有形体的物质的属性吗?

可见,由人类、飞机、大炮、商品、货币等具有形体因而是物质,决不能得出社会是物质的结论。社会不是物质。社会是经济、文化、政治、法律、道德等等的总和:谁能说经济、文化、政治、法律、道德是物质呢?只有自然界才是物质和存在物质:物质只存在于自然界中,而社会和意识不过是物质的属性罢了。但是,由此不能说自然界完全是物质。不!并非如此。自然中只有一部分是物质,而另一部分则是运动、变化、静止、不变、时空等等物质属性。一言以蔽之,自然二分而为物质与属性;而人类社会和人类意识则仅仅是一种特殊的物质——"人类"——的属性,亦即"人类、社团、集体和个人"的活动、运动等属性:"人类、社团、集体和个人"则是人类社会与人类意识的实体。那么,究竟何谓实体与属性?

三、实体与属性

1. 实体、物质与属性

宇宙一切事物不外乎两大类:物质及其属性。何谓物质?霍尔巴赫说:"直到现在为止,人们对于物质还没有给予一个令人满意的定义;被成见欺骗了的人们,对物质只有些不完善的、泛泛的、肤浅的概念。他们把物质看作是唯一的、粗糙的、被动的、不能运动、不能互相结合、而由它自身是什么也产生不出来的一种东西。其实他们本应该把物质看成是这样一种存在物：它的一切个别个体，虽然具有广延、可分性、形状等等共同特性，却不应该被列在同一类别之下，也不应该赋予同一名称。"① 那么，物质之所以为物质的根本特性究竟是广延性、形状还是可分性？

伏尔泰说："我们用称称物质，用尺量物质，我们分析物质。超越这类粗糙的操作之外，要想再向前迈进一步，我们便会感到无能为力了，而在我们面前，就是一道鸿沟……物质既然是永恒的，就应当具有永恒属性，如轮廓、惯性、流动和可分性。但是这种可分性也只是一连串的运动。因为没有运动，什么也不可分，什么也分离不开，什么也安排不好。所以我们把运动视为物质最主要最本质的东西。洪荒宇宙本来就是一种混乱的运动，而宇宙的安排就绪本来就是世界主宰赋于一切物体一种有规律的运动。但是物质如何自身会有了运动？就象古人们说的，物质具有广延性和不可穿透性那样。但是物质没有广延性便不可理解，而没有运动却可以理解。"② 这意味着：广延性乃是物质之所以为物质的根本性质。笛卡尔说：

"我们不可避免地得出结论：存在着这样一种东西，它具有长、宽、高的外延，而且拥有我们清楚地见到属于一个外延事物的一切属性。这个外延事物我们就称为'形体'或'物质'。我们如果这样做，那就会见到，物质或者一般形体的本性并不在于它是某个硬的、重的、有颜色的、或者以任何方式作用于感官的东西，而仅仅在于它是具有长、宽、高的外延的东西。"③

诚哉斯言！物质就是具有广延的事物，就是有形体的事物，就是有体积的事物："体积也者，物所见之于外者也，若见之于内，它就是

---

① 霍尔巴赫：《自然的体系》上卷，商务印书馆1999年版，第28页。
② 伏尔泰：《哲学辞典》下册，商务印书馆2005年版，第620—622页。
③ 王太庆主编：《西方自然哲学原著选辑》（三），北京大学出版社1993年版，第72页。

物质的广延性。"① 因为宇宙万物，无非两类：有形体的事物与无形体的事物。譬如，基本粒子、原子、分子、物体、水陆草木、禽兽人类、火车飞机等等诸如此类的事物，都具有形体、体积，所以它们都是物质；而运动、静止、变化、不变、光、热、颜色、味道、精神、认识、实践、生产力、生产关系、政治、法律、道德等事物，都不具有体积、形体，是无形体事物，因而皆非物质，而是依赖于、从属于物质的属性——无形体事物显然是依附于有形体事物的属性——宇宙万物无非物质及其属性而已。这就是为什么，康德说："只要给我物质，我就给你们造出一个宇宙来。"②

物质相对属性来说，又叫作实体：宇宙万物无非实体与属性而已。早在古希腊哲学家那里，就已经把一切事物分为两大类：实体和属性。亚里士多德《范畴篇》所研究的第一个范畴，就是实体。该篇这样写道："实体独有的特征似乎是，在数目上保持单一。"③ "所有的实体，似乎都在表示某一'这个'，而相对于第一实体来说，它所表明的是一'这个'，更是无可争辩的真理。因为它所表明的东西是不可分割的，在数目上是单一的。"④ "实体，在最严格、最原始、最根本的意义上说，是既不能述说一个主体，也不存在一个主体之中，如'个别的人'、'个别的马'。而人们所说的第二实体，是指作为属性而包含第一实体的东西，就像种包含属一样，如某个具体的人被包含在'人'这个属之中，而'人'这个属又被包含在'动物'这个种之中。所以，这些是第二实体，如'人'、'动物'。"⑤

这就是说，所谓实体，也就是能够独立存在的东西，因而也就是一切独一无二的、单一的、个别的、感官能够感到的事物以及这些事

---

① 萧焜焘：《自然哲学》，商务印书馆 2018 年版，第 97 页。
② 王太庆主编：《西方自然哲学原著选辑》（三），北京大学出版社 1993 年版，第 510 页。
③ 苗力田主编：《亚里士多德全集》第一卷，中国人民大学出版社 1990 年版，第 11 页。
④ 苗力田主编：《亚里士多德全集》第一卷，中国人民大学出版社 1990 年版，第 10 页。
⑤ 苗力田主编：《亚里士多德全集》第一卷，中国人民大学出版社 1990 年版，第 6 页。

物的总和,亦即单一事物及其"属"或"种":单一事物是第一实体;单一事物的属或种则是第二实体。反之,所谓属性,则是依赖的、从属的而不能够独立存在的东西,也就是不能够独立存在而从属于、依赖于实体的东西,也就是实体之外的一切东西,如马和人的各种颜色、感情心理活动等等。

因此,只有第一实体——如"个别的人"——之为实体才是绝对的;而第二实体——如"人"——之为实体则是相对的:"人"相对人的肤色是实体,而相对"个别的人"则是属性。难道"人"不是无数"个别的人"的共同的一般的普遍的属性吗?这就是说,一种属性(人)可以是另一种属性(肤色)的实体:属性可以是实体!马克思甚至说:"价值实体就是劳动。"① 劳动是一种活动、运动,因而也就是一种属性:运动不就是物质的根本属性吗?那么,两种属性在怎样的条件下可以构成实体与属性的关系?

不难看出,一般说来,在甲能够相对独立存在,而乙的存在却依赖于甲的条件下,甲就是乙的实体。举例说,交换价值与使用价值的关系就是如此。因为,使用价值是交换价值的物质承担者,商品之所以能够进行交换,从而具有交换价值,只是因为商品具有使用价值;不具有使用价值的东西不可能具有交换价值。反之,不具有交换价值的东西却仍然可以具有使用价值:"一物可以是使用价值而不是价值。"② 因此,交换价值的存在依赖于使用价值;使用价值却不依赖交换价值而能够相对独立存在。所以,使用价值是交换价值的实体,交换价值是使用价值对人的交换需要的效用性。

但是,毫无疑义,并不是任何属性都可以是实体;真正讲来,唯有作为第一实体(感官能够感觉到的个别事物,如曹雪芹)总和的

---

① 马克思:《资本论》第 1 卷,中国社会科学出版社 1983 年版,第 17 页。
② 马克思:《资本论》第 1 卷,中国社会科学出版社 1983 年版,第 17 页。

"属"或"种"(如人、动物、物质)的属性,才可以是实体。那么,"实体"这种一切东西所依赖从属的事物和"属性"这种从属依赖于实体的事物究竟是什么呢?原来,实体和属性非他,正是以形体、体积为根据对一切事物所分成的两大类:具有形体、体积的事物和不具有形体、体积的事物。因为显而易见,具有形体、体积的事物就是不具有形体、体积的事物——因而也就是具有形体事物之外的一切事物——所依赖从属的事物,是支撑着不具有形体、体积的事物的载体,所以也就是实体;而不具有体积的事物则依赖、从属和存在于具有体积的事物,就是依赖、从属和存在于实体的事物,也就是属性。因此,亚里士多德说:

"第一实体之所以被认为比其他事物更是实体,就在于第一实体是支撑着其他一切事物的载体,其他事物或被用来表达它们,或存在于它们中。属和种的关系,就如第一实体和其他事物的关系一样。因为属支撑着种,人们是用种来表述属,而决不会反过来用属来表述种。所以,根据这些理由,可以说属比种更是实体。……由于第一实体乃是其他一切事物的载体,所以,第一实体乃是在最主要意义上的实体。"[①]

这样,我们就得出了实体与属性更为确切的定义:实体是有形体、体积的事物;属性是无形体、无体积的事物。例如:原子、分子、物体、空间、水陆草木、禽兽人类、火车飞机等等诸如此类的事物都具有形体、体积,所以它们都是实体;而运动、活动、静止、变化、不变、光、热、颜色、味道、精神、意识、认识、实践、生产力、生产关系、经济、文化、政治、法律、道德等诸如此类的事物都不具有形体、体积,都从属依赖于具有体积的实体,所以都是属性。

准此观之,属性(无形体的事物)和实体(有形体的事物)便是

[①] 苗力田主编:《亚里士多德全集》第一卷,中国人民大学出版社1990年版,第7、8页。

极为广泛的概念：一切事物不是实体就是属性，概莫能外。所以，朱光潜说："一个概念不属于'本体'范畴，就得属于'属性'范畴。"[1]

属性是无形体的事物，是依赖于从属于有形体的事物；实体是具有形体、体积的事物，是无形体的事物所依赖所从属的事物，说到底，亦即物质：实体与物质是同一概念。物质正是属性——因而也就是自己之外的一切事物——所依赖从属的事物：宇宙一切事物无非物质及其属性而已。

可见，物质、实体和属性非他，正是以形体、体积为根据对一切事物所分成的两大类：具有形体或体积的事物就叫物质、实体；不具有形体、体积的事物就叫属性。因为一目了然，具有形体、体积的事物，就是不具有形体、体积的事物——因而也就是自己之外的一切事物——所依赖从属的事物，所以也就是实体、物质；而不具有形体、体积的事物，则依赖从属于具有形体、体积的事物，就是依赖从属于实体、物质的事物，也就是属性。

然而，当我们把实体定义为有形体、体积的事物，而将有形体、体积的事物名之为实体的时候，我们必须知道，实体并不是有形体、体积事物自身的名称，而是有形体、体积事物相对无体积事物的关系的名称。就是说，有形体的事物只是就自身与无形体事物的关系来说，才叫作实体。如果有形体、体积的事物并不相对自身与属性的关系，而就自身来说，那么，有形体、体积的事物就不叫实体，而叫作物质。物质是有形体、体积的事物自身的名称，而实体不过是有形体事物的关系名称；正像"卡尔·马克思"是《资本论》著者本人的名称，而"丈夫"不过是《资本论》著者相对燕妮的关系名称一样。一句话说完，有形体、体积的事物本身是物质；而当物质、有体积的事物相对于属性、无体积事物的关系来说，便叫作实体了。

---

[1] 《朱光潜文集》第三卷，上海文艺出版社1983年版，第67页。

关于物质是有体积、有形体的事物——而有体积或形体的事物乃是物质的定义——的观点，恩格斯在《自然辩证法》中已指出过。他这样写道："物质本身是纯粹的思维创造物和抽象。当我们把各种有形地存在着的事物联合在物质这一概念下的时候，我们就把各种事物的质的差异都撇开了。"①

可见，恩格斯把物质定义为"有形地存在的事物"，而有形地存在的事物显然也就是有形体、有体积的事物。因此，以有无形体、体积为根据把事物分成两类，实际上不是别的，正是物质与属性；而当物质相对自身与属性的关系来说，便又叫作实体：实体是物质的别名，与物质是同一概念。

所以，物质如果就自身与属性的关系来说，便可以定义为实体。列宁的著名物质定义就是根据物质与"精神、感觉"等属性的关系，而把物质定义为实体的：列宁把实体叫作客观实在。他说："物质是标志客观实在的哲学范畴。这种客观实在是人感觉到的，它不依赖于我们的感觉而存在，为我们的感觉所复写、摄影、反映。"②

然而，人们往往不理解列宁所说的客观实在与实体、有体积的事物是同一概念，而以为客观实在就是客观存在，就是认识、感觉之外的一切东西：物质是认识、感觉之外的一切东西。这是错误的。试想，运动、变化、时间不都是认识、感觉之外的客观存在吗？难道能说运动、变化、时间是物质吗？人类的实践活动、经济和政治不也是认识、感觉之外的客观存在吗？但能说政治和经济是物质吗？

显然，物质绝不能定义为不依赖认识、感觉的客观存在：绝不能把列宁所说的"客观实在"与"客观存在"等同起来。列宁所说的客观实在，只能是认识、感觉、精神等一切属性所从属、依赖的事物：实体。不独列宁，马克思恩格斯也常常把物质与实体、实在当作同一

---

① 《马克思恩格斯文集》第9卷，人民出版社2009年版，第511页。
② 《列宁全集》第18卷，人民出版社2007年版，第130页。

个东西，因而这样写道："物体、存在、实体是同一种实在的观念。绝不可以把思维同那思维着的物质分开。物质是一切变化的主体。"① 这就是为什么，笛卡尔说：

"实际上，决不可能从量或广延中除掉哪怕最小的一部分而不从实体中去掉那么多；反过来，也不可能从实体中去掉最小的一点而不从量或广延中拿走那么多。"②

2. 物体与空间

爱因斯坦说："从希腊哲学到现代物理学的整个科学史中，不断有人力图把表面上复杂的自然现象归结为一些简单的基本观念和关系。这就是一切自然哲学的基本原理。它也表现在原子论者的著作中。在2300年前，德谟克利特写道：

"'依照惯常的说法，甜就是甜，苦就是苦，冷就是冷，热就是热，颜色就是颜色。但是实际上只有原子和虚空。也就是说，感觉上的东西被认为是实在的，而习惯上也就是这样看的，但是真正说起来，它们都不是实在的。只有原子和虚空才是实在的。'这种观念，在古代哲学中，不过是想象力的一种天才的虚构而已。"③

现代物理学和自然哲学，正是从这种"想象力的天才虚构"出发，进而使之变成科学。特别是，现代物理学和自然哲学完善了古代原子论将宇宙万物的本原归结为原子与虚空的学说，形成了物质分类与结构科学理论：一方面，物质分为物体与空间；另一方面，物体由实物与场构成。

原来，以物质的连续无限性和间断有限性为根据，物质分为空间和物体。物体是间断有限的物质，具有不可入性：两物体不能同时占

---

① 《马克思恩格斯全集》第2卷，人民出版社1957年版，第164页。
② 王太庆主编：《西方自然哲学原著选辑》（三），北京大学出版社1993年版，第75页。
③ 《爱因斯坦文集》第1卷，商务印书馆2009年版，第516页。

据同一处所。反之，空间是连续无限的物质，具有可入性，因而是物体存在的处所。草木禽兽、日月星球、山河湖泊、分子、原子、基本粒子等等，都是间隔、断开、有界限的物质，都是间断的物质，具有不可入性，因而叫作物体；而具有可入性因而能够容纳这些物体而使之存在于其中的场所，即那种连续而无边无际的无限的物质，则叫作空间。

最早将物质分为物体与空间的思想家似乎是卢克莱修。他这样写道："我们认识到物性可分两方面，是两种东西而且它们绝对不相同：物体和一切事物在其中运动的空间。"① 但是，最早发现空间与物体一样是一种物质的思想家，恐怕是笛卡尔。他说："物质的本性仅仅在于它是一个广延的实体。"② "空间或内在位置与其中包含的有形实体并没有真正的区别；唯一的区别就在于我们惯常思考它们的那种方式上。因为实际上构成空间的那个长、宽、高三相广延恰恰就是构成形体的。"③ 接着，他以石头这种物体为例，精辟说明了空间与物体一样是一种广延的实体，亦即物质：

"我们很容易承认，构成形体的本性的广延恰恰就是构成空间的本性的。它们之间的区别，无非就是一个种或属的本性与一个个体的本性之间的区别。假如我们注意我们关于某个形体的观念，例如一块石头的观念，而把我们认为对形体本性不重要的东西统统去掉，那我们就要首先排掉坚硬，因为石头如果熔化了或者粉碎了，就会失掉它的坚硬而不失其为一个形体；接着我们要排掉颜色，因为我们常常看到一些石头非常透明，就像没有颜色似的；接着我们要排掉重量，因为火虽然非常之轻，仍然被认为是有形体的；最后我们要排掉冷和热，以及其他一切这样的性质，这要末是因为它们并不被认为在石头里面，要末是因为它们会变化，石头并不因为它们变化而被算成失掉其形体

---

① 卢克莱修：《物性论》，商务印书馆2007年版，第27页。
② 王太庆主编：《西方自然哲学原著选辑》（三），北京大学出版社1993年版，第79页。
③ 王太庆主编：《西方自然哲学原著选辑》（三），北京大学出版社1993年版，第75页。

第一章 事物

本性。在这以后，我们将看到石头的观念里剩下的只是：它是有长、宽、高三度的广延的东西。然而这正是空间观念所包含的——不止是充满形体的空间，甚至是所谓'虚空'的空间。"①

然而，笛卡尔未能也不可能说明空间究竟是一种怎样的物质：这种说明恐怕只有到了电磁场和引力场发现——从而"场"取代了笛卡尔的"以太"——的时代才有可能。爱因斯坦说，广义相对论证实了笛卡尔否定物质只限于物体而将空间看作一种物质实在的想法："断定说广延只限于物体，这种断言本身肯定是没有根据的。但是我们以后会看到，广义相对论却绕着弯儿来证实了笛卡儿的想法。使笛卡儿得到他的那个非常吸引人的观点的，无疑是这样的感觉：要是没有迫不得已的必要，人们不应当认为像空间那样一种不能被'直接经验到的'东西是具有实在性的。"②那么，空间究竟是怎样一种物质？在爱因斯坦看来，空间似乎就是场：既不是电磁场也不是引力场，而是"场"，是概括电磁场、引力场等一切具体的场的普遍的场，纯粹的场，是场本身，是除去一切物体或实物的所谓"真空场"、"虚空的空间"。爱因斯坦说：

"场是空间的物理状态。"③"场的基体无论在哪里（包括在有重物体的内部）都是空虚的空间。"④"根据广义相对论，抽掉任何物理内容的空间概念是不存在的。空间的物理实在表现为场。"⑤"既然依照我们今天的见解，物质的基本粒子按其本质来说，不过是电磁场的凝聚，而绝非别的什么，那么我们今天的世界图像就得承认有两种在概念上彼此完全独立的（尽管在因果关系上是相互联系的）实在，即引力场

---

① 王太庆主编：《西方自然哲学原著选辑》（三），北京大学出版社1993年版，第75、76页。
② 《爱因斯坦文集》第1卷，商务印书馆2009年版，第732页。
③ 《爱因斯坦文集》第1卷，商务印书馆2009年版，第384页。
④ 《爱因斯坦文集》第1卷，商务印书馆2009年版，第494页。
⑤ 《爱因斯坦文集》第1卷，商务印书馆2009年版，第678页。

和电磁场,或者——人们还可以把它们叫做——空间和物质。"①

细究起来,场与空间仅仅相似而已。这种相似乃在于:场是连续的物质,甚至是连续无限的物质:"场能潜在地伸展于空间之中以至无穷。"②果真如此,那么,场与空间就是同一概念。因为一切物质,无非两类,亦即间断而有界限的物质与无限连续而没有界限的物质:前者无疑是物体;后者只能是空间。场与实物、物体似乎根本不同:前者是连续的,后者是间断的。但是,场的这种连续性与空间的连续性根本不同:空间是无限连续、无边无际的物质;而场虽然也呈现出一种连续性,但是,这种连续性是有"定域"的、有限的、有界限的,虽然这种定域和界限不可能精确地指出终止何处,相应地场的准确定域或场的边界也无从确定。对于这种与连续无限的空间根本不同而"存在着定域"的电磁场、引力场,爱因斯坦曾这样写道:

"但是直到最近,物理学家心目中的空间仍然不过是一切事件的被动的容器,它并不参与物理事件。由于光的波动论和法拉第与麦克斯韦的电磁场理论,思想才开始发生新的转变。由此弄明白了,在自由空间里,存在着以波动形式传播的状态,也存在着定域③的场,这种场能够对移到那里的带电体或者磁极给以力的作用。"④

然而,包括电磁场和引力场的一般的普遍的场,或爱因斯坦所谓的"统一场"是否无限连续而无边无际?否!因为根据"遍有遍无"

---

① 《爱因斯坦文集》第 1 卷,商务印书馆 2009 年版,第 207 页。
② 《辩证唯物主义和现代自然科学论文集》,生活·读书·新知三联书店 1960 年版,第 117 页。
③ 林德宏对于爱因斯坦的"定域"概念曾这样解释道:"在爱因斯坦看来,定域性有两层含义。一是可分性原则,粒子、物体都具有独立性,因而是可以相互分离的。两个物体可以分开,一个物体的两个部分可以分开,我们可以逐个分别考虑。二是近距作用原则,两个物体的相互作用,必须在直接接触或通过介质间接接触的条件下才会发生。可分性定义了什么是物体,近距性规定了物体作用的条件。"(林德宏:《科学思想史》,南京大学出版社 2020 年版,第 356 页)
④ 《爱因斯坦文集》第 1 卷,商务印书馆 2009 年版,第 383 页。

逻辑原理，普遍概念所固有的属性，个别概念无不具有：人所固有的马克思无不具有。因此，普遍的统一的场如果是无限连续无边无际的，那么，电磁场和引力场也必然是无限连续无边无际的。但是，实际上，电磁场正如爱因斯坦所言，是有定域、界限的，因而断言场是无限连续无边无际的，是不能成立的。因此，空间与场根本不同，决非同一概念。但是，场的连续性揭示了笛卡尔未能发现的空间不同于其他物质——物体——的本质：空间乃是一种与场极为相似的物质：空间是连续性物质，是无限连续无边无际的物质。

3. 实物与场

场不是空间，意味着：场属于物体范畴。确实，场虽然具有连续性，却不是无限连续、无边无际的，而是有边界的，实质上仍然是一种间断有界限物质，因而属于物体范畴。更确切些说，场是构成物体的一部分，是物体结构的一部分：物体由实物与场构成。实物是构成物体的间断物质，原本与物体是同一概念。只不过，当一种物体作为另一种物体结构的一部分时，它就叫作实物罢了。换言之，物体与实物是同一概念的不同名称：从物质的分类来说，间断性物质叫作物体；从物体结构来说，间断性物质则叫作实物。

但是，作为物体结构另一部分的场，虽然与间断性的实物不同，而呈现出一种连续性，但是，这种连续性是有"定域"的、有限的、有界限的，虽然这种定域和界限不可能精确地指出终止何处，无法谈到场的准确定域或场的边界。既然物体是有边界的，而场作为物体结构的一部分，怎么可能无边无际呢？对于作为物体结构一部分的场的这种连续而具有边界的特点，梅留兴这样写道：

"场有一个突出的特点，这就是它们在空间中没有准确的定位。任何固体或液体都有一定的几何形状，因此，就可以分辨出这个物体和另一个物体的边界。但是，场却没有这样的形状：它连续地在空间中分布着——并且场的强度随着距离而无限地减少。因此，就不可能精确地指出场的作用终止何处。的确，通过屏蔽的途径，亦即通过把截流导线包在金属外壳内的途径，可以限制导线所造成的电磁场的作用范围。但是，由未加屏蔽所造成的场的强度，是随距离而逐渐减弱的，因此，就无法谈到场在空间中的准确定域或场的边界。至于引力场，那么对于它根本就还不知道有任何屏蔽工具，并且它能不被显著吸收地通过巨大厚度的物质层。"①

然而，一方面，实物与它所构成的物体一样，具有不可入性；而场则与空间一样，具有可入性。林德宏说："实物所占据的空间不能同时被别的实物所占据，或者说两物不能同时占据同一空间；一种场占据的空间可以被其他的场同时占据，互不抵消也互不干扰。如地球空间被引力场占据，但同时又被各电视台、广播电台所发射的电磁场所占据。"② 另一方面，物体结构的绝大部分或主要部分是场而不是实物。梅留兴说：

"实物由原子和分子构成，原子和分子相互之间并不紧密地毗连，其间有与其固有的体积相比显得相当大的距离。这个空间不能认为是绝对虚空，其中充满着场。原子本身则是一幅更为惊人的图景。氢原子的线度约为 10^{-8} 厘米，而氢原子核（质子）的线度约为 10^{-14} 厘米，即小一百万倍。原子内原子核和电子的体积约为整个原子体积的 10^{-14}，如果能把 100,000,000 吨水中的所有实物压缩到原子核的密度，那么它的体积将为 1 立方厘来。可见，几乎'实物'的全部空间充满着各种传递粒子间的相互作用的场。但是是否完全可以把原子核本身叫做实物呢？原子核是否是由完全不是实物的那种物质构成的呢？研究表明，原子和中子并不完全填满了原子核，大约只占其体积的 1/50，而

---

① 《辩证唯物主义和现代自然科学论文集》，生活·读书·新知三联书店 1960 年版，第 117 页。

② 林德宏：《科技哲学十五讲》，北京大学出版社 2004 年版，第 42 页。

其余的空间为电磁场、引力场和核场所占。同时核完全不以核子的某种不变的系数的形式而存在，因而核子处于异常紧张的运动状态中。可见，分析到最后的、似乎'真正'的实物粒子——原子核时，我们就可发现，原子不仅仅只是实物，而主要是由物质场构成的。"①

4. 空间是宇宙万物的始源：物体与空间以及实物与场的关系

现代物理学揭示了场是始源，而实物则是场的派生物而被场所产生和决定：实物不过是场的密度特别大的有限区域，场的激发状态、关节点、凝聚。爱因斯坦说："物质的基本粒子按其本质来说，不过是电磁场的凝聚。"② "既然广义相对论意味着用连续的场来表示物理实在，粒子或者质点概念就不能起基本作用，运动概念也不能起这种作用。粒子只能表现为空间中场强度或者能量密度特别大的有限区域。"③ 因此，梅留兴说：

"不能把基本粒子看作是真正的实物粒子，即看作是场的对立面。现代的理论把各种不同的粒子看作量子或相应的物质场的激发状态：质子和中子看作是核子场的量子，介子看作是几个类型的介子场的量子，电子和正电子看作是电子—正电子场的量子等等。场的概念被认为比粒子的概念更普遍些，因为可能存在没有粒子的场的特殊真空状态。"④ "粒子与场的联系以每个场决定粒子的特性为前提。像粒子的质量、电荷、介子荷之类的重要特性，取决于粒子与相应的场的联系的性质。例如，电荷是粒子与电磁场联系的特征，质量是粒子与万有引力场联系的特征，而电子、介子和核子固有的介子荷决定于这些粒子

---

① 梅留兴：《谈谈有限和无限问题》，生活·读书·新知三联书店1962年版，第111、112页。
② 《爱因斯坦文集》第1卷，商务印书馆2009年版，第207页。
③ 《爱因斯坦文集》第1卷，商务印书馆2009年版，第678页。
④ 梅留兴：《谈谈有限和无限问题》，生活·读书·新知三联书店1962年版，第112页。

与介子场的联系。"①

这样一来，宇宙万物本原似乎最终便可以归结为场而不是物质粒子。爱因斯坦在《评理论物理学中问题的提法上的变化》一文中，总结了这一结论的探索过程："在这里，我只想从很肤浅的观点来看看我们关于物理实在的观念所经历的变化。从笛卡儿和牛顿的时代起，首先企图把物理现象单纯地归结为不变的原子的运动。空间、时间、原子（后者被赋予惯性和相互作用力），似乎成为任何物理理论的全部可能有的基础。在法拉第和麦克斯韦引进电磁场概念以后，上述这些概念的第一个重大转折点来临了。场概念同物质粒子概念一起，成了基本的独立概念。在上世纪末，甚至形成了把物质粒子归结为场概念的倾向。粒子是能荷载电荷的物质元素，被认为是场的凝聚的区域。相对论在其现在的形式中可以认为是场论的一个篇章。"②

然而，爱因斯坦并不满意当时的电磁场与引力场理论，而孜孜以求更深层次的始源：统一场。他在1923年自然科学家代表会议上说："今天特别激动人心的问题是引力场和电磁场的统一的本性的问题。追求统一的理论的思想，不可能同现有的按其本性完全互不相关的两种场的存在相协调。因此，已经出现了从数学上建立这种统一场论的企图，在这个理论中引力场和电磁场仅仅被看作是同一种统一场的两个不同分量，并且它的方程，从可能性方面来说，也不是由逻辑上互不相关的项所组成。"③

令人钦佩而又遗憾的是，直到1955年爱因斯坦逝世，他耗尽三十余载心血努力从数学上建立统一场论也未能成功。他未能成功的原因或许是：这个问题原本属于自然哲学范畴，而哲学是不可能用数学语言来表达的科学。从自然哲学的视域来看，似乎可以这样追问：场与

---

① 梅留兴：《谈谈有限和无限问题》，生活·读书·新知三联书店1962年版，第95页。
② 《爱因斯坦文集》第1卷，商务印书馆2009年版，第442页。
③ 《爱因斯坦文集》第1卷，商务印书馆2009年版，第279页。

第一章 事物

空间是什么关系？场是否被别的什么东西所产生和决定而并不是万物始源？对于场与空间的关系，如上所述，爱因斯坦往往误将二者等同起来。毋宁说，爱因斯坦——以及所有现代自然科学家——似乎并没有认真研究场与空间的关系。因为，爱因斯坦前后矛盾，又曾这样写道："如果把电磁场拿掉，就只剩下空的空间。"①霍金亦如是说："何以黑洞会发射粒子呢？量子理论给我们的回答是，粒子不是从黑洞里面出来的，而是从紧靠黑洞的事件视界的外面'空'的空间里来的！……我们以为是'真空'的空间不能是完全空的。"②

这意味着，爱因斯坦以及现代物理学家似乎并没有超越牛顿：空间本身是空的，因而是容纳物质的处所。只不过，牛顿认为空间容纳的是物体；而爱因斯坦等现代物理学家认为空间充满"场"罢了。在这一点上，现代物理学家们还不如笛卡尔。因为笛卡尔已经证明：空间是一种物质；甚至不如德谟克利特和卢克莱修，因为二人已经说过，虚空、空间并不比原子、物体不实在："一切事物的本原是原子和虚空……虚空并不比坚实不实在。"③

诚然，现代物理学发现了场，场与实物根本不同而是一种充满空间的连续性物质。这样一来，我们就可以说明为什么德谟克利特和笛卡尔未能也不可能知晓空间究竟是一种怎样的物质：空间其实是一种与场相似而与物体（实物）根本不同的物质。因为场与实物根本不同而与空间具有一种根本的同一性：二者都是连续性物质。只不过，场是有限的有边界的连续性物质；而空间则是无限的无边无际的连续性物质。不言而喻，无限的无边无际的连续性物质，无疑是始源；而有限的有边界的连续性物质则是无限的无边无际的连续性物质的产物：

---

① 《自然辩证法》，人民出版社1975年版，第32页。
② 霍金：《时间简史》，湖南科学技术出版社2002年版，第11、12页。
③ 王太庆主编：《西方自然哲学原著选辑》（一），北京大学出版社1998年版，第80、81页。

空间产生和决定场。如果说物质粒子是场的激发状态、关节点、凝聚,那么,毫无疑义,场同样是空间的激发状态、凝聚物质而已。这样一来,物体、实物产生和决定于场;而场又产生和决定于空间。于是,空间实乃宇宙万物之始源、本原也!

然而,20世纪末,诞生了一种全新的物理学理论:弦理论。弦理论认为,弦是构成宇宙万物的绝对最小的不可分的基元、始源:"弦是真正基本的东西——是'原子',在古希腊人本来的意义上,也就是不可分的基元。绝对的最小的构成万物的基元的弦,代表着微观世界数不清的亚结构层次走到了尽头。从这点看,弦即使在空间延伸,问它们的组成也是没有意义的。如果弦是由更小的事物组成的,它们就不会是基本的。相反,如果什么东西构成了弦,它就当然可以取代弦的位置,而成为更基本的宇宙基元。用语言学的类比,我们说,段落由句子组成,句子由词语组成,词语由字母组成,那字母由什么组成呢?从语言学的立场看,字母是最基本的东西。字母就是字母,它们是书面语言基本的建筑砖块,没有更细的结构。问它们的组成也是没有意义的。同样,弦就是弦,没有比它更基本的东西,所以不能把它描写成由别的任何物质组成的东西。……弦理论搭起了一个多么辉煌的真正的统一理论的框架。物质的每一个粒子,力的每一个传递者,都是由一根弦组成的,而弦的振动模式则是识别每个粒子的'指纹'。发生在宇宙间的每一个物理学事件,每一个过程,在最基本的水平上都能用作用在这些基本物质组成间的力来描写,所以,弦理论有希望为我们带来一个包容一切的统一的物理宇宙的描述,一个包罗万象的理论。"[①]

弦究竟是不是构成宇宙万物的绝对最小的不可分的基元、始源,尚待验证。但是,存在着构成物体绝对最小的不可分的基元,是千真

---

① B. 格林:《宇宙的琴弦》,湖南科学技术出版社2002年版,第135、139页。

第一章 事物

万确的。物体、实物确如德谟克利特所发现，不可能是可以无限分割的。粗略看来，物体是有形体、体积或广延的事物，因而无论如何分割，无论分割得多么小，仍然是有形体、体积或广延的事物，因而仍然可以不断分割下去：物体是无限可分的。这就是为什么，庄子说："一尺之棰，日取其半，万世不竭。"① 对于物体的无限可分性，芝诺亦曾论证：

"如让不可分的和不由部分组成的……物体 A 沿着由 AB 和 Br 两段（每一段均为不可分的粒子）组成的途径，由 A 向 r 移动。在移动的途中，或迟或早必然会有这样的一霎那，这时物体一部分位于 AB 上，而另一部分位于 Br 上。可见，物体 A 将分为两部分（一部分位于 AB 上，另一部分位于 Br 上），因而该物体不可能是'不由部分组成的'。"②

然而，按照芝诺更为著名的"阿基里斯追不上乌龟"的悖论，物体又似乎不可能是无限可分的。芝诺说："阿基里斯永远追不上乌龟。他首先必须到达乌龟出发的地点。这时候乌龟会向前走了一段路。于是阿基里斯又必须赶上这段路，而乌龟又会向前走了一段路。他总是愈追愈近，但是始终追不上它。"③

为什么阿基里斯追不上乌龟？因为无穷短的距离之和是无限长的：阿基里斯与乌龟的距离是无限长的，他怎么可能超越无限而追上乌龟呢？同理，如果一个物体可以无限分割，那么，该物体便是无限小的粒子之和，因而是无限大、无穷大的。因此，亚里士多德与黑格尔都曾指出：物体无限可分仅仅是一种可能性而不是现实性。实际上，确如古希腊德谟克利特和当代格林等弦理论物理学家所言，物体不是无限可分的，一定存在着不可分的构成万物的最小粒子：弦或古希腊人

---

① 《庄子·天下》。
② 转引自梅留兴：《谈谈有限和无限问题》，生活·读书·新知三联书店1962年版，第21页。
③ 北京大学哲学系外国哲学史教研室编译：《古希腊罗马哲学》，商务印书馆2021年版，第59页。

本来意义上的"原子"。

然而,弦理论存在三个问题。首先,弦究竟是不是最小的不可再分的基元,尚待验证。其次,即使弦是最小的不可再分的万物之基元,弦也仅仅是构成一切物体的基元,而不是一切物质的基元、始源。因为,物质分为物体(间断有界限的物质)和空间(连续无限无边无际的物质),一切物体、实物、粒子乃至弦,说到底,都是空间的激发状态、凝聚物而已。最后,物体作为物体是不可能无限分割的;但是,物体作为物质却是可以无限分割的。如果物体作为物体不可分割的界限是弦,那么,进一步分割,弦就无穷大而湮灭、变成空间:唯有空间才因其连续无限的本性而实乃宇宙万物之始源、本原也!

四、客观事物和主观事物

究竟何谓主观事物?迄今最为恰当且广为接受的定义恐怕就是:主观事物是大脑对客观事物的意识,是大脑对客观事物的反映。然而,细究起来,这个定义并不确切:它误将"反应"当作"反映"。因为真正讲来,主观事物乃是大脑对客观事物的反应,而不仅仅是对客观事物的反映。那么,反映与反应究竟有什么不同?

1. 反映与反应:概念分析

所谓反应,如所周知,是事物相互作用的产物。任何事物无疑都与他事物存在着相互作用,因而不断变化着。一事物在他事物作用下所发生的变化,就是对他事物的作用和属性的回答、表现。这种变化、回答或表现,相对他事物的作用和属性来说,便叫作反应:反应就是一事物在他事物作用下所发生的变化,就是对他事物的作用和属性的回答或表现。举例说,滴水穿石,是石头在滴水的作用下所发生的机械变化,叫机械反应:它是对水的"柔弱胜刚强"的属性和作用的表现。水热蒸发，是水在热的作用下所发生的物理变化，叫物理反应：它是对热的属性和作用的表现。铁生锈，是铁在氧的作用下所发生的化学变化，叫化学反应：它是对氧的属性和作用的表现。含羞草受到震动，叶柄便耷拉下来，是含羞草在震动的作用下发生的生物变化，叫生物反应：它是对震动的属性和作用的表现。显然，反应是一切事物都具有的属性。

然而，反映并不是一切事物都具有的属性。所谓反映，如所周知，原本是一种特殊的物理现象，如镜子里面的东西就是镜子外面的东西的反映。认识论借用这个原本属于物理现象的反映概念来定义认识：认识就是大脑对外界事物的反映，如同镜子里的影像就是镜子对外界事物的反映一样。反映是一种特殊的反应，属于反应范畴。因为镜子对外物的反映，就是外物通过作用于镜子而使镜子发生的一种变化：镜子的反映就是镜子的一种特殊的反应。同理，大脑对外界事物的反映，就是外界事物通过感官作用于大脑而使大脑发生的变化，也就是大脑通过感官在外界事物作用下所发生的变化，也就是大脑对外界事物的作用和属性的一种回答、表现，因而属于反应范畴。所以，反映是一种特殊的反应。这种特殊性可以归结为：一方面，就物理世界来说，反映只是某些特殊物质（如镜子、水面、眼睛、屏幕等等）才具有的反应；另一方面，就精神世界来说，反映只是一种更为特殊的物质——亦即大脑——对外界事物的反应，是反应发展的最高阶段。

因此，反映与反应具有根本不同的性质：反映有所谓"真假"；反应无所谓真假，而只可能有所谓"对错"。所谓"真假"，亦即相符性，亦即反映与其对象的相符性：相符为真，不符为假。对于大脑的反映——亦即认识——来说，这种相符性或真假性就是所谓的真理性：相符者为真理，不符者为谬误。所谓"对错"，则是效用性，亦即客体对主体需要的效用，指客体是否有利于满足主体的需要、欲望、目的：有利于满足者叫作"对"、"好"、"应该"、"正确"；有害于满足者叫作"错"、"坏"、"不应该"、"不正确":对错与好坏、应该不应该以及正确不正确大体说来是同一概念。那么,为什么反映有所谓真假,而反应则只可能有所谓对错?

这是因为,反映的基本性质,正如反映论理论家们所言,是对象的复制和再现。康福尔特说:"反映过程本身包括两个特殊的物质过程之间的这样一种相互联系,在这种相互联系中,第一个过程的特点再现为第二个过程的相应的特点。"[①] 乌克兰采夫也一再说:"反映是客体(或主体与客体)相互作用的一个特殊方面和特殊产物,这种产物是被反映的外部客体的过程的若干特点在反映的客体(或主体)过程变化的诸特点中或多或少相符的复制。"[②] 我国学者夏甄陶也这样写道:"一切反映的最简单也是最普遍的本质规定,是它对其原型相应特点的复制与再现。"[③] 反映既然是对象的复制和再现,因而也就存在着是否与对象相符的问题,亦即所谓真假:相符者为真或真理,不符者为假或谬论。如果反映是主体对客体的反映,那么,这种反映不仅有真假,而且有对错:真的反映有利于满足主体需要,因而是对的、好的、应该的、正确的;假的反映有害于满足主体需要,因而是错的、坏的、不应该的、不正确的。

反之,反应虽然与反映一样,也是对于对象的作用和属性的表现,是对象的作用和属性的某种表现形式;但是,反应却不是对象的作用和属性的复制或再现,因而没有是否与对象相符的问题,无所谓真假,更无所谓真理性的问题。反应只可能有是否与对象适应从而是否与主体的需要相符的问题,因而便只可能有所谓对错,只可能有所谓效用性:适应对象从而符合主体需要者,就是对的、好的、应该的、正确的;不适应对象从而不符合主体需要者,就是错的、坏的、不应该的、

---

① 乌克兰采夫:《非生物界的反映》,中国人民大学出版社 1988 年版,第 6 页。
② 乌克兰采夫:《非生物界的反映》,中国人民大学出版社 1988 年版,第 80 页。
③ 夏甄陶主编:《认识发生论》,人民出版社 1991 年版,第 63 页。

不正确的。举例说：

达尔文有一次在野外遇见老虎，他直面老虎，慢慢后退。因为他知道，见到老虎如果转身就跑，老虎定来追赶，必被老虎吃掉。只有面对老虎慢慢后退，老虎才不敢来追，才可能保全性命。达尔文对于老虎的这种认识，是他的大脑对老虎本性的反映，是对老虎本性的复制和再现，因而有个是否与老虎本性相符的问题，有个真假的问题：它是真理，因为它与老虎的本性相符。同时，它也是对的、应该的、正确的，因为它能够使达尔文避免被老虎吃掉，有利于满足自己的生存需要。至于达尔文直面老虎慢慢后退，则是他对老虎本性的反应。这种反应显然只是对老虎本性的应答和表现，却不是对老虎本性的复制和再现，因而无所谓真假，无所谓真理性；而只有所谓对错，只有所谓效用性：它是对的、应该的、正确的，因为它使达尔文避免了被老虎吃掉，满足了自己的生存需要。

2. 主观事物与客观事物：基本含义

对于反映与反应的辨析表明，主观事物乃是大脑对事物的反应，而不仅仅是对事物的反映。因为主观事物、意识与心理无疑是同一概念，分为"知（认知、认识）"、"情（感情、情感）"和"意（意志）"：只有认识、认知不但是大脑对事物的反应，而且是大脑对事物的反映；感情和意志则并非大脑对事物的反映，而仅仅是大脑对事物的反应。

准此观之，主观事物乃是事物在大脑中的反应；客观事物是大脑所反应的事物。换言之，主观事物便是自然、社会和意识在大脑中的反应：自然在大脑中的反应叫作主观的自然；社会在大脑中的反应叫作主观的社会；意识在大脑中的反应叫作主观的意识。反之，大脑所反应的自然、社会和意识则叫作客观的自然、客观的社会和客观的意识。

自然和社会在大脑中的反映或反应是主观的自然和社会，而大脑所反映或反应的自然和社会是客观的自然和社会，这是自明之理，不言而喻。但是，意识在大脑中的反映是主观意识和大脑所反映的意识是客观意识，却很费解。然而，细究起来，却也不难看出，所谓意识在大脑中的反映，也就是对意识的研究。人类不仅研究自然和社会，而且还研究意识。例如，高级神经活动生理学、心理学、逻辑学、精神哲学等等都属于对意识的研究。人类对自然的研究，是自然在大脑中的反映，叫作主观的自然；同理，对意识的研究，也就是意识在大脑中的反映，叫作主观的意识。

大脑所反映的意识，也就是人们所研究的意识，就是心理学、逻辑学、精神哲学等研究的对象，就是与自然和社会这两大客观事物并列的第三大客观事物，说到底，就是自然和社会在大脑中的反映：自然和社会在大脑中的反映本身乃是客观的意识；只有对自然和社会在大脑中的反映之研究，才是主观的意识。所以，自然和社会在大脑中的反映，与意识在大脑中的反映，虽都是意识，但意识在大脑中的反映是主观意识，而自然和社会在大脑中的反映却是客观意识。

可见，意识在大脑中的反映是与自然在大脑中的反映（主观的自然）和社会在大脑中的反映（主观的社会）这两大主观领域并列的第三大主观领域（主观的意识）；而大脑所反映的意识则是与大脑所反映的自然（客观的自然）和大脑所反映的社会（客观的社会）这两大客观事物并列的第三大客观事物（客观的意识）。要言之，意识正如自然一样，也是客观事物，从而有作为客观事物的自然、社会和意识三大领域；只有意识在大脑中的反映——即对认识的研究——才是作为主观事物的意识。

3. 真假对错：主观事物与客观事物关系

按照主流观点，主观事物与客观事物的关系可以归结为相符与否。这是片面之见。因为主观事物、心理或意识——三者是同一概念——分为"知（认知、认识）"、"情（感情、情感）"和"意（意志）"：只有认识、认知是大脑对事物的反映；感情和意志则并非大脑对事物的反映，而是大脑对事物的反应。因为只有认识、认知才是对象的复制与再现，因而才有是否与对象相符的问题，才有所谓真假：相符者为真，是真理，不符者为假，是谬误。

反之，感情和意志并不是对象的复制与再现，而只是对于对象的回答和表现：感情是主体对其需要是否被对象满足的内心体验；意志是主体对其行为从确定到执行的心理过程。所以，感情和意志虽属于心理、意识或主观事物范畴，却与行为一样，都不是对客观对象的反映，而是对客观对象的反应；都不是对客观对象的摹写、复制、揭示、说明，而是对客观对象的要求、设计、筹划、安排；都不是提供关于客观对象的知识，而是提供如何利用和改造客观对象的方案；都不是寻求与客观对象相符，而是寻求对主体需要的满足。所以，感情和意志都无所谓是否与对象相符的问题，无所谓真理性；而只有是否符合主体需要的问题，只有所谓效用性，亦即所谓对错：有利于满足主体需要者，就是对的、好的、应该的、正确的；有害于满足主体需要者，就是错的、坏的、不应该的、不正确的。举例说：

孔明认为马谡是大将之才，属于认识、认知范畴。它是孔明大脑对于马谡才能的反映，是马谡才能的复制和再现，因而有是否与马谡才能相符的问题，有所谓真假或真理性问题：它是假的，因为它与马谡的才能不符。反之，孔明对马谡的偏爱和重用之意，则属于感情和意志范畴。它们只是孔明大脑对马谡才能的反应，而不是对马谡才能的反映。因为它们都不是对马谡才能的复制和再现，因而都不具有是否与马谡才能相符的所谓真理性问题：谁能说孔明对马谡的偏爱和重用之意是真理或谬误？孔明的偏爱和重用之意显然只有是否有利于满足主体的需要、欲望以及目的的问题，因而只有所谓效用性，亦即只有所谓对错问题：它们是错的、不应该的、不正确的，因为它们导致街亭失守，不符合蜀国和孔明的需要、欲望、目的。

4. 主观事物与客观事物：派生含义

主观事物与客观事物还有另一种由此前含义（主观事物是事物在大脑中的反应，客观事物是大脑所反应的事物）所派生的含义，亦即"是否依人的意志而转移"：主观指事物的依人的意志而转移的属性；客观指事物的不依人的意志而转移的属性。譬如，偷盗的需要和欲望，依人的意志而转移，因而是主观欲望；食色之需要和欲望，不依人的意志而转移，因而是客观的需要和欲望。

那么，究竟什么需要和欲望是依人的意志而转移的？无疑是人的特殊需要和欲望：人的主观需要和欲望都是特殊的需要和欲望。因为每个人的特殊的需要、欲望、目的，大都是偶然的、可变的、可以自由选择的，因而具有依自己的意志而转移的主观性。举例说：

张三醉心于打扑克游戏，对于扑克有强烈的需要；李四则醉心于下象棋游戏，对于下棋有强烈需要。这些都是特殊需要。张三和李四的这些特殊需要，都是偶然的、可变的、可以自由选择的。因为张三和李四都可能认识到打扑克和下象棋有损健康而逐渐喜欢打乒乓球，从而对打乒乓球产生强烈需要而不再需要打扑克和下象棋。所以，张三的打扑克的需要和李四的下象棋的需要是主观随意的：特殊需要大都具有依自己的意志而转移的主观性。

因此，究竟应该打扑克还是应该下象棋抑或打乒乓球？究竟打扑克有价值还是下象棋有价值？究竟当官好、发财好还是当教授好？如此等等满足每个主体的一切特殊需要的价值，皆因时因地而异，依主体的意志而转移，都是主观随意和偶然多变的，以致王羲之叹曰：

"当其欣于所遇，暂得于己，快然自足，曾不知老之将至。及其所之既倦，情随事迁，感慨系之矣。向之所欣，俯仰之间，已为陈迹，

第一章　事物

犹不能不以之兴怀。"①

但是，价值并不完全是主观的。如果它们完全是主观的，因而仅仅取决于我们的意志，那么，岂不是只要我们愿望和思想某些东西有价值，它们也就一定有价值吗？但是，恰恰相反，难道蚊子、苍蝇有害而青蛙、蜘蛛有益是因为我们的愿望就是如此吗？难道我们愿望、想望、希望什么东西有价值，什么东西就有价值吗？并不是。所以，邦德（E. J. Bond）说："思想某些东西有价值，亦即评价它们，不可能使它们真就有价值。"② 价值显然具有某种不依人的意志而转移的客观性。

价值是客观的，具有客观性，首先源于它们的标准——人的需要、欲望、目的——具有客观性，是客观的。所谓人的客观需要，乃是不依人的意志而转移的需要。那么，究竟什么需要是不依人的意志而转移的？无疑是人的普遍需要。因为每个人的普遍的需要、欲望、目的，都是必然的、不可改变的、不能自由选择的，因而具有不依人的意志而转移的客观性。举例说，每个人都具有饮食需要、性需要、游戏的需要、审美需要、自我实现需要；每个社会都有节制、诚实、自尊、中庸、勇敢、正义等道德需要。所以，这些都是普遍需要。这些普遍需要之所以是每个人都具有的，乃是因为它们是必然的、不可改变的、不能自由选择的，因而具有不依人的意志而转移的客观性。

试想，你是想有性欲就有性欲，想没有性欲就没有性欲吗？并不是。否则，马克思就不会谈恋爱和结婚了。因为他曾说过，一个想要干一番事业的人，谈恋爱和结婚是最大的蠢事。他之所以谈恋爱和结婚，是因为性欲具有某种不依他的意志而转移的客观性：这种客观性就是一种所谓的人性而蕴涵于他的机体构造及其需要之中。因此，弗洛伊德一再说，恒久地看，人并不是自己的躯体欲望和它所引发的行

---

① 王羲之：《兰亭集序》。
② E. J. Bond, *Reason and Value*, Cambridge University Press, 1983, p.100.

为目的的主人："自我就是在自己的家里也不是主人。"[①] "人是智力薄弱的动物，是受其本能欲望支配的。"[②]

这样，性对象的价值也就是客观的、不依人的意志而转移的。因为不论一个人的意志如何，他都不可能没有性欲；不论他的意志如何，性对象都能够满足他的性欲而具有价值：性对象的价值是不依人的意志而转移的，是客观必然的。同理，一切满足人的普遍需要的价值，如食物的价值、爱情的价值、游戏的价值、美的价值、自我实现的价值、诚实的价值、勇敢的价值等等，也就都具有不依人的意志而转移的客观性，都是客观的价值：客观的价值就是不依主体的意志而转移的价值。所以，价值的客观性源于人的普遍需要的不依人的意志而转移的客观性。

五、主要事物与非主要事物：折衷主义和诡辩论

1. 主要事物与非主要事物：概念分析

谁都知道，在任何一个组织中，都有主要人物与非主要人物；在任何一架机器中都有主要零件与非主要零件；在任何一座房子里，都有主要材料与非主要材料；在任何一个城市中都有主要区域与非主要区域；在任何一座山上，都有主峰与非主峰；一条河流，有主流和支流；一篇文章有主题和非主题；一部作品有主要章节与非主要章节……一句话说完，主要事物与非主要事物之分，普遍存在于自然、社会和意识三大领域一切事物之中。那么，究竟什么是主要事物与非主要事物呢？

不难看出，主要事物就是在若干事物中处于直接决定、支配和领导地位的事物；非主要事物就是在若干事物中处于直接被决定、被支

[①] Sigmund Freud, *Introductory Lectures on Psycho-Analysis*, translated by James Strachey, W. W. Norton & Company, New York, 1966, p. 353.

[②] 宾克莱：《理想的冲突》，商务印书馆1983年版，第131页。

第一章 事物

配和被领导地位的事物。简言之，主要事物就是具有直接决定性的事物；非主要事物则是具有直接被决定性的事物。因此，主要事物与非主要事物都不是固定的，而是随着具体情况变化而变化不定，因而也只有在具体情况下才能确定。举例说：

当着生产力未与生产关系激烈冲突的时候，生产力就是双方发展的直接决定性方面，是主要方面；而生产关系则是直接被决定方面，是非主要方面。但当生产力已与生产关系激烈冲突的时候，生产关系的变革就是双方发展的直接决定性因素，是主要方面；而生产力则是直接被决定方面，是非主要方面了。

当着暴力革命条件尚未成熟的时候，议会斗争是直接决定性的斗争形式，是主要斗争形式；但当着武装暴动条件成熟时，议会斗争就是直接被决定的斗争形式，而武装暴动则是直接决定性斗争形式，是主要斗争形式了。

当政治制度适应经济和文化发展的时候，经济和文化活动具有直接决定性，是主要的，而政治制度则是非主要的；但当政治制度不适应经济和文化发展的时候，政治制度就具有直接决定性，是主要的，而经济和文化则是非决定性的，是非主要的了。

可见，主要事物即直接决定性事物。非主要事物即直接被决定性事物，二者并非永久如斯、固定不变，而是随着具体情况变化而变化：原来主要者变成非主要者；原来非主要者变成主要者。毛泽东说："在矛盾发展的一定过程或一定阶级上，主要方面属于甲方，非主要方面属于乙方；到了另一发展阶段或另一发展过程时，就互易其位置，这是依靠事物发展中矛盾双方斗争的力量的增减程度来决定的。"[①]

主要事物是直接决定性的，是处于支配和领导地位的事物。所以，抓住主要事物，非主要事物就迎刃而解。毛泽东说："因此，研究任何

---

① 毛泽东：《实践论 矛盾论》，上海人民出版社1968年版，第123页。

过程，如果是存在两个以上矛盾的复杂过程的话，就要用全力去找出它的主要矛盾。捉住了这个主要矛盾，一切问题就迎刃而解了。这是马克思研究资本主义社会告诉我们的方法。列宁和斯大林研究帝国主义和资本主义总危机的时候，列宁和斯大林研究苏联经济的时候，也告诉了这种方法。万千的学问家和实行家，不懂得这种方法，结果如堕烟海，找不到中心，也就找不到解决矛盾的方法。"①

但是，显然不能由此忽略非主要事物。因为，一方面，主要事物与非主要事物并非一成不变，而是在一定条件下互相转化的；另一方面，主要事物与非主要事物是相辅相成，缺一不可，各有用途和价值而不可相互代替。试想，我们能因为生产力是主要方面就忽略生产关系吗？我们能因为经济是主要方面就忽略科学吗？

2. 折衷主义

如果我们抹杀主要事物与非主要事物的区别而将二者等量齐观，把事物若干方面主观任意地凑合起来，那么，我们便坠入折衷主义的泥潭。因为折衷主义非他，就是歪曲客观而主观任意地把事物若干方面凑合起来的谬论。所谓主观而非客观地把事物若干方面凑合起来，主要讲来，一方面是不辨真伪、不讲原则地把各种根本不能结合的东西拼凑一起。譬如曾受到列宁批判的企图结合唯物主义与唯心主义的二元论，企图把马克思主义与康德主义、马赫主义无原则地"结合"起来的第二国际理论家们的观点等等，都属于折衷主义范畴。

另一方面，折衷主义则是指不分主次而随意抽取事物的各种属性，然后把这些属性偶然任意地拼凑一起。例如，1920年托洛茨基从经济主义观点出发，主张从经济上看问题，把工会说成是管理生产的"机关"；列宁则捉住主要矛盾，提出了工会是共产主义学校的原理。布

---

① 毛泽东：《实践论 矛盾论》，上海人民出版社1968年版，第130页。

哈林就运用折衷主义，说二者都有片面性，应当全面看问题。他以为经济和政治同等重要，因而工会一方面是机关，另方面又是学校。

因为折衷主义把事物若干方面拼凑一起，把各种真假观点"结合"起来，所以折衷主义具有貌似全面、似是而非的特点。这样，正如列宁所指出："把马克思主义偷偷地改为机会主义的时候，用折衷主义冒充辩证法是最容易欺骗群众的。这样能使人感到一种似是而非的满足，似乎考虑到了过程的一切方面，发展的一切趋势，各方面矛盾等等，但实际上并没有对社会发展过程做出任何完整的革命分析。"[①] 折衷主义的这种貌似全面似是而非的特点，使折衷主义同时成为诡辩论：诡辩论就是似是而非的巧妙谬论。

3. 诡辩论

《大般涅槃经》曾把一切谬误的认识根源最精湛最形象地概括在一个寓言里，这一寓言就是盲人摸象：

"其触牙者，即言象形如芦菔根；其触耳者，言象如箕；其触头者，言象如石；其触鼻者，言象如杵；其触脚者，言象如木臼；其触背者，言象如床；其触腹者，言象如瓮；其触尾者，言象如绳。"

诚哉斯言！盲人摸象实为一切谬误的认识根源之形象化。如果把它换成抽象的语言，那就是，以偏概全、把片面当作全面、全面化一个片面、抓住一点不及其余：此乃一切谬误之认识根源也！因此，诡辩论也就不能不是以偏概全，只不过诡辩论的以偏概全具有似是而非的性质罢了。就是说，诡辩论的以偏概全，所全面化的片面乃是这样的片面，这种片面很容易被人们误以为全面。于是，因为这种片面的全面化，这种以偏概全就具有似是而非性质。反之，不容易被人们误以为全面的片面之全面化，则不属诡辩论，而属其他谬误的认识根源。

---

① 《列宁选集》第3卷，人民出版社1995年版，第138页。

细究起来，诡辩论主要有四种：折衷主义诡辩论、相对主义诡辩论、辩证诡辩论、逻辑诡辩论。折衷主义诡辩论，如前所述，就是主观而非客观地把事物若干方面凑合起来的貌似全面的似是而非的诡辩论。

相对主义诡辩论则是由夸大事物的外部相对性而否认一切事物区别的诡辩论。它以为一切事物全部属性都是因不同对象而不同，因而一切事物对于一对象是什么同时——对于另一对象——又不是什么。于是，一切事物相互间不存在界限区别。庄子便是由夸大事物的相对性，而堕入否定事物相互区别的相对主义诡辩论。请看"庄周梦蝶"：

"昔者庄周梦为蝴蝶，栩栩然蝴蝶也。自喻适志与！不知周也。俄然觉，则蘧蘧然周也。不知周之梦为蝴蝶与？蝴蝶之梦为周与？"①

庄周做梦化为蝴蝶（对于梦中的庄周来说）并不是梦而是真事，同时又是梦而不是真事（对于醒来的庄周来说）。所以，庄周做梦化为蝴蝶，是没有"做梦"和"真事"的区别的。于是乎也就"不知周之梦为蝴蝶与？蝴蝶之梦为周与？"

辩证诡辩论是认为事物完全（不但量的方面，而且质的方面）绝对变化、矛盾、相互没有区别的诡辩论，就是由夸大辩证法而堕入的诡辩论。庄子便是这样夸大辩证法作用，以为事物的一切方面都遵循辩证法而堕入辩证诡辩论：

"人生天地之间，若白驹之过郤。"②"天下莫不沉浮，终身不故，阴阳四时运行，各得其序，惛然若亡而存，油然不形而神。"③"年不可举，时不可止，消息盈虚，终则有始。是所以语大义之方，论万物之理也。物之生也，若骤若驰，无动而不变，无时而不移，何为乎，何不为乎？夫固将自化。"④"方生方死，方死方生；可方不可，方不可方

---

① 《庄子·齐物论》。
② 《庄子·知北游》。
③ 《庄子·知北游》。
④ 《庄子·秋水》。

可；因是因非，因非因是；是以圣人不由而照之于天，亦因是也。是亦彼也，彼亦是也。"①一言以蔽之："万物一齐。"②

逻辑诡辩论是违反逻辑的诡辩论，是违背逻辑规则的诡辩论，是在逻辑上似是而非的谬论，是玩弄逻辑、概念、判断、推理而做出的似是而非的论证。公孙龙的"白马非马"就属逻辑诡辩论。因为公孙龙违反"肯定判断是表现主词具有宾词内涵和外延"的规则，而以为只有主词和宾词完全相同才能构成肯定判断，所以就由"白马"和"马"不同而得出白马非马的在逻辑上似是而非的谬论。更有趣的是，古希腊著名诡辩家普罗泰戈拉和他的学生爱瓦梯尔在一场争论中，双方皆运用了这种逻辑诡辩论：

师生曾商定学费分两期支付，第二期的学费规定在爱瓦梯尔出庭第一次胜诉以后支付。因爱瓦梯尔没有出庭，普罗泰戈拉决定向法院起诉令他付款，就用这样的两刀论法向爱瓦梯尔说："如果你在我们的案件中胜诉，你就应当依照我们的商定付款；如果你败诉，则你必须照法院判决付款；你或胜诉或败诉，总之你都要付我应付之款。"爱瓦梯尔则用相反的两刀论法回答他："如果我胜诉，则依照法庭判决，我不应当付款给你；如果我败诉，则依照我们商定的条件，我不应当付款给你；所以我无论在哪种情形下都不应付你所要求之款。"

显然，双方的争论皆似是而非，都是诡辩论，并且都是逻辑诡辩论。因为双方都是通过偷换概念的逻辑错误而做出似是而非的论证的：师生所规定的爱瓦梯尔（当然是与别人的而不是与普罗泰戈拉的案件）出庭胜诉后，交付学费的"胜诉"与"败诉"，与师生规定的案件中的"胜诉"和"败诉"，显然不是同一概念。但师生却都把它们当作同一概念，并用后者偷换了前者，于是得出了似是而非的巧妙推论：诡辩论。

---

① 《庄子·齐物论》。
② 《庄子·秋水》。

黑格尔将"存在"与"不存在"看作是哲学范畴体系的开端范畴:"开端包含有与无两者,是两者的统一。"[①] 此言不当之处我们已经说过:哲学的开端范畴应该是"事物"。但是,黑格尔哲学体系接下来的范畴是"变",确为真知灼见也。哲学范畴体系的第二个范畴应该是"变化"。因为"事物"这个最一般最抽象最简单的范畴,虽然包含于一切其他范畴内涵,却最直接最邻近地包含于"变化"之中。换言之,"事物"是最直接最邻近地存在于"变化"中的一般部分;而"变化"则是最直接最邻近地包含着"事物"的个别整体:一切变化都是事物;而事物却不都是变化。"不变"是"变化"的对立物。因此,"变化"和"不变"应该放在一起进行研究,这一对范畴在哲学范畴体系中,居于"事物"之下,其他之上:除开"事物","变化和不变"就是最一般最抽象最简单的范畴了。于是,按照哲学范畴体系排列顺序的"从一般到个别、从抽象到具体、从简单到复杂"原则,对"事物"范畴的研究之后,便应该过渡到包含"事物"的较个别、具体、复杂的"变化和不变"范畴之研究。

---

① 黑格尔:《小逻辑》,商务印书馆1981年版,第59页。

第二章 变化与不变

本章提要 飞箭由一地方向另一地方的运动，使飞箭在不同时间处在不同地方，而在同一时间则在一地方，又不在原地方而在另一地方："在某一地点同时又在另一地点"的矛盾是飞箭之所以为飞箭的固有本质。然而，芝诺却误以为，飞箭等一切事物实际上都不可能存在矛盾；矛盾仅仅是主观认识的产物，是谬论之所以为谬论的根本特征。这样，在芝诺看来，"飞箭同一时间在一地点又在另一地点"是矛盾，因而不过是主观认识的错误；而实际上，飞箭在某一地点，同时不可能又在某另一地点。问题是，"同一时间在一地点，而不在另一地点"正是静止不动的根本特征，只有静止不动的东西才"同一时间在一地点，而不在另一地点"。因此，"飞箭同一时间在一地点，而不在另一地点"意味着：飞箭不动。所以，芝诺"飞箭不动"悖论的本质就在于否认矛盾（飞箭同一时间在一地点又在另一地点）的实际存在。

一、变化与不变：概念分析

1. 变化和不变定义

何谓变化？变化等元哲学范畴，如原因与结果、内容与形式等等，几乎都是无法按照逻辑学定义规则来定义的。因为按照逻辑学定义规则，"被定义概念＝种差＋最邻近类概念"。可是，变化与不变、原因与结果、内容与形式等等，都是极其普遍、一般的概念，虽然没有"事物"一般、普遍，却也几乎没有比它们更一般更普遍的概念：它们似乎没有类概念，更不用说最邻近的类概念了。那么，变化与不变是否可以定义？答案是肯定的。因为我们可以突破今日逻辑学定义规则，增加一条新规则：被定义概念＝不言而喻的同一概念。按照这一定义规则，变化就是与原来不同：这就是变化的定义。因为"与原来不同"是不言而喻、谁都明白的概念。

变化的这一定义，可以追溯到亚里士多德。他的《物理学》对变化和运动曾有大量论述，通过这些论述，他得出结论说："就本性而言，一切变化都是脱离原有的状况。"[1] 金岳霖亦曾以衣服袖子颜色的变化为例，说明变化就是与原来不同：

"我这衣服袖子上有一条一条的颜色不同的地方，有些近乎原来的颜色，有些比较原来的颜色浅得多。所谓近乎原来的颜色就是以原来的颜色为标准，而以原来的颜色为标准，有的浅得多。即令我们没有原来的颜色摆在当前，我们也可以说原来的颜色是一样的，而现在的衣服袖子有不同的颜色，有的地方浅，有的地方深，无论浅或深的是比较近乎原来的颜色，它们总呈现颜色上的变更。即令颜色都变，只要有慢快不同，程度不同，所与就呈现变更。"[2]

诚哉斯言！变化就是事物与原来不一样，是事物与原来不同，是原来的东西的消灭，原来没有的东西的产生；是原来东西的否定、不存在、无，原来没有东西的肯定、有、存在。反之，不变则是事物与原来一样，是事物与原来相同，是原来事物依旧"存在"、"有"而处于"肯定"状态，原来没有的事物依旧"无"、"不存在"而处于"否定"状态。举例说：

---

[1] 苗力田主编：《亚里士多德全集》第二卷，中国人民大学出版社1991年版，第127页。
[2] 金岳霖：《知识论》，中国人民大学出版社2010年版，第455—456页。

一个人的嗜好变化了，那就是说，这个人的嗜好与原来不一样、不相同了：原来的嗜好消灭了，原来没有的嗜好产生了；原来的嗜好从有、存在、肯定，成为无、不存在、否定；原来没有的嗜好从无、不存在、否定，成为有、存在、肯定。所以，黑格尔说：

"变用这种方式，便在一个双重规定之中了；在一重规定里，无是直接的，即规定从无开始，而无自己与有相关，就是说过渡到有之中；在另一重规定里，有是直接的，即规定从有开始，有过渡到无之中，——即发生与消灭。"①

反之，说一个人的嗜好没变，那就是说，这个人的嗜好与原来一样，原来的嗜好依旧"存在"、"有"而处于"肯定"状态，原来没有的嗜好依旧"无"、"不存在"而处于"否定"状态。所以，黑格尔说：

"'从无得无'是形而上学中曾被赋与重大意义的名言之一。从那句话所看到的，或者只是无内含的同语反复；或者，假如说变在那里要有实在的意义，还不如说既然从无只是得无，那么，在那里变实际上并不存在，因为无在那里仍然是无。变包含着：无不仍然是无，而过渡到它的他物，过渡到有。"②

究竟言之，所谓原来的东西，无疑就是所谓旧事物；而原来没有的东西就是所谓新事物。因此，变化也就是旧事物消灭和新事物产生，是旧事物的否定和新事物的肯定，说到底，是事物生灭属性，是新生旧灭、新旧更替、破旧立新、新对旧的否定。反之，不变则是不生不灭，不破不立，不存在新旧之分，不存在新对旧的否定。譬如，一个人的脾气变化，就是这个人脾气的新生旧灭、新旧更替的属性。反之，一个人的嗜好不变，就是他的嗜好不生不灭、不存在新旧更替的属性。因此，黑格尔说：

---

① 黑格尔：《逻辑学》上卷，商务印书馆1977年版，第97页。
② 黑格尔：《逻辑学》上卷，商务印书馆1977年版，第71—72页。

新哲学

"一切皆流，也就是说，一切皆变。——一切有的东西，在出生中，本身就有它消逝的种子，反过来，死亡也是进入新生的门户。"[①]

可见，所谓变化，说到底，也就是新旧更替的过程，也就是旧东西被新东西克服的冲突、争斗，也就是新旧斗争：变化过程就是新旧斗争。只有经过新旧斗争，才会发生新旧更替，才会发生变化；如果没有新旧斗争，也就没有新旧更替，也就没有变化：不变即不存在新旧斗争也！

综上可知，为什么黑格尔《逻辑学》一开篇所研究的三个范畴，依次是"有"、"无"、"变"，并得出结论说：

"有与无是统一的不可分的环节，而这统一又与有、无本身不同，所以对有、无说来，它是一个第三者，这个第三者最特征的形式，就是变。过渡与变，是同一的；只是由此过渡及彼的有、无两者，在过渡中，更多被想像为互相外在的、静止的，而过渡也是在两者之间出现而已。无论在什么地方，用什么方式谈到有或无，都必定有这第三者：因为有、无并不自为地持续存在，而只是在变中，在这第三者。"[②]

2. 变化与不变结构

肯定是"存在"，就是"有"；否定是"不存在"，就是"无"。如果"存在"的东西原来并不存在，如果"有"原来"没有"而是"无"，那么这种"存在"、"有"、"肯定"就叫作产生；如果"存在"的东西原来就存在，如果"有"的东西原来就有，那么这种"存在"、"肯定"、"有"就叫作"保持"，亦即保持存在、保持有。

如果"不存在"的东西原来存在，"无"的东西原来有，那么，这种"不存在"、"无"、"否定"就叫作"消灭"；如果"不存在"的

---

① 黑格尔：《逻辑学》上卷，商务印书馆1977年版，第71页。
② 黑格尔：《逻辑学》上卷，商务印书馆1977年版，第83页。

东西原来就不存在,"无"的东西原来就没有,那么这种"不存在"、"无"、"否定"也叫作"保持",亦即保持不存在、无。

究竟言之,一方面,所谓"存在的保持"这种肯定、有、存在和"不存在的保持"这种否定、无、不存在,也就是事物两种不变状态,也就是事物不破不立、不生不灭,不存在新旧的肯定和否定。如果事物有了这种肯定或否定,那么,事物便处于不变状态;而如果事物处于不变状态,那么,事物就具有这种肯定或否定。反之,如果事物没有这种肯定或否定,那么,事物便处于变化状态;而如果事物处于变化状态,那么,事物也就没有这种肯定和否定。

另一方面,所谓"产生",也就是新事物的产生,亦即新事物的肯定、有、存在;所谓"消灭"也就是旧事物的消灭,亦即旧事物的否定、无、不存在。所以,"产生"这种肯定、有、存在和"消灭"这种否定、无、不存在,双方互相依存、共处一体而构成"新生旧灭"、"破旧立新"、"新旧更替",亦即构成变化,构成"变化"的两个互相依存方面、互相依存要素:"产生"这种肯定、有、存在是变化的立新方面;"消灭"这种否定、无、不存在是变化的破旧方面。因此,事物如果没有"产生"这种肯定、有、存在和"消灭"这种否定、无、不存在,也就没有变化;而如果没有变化,也就没有"消灭"这种否定、无、不存在和"产生"这种肯定、有、存在。反之,如果有了消灭这种否定、无、不存在和产生这种肯定、有、存在,也就有了变化;而如果有了变化,也就有了产生这种肯定、有、存在和消灭这种否定、无、不存在。对此,高清海曾有十分精辟的论述:

"所谓灭亡,就是某种特定的存在(旧事物的'有')向特定的非存在(旧事物的'无')的运动。在运动的终点上,旧事物消失了,变成了'无'。但这个'无'并不是空无一切,而只是无旧事物。这个'无'实质上就是新的'有',即新事物的存在。新事物就这样在旧事物的灭亡中产生了。

"所谓产生，就是某种特定的'非存在'（新事物的'无'）向某种特定的存在（新事物的'有'）的运动。在运动的起点上，没有新事物。在这种意义上它是无。但是，这种无也不是空无所有，它实质上是旧事物的'有'。在它之中，就包含了产生新事物的根据，因而在运动的终点上才会出现新事物的存在。

"灭亡在本质上是从有向无的运动；产生在本质上是从无向有的运动。这是两种方向相反的运动。但是，它们并不是相互独立的两个过程，而仅仅是统一过程中不可分离的两个方面。旧事物的'有'向'无'的运动，同时也就是新事物的'无'向'有'的运动。因此，发展是有与无（存在与非存在）之间的相互转化过程，也是产生和灭亡的内在统一。"①

综上可知，并非一切否定、无、不存在都是变化的要素，只有"消灭"这种否定、无、不存在才是变化的要素；"而保持原来不存在"的否定、无、不存在则是不变的状态。同理，并非一切肯定、有、存在都是不变的状态，只有"保持存在"这种肯定、有、存在才是不变的状态；而"产生"这种肯定、有、存在则是变化的要素。一句话，产生和消灭这种肯定和否定是变化的两要素；而"保持存在"和"保持不存在"这种肯定和否定则是不变的两种状态。因此，黑格尔说："无论天上地下，都没有一处地方会有某种东西不在自身内兼含有与无两者。这里所谈的，当然是某一个现实的东西，所以其中的那些规定，便不再是处于完全不真实之中（在完全不真实之中，那些规定是作为有与无而呈现的），而是在进一步的规定之中，并且将被看作是肯定的和否定的东西，前者是已经建立的、已被反思的有，后者是已经建立的、已被反思的无；但是肯定的和否定的东西都包含着抽象的基础，前者以有为基础，后者以无为基础。"②

---

① 高清海主编：《马克思主义哲学基础》上册，人民出版社1985年版，第260页。
② 黑格尔：《逻辑学》上卷，商务印书馆1977年版，第73页。

然而，人们往往以为，"肯定"只是不变状态，而不是变化的要素；"否定"只是变化的要素，而不是不变状态。这不过是因为，他们一方面把"肯定"等同于肯定的一个具体种类"保持存在"，而不懂得"产生"也是肯定；另一方面则把否定等同于否定的一个具体种类"消灭"，而不懂得"保持不存在"也是否定。

3. 变化与不变分类

变化可以分为哪些种类？亚里士多德的回答是四类："变化事物的变化总是或者在实体方面，或者在数量方面，或者在性质方面，或者在地点方面的。"①

不难看出，实体变化和性质变化属于事物自身内部变化，可以称之为"自身变化"；而地点变化——亦即位置变化——与数量变化属于事物外部关系变化，可以称之为"关系变化"。因此，变化分为两类：自身变化与关系变化。自身变化主要是性质变化；关系变化主要是位置变化，亦即所谓运动：运动就是事物的位置变化，说到底，就是物质的位置变化、物质位移。因此，主要讲来，变化分为运动（位置变化）与性质变化。

然而，金岳霖却认为，变化就是性质变化，只有性质变化才是变化；而关系变化并不是变化，位置移动或运动不是变化："一东西在时间上有性质上的不同为变。我们在这里不说关系底不同而只说性质底不同，一方面是遵守习惯，另一方面也的确表示我们底意思。从习惯着想，如果我们把一张桌子从房间里搬到院子里，我们不说桌子变了。可是，在以上所说的情形之下，关系的确改变了。可见在习惯上我们不以一东西在关系上改变，遂以为该东西改变，我们的确是从性质上的不同，而说一东西改变。"②

---

① 苗力田主编：《亚里士多德全集》第二卷，中国人民大学出版社1991年版，第58页。
② 金岳霖：《知识论》，中国人民大学出版社2010年版，第451页。

143

问题是，既然承认桌子的关系改变了、位置改变了，怎么能不承认这是桌子的一种变化？怎么能否认关系变化、位置变化是变化之一种？难道"改变"与"变化"不是同一概念？难道关系变化、位置变化不是变化？因此，当金岳霖进一步分析"运动"概念时，不得不承认运动、位置变化乃是变化的一个具体种类，从而将变化——他称之为广义变化——分为性质变化与关系变化：

"一东西在时间上连续地占不同的居据是该东西底动。我们把变限制到一东西底性质底不同。我们也可以把关系加上，因此把变底意义推广。这看法虽然不能代表习惯，然而我们有时也把变视为这种广泛的情形。假如我们引用此办法，动就是变底一种，动既然是一件东西在时间上连续地占不同的居据，它当然也连续地改变它底关系。"①

可见，变化分为自身变化与关系变化，说到底，可以归结为运动（位置变化）与性质变化两类；相应地，不变则可以归结为静止（位置不变）和性质不变两类。金岳霖说："一东西在时间上连续地占不同的居据是该东西底动……动就是变底一种。"② 诚哉斯言！运动就是一东西在时间上连续地占据不同的空间，就是位置变化、位置移动；静止就是位置不变，位置不动。这一定义，究竟言之，乃源于亚里士多德也！他在给运动下定义时便这样写道：

"运动被认为是一种连续的东西……此外，如果没有位置、虚空和时间，运动也不能存在。"③

不言而喻，只有具有形体、体积的事物——物质——才能够存在于空间中而有位置移动和不动。因此，运动就是物质在空间中的位置移动，即物质位移；静止就是物质在空间中位置不动，即物质位置不动。例如，一块石头在空间中由甲地向乙地的移动，就是石头的运

---

① 金岳霖：《知识论》，中国人民大学出版社 2010 年版，第 457 页。
② 金岳霖：《知识论》，中国人民大学出版社 2010 年版，第 457 页。
③ 苗力田主编：《亚里士多德全集》第二卷，中国人民大学出版社 1991 年版，第 57 页。

动；石头的分子、原子、基本粒子在空间中的位置移动，就叫作石头的分子运动、原子运动、基本粒子运动。

反之，不存在于空间中的变化，如脾气变化、性格变化、品德变化等等，则属于性质变化。性质变化就是不存在于空间而只存在于时间中的变化，就是事物自身的变化，而不是事物相互间的位置的变化。这种变化，确如金岳霖所言，乃是人们通常所说的变化，即狭义的变化：从变化的外延中排除位置变化（运动）所剩下的变化，即非运动的变化、非位置的变化。例如，人的由少年到青年、由漂亮到老丑的变化，由喜到怨的变化、由聪明到愚蠢的变化、由死气沉沉到朝气勃勃的变化，都不存在于空间中，不是事物的位置变化，不是运动；而是事物本身的变化，亦即所谓性质变化。

可见，运动与变化根本不同：运动仅仅是变化的一种特殊情形，是变化的一个具体种类：位置变化。所以，亚里士多德说："一切运动都是某种变化。"[①] 诚哉斯言！变化是一切事物共有的，但运动却只为物质——即具有体积的事物——所具有：不具有体积的、非物质的事物，只有变化而绝无运动。例如，红色、美丽、丑鄙、好坏、喜怒哀乐诸如此类的无体积事物，显然只有变化而无所谓运动：谁能说"红色变成白色"是"红色运动成白色"？谁能说美丽、好、坏、喜怒哀乐在运动着？难道不是只能说红色在变化，美丑、好坏、喜怒在变化吗？

二、变化与不变基本性质：运动是变化原因

1. 运动与变化概念辨析

然而，主流观点却不但以为位置变化是运动，而且还以为性质变

---

① 苗力田主编：《亚里士多德全集》第二卷，中国人民大学出版社1991年版，第136页。

化也是运动：运动与变化是同一概念。高清海主编的教材便这样写道："变化也就是运动，运动也就是一般的变化。"[1] 这是错误的。因为，一方面，位置变化与性质变化根本不同：事物的性质变化是物质位置变化的结果，更通俗些说，物质变化是物质运动的结果。例如，人的美丑、老少、黑白等等人的本身、人的形态等性质变化，都只是构成人体的分子、原子和基本粒子等位置移动的结果。所以我们必须把"物质位置变化"与其结果"事物性质变化"区分开来：只有位移才是运动，性质变化则是运动结果。

我们把"物质位置变化"叫作运动而与其结果"事物本身性质变化"区别开来，另一方面原因在于，凡是运动，都是直接的空间变化，都与空间直接联系在一起；而非直接在空间中的变化，和空间无直接关系的变化，绝非运动。一目了然，唯有事物的位置变化是事物的直接的空间变化，是与空间直接联系在一起的变化，所以叫运动。因此，恩格斯说："一切运动都是和某种位置移动相联系的。"[2] 反之，事物本身性质变化，物质形态变化，却不是直接的空间变化，不是直接与空间联系在一起的变化，而是直接的空间变化之结果，因而只是通过产生它的运动（直接空间变化）而与空间有间接的关系，因而不是运动。例如，一个人由白到黑、由美到丑的形态性质变化，就不是直接的空间变化，与空间无直接关系，它只是通过产生它的人体分子的直接空间变化，而与空间发生间接关系。所以由白到黑、由美到丑就只是性质变化而非运动：谁能说白运动成黑、美运动成丑呢？

可见，运动与变化根本不同：只有物质位置移动才是运动；而物质本身变化、物质形态等性质变化，都只是运动结果而绝非运动。这就是我们把变化分为运动和性质变化两类的缘故。但是，自从20世纪

---

[1] 高清海主编：《马克思主义哲学基础》上册，人民出版社1985年版，第259页。
[2] 《马克思恩格斯全集》第26卷，人民出版社2014年版，第589—590页。

物理学打破牛顿机械论藩篱以来，哲学家们便大都以为运动即物质位置移动的观点是机械论。

2. 运动即位移：机械论辩难

原来，如果事实确如那些哲学家所言，一切物质位移都是机械运动，那么，把运动定义为物质位移也就是把运动与机械运动等同起来，亦即把一切运动都归结为机械运动，因而这种观点应该名之曰：机械论。在这些哲学家看来，物质位置移动——即所谓的"机械运动"——仅仅是运动的一种简单形态；运动的较高级形态则是物理运动、化学运动、生物运动和社会运动。

因此，问题的关键在于：一切位移是否都是机械运动？如果一切位移都是机械运动，在物质位移之外还有运动，还有物理、化学、生物、社会运动，那么，定义运动为物质位移，确实是机械论；如果一切物质位移并非都是机械运动，机械运动仅仅是物质位移的一种特殊情形，而在物质位移之外并无运动，亦即化学、物理、生物、社会运动都包括在物质位移之内，那么，"运动是物质位移"就是运动的正确定义，而决非什么机械论。答案是：后者乃真理也。梅留兴说：

"机械运动的概念根本不能和空间位移的概念等同起来。任何机械运动都是在空间中的位移，但是并非一切空间位移都是机械运动。例如，原子内电子运动，电磁场和万有引力场内的扰动传播，所有这些都是空间位移，但不能叫做机械运动。机械运动概念说明按照一定轨道进行空间位移的最简单的形式，这些形式可以用古典力学来描述，把它与一般的空间位移等同起来是不确切的。如果把它们等同起来，就会给唯心主义者以歪曲地解释微观过程的口实。物理学唯心主义者根据这种等同推断说，既然微粒子运动不服从古典力学定律，那么基本粒子就存在于空间和时间之外。而在实际上，在空间和时间之外不可能有运动，但运动的形式可以是多样的。"①

诚哉斯言！机械运动仅仅是遵循牛顿力学的宏观物质位移，而遵循量子力学的微观物质的位移则属于非机械运动范畴，属于物理运动和化学运动：不直接改变宏观物质形态的微观物质位移属于物理运动范畴；直接改变宏观物质形态的微观物质位移则属于化学运动范畴。②至于生物运动，则是有生命的物体之位移；而社会运动——社会运动与社会变化决非同一概念——不过是人的实践活动，亦即人的躯体在意识支配下的各种各样的位移罢了。

可见，机械运动、物理运动、化学运动、生物运动乃至社会运动统统不过是不同物质的各种不同的位置移动。不管这些物质移动有着怎样的不同，但有一点却完全相同：它们都是位置移动；位移之外并无运动。所以，恩格斯说："一切运动都是和某种位置移动相联系的。不论这是天体的、地上物体的、分子的、原子的或以太粒子的位置变动。只不过运动形式越高级，这种位置移动就越微小。"③

人们认为在物质位移之外还存在其他运动的观点，恐怕主要来源于微观物质的波粒二象性运动并非物质位移的谬论。因为正是量子力学诞生以降，人们才将运动即位移的观点叫作机械论的。这就是因为，他们以为，电子、光子等微观物质的运动，除了位移还有更高级的运动：微观物质的波粒二象性运动。而他们之所以认为波粒二象性运动不是物质位移，不过是因为他们把一切物质位移都当作机械运动，

---

① 梅留兴：《谈谈有限和无限问题》，生活·读书·新知三联书店1962年版，第98页。
② 亨德尔说："'物理学'这个词起源于希腊文（指'自然界'的意思），最初表示一般的自然科学（从广义方面来说）。随着我们对于自然现象认识的提高，就有必要把自然科学分成若干部门来研究。现代物理学只研究自然界里没有生命现象的那一部分，并且只限于物质的组成不变时物体状态的变化，至多只讨论它们的物态（固态、液态和气态）变化。研究物质组成的变化是化学的任务。这两种性质相近的科学经常是相互交错的；在新的原子物理学中，它们之间的界限就完全消除了。"（亨德尔：《物理学的基本定律》，上海教育出版社1963年版，第5页）
③ 恩格斯：《自然辩证法》，人民出版社2018年版，第133页。

因而以为非机械运动、不遵循机械运动规律的电子光子运动不是位置移动。

殊不知，光子、电子等微观物质的波粒二象性运动仅仅不是机械运动，即不是宏观物质位移，却完全是物质位移，亦即微观物质位移。因为，所谓微观物质的波粒二象性运动，既如冰雹雨珠，又如行云流水，因而其位置和速度不能同时测准：这就是量子力学的测不准原理。测不准原理的发现者海森伯这样写道：

"决定微观粒子的运动状态有两个参数：微粒的位置及其速度。但是，永远也不可能在同一时间里精确地测定这两个参数；永远也不可能在同一时间里知道微粒在什么位置，速度有多快和运动的方向。如果要精确测定微粒在给定时刻的位置，那么它的运动就遭到破坏，以致不可能重新找到该微粒。反之，如果要精确测定它的速度，那么它的位置就完全模糊不清。"①

可见，微观物质运动不遵从古典力学的"物质运动具有确定轨道，其位置和速度都是确定的而可以同时测准"的机械运动规律。反之，宏观物质的运动、机械运动，在某种意义上说，也具有波粒二象性，不过波长非常小，完全可以不计："对具有较大质量的宏观物体来说，波长非常小，因此波长完全可以不计。"② 所以，宏观物体运动虽然具有波动性与粒子性，却不是波粒二象性运动，因而它的位置和速度是确定的而同时测得准确。这样一来，用以描述量子大小的"普朗克常数 h"是否可以忽略不计，就为"波动性与粒子性的宏观物质运动"与"波粒二象性的微观物质运动"划出了界限。对此，林德宏这样写道：

"在描述微观粒子时，究竟在什么场合下应用经典概念可以得出近

---

① 吴今培：《量子概论：神奇的量子世界之旅》，清华大学出版社 2019 年版，第 40 页。
② 梅留兴：《谈谈有限和无限问题》，生活·读书·新知三联书店 1962 年版，第 120 页。

似正确的结论，而在哪些场合就根本不能用经典力学的方法呢？海森伯的测不准原理提出了一个鉴别标准，它告诉我们，当普朗克常数 h 是个可以忽略的量时，这时就可以把微观现象近似地看作是宏观现象，用经典力学的方法来处理；如果 h 是不可忽略的量，那就必须考虑微观粒子的波粒二象性，就必须应用量子力学的方法来处理了。测不准原理为经典力学与量子力学的应用范围划出了明确的界限。"①

但是，难道能说宏观物质的位置和速度测得准的波动性与粒子性运动是位移，而微观物质的位置和速度测不准的波粒二象性运动就不是位置移动吗？难道宏观物体的波动性与粒子性运动是位移，而微观物体的波粒二象性运动就不是位移吗？难道位置和速度测得准的运动是位移而测不准的就不是位移吗？测得准也好，测不准也好，既然都是由位置和速度构成的运动，难道还会不是位置移动而是别的什么吗？难道还会有什么运动在空间位移之外吗？显然，由微观物质波粒二象性测不准运动不遵从机械力学规律，绝对得不出微观物质运动不是位置移动的结论：一切运动都是位置移动，位移之外绝无运动。

然而，还会有人说：运动与变化是一个东西。恩格斯也曾这样写道："运动，就它被理解为物质的存在方式、物质的固有属性这一最一般的意义来说，涵盖宇宙中发生的一切变化和过程，从单纯的位置变动直到思维。"② 而物质自身的变化——物质形态和物质质量变化——显然不是位置移动。所以，物质位移之外还有更高级运动：物质形态和质量的变化。诚然，物质本身变化，物质形态和质量变化，皆非物质位移，不能包括在位移之内。如果物质形态、质量变化是运动，那么，在物质位移之外就存在更高级运动了。

但是，变化与运动根本不同；物质形态、质量变化根本不是运动。

---

① 林德宏：《科学思想史》，南京大学出版社 2020 年版，第 342 页。
② 恩格斯：《自然辩证法》，人民出版社 2018 年版，第 132 页。

因为，我们在上面关于变化的分类中论述过，变化分为两类：一类是事物位置变化、物质位置变化，叫作运动；另一类是运动的结果，即事物本身的变化，是物质形态和质量的变化。二者根本不同，不可混淆。

既然运动仅仅是位置变化，仅仅是变化的一种特殊情形，一个具体种类，那么，当人们把运动与变化等同起来时，也就自然要说：运动不仅是位移，还包括物质形态和质量的变化！这样，位移当然就只是运动的一种简单形态，而更高级的运动形态则是质变和量变。于是乎，物理运动和化学运动就不仅包括位移这种低级运动，而且还包括自身的更高级运动：物理变化、化学变化。由此就可以得出这样的结论：在物质位移之外还有更高级运动，而把运动定义为位移也就是片面的机械论了。

可见，把运动与变化等同起来，乃是以为在物质位移之外还有运动——因而断言运动是物质位移观点为机械论——的又一个原因。然而，就是这些学者自己也不得不经常把物质运动与物质形态变化当作根本不同的两个概念，认为物质变化是物质运动的结果。然而，一旦把运动与变化区分开来，也就不能不承认"物质位移之外并无运动，运动是物质位移"的观点是正确的。

综上可知，一方面，微观物质的量子运动完全是物质位移；另方面，运动与变化根本不同；运动仅仅是物质位置变化、移动。因此，在物质位移之外并无运动，一切运动都是物质位移。反之，"以为物质位移之外还有运动，物质位移仅仅是机械运动，因而以为把运动定义为物质位移是机械论"的观点，是一种双重错误：一方面，误以为微观物质的波粒二象性运动不是物质位移；另一方面，误将运动与变化等同起来。因此，真正的机械论者不是别人，倒正是他们自己。因为不是别人，正是他们自己，把机械运动这种仅仅是宏观物质的位移，与一切物质的位移等同起来，与一切运动等同起来，因而也就是把一切运动（一切物质位移）归结为机械运动（宏观物质的位移）。

3. 运动与静止：变化和不变原因

一切运动都是物质的位置移动，而一切静止都是物质的位置不移动。物质位置的移动与不移动显然都是相对的，因而一切运动与静止便都是相对的：不存在绝对的运动和绝对的静止。1934 年，柯林武德说："物理学家们现在发现，绝对静止或绝对运动的概念都是没有必要的，所需要的只是相对静止和相对运动的概念。这意味着，物理学不需要绝对位置或绝对大小的概念，它所需要的只是一个物体相对于另一物体的位置或大小的概念。"① 1948 年，爱因斯坦则这样写道：

"相对论是这样一种物理理论，它是以关于这三个概念的贯彻一致的物理解释为基础的。'相对论'这名称同下述事实有关：从可能的经验观点来看，运动总是显示为一个物体对另一个物体的相对运动（比如汽车对于地面，或者地球对于太阳和恒星）。运动绝不可能作为'对于空间的运动'，或者所谓'绝对运动'而被观察到的。'相对性原理'在其最广泛的意义上是包含在如下的陈述里：全部物理现象都具有这样的特征，它们不为'绝对运动'概念的引进提供任何根据；或者用比较简短但不那么精确的话来说：没有绝对运动。"②

物质的运动与静止虽然都是相对的，但是，物质却是相对于一定位置或参考系而永恒地运动，相对一定位置或参考系而暂时静止：运动是永恒的而静止则是暂时的。柯林武德说："所有物体在所有时间都处在运动中。"③ 这恐怕就是为什么，唯有运动才是——而静止则不是——物质的存在方式。对此，恩格斯曾有极为精辟的论述：

"运动是物质的存在方式。无论何时何地，都没有也不可能有没有运动的物质。宇宙空间中的运动，各个天体上较小的物体的机械运动，表现为热或者表现为电流或磁流的分子振动，化学的分解和化合，

---

① 柯林武德：《自然的观念》，商务印书馆 2018 年版，第 190 页。
② 《爱因斯坦文集》第 1 卷，商务印书馆 2009 年版，第 616 页。
③ 柯林武德：《自然的观念》，商务印书馆 2018 年版，第 189 页。

有机生命——宇宙中的每一个物质原子在每一瞬间都处在一种或另一种上述运动形式中，或者同时处在数种上述运动形式中。任何静止、任何平衡都只是相对的，只有对这种或那种特定的运动形式来说才是有意义的。例如，某一物体在地球上可以处于机械的平衡，即处于力学意义上的静止；这决不妨碍这一物体参加地球的运动和整个太阳系的运动，同样也不妨碍它的最小的物理粒子实现由它的温度所造成的振动，也不妨碍它的物质原子经历化学的过程。没有运动的物质和没有物质的运动一样，是不可想象的。因此，运动和物质本身一样，是既不能创造也不能消灭的；正如比较早的哲学（笛卡儿）所说的：存在于宇宙中的运动的量永远是一样的。因此，运动不能创造，只能转移。"①

诚哉斯言！无论何时何地，都没有也不可能有没有运动的物质：物质运动是永恒的。但是，永恒运动着的物体、实物、基本粒子，相对于一定的运动轨道等参考系，却可以是暂时静止的。这样一来，一方面，因为物质的永恒运动，也就使物质的位置永恒变化。而物质位置的永恒变化，显然也就使物质结构组合的空间排列发生绝对的量变，这种不论对于任何对象在任何时间中都处于变化状态的绝对量变，或迟或早，必然使物质组合空间排列发生质变而导致物质性质和物质形态发生变化：物质性质或物质形态的相对有条件的质变、变化是物质结构组合的空间排列的绝对变化的结果，说到底，是物质永恒运动的结果。举例说：

水分子中氢与氧原子的永恒运动，也就是氢与氧原子的位置的永恒变化。而氢与氧原子位置的永恒变化，显然也就使氢与氧原子结构组合的空间排列发生绝对的量变，这种不论对于任何对象在任何时间中都处于变化状态的绝对量变，或迟或早，必然使氢与氧原子组合的

---

① 恩格斯：《反杜林论》，人民出版社2015年版，第62页。

空间排列发生质变而导致氢氧分离,从而也就使水的性质和形态发生变化:变成氧气和氢气形态而不复具有水的性质。所以,水的性质或形态的变化、质变是水分子中氢与氧原子的位置永恒移动的结果,说到底,是水分子氢与氧原子的永恒运动的结果。

另一方面,物质的相对一定参考系的暂时静止,也就是物质位置相对的暂时的不变;而物质位置相对的暂时的不变,也就使物质结构组合的空间排列暂时不变,从而保持物质性质和物质形态暂时不变:物质性质和物质形态暂时不变是物质位置相对暂时不动的结果,说到底,是物质相对暂时静止的结果。举例说:

水分子中氢与氧原子的位置的相对的暂时静止,也就是氢与氧原子的位置相对的暂时不变;而氢与氧原子的位置相对的暂时的不变,也就使氢与氧原子结构组合的空间排列暂时不变,从而保持水的性质和形态暂时不变:水的性质和形态相对的暂时的不变是水分子中氢与氧原子的位置的相对的暂时的不动的结果,说到底,是水分子中氢与氧原子相对的暂时的静止的结果。

综上可知,物质性质或物质形态的变化是相对有条件的,是物质结构组合的空间排列的绝对变化的结果,说到底,是物质永恒运动的结果;物质性质和物质形态的不变也是相对有条件的,是物质位置相对不动的结果,说到底,是物质相对暂时的静止的结果。而宇宙一切事物无非物质及其属性。因此,宇宙一切事物的变化与不变之原因,皆为物质的变化与不变,说到底,皆源于物质运动与静止:物质的运动与静止是一切事物变化与不变之原因。对此,霍尔巴赫曾有极为深刻而透辟的论述:

"只要我们稍微注意一下自然的轨道;稍微追踪一下各种事物由于本身的性质不得不经历的各种不同情况,我们就会认识,物质的变化、组合、形式,一句话,物质的一切改变,都应当只归因于运动。正由于运动,一切存在着的东西才产生、变化,增长和消灭。改变事物的面貌、给它们增加或去掉一些性质、使每一个事物在占有一定位置和秩序以后,由于它的本性的作用不得不离开原位而去占据另外的位置,去助成那些在本质、位别和种类上全然不同的其他事物的生成、保持和解体的,也都是运动。在物理学家称作'自然'的三界里面,由于运动而产生了物质分子的继续不断的转移、交换和流通;自然,在这一地方,需要它在另外一个时候曾安放在另外一个地方的物质分子,这些分子,原来由于特殊的物质组合具有了特定的本质、属性和活动方式,现在或较容易或较不容易地分解或分离开,而用一种新的方式配合起来,形成新的事物。细心的观察者可以看见,所有围绕着他的一切事物,都是以或多或少较明显的方式在体现着这条规律的。"[1]

三、矛盾之有无:变化与不变之本质

1. 变化之本质:是—否,否—是,亦此亦彼

所谓变化,如上所述,就是事物自身与自身不再相同,就是事物离开自己而向非自身的他事物的过渡。所以,正在变化着的事物,在不同的时间便是不同的事物,而在同一时间则处于自身和他事物的中间状态。这样,变化着的事物是自身还是他事物,就不存在界限和区别,因而便是自己同时又不是自己,而是他事物;不是自己而是他事物,同时又是自己;也是自己同时也是他事物,事物便互相否定而存在矛盾:矛盾是变化之所以是变化的最深刻也最令人困惑的本质。举例说:

运动的物体由一地方向另一地方的移动变化,就使运动的物体在不同时间处在不同地方,而在同一时间则处在一地方和另一地方的中间状态。这样,运动的物体,在一地方还是另一地方,就不存在界限

---

[1] 霍尔巴赫:《自然的体系》上卷,商务印书馆1999年版,第29页。

和区别：运动的物体在一地方，同时又不在原地方而在另一地方；不在原地方而在另一地方，同时又在原地方；也在一地方同时也在另一地方："在一地方同时也在另一地方"的矛盾是运动之所以为运动的最深刻的本质。

生物的变化，就使生物离开生物而向非生物过渡，就使生物在同一时间处于生物和非生物的中间状态。这样，生物和非生物在同一时间就不存在界限和区别，因而"生物便是生物，同时又不是生物而是非生物；不是生物同时又是生物，而不是非生物；也是生物同时也是非生物"："是生物同时也是非生物"的矛盾是生物的变化之所以为变化的最深刻的本质。

在猿向人进化的历史上，曾使猿离开猿而向人过渡，使猿在同一时间处于猿和人的中间状态。这样，猿和人在同一时间就不存在界限和区别，因而"猿便是猿，同时又是人而不是猿；不是猿同时又是猿，而不是人；也是猿同时也是人"："是猿同时也是人"的矛盾是猿的变化之所以为变化的最深刻的本质。

可见，事物的变化，使事物处在自身与非自身的中间状态，因而事物便是自身同时又不是自身：矛盾就这样产生了！变化就是这样产生了矛盾！这就是变化之所以为变化的最深刻的本质！对此，恩格斯在《自然辩证法》中曾有深刻论述：

"绝对分明的界限是和进化论不两立的。……一切差别都在中间阶段中融合，一切对立的东西都经过中间环节而互相过渡；……辩证法不知道什么绝对分明的界限，不知道什么无条件的普遍有效的非此即彼，它使固定的形而上学的差异互相过渡，除了'非此即彼'又在适当的地方承认'亦此亦彼'，并且把对立的东西调和起来。"①

可见，事物"是—否、否—是、亦此亦彼"的矛盾律，完全建筑

---

① 恩格斯：《自然辩证法》，人民出版社 1955 年版，第 175 页。

第二章　变化与不变

在事物处于自身与他物的中间状态基础上；变化正是通过使事物处于自身与他事物的中间状态而产生和存在矛盾的。这样一来，变化所固有的矛盾之本质，便可以归结为一个三段式：

一物的变化→该物处于向他物过渡的中间状态→是—否、否—是、亦此亦彼
（变化）　　　　　　（联系）　　　　　　　　　　（矛盾）

2. 事物不变之本质：是—是，否—否，非此即彼

矛盾是变化之所以是变化的最深刻的本质，显然意味着：无矛盾是不变之所以是不变的最深刻的本质。确实，如果事物不是变化的而是不变的，那么，不变就是事物自身与自身的相同，就是保持自身的稳定而不向他事物过渡。所以，不变的事物在不同时间，便是同一事物；而在同一时间，也就不能处于自身向他事物过渡的中间状态。这样，事物自身与他事物，便存在分明界限和区别，因而事物"是什么就是什么，同时不会不是什么；而不是什么，便不是什么，同时不会又是什么；或者是什么，或者是非什么：是—是、否—否、非此即彼"：不存在矛盾是不变之所以是不变的最深刻的本质。举例说：

静止的物体，不能由一地方向另一地方移动变化。所以，静止物体在不同时间便仍处于同一地方，而在同一时间便不能处在一地方和另地方的中间状态。这样，静止物体的位置在一地方和另一地方便存在分明界限，因而静止的物体在一地方同时就不会不在该地方；不在一地方同时就不会又在该地方；或者在一地方，或者在另一地方：位置不变就这样使静止物体的位置不存在互相否定属性，不存在矛盾。"或者在一地方，或者在另一地方"的无矛盾是静止之所以为静止的最深刻的本质。

在生物相对不变的时候，从质上看，生物在不同时间就仍是生物，而在同一时间也就不能处在生物和非生物的中间状态。这样，生物和

157

非生物之间便存在分明的界限和区别，因而一事物是生物同时便不会不是生物，不是生物同时便不会又是生物；或是生物，或是非生物："或是生物，或是非生物"之无矛盾性是生物不变之所以为不变的最深刻的本质。

可见，事物的不变，使事物不能处在自身与非自身的中间状态，因而事物是自身同时不能又不是自身：事物的无矛盾性就这样地被不变所产生和决定。这样一来，不变所固有的无矛盾之本质，便可以归结为一个三段式：

一物静止不变→该物与他物界限分明→是—是、否—否、非此即彼
（不变）　　　　　（孤立隔离）　　　　　　　（无矛盾）

3. "飞矢不动"难题之破解

"变化固有矛盾"和"无矛盾为不变固有"之本质，使飞矢不动之难题——金岳霖认为此难题至今未解[①]——得以破解。飞矢不动原本是鼎鼎有名的"芝诺悖论"。对于这一悖论，金岳霖曾有颇为精辟的阐述：

"飞箭不动这一说法是说飞箭由甲飞到乙，甲乙之间有飞箭的路线，这条路线可以分成许多地点，这支箭在由甲到乙底过程中，无时不在某相当的地点，既然如此，飞箭不动，因为在任何时间它都只在某一地点，而这就是静止。这问题当然不是快慢底问题。如果这支箭在半点钟之内到乙地方，则某分钟它只在某一地点，而不在某另一地点，如果这支箭在一分钟内到乙地方，则每一秒钟它都只在某一地点而不在某另一地点。无论这箭飞得快或慢，问题一样。如果一件东西底动，只是在一时间内占不同的地方，那么这支箭可以说是没有动，

[①] 金岳霖：《知识论》，中国人民大学出版社 2010 年版，第 460 页。

这岂不是动不可能吗？这里的毛病也是以静释动。"①

诚哉斯言！飞箭之所以不动，乃是因为同一时间"它只在某一地点，而不在某另一地点"。如果飞箭果真在同一时间只在某一地点而不在另一地点，那么，飞箭确实不动！但是，实际上，飞箭由一地方向另一地方的运动，使飞箭在不同时间处在不同地方，而在同一时间则处在一地方和另一地方的中间状态。这样，飞箭在一地方还是另一地方，就不存在界限和区别：飞箭在一地方，同时又不在原地方而在另一地方；不在原地方而在另一地方，同时又在原地方；也在一地方同时也在另一地方："在某一地点同时又在另一地点"的矛盾是飞箭之所以为飞箭的固有本质。

因此，飞箭不动的前提"飞箭同一时间只在某一地点，而不在某另一地点"是不能成立的。只有静止不动的箭，才"同一时间只在某一地点，而不在某另一地点"；而飞箭之所以为飞箭，就是因为飞箭同一时间在某一地点，又在某另一地点："在某一地点同时又在另一地点"的矛盾是飞箭之所以为飞箭的固有本质。

然而，在芝诺和亚里士多德等众多思想家看来，飞箭等一切事物实际上都不可能存在矛盾；矛盾仅仅是主观认识的产物，是谬论之所以为谬论的根本特征。"飞箭同一时间在一地点又在另一地点"是矛盾，因而不过是主观认识的错误；实际上，飞箭在某一地点，同时不可能又在某另一地点。问题是，"同一时间在一地点，而不在另一地点"正是静止不动的根本特征，只有静止不动的东西才"同一时间在一地点，而不在另一地点"。因此，"飞箭同一时间在一地点，而不在另一地点"意味着：飞箭不动。

可见，飞箭不动诡辩的本质，就在于否认矛盾实际存在，而认为矛盾仅仅存在于主观认识里；因而不懂得运动变化之所以为运动变化

---

① 金岳霖：《知识论》，中国人民大学出版社2010年版，第459页。

的最深层的本质就是出现矛盾；不懂得运动之所以是运动，就在于运动的物体同一时间在某一地点又在另一地点，却以为运动的物体同一时间只在某一地点，而不在某另一地点；不懂得变化之所以是变化，就在于变化的事物是什么同时又不是什么而是非什么，却以为变化的事物是什么同时不可能又是非什么。这就是为什么，金岳霖说飞矢不动的错误在于以静释动。这就是为什么，否认矛盾客观存在的亚里士多德无法解决飞矢不动等芝诺难题。[1] 黑格尔说：

"某物之所以运动，不仅因为它在这个'此刻'在这里，在那个'此刻'在那里，而且因为它在同一个'此刻'在这里又不在这里。因为它在同一个'这里'同时又有又非有。我们必须承认古代辩证论者所指出的运动中的矛盾，但不应由此得出结论说因此没有运动，而倒不如说运动就是实有的矛盾本身。"[2]

四、新旧之有无：变化与不变之重大结果

所谓变化，如上所述，也就是新旧更替的过程，也就是旧东西被新东西克服的冲突、争斗，也就是新旧斗争：变化过程就是新旧斗争。只有经过新旧斗争，才会发生新旧更替，才会发生变化；如果没有新旧斗争，也就没有新旧更替，也就没有变化：不变即无新旧而不存在新旧斗争者也！那么，新旧更替与斗争的本性究竟如何？新旧更替的本性乃是变化与不变之重大结果，不可不察也！

1. 新与旧：概念分析

旧是原来的事物；新是原来没有的事物。原来的事物，也就是先

---

[1] 苗力田主编：《亚里士多德全集》第二卷，中国人民大学出版社1991年版，第184—186页。

[2] 黑格尔：《逻辑学》下卷，商务印书馆2017年版，第66—67页。

产生的事物；原来没有的事物，也就是后产生的事物。反之亦然，先产生的东西，也就是原来的东西，后产生的东西，也就是原来没有的东西："旧"、"原来的东西"、"先产生的东西"三者是同一概念；而"新"、"原来没有的东西"、"后产生的东西"三者是同一概念。因此，所谓旧，就是原来的事物，说到底，就是先产生的事物；所谓新，就是原来没有的事物，说到底，就是后产生的事物：这就是新与旧的定义。举例说：

当西方16世纪现代资本主义社会诞生之时，现代资本主义社会就是原来没有的东西，就是后于中世纪西方封建社会产生的，就是新；而中世纪封建社会则是原来的东西，是先产生的东西，是旧。

原来没有的思想、传统、习惯，是新思想、新传统、新习惯；原来的思想、传统、习惯是旧思想、旧传统、旧习惯：旧的传统、习惯、思想是先产生的，新的传统、习惯、思想是后产生的。

原来的山河树木，是旧山河树木；原来没有的山河树木，则是新山河树木：旧山河树木是先产生的，新山河树木是后产生的。

可见，无论在自然界，还是在社会和精神领域，新都是原来没有的东西、后产生的东西；而旧都是原来的东西、先产生的东西。然而，一些学者却把"新"与"上升的成长壮大的有生命力的事物"等同起来，把"旧"与"下降的退步的衰朽的趋于死亡的事物"等同起来：这是错误的定义。因为不论新旧，都有上升期和下降期。上升时期的新和旧，就是事物处于成长壮大上升时期的新和旧；没落时期的新和旧，则是事物处于腐朽而趋于死亡时期的新和旧。举例说：

一个青年人，时刻都处于新陈代谢、新旧更替之中，其新与旧，无疑是事物处于成长、壮大、上升时期的新和旧。反之，一个行将就木的老人，也时刻都处于新陈代谢、新旧更替之中，其新与旧，无疑是事物处于腐朽而趋于死亡时期的新和旧。

因此，不论是新还是旧，都有上升期（成长壮大期）和下降期

（没落、衰朽、趋于死亡的）之分类。所以，新并不都是上升的、兴旺的；旧也并不都是下降的、衰落的。反之，上升的兴旺的并不都是新，下降的衰退的也并不都是旧。一些学者之所以把"新与上升"、"旧与没落"等同起来，不过是因为把"上升的只是相对它所代替的旧东西才是新，下降的只是相对行将代替它的新东西才是旧"加以绝对化，而以为上升的绝对是新，下降的绝对是旧。这样，新也就都是上升的而不是下降的，旧也就都是下降的而不是上升的。于是，"新"与"上升的、成长壮大的、有生命力的事物"——"旧"与"下降的、退步衰朽的、趋于死亡的事物"——就是同一概念了。

可见，问题的关键在于：上升的是新，没落的是旧，是相对的还是绝对的？如果是绝对的，那么新就可以定义为"上升的、成长壮大的、有生命力的事物"，旧就可以定义为"下降的、退步衰朽的、趋于死亡的事物"；如果是相对的，那么，我们就会看到新与"上升的、成长壮大的、有生命力的事物"，旧与"下降的、退步衰朽的、趋于死亡的事物"，是大相径庭的。那么，"上升的有生命力的是新，下降没落的是旧"，究竟是相对还是绝对的？无疑是相对的，而不是绝对的。

试想，为什么说"上升的有生命力的是新，下降没落的是旧"呢？显然是因为，一方面，当一个事物处于下降没落时期，就意味着它行将被新的、原来没有的东西代替，因而相对这行将产生的新事物，下降没落时期的事物就是原来的东西，就是旧了。另一方面，当一个事物处于上升时期，就意味着它还不能被新的东西代替，因而也就没有新的东西和它相对而使它成为旧的东西，所以它不是旧。相反地，它是新，因为事物处于上升时期，也就意味着它代替了原来的旧事物，因而相对它所代替的原来的旧事物，它是原来没有的，是新事物。

因此，上升的有生命力的是新，没落下降的是旧，完全是相对的：上升的只有相对它所代替的旧事物才是新，下降没落的只有相对行将代替它的新事物才是旧。否则，如果上升事物不相对它所代替的旧事物，就不是新；下降没落事物如果不相对行将代替它的新事物，也就不是旧。相反地，如果上升事物相对下降没落事物来说，就是旧，那么下降没落事物却是新了。举例说：

一个老人的青年时代，相对于这个老人来说，是旧；而他今日老朽，相对其昔日青年时代，却是新。

可见，上升事物只是相对它所代替的旧事物，才是新，而相对代替它的下降没落事物却是旧；下降没落事物，只是相对行将代替它的新事物，才是旧，而相对它所代替了的上升事物，却是新了："上升与新"、"下降与旧"决非同一概念。因此，新不能定义为"上升的、成长壮大的、有生命力的事物"，旧不可定义为"下降的、退步衰朽的、趋于死亡的事物"。

那么，新和旧的定义是什么呢？从上可知，一方面，上升事物是新，是因为上升事物相对它所代替的事物，是原来没有的东西；下降事物是旧，是因为下降事物相对行将代替它的事物，是原来的东西。另一方面，之所以下降事物又是新，乃是因为下降事物相对上升事物，是原来没有的东西；之所以上升事物又是旧，乃是因为上升事物相对下降事物是原来的东西。因此，"新"与"原来没有的东西"，"旧"与"原来的东西"，是同一概念。所以，新只能定义为原来没有的东西，旧只能定义为原来的东西。

2. 新与旧的基本属性

不言而喻，一个东西之所以是原来的东西，是旧，就是因为出现了原来没有的东西，出现了新。如果不存在原来没有的东西，那也就无所谓原来的东西；没有新也就无所谓旧。这就是说，一个东西是原来的东西，是旧，乃是相对的，是相对原来没有的东西而言，亦即相对新来说的。

反之，一个东西之所以是原来没有的东西，是新，也正是因为存

163

在着原来的东西，存在着旧；如果没有原来的东西，那也就无所谓原来没有的东西：没有旧也就没有新。这就是说，一个东西是原来没有的东西，是新，也是相对的，是相对原来的东西而言，亦即相对旧来说的。

一言以蔽之，新与旧都是相对的。例如，封建社会是新事物又是旧事物：相对奴隶社会，封建社会是原来没有的东西，是后产生的，是新事物；相对资本主义社会来说，封建社会又是原来的东西，是先产生的，是旧事物。

新与旧是相对的。这就是说，新与旧是事物相互而言才具有的相对属性，因而是事物的相互关系、外部属性。如果从事物具有的新与旧这种外部属性来看，那么，新与旧互为因果：旧所以是旧，乃是因为有新；新所以是新，乃是因为有旧。

但是，如果我们从新与旧这种事物的相互关系所表现的事物本身来看，那么，显而易见，新事物只能从旧事物中产生出来，后来的东西只能从原来的东西中产生出来：旧事物是源泉，新事物是结果。譬如，新社会是从旧社会产生出来，旧社会是新社会的源泉。新文化是从旧文化产生出来，旧文化是新文化的源泉。因此，毛泽东在《新民主主义论》中写道："中国现时的新政治新经济是从古代的旧政治旧经济发展而来的，中国现时的新文化也是从古代的旧文化发展而来。"①

那么，为什么旧事物会产生新事物呢？为什么会有新与旧呢？因为有变化。因为变化就是事物与原来不同，是原来的东西消灭，原来没有的东西产生，是原来的东西被原来没有的东西所消灭、更替的生灭属性。于是，有了变化，就有了原来的东西与原来没有的东西，就有了新与旧。反之，没有变化，当事物不变的时候，也就无所谓原来的东西与原来没有的东西，也就无所谓新与旧。为什么有新社会和旧

---

① 《毛泽东选集》第2卷，人民出版社1952年版，第679页。

社会？不就是因为社会的变化发展吗？如果社会静止不变，也就无所谓新旧了。为什么一个人也有新旧？为什么人们常说重新做人？岂不也是因为一个人的变化吗？如果一个人不发生变化，那也就无所谓新旧了。所以，变化是新与旧的原因，变化产生和决定了新与旧。

3. 新与旧的更替性

赫拉克利特有句名言：人不能两次涉入同一条河流。因为第二次涉入的已不是原来的河流了。这就是说，事物每时每刻都永恒地处于原来的东西与原来没有的东西、旧的与新的的更替之中。这种存在于不同时间中的同一事物，这种同一事物在不同时间中所形成的旧自身与新自身，这种存在于一事物自身更替中的新事物与旧事物，就是同一事物自身所存在的新旧，叫作"一事物自身的新与旧"。例如，此一时的黄河与彼一时的黄河，就是黄河自身所存在的新黄河与旧黄河，就是黄河自身的新与旧。

不但在同一事物自身内部存在新旧更替，存在新与旧，而且在两个事物相互间也存在着新旧关系，也存在着新旧更替。当两个事物相互间处于这样关系的时候，意味着一事物将被另一事物所代替：那被代替的事物，就是原来的事物，是旧事物；那更替原来事物者，就是原来没有的事物，是新事物。这种两个事物所构成的新与旧，就叫作"两事物相互间的新与旧"。例如，国民党及其代表的社会制度，被共产党及其代表的社会制度所更替。所以，共产党及其制度属于原来没有的事物，是新事物，而国民党及其制度则属于原来的事物，是旧事物，二者构成了两事物相互间的新与旧。

一事物自身的新旧，显然不能共同存在，而只能更替地存在：产生了新就消灭了旧，没有了旧就产生了新，有了新就失去了旧，没有了旧就有了新：一事物自身的新旧是不破不立，不立不破，破旧则立新，立新即破旧；破旧与立新是同时进行的。举例说：

新哲学

　　新的张三产生，旧的张三就消灭了，新的张三产生与旧的张三消灭是同时进行的：不破旧张三，不立新张三，不立新张三，不破旧张三。新的黄河产生，旧的黄河就消灭了，新黄河产生与旧黄河消灭是同时进行的：不破旧黄河，不立新黄河，不立新黄河，不破旧黄河。

　　两事物相互间的新与旧，与同一事物自身的新与旧，恰好相反，二者能够相互共同存在，并且新事物由小到大、由弱到强，旧事物则由大到小、由强到弱，而经过一定时期的新旧斗争，最后，旧事物才被新事物所代替。毛泽东说：

　　"新旧两个方面的矛盾形成一系列的曲折斗争。斗争的结果，新的方面由小变大，上升为支配的东西；旧的方面则由大变小，变成逐步归于灭亡的东西。而一当新的方面对于旧的方面取得支配地位的时候，旧事物的性质就变化为新事物的性质。世界上总是这样以新的代替旧的，总是这样新陈代谢、除旧布新，或推陈出新的。"[①]

　　例如，共产党与国民党便是相互共同存在，并且共产党由小到大，由弱变强；而国民党则由强到弱，由大变小。经过八年抗战，三年解放战争，国民党政府最终被共产党政府所代替。

　　总而言之，不论同一事物自身的新旧，还是两个事物相互间所形成的新旧，新都要经过斗争而代替旧。只不过一事物自身的新旧不能共同存在，是立即更替的：新生即旧灭，破旧即立新；而两个事物相互间的新旧则可以共同存在，只有经过一定时间的新旧斗争，新才能更替旧。那么，新旧更替完全是必然的吗？人在新旧更替中有无自由呢？

　　马克思主义认为，新生事物是不可战胜的。这就是说，新旧更替、新代替旧是必然的。但是，何种新事物和新事物何时代替旧事物，却是偶然的。而选择何种新事物和加速或延缓新代替旧，则是新旧更替

[①] 《毛泽东选集》第1卷，人民出版社1991年版，第323页。

的自由。当然，只有在依赖人类活动的新旧更替中，才有自由可言。举例说：

新黄河代替旧黄河是必然；但究竟何种新黄河（是随着时间流逝自然造成的新黄河，还是人为改造的新黄河）和新黄河何时代替旧黄河，则是偶然的；而选择何种新黄河和加速或延缓这种新黄河代替旧黄河，则是自由的。

新社会代替旧社会是必然的。但是，何种——一党制还是多党制的——新社会和新社会何时代替旧社会，则是偶然的，而选择多党制的新社会还是一党制的新社会，以及通过斗争加速或延缓新社会代替旧社会，则是自由的。

由此可见，在新旧更替的过程中，只是从最后的结局来说，新才是不可战胜的，新一定要代替旧。但如果不从最后结局来说，那么旧事物是可能打败新事物而取得暂时胜利，从而延缓新事物最终胜利。保守派和反动派的自由，就在于更多次、更长时间地打败新生事物，延缓旧事物被新事物代替的时间；而革命派和激进派的自由则在于，更迅速更少失败地战胜旧事物，加速新事物代替旧事物的行程。但无论保守派反动派胜利多少次，最终胜利必然属于革命派：新生事物最终是不可战胜的。

那么，在新旧更替、破旧立新、新生旧灭的过程中，旧事物是全盘消灭，还是相反地全盘保留于新事物之中呢？不言而喻，新事物不能凭空产生，而只能从旧事物中来：旧事物是新事物的源泉。所以，"旧事物的消灭"这种新事物对旧事物的否定，并非全盘否定、全盘消灭，而是否定一部分，即否定消灭旧事物与新事物相互冲突矛盾的部分，而肯定保存另一部分，即旧事物与新事物和谐一致的部分。一句话，新事物对旧事物的否定，是既否定又肯定，是肯定的否定。于是，新事物的产生，这种新事物对旧事物的肯定，也就并非全盘肯定，而是肯定一部分，否定一部分，是既肯定又否定，是否定的肯定。

其实，也只有肯定是既肯定又否定，否定是既否定又肯定，事物才能出现新生旧灭的变化状态，才能有所谓新与旧；而当肯定是全盘肯定，否定是全盘否定，事物也就是不生不灭、无新无旧的不变状态，也就无所谓新与旧。反之，也只有事物处于新旧更替的变化状态的时候，其否定和肯定，才都是部分的否定、肯定，而不是全盘否定、全盘肯定；而当事物处于不生不灭、无新无旧的不变状态的时候，则其存在者保持其存在的肯定，便是全盘肯定，而不存在者保持其不存在的否定，便是全盘否定。

然而，新事物的产生，这种肯定并不仅仅是对旧事物的肯定，而且还包括对原来不存在的事物的肯定，包括对旧事物所没有的东西的肯定。如果新事物仅仅是对旧事物的肯定，仅仅是对旧事物肯定一部分、否定一部分，那么，新事物就一定比旧事物贫乏、简单，而事物就越来越简单贫乏了。新事物之所以可能比旧事物丰富复杂，完全在于新事物还包括对原来不存在事物的肯定，在于从无到有。

总之，新事物是肯定旧事物一部分（共同性），否定旧事物另一部分（不同性），并在此基础上增添旧事物所没有的东西。这样，新事物既不是对旧事物全盘否定、消灭，又不是完全的肯定、重复，而是部分否定、部分肯定、部分添增，从而是发展或倒退：如果肯定、继承旧事物积极精华部分，否定、抛弃旧事物的消极糟粕部分，那么，再同所添增的部分结合而成的新事物，就一定比旧事物高级和复杂，所以叫作"发展"；反之，如果否定、抛弃旧事物的积极精华部分，肯定、保留旧事物糟粕消极部分，那么再同所增添的部分结合而成的新事物，就一定比旧事物低级和简单，所以叫作"退化"。举例说：

新文化对旧文化，就是肯定、重复旧文化的一部分，抛弃、批判旧文化一部分，又增添获得旧文化所没有的一部分。因此，新文化既不是对旧文化全盘否定、抛弃，也非全盘肯定、重复，而是部分抛弃、部分重复、部分增添，从而是发展或退化：如果新文化继承旧文化精华和抛弃其糟粕则是发展；如果继承糟粕和抛弃精华则是退化。

可见，新事物对旧事物既不可能全盘否定，又不可能全盘肯定。如果是全盘否定或全盘肯定，那么事物就处于不生不灭的不变状态，因而也就无所谓新旧。所以，"四人帮"大搞历史虚无主义，对历史遗产全盘否定，实际上并不可能全盘否定历史遗产，而创立完全脱离旧事物的新事物。他们所能做到的，充其量，不过是否定、抛弃历史遗产的大部分精华、积极的东西，从而他们所创造的新事物，不过是对旧事物的大倒退罢了：一切全盘否定论者都是倒退狂。反之，全盘肯定旧事物的复古主义者，他们所能做到的，也并不是全盘肯定旧事物，而不过是保留旧事物的糟粕消极的东西，因而也就无法增添积极的更高级的新成分，从而使事物停滞不前：一切复古主义者都是保守主义者。

按照哲学范畴体系排列顺序的"从抽象到具体、从一般到个别、从简单到复杂"原则，继"变化和不变"范畴之后，应该是"绝对与相对"范畴。因为，不难看出，"绝对"和"相对"乃是"变化与不变"范畴的两大具体类型：变化与不变可以分为"无条件变化或不变"和"有条件变化或不变"两类；而无条件变化或不变就叫作绝对变化或绝对不变，有条件变化或不变就叫作相对变化或相对不变。所以，"变化和不变"是一般、抽象，而"绝对和相对"是个别、具体。换言之，"变化与不变"是存在和依赖于"绝对与相对"中的一般、抽象部分，而"绝对与相对"则是包含着"变化与不变"的较个别的具体的整体。于是，不懂"绝对和相对"，可以懂其一般的抽象的部分"变化和不变"；但不懂"变化和不变"，就不能懂包含"变化和不变"之个别的具体的整体：绝对与相对。所以，我们先研究"变化和不变"，然后便由"变化和不变"上升到包含它的更为个别、具体、复杂的"绝对和相对"范畴。

第三章 绝对与相对

本章提要 绝对就是无条件,就是无时间条件和对象条件,就是在任何条件下都相同不变的东西,亦即对于任何对象在任何时间中都一样的东西。反之,相对就是有条件,就是有时间条件和对象条件,就是因条件——对象条件和时间条件——不同而不同的东西。备受马克思恩格斯赞誉的狄慈根等诸多学者,皆将绝对与无限等同起来,将相对与有限等同起来,因而误以为:一方面,绝对乃是无数相对之和;另一方面,我们只能确切把握相对和逐渐接近——却永远达不到——绝对。

一、绝对与相对:概念分析

1.绝对与相对定义

绝对,顾名思义,就是对于任何关系,就是对于任何关系都一样、相同、不变的属性,就是对于任何对象在任何时间中都一样、相同、不变的属性,是在任何条件下都一样、相同、不变的属性,是无条件存在的属性。一言以蔽之,绝对就是无条件:无时间条件和对象(地点)条件。更确切些说,绝对就是在任何条件——对象条件和时间条件——下都存在的属性,是在任何条件下都一样、相同、不变的属性。《现代汉语词典》词条"绝对"的词义是:"没有任何条件的。"这是绝对名词的词义,也是绝对概念的定义。

反之，相对则是对于一定关系，是对于一定关系才存在的属性，是对于一定对象或一定时间才存在的属性，是随着关系不同而不同的属性，是随着关系变化而变化的属性，是随着对象或时间不同而不同的属性，是随着对象或时间变化而变化的属性，是在一定条件下存在的属性，是有条件存在的属性。一句话，相对就是有条件：时间条件或对象（地点）条件。更确切些说，相对就是因条件——对象条件或时间条件——不同而不同的属性。《现代汉语词典》词条"相对"的词义是："依靠一定条件而存在，随着一定条件而变化的。"这是相对名词的词义，也是相对概念的定义。举例说：

曹雪芹是物质，是曹雪芹的绝对的属性。因为他在任何条件——任何时间和任何对象——下都是物质。这意味着，"曹雪芹是物质"的判断是绝对真理："曹雪芹是物质"的判断在任何条件——任何时间和任何对象——下都是真理。但是，曹雪芹是人和儿子，则是相对的属性。因为这是有时间和对象条件的：他只是在1715—1763年间是人；他只有相对于他父母来说才是儿子。因此，"曹雪芹是人和儿子"的判断是相对真理。

不但曹雪芹如此，宇宙万物每一种物质形态的存在不变和消亡变化都是有条件的，至少是有时间条件的，因而都是相对的。然而，每一种物质形态的质量和能量的多少，不论对于任何对象在任何时间中却皆处于变化状态，这种变化是无条件的，因而是绝对的。但是，在曹雪芹等每一种物质形态的质量和能量的绝对无条件变化中，质量和能量本身的多少却是守恒不变的，并且这种守恒不变乃是无条件的，因而是绝对的：

一方面，不论在任何条件下，任何一种物质在变化过程中，变化前的全部物质总质量，与所变成的全部物质的总质量，绝对相等：这就是质量守恒定律。另一方面，不论在任何条件下，任何一种运动在变化过程中，变化前全部运动的总能量，和所变成的全部运动的总能量，绝对相等：这就是能量守恒定律。对于这两个"毫无例外地适用于整个宇宙的永恒的、铁的、伟大的规律"①，罗蒙诺索夫曾这样写道：

"自然界中一切变化都是这样发生的：一种物体增加多少，另一种物体就丧失多少。例如，一个物体增加多少物质，另一个物体就失去多少物质；我在睡眠上花费多少小时，我也就从不眠的时间中减去多少小时，以此类推。因为这是自然的普遍规律，所以也可以推广到运动的规律上去：一个物体用自己的力量推动另一物体时，它从它本身的运动中所失掉的能量，就等于它所付给被它推动的另一物体的能量。"②

可见，不论任何事物，所谓绝对，亦即无条件，就是在任何条件下都存在的属性，是无条件存在的属性，是没有开始也没有终结、没有消灭也没有产生的属性，是无始无终、无生无灭、没有变化地存在的属性，说到底，也就是在任何条件下都相同不变的属性，也就是对于任何对象在任何时间中都相同不变的属性。反之，所谓相对，就是有条件，就是在一定条件下存在的属性，是有条件存在的属性，是在一定对象关系或时间中存在、而在另一定对象关系或时间中则不存在的属性，是有始有终、有生有灭——亦即有所变化——地存在的属性，说到底，也就是因不同条件而不同而变化的属性，也就是因不同对象或不同时间而不同而变化的属性。③

---

① 海克尔：《宇宙之谜》，上海人民出版社 1974 年版，第 359 页。
② 北京大学哲学系外国哲学史教研室编译：《十八—十九世纪俄国哲学》，商务印书馆 1987 年版，第 15 页。
③ 苏联哲学家图加林诺夫等学者，却从字面上追随亚里士多德，把相对理解为与他物有关而不能离开他物的事物；而把绝对理解为与任何事物都没有关系、可以离开任何事物而只与自身有关的事物。殊不知，亚氏所谓与任何事物无关的事物，并不是与任何事物没有关系的事物——哪有什么与他物无关的事物——而是不论对于任何事物在任何关系中都完全一样、完全不变的事物，是不依任何事物的关系而转移的事物。一句话，绝对并不是与任何事物无关的事物，而是不被任何关系所改变的事物。同理，相对也并不是与他物有关系的事物——哪有什么能够不与他物有关的事物——而是因与他物关系而改变的事物，是因不同的关系而不同的事物。

2. 绝对与永恒：概念辨析

绝对是对于任何关系在任何时间中都相同不变的属性，意味着："对于任何关系都相同不变"和"在任何时间中都相同不变"，是绝对之所以为绝对的充分且必要条件。然而，实际上，一种属性，如果"在任何时间中都相同不变"——亦即永恒不变——那么，在许多情况下，这种属性便"对于任何关系都相同不变"，因而便是绝对的：永恒是绝对的根本属性和显著特征。永恒与绝对，大体说来，似乎是同一概念：凡是绝对都是永恒；凡是永恒，大体说来，似乎都是绝对。曹雪芹永恒是物质，也绝对是物质。物质的量变是永恒的，也是绝对的。质量和能量本身永恒不生不灭，也是绝对不生不灭。

然而，精确言之，仅仅许多事物的永恒性与其绝对性是同一概念；而还是有一些事物，虽然是永恒的，却不是绝对的。譬如，物体运动就是永恒的：至少是永恒处于振动中。但是，物体运动却不是绝对的，而是相对的：相对于一定位置或参考系而永恒地运动；相对一定位置或参考系而暂时静止。爱因斯坦说：

"相对论是这样一种物理理论，它是以关于这三个概念的贯彻一致的物理解释为基础的。'相对论'这名称同下述事实有关：从可能的经验观点来看，运动总是显示为一个物体对另一个物体的相对运动（比如汽车对于地面，或者地球对于太阳和恒星）。运动绝不可能作为'对于空间的运动'，或者所谓'绝对运动'而被观察到的。'相对性原理'在其最广泛的意义上是包含在如下的陈述里：全部物理现象都具有这样的特征，它们不为'绝对运动'概念的引进提供任何根据；或者用比较简短但不那么精确的话来说：没有绝对运动。"[①]

在人类意识领域，永恒而非绝对的事例更为繁多。譬如，牛顿力学便是永恒真理，却不是绝对真理，而是相对真理：牛顿力学仅仅对

[①] 《爱因斯坦文集》第 1 卷，商务印书馆 2009 年版，第 616 页。

于宏观物质运动来说才是真理，而对于微观物质运动来说就是错误了。不但牛顿力学，而且爱因斯坦相对论和量子力学也都是永恒真理而非绝对真理。因为爱因斯坦相对论与牛顿力学一样，乃是物理世界非统计性规律、非概率规律之真理；反之，量子力学则是微观领域统计性规律、概率规律之永恒真理：二者皆非适用于一切领域之绝对真理也。对此，海森伯曾这样写道："量子力学同爱因斯坦或牛顿力学的决定性区别集中在任何时刻一个力学系统的定义上，这种区别就在于量子力学在它对态的定义中引入了概率概念，而牛顿和爱因斯坦的力学却不是这样。"[①]

不但牛顿力学、量子力学与爱因斯坦相对论是永恒真理而非绝对真理，而且关于自然、人类社会与人类意识三大领域一切事物普遍性的元哲学真理，也大都是永恒真理而非绝对真理。就拿元哲学的两种最重要的理论"辩证法"与"形而上学"来说。辩证法是认为一切事物都是变化的因而存在矛盾的学说："是—否、否—是、亦此亦彼"乃是辩证法公式、辩证法逻辑、辩证法规律。辩证法无疑是永恒真理。反之，形而上学则是认为一切事物都是静止不变因而不存在矛盾的学说，说到底，是认为客观事物不存在矛盾——矛盾不过是一种主观谬误——的学说："是—是、否—否、非此即彼"乃是形而上学公式、形而上学逻辑、形而上学规律。形而上学也无疑是永恒真理。但是，不论是形而上学还是辩证法都是相对真理。因为，一切事物都包含双重对立属性：一方面是不变和无矛盾（在质上是相对有条件不变和无矛盾）；另一方面则是变化和矛盾（在量上是绝对无条件变化矛盾和在质上是相对有条件变化矛盾）。对这两种对立方面的认识，便分别形成了形而上学和辩证法两种对立学说。因此，形而上学和辩证法都是片面的相对的有条件的永恒真理。这就是为什么，恩格斯这样写道：

[①] 李浙生：《物理科学与辩证法》，冶金工业出版社 2008 年版，第 251 页。

第三章 绝对与相对

"形而上学的考察方式,虽然在相当广泛的、各依对象性质而大小不同的领域中是合理的,甚至必要的,可是它每一次迟早都要达到一个界限,一超过这个界限,它就会变成片面的、狭隘的、抽象的,并且陷入无法解决的矛盾,因为它看到一个一个的事物,忘记它们互相间的联系;看到它们的存在,忘记它们的生成和消逝;看到它们的静止,忘记它们的运动;因为它只见树木,不见森林。"①

然而,永恒而非绝对的事例最多的领域恐怕并非人类意识领域,而是人类社会领域,特别是道德领域。就拿普世价值来说。所谓普世价值必定是永恒价值:普世价值就是普遍适用于任何时间中的任何社会任何人的永恒价值。确实,善、正义、人道、幸福、诚实、自尊、谦虚、智慧、节制和勇敢等等岂不是任何人在任何时间都应该遵守的永恒道德吗?那么,这是否意味着:普世价值就是绝对价值?否。诚然,如果孤立地看每一个普世价值,亦即就每一个普世价值自身——而不是就各种普世价值的相互关系——来说,每一个普世价值确实是绝对地、无条件地适用于任何人,因而是绝对价值。例如,如果只有一个道德规范"诚实",亦即只就诚实这一个道德规范来说,任何人显然在任何时间任何条件下都应该诚实:诚实是一种无条件的、绝对的道德价值。这恐怕就是为什么康德说:"诚实是理性教义的一种神圣的绝对命令。"②

但是,实际上,每个人所当遵守的道德规范不可能只有诚实一个,并且诚实有时可能与其他价值更大的道德规范,如救他人性命,发生冲突。在这种条件下,显然就不应该诚实而应该撒谎救人了。因此,诚实等普世道德固然普遍适用于任何空间和时间中的任何人,固然是任何人在任何时间都应该遵守的永恒道德,却不是应该无条件遵守的

---

① 恩格斯:《反杜林论》,人民出版社 1956 年版,第 21 页。
② Sissela Bok, *Lying: Moral Choice in Public and Private Life*, Vintage Books, New York, 1989, p. 269.

永恒道德；而是应该有条件——亦即在不与具有更大价值的其他道德发生冲突的条件——遵守的永恒道德；因而不是绝对（亦即无条件）道德，不是绝对价值，而是有条件的、相对的永恒道德，属于相对普世价值范畴。

3. 相对与暂时：概念辨析

如果说"绝对"与"永恒"在许多情况下是同一概念，那么，"相对"与"暂时"是否也是如此？否！"暂时"仅居"相对"外延之一半也！因为相对分为两类。一类是随着时间不同而不同的相对性，是因时间不同而变化的相对性，亦即"暂时"、"暂时性"，可以称之为"内部相对性"。这种相对性是事物本身的属性，其变化是事物本身的变化。例如，"张三在一定时间是人，而在另一时间则逝世而不再是人"。这种因时间不同而不同的相对性，亦即暂时性，显然是张三自身的属性，其变化是张三自身的变化，所以叫作内部相对性。人生对于幸福的追求，大都具有暂时性，因时而异，因而皆属于这种相对性。举例说：

怜香惜玉、吃丫鬟脂粉、终日和女儿们厮混是贾宝玉的幸福；但是，出家之后的贾宝玉还能以此为幸福吗？我们在80年代，大都生气勃勃、关心政治、忧国忧民，以学富五车、建功立业为幸福；但是，90年代以来，我们的兴趣陡变，大都俗不可耐、追逐富贵而以大富大贵为幸福了。对于人们往往热烈追求的幸福的这种相对性，王羲之深有感触而叹曰：

"当其欣于所遇，暂得于己，快然自足，曾不知老之将至。及其所之既倦，情随事迁，感慨系之矣。向之所欣，俯仰之间，已为陈迹，犹不能不以之兴怀。"[①]

---

① 王羲之：《兰亭集序》。

相对的另一类型，是随着对象不同而不同的相对性，是因对象关系不同而变化的相对性，可以称之为"外部相对性"。这种相对性不是事物本身的属性，而是事物外部关系。一切外部关系，显然都不但决定于事物本身，而且决定于外部事物，因外部事物不同而不同而变化。因此，外部相对性不但决定于事物本身，而且决定于外部事物，因外部事物不同而不同而变化。因此，外部相对性的变化，就不是事物本身的变化，而是事物外部关系的变化，是事物因对象不同而变化。例如，张三对李四言，是高个子；对王二言，是矮个子。张三的这一变化，并非张三身长本身的变化，而是张三身长的外部关系的变化。人们的嗜好志趣乃至对于幸福的追求，亦大多如此，因人而异，皆属于这种外部相对性。举例说：

一生吃喝玩乐、衣食无忧，对于一个庸庸碌碌、穷困潦倒的人来说确实是幸福；但是，对于一个拿破仑、一个贝多芬、一个马克思来说，无疑是不幸。思维的享受、著书立说、"字字看来皆是血"对于曹雪芹、马克思、黑格尔来说是莫大的幸福；但是，对于一个守财奴、一个目不识丁的农民、一个卖菜妇来说，岂不是活受罪？人情练达、世事洞明、左右逢源、忙忙碌碌对于一个官迷来说，是幸福；但是，对于一个入世的孤独者、一个出世的隐居者、一个杨朱一个庄子来说，却是逃之唯恐不及的苦恼。对于这种相对性，庄子曾以安居、美味和美色因不同物种而异为例，阐释得淋漓尽致：

"民湿寝则腰疾偏死，鳅然乎哉？木处则惴栗恂惧，猨猴然乎哉？三者孰知正处？民食刍豢，麋鹿食荐，蝍蛆甘带，鸱鸦耆鼠，四者孰知正味？猨猵狙以为雌，麋与鹿交，鳅与鱼游。毛嫱丽姬，人之所美也；鱼见之深入，鸟见之高飞，麋鹿见之决骤，四者孰知天下之正色哉？"[1]

---

[1] 曹础基：《庄子浅注》，中华书局1982年版，第34页。

二、绝对与相对关系

1. 绝对、相对、无限、有限：四者之关系

中国与苏联哲学教材皆将绝对与无限等同起来，将相对与有限等同起来，因而断言，一方面，绝对乃是无数相对之和；另一方面，我们只能确切把握相对和逐渐接近——却永远达不到——绝对：

"相对意味着是有条件的、有限制的；绝对指的是无条件、无限制的。"① "人类思维按其本性是能够给我们提供并且正在提供由相对真理的总和所构成的绝对真理的。科学发展的每一阶段，都在给这个绝对真理的总和增添新的点滴。"②

备受马克思恩格斯赞誉的狄慈根也这样写道："一切相对的东西，包括进行思维的人类的认识能力，全都包含在绝对之中，正象——我重复这个比喻——树木包括在树林中一样；它忽视了一切逻辑的精髓：即一切个别事物都无一例外地包含在一个属之中，一切属又包含在宇宙中的一个普遍的属之中，而宇宙才是绝对的真理……绝对和相对不是截然分离的，而是相互联系的；因此，无限是由无数个有限组成的，每一个有限的现象本身都具有无限的性质。"③

谬哉斯言！因为，不言而喻，无限就是没有边界、无边无际、无穷无尽；有限就是有边界、有边际、有穷尽。因此，"绝对是对于任何对象在任何时间中都相同不变的事物"和"相对是对于一定对象在一定时间中相同不变的事物"也就等于说：绝对是在无限多对象关系中和无限长时间中都不变的事物，是在无限多对象关系中和无限长时间中都相同、一样、不变的事物；而相对则是在有限多对象关系中和有

---

① 高清海主编：《马克思主义哲学原理》，人民出版社1985年版，第300—303页。
② 康斯坦丁诺夫主编：《马克思主义哲学原理》，人民出版社1959年版，第373页。
③ 狄慈根：《狄慈根哲学著作选集》，生活·读书·新知三联书店1978年版，第237、238页。

限长时间中不变的事物，是在有限多对象关系中和有限长时间中相同、一样、不变的事物。

因此，一个事物是绝对的，必须具备两个"无限不变"：一是在无限多的事物关系中相同不变，二是在无限长的时间中相同不变，亦即永恒不变。只有既永恒不变又在无限多的事物关系中不变的事物，才是绝对事物。反之，一个事物只要具备"两个有限不变"之一，便是相对：一是只在有限多事物关系中不变，二是只在有限长时间中不变，亦即暂时不变。这就是说，在无限多事物关系中不变的暂时存在的事物，或只在有限关系中不变的永恒事物，都是相对事物。举例说：

物质位移、物质运动虽然是永恒的——亦即物质在无限长的时间中都一样处于运动状态——却是以相对于一定位置或参考系为前提：物体只是相对于一定位置或参考系才是永恒运动、永恒处于位置移动状态；而相对于另一位置或参考系则是静止不动的。所以，物质运动、物质位移虽是永恒的，却是相对的。反之，"孟浩然是人"，虽然孟浩然对于无限多事物来说，都一样是人，但"人"却是暂时存在的属性——孟浩然只是在 689—740 年是人——因而也是相对的。

可见，绝对仅仅是存在的时间无限长的事物，却不是数量无限多的事物，而只是在无限多事物关系中永恒不变的事物。数量无限多的事物——亦即宇宙——固然是绝对存在的，但绝对之为绝对并不在于它是无限多事物，而在于它在无限多对象关系中相同不变，在于它在无限多事物关系中永恒不变：只要一事物是在无限多事物的关系中永恒不变，那么，不管这事物本身是有限还是无限，是部分还是整体，是一个还是无数个，统统都是绝对。一句话，绝对仅仅在时间上和对象的关系上具有无限性，而在其他方面则又具有有限性。因此，有限的东西也可以是绝对的。举例说：

"苏东坡是物质"，虽然物质只是一个有限的人的部分属性，却是绝对的属性：苏东坡绝对是物质。苏东坡是物质乃是绝对的。同样，苏东坡这个有限的人，就其所含物质的多少及其结构组合的空间排列的量变，也并非无限事物总和，而只是有限的一个人的一部分属性。但是，这种属性在无限多关系中和无限长时间中都是同样变化的：苏东坡的这种量变是绝对的。

反之，相对是时间有限长的事物的属性，却不是数量有限多的事物，而只是在有限多的事物关系中不变。一句话，相对仅仅在时间上和对象关系上具有有限性，而在其他方面则又具有无限性：无限的东西也可以是相对的。例如，物质位移、物质运动在时间方面具有无限性：物质永恒处于位移状态中。但是，物质运动、物质位移却是相对的：物体只是相对一定位置或参考系才永恒处于位移状态、运动状态。

可见，绝对与无限以及相对与有限并非同一概念，而是外延部分相同的交叉概念关系，如图：

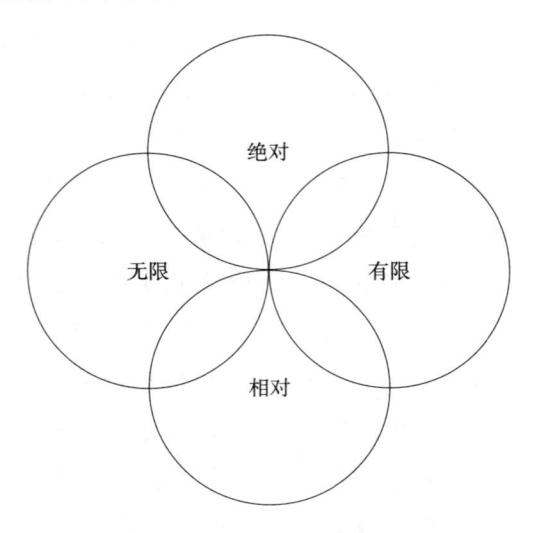

只看到绝对与无限的共同外延，而看不到绝对与有限的共同外延；只看到相对与有限的共同外延，而看不到相对与无限的共同外延：这就是使狄慈根等学者把绝对与无限以及相对与有限等同起来的根本原因。

2. 内容与形式：绝对与相对关系

绝对与相对的定义及其与有限和无限的关系，使绝对与相对的关系问题迎刃而解。首先，根据"只有既在一切关系中又在一切时间中永恒不变才是绝对，而只要是暂时不变或只在一定关系中永恒不变都是相对"之原理，我们可以得出结论说：一切单一性和特殊性——即一切偶然性——都是相对事物。因为一切单一性、特殊性、偶然性都是暂时存在的事物。所以，虽然一切普遍、一般和必然的事物，远非都是绝对事物，但绝对事物却只能是一般、普遍和必然的事物。那么，绝对是怎样的一般、普遍和必然的事物呢？

绝对一方面是在任何关系中的普遍性、共同物；他方面又是在任何时间中的普遍性、共同物：它是在任何关系中都是一样的永恒的事物。因此，绝对这种普遍、一般和必然的事物，是屈指可数的。譬如，物质的存在是绝对的；事物的量变是绝对的；质量和能量本身的守恒是绝对的。除此之外，还有什么能是在任何关系中都一样的永恒不变的事物呢？几乎没有。所以，恩格斯说："除永恒变化着的永恒运动着的物质及其运动和变化所依据的规律外，再没有什么绝对的东西。"[①]

一切单一性、特殊性、偶然性都是相对事物；而绝对事物只能是普遍、一般、必然性。所以，一方面，只是一切单一和具体事物，才不会永恒不变；但这些单一具体事物中必有某个部分——即其抽象的一般的成分——是永恒不变的。因为绝对都是永恒不变，什么是绝对的，什么就是永恒不变的。例如，质量和能量就是这种永恒不变的抽象事物。质量和能量守恒规律告诉我们，与"某一物质形态所包含的具体的质量和能量都是绝对变化不守恒"相反，质量和能量本身却是绝对守恒不变、不生不灭、不多不少的。

另一方面，正如一切"一般、普遍、必然"与"单一性、特殊性、

---

① 恩格斯：《自然辩证法》，人民出版社 1957 年版，第 20 页。

偶然性"是内容与形式的关系一样,绝对与相对也是内容与形式的关系:绝对只能存在和表现于相对之中,相对则包含和表现绝对。一句话,相对是绝对的表现形式。例如,"张三是物质"的绝对性,只能存在和表现于"张三是人、是父亲、是粪土"等等相对性之中;张三是人、是父亲、是粪土的相对性,则包含和表现着张三是物质的绝对性。所以,列宁说:"在相对的东西里面有着绝对的东西。"[①]

一切绝对与相对,都是内容与形式关系:一切绝对都是相对的内容。然而,却并非一切"绝对与相对"都是"普遍、一般与单一性、特殊性"关系,或都是必然和偶然的关系。因为,并非一切相对都是偶然性、单一性、特殊性;而是有些相对性是偶然性、单一性、特殊性,另一些相对性则是必然性、普遍性、一般性。所以,也就只是有些"相对与绝对"的关系,才是"单一性、特殊性"与"普遍、一般"的关系,才是偶然与必然的关系;而另一些相对与绝对的关系,则是必然性、普遍性、一般性之间的关系。举例说:

"王海明是物质"的绝对性与"王海明是北京大学教授"的相对性,是普遍性与特殊性的关系,是必然性与偶然性的关系。因为,作为"物质"乃是王海明与其他一切事物的一种普遍性、必然性;而作为"北京大学教授",则是王海明等人的特殊性、偶然性。反之,"王海明是物质"的绝对性与"王海明是人"的相对性,则是必然性、普遍性、一般性之间的关系。因为,作为"物质"与作为"人",都是王海明与其他人的一种普遍性、必然性、一般性。

那么,由一切"相对和绝对"都是"形式和内容"的关系——以及有些"相对和绝对"是"单一性、特殊性和普遍性、一般性"关系——能否得出结论说:绝对是无数相对之和呢?不能。试想,怎么能说内容是无数形式之和?怎么能说必然是无数偶然之和?怎么能说

---

① 转引自《毛泽东选集》第一卷,人民出版社1991年版,第308页。

普遍是无数单一性和特殊性之和?

诚然,普遍是无数单一事物、特殊事物之和。譬如,人是无数张三、李四、东北人、上海人之和。但是,单一性、特殊性与单一事物、特殊事物根本不同。单一事物可以是实体,因而是单一性与特殊性以及普遍性之和;特殊事物也可以是实体,因而是特殊性和普遍性之和。而单一性、特殊性、普遍性则只能是属性,是构成单一事物(实体)的三种不同属性;特殊性和普遍性是构成特殊事物(实体)的两种属性。所以,普遍性就其外延来说,是无数单一事物与特殊事物之和,却决不是无数单一性、特殊性之和;而只能是存在和表现于单一性与特殊性之中。例如,人是无数张三、李四、王二等事物或实体之和,却决不是张三嘴角有块这样的疤,李四脸上有个那样的麻子等等无数单一性之和;而只能是表现和存在于这些单一性之中。

绝对与相对既然不是单一事物、特殊事物与普遍事物的关系,而是单一性、特殊性与普遍性关系。所以,绝对也就不可能是相对之和,而只能存在于表现于相对之中。例如,物质不灭的绝对性,决不是人存在的相对性和石头存在的相对性、花草树木存在的相对性等等之和;而只是存在和表现于这些相对之中。张三的物质性这种绝对性,也决不是张三的人性、粪土性、男性等等相对性之和;而只是存在和表现于这些相对性之中。

3. 绝对:无数相对之和

究竟言之,绝对是无数相对之和的观点,主要建筑在将"绝对"与"宇宙、无限、完全"等同起来,将"相对"与"宇宙内具体事物、有限、部分"等同起来的基础之上。因为"宇宙、无限、完全",显然是由宇宙内无数具体事物、无数有限、无数部分之和构成:"宇宙、无限、完全"永远遥遥在前,只可接近不可达到;只有"宇宙内具体事物、有限、部分"才可达到。这样一来,如果将"绝对"与"宇宙、无限、完全"等同起来，将"相对"与"宇宙内具体事物、有限、部分"等同起来；那就可以得出结论说：绝对是无数相对之和，绝对永远遥遥在前，只可接近，不可达到，只有相对才可达到。高清海主编的教材便这样写道：

"绝对是指世界及其发展过程的总体。相对是指世界及其发展过程中的具体事物和具体过程，是世界总的发展过程的部分、阶段……绝对的东西之所以是绝对的，就因为它可以是任何相对的东西，可以是相对的总和。"①

不难看出，宇宙是无限的；宇宙内具体事物在大的方面和存在的时间方面则是有限的。但是，无限的东西并不仅仅是宇宙；宇宙内的具体事物也并不都是有限的。譬如，一只狗便是无限的。因为这只狗之为物质在时间上的存在是无限的；这只狗的前生和来世、前因与后果的更替系列也是无限的。

一言以蔽之，任何一个具体事物只不过在大的方面和存在时间方面，才是有限的；而在前因后果彼此更替的系列及其皆为物质方面，则都是无限的。所以，宇宙与无限、宇宙内具体事物与有限决不是一个东西。把宇宙与完全、宇宙内具体事物与部分等同起来，也不妥当。因为，完全有绝对完全和相对完全之分。宇宙内每一事物都是相对完全，都不是绝对完全。只有宇宙才是绝对完全：绝对完全的东西只有宇宙。所以，宇宙与绝对完全乃是同一概念，但与完全却不是同一概念。

因此，把宇宙与无限、完全，把宇宙内具体事物跟有限、部分等同起来是错误的。那么，把宇宙与绝对、宇宙内具体事物与相对等同起来又如何呢？毋庸赘言，宇宙在任何条件下都是存在的，是无条件存在的。所以，宇宙的存在是绝对的，宇宙是绝对存在的。反之，构

---

① 高清海主编：《马克思主义哲学原理》，人民出版社1985年版，第300—303页。

成宇宙的一切具体事物，则只是在一定条件下存在，是有条件存在。所以，宇宙内一切具体事物的存在都是相对的。一句话，宇宙的存在是绝对的，宇宙内具体事物的存在是相对的。但是，绝对存在的东西不只是宇宙，具体事物也不都是相对。试想，一个人之为物质不就是绝对的吗？一个人的质量不灭，不也是绝对的吗？

可见，"绝对"与"宇宙、无限、完全"决非同一东西，"相对"与"宇宙内具体事物、有限、部分"也决非同一东西。既然如此，那么，由"宇宙、无限、完全，是宇宙内无数具体事物、无数有限、部分之和"以及"宇宙、无限、完全永远遥遥在前，只可接近不可达到，只有宇宙内具体事物、有限、部分才可达到"的正确前提，所得出的"绝对是无数相对之和，绝对永远遥遥在前，只可接近，不可达到，只有相对才可达到"的结论，也就不能成立了。真理只能是：

绝对和相对的关系实乃内容和形式的关系：绝对并非无数相对之和，而只是存在和表现于相对之中，因而绝对与无限根本不同，并不是只可逐渐接近不可达到的，而是与有限一样可以达到、可以把握的东西。难道"张三是物质"这种绝对性不只是存在和表现于"张三是人、张三是父亲"这些相对性之中，而并不是这些相对性之和吗？因此，张三是物质和张三是人，不都是一样可以把握、达到，而并不是只可接近不可达到的吗？

三、相对主义和绝对主义：关于绝对与相对的理论流派

绝对与相对无疑极为艰深而难于理解，以致备受马克思恩格斯推崇的狄慈根等诸多学者，皆将绝对与无限等同起来，将相对与有限等同起来。不但此也，围绕着绝对与相对，自苏格拉底、柏拉图至今，思想家们一直争论不休。这些争论可以归结为两大流派：相对主义与绝对主义。

1. 相对主义：伦理相对主义

盲人摸象的故事对于开拓认识征途的人们永远不失为新鲜故事。因为人们在认识的过程中，往往以偏概全，以片面当全面，犯有片面化错误。在相对和绝对的认识上也是如此。因为事物的相对性极其普遍，一切事物莫不具有相对属性，莫不具有只是对于一定对象或一定时间才存在的属性。于是，人们就以为事物的一切属性都是对于一定对象或时间才存在的，皆随着对象或时间不同而不同：一切以时间和地点为转移！这就是相对主义。相对主义就是以为一切都是相对一定对象或时间才存在的理论，就是以为一切都是随着对象或时间不同而不同而变化的理论，就是以为一切以时间和地点为转移的理论，说到底，就是以为一切都是相对的而没有绝对东西的理论。这种理论最形象的经典表述，无疑是庄子的《齐物论》："天下莫大于秋毫之末，而泰山为小；莫寿于殇子，而彭祖为夭。"①

不难看出，相对主义是一种以偏概全的谬误：相对主义夸大和全面化了事物的相对性方面，而抹煞和不承认事物的绝对性方面。遗憾的是，这种相对主义之谬误，却是当代一种时髦思潮。谁人不知，从哲学家到老百姓，动不动就说：一切都是相对的！列宁和斯大林也常说：一切都依时间和地点为转移！这种相对主义思潮和理论，在道德领域最为显著：伦理相对主义（Ethical Relativism）是最重要最主要最根本的相对主义。伦理相对主义是如此普遍，以致它的代表人物不胜枚举，很多是人类学家和社会学家，如威廉·格雷姆·萨姆纳（W. G. Sumner）、埃德瓦尔·韦斯特马克、埃米尔·涂尔干、卡尔·曼海姆等等。

不但此也！伦理相对主义还十分复杂，包括"文化伦理相对主义"（Cultural Ethical Relativism）和"规范伦理相对主义"（Normative

---

① 《庄子·齐物论》。

Ethical Relativism）：文化伦理相对主义，一般被简称为"文化相对主义"或"描述相对主义"（Descriptive Relativism）；规范伦理相对主义则往往被简称为"伦理相对主义"或"规范相对主义"。所以，波吉曼说："文化相对主义是一种描述性命题，反之，伦理相对主义则是一种规范性命题。也就是说，文化相对主义仅仅描述关于人们的行为和信仰的社会事实，而伦理相对主义则涉及规范这些事实的基本原则的正确性。"①

文化或描述相对主义，正如保罗·泰勒（Paul Taylor）所说，认为道德事实上完全是相对的，一切道德都相对于一定的文化和社会而存在，皆因文化和社会的不同而不同，不存在适用于一切文化、一切社会的普遍的、绝对的道德："根据描述相对主义，没有适用于一切文化的共同的道德规范。"② 约翰·拉德（John Ladd）在《伦理相对主义》一书中给文化相对主义下定义时也这样写道：

"在它看来，行为在道德上的正当性和不正当性随着社会的变化而变化，不存在适用于一切时代一切人的绝对的、普遍的道德标准。因此，它认为一个人以某种方式行动是否正当，是完全依据或相对于他所属于的社会来说的。"③

规范伦理相对主义则从文化相对主义出发，进一步认为，人们所奉行的道德规范的正确性也完全是相对的：任何道德只有相对于奉行它的特定的社会才是正确的；不存在对于一切社会都是正确的普遍正确、绝对正确的道德。因此，泰勒接着写道：

"当一个规范伦理相对主义者说道德规范因社会不同而不同，他的

---

① Louis P. Pojman, *Etihcal Theory: Classical and Contemporary Readings*, Wadsworth Pub. Co., Belmont, California, 1995, p. 16.
② George Sher, *Moral Philosophy: Selected Readings*, Harcourt Brace Jovanovich, Publishers, New York, 1987, p. 147.
③ Louis P. Pojman, *Etihcal Theory: Classical and Contemporary Readings*, Wadsworth Pub. Co., Belmont, California, 1995, p. 29.

意图并不仅仅是断定不同社会奉行不同规范。他要超越描述相对主义而做出一种规范性论断。他否认存在任何普遍正确的道德规范。他宣称，一种道德标准或规范，只有对于采用这些标准或规范而为其现行道德一部分的特定社会的成员，才是正确的。"①

吉纳·布洛克（H. Gene Blocker）也这样写道："伦理相对主义，简言之，乃是这样一种观点，在它看来，不同道德标准的正确性是相对于不同的个人和不同的社会来说的。对于一个人或社会是正确的，对于另一个人或社会则不必是正确的。多配偶制在索马里是正确的，在美国却是错误的。"②

合而言之，伦理相对主义乃是认为道德皆因社会不同而不同、因而任何道德都只有相对于奉行它的特定的社会才是正确的理论；或者说，伦理相对主义是认为不存在适用于一切社会的普遍的、绝对的道德，因而也不存在对于一切社会都是正确的普遍正确、绝对正确的道德的理论。这样，伦理相对主义便具有双重含义。一方面，它认为道德皆因社会不同而不同，不存在适用于一切社会的普遍的、绝对的道德。这是伦理相对主义"事实如何"方面的根本特征，是伦理相对主义的"基础"。另一方面，它认为任何道德只有相对于奉行它的特定的社会才是正确的，不存在对于一切社会都是正确的普遍正确、绝对正确的道德。这是伦理相对主义"应该如何"方面的根本特征，是伦理相对主义的"上层建筑"。因此，布洛克在总结伦理相对主义时写道：

"伦理相对主义可以图式如下：1. 不同的人们从事不同的道德实践；2. 因此，不同的人们信奉不同的道德原则；3. 因此，不同道德原

---

① George Sher, *Moral Philosophy: Selected Readings*, Harcourt Brace Jovanovich, Publishers, New York, 1987, p. 152.

② H. Gene Blocker, *Ethics: An Introduction*, Haven Publications, 1988, p. 38.

则是否正确只有相对不同的人们来说才能成立。"①

因此，反驳伦理相对主义，首先必须颠覆它的基础或前提：一切道德皆因社会不同而不同，不存在适用于一切社会的普遍的、绝对的道德。诚然，不同民族或同一民族在不同时代，正如文化的、描述的相对主义所言，往往奉行不同的乃至相反的道德规范。例如，初民社会倡导"应该吃老人"；而今日社会则倡导"应该养老送终"。美国人谴责自杀，认可"失败后不应该自杀"的道德规范；日本人却敬重自杀，认可"失败后应该自杀"的道德规范。

但是，这些道德规范的差异，只能说明道德具有多样性、特殊性，却不能否认道德具有普遍性、一般性。因为诸如善、正义、幸福、诚实、自尊、谦虚、智慧、节制、勇敢等等道德规范，无疑都是适用于一切社会、一切时代、一切阶级的普遍道德规范。试问，古今中外，有哪一个社会、哪一个时代、哪一个阶级，不倡导或不应该倡导诚实、自尊、爱人、尽忠、勤勉、慷慨、勇敢、公平、廉洁、善、幸福、谦虚、智慧、节制等等道德规范？谁敢说这些规范仅仅实行或应该实行于某些特定社会、特定时代、特定阶级，而不应该实行于一切社会、一切时代、一切阶级？所以，泰勒在批评伦理相对主义时写道：

"有一些道德规范是一切社会共同的，因为这些规范是任何社会的存在所必须的。不应该说谎和谋杀便是这种规范的两个例证。"②

可见，道德既具有适用于一定社会和文化的多样性、特殊性，又具有适用于一切社会和文化的普遍性、一般性：道德的特性是普遍性与多样性的统一。文化或描述相对主义犯了以偏概全的错误：只看到道德的适用于一定社会和文化的多样性、特殊性，而抹煞道德的适用于一切社会和文化的普遍性、一般性。

---

① H. Gene Blocker, *Ethics: An Introduction*, Haven Publications, 1988, p. 41.

② George Sher, *Moral Philosophy: Selected Readings*, Harcourt Brace Jovanovich, Publishers, New York, 1987, p. 155.

新哲学

然而，要驳倒伦理相对主义，仅仅确证存在适用于一切社会、一切时代、一切阶级的普遍道德是不够的；更重要的，是确证存在着任何社会任何人在任何条件下都应该遵循的绝对道德。那么，是否存在这种绝对道德？答案是肯定的：它就是所谓的道德终极标准，亦即被人们奉为行为规范的道德最终目的，说到底，亦即所谓功利主义原则"增进全社会和每个人利益"。任何人在任何条件下显然都应该增进全社会和每个人利益：增进全社会和每个人利益具有绝对的、无条件的正当性，是绝对应该、绝对正当的道德。

这是因为，一切道德规范、道德原则都是根据道德价值制定的，因而说到底，都是通过道德最终目的，从行为事实推导、制定出来的：符合道德最终目的的一定类型行为之事实，就是该类型行为之应该如何的道德规范；违背道德最终目的的一定类型的行为之事实，就是该类型行为之不应该如何的道德规范。所以，作为行为规范的道德的最终目的——增进全社会和每个人利益——是衡量其他一切道德原则的原则，是一切道德原则所由以推出的原则，因而也就是道德终极的、绝对的原则，是绝对道德。除此之外，一切道德——不论是特殊的、特定的道德，还是普遍的、共同的道德——都只是这一绝对道德在各种具体条件下的表现，都只是在一定具体条件下才应该遵循的道德，因而都只是相对正当的道德，都是相对道德。

伦理相对主义否认道德绝对性的错误，显然在于只看到具体的、特殊的道德规范，而没有看到最终的道德原则。所以，保罗·泰勒认为，评估伦理相对主义否认道德绝对性的前提，是区别具体道德规则和最终道德原则："为了评估这些论据的正确性，必须区分（a）具体的道德标准、规则和（b）最终的道德原则。"[①] 因为从这种区别出发便

---

① George Sher, *Moral Philosophy: Selected Readings*, Harcourt Brace Jovanovich, Publishers, New York, 1987, p. 149.

不难看出，伦理相对主义所描述的事实，如一些文化倡导养老送终而另一些文化则处死老人等等，只能证明具体的道德规则因社会不同而不同，却不能证明最终的道德原则因社会不同而不同：

"被相对主义者指出而作为其理论的证据的那些事实，并不能表明最终道德原则是相对的或被文化限定的。这些事实所表明的，仅仅是具体的道德标准和规则是相对的、被文化限定的。"[①]

确实，伦理相对主义所描述的不同民族或同一民族在不同时代所奉行的不同的乃至相反的道德风习，都是具体的道德规范。这些道德规范的差异，只能说明道德具有相对性，却不能否认道德具有绝对性。因为这些不同的乃至相反的道德规范所由以推出而为其前提的最终道德标准必是相同的：人们从这同一道德标准出发而形成相反道德风习，只是因为该标准在不同的时代和地域的表现不同或人们对相关事实的认识不同。

初民社会为什么会有"应该吃老人"的道德呢？因为初民社会生产力水平极端低下，如果不吃老人，所有的人都可能饿死。所以，初民社会吃老人便与今日社会养老送终一样，最终都是为了保障社会的存在发展、增进每个人利益。于是，初民社会"应该吃老人"和今日社会"应该养老送终"的相反道德，便不过是同一道德终极标准"应该做增进全社会和每个人利益的事情"因两种社会的生产力根本不同而具有的两种相反的表现罢了。为什么哈德逊湾原始部落会有"应该勒死年老体衰的父母"的道德呢？因为他们相信，这样会使父母脱离年老体衰之苦难而到另一个世界享受幸福生活。所以，哈德逊湾原始部落"应该勒死年老体衰的父母"和今日社会"应该养老送终"的相反道德，便不过是同一道德终极标准"应该做增进全社会和每个人利

---

① George Sher, *Moral Philosophy: Selected Readings*, Harcourt Brace Jovanovich, Publishers, New York, 1987, p. 150.

益的事情"因人们信念根本不同而具有的两种相反的表现罢了。因此，巴巴拉·麦金诺（Barbara MacKinnon）说："道德风习的不同决不是基本的道德标准的不同，而是关于事实或其他信念的不同。"[1]

可见，任何时代任何社会，不论它们的具体道德规范如何不同，这些规范所由以推出的最后的、终极的标准必定是完全相同的：都是保障社会存在发展、增进每个人利益、实现每个人幸福。因此，泰勒在总结他对伦理相对主义的批评时写道：

"被相对主义论者作为证据以支持其理论的那些事实并没有表明终极道德原则是相对的或文化决定的。这些事实仅仅表明特殊的标准和规范是相对的或文化决定的。不同社会接受关于正当和不正当、好和坏的不同规范之事实，乃是一种表明组成那些社会的道德规范具有多样性的事实。这些事实并不能证明不存在一个最终原则，明确地或暗含地，被每个社会作为确证自己道德规范的最终依据。只是因为存在这样一个共同的终极原则，结合不同的世界观、传统和不同社会的自然环境，那些具体道德规范的实际的变化才能够得到说明。"[2]

于是，我们可以得出结论说，道德既具有相对性，又具有绝对性。绝对道德只有一种，亦即道德终极标准、道德最终目的"增进全社会和每个人利益总量"，说到底，亦即"增进每个人利益总量"——它在利益冲突不能两全情况下表现为"最大利益净余额"和"最大多数人最大利益"标准——而其余皆为相对道德。伦理相对主义认为一切道德皆因社会不同而不同、不存在适用于一切社会的普遍的、绝对的道德的观点，确系以偏概全。

那么，伦理相对主义由此认为任何道德只有相对于奉行它的特定的社会才是正确的观点，也就不能成立了。因为任何道德规范都是人

---

[1] Barbara MacKinnon, *Ethics*, Wadsworth Publishing Company, San Francisco, 1995, p. 16.

[2] George Sher, *Moral Philosophy: Selected Readings*, Harcourt Brace Jovanovich, Publishers, New York, 1987, p. 150.

们制定、约定的,因而有优劣对错之分:与道德价值相符的道德规范便是优良的、正确的道德规范;与道德价值不符的道德规范便是恶劣的、错误的道德规范。但是,只有特殊的、相对的道德之优劣对错,才是相对于特定的社会而成立的:一种特定道德对于一种社会是正确的,对于另一种社会则可能是错误的。例如,"应该吃人"道德规范是正确的,只是对于初民社会才能成立:它只是在初民社会,才与吃人行为的道德价值相符,因而才是正确的道德规范;而在现代社会,则与吃人行为的道德价值不符,因而是错误的道德规范。反之,普遍道德和绝对道德的对错则对于一切社会都是同样的:如果一种普遍的或绝对的道德是正确的,那么,它对于任何社会便都是正确的。正义、诚实、节制、谦虚、勇敢、中庸、自尊、智慧等等普遍道德,如所周知,都是放之四海而皆准、行之万世而不悖的优良的、正确的道德规范:它们对于任何社会都同样是正确的、优良的道德规范。再举一些更为复杂的例子:

利他主义——它的特点是否定为己利他而把无私利他奉为评价行为是否道德的唯一准则——之普遍道德,在任何社会都同样与为己利他行为的道德价值不相符,因而都是一种恶劣的、错误的道德。反之,己他两利主义道德——它的特点是既主张无私利他又主张为己利他——之普遍道德,则在任何社会都同样与为己利他以及无私利他行为的道德价值相符,因而都同样是一种优良的、正确的道德。功利主义——它的特点是把增进每个人利益总量奉为道德终极标准——之绝对道德,对于任何社会任何人在任何条件下都同样是一种与道德普遍目的相符的优良的、正确的道德标准。反之,义务论——它的特点是把增进每个人品德的完善程度奉为道德终极标准——之绝对道德,对于任何社会任何人在任何条件下都同样是一种与道德普遍目的不相符的恶劣的、错误的道德标准。

可见,道德的正确性既具有相对性又具有绝对性:特殊的相对的道德的正确性是特殊的相对的；普遍的绝对的道德的正确性则是普遍的、绝对的。伦理相对主义认为任何道德的正确性都只有相对于奉行它的特定的社会才是能够成立的观点之错误，说到底，显然在于否认普遍的绝对的道德而认为一切道德都是特殊的、相对的：如果一切道德都是特殊的、相对的、皆因社会不同而不同，那么，它们的正确性也就确实只有对于特定社会来说才是能够成立的。由此可以进一步看出，在构成伦理相对主义的双重因素中，描述或文化相对主义（它认为一切道德都是特殊的、相对的、皆因社会不同而不同）乃是规范或伦理相对主义（它认为一切道德的正确性只有对于特定社会来说才是能够成立的）的前提：反驳伦理相对主义，关键在于颠覆它的前提，证明存在着适用于一切社会的普遍的、绝对的道德。

2. 绝对主义

如果夸大事物的绝对性而抹煞相对性，以为一切事物实质上都是绝对不变的，便堕入绝对主义：绝对主义就是认为一切事物实质上都是绝对不变的而只在现象上才相对变化的理论。柏拉图的"理念论"堪称典型的绝对主义。因为，如所周知，柏拉图所谓的理念，就是一切"一般"、"共相"、"本质"、"真实"——四者是同一概念——的事物，如"美"、"善"、"正直"、"公正"、"神圣"等等。所以，文德尔班说："有多少类概念，就有多少理念。"[①] 不但唯有理念、共相、一般才是真实的存在，而且一切理念、共相、一般都是绝对的、绝对不变的：一切真实的事物都是绝对的。柏拉图论及他的理念论时，便这样写道："我们现在的论证不仅适用于平等，而且也适用于绝对的美、善、正义、神圣，以及所有在我们的讨论中可以冠以'绝对'这个术语的事物。"[②] 对于柏拉图理念论的绝对主义，黑格尔讲得十分清楚：

---

① 文德尔班：《哲学史教程》上卷，商务印书馆1997年版，第166页。
② 柏拉图：《柏拉图全集》第一卷，人民出版社2002年版，第77页。

第三章 绝对与相对

"苏格拉底所开始的工作,是由柏拉图完成了。他认为只有共相、理念、善是本质性的东西。通过对于理念界的表述,柏拉图打开了理智的世界。理念并不在现实界的彼岸,在天上,在另一个地方,正相反,理念就是现实世界。即如在留基波那里,理想的东西已经被带到更接近现实,而不是超物理的东西了。但是只有自在自为地有普遍性的东西才是世界中的真实存在。理念的本质就是洞见到感性的存在并不是真理,只有那自身决定的有普遍性的东西——那理智的世界才是真理,才是值得知道的,才是永恒的、自在自为的神圣的东西。区别不是真实存在的,而只是行将消逝的。柏拉图的'绝对',由于本身是一,并与自身同一,乃是自身具体的东西。它是一种运动,一种自己回复到自己,并且永恒地在自身之内的东西。对于理念的热爱就是柏拉图所谓热情。从这种对于哲学的定义里面,我们立刻就可以大概看见人们谈论得很多的柏拉图的理念是什么了。理念不是别的,只是共相,而这种共相又不能被了解为形式的共相,比如说,事物只分有共相的部分,或者像我们所说,共相只是事物的特质,而应该明白,这种共相是自在自为的真实存在,是本质,是唯一具有真理性的东西。"[1]

可见,按照柏拉图的"理念论",一切真实的一般的事物都是绝对的:这是典型的绝对主义。绝对主义的错误显然在于,夸大和全面化了一般事物的绝对不变性,而抹煞了一般事物的相对变化性,从而以为一切一般事物都是绝对不变的。殊不知,只有诸如"质量"和"能量"等极少数的一般事物才是绝对的,是绝对不生不灭、绝对不变的;而其他一般事物都是生生灭灭、相对变化的。试问,桌子、人、狗等一般事物难道是无始无终、不生不灭、绝对不变吗?歌德、黑格尔和恩格斯都曾有言:一切有产生的,也就皆有消灭。人类产生于

---

[1] 黑格尔:《哲学史讲演录》第二卷,商务印书馆1996年版,第178—179页。

三百万年前，也必将消灭：人类不是永恒的。人类如此，更不用说桌子和狗了。那么，被柏拉图奉为绝对的典范的"美、善、正义、神圣"呢？也皆非绝对的无条件的，而都是相对的有条件的。就拿西方那个顶顶有名的理想实验"惩罚无辜"[①]来说：

法官明知一个人无辜，如果坚持正义，就不应该惩罚这个无辜者而判他死刑。但是，这样就必定发生一场大骚乱而导致数百无辜者丧命；如果违背正义而遵循功利原则"最大多数人的最大利益"而惩罚这个无辜者，判他死刑，便可阻止大骚乱而挽救数百无辜者。应该怎么办？显然应该违背正义而惩罚一个无辜者，坚持利益冲突而不能两全的道德终极标准"最大多数人的最大利益"，挽救数百无辜者。因此，正义并不是绝对的、无条件的，而是相对的有条件的：正义仅仅在不违背"最大多数人最大利益"条件下才是应该的。

然而，流行于西方学界的这一著名理想实验，却基于正义是绝对价值标准而对功利原则"最大多数人最大利益"标准予以否定：功利原则势必导致非正义——即使惩罚一个无辜者也无疑是非正义的——因而是不正义的、不应该的、不道德的：这就是罗尔斯否认自己是功利主义者的缘故。罗尔斯将自柏拉图以降尊奉正义为绝对价值标准的思想传统，概括为一段气势磅礴的宣言：

"正义是社会制度的首要善，正如真理是思想体系的首要善一样。一种理论，无论多么高尚和简洁，只要它不真实，就必须拒绝或修正；同样，某些法律和制度，无论怎样高效和得当，只要它们不正义，就必须改造或废除。"[②]

罗尔斯此言显然意味着"正义是绝对价值标准"：任何原则只要

[①] Tom L. Beauchamp, *Philosophical Ethics*, McGraw-Hill Book Company, New York, 1982, p. 99.

[②] John Rawls, *A Theory of Justice* (Revised Edition), The Belknap Press of Harvard University Press, Cambridge, Massachusetts, 2000, p. 3.

违背正义就必须废除。正义自柏拉图以降一直被当作绝对价值标准表明，绝对主义也是在道德领域最为显著：伦理绝对主义（Ethical Absolutism）是最流行最难驳倒的绝对主义。因此，反驳绝对主义的最主要的任务，就是反驳伦理绝对主义。

3. 伦理绝对主义：最流行的绝对主义

与伦理相对主义不同，伦理绝对主义或道德绝对主义（Moral Absolutism）的代表人物，并不是人类学家和社会学家，而是伦理学家和哲学家，如康德、弗莱彻等等。那么，究竟何谓伦理绝对主义或道德绝对主义？波吉曼答道："道德绝对主义是这样一种观点，在这种观点看来，存在着由一系列决不会发生冲突因而也就决不会被推翻的道德原则所构成的真正的道德。"[①] "绝对主义者相信存在着一些永远不应该被推翻或违背的道德原则。康德的道德体系是这种观点的一个很好的实例：无论如何，一个人永远不应该食言。"[②]

因此，伦理绝对主义或道德绝对主义与伦理相对主义恰恰相反：伦理相对主义否认绝对道德的存在，而认为一切道德都是相对的；伦理绝对主义则否认相对道德，而认为一切真正的道德都是绝对的。更确切地说，伦理绝对主义或道德绝对主义也就是否认相对道德之为真正的道德，而认为真正的、优良的道德必定是绝对的之理论。然而，绝对道德、道德终极标准，如上所述，必定只有一条，亦即道德的最终目的"增进每个人利益总量"——它在利益冲突不能两全条件下表现为"最大多数人最大利益"标准——此外皆为相对道德。伦理绝对主义的错误显然在于夸大这一点，认为道德就其真正的本性来说是绝

---

① Louis P. Pojman, *Ethical Theory: Classical and Contemporary Readings*, Wadsworth Publishing Company, USA, 1995, p. 16.

② Louis P. Pojman, *Ethical Theory: Classical and Contemporary Readings*, Wadsworth Publishing Company, USA, 1995, p. 34.

对的，从而不是把绝对道德理解为或仅仅理解为道德最终目的，而是理解为其他道德原则或由一系列道德原则——如应该爱、不应该说谎、应该为义务而义务等等——所构成的道德原则体系。这样，伦理绝对主义便一方面错误地把一些相对道德——如爱和诚实——夸大成绝对道德；另一方面，则错误地把众多的相对道德逐出道德领域，否认这些相对道德之为道德。

这种对于相对道德的否认在境遇伦理学（Situation Ethics）那里登峰造极。境遇伦理学也是一种十分典型的道德绝对主义，或者毋宁说，是一种新康德主义道德绝对主义。因为它与康德一样，认为道德就其真正的本性来说是绝对的；不具有绝对性的道德，不是真正的道德，因而完全没有存在的必要。只不过，在康德看来，绝对道德、真正的道德是一系列道德原则，如责任、诚实等等；反之，在境遇伦理学看来，绝对道德、真正的道德只有一条，那就是"爱"："只有'爱'这一戒律是绝对的善。"[1]

于是，只有"爱"才因其具有绝对性而是真正的道德；其余道德则皆因其是相对的而并不是真正的道德，完全没有存在的必要："爱是唯一的规范。"[2]这样，一切伦理行为之应该与否也就完全取决于行为之境遇，取决于行为在该境遇下是否符合"爱"的计算。因此，境遇伦理学只有两个东西：一个是绝对的规范，另一个是具体境遇的计算方法。所以，弗莱彻写道："正如亚历山大·米勒所指出，境遇伦理学有一个绝对的成分和一个计算的成分。不过，更确切地说，境遇伦理学有一个绝对规范和一种计算方法。"[3]

有鉴于此，宾克莱指出："不管弗莱彻对其立场的最初解释如何，在他的伦理学里面，除了我们应当从爱出发尽力做最大量的好事

---

[1] Joseph Fletcher, *Situation Ethics*, The Westminster Press, Philadelphia, 1966, p. 26.
[2] Joseph Fletcher, *Situation Ethics*, The Westminster Press, Philadelphia, 1966, p. 80.
[3] Joseph Fletcher, *Situation Ethics*, The Westminster Press, Philadelphia, 1966, p. 27.

外，是没有什么原则或规则的。"① 然而，如果全部道德只是一个规范"爱"，道德不就几乎等于零吗？所以，宾克莱说：虽然"弗莱彻和境况伦理学者并不是为不负责任或无道德论进行辩护"，但是，实际上他们与非道德主义已相差无几了。② 那么，境遇伦理学究竟错在哪里？

原来，如上所述，绝对道德是任何人在任何条件下都应该遵守的道德，这种道德只有一条，亦即道德最终目的，说到底，亦即"增进每个人利益总量"：它在利益冲突不能两全条件下表现为"最大多数人最大利益"标准。相对道德则是这一条绝对道德之外的全部道德，是人们在一般的、正常的、典型的条件下才应该遵守——而在例外的、非常的、极端的条件下则不应该遵循——的道德。显然，相对道德存在的必要性全在于：正常行为的数量远远多于非常行为的数量。这样，因为相对道德约束、规范的是正常行为，所以，它应该被遵守的次数便远远多于它不应该被遵守的次数，因而它的存在是必要的。反之，如果相对道德约束、规范的是非常行为，那么，它应该被遵守的次数便远远少于它不应该被遵守的次数，因而它的存在便是极无必要的了。

然而，境遇伦理学却把正常与非常视为同等重要："境遇的变量（variables）与规范或一般的常量（constants）应该被看作同等重要。"③ 这就是境遇伦理学的根本错误之所在：抹煞正常行为与非常行为的区别，等量齐观相对道德应该被遵守的正常境遇与其不应该被遵守的非常境遇，进而等量齐观相对道德应该被遵守的次数与其不应该被遵守的次数。这样一来，相对道德也就没有存在的必要了。因为如果相对道德应该被遵守的次数与其不应该被遵守的次数是相等的，那么，它应该存在的理由岂不就与它不应该存在的理由相等吗？相对道德既然

---

① 宾克莱：《理想的冲突》，商务印书馆1983年版，第326页。
② 宾克莱：《理想的冲突》，商务印书馆1983年版，第356页。
③ Joseph Fletcher, *Situation Ethics*, The Westminster Press, Philadelphia, 1966, p. 29.

没有存在的必要，所以也就只有绝对的道德才是真正的道德：境遇伦理学就是这样堕入否认相对道德的道德绝对主义的。

4. 绝对主义与相对主义之归宿

绝对主义归宿：极端形而上学 哲学史表明，一切绝对主义者都是极端形而上学者，绝对主义必然导致极端形而上学。这是因为，按照绝对主义，事物是绝对不变的，那么，事物相互间就绝对不能处于互相过渡的中间状态，事物相互间便绝对彼此隔离，绝对存在固定区别。于是，事物便绝对地是自身同时不能又是他物，绝对地或是自身或是他物。这样，事物就绝对不存在互相否定的属性，亦即绝对不存在矛盾。这就是所谓的极端形而上学：形而上学就是认为事物绝对地不变、隔离、没有矛盾的学说。恩格斯在总结这种形而上学的基本内容时便这样写道：

"在形而上学者看来，事物及其在思想上的反映，即概念，是孤立的、应当逐个地和分别地加以考察的、固定的、僵硬的、一成不变的研究对象。他们在绝对不相容的对立中思维；他们的说法是：'是就是，不是就不是；除此以外，都是鬼话。'在他们看来，一个事物要么存在，要么就不存在；同样，一个事物不能同时是自己又是别的东西。"[①]

相对主义归宿：诡辩论 相对主义必然导致相对主义诡辩论以及主观唯心论、不可知论、怀疑论。首先，既然事物完全因不同的对象而不同，那么事物便是什么（对于一对象）同时又不是什么（对于另一对象）。事物是什么还是非什么，是不存在界限和区别的；一事物与他事物是不存在界限和区别的。这就是相对主义诡辩论。相对主义诡辩论就是认为一切事物都因不同对象而不同——因而事物相互没有区别——的诡辩论，就是由相对主义而得出事物相互间没有区别的诡

---

① 《马克思恩格斯全集》第20卷，人民出版社1971年版，第351、24、555页。

辩论。

庄子便是由夸大事物的相对性而堕入否定事物相互区别的相对主义诡辩论。请看"庄周梦蝶":"昔者庄周梦为蝴蝶,栩栩然蝴蝶也。自喻适志与!不知周也。俄然觉,则蘧蘧然周也。不知周之梦为蝴蝶与?蝴蝶之梦为周与?"[①]庄周做梦化为蝴蝶(对于梦中的庄周来说)并不是梦而是真事;同时又是梦而不是真事(对于醒来的庄周来说)。所以,庄周做梦化为蝴蝶,是没有"做梦"和"真事"的区别的。于是乎也就"不知周之梦为蝴蝶与?蝴蝶之梦为周与?"

他又写道:关于万物的贵贱,则都是自贵而贱它(从万物自身来看),同时又都是由于外物而不在己(从流俗看来)。所以万物没有贵和贱的区别。早夭的孩子是短命的(对于常人来说),同时又是长寿的(对于朝生暮死的小虫子来说)。所以早死的孩子是没有短命与长寿区别的。一言以蔽之,万物都是齐一的,没有界限的:"是亦彼也,彼亦是也。"[②]

相对主义归宿:不可知论 事物相互间既然是无差别的,所以对一事物肯定或否定、判断一事物是什么或不是什么,就完全以人的主观认识为依据:人是万物的尺度。或者说,认识的主体(人和其他有大脑的动物)是万物的尺度。而对于同一事物,不同的人、不同动物、不同器官可以有不同的乃至相反的主观认识。这样,事物就不可能与它的尺度"主观认识"相符,人和其他动物也就不可能对客观事物有确实可靠的认识:对客观事物自身的认识是不可能的。这是不可知论。不可知论是认为认识不可能与客观事物相符的学说。例如,庄子就是由相对主义诡辩论而堕入不可知论的:

"民湿寝则腰疾偏死,鳅然乎哉?木处则惴栗恂惧,猨猴然乎哉?

[①] 《庄子·齐物论》。

[②] 《庄子·齐物论》。

三者孰知正处？民食刍豢，麋鹿食荐，蝍蛆甘带，鸱鸦耆鼠，四者孰知正味？猿猵狙以为雌，麋与鹿交，鳅与鱼游。毛嫱丽姬，人之所美也；鱼见之深入，鸟见之高飞，麋鹿见之决骤，四者孰知天下之正色哉？自我观之，仁义之端，是非之涂，樊然淆乱，吾恶能知其辩。"①

相对主义归宿：主观唯心论　相对主义诡辩论必然导致主观唯心论。试想，既然事物相互是无分别的，而人的主观认识是万物的尺度，那么，这就是说，事物的属性就只存在于主观认识中，主观认识的属性就是事物的属性，认识便是事物，事物便是认识。因此，事物也就只存在于人的心灵，心灵之外的东西是不存在的，客观事物是不存在的：这就是主观唯心主义。主观唯心主义是否认事物客观存在而认为一切都是主观认识的学说。与朱熹（1130—1200）同时代的陆九渊（字子静，号象山，1139—1193）是这种学说的倡导者，他说：

"四方上下曰宇，往古来今曰宙。宇宙便是吾心，吾心即是宇宙。千万世之前，有圣人出焉，同此心同此理也。千万世之后，有圣人出焉，同此心同此理也。东南西北还有圣人出焉，同此心同此理也。"②

怀疑论　相对主义诡辩论必然导致怀疑论。因为，事物既然是无区别的，既然可以说这样也可以说那样，则客观事物是否存在就是不能断定的了：可以说客观事物存在，也可以说客观事物不存在。这是怀疑论：怀疑论是怀疑客观事物存在的学说。怀疑论者高尔吉亚将这种学说归结为三句话：一是"无物存在"；二是"如果有物存在，也无法认识它"；三是"即使可以认识它，也无法把它说出来告诉别人"。最著名的怀疑论思想家皮浪的名言则是："不作任何决定，悬搁判断。"③"最高的善就是不作任何判断，随着这种态度而来的便是灵魂

---

① 《庄子·齐物论》。
② 《陆九渊全集·杂说》。
③ 拉尔修：《明哲言行录》第九卷，吉林人民出版社 2011 年版，第 76 章。

的安宁，就像影子随着形体一样。"①

综上可知，相对主义必然导致相对主义诡辩论，而相对主义诡辩论又必然导致不可知论、主观唯心论和怀疑论。在本书《矛盾》一章中我们将知道，不可知论、主观唯心论和怀疑论三者还有另一共同思想来源：辩证诡辩论。然而，一般说来，相对主义诡辩论和辩证诡辩论并不是主观唯心主义、不可知论、怀疑论的主要根源。这是因为，这三种学说都属于精神哲学范畴，因而其主要根源也就属于精神哲学的东西。在《精神哲学》中我们将知道，其主要根源乃在于：三者都同样由"我们只知道自己的观念认识而不能由此得知与其根本不同的客观事物"和"认识因不同认识主体而异"这两个论据而得出各自的结论的。

按照哲学范畴体系排列顺序的"从抽象到具体、从一般到个别、从简单到复杂"原则，继绝对和相对范畴之后，是原因与结果范畴。因为因果与相对无疑是个别与一般关系：原因与结果都是相对的，而相对的却不都是原因与结果。譬如。"两岸青山相对出"，两岸青山是相对的，却并非因果。因此，"相对"是存在依赖于"因果"中的一般部分，而"因果"则是包含着"相对"的较个别的整体。所以，不懂"因与果"可以懂其一部分"相对"，但不懂"相对"，却不能懂包含它的原因与结果整体。于是，我们首先研究"相对"及其对立面"绝对"，然后便由"相对和绝对"上升到包含它的"原因与结果"。

---

① 拉尔修：《明哲言行录》第九卷，吉林人民出版社 2011 年版，第 76 章。

第四章 原因与结果

本章提要 宇宙一切事物的根本原因都是空间——空间是连续无限无边无际的物质——唯有空间才因其连续无限的本性而实乃宇宙万物之始源、本原也！因此，在一切具有外因的事物中，只有空间的根本原因在自身中而是内因。除了空间，一切事物的根本原因，都不在自身之中，而在自身之外，最终存在于空间之中。因此，除开空间，一切事物的根本原因，都不是内因而是外因。马克思在《〈政治经济学批判〉序言》中亦曾指出，法律、政治的根本原因并不在法律、政治自身，而在法律、政治之外的经济中：法律和政治的根本原因是外因而不是内因。邓小平亦曾说："制度好可以使坏人无法任意横行，制度不好可以使好人无法充分做好事，甚至会走向反面。"诚哉斯言！国民品德好坏的根本原因，乃是国家制度好坏，是外因；而不是国民自身道德修养如何，不是内因：只要国家制度好，不论国民自身道德修养如何，绝大多数国民品德必定好；只要国家制度不好，不论国民自身道德修养如何，绝大多数国民品德必定坏。

一、原因和结果：概念分析

1. 原因与结果定义

何谓原因？何谓结果？高清海说："我们把产生或引起某一事物或现象的现象叫做原因，而把在制约关系中被产生的另一些现象即原因作用的后果叫做结果。"①

诚哉斯言！原因与结果是两个或两类事物的关系，在这种关系中，原因是产生他物的东西，结果是被他物产生的东西。简言之，原因即产生，结果即被产生；原因与产生是同一概念，结果与被产生是同一概念。因此，休谟说："产生观念与原因观念是一回事。"② 举例说：

摩擦产生热，热被摩擦所产生。所以摩擦是产生热的原因，热是结果。艰苦奋斗，产生胜利成功；胜利成功，是艰苦奋斗产生的。所以，艰苦奋斗是原因，胜利和成功是结果。生产实践产生自然科学，自然科学是被生产实践产生的。所以，生产实践是原因，自然科学是结果。经济产生政治，政治被经济产生。所以，经济是原因，政治是结果。感性认识产生理性认识，理性认识被感性认识产生。所以，感性认识是原因，理性认识是结果。如此等等，一目了然，产生他物的东西即原因，被他物产生的即结果。

可见，原因即产生者，结果即被产生者：这就是原因与结果的定义。然而，休谟却认为这不是原因与结果的定义：

"如果有人抛开这一例子，妄想给原因下一个定义说，它是能够产生其他东西的一种东西，那他显然是什么也没有说。因为他所谓产生是什么意思呢？他能给产生下一个与原因作用的定义不同的任何定义么？如果他能够，我希望他把这个定义说出来。如果不能，那他就是在这里绕圈子，提出了一个同义词，并没有下一个定义。"③

殊不知，原因与结果、变化与不变、事物、内容与形式等等元哲学范畴，几乎都无法按照逻辑学定义规则"被定义概念＝种差＋最邻近类概念"下定义。因为这些元哲学范畴几乎都是最一般最普遍的概念，因而几乎都没有比它们更一般的概念：它们几乎没有类概念，更

---

① 高清海主编：《马克思主义哲学原理》上册，人民出版社 1985 年版，第 265 页。
② 休谟：《人性论》上册，商务印书馆 1997 年版，第 106 页。
③ 休谟：《人性论》上册，商务印书馆 1997 年版，第 93 页。

不用说最邻近的类概念了。那么，这些范畴是否可以定义？破解这一难题的前提显然是：定义究竟是什么？

按照今日逻辑学，定义是揭示概念内涵的逻辑方法；分类是揭示概念外延的逻辑方法。这是大错特错的。因为一个概念的外延，就是该概念所反映、所包括的事物的范围：该概念包括哪些事物。一个概念的内涵则是该概念所包括的一切事物的共同属性。譬如，"人"这个概念的外延，就是人的范围，就是古今中外以及未来所有的人；人的内涵则是所有人的共同属性。再譬如，"马克思"这个概念的外延，就是马克思一个人；马克思的内涵则是马克思的全部属性，包括全部人性与马克思所特有的特殊性与单一性，如能够制造生产工具、德国人、《资本论》作者等等。

可见，概念的内涵纷纭复杂，是科学的主要内容。定义只不过是一个判断，怎么可能是揭示概念内涵的逻辑方法？其实，定义乃是通过揭示概念的某种根本性质——亦即所谓"种差"——来确定一个概念外延界限的逻辑方法。譬如，人是能制造生产工具的动物，是人的定义。这个定义，就是通过人的一种根本性质"能制造生产工具"——亦即种差——来划定人的外延界限的。这就是定义又被叫作"界说"的缘故：定义或界说就是划定概念的外延界限的逻辑方法。

概念的分类则是在定义确定概念外延界限的基础上，将概念外延界限内的事物划分为若干个群体：分类是划分概念外延的逻辑方法。因此，定义与分类都是揭示概念外延的逻辑方法：定义确定外延界限；分类划分外延界限内的事物为若干群体。定义与分类都是揭示概念外延的，那么，概念内涵由什么来揭示？所有判断！概念内涵由所有判断揭示：定义仅仅是一个判断，仅仅揭示概念内涵的一种本质属性而已。

准此观之，一个判断，只要能清楚明白地划定概念外延界限，使我们清楚明白被定义概念的外延包括哪些事物——亦即使被定义概念与定义概念外延相等——那么,这个判断就是该概念的定义。这样一来,"被定义概念＝种差加最邻近的类概念"的逻辑学定义方法或规则,只不过是典型的定义方法,而决非唯一的定义方法。因为,一个概念如果极端抽象、普遍、一般,以致没有或很难找到它的类概念,那么,"被定义概念＝种差加最邻近的类概念"的逻辑学定义方法或规则就不适用了。或者,一个概念即使很容易找到它的类概念,但是,如果我们能够找到它的不言而喻的同一概念,那么,这个不言而喻的概念岂不更容易说明和界定被定义概念的外延界限?这样一来,我们为什么一定要死守"被定义概念＝种差加最邻近的类概念"的定义方法?为什么不代之以更简单的"被定义概念＝不言而喻的同一概念"的定义方法?

因此,我们可以突破今日逻辑学定义规则,增加一条新规则:被定义概念＝不言而喻的同一概念。因为被定义概念的不言而喻的同一概念,显然能够不言而喻、清楚明白地界定被定义概念的外延界限。"产生"无疑是不言而喻的概念。因此,按照"被定义概念＝不言而喻的同一概念"的定义规则,便可以用"产生"来界说"原因",亦即"原因是产生;结果是被产生":这就是原因与结果的定义。休谟否定"原因是产生"是原因的定义之全部理由,不过是因为"产生"与"原因"是同义词、同一概念。他实在是被"被定义概念＝种差加最邻近的类概念"的逻辑学定义规则所误:一叶障目,不见泰山!

诚然,"原因是产生"的定义,如休谟所言,有同义语反复之嫌。其实不然。因为"原因"与"产生"虽然是同义词,但是,"原因"是什么,极难说明;而"产生"是什么,则不言而喻:二者根本不同。因此,"原因是产生",貌似同义语反复,实则是原因的定义。更何况,严格讲来,被定义概念与定义概念只有是同一个词语,才是同义语反复,如"石头就是石头","原因就是原因"等等。

总而言之,"原因是产生和结果是被产生"乃是原因与结果的定义。但是，这一定义似乎意味着，原因与结果具有先后关系：原因在先、在前，是先产生者，是前者；结果在后，是后产生者，是后者。因此，休谟在给原因下定义时便这样写道："它是先行于、接近于另一个对象的一个对象，而且在这里凡与前一个对象类似的一切对象都和后一个对象类似的那些对象处在类似的先行关系和接近关系中。"[1]苏联斯特罗果维契等学者也以为，一切原因都是先产生的，而一切结果都是后产生的。高清海主编的教材堪称集"因先果后"思想之大成：

"既然原因具有始发性和主动性，结果具有后继性和被动性，那么，因果联系在时间上就一定具有前后的顺序性。具有始发性的东西，在时间上一定是在先的。具有后继性的东西在时间上一定是在后的。时间上的先后关系，是由因果联系的本质决定的，它也是构成因果联系本质的不可缺少的内容。如果否认了这一点，就等于否认了因果联系的本质。当然，因果联系在现实中的表现是非常复杂的，有时原因引起结果是在瞬间发生的，以至我们通过感官无法分辨时间上的先后。然而，这也不意味着原因和结果同时发生。因果关系以一定的时间上的先后关系为前提，不存在因果同时性。有时甚至还有这样的情况，即在原因引起结果之后，作为原因的事物并不马上消失，出现了作为原因和结果的两个事物并存的局面。但是，即使在这时，原因和结果的关系也不是简单的并存关系。在二者的相互作用中，原因的作用仍然是基本的，在先的。如果不承认这一点，二者的关系就失去了因果的性质，剩下的就只是一般的相互作用了。原因在前，结果在后；原因是主动的，结果是被动的。只有坚持这一点，才能把原因和结果区别开来。"[2]

这些观点虽似有理，实则以偏概全、大谬不然。试想，内容与形

---

[1] 休谟：《人性论》上册，商务印书馆1997年版，第197页。
[2] 高清海主编：《马克思主义哲学原理》上册，人民出版社1985年版，第266页。

式无疑是因果关系：内容产生形式，形式被内容产生；因而内容是原因，形式是结果。但是，能说内容先产生，形式后产生吗？难道可以有没有形式的赤裸裸的内容吗？本质与现象无疑是因果关系：本质产生现象，现象被本质产生；因而本质是原因，现象是结果。但是，能说先产生本质，尔后才产生现象吗？先产生本质，尔后才产生现象，岂不意味着，在一段时间里，本质没有现象而赤裸裸地存在吗？难道可以有没有现象的赤裸裸的本质吗？

显然，本质与现象以及内容与形式，虽皆系因果关系，却同时并生而不存在先后关系。实际上，只是有些因果，譬如下雨和地湿、摩擦与生热、努力与成功等等，才存在先后更替关系；而另一些因果，譬如实践和知识、经济与政治、社会与道德、个别与一般、生产力和生产关系等等，则是同时并生而不存在先后关系。

2. 因果类型：主要因果、根本因果与终极因果

亚里士多德《物理学》一开篇这样写道："既然探究本原、原因或元素的一切方式都须通过对它们的认识才能得到知识和理解——因为只有在我们认识了根本原因、最初本原而且直到构成元素时，我们才认为是认识了每一事物——，那么显然，在关于自然的研究中，首要的工作就是确定有关本原的问题。"[①]

诚哉斯言！科学研究的首要工作就是探索事物的根本原因和本原！所谓本原，无疑属于文本中此处与之并列的"根本原因"范畴，亦即此处他所谓的"最初"原因，说到底，亦即终极原因：本原与终极原因是同一概念。所以，亚里士多德说："把为什么归结为终极原因时，那最初的为什么就是原因和本原。"[②] 确实，终极原因就是事物最初

---

① 苗力田主编：《亚里士多德全集》第二卷，中国人民大学出版社1991年版，第3页。
② 苗力田主编：《亚里士多德全集》第二卷，中国人民大学出版社1991年版，第33页。

原因，更确切些说，就是最终原因；而终极结果则是事物的最终结果。任何事物不但对于一定范围来说，存在着相对的终极因果；而且对于整个宇宙任何范围来说，存在着绝对的终极因果。举例说：

相对社会范围来说，地理环境是终极原因，政治、法律和道德是终极结果。因为无论任何社会，地理环境都是生产力的原因，生产力是经济的原因，经济是政治、法律和道德的原因：地理环境是相对的最终原因；政治、法律和道德则是相对的最终结果。

这种相对一定范围来说的终极原因和终极结果，亦即相对的终极因果，就是根本原因和根本结果。根本原因是相对的终极原因，就是相对一定范围来说的最终原因；根本结果则是相对的终极结果，就是相对一定范围来说的最终结果。譬如，实践就是知识的根本原因，知识是实践的根本结果。生产力是生产关系的根本原因，生产关系是生产力的根本结果。

然而，有人将主要原因与根本原因等同起来。这是不妥的。因为主要原因乃是在若干原因中起着直接决定性作用的原因。相反地，根本原因则是相对的终极原因，因而既可能是直接决定性的原因，又可能不是直接决定性的原因，而只是间接的决定性的原因。当根本原因是直接的决定性原因时，根本原因就是主要原因。举例说：

意大利山洪爆发所导致的治水实践，直接产生了液体力学。治水实践是这种液体力学的根本原因，同时就是其主要原因。反之当根本原因仅仅是间接的终极原因——而不是直接的决定性原因——时，根本原因就不是主要原因，而非根本原因却是主要原因。譬如：

罗巴切夫斯基总结以往几何学，因而直接产生了新几何学，旧几何学之为新几何学的非根本原因，就是主要原因；而测量实践这种新几何学的根本原因，却是非主要原因。因此，主要原因并不都是根本原因，根本原因也并不都是主要原因，二者是部分相合的交叉概念关系：

第四章　原因与结果

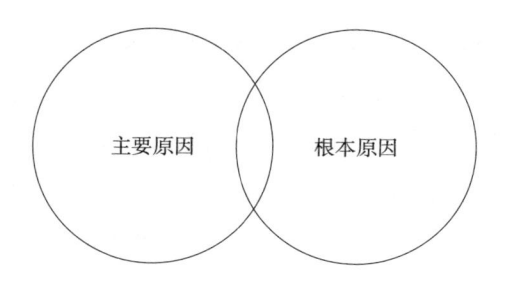

　　任何事物相对于一定范围来说，都存在着终极因果。这只是问题的一方面。另一方面，对于一切事物来说，对于整个宇宙来说，则又绝对地存在着终极因果，存在着一切事物究竟至极的原因和一切事物究竟至极的结果。那么，这绝对的终极原因和终极结果是什么？这是贯穿古希腊哲学始终的难题：

　　宇宙万物的本原——亦即绝对的终极原因——在泰利斯看来是水；在阿那克西美尼看来是气；在赫拉克利特看来是火；在毕达哥拉斯看来是数；在恩培多克勒看来是四根"火、土、气、水"；在阿纳克萨戈拉看来是细小微粒"种子"；在德谟克利特看来是原子和虚空："一切事物的始基是原子和虚空……虚空并不比实体不实在。"[①]

　　现代物理学的最新发展，就某种意义来说，证实了德谟克利特万物本原理论。一方面，物质确实分为物体（间断有界限的物质）和空间（连续无限无边无际的物质）；另一方面，确如德谟克利特和当代格林等弦理论物理学家所言，物体不是无限可分的（如果一个物体可以无限分割，那么，该物体便是无限小的粒子之和，因而是无限大、无穷大的），一定存在着不可分的构成万物的最小粒子：弦或德谟克利特本来意义的"原子"。一切物体、实物、粒子乃至弦，说到底，都是空间的激发状态、凝聚物而已。物体作为物体是不可能无限分割的；但是，物体作为物质却是可以无限分割的。如果物体作为物体不可分割

———————
[①] 北京大学哲学系外国哲学史教研室编译：《古希腊罗马哲学》，商务印书馆2021年版，第100、102页。

的界限是弦，那么，进一步分割，弦就无穷大而湮灭、变成空间：唯有空间才因其连续无限的本性而实乃宇宙万物之始源、本原也！

更全面些说，宇宙万物的本原、始源、终极原因，乃是空间和不可再分割的最小物体"弦"。一方面，空间凝聚而产生弦，弦的不同组合则产生宇宙万物：弦与空间是宇宙万物的终极原因。另一方面，宇宙万物最终又演化而回复为新的弦和新的空间：新的弦和新的空间是宇宙万物的终极结果。新的弦的不同组合和新的空间的凝聚，又产生新的宇宙万物，如此循环往复以致无穷。这就是为什么，对任何事物的因果虽然都可以由原因到原因的原因——由结果到结果的结果——无穷探索下去，却同时又存在终极原因和终极结果。恩格斯说：

"这是物质运动的一个永恒的循环，这个循环完成其轨道所经历的时间用我们的地球年是无法量度的，在这个循环中，最高发展的时间，即有机生命的时间，尤其是具有自我意识和自然界意识的人的生命的时间，如同生命和自我意识的活动空间一样，是极为有限的；在这个循环中，物质的每一有限的存在方式，不论是太阳或星云，个别动物或动物种属，化学的化合或分解，都同样是暂时的，而且除了永恒变化着的、永恒运动着的物质及其运动和变化的规律以外，再没有什么永恒的东西了。但是，不论这个循环在时间和空间中如何经常地和如何无情地完成着，不论有多少亿个太阳和地球产生和灭亡，不论要经历多长时间才能在一个太阳系内而且只在一个行星上形成有机生命的条件，无论有多么多的数也数不尽的有机物必定先产生和灭亡，然后具有能思维的脑子的动物才从它们中间发展出来，并在一个很短的时间内找到适于生存的条件，而后又被残酷地消灭，我们还是确信：物质在其一切变化中仍永远是物质，它的任何一个属性任何时候都不会丧失，因此，物质虽然必将以铁的必然性在地球上再次毁灭物质的最高的精华——思维者的精神，但在另外的地方和另一个时候又一定会以同样的铁的必然性把它重新产生出来。"[1]

3. 因果类型：始源与派生

原因产生结果，结果被原因产生。这就是说，原因是决定的、主动的，而结果是被决定的、被动的。那么，是否原因永远是主动地对结果起作用，而结果却永远是被动地对原因起作用呢？换言之，原因与结果是否相互产生、互为因果？

原来，以因果是否具有相互作用的性质为根据，一切因果可以分为两类。一类是不具有或不必然具有相互作用的因果，主要是具有先后关系的因果，亦即因前果后的因果。这种因果只是原因必然是主动的，必然对结果起作用，但结果却大都是被动的，而不是主动的，不能对原因起作用，或不能必然是主动的，不能必然对结果起作用。例如：下雨和地湿，摩擦和生热，一国与他国，受辱与哭泣等等因果，都属于不具有或不必然具有相互作用的因果。

反之，另一种原因与结果——主要是同时并生的因果——则必然具有相互作用、互为因果：原因产生结果，结果又必然反作用于原因，产生和决定新的原因。例如：经济产生政治，政治又必然反作用于经济，产生和决定新的经济。实践产生知识，知识又必然反作用于实践，产生和决定新的实践。

在这种原因与结果的互为因果、相互作用中，必有一个为始源，一个为派生。所谓始源，就是在成为一事物结果之前，先是该事物的原因；所谓派生，就是在成为一事物原因之前，先是该事物的结果。例如，在实践与知识互为因果的相互作用中，实践在成为知识的结果之前，先是知识的原因，而知识在成为实践的原因之前，却是实践结果；所以，实践是始源，而知识是派生。

---

[1] 恩格斯：《自然辩证法》，人民出版社 2018 年版，第 27 页。

一目了然，一切始源都是根本原因，一切派生都是根本结果。但是，我们不能把始源与根本原因等同起来，不能把派生与根本结果等同起来。因为有些根本原因和根本结果，并非始源和派生。例如：摩擦与生热，受辱与哭泣，都可以是根本原因和根本结果，却不是始源和派生关系。

二、因果律：因果关系本性

1. 变化：因果关系之最深层的本质

变化实乃因果关系之最深刻本质也！因为变化就是旧事物消灭和新事物产生，是事物生灭属性，是新生旧灭。旧事物产生新事物，是新事物的原因、源泉；新事物被旧事物所产生，是旧事物的结果。因此，所谓变化，说到底，就是旧事物（原因）产生新事物（结果）的过程，就是原因产生结果的过程：变化就是因果更替，就是因灭果生。

问题的关键在于，一切事物都处于变化中：变化是必然的普遍的。因此，一切事物都必然处于因果关系中：一方面，每一事物必然由他物变化而来，因而有产生它的原因；另一方面，每一事物必然向他物变化而去，因而有它所产生的结果。恩格斯说："为了了解单个的现象，我们就必须把它们从普遍的联系中抽出来，孤立地考察它们，而且在这里不断更替的运动就显现出来，一个为原因，另一个为结果。"[①]因此，任何事物都必然具有原因，也都必然具有结果，没有原因和结果的事物是不存在的。谁能找到没有原因或没有结果的事物呢？谁都不能。如果谁找到了，那决非真的无因无果，而只是其原因和结果尚未被人们认识罢了。

因此，任何事物都必然具有原因和结果。换言之，任何一个事物

---

① 恩格斯：《自然辩证法》，人民出版社1971年版，第210页。

都必然既是结果（相对自己的原因来说）又是原因（相对自己的结果而言）。因此，一事物只是相对于一定事物才是原因，而相对于另一事物则是结果；原因和结果是相对的。例如，感性认识相对理性认识是原因，相对于实践则是结果，感性认识之为原因和结果是相对的。

可见，因果关系无处不在，无时不有，普遍存在于宇宙万物之中。这就是因果关系的必然性、普遍性、相对性和不依人的意志而转移的客观性，这就是因果关系本性，亦即所谓"因果律"。休谟将其概括为一句话，而称之为"哲学原理"：

"哲学中有一条一般原理：一切开始存在的东西必然有一个存在的原因。"①

然而，金岳霖认为，因果律不过是一种不能得到证实的假说："我们说，从知识论着想，一切被决定主义是一假设。其所以如此说者，因为一切都各有因果关系是不能证实的命题。证实和证明不一样，和否认也不一样。所谓证明了的命题是用某一套前提及某一套推论方式去推论到的结论。证明是意念范围之内的命题底正确性底表示。就证明说，我们也许可以找到一套相当的命题，利用逻辑的推论方式推出一切都被决定这一主张来。这也许办得到。究竟办得到与否我们不敢说。无论如何，这是证明的问题。能证明的命题不必能证实。一切都各有因果这一主张也许是真的，也许是可以证明的，但是，证实起来就麻烦多了。要证实这一主张和要证实归纳原则相似，这问题牵扯到的问题相当的多，我们不预备提出讨论。就证实这一方面说，一切都各有因果关系这一主张是假设，这一假设是一方法上的假设。从求知底方法及工具说，这一假设甚为重要。"②

殊不知，因果律的哲学理论不但能够得到证实，而且证实的方法

---

① 休谟：《人性论》上册，商务印书馆 1997 年版，第 95 页。
② 金岳霖：《知识论》，中国人民大学出版社 2010 年版，第 469—470 页。

很多，如自然观察、理想实验和实践检验等等。对此，恩格斯曾有极为精辟的论述：

"人类的活动对因果性作出验证。……如果我们把引信，炸药和弹丸放进枪膛里面，然后发射，那末我们可以期待事先从经验已经知道的效果，因为我们能够详详细细地研究全部过程：发火、燃烧、由于突然变为气体而产生的爆炸，以及气体对弹丸的挤压。在这里怀疑论者也不能说，从以往的经验不能推论出下一次将恰恰是同样的情形。确实有时候并不发生正好同样的情形，引信或火药失效，枪筒破裂等等。但是这正好证明了因果性，而不是推翻了因果性，因为我们对每件这样不合常规的事情加以适当的研究之后，都可以找出它的原因：引信的化学分解，火药的潮湿等等，枪筒的损坏等等，因此在这里可以说是对因果性作出了双重的验证。"[1]

诚然，因果律所包括的事实是无穷的，因而是不可能得到全部的、完全的证实的。但是，每一个事实的肯定的检验，正如卡尔纳普所说，都是一次部分证实，都是向完全证实的进一步接近：

"在许多情况下，有了数量不多的肯定例子我们就达到实际上足够的确实性了，于是我们便停止实验。但理论上永远存在着把检验性观察的序列继续下去的可能性。所以在这里任何完全的证实也是不可能的，却只是一个逐渐增强确证的过程。"[2]

2. 因果律：休谟怀疑主义

休谟与芝诺和公孙龙相似，堪称制造哲学难题大师。芝诺的"飞矢不动"与公孙龙的"白马非马"，至今无人能解。休谟提出的哲学难题也是如此。譬如，所谓休谟难题"应该能否从是推导出来"，休

---

[1] 《马克思恩格斯选集》第 3 卷，人民出版社 1972 年版，第 550—551 页。
[2] 洪谦主编：《逻辑经验主义》，商务印书馆 1989 年版，第 75 页。

第四章　原因与结果

谟的答案是"否",因而与芝诺和公孙龙的命题一样,皆系谬论。但是,为什么"应该"能够从"是"推导出来,西方学术界公认至今无人能解。休谟的因果理论,同样也是谬论:一种难以破解的怀疑主义。对于这种谬论,罗素曾这样写道:"这些结论既难反驳、同样也难接受。结果成了给哲学家们下的一道战表,依我看来,到现在一直还没有够上对手的应战。"①

原来,休谟认为,人类认识的一切对象分为两类:"人类理性(或研究)的一切对象可以自然分为两种,就是观念的关系(Relations of Ideas)和实际的事情(Matters of Fact)。属于第一类的,有几何、代数、三角诸科学;总而言之,任何断言,凡有直觉的确定性或解证的确定性的,都属于前一种。'直角三角形弦之方等于两边之方'这个命题,乃是表示这些形象间关系的一种命题,又如'三乘五等于三十之一半',也是表示这些数目间的一种关系。这类命题,我们只凭思想作用,就可以把它们发现出来,并不必依据于在宇宙中任何地方存在的任何东西。自然中纵然没一个圆或三角形,而欧几里得(Euclid)所解证出的真理也会永久保持其确实性和明白性。至于人类理性的第二对象——实际的事情——就不能在同一方式下来考究;而且我们关于它们的真实性不论如何明确,而那种明确也和前一种不一样。各种事实的反面总是可能的:因为它从不曾含着任何矛盾,而且人心在构想它时也很轻便,很清晰,正如那种反面的事实是很契合于实在情形那样,'太阳明天不出来'的这个命题,和'太阳明天要出来'的这个断言,是一样可以理解,一样不矛盾的。我们无论如何也不能解证出前一个命题的虚妄来。如果我们能解证出它是虚妄的,那它便含有矛盾,因而永不能被人心所构想。"②

---

① 罗素:《西方哲学史》下卷,商务印书馆 1988 年版,第 200 页。
② 休谟:《人类理解研究》,商务印书馆 1957 年版,第 29—30 页。

217

接着，休谟写道，关于实际事情的认识建立在因果关系上，而对于因果的认识，只能通过经验而不能通过理性获得："一切关于实际存在的论证都是建立在因果关系上面，我们对于这种关系的知识是完全从经验中得来的。"[1]

问题的关键在于，一方面，所谓经验，亦即感性认识，正如休谟所言，皆属于偶然的、个别的、具体的知识。另一方面，基于经验的推理，乃是从个别到一般的归纳推理；而归纳推理，在休谟看来，虽然能够得到一般的理论，却只能是或然的，而不可能是必然的。

这样一来，我们关于因果的一切知识（经验和归纳推理）便都是偶然的、或然的、任意的；而所谓因果律，如"一切开始存在的东西必然有一个存在的原因"等等，不过是心灵的习惯或联想[2]：

"如果某一特殊事件在所有的情况之下，总是与另一事件集合在一起，我们就可以毫不踌躇地预言，在这一事件出现之后将产生另一事件，并且这是唯一可以向我们保证任何事件和存在的推论方法。于是我们将一个对象称为原因，另一对象称为结果。我们在它们之间假设有某种联系；并且假设在一个对象中有某种能力，这个对象可以借这种能力毫无差错地产生出另一对象来。并且以最大的确定性和最严格的必然性活动着。看来事件之间的'必然联系'这个观念，乃是由于这些事件在许许多多类似的实例中经常集合一起而产生的；我们从一切可能的观点和立场加以观察，也不能就那些实例中的任何一个指出这个观念的存在。但是许许多多的实例并没有与每个单个实例不同的地方，每个单个的实例都是被假定为确切相似的。只不过是在相似的实例反复出现若干次以后，心灵为习惯所影响，于是在某一事件发

---

[1] 北京大学哲学系外国哲学史教研室编译：《西方哲学原著选读》上卷，商务印书馆1987年版，第525页。

[2] 现代科学家亦多持此见。譬如1936年逝世的卡尔·皮尔逊便断言"原因是经验的惯例"，他的《科学的规范》第四章第8节的标题就是"作为经验惯例的原因与结果"（卡尔·皮尔逊：《科学的规范》，商务印书馆2012年版，第131页）。

生之后，就期待经常继它之后而发生的事件发生，并且相信后一事件是会存在的。因此，我们心中所感觉到的这种联系，我们的想像从一个对象进到经常伴随的对象的这种习惯性的推移，就是我们据以形成'能力'观念或'必然联系'观念的那种感觉或印象。"①

这就是休谟关于因果律的怀疑主义！它的结论"因果律是心灵的习惯"无疑是错的。那么，它的理论前提究竟错在哪里？显然，不在于认为因果知识来源于经验，也不在于认为经验都是偶然的知识：这些都是真理。休谟的错误乃在于：认为归纳推理的结论都是或然的。因为，如果真如休谟所言，通过归纳推理得来的因果的认识都是或然的，那么，休谟认为因果知识（经验和归纳推理）都是偶然的或然的任意的——因而不过是心灵之习惯——的怀疑主义就能成立了。

相反地，如果归纳推理的结论可以是必然的，那么，通过归纳推理得来的因果知识就可以是必然的，因而休谟认为因果知识都是偶然的或然的任意的——因而不过是心灵之习惯——的怀疑主义就不能成立了。所以，正如罗素所发现，休谟怀疑主义完全以"归纳推理的结论都是或然的"——亦即所谓"归纳问题"——为前提和根据："休谟的怀疑论完全以他否定归纳原理为根据。"②那么，休谟的"归纳问题"能否成立？

3. 因果律："归纳问题"

罗素虽然指出休谟怀疑主义完全以所谓"归纳问题"——亦即归纳推理的结论都是或然的问题——为根据，但是，他却因"归纳问题"是个理论难题而避之："我不想讨论归纳，那是个困难的大题目。"③那么，精确言之，究竟何谓"归纳问题"？原来，休谟这样写道：

---

① 北京大学哲学系外国哲学史教研室编译：《西方哲学原著选读》上卷，商务印书馆1987年版，第530页。
② 罗素：《西方哲学史》下卷，商务印书馆1988年版，第212页。
③ 罗素：《西方哲学史》下卷，商务印书馆1988年版，第205页。

"所有推论可以分为两种：一种是论证的推论，论及各种观念之关系；另一种是或然的推论，论及事实和存在之问题。"[①] 关于事实的推论是或然的，显然意味着，与这种推论相反的结论，是一样可能的："'明天太阳不会升起'的命题和'明天太阳会升起'的断定，是同样可以理解、同样不矛盾的。"[②]

这就是说，一切推理无非两类：一类是关于观念关系的推理，亦即演绎推理；另一类是关于实际事实的推理，亦即归纳推理。演绎推理的结论是必然的，只要前提真，结论必然真。反之，归纳推理的结论是或然的，从前提真不能推出结论必真："前提真而结论假的可能性，证明归纳推理并不具有逻辑必然性。"[③]

这就是休谟提出的所谓"归纳问题"："归纳问题"就是归纳推理的结论能否是必然的问题，就是能否由归纳推理的"前提真"推出"结论必真"的问题，就是从"单称陈述的真"能否推出"全称陈述必然真"的问题，说到底，就是从"经验的真"能否推出"普遍的理性认识必然真"的问题。[④] 对于这个"归纳问题"，今日西方一些著名的哲学家，如波普尔，仍然在重复休谟对于归纳推理的质疑，认为归纳推理是无效的："归纳原理是不必要的，它必定导致逻辑上的自相矛盾。"[⑤]

可见，"归纳问题"的症结在于：归纳推理的结论是否都是或然的？如果都是或然的，那么，相反的结论便总是同样可能的，因而从

[①] David Hume, *Enquiries Concerning the Human Understanding and Concerning the Principles of Morals*, Second Edition, Oxford At the Clarendon Press, 1888, p. 35.

[②] David Hume, *Enquiries Concerning the Human Understanding and Concerning the Principles of Morals*, Second Edition, Oxford At the Clarendon Press, 1888, p. 26.

[③] Hans Reichenbach, *The Rise of Scientific Philosophy*, University of California Press, Berkeley and Los Angeles, 1954, p. 87.

[④] 参阅哈雷：《科学逻辑导论》，浙江科学技术出版社1990年版，第144—145页。

[⑤] Karl R. Popper, *The Logic of Scientific Discovery*, Harper Torchbooks, Harper & Row, Publishers, New York, 1959, p. 29.

"前提真"不能推出"结论必真",归纳推理便不能成为必然的普遍的科学理论的发现和证明的方法;如果归纳推理的结论是必然的,那么,相反的结论便是不可能的,因而从"前提真"能推出"结论必真",这样归纳推理便是必然的普遍的科学理论的发现和证明的方法。那么,归纳推理的结论能否是必然的?

归纳推理,如所周知,并非一种单一的方法,而是由若干方法构成的方法体系。在这些方法中,依穆勒所见,只有一种方法的结论是必然的,因而是必然的普遍的科学理论的发现和证明的方法;而其他方法都不配享有归纳推理的美名。这种归纳推理便是因果归纳推理,亦即今日所谓的科学归纳推理。对于这种方法,穆勒在《逻辑体系》中这样写道:

"所谓归纳推理,乃是我们从对于某个或某些特殊事例是真,根据某种可以指出的原因(assignable),推出对于全部同类事例都是真的思维运作。"[①]

更确切些说,因果归纳推理是从一些事物具有某种属性出发,根据该类事物与该属性的因果关系,进而得出"该类事物都必然具有该属性"的结论的推理方法。这就是说,因果归纳推理的前提由两组判断构成。一组是一个或一些事物具有某种属性的判断,亦即"s1 是 p、s2 是 p、s3 是 p……";另一组是该类所有事物与该属性的因果关系判断,亦即"一切 s 都与 p 有因果关系"。"一切 s 都与 p 有因果关系"意味着,我们找到了"一切 s 都是 p"的原因、根据,因此便可以得出一个必然的结论:"一切 s 必然都是 p"。举例说:

第一组判断:康德死了、休谟死了、穆勒死了……

---

① John Stuart Mill, *A System of Logic: Ratiocinative and Inductive*, Longmans, Green, and Co., London, 1919, p. 188.

第二组判断：康德等所有的人普遍有死的原因是新陈代谢。

结论：所有的人都必然有一死。

可见，归纳推理的结论是否必然，完全取决于第二组判断，亦即完全取决于"一切 s 与 p"的因果关系判断，取决于发现一切 s 都是 p 的原因：发现了一切 s 都是 p 的原因、根据，也就证明了一切 s 必然都是 p。然而，发现一切 s 都是 p 的原因，亦即发现普遍命题的原因或根据，因而也就是科学——科学无非是必然的普遍的命题体系——的全部任务。所以，牛顿一再说自然科学的目的，归根结底，在于发现事物的因果关系：

"自然哲学的目的在于发现自然界的结构和作用，并且尽可能把它们归结为一些普遍的法则和一般的定律——用观察和实验来建立这些法则，从而导出事物的原因和结果。"[①]

如果我们发现了"一切 s 都是 p"的原因，发现了普遍命题的原因，那么，我们就找到了普遍命题或"一切 s 都是 p"的根据，我们就证明了"一切 s 必然都是 p"的结论：如果关于"一切 s 都是 p"的原因的判断是真的，那么，"一切 s 必然都是 p"的结论必真。一言以蔽之，因果归纳推理的结论是必然的；从前提真推出结论必真。所以，因果归纳推理，正如穆勒所说，乃是发现和证明必然的、普遍的命题的方法，因而也就是科学理论的发现和证明的方法。[②]这恐怕便是因果归纳推理又被称之为"科学归纳推理"的缘故。

但是，发现一切 s 都是 p 的原因，亦即发现普遍命题的原因或根据，无疑是极其困难的。因此，当我们从"有些 s 是 p"的特称判断出

---

① 塞耶编：《牛顿自然哲学著作选》，上海人民出版社 1974 年版，第 1 页。

② John Stuart Mill, *A System of Logic: Ratiocinative and Inductive*, Longmans, Green, and Co., London, 1919, p. 186.

发，做出"一切 s 都是 p"的普遍判断时，我们往往并不能发现"一切 s 都是 p"的原因。我们往往是通过直觉、猜想或所谓简单枚举——而不是通过找到一切 s 都是 p 的原因——做出"一切 s 都是 p"的普遍判断的。这些就是所谓的简单枚举归纳推理、直觉归纳推理、类比归纳推理。这些归纳推理的结论，如所周知，都是或然的；因而从"前提真"不能推出"结论必真"。因此，这些归纳推理是无效的：它们不能成为必然的普遍的科学理论的证明方法。

然而，是否一切非因果归纳推理的结论都是或然的？否！因为确有一种非因果归纳推理，亦即完全归纳推理，是必然的。但是，穷举全部个体的完全归纳推理，正如穆勒所说，并不是科学推理的方法。[1] 因为科学乃是一种普遍概念的体系：它所研究的任何普遍概念所包括的个体，一般说来，都是无穷的、不可穷举的。因此，一般说来，在科学方法的领域里，只有因果归纳推理的结论才是必然的；而非因果归纳推理的结论都是或然的。

那么，休谟认为归纳推理是或然的，是否由于他把非因果归纳推理——主要是枚举归纳推理——与归纳推理等同起来？赖欣巴哈的回答是肯定的："休谟想当然地认为，科学推理所具有的形式就是列举归纳，亦即用乌鸦例子所说明的那种推论。"[2] 其实不然，休谟所说的归纳推理恰恰是因果归纳推理。因为休谟一再说："关于事实问题的一切推论看起来都是建立在因果关系之上。"[3] 可是，为什么建立在因果关系上的归纳推理，在休谟看来，也是或然的？

本来，因果关系有或然与必然之分。特殊命题的原因（亦即"有

---

[1] John Stuart Mill, *A System of Logic: Ratiocinative and Inductive*, Longmans, Green, and Co., London, 1919, p. 189.

[2] Hans Reichenbach, *The Rise of Scientific Philosophy*, University of California Press, Berkeley and Los Angeles, 1954, p. 85.

[3] David Hume, *Enquiries Concerning the Human Understanding and Concerning the Principles of Morals*, Second Edition, Oxford At the Clarendon Press, 1888, p. 26.

些 s 是 p"的原因）是或然的，因而是通过经验和习惯建立起来的。反之，普遍命题的原因（亦即"一切 s 都是 p"的原因）则是必然的，因而是通过理性建立起来的。因此，尽管因果关系有或然与必然之分，建立在因果关系上的归纳推理却都是必然的。因为归纳推理是由个别到一般的推理，它所寻求的原因乃是普遍命题的原因。

然而，在休谟看来，我们的一切因果关系观念都只能通过习惯和经验建立起来："原因和结果之发现，不是通过理性而是通过经验。"[①]于是，归纳推理也就只能是一种习惯的结果，是一种习惯推论："来自于经验的一切推论（inferences）都是习惯的结果，而不是理性（reasoning）的结果。"[②] 既然归纳推理是一种习惯和经验的推论，那么，它的结论也就只能是或然的；因为如所周知，唯有理性是必然的，而习惯和经验则只能是或然的。可见，休谟认为归纳推理是或然的、无效的，在于他的经验主义怀疑论：误以为一切因果观念都是一种习惯的结果。

那么，今日西方一些著名的哲学家，如波普尔，为什么认为归纳推理的结论是或然的、无效的？因为他们误将归纳推理等同于简单枚举归纳推理。试看波普尔否定归纳推理的那段名言："从逻辑上看，显然不能证明我们从单称陈述——不论它们有多少——推出全称陈述是有效的；因为用这种方法得出的任何结论总可能是假的：不论我们已经看到了多少只白天鹅，也不能证明'所有的天鹅都是白的'结论是真的。"[③]

然而，依赖欣巴哈所见，像波普尔这样将归纳推理等同于简单枚举归纳推理是合理的，因为"一切形式的归纳推论都可以还原为列举

[①] David Hume, *Enquiries Concerning the Human Understanding and Concerning the Principles of Morals*, Second Edition, Oxford At the Clarendon Press, 1888, p. 28.

[②] David Hume, *Enquiries Concerning the Human Understanding and Concerning the Principles of Morals*, Second Edition, Oxford At the Clarendon Press, 1888, p. 43.

[③] Karl R. Popper, *The Logic of Scientific Discovery*, Harper Torchbooks, Harper & Row, Publishers, New York, 1959, p. 27.

归纳,这就使人可以像休谟那样在讨论归纳推理时只讨论这种最简单形式"①。确实,简单枚举归纳推理是最原始、最简单的归纳推理,其他形式的归纳推理,如因果归纳推理,说到底都源于简单枚举归纳推理。但是,由此就可以把一切归纳推理都化为简单枚举归纳推理吗?就可以用简单枚举归纳推理来代表归纳推理吗?就可以由简单枚举归纳推理的结论是或然的,便断言归纳推理的结论是或然的吗?答案显然是否定的。

4. 因果律:决定论与非决定论

围绕因果律,自古以来,哲学家们便一直争论不休。这些争论,正如苏联哲学家科朴宁所言,可以归结为决定论与非决定论两大流派:"世界上一切现象都具有因果制约关系这一原理,说明了因果律。凡承认这一规律的客观性并把它的作用应用到一切现象上去的哲学家,就被叫作决定论者(来自拉丁文 determino——决定)。凡否认因果律的科学家,就被叫作非决定论者。"②

然而,真正讲来,所谓决定论,顾名思义,乃是认为一切事物的发生都是必然的、被必然决定的、必定的之理论;反之,非决定论则是认为一切事物的发生都是偶然的、非必然决定的之理论。因此,洛斯基说:

"决定论似乎取得了对非决定论的全面胜利。现时的一切事件都必然在先于它的过去事件基础上产生,而过去事件又受更早以前的事件所制约,等等。现在是由过去决定的,但是这个过去不属于我们任何一个人;因而,我的现今思想感情、疑虑、动摇、愿望和决定不可避

---

① Hans Reichenbach, *The Rise of Scientific Philosophy*, University of California Press, Berkeley and Los Angeles, 1954, p. 86.
② 苏联科学院哲学研究所:《马克思主义哲学原理》,人民出版社1959年版,第213页。

免地在昨天、一年前、几百年前就由世界过去的结构预先决定了。"[1]

　　这就是为什么，玻恩强调牛顿力学是决定论的经典："牛顿力学在如下意义上是决定论的。如果准确地给定系统的初始状态（全部粒子的位置和速度），则任一其他时刻的状态都可由力学定律算出。一切其他的物理学部门都是按照这种式样建立起来的。机械决定论逐渐成了一种信条——宇宙像是一部机器，一部自动机。就我所知，在古代和中古时代的哲学中，并无这种观念的先例；它是牛顿力学巨大成就的产物，特别是天文学中巨大成就的产物。在19世纪，它成了整个精确科学的基本哲学原则。"[2] 反之，量子力学则成为非决定论——认为一切事物的发生都是偶然的而非必然决定的之理论——的根据。霍金说："量子力学不可避免地把非预见性或偶然性引进了科学。"[3] 对此，庞加莱亦曾有颇为详尽的论说：

　　"一个被我们遗漏的很小的原因决定着一个我们不能不看到的相当大的结果，此时我们可以说，这结果应属意外。如果我们精通各种自然定律并确知宇宙初始时刻的情况，那么我们就能够准确地预言这同一宇宙在以后时刻的情况。但是，就在这时自然定律对我们而言再没有奥秘，我们只能近似地知晓初始情况。如果这使我们有可能用同样近似方法预见以后的情况，则这一切会使我们犯错误，我们会说我们预见了这现象。而这现象是由各种定律决定的；但是这现象并非总是如此，它可以发生这样的情况，即初始条件中小的差错会在最终现象中造成很大的差错，最初的一个小错误会产生最后的巨大错误，预言变得毫无意义。"[4]

　　可见，决定论就是认为一切事物的发生都是被必然决定因而可以

---

[1] 洛斯基：《意志自由》，生活·读书·新知三联书店1992年版，第9页。
[2] 马克斯·玻恩：《我这一代的物理学》，商务印书馆2015年版，第219页。
[3] 霍金：《时间简史——从大爆炸到黑洞》，湖南科学技术出版社1996年版，第150页。
[4] 庞加莱：《最后的沉思》，商务印书馆1996年版，第4页。

预见的理论；反之，非决定论则是认为一切事物的发生都是偶然而不可预见的理论。那么，究竟为什么，承认因果律的哲学家，就被叫作决定论者；而否认因果律的科学家，则被叫作非决定论者？原来，在决定论者那里，因果律乃是决定论的理论前提：决定论从"一切事物都必然具有原因（亦即因果关系是必然的）"的前提出发，得出结论说：一切事物的发生都是必然的。决定论者霍尔巴赫便这样写道：

"任何原因都要产生结果；任何结果都不能没有原因。任何冲击都要在受冲击的物体内产生某些可以或多或少感觉到的运动，某些或大或小的变化。但是，正如我们已经看到的那样，一切运动，一切活动方式，都是被它们的本性、本质特性、组合所决定的；因此可以结论说，事物的一切运动，或活动方式，都应归因于某些原因，并且，这些原因只能依照它们的存在方式或它们的本质特性而活动或运动。因此，我说，应该由此推论出：一切现象都是必然的，自然中的每个存在物，都是处在某些环境中，并且依照某些既定的特性活动，决不能以任何别的方式活动的。必然性就是原因和结果之间万无一失的、恒常不变的联系。火必然燃烧那放在它活动范围之内的可燃物质。人必然欲求那有益于他的福利或是在他自己看来有益于他的福利的东西。自然，在它的一切现象中，必然按照它固有的本质而活动；而自然所包容的一切存在物，则又必然按照它们的特殊本质而活动。整体和它的部分以及部分和整体之所以有关系，都是由于运动；所以，在宇宙中，一切事物都是互相关联的，而宇宙本身不过是一条不断互相派生的原因和结果的无穷锁链。只要我们稍加思索，我们就不得不承认，我们所见的一切都是必然的，或不能不是现在这个样子的。"[①]

反之，如上所述，休谟认为我们关于因果的一切知识（经验和归纳推理）都是偶然的、或然的、任意的，而所谓因果律，如"一切开

---

① 霍尔巴赫：《自然的体系》上卷，商务印书馆1999年版，第42页。

始存在的东西必然有一个存在的原因"等等,不过是心灵的习惯或联想。从此出发,非决定论者,如爱丁顿,在"决定论的衰落"讲演中便得出结论说,一切事物的发生都是偶然的、非必然决定的:否认因果关系必然性和客观性是非决定论的理论前提。

可见,决定论乃是认为一切事物的发生都是必然的、被必然决定的、必定的理论;而认为一切事物都必然具有原因——亦即承认因果关系的必然性——不过是决定论的理论前提罢了。反之,非决定论则是认为一切事物的发生都是偶然的、非必然决定的理论;而否认一切事物都必然具有原因——亦即否认因果关系必然性——乃是非决定论的理论前提。

这样一来,决定论与非决定论便犯有一个共同错误,亦即都把因果性当作必然性,说到底,将"一切事物都必然具有原因"(这是真理)等同于"一切事物都是被其原因必然决定的"或"一切事物的发生都是必然的"(这是谬误)。这样一来,承认因果性的理论就意味着"一切事物的发生都是必然的",因而叫作"决定论";否认因果性的理论就意味着"一切事物的发生都是偶然而非必然决定的",因而叫作"非决定论"。现代自然科学家亦多有此误。试举海森伯为例,他便这样写道:

"当我们体验一个事件时,我们总是认为在这一事件之前存在另一个按某种规律引起它出现的事件。于是,因果性这概念遂变得狭小了,最后系指我们这样的信念,即自然界中的各种事件都独一无二地被决定,或换言之,一种对于自然界或其中某一部分的精确认识,至少在原则上,足以确定未来。牛顿物理学是如此构造的,以致根据一个系统在某一已知时刻的特殊状态即可计算出它未来的运动。这种认为自然界确实就是这个样子的思想,在拉普拉斯那里也许得到最一般最清晰的阐释,他说,假如有一个精灵在已知的时刻了解到每个原子的位置和运动,它就能预言出世界的全部未来。当'因果性'一词被作出这种十分狭义的解释时,我们便说是'决定论',我们用它来指称:存在着一些不可改变的自然规律,它们根据任一系统的现存状态独一无二地决定着其未来的状态。"①

诚然,现代自然科学家并非皆有此误。譬如,尼耳斯·玻尔认为决定论只是表示一种因果关系的理想形式:"在牛顿力学中,物质体系的状态决定于各物体的瞬时位置和瞬时速度;在这种力学中已经证明,仅仅依据关于体系在一个已知时刻的状态以及作用于各物体上的力的知识,就能通过了解得很清楚的简单原理,推出体系在任一其他时刻的状态。这样一种描述,显然代表用决定论思想来表示的一种因果关系的理想形式。"②玻恩则更为明确地将因果性与必然性——亦即所谓"决定论"——区别开来:

"我认为不应该把因果性与决定论等同起来……决定论假定,不同时刻的事件是由一些能够预言未知情况(过去或未来)的规律联系起来的……因果性假定,存在这样一些规律,按照这些规律,某类实体 B 的出现依赖于另一类实体 A 的出现,这里'实体'这个字表示任何物理对象、现象、状况或事件。A 称为原因,B 称为结果。"③

诚哉斯言!因果性与必然性根本不同。一切事物的发生都必然有原因,这是千真万确的。不过,其原因既可能是必然的,也可能是偶然的:若是必然的,则该事物的发生便是必然的;若是偶然的,则该事物的发生便是偶然的。一般说来,引发事物的特殊的、具体的原因,都是偶然的,黑格尔称之为"偶然的因果性"④;而只有引发事物的普遍的原因,才是必然的,黑格尔称之为"原因作为必然"⑤。试想,每个人的死亡都必然有原因:既有必然的原因,也有偶然的原因。这可以从

---

① 海森伯:《物理学家的自然观》,商务印书馆 1990 年版,第 17 页。
② 尼耳斯·玻尔:《尼耳斯·玻尔哲学文选》,商务印书馆 2007 年版,第 229 页。
③ 玻恩:《关于因果和机遇的自然哲学》,商务印书馆 1964 年版,第 14 页。
④ 黑格尔:《逻辑学》下卷,商务印书馆 2017 年版,第 218 页。
⑤ 黑格尔:《逻辑学》下卷,商务印书馆 2017 年版,第 217 页。

两方面看：

一方面，就每个人死亡的普遍原因来说，是必然的：死亡是新陈代谢的必然。所以，每个人的死亡都是必然的。另一方面，就每个人死亡的特殊原因——每个人究竟何时何地如何死亡——来看，当然也必然有其原因，但其原因显然是偶然的。所以，每个人何时何地如何死亡是偶然的。就拿居里被马车碾死来说，这当然必然有其原因。但其原因却是偶然的：恰好那天早晨在居里上班的路上驶来一辆马车把居里压倒，纯系偶然。因此，居里被马车碾死是偶然发生的。这样，虽然居里被马车碾死必然有原因，但居里被马车碾死却是偶然的。

这样，一方面，"一切事物的发生都必然有原因"与"一切事物的发生都是必然的"根本不同：前者是事物的因果性；后者是事物的必然性。决定论的错误就在于把二者等同起来，由"万物的发生皆必然有原因"的正确前提，错误地得出结论说：万物的发生都是必然的。另一方面，一切具体事物的发生都是偶然的，并不是因为这些事物是没有原因的，而是因为其具体的、特殊的原因是偶然的。非决定论的错误就在于将"原因"与"必然"——以及"无原因"与"偶然"——等同起来，从而由"自然界没有原因，也没有结果"和"因果律的一切形式都出自主观意向"[①]等错误前提得出错误的结论：一切事物都是偶然的、非决定的。

合而言之，围绕因果关系所形成的决定论与非决定论之错误，说到底，都是一种混淆概念的错误：二者都将因果性与必然性混为一谈。只不过，决定论的前提"一切事物皆必然有原因"是真理，而只有结论"一切事物的发生都是必然的"才是谬论；而非决定论的前提（客观世界无因果）与结论（一切事物的发生都是偶然的、非决定的）皆

[①] 马赫语，转引自苏联科学院哲学研究所：《马克思主义哲学原理》，人民出版社 1959 年版，第 215 页。

为谬误。

围绕因果关系所形成的决定论与非决定论都同样将因果性与必然性等同起来。这就是为什么，一些科学家便根据对于量子力学所谓"非决定论本性"之误解，进而否定因果律，认为因果律是主观任意、毫无意义的。海森伯说："因为一切实验都遵从量子定律，因而遵从测不准关系，因果律的失效便是量子力学本身的一个确立的结果。"[1] 玻恩也这样写道："准确测得状态的全部数据之不可能，使我们无法预先决定系统的未来发展。因此，通常形式的因果原则就成为毫无意义的了。因为要是我们在原则上不可能知道过程的全部条件（原因）的话，说每个事件都有原因的，等于是说空话。"[2] 法国科学家郑春顺说他撰写《混沌与和谐》的宗旨就是否定因果律："我在这本著作中试图证明这种唯物论是死气沉沉的。20世纪看到量子力学的诞生，它完全改变了我们的物质概念。牛顿的决定论机器在原子的层次上被波和粒子的奇妙世界所代替，这世界再不受因果关系的严格规律支配，而受摆脱束缚的偶然性规律支配。"[3]

这是一种双重错误。一方面，量子力学并不是非决定论的：概率并不意味着非决定性。诚如海森伯所言，量子力学与牛顿力学以及爱因斯坦相对论根本不同："量子力学同爱因斯坦或牛顿力学的决定性区别集中在任何时刻一个力学系统的定义上，这种区别就在于量子力学在它对态的定义中引入了概率概念，而牛顿和爱因斯坦的力学却不是这样。"[4] 但是，概率并不否定规律和必然性。因为规律性和必然性——二者是同一概念——原本分为两类：统计型规律与非统计型规律。爱因斯坦相对论和牛顿力学规律是非统计型规律。反之，量子

---

[1] 李浙生：《物理科学与认识论》，冶金工业出版社2004年版，第122页。
[2] 李浙生：《物理科学与认识论》，冶金工业出版社2004年版，第264页。
[3] 李浙生：《物理科学与认识论》，冶金工业出版社2004年版，第272页。
[4] 李浙生：《物理科学与认识论》，冶金工业出版社2004年版，第252页。

力学规律则是统计型规律。对此,海森伯曾有极为精辟的论述:

"量子论实际上迫使我们把这些规律完全表述为统计规律,并与决定论彻底分道扬镳……我们可以用所谓的测不准关系来表达这种对以前的物理学形式的背离。业已发现,想以任何种事先规定的精确度来同时描述一个原子粒子的位置和速度,是不可能的。我们只能做到要么十分精确地测出原子的位置——这时观测仪器的作用掩盖了我们对速度的认识——要么是精确地测定速度而放弃对其位置的知识。这两个不确定数的乘积永远不小于普朗克常数。这个形式体系使这点变得十分明确:运用牛顿力学的概念,我们不能获得更多的进展,因为在计算一个力学过程时,至关紧要的是同时知道物体在其一般时刻的位置和速度,而这一点恰恰在量子论认为是不可能的。……各种证明原子物质既有波动性又有粒子性的实验产生出一种悖论,迫使我们作出统计规律的形式表述。"①

量子力学遵循统计型规律,意味着量子力学并不否定必然性——规律性与必然性是同一概念——而认为一切事物的发生都是偶然而非必然决定的:量子力学并不是非决定论的。因此,英国物理学家戴维斯说:

"尽管一个具体量子过程的结果可能是不确定的,但不同结果的概率是按决定论的方式发展的。这意味着,在任一具体情况中,不知道'掷量子骰子'的结果是什么,但你精确地知道打赌的机会是怎样变化的。正像统计理论一样,量子力学仍然是决定论的。量子物理把偶然性引进现实结构中,但牛顿—拉普拉斯世界观的痕迹却保留下来了。"②

另一方面,量子力学并不否定必然性,并不认为一切事物的发生都是偶然的,并不是非决定论的,意味着:量子力学并不否定因果律。

---

① 海森伯:《物理学家的自然观》,商务印书馆 1990 年版,第 20—21 页。
② 李浙生:《物理科学与认识论》,冶金工业出版社 2004 年版,第 272—273 页。

更何况，即使量子力学否定必然性而是非决定论的，也并不否定因果律。因为，如上所述，原因与结果都既可能是必然的，也可能是偶然的。譬如说，死亡的原因就是必然的：新陈代谢是死亡的必然原因；死亡是新陈代谢的必然结果。但是，普希金决斗而死的原因则是偶然的：丹特士先开枪击中普希金腹部是普希金死亡的偶然原因；而普希金死亡是丹特士爱上普希金妻子并接受决斗的偶然结果。由此可见，无论量子力学是否为非决定论，都不可能否定因果律而证明因果律是主观任意、毫无意义的。根据对于量子力学所谓"非决定论本性"之误解而进一步得出"量子力学否定因果律"的错误结论，不过是因为将"因果性"与"必然性"等同起来罢了。这种等同是如此普遍和深入人心，以致将"因果性"与"决定论"区别开来的玻恩也这样写道："因果是表示事件关系之中一种必然性的观念。"[1]

三、内因与外因在事物发展变化中的作用

导言　亚里士多德四因说

古希腊哲学探究的核心问题，如所周知，乃是事物发展变化的本原问题，说到底，也就是事物发展变化最初的根本的终极的原因。因为，正如亚里士多德所言，本原就是根本的最初的终极的原因：

"全部本原的共同之点就是存在或生成或认识由之开始之点。它们既可以内在于事物也可以外在于事物。正因为这样，自然是本原，而元素、思想、意图、实体和何所为或目的都是本原。在很多情况下善和美是认识和运动的本原。"[2]

本原既可以内在于事物也可以外在于事物！这就是说，事物发展

---

[1] 玻恩：《关于因果和机遇的自然哲学》，商务印书馆1964年版，第7页。
[2] 苗力田主编：《亚里士多德全集》第七卷，中国人民大学出版社1993年版，第110—111页。

变化的根本原因既可以是"内在于事物"之"内因",也可以是"外在于事物"之"外因"!可见,内因与外因在事物发展变化中的作用的现代哲学理论,源于亚里士多德的"本原说",说到底,源于"四因说"。亚里士多德在《物理学》和《形而上学》等著作中,曾多次论述事物发展变化的根本原因和本原,并将其归结为四因:质料因、形式因、动力因与目的因。他这样写道:

"既然我们的事业是为了获取知识,而在发现每一事物的为什么,即把握它们的最初原因之前,是不应该认为自己已经认识了每一事物的,那么显然,我们就应该研究生成和灭亡以及所有的自然变化,并引向对它们本原的认识,以便解决我们的每一个问题。所谓的原因之一,是那事物由之生成并继续存留于其中的东西,如青铜对雕像、白银对酒杯以及诸如此类东西的种。另一种原因是形式和模型,亦即'是其所是'的原理及它们的种,如八音度中二与一的比例,一般而言的数目以及原理中的各部分。再一个就是运动或静止由以开始的本原,如策划者是行动的原因,父亲是孩子的原因,以及一般而言,制作者是被制作物的原因,变化者是被变化物的原因。最后一个原因是作为目的,它就是'所为的东西',例如健康是散步的原因。因为若问他为什么散步,我们回答说,是为了健康。这样说了,我们就认为是已经指出了原因。"[1]

接下来,亚里士多德又进而将这四因归结为两因:质料因与形式因。他说:"既然原因有四种,那么,自然哲学家就应该通晓所有的这些原因,并运用它们——质料、形式、动力、'何所为'来自然地回答'为什么'的问题。后面三种原因在多数情况下都可以合而为一。因为所是的那个东西和所为的那个东西是同一的,而运动的最初本原又和这两者在种上相同的。"[2]

---

[1] 苗力田主编:《亚里士多德全集》第二卷,中国人民大学出版社1991年版,第37页。
[2] 苗力田主编:《亚里士多德全集》第二卷,中国人民大学出版社1991年版,第49页。

第四章　原因与结果

最后，亚里士多德认为，事物运动发展的本原、终极原因既可能是内因，也可能是外因："全部本原的共同之点就是存在或生成或认识由之开始之点。它们既可以内在于事物也可以外在于事物。正因为这样，自然是本原，而元素、思想、意图、实体和何所为或目的都是本原。在很多情况下善和美是认识和运动的本原。"[①] 从此出发，一方面，他认为质料因是事物自身的原因，是内因；而不是事物之外的原因，不是外因。另一方面，他强调，最重要的问题是探索，质料因之外，是否还存在内因："最重要的是必须投身于探索，在质料之外，是否还存在着就自身而言的原因。"[②] 虽然他始终没有明确说明形式因是外因，但是，从语义和逻辑上看，他的论述却蕴含形式因是外因：

"原因的一个意思是内在于事物之中，事物由之生成的东西，例如青铜是雕像的原因，白银是杯盏的原因，以及诸如此类。另一个意思是形式或模型，也就是事物是其所是的定义，以及诸如此类，例如2比1和一般意义上的以及构成定义的那些部分是八度音程的原因。"[③]

可见，"关于内因与外因在事物发展变化中的作用"的现代哲学理论，在亚里士多德那里已见端倪而呼之欲出了。那么，精确言之，究竟何谓内因与外因？二者在事物发展变化中的作用究竟如何？

1. 内因和外因定义

原来，因果关系具有多样性。有些原因和结果是一个事物，有些则是一群事物。换言之，有些事物的原因是一个，有些是若干个。更确切地说，原因和结果的多样性不外如下几种情形：一因一果，一因多果，一果多因，多因多果。举例说：

[①] 苗力田主编：《亚里士多德全集》第七卷，中国人民大学出版社1993年版，第110—111页。
[②] 苗力田主编：《亚里士多德全集》第七卷，中国人民大学出版社1993年版，第65页。
[③] 苗力田主编：《亚里士多德全集》第七卷，中国人民大学出版社1993年版，第111页。

摩擦生热是一因一果;天空中阴阳电荷相遇,产生光、声、热,是一因多果;自然气候、农业水平、人们劳动等结合造成了丰收,是一果多因;欧阳修的寒窗苦读和科举制度等原因,与其所产生的金榜题名和洞房花烛以及跻身于官吏阶级等结果,是多因多果。当原因不是一个而是若干个时,则有内因和外因之分类。

不言而喻,内因和外因是一种内与外、内部和外部、内部事物和外部事物的关系。顾名思义,所谓内部事物也就是内里、里面的事物,所谓外部事物也就是外面的事物。因此,一方面,事物自身就是内部事物,而事物相互关系和事物之外的他事物,则都是外部事物。这样,每一个事物相对自身都是内部事物,而相对他事物则都是外部事物。另一方面,每一事物自身又有内与外:事物表面的东西是事物的外部,事物的里面的东西是事物的内部。举例说:

一方面,学校本身是学校内部的事物,工厂本身是工厂内部事物,而学校与工厂的关系及工厂,则是学校的外部事物;工厂自身则是工厂的内部事物,而工厂与学校关系以及学校,则是工厂外部事物。另一方面,学校表面现象是外部事物,而学校的里面、实质则是学校的内部事物。

可见,内部事物与外部事物完全是相对的。一事物只是相对一定事物才是内部事物,而相对另一事物就是外部事物了。所以,歌德写道:"无所谓内,无所谓外,因为外就是内,内就是外。"[1]

懂得了内部事物与外部事物,我们也就可以懂得内因与外因了。内因就是事物本身的原因,是产生事物变化的事物本身,是事物的变化由事物本身产生的原因。就是说,如果事物本身是事物变化的原因,那么事物本身就是事物变化的内因。如果一事物的变化由自身产生,那么,该事物自身就是事物变化的内因。内因存在于事物自身,并不

---

[1] 转引自《普列汉诺夫哲学著作选集》第1卷,生活·读书·新知三联书店1959年版,第534页。

在事物之外。

外因是事物本身之外的原因,是产生事物变化的外部原因,是产生事物变化的外部事物,是事物变化由外部事物产生的原因。这就是说,如果外部事物是事物变化的原因,那么,外部事物就是事物变化的外因。如果一事物的变化由外部事物产生,那么外部事物就是事物变化的外因。外因存在于事物之外而不在事物自身。举例说:

生产力本身是生产力变化的内因,而地理环境、生产关系、政治和道德则是生产力变化的外因。知识积累本身是知识变化的内因,而实践则是知识变化的外因。一国本身是该国变化的内因,外国则是本国变化的外因。一个人是自己变化的内因,而社会环境和他人则是其变化的外因。

2. 内因与外因在事物发展变化中的作用

宇宙一切事物无非物质与属性,因而一切事物发展变化的根本原因都是物质,说到底,都是质量,亦即物质的多少及其组合结构。这意味着,宇宙万物,只有质量的根本原因在自身中:只有质量的根本原因是内因。而除了质量,一切事物发展变化的根本原因都不在自身之中,而在自身之外:最终存在于质量之中。因此,除开质量,一切事物发展变化的根本原因,都不是内因而是外因,最终是质量。不独自然界如此,人类意识和社会领域亦然。

精神的根本原因并不在精神自身之中,而在精神之外的高级物质形态"大脑"及其躯体实践之中。所以精神的根本原因不是内因,而是外因;而大脑和实践的根本原因又可以最终追溯到二者之外的质量:物质多少及其组合结构。

社会领域的事物也是如此。法律、政治与道德发展变化的根本原因,无疑都是经济,都是外因而不是内因:这是马克思唯物史观基本原理。马克思在《〈政治经济学批判〉序言》中便这样总结道:

"我的研究得出这样一个结果:法的关系正像国家的形式一样,既不能从它们本身来理解,也不能从所谓人类精神的一般发展来理解,相反,它们根源于物质的生活关系。"①

那么,物质生活、经济活动发展变化的根本原因是经济自身、是内因吗?否!经济发展变化的根本原因也不在经济自身,而在经济之外的生产力、地理环境……直至质量:物质的多少及其组合结构。

然而,似乎毫无疑义,国民品德好坏的根本原因,乃在于每个国民自身的道德修养,而不是国家制度;否则,为什么生活在同一国家制度下,有些人品德好,而有些人品德坏呢?因此,国民品德好坏的根本原因,是每个国民自身道德修养,是内因;而不是国家制度,不是外因。其实不然!国民品德好坏的根本原因,乃是国家制度好坏,是外因;而不是国民自身道德修养如何,不是内因。

因为,毫无疑义,国家制度是大体,是决定性的、根本性的和全局性的;而国民道德修养是小体,是被决定的、非根本的和非全局性的。国民品德好坏,总体说来,取决于国家制度好坏。只要国家制度好,不论国民自身道德修养如何,绝大多数国民品德必定好;如果国家制度不好,不论国民自身道德修养如何,绝大多数国民品德必定坏。因此,邓小平说:

"制度好可以使坏人无法任意横行,制度不好可以使好人无法充分做好事,甚至会走向反面。即使像毛泽东同志这样伟大的人物,也受到一些不好的制度的严重影响,以至于对党对国家对他个人都造成了很大的不幸……不是说个人没有责任,而是说领导制度、组织制度问题更带有根本性、全局性、稳定性和长期性。"②

诚哉斯言!一个国家,只要国家制度好,只要实行宪政民主政

---

① 《马克思恩格斯选集》第 2 卷,人民出版社 2012 年版,第 2 页。
② 《邓小平文选》第 2 卷,人民出版社 1994 年版,第 333 页。

治制度、没有政府管制的市场经济制度、思想自由制度与自由主义和平等主义道德规范体系，那么，该国绝大多数国人——亦即国人总体——品德必定良好高尚；只要国家制度不好，只要实行专制、政府管制经济、言论出版不自由和专制主义道德规范体系，那么，该国绝大多数国人——亦即国人总体——品德必定低下败坏。因此，一旦国家最高权力落入一人之手而沦为专制，那么，不论专制者是明君还是昏君，便必定——如卢梭所言——导致绝大多数国人道德沦丧：

"从这个时候起，无所谓品行和美德问题了。因为凡是属于专制政治统治的地方，谁也不能希望从忠贞中得到什么。专制政治是不容许有任何其他主人的，只要它一发令，便没有考虑道义和职责的余地。最盲目的服从乃是奴隶们所仅有的唯一美德。"[①]

综上可知，不论自然界还是精神领域抑或人类社会，事物发展变化的根本原因大都是外因而非内因。但是，并非一切外因都是根本原因。外因主要有两类：一类是事物的始源；一类是事物的派生物。一目了然，只有事物的始源这种外因才是事物发展变化的根本原因，是决定事物性质和本质的原因。而派生物这种外因则是事物发展变化的非根本的原因，是事物发展变化的反作用原因。例如，在生产关系的外因中，生产力是其始源，是其发展变化的根本原因、决定性原因；而政治则是生产关系的派生物，是其发展变化的反作用原因、非根本原因。

这样一来，事物发展变化的根本原因便大都存在于外因之中。一切事物都在其外部的根本原因、始源的决定作用和非根本原因、派生原因的反作用之下，而不能独立发展变化。反之，内因则大都是事物的基础原因，它使事物在自身和现有基础上继往开来，独立发展，形成自身的历史。于是，一切事物都是既独立发展，又不能独立发展，是相对独立发展、相对不独立发展。举例说：

---

① 卢梭：《论人类不平等的起源和基础》，商务印书馆1959年版，第145页。

生产关系就在"生产力这种外因的决定作用"和"政治这种外因的反作用之下",而不能独立发展变化。生产关系自身仅仅是自身发展的基础原因。旧生产关系使新生产关系在自己的基础上继往开来、独立发展,形成自身的历史。因此,生产关系既能独立发展变化又不能独立发展变化,是相对独立和相对不独立发展变化的。

由于事物的根本原因大都存在于外因之中,所以外因决定着事物变化的基本属性、基本方面;而内因是事物的基础原因,所以内因决定着事物变化的水平和速度。这就是说,事物变化的根本方向和基本内容,由作为根本原因的外因决定;而事物变化的高低快慢,则由作为基础原因的内因决定。基础越浓厚,事物达到的水平就越高,变化速度就越快。因此,事物的不独立变化,也就是循由外因所决定的根本方向的变化;而事物的独立变化,也就是循内因所决定的事物的水平和速度的变化。举例说:

科学发展的外因"实践"决定科学发展的基本内容、根本方向。16世纪意大利山洪爆发的治水实践,决定了科学循由液体力学的基本内容和方向发展;而液体力学所达到的水平和速度,则为科学的内因——亦即以往和现有的科学——所决定。当其时也,液体力学的发展之所以达到现代水平和速度,主要是因为那时的科学知识基础,而不是实践。随着科学发展,它的基础越浓厚,它达到的水平就越高,速度就越快。因此,所谓科学的相对独立变化,也就是科学因自身基础所决定的水平高低和速度快慢的变化,而所谓科学的不独立变化,也就是科学循由实践所决定的根本方向和基本属性的变化。

一般说来,外因在事物的变化中既起着反作用,又起着决定作用,决定着事物变化的根本方向。而内因在事物的发展中则只起基础作用,只决定事物发展的水平和速度。所以,事物变化的主要原因绝大多数是外因,而极少是内因;外因经常是主要原因,而内因则有时是主要原因。因此,事物的独立变化也就仅仅有时是事物的主要变化,而不独立变化倒经常是事物主要变化。举例说：

实践之为科学发展的外因，经常是科学发展的主要原因；而科学本身积累之原因，则仅仅有时是科学发展的主要原因。试看科学史。科学史上著名的新发现，除了罗巴切夫斯基几何学、元素周期律，又有几个主要为科学本身所造成的？其绝大多数不都主要是由实践产生的吗？因此，科学的独立发展变化，也就仅仅有时是科学的主要发展变化，而科学的不独立发展变化则经常是科学的主要发展变化。

3. 内因根本原因论驳议

今日学者大都以为事物的根本原因在事物自身中，而不在事物之外；内因是根本原因，是根据，而外因则是非根本原因，是条件。细究起来，这种"内因根本原因论"的论据有四。第一条论据，是把"事物自身"与"事物相互关系"，完全等同于"内因"与"外因"，进而由"事物自身决定事物的相互关系"的正确论据，得出错误结论：内因决定外因，内因是事物发展变化的根本原因。

这是不能成立的。因为，虽然事物本身可以与内因等同起来，但事物相互关系却不能与外因等同起来。事物的外因分为两类。一类可以名之为"始源性外因"，亦即事物自身的始源，这种外因产生和决定事物本身，是事物本身之根本原因。譬如，实践是知识的始源，是知识发展变化的外因和根本原因，可以名之为"始源性外因"。另一类外因则可以名之为"派生性外因"，亦即事物的派生物，这种外因被事物本身产生和决定，是事物的非根本原因。譬如，知识这种实践的外因，就是实践的派生物，是实践发展变化的非根本原因，可以名之为"派生性外因"。

"事物相互关系"被"事物本身"产生和决定，是"事物本身"的派生物，是"事物本身"发展变化的"派生性外因"、非根本原因。所以，"事物相互关系"，仅仅是"事物本身"发展变化之一种外因，亦即派生性外因；而决非其全部外因，决非其始源性外因。可是，学界却由"事物相互关系是事物自身发展变化的非根本原因"断言：外因是事物发展的非根本原因。这显然犯了以偏概全的片面性错误：把"事物相互关系"这种仅仅是事物的一部分外因，与事物全部外因等同起来。如果我们懂得事物相互关系仅仅是事物的一部分外因，仅仅是事物本身所派生的那种非根本原因，而事物还有另一部分外因，还有产生和决定事物本身的外因——即始源——那么，我们就会懂得，虽然有些外因是事物的非根本原因，但事物的根本原因却大都是外因。

"内因根本原因论"的第二条论据，是由宇宙的根本原因存在于自身之中而得出结论说，宇宙内一切事物的根本原因都存在于自身之中，都是内因。殊不知，宇宙根本原因之所以存在于自身之中，乃是因为宇宙没有外部事物，没有外因。但在宇宙之中的每一事物，却都具有外部事物，具有外因。因此，由没有外因的宇宙根本原因存在于自身中，绝对得不出宇宙内一切事物的根本原因也存在于自身之中的结论。相反地，如上所述，宇宙内一切事物除了质量，其根本原因都存在于事物的始源这种外因中，而自身内因不过是事物的基础的、非根本的原因罢了。

"内因根本原因论"的第三条根据，则在于将"内因是事物的基础原因，是事物变化的根据"，等同于"内因是事物的基础，是事物的根据"，并由事物的基础、根据乃是事物的根本原因，而得出结论说：内因是事物的根本原因。诚然，事物的基础、根据确实是事物的根本原因。例如，实践是知识的基础、根据、根本原因。但内因并不是事物的基础、根据。内因就是事物本身，事物本身怎么能是事物本身的基础、根据呢？事物本身只能是它所产生的新事物的基础原因，只能是事物本身变化的基础原因："事物的基础"与"事物变化的基础原因"是根本不同的两回事。例如，知识本身显然不能是知识本身的基础，而只能是它所产生的新知识的基础原因，只能是知识变化的基础原因。知识的基础（实践）与知识变化的基础原因（旧知识）是根本不同的两回事。所以，我们不能由内因是事物变化的基础原因，得出结论说：内因是事物的基础、根本原因。

"内因根本原因论"的第四条论据，是把主要原因与根本原因等同起来。内因有时是主要原因。例如，罗巴切夫斯基几何学和元素周期律产生的主要原因，是几何学和化学知识的积累，是几何学与化学的内因；而生产实践则是其根本原因。如果把主要原因（直接决定性原因）当作根本原因（相对终极原因），就会由化学内因是元素周期律产生的主要原因，而得出结论说：内因是根本原因。但我们前面已论述，主要原因与根本原因决非同一概念。因此，由内因有时是事物变化的主要原因，得出结论说内因是事物变化的根本原因，这是错误的。

综上可知，今日所谓马克思主义哲学家们的内因根本原因论是错误的。假如内因根本原因论是正确的，那么，我们就应当反对马克思关于法律的根本原因不应在法律自身中寻找——而应到法律之外的经济中去寻找——的著名的论断。这样一来，法律的根本原因就在法律自身内因，而不在法律之外的经济外因中。生产关系的根本原因就在生产关系自身内因，而不在生产关系之外的生产力外因中。精神的根本原因就在精神自身，而不在精神之外的物质中。可见，号称马克思主义的内因根本原因论，实际上，乃是违背马克思主义基本原理的谬论。

四、穆勒五法：因果关系判定规律

原因即产生，结果即被产生，说起来何其简单，但科学的发展告诉我们，追本溯源摸索事物的原因，确定事物的因果关系，乃是认识世界最困难、最普遍、最重要的课题，以至追本溯源的大师培根写道：

新哲学

"人类知识的工作和目的，就是要发现一种性质的形式，或真正的属差，或产生自然的自然，或者真正的起源。"[①] 人类经过漫长艰难的认识过程，到了 19 世纪，终于由穆勒在培根哲学的基础上，发现五条因果关系判定规律，亦即所谓"穆勒五法"：

1. 共变律

如果一事物（或几个事物）的产生和变化，每次都引起另一事物（或几个事物）的产生和变化，那么，或者该事物就是另一事物的原因，或者二者都是第三者的结果：此乃共变律也。图示：

若干场合	一事物	另一事物
1	A	a
2	A_1	a_1
3	A_2	a_2

A 是 a 的原因，或者 A 和 a 都是第三者的结果

例如：摩擦、打击、紧张、运动每次都引起物体发热。所以，摩擦、打击、紧张、运动是热的原因。温度每次提高，体积都跟着膨胀。所以温度是体积变化的原因。又比如：每次闪电加强，雷声也就随着增大。但二者并无因果关系，而同是云层电流增多的结果。

共变律所寻求的原因，往往是偶然的、个别的。要由偶然的个别的原因，上升到必然的一般的原因，便须借助契合律。

[①] 《毛泽东读书集成》第 23 卷，中央文献出版社 2013 年版，第 16423 页。

2. 契合律

如果一事物（或几个事物）出现的若干场合，只有一种（或几种）情形（当然不是与该事物出现无关的情形）相同，那么，这相同情形便是该事物的原因或结果：此乃契合律也。图示：

若干场合	相同情形	一事物
1	AE	a
2	AF	a
3	AD	a

A 是 a 的原因或结果

例如，虹彩出现于太阳照耀下的下雨天空、露珠、喷泉、瀑布、六面镜、三棱镜等六种场合，只有一个与虹彩有关的相同情形：光线通过球形、棱形的透明体而被分解。因此，光线通过透明体而被分解，便是虹彩的原因。反过来，光线通过棱形球形透明体而被分解的性质，出现于太阳照耀下的下雨天空、露珠、喷泉、瀑布、六面镜、三棱镜六种场合，只有一个与此有关的相同情形：虹彩。所以，虹彩是光线通过球形棱形透明体而被分解的结果。

又比如，保温性能出现于棉花、积雪等场合，只有一种与此有关的相同情形：积雪和棉花都是疏松多孔物体。所以，疏松多孔的性质是物体保温的性能的原因。反过来说，则疏松多孔的性质出现于棉花和积雪等不同事物中，只有一种与此有关的相同情形：保温。所以保温是疏松多孔的结果。

一目了然，契合律是在事物的相同点上寻求事物的原因。那么，相反地，从事物的差异点上是否也可以寻求事物的原因呢？可以，那就是"差异律"。

3. 差异律

如果一事物（或几个事物）出现的场合与不出现的场合只有一种（或几种）情形（当然不是与该事物无关的情形）不同，那么，这不同情形便是该事物的原因或结果：此乃差异律也。图示：

若干场合	不同情形	一事物
1	ABC	a
2	BC	—

A 是 a 的原因或结果

例如：患脚气病的场合与不患脚气病的场合，只有一种情形不同：患者不吃粗粮，而不患者吃粗粮。所以不吃粗粮是患脚气病的原因。反过来，吃粗粮与不吃粗粮的场合，有一种情形不同：吃者不患脚气病，不吃者患脚气病。所以，患脚气病是不吃粗粮的结果。

又比如：两块相邻的麦地，一块增产，一块不增产，而这两块地与此有关的不同情形，仅在于增产的地深耕了，未增产的地未深耕。所以，深耕是增产的原因。反过来，两块相邻的麦地，一块深耕，一块未深耕，而与此有关的不同情形仅在于：深耕的增产，未深耕的不增产。所以，增产是深耕的结果。

4. 契合差异结合律

契合律是从事物的相同点寻求原因，而差异律是从事物的不同点寻求原因。所以，契合律和差异律互相对立，截然相反。唯因其对立、相反，人们在寻求事物原因时，往往不可独用其一，而总是两种结合并用：只用契合律往往不能得到确实可靠的原因；只运用差异律，往往不能得到普遍原因。

第四章 原因与结果

这是因为,根据契合律,由一事物出现的若干场合,只有一种条件相同,便判定这相同条件就是事物的原因,还不够可靠确实。为了进一步证实这条件是该事物的原因,就应该看看该事物不出现的场合是否也都没有这条件,以及没有这条件的时候,该事物是否不出现。如果没有这条件该事物就不出现,该事物不出现就没有这条件,那就从反面证明了:这条件是该事物的原因。这就是根据差异律"事物出现场合与不出现的场合之区别只在于一个条件的有无",而从反面证实了契合律所得到的原因。这就是契合差异结合律的第一种情形:契合差异结合律。而差异契合结合律则是第二种情形。我们可以把契合差异结合律表述如下:

一事物出现的若干场合只有一种情形相同,而没有这种情形的若干场合也都没有这个事物出现。于是,该事物的出现和不出现之区别,就在于这种情形的有无。所以,这种情形就是该事物的可靠的原因或结果。图示:

若干场合	相同和不同情形	事物
1	ABE	a
2	ACD	a
3	BE	—
4	CD	—

A 是 a 的原因或结果

例如,外貌相似,身体都是棱形,都有胸鳍、背鳍和尾鳍的性质,出现在不同类动物"鲨鱼"(鱼类)、"鱼龙"(爬行类)身上,只有一个条件相同:生活在相同的环境;而没有相同的生活环境,那么生活在不同生活环境的动物,即使是同类动物,它们的外貌也极不相似,甚至无法比较，风马牛不相及。如生活在不同环境里的哺乳动物：狼、鲸、蝙蝠。于是，动物形态相同的场合与不同场合之区别，就在于生活环境的同异。所以，生活环境是动物形态的原因。

可见，单单契合律得到的，往往是不可靠的原因；而经过结合差异律的反证，就会成为确实可靠的原因了。那么，相反地，为什么说单单差异律而不结合契合律所得到的原因，往往不是普遍的呢？

这是因为根据差异律，根据一事物出现和不出现的场合只有一种情形不同，就判断这种情形是事物出现原因的时候，如果事物只出现在这一种情形上，这种情形才是普遍原因；如果还出现在其他情形上，那么，这情形就不是事物普遍原因了，而只有事物出现的所有情形的共同点，才是普遍原因。这就是契合律和差异律结合的第二种情形：差异契合结合律。这种情形可以表述如下：

一事物出现的场合和不出现的场合只有一种情形不同，而该事物又出现在其他若干情形中，则所有情形的相同点，是事物普遍原因。图示：

若干场合	不同的和相同情形	事物
1	ABCD	a
2	CD	—
3	ABCE	a
4	AF	a

A 是 a 的普遍原因或结果

例如，传音出现场合和不出现场合只有一种情形不同：空气有无；而传音又出现在钢铁和木板等情形中，空气、钢、铁和木板和传音有关的共同点是：它们都是弹性物质。所以，弹性物质是传音的普遍原因。

当运用共变律、契合律、差异律、契合差异结合律所判定的原因，并非事物的全部原因而只是其一部分原因时，借助"剩余律"可以判定事物剩余部分的原因。

5. 剩余律

已知一复合条件是一事物的原因，并且某部分条件是事物某部分的原因，则剩余条件是事物剩余部分的原因。如果剩余条件不都是事物的原因，则除去不是原因条件所剩下的条件，便是事物剩余部分的原因：此乃剩余律也。图示：

    复合条件   事物
    ABCDEF 是 a b c 的原因
    B 是 b 的原因
    C 是 c 的原因
    DEF 不是 a 的原因
    ——————————
    剩余部分 A 是 a 的原因

例如，居里夫人发现沥青铀是其放出的放射线的原因，沥青铀中的纯铀只是这种放射线较微弱的部分的原因。所以，沥青铀中定有其他成分是这放射线较强的部分的原因。经过排除沥青铀中其他非放射元素，只剩下新放射性元素：镭。因此，镭就是较强放射线的原因。

又比如，天文学家发现太阳系行星是天王星运动偏斜的原因。但是，已知太阳系行星只是天王星一部分偏斜的原因。所以，定有一个剩余的即未知的行星是天王星剩余部分偏斜原因：后来发现是海王星。

在探求事物因果关系过程中，人们往往并不是单独地而是互相结合、互为补充地运用共变律、差异律、契合律和剩余律。譬如，罗蒙诺索夫在研究"热"的原因时，就根据摩擦、打击等等条件每次都使物体热量增加，断定摩擦、打击是热的原因。这是共变律。在此基础上，罗氏又根据热出现于摩擦、打击、紧张等种种条件，只有一点相同：运动。于是，他断定运动是热的原因。这是契合法。但是，为了进一步证实运动是热的原因，罗氏又根据热量增加和热量降低的若干场合，只有一个条件不同，亦即"运动量"：运动量增加热量增加，运动量减少热量减少。由此，罗氏再次断定运动是热的原因。这是差异法。最后，罗氏又考察了热的发生一切可能原因都不是热的真正原因，于是剩余下"运动"。由此可知，运动乃是热的原因。这是剩余法。罗蒙诺索夫对于"热"的原因的研究，堪称共变律、契合律、差异律、剩余律结合互补的典范。

但由此不能得出结论说，考察任何事物的原因，四种规律一定都应有如此这般结合应用。不是的。考察事物的原因有时只应用一个规律就可以了，有时则两个并用，有时则三个并用，有时则四个并用：一切依具体情况为转移。

科学的研究和实践活动都告诉我们，共变律、差异律、契合律和剩余律在判定事物因果关系中的巨大意义。但是，我们并不能将其当作万物现形镜，只要拿它往纷纭复杂的事物上一照，事物因果关系便明明白白向你显露出来。不！这干巴巴的五条规律并不如此神奇。它们决不能代替探寻事物原因、确定因果关系的全部过程，充其量，不过是这个过程所遵循所借助的指南罢了。

当我们把这些判定因果关系的所谓"穆勒五法"从逻辑学中夺来划到元哲学领域中的时候，逻辑学家们或许会提出反对霸占领土的抗议。殊不知，这不过是物归原主而已。难道逻辑学不只是研究认识领域、思维领域所独有的东西，而元哲学才是研究三大领域共同的东西吗？因果关系及其判定规律不正是三大领域共有而非逻辑认识领域所

第四章　原因与结果

独有的东西吗？

其实，元哲学还有许多东西——诸如所谓形式逻辑规律（同一律、矛盾律、排中律）等等——都被误划到逻辑学领域去了。之所以如此，乃是因为当元哲学还在牙牙学语的幼儿时候，不能独立存活，遂使逻辑学一统元哲学半边天下。如今元哲学已长大成人，它要向逻辑学老儿道谢抚育之恩，而索回原物，自成体系，是再合理不过的了。

按照哲学体系范畴排列顺序的"从抽象到具体、从一般到个别、从简单到复杂"原则，继"原因与结果"之后的范畴，是"形式与内容"。因为在"形式与内容"范畴的研究中，我们将知道，凡是"形式与内容"都是"结果与原因"：形式是内容的结果，内容是形式的原因；反之，只是有些因果是形式与内容，而另一些因果则不是形式与内容。譬如，冯友兰曾说：才、力、命是人生成功与否的原因。但是，我们却不能说：才、力、命是人生成功与否的内容或形式。因此，因果范畴是一般，而内容与形式是个别。所以不懂因果，就不能懂包含它的个别整体"内容与形式"。于是我们首先研究因果范畴，然后由因果上升到包含它的更个别更具体更复杂的"内容与形式"范畴。

第五章 内容与形式

本章提要 任何形式都只能在一定阶段与内容相适应，而不能永远与内容相适应。在内容没有变成新内容的限度内，形式是促进内容发展、与内容相适应的。但当内容发展到一定阶段而变成新内容的时候，便与它一直在其中存在的形式发生冲突，形式就成为不能适应新内容发展的旧形式，就阻碍、束缚新内容的发展。于是，旧形式的变革或迟或早就到来了。经过变革，旧形式变成与新内容相适应的新形式，从而促进新内容的发展：新形式产生于形式与内容冲突之时，而内容则大发展于新形式产生之后。

一、内容与形式概念

1. 内容与形式定义

不言而喻，内容与形式是一种内和外、内部和外部的关系；但是，内和外、内部和外部并不都是内容和形式：只有当内和外、内部和外部同时又具有表现和被表现的关系，只有具有表现和被表现关系的内和外，才是内容和形式。就是说，内容和形式是一种特殊的内部和外部的关系：这种"外"能表现"内"，这种"内"能被"外"表现出来。举例说：

思想和言行就是这样的内和外。不但思想是内，言行是外，而且思想能被言行表现出来，言行则能表现思想。所以思想和言行的关系

第五章　内容与形式

就是内容和形式的关系：思想是内容，言行是形式。

反之，肚皮与肠子也是内和外，但肚皮并不能表现肠子，肠子并不能通过肚皮表现出来。所以，肚皮和肠子这样的内外关系并不是内容和形式的关系。

可见，内容和形式乃是具有表现和被表现关系的内和外。而所谓"表现"也就是外，"被表现"也就是内。所以，内容和形式也就是被表现与表现：形式是表现，内容是被表现。这就是内容与形式的定义。这也就是我们常常把形式叫作"表现形式"，而把内容叫作"被表现的内容"的缘故。

2. 内容和形式类型

内容和形式的类型纷纭复杂，如何分类实为难题。细细想来，有胜于无，不妨模仿马斯洛的需要分类，亦即所谓需要层次论，做一个分类。按照这个理论，人的需要从低级到高级顺次排列为七个层次：生理需要、安全需要、归属和爱的需要、自尊需要、认识和理解的欲望、审美需要、自我实现需要。[①]

不难看出，这种需要的分类实际上乃是对需要的举例而并非对需要的分类，因而合起来并不能包括人的全部需要，如不包括游戏需要、健康需要、权力欲、自由需要等等。所以，将它们作为需要的分类便犯了子项之和不等于母项的逻辑错误。然而，这并不妨碍马斯洛需要层次论极有价值而被学界广为引用：谁人不知、不用这种需要分类呢？

对于内容与形式的分类，苦无良方，只好模仿马斯洛需要层次论而分为"成分要素和组织结构"、"事物自身和相互关系"、"主观和客观"、"必然和偶然"、"一般与差别"、"目的和手段"六大类型。

---

① Robert Maynard Hutchins, *Great Books of The Western World*, Volume 43, *UTILITARIANISM*, by John Stuart Mill, Encyclopaedia Britannica, Inc., 1980, pp. 35, 55.

253

成分要素与组织结构 不难看出，事物的成分要素对于结构组织来说，是内部的东西，而组织结构则是外部的东西。并且，成分要素又是通过结构组织表现出来。所以，成分要素与组织结构不但是内外关系，而且还是内容形式关系：成分要素是内容，结构组织是形式。因此，成分要素和结构组织是内容和形式的一大具体种类。举例说：

分子的化学元素，是通过这些元素一定的结构组合，如离子结合和共价结合等等，表现出来：化学元素是分子内容，离子结合等分子结构是分子形式。冰的 H_2O 是通过一定的组织结构——结晶体——表现出来。所以，H_2O 是冰的内容，而结晶体是冰的形式。

可见，成分要素与其组织结构是内容与形式的关系。最早阐发此见者，当推亚里士多德。他曾多次论述事物发展变化的根本原因和本原，并将其归结为四因——质料、形式、动力与目的，最终归结为质料与形式：

"既然原因有四种，那么，自然哲学家就应该通晓所有的这些原因，并运用它们——质料、形式、动力、'何所为'来自然地回答'为什么'的问题。后面三种原因在多数情况下都可以合而为一。"[①]

质料，顾名思义，无疑就是事物内在的成分要素，如青铜作为雕像的质料，显然就是雕像的成分要素；而雕像的外在结构模型，则是表现质料的形式：质料、成分要素是内容；结构模型是形式。他这样写道："原因的一个意思是内在于事物之中，事物由之生成的东西，例如青铜是雕像的原因，白银是杯盏的原因，以及诸如此类。另一个意思是形式或模型。"[②]

遗憾的是，亚里士多德未能看到，质料（成分要素）与结构模型仅仅是内容与形式的一个具体种类，却一方面将"质料"与"内容"当作

[①] 苗力田主编：《亚里士多德全集》第二卷，中国人民大学出版社1991年版，第49页。
[②] 苗力田主编：《亚里士多德全集》第七卷，中国人民大学出版社1993年版，第111页。

同一概念；另一方面则往往将"结构模型"与"形式"等同起来，而屡次把"形式"与"模型"当作同一概念，如"形式或模型"云云。①

事物自身与相互关系　马克思说：事物自身的属性"不是由该物同他物的关系产生，而只是在这种关系中表现出来"②。诚哉斯言！一切事物自身都是通过事物的相互关系表现出来，而一切事物相互关系都表现着事物自身。所以，一切事物自身与事物相互关系，都是内容与形式关系：事物自身是内容，事物相互关系是形式。因此，事物本身与事物相互关系，构成内容和形式的一个具体种类。例如，张三和李四的友谊关系就表现了张三、李四各自的品质志趣。所以，张三和李四的友谊关系是形式，而张三李四各自的品质志趣则是内容。这就是为什么，有句格言说：不用告诉我你的品德志趣，你是什么人；只要告诉我你的朋友是什么人，我就知道你的品德志趣，你是什么人。

客观与主观　毋庸赘言，一切客观事物都可以通过主观认识表现出来，而一切主观认识都表现着客观事物。所以一切客观与主观都是内容与形式：客观是内容；主观是形式。因此，"主观认识与客观事物"是构成"形式与内容"的一个具体种类。例如，社会现实是内容，文学艺术是形式。自然界是内容，自然科学是形式。社会是内容，社会科学是形式。一言以蔽之，一切主观认识都是所反映的客观现实的表现形式。

必然与偶然　恩格斯说："被断定为偶然的东西，都是一种有必然性隐藏在里面的形式。"③诚哉斯言！凡是必然的东西都是通过偶然表现出来，而凡是偶然的东西都是必然的表现形式。所以，一切必然和偶然都是内容和形式：必然是内容，偶然是形式。因此，必然和偶然是内容和形式的一个具体种类。举例说：

---

① 苗力田主编：《亚里士多德全集》第七卷，中国人民大学出版社1993年版，第111页。
② 马克思：《资本论》第1卷上，人民出版社1975年版，第103页。
③ 《马克思恩格斯文集》第4卷，人民出版社2009年版，第298—299页。

"人必死"这种必然性，就是通过充满偶然性的"张三病死"、"李四被杀"、"王二车祸身亡"等表现出来："人必死"是内容，"张三病死"、"李四遇害"等是表现形式。

"人长鼻子"的必然性，通过各种偶然色彩的"张三的蒜头鼻子"、"李四的鹰钩鼻子"、"王二的通天鼻子"等等表现出来："人长鼻子的必然性"是内容，而张三李四的各种偶然情状的鼻子则是表现形式。

一般与差别　不言而喻，一切一般都通过差别表现出来，一切差别也都表现着一般。所以，一切一般与差别都是内容和形式：一般是内容而差别是形式。因此，一般与差别是内容和形式的一个具体种类。譬如，"人皆有鼻子"的一般性，便是通过"张三生有蒜头鼻子"、"李四生有鹰钩鼻子"、"王二生有通天鼻子"等等差别性表现出来：人皆有鼻子的一般性是内容，而张三、李四和王二的鼻子的差别性则是表现形式。再譬如，恩格斯说："所谓位能、热、放射、电、磁、化学能都是普遍运动的各种表现形式。"[①] 这就是说，"普遍运动"这种一般的东西是内容，而"位能"、"热"、"电"、"磁"、"化学能"之具体差别则是普遍运动的形式。

目的与手段　目的就是有意识（自觉、在思想支配下）地为了达到的结果，也就是行为主体所预期达到的行为结果；手段则是有意识（自觉、在思想支配下）地用来达到某种结果的某种过程，也就是行为主体有意识地用来达到行为结果的行为过程。举例说：

一个人刻苦读书为了达到的结果是成名，那么，成名是为了达到的行为结果，因而是目的，而刻苦读书则是用来达到这一结果的行为过程，因而是手段。有人自觉地有意识地用假积极无事忙来实现当官向上爬，所以假积极无事忙是手段，当官向上爬是目的。

[①]《马克思恩格斯选集》第4卷，人民出版社1995年版，第245—246页。

第五章　内容与形式

然而，目的是看不到的；能够看到的，乃是手段：目的是通过手段表现出来的。试想，谁能够看到一个人刻苦读书的目的？岂不是只能看到一个人在刻苦读书？通过所看到的一个人刻苦读书，而推断他的目的是成名成家，而刻苦读书不过是他成名成家的手段：刻苦读书的手段与成名成家的目的，是表现与被表现的内容与形式关系。

目的是看不见的，感官感觉不到的，只能通过手段表现出来，只有通过手段才能推断目的：这就是我们往往对一个人的目的发生错误判断的缘故。试想，我们岂不是只能看到教师在给学生讲课，工人在为他人生产，农民在为他人种地？但是，谁能看到教师讲课的目的？谁能看到工人生产的目的？谁能看到农民种地的目的？然而，我们往往由人们都在为人民服务的外在现象，便断言他们的内在目的是为人民服务。这显然是把行为手段当成了行为目的。人们的恒久行为都是为人民服务，是不错的；但是，这仅仅是行为手段。绝大多数人的行为手段，恒久说来，都是为人民服务。如果由此断言为人民服务可以是人们行为的恒久目的，那就大错特错了。因为"爱有差等"的人性定律告诉我们：

爱是对利益和快乐的心理反应。谁给我的利益和快乐较少，我对谁的爱必较少，我必较少无私地为了谁谋利益；谁给我的利益和快乐较多，我对谁的爱必较多，我必较多无私地为了谁谋利益。于是，说到底，我对我自己的爱必最多，我为了我自己谋利益必最多；亦即自爱必多于爱人、为己必多于为人；每个人必定恒久为自己，而只能偶尔为他人。

准此观之，为人民服务只可能是每个人行为的偶尔目的，而不可能是行为的恒久目的。因此，为人民服务有目的与手段之分：作为手段的为人民服务可以是恒久的，但是，这种恒久的为人民服务仅仅是每个人行为目的的外在表现；作为目的的为人民服务则只能是偶尔的，这种偶尔的为人民服务才是每个人行为手段所表现的内在目的。把内在目的与表现它的外在手段区别开来,乃是把握人性之关键。

综上所述,目的和手段所具有的内容与形式关系,也就不言而喻。难道目的通过手段表现出来,手段表现着目的的道理,还有什么费解的吗?谋取个人利益的目的,通过谋取公共利益手段表现出来;成名成家目的,通过刻苦读书手段表现出来;修铁路目的,通过打山洞手段表现出来;经济目的,通过政治手段表现出来;当官向上爬目的,通过假积极拍马屁表现出来。一切目的,都是通过手段表现出来:目的和手段是内容和形式的一大具体种类。

3. 关于内容与形式主流定义

何谓内容与形式?高清海答道:"内容就是事物的构成要素的总和,而形式则是这些要素的结合方式、结构方式。"[1] 苏联哲学家们也这样写道:"内容是事物的基础和主要方面,它决定着事物的质的特点,通过事物的各种要素表现出来……形式是内容的存在方式,是内容的内部组织和结构。"[2] 一言以蔽之,内容是成分要素,形式是组织结构:这是当代学界主流观点。

细究起来,这种观点源远流长,可以追溯到古希腊哲学的本原理论,特别是亚里士多德的"本原说",亦即他的"四因说"。他在《物理学》和《形而上学》等著作中,曾多次论述事物发展变化的根本原因和本原,并将其归结为四因——质料、形式、动力与目的,最终归结为质料与形式:

"既然原因有四种,那么,自然哲学家就应该通晓所有的这些原因,并运用它们——质料、形式、动力、'何所为'来自然地回答'为什么'的问题。后面三种原因在多数情况下都可以合而为一。"[3]

---

[1] 高清海主编:《马克思主义哲学基础》上册,人民出版社1985年版,第237页。

[2] 苏联哲学研究所主编:《马克思主义哲学原理》,人民出版社1959年版,第305—306页。

[3] 苗力田主编:《亚里士多德全集》第二卷,中国人民大学出版社1991年版,第49页。

质料，顾名思义，无疑就是事物内在的成分、要素，如青铜作为雕像的质料，显然就是雕像的成分要素；至于形式——亚里士多德一再解释说——就是事物外在结构、模型："原因的一个意思是内在于事物之中，事物由之生成的东西，例如青铜是雕像的原因，白银是杯盏的原因，以及诸如此类。另一个意思是形式或模型。"[①]

"内容是成分要素，形式是结构组织"的定义，虽然源远流长，却难以成立。因为，一切"成分要素"与"结构组织"，虽然都是内容和形式；但一切内容和形式，却不都是"成分要素"与"结构组织"。试想，客观事物是内容，主观认识是形式。但是，谁能说主观认识是客观事物的结构组织，而客观事物是主观事物的成分要素呢？疾病是内容，医学是形式。但是，哪个大夫会说医学是疾病的组织结构，而疾病是医学的成分要素呢？一般是内容，差别是形式。但是，谁又能说一般是差别的成分要素，差别是一般的结构组织呢？哪个人会说张三的蒜头鼻子是一般的抽象的"鼻子"的结构组织呢？谁能说必然是偶然的成分要素，而偶然是必然的结构组织呢？哪一个人会说张三被车轧死是他必死的结构组织呢？

可见，有许许多多的内容和形式，根本谈不上是什么事物的成分要素和结构组织。内容和形式要比事物的成分要素和结构组织广泛得多；成分要素和结构组织不过是内容和形式的一个具体种类。所以，将"内容与形式"定义为"成分要素与组织结构"犯有以偏概全的错误。

二、内容和形式基本属性

1. 内容与形式的普遍性与相对性

不言而喻，一切事物都是一般与差别的统一体，都是必然与偶然

[①] 苗力田主编：《亚里士多德全集》第七卷，中国人民大学出版社1993年版，第111页。

的统一体，都是成分要素与结构组织的统一体，都存在事物自身与事物相互间的关系。所以，一切事物便都是内容与形式的统一体，都由内容与形式构成，都存在内容与形式的关系。谁能找到不存在内容和形式的事物呢？谁能找到不具有表现他物和被他物表现的事物呢？谁也不能。内容和形式无处不在，无处不有，而普遍存在于一切事物中。这就是内容与形式的普遍性。

　　细究起来，内容与形式的普遍性具有双重含义：一方面，一切事物都具有内容与形式；另一方面，一切内容都具有形式，一切形式都具有内容，没有无形式的内容和无内容的形式。对于内容与形式的普遍性——特别是没有无形式的内容——黑格尔曾有极为精辟的论述：

　　"形式与内容是成对的规定，为反思的理智所最常运用。理智最习于认内容为重要的独立的一面，而认形式为不重要的无独立性的一面。为了纠正此点必须指出，事实上，两者都同等重要，因为没有无形式的内容，正如没有无形式的质料一样，这两者（内容与质料或实质）间的区别，即在于质料虽说本身并非没有形式，但它的存在却表明了与形式不相干，反之，内容所以成为内容是由于它包括有成熟的形式在内。更进一步来看，我们固然有时也发现形式为一个与内容不相干、并外在于内容的实际存在，但这只是由于一般现象总还带有外在性所致。譬如，试就一本书来看，这书不论是手抄的或排印的，不论是纸装的或皮装的，这都不影响书的内容。但我们并不能因为我们不重视这书的这种外在的不相干的形式，就说这书的内容本身也是没有形式的。诚然有不少的书就内容而论，并非不可以很正当地说它没有形式。但这里对内容所说的没有形式，实即等于说没有好的形式，没有[名实相符的]正当形式而言，并不是指完全没有任何形式的意思。"①

　　任何事物都存在内容和形式。因此，任何事物对于它的形式来说

---

① 黑格尔：《小逻辑》，商务印书馆1981年版，第279页。

就是内容，而对于它的内容来说则是形式。这就是说，任何事物，只是相对一定事物来说才是内容，而相对另一事物则是形式了：内容和形式是相对的。举例说：

民主共和国只是相对政体来说才是形式，而相对美国民主共和国则是内容了。政体只是相对民主来说，才是内容，而相对政治来说，则是形式。美国民主共和国只是相对民主来说，才是形式，而相对华盛顿总统时代的美国来说，则是内容了。

有鉴于此，歌德不禁叹曰："无所谓内，无所谓外，因为外就是内，内就是外。"[①] 黑格尔则进一步分析道："我们在这里看到了形式与内容的绝对关系的本来面目，亦即形式与内容的相互转化。所以，内容非他，即形式之转化为内容；形式非他，即内容之转化为形式。这种互相转化是思想最重要的规定之一。"[②]

2. 形式与内容的相符一致性

不难看出，同一种形式可以表现、包含若干不同内容，而同一种内容也可以通过若干不同的形式表现出来。例如，同一种封建社会的君主专制的内容，可以有民主共和形式、君主立宪形式、君主独裁形式等等；而同一种民主共和形式，也可以有君主专制、寡头共和、有限君主制等内容。

于是，内容和形式既可能相符一致，也可能不相符不一致。所谓相符，就是形式与内容互相吻合；所谓一致，则意义有二：一是形式与内容相适应，二是形式与内容的相称和谐。

形式与内容的相符和不相符关系　一般说来，形式与内容相符与否有两种情形。一种是主观认识与客观事物相符与否。与客观事物相

[①] 转引自《普列汉诺夫哲学著作选集》第1卷，生活·读书·新知三联书店1959年版，第534页。
[②] 黑格尔：《小逻辑》，商务印书馆1981年版，第278页。

符的主观认识，便叫作真理；与客观事物不符的主观认识，则叫作谬误。我们的努力，一方面，在于识别哪些认识与客观相符而是真理，哪些不符而是谬误；另一方面，则在于使我们的认识与客观相符。

形式与内容相符与否的另一种情形，是往往有人利用某种形式，在这种形式中注入与形式不符甚至相反的内容。譬如，苏联的政体在形式上是民主共和，而在内容上却是君主专制。张三形式上是先进分子，而在内容上却是溜须拍马之徒。班委会形式上是群众选举，而内容上却是领导指定。

人们往往不辨别内容与形式的这种不符，却只根据形式是什么，便断定其内容是什么，便断定整个事物是什么。殊不知，这种情形下，形式大都除了装潢门面作用外，已经毫无意义；而问题的实质则全在于内容。斯大林说：

"无论集体农庄或苏维埃都是我们革命的最伟大成果，是工人阶级的最伟大成果。但集体农庄和苏维埃不过是一种组织形式。不错，它是社会主义的组织形式，但它终究是一种组织形式。一切以这种形式包含什么内容为转移。"[1]

细究起来，形式与内容相符与否最具现实价值的问题，乃是政体的形式与内容相符与否。因为任何政体，都具有形式和内容的二重性；并且形式与内容既可能相符一致，也可能不相符不一致。就是说，一种政体形式上是民主，而内容上则既可能是民主，从而形式与内容相符；也可能是专制，从而形式与内容不相符。这种形式与内容不一致的政体显然是一种混合政体，亦即两种不同政体的混合：一种政体是形式，另一种政体是内容。斯大林时代的苏联政体堪称这种混合政体的典型：国家最高权力形式上由苏维埃或全体公民掌握，因而形式上是民主制；内容上却为斯大林一人独掌，因而内容上是君主专制。所

---

[1] 《斯大林全集》第 13 卷，人民出版社 1956 年版，第 202 页。

以，斯大林时代的苏联政体是一种君主专制与民主共和的混合政体，亦即形式的民主共和与内容的君主专制的混合政体。

内容与形式不相符一致的混合政体在全部混合政体中，无疑是最重要也最具现实意义的类型。那么，这种混合政体是否只有民主与专制的混合？显然不是。从理论上看，内容与形式不一致的混合政体可以有12种之多。因为政体的基本类型有4种：专制君主制、有限君主制、寡头共和制与民主共和制。每一种都既可能形式与内容相符一致，也可能只是个形式，而实际上却以其他三种政体为内容。就拿民主制来说，一个国家显然既可能形式与内容相符一致，是名副其实的民主制；也可能形式是民主制而内容为寡头制、形式是民主制而内容是有限君主制、形式是民主制而内容是专制。这样，4种政体结合起来便可以形成16种政体：其中4种是形式与内容相符一致的，亦即政体的基本类型或正宗；12种是形式与内容不相符不一致的，亦即混合政体或变体。如图表：

形式\\类型\\内容	民主共和制	寡头共和制	有限君主制	专制君主制
民主共和制	**1 形式与内容相符的民主制**	5 形式寡头制内容民主制	9 形式有限君主制内容民主制	13 形式专制君主制内容民主制
寡头共和制	2 形式民主制内容寡头制	**6 形式与内容相符的寡头制**	10 形式有限君主制内容寡头制	14 形式专制君主制内容寡头制
有限君主制	3 形式民主制内容有限君主制	7 形式寡头制内容有限君主制	**11 形式与内容相符的有限君主制**	15 形式专制君主制内容有限君主制
专制君主制	4 形式民主制内容专制君主制	8 形式寡头制内容专制君主制	12 形式有限君主制内容专制君主制	**16 形式与内容相符的专制君主制**

该图表中黑体字部分为基本类型或正宗，其余皆混合类型或变体。对于这些混合类型，历史和现实都告诉我们，一方面，民主制是最灵活的政体形式，它最易且最多地被用来当作任何政体的外在形式；另

一方面，专制是最灵活的政体内容，它最易且最多地借助任何政体形式表现出来：这就是为什么"形式民主而内容专制"乃是最常见且最重要的混合政体的缘故。但是，在政体的这些混合类型中，常见且重要的并不仅仅是"形式民主而内容专制"；"形式共和而内容专制"与"形式有限君主制而内容民主制"等混合类型无疑也相当重要且极具现实意义。

"形式有限君主制而内容民主制"的典型当推英国的君主立宪制。1689年《权利法案》的通过和实施，标志着英国君主立宪制的确立。确立之初，是以国王为主而与国会共同执掌最高权力，因而是名副其实的君主立宪制或有限君主制。但是，从1714年乔治一世继承王位的汉诺威王朝开始，王权急剧衰落，议会成了凌驾于国王之上的国家最高权力机关。从此，英国最高权力只是形式上由国王执掌，而内容上却执掌于议会和内阁，因而英国政体是一种形式君主立宪制或有限君主制而内容民主制的混合政体。

形式是民主或共和而内容专制的混合类型，虽然主要见之于民主已深入人心的最近百年的所谓社会主义国家，如苏联和朝鲜等国；但早在古希腊和罗马就已经存在。雅典继梭伦之后出现的庇西特拉图——梭伦的堂兄弟——之独裁，就是"形式民主而内容为专制"的混合政体："他也像奥古斯都一样，了解如何依民主的让步和形式来装饰和支持独裁。执政官照旧选举，民众大会和公共法院、四百人议会和最高法院的程序和执掌都照旧进行，唯一不同的是庇西特拉图的提议能得到特别的注意。"①

不过，奥古斯都还是与庇西特拉图有所不同：后者是"形式民主而内容为专制"；前者是"形式共和（亦即贵族共和）而内容为专制"。奥古斯都虽然实际上独掌国家最高权力，却恢复和保留了贵族

---

① 威尔·杜兰：《世界文明史·希腊的生活》上卷，东方出版社1999年版，第156页。

共和国的外在形式。对此,杜兰真可谓一言中的:"奥古斯都曾 13 次竞选执政官,跟别人一样去拉选票;这真是高雅的让步和戏剧性技巧的配合。"①

这或许正是奥古斯都比他舅舅凯撒高明之处:凯撒追求名副其实的君主专制,结果被共和派元老刺死;奥古斯都只求专制之内容,牺牲专制的名义和形式,而披上共和的外衣,结果玩弄元老院和人民于股掌之上,在位 44 年,死后由其养子提比略继位,历经四帝。这恐怕也是斯大林高明于袁世凯之处:袁世凯追求名副其实的君主专制,结果称帝 18 天便在席卷全国的讨袁声浪中死于非命;斯大林只求专制之内容,牺牲专制的形式而披上民主的外衣,虽然其专制的程度堪称前不见古人后不见来者,却竟然直至今日人们还对他缅怀不已!

形式与内容的适应和不适应关系 一般说来,新的形式——或可以为新内容所利用和改造的旧形式——与新内容是适应的,因而促进新内容的发展;反之,不能为新内容所利用和改造的旧形式,与新内容是不适应的,因而束缚新内容的发展。人们活动的任务,就在于或者利用改造旧形式,或者打破不能为新内容所利用改造的旧形式,建立与新内容相适应的新形式。举例说:

我国古典文艺的文言文形式,与当代文艺内容是不适应的。但诸如丰富绚丽的词藻、精练生动的语言等形式,经过改造,与当代文艺内容是适应的。因此,我们的任务就在于,一方面废除文言文而代之以白话文;另一方面利用各种旧的文艺形式,注入新的内容。毛泽东说:

"对于过去时代的文艺形式,我们也并不拒绝利用,但这些旧形式到了我们手里,给了改造,加进了新内容,也就变成革命的为人民服务的东西了。"②

---

① 威尔·杜兰:《世界文明史·凯撒与基督》上卷,东方出版社 1999 年版,第 283 页。
② 《毛泽东文艺论集》,中央文献出版社 2002 年版,第 57 页。

列宁说:"任何人民运动都有千变万化的形式,不断地创造新形式,抛弃旧形式,或者对运动形式做某些改变,或者把新旧形式配合使用。我们的责任就是积极地参加制定斗争方法和斗争手段的过程。"①

"左"倾机会主义不懂得新内容也可以采用改造某些旧形式,而一概抛弃旧形式。右倾机会主义则一方面,不懂得不能为新内容所采用的旧形式必须被代之以新形式;另一方面,不懂得那些可以为新内容所采用的旧形式,必须经过改造才能与新内容相适应,而主张全盘不动地承袭旧形式,与旧形式调和起来。列宁在批判这两种错误时指出:

"从国际共产主义运动的发展看来,我们现有的工作内容(争取苏维埃政权、争取无产阶级专政)是这样强大有力,这样富有推动力量,它能够而且应该在任何新的或旧的形式中表现出来,能够而且应该改造、战胜、征服一切形式,无论是新的或旧的形式——这并不是为了同旧形式调和,而是为了能够把一切新旧形式都变成使共产主义获得完全的和最后的、决定的和彻底的胜利的武器。右倾机会主义固执地只承认旧形式而忽视新内容,结果遭到了完全的破产。左倾机会主义则固执地绝对否定某些旧形式,看不见新内容正在通过各种各样的形式为自己开辟道路,不知道我们共产主义者的责任,就是要掌握一切形式,学会以最快的速度用一切形式去代替另一种形式,使我们的策略适应任何形式的变换——这种变换并不是我们的阶级和我们的努力引起的。"②

形式与内容之相称和不相称关系 一般说来,形式与内容的不相称不和谐的关系,乃是形式主义和忽略形式而只注重内容的倾向造成的。只注重形式而轻视内容的倾向叫作形式主义。例如,只强调人们的表面言行而忽略人们的实际思想,只注重党的组织形式而忽略党的

---

① 《列宁全集》第 6 卷,人民出版社 1986 年版,第 169 页。
② 《列宁全集》第 31 卷,人民出版社 1959 年版,第 83 页。

工作内容，只强调艺术形式而忽略艺术内容等等，都是形式主义。只强调党的组织形式而忽略党的工作内容，就使组织形式如同虚设、毫无意义，因而使工作内容和组织形式不相称不和谐。只强调人们的表面言行而忽略人们的实际思想，就使人们的言行与思想不符，以致说的做的是一套，而思想却另是一套。毋庸赘言，形式主义是造成形式与内容的极其有害的不相称不和谐的原因之一。

反之，只注重内容而忽略形式的倾向，乃是同样造成内容与形式极其有害的不相称、不和谐和不适应的另一原因。例如，在俄国社会民主工党第二次代表大会上，孟什维克就只强调党的纲领策略工作内容，而忽视党的统一的组织形式，这就使党的组织形式不能适应党的工作内容，因而阻碍了党的工作内容，引起党的工作的停滞。再比如，只注重实际内容而忽略艺术形式，就产生了所谓标语口号式苍白无力的作品，因而使思想内容与艺术形式不能相称和谐。黑格尔说：

"一件艺术品，如果缺乏正当的形式，正因为这样，它就不能算是正当的或真正的艺术品。对于一个艺术家，如果说，他的作品的内容是如何的好（甚至很优秀），但只是缺乏正当的形式，那么这句话就是一个很坏的辩解。只有内容与形式都表明为彻底统一的，才是真正的艺术品。我们可以说荷马史诗《伊利亚特》的内容就是特洛伊战争，或确切点说，就是阿基里斯的忿怒；我们或许以为这就很足够了，但其实却很空疏，因为《伊利亚特》之所以成为有名的史诗，是由于它的诗的形式，而它的内容是遵照这形式塑造或陶铸出来的。同样，又如莎士比亚《罗密欧与朱丽叶》悲剧的内容，是由于两个家族的仇恨而导致一对爱人的毁灭，但单是这个故事的内容，还不足以造成莎士比亚不朽的悲剧。"[1]

可见，形式主义和忽略形式只注重内容的倾向，都造成形式与内

---

[1] 黑格尔：《小逻辑》，商务印书馆1981年版，第279—280页。

容极其有害的不相称、不和谐、不一致。所以，我们必须既反对形式主义，又反对忽略形式而只注重内容的倾向。毛泽东说：

"我们的要求则是政治和艺术的统一，内容和形式的统一，革命的政治内容与尽可能完美的艺术形式的统一。缺乏艺术性的艺术品，无论政治上怎样进步，也是没有力量的。因此，我们既反对政治观点错误的艺术品，也反对只有正确的政治观点而没有艺术力量的所谓'标语口号式'的倾向。"[①]

3. 内容与形式的相互作用

不难看出，内容和形式属于因果关系范畴。一切内容无疑都是产生形式的原因，一切形式显然都是被内容所产生的结果。但是，反过来，一切因果关系却不都是内容与形式关系：仅仅有些原因才是结果的内容，有些结果才是原因的形式。譬如，摩擦与热，是因果关系，却不是内容与形式关系：我们不能说摩擦是内容，而热是形式。古代学者寒窗苦读与金榜题名、洞房花烛是因果关系，却不是内容与形式关系：我们显然不能说寒窗苦读是内容，金榜题名和洞房花烛是形式。

内容和形式属于因果关系范畴，而一切因果都必然具有相互作用，所以，内容与形式必然具有相互作用。不言而喻，在内容和形式的相互作用中，内容是始源，形式是派生物；内容对形式的作用是决定作用，形式对内容的作用则是反作用。首先，所谓内容对形式的决定作用，就是内容产生和决定形式，就是内容不但产生了形式，而且还决定形式的发展变化，使形式与内容相适应：有一定的内容，或迟或早势必有与内容相适应的一定的形式。因此，内容的变化先于形式的变化，内容的变化是在形式变化前头：形式的变化必须用内容的变化来解释、说明。举例说：

---

① 《毛泽东选集》第 3 卷，人民出版社 1991 年版，第 869—870 页。

正如工作能力与工作乃是内容与形式的关系一样，生产力是生产或生产关系的内容，生产或生产关系则是生产力的表现形式。因此，生产力产生生产关系，并且决定生产关系的发展变化，使生产关系与生产力相适应：有一定程度的生产力，也就有与生产力相适应的一定的生产关系。所以，生产力的变化走在生产关系变化前头，生产关系变化必须用生产力变化来解释说明。

这里"生产力的发展变化决定生产关系的发展变化，有一定程度的生产力，也就有与生产力相适应的一定的生产关系"也可以换成人们常说的那句话：有什么样的生产力，也就有什么样的生产关系；生产力如何，生产关系也就如何。但是，切不可像高清海那样由此推而广之，把一切内容决定形式的关系，都说成是有什么样的内容就有什么样的形式："有什么样的内容，就有什么样与之相适应的形式。"① 这是谬见！因为有许多内容和形式不但并非如此，而且恰好相反。例如，专制的内容就可以有与专制恰恰相反的民主的形式，科学抽象理论的内容可以有与抽象理论恰恰相反的诗歌艺术形式。对于这类内容与形式的关系，充其量，我们也只能说：有一定程度的内容，势必有与内容相适应的一定的形式。

有一定程度的内容，势必有与内容相适应的一定的形式。这说的仅仅是内容与形式必然相适应的问题。无论形式怎样与内容相反不符，形式都必然是与内容相适应的：无论民主形式怎样与专制内容相反，无论艺术形式怎样与抽象理论相反，民主形式仍然可以适应于专制内容，艺术形式仍然可以适应于抽象理论的内容。

但是，"有什么样的内容就有什么样的形式"，这不但包括形式与内容相适应的含义，而且还包括内容与形式是相符一致的含义。而内容决定形式，却只能决定形式与内容相适应，而不能决定形式与内容

---

① 高清海主编：《马克思主义哲学基础》上册，人民出版社 1985 年版，第 240 页。

是否相符一致：形式与内容是否相符一致大都是被人们的斗争及其力量对比等等偶然情况决定的。

这就是为什么，凡是不存在相符一致——而只存在适应不适应——关系的内容与形式（生产力与生产关系就属此例），其内容决定形式的关系可以概括为"有什么样的内容就有什么样的形式"。而凡是存在相符一致关系的内容和形式（政体的内容与形式就属此例），其内容决定形式的关系，并不是"有什么样的内容就有什么样的形式"。因此，我们可以说有什么样的生产力，就有什么样的生产关系；却不可以说，有什么样的内容就有什么样的形式。因此，我们只能说，有一定的内容就有与内容相适应的一定的形式；而不能说，有什么样的内容就有什么样的形式。

内容产生和决定形式，这只是问题的一方面；问题还有另一方面，那就是形式又反作用于内容：或者直接产生新内容；或者适应、促进和不适应、束缚内容发展（旧形式是新内容发展的桎梏，新形式则是新内容发展的广阔场所），从而成为内容发生新变化的原因。这样，形式的变化又先于内容的新变化，形式变化又走在内容新变化的前面，内容的新变化必须用形式变化来解释说明。举例说：

生产力产生和决定生产关系，而生产关系又反作用于生产力：适应、促进或不适应、束缚生产力的发展。过时的生产关系是生产力发展的桎梏，而新的生产关系则是新生产力发展的广阔场所。这样一来，生产关系又是生产力迅速发展或缓慢发展的原因，生产关系变化又走在生产力新变化的前头，生产力发展的迅速或缓慢，必须用生产关系的变化来解释和说明。

也许有人说，我们所说的仅仅是生产力和生产关系的相互作用，由此还不能断言一切内容与形式都具有相互作用。那么，就让我们考察一下形式与内容的六大种类是否都有这种互为因果的相互作用，然后再做出结论吧。

首先，我们考察事物的"成分要素与组织结构"这种内容与形式。化学表明，化合物的元素性质、数目，产生了化合物的结构形式，并且决定化合物结构形式变化，使之与化学元素相适应。氯化钠和甲烷的结构形式，之所以有离子结合和共价结合的不同，就是因为氯化钠的内容是一个钠原子和一个氯原子，而甲烷的内容却是一个碳原子四个氯原子。

事物的组织结构形式，又怎能不为其成分要素所产生和决定呢？如果没有成分和要素，又谈何组织形式？但是，另一方面，化学结构理论表明，化合物的结构形式，又反过来影响其元素性质。金刚石和石墨的不同的结构形式，就使其成分碳原子发生了新变化：不但使碳原子具有了不同的能量，而且石墨中的碳原子有自由电子，金刚石中的碳原子则没有自由电子。

同样，社会领域也是如此。例如，党的组成分子和活动内容，产生了它的组织形式，并决定了党组织形式的发展变化，使之与党的工作内容相适应。因此，党的活动内容的变化，先于党的组织形式的变化。而党的组织形式又反作用于党的活动，适应、促进或不适应、束缚党的活动，从而又成为党的活动发生新变化的原因，又走在党的活动新变化的前头。

其次，我们考察目的和手段这种内容和形式。目的和手段不但具有相互作用，而且其相互作用比其他内容与形式更为丰富。一方面，目的产生和决定手段，手段为目的服务，被目的产生：目的变化先于手段变化，手段变化必须用目的变化解释。另一方面，手段又反作用于目的。因为目的虽然产生和决定手段，却又服从手段；手段为目的服务，同时又指导目的：适应、促进或不适应、束缚目的的发展。这一点突出表现在：旧手段是新目的发展的桎梏，新手段是新目的发展的广阔场所。这样一来，手段又成为目的发生新变化的原因，手段的变化又先于目的的变化，走在目的的新变化前头，目的的新变化必须用手段来解释说明。举例说：

经济（创造物质财富的活动）和文化（创造精神财富的活动）是目的；政治与道德是手段。经济和文化是政治与道德产生和发展的原因、基础，而不是相反。所以，马克思将经济叫作"经济基础"；将政治和道德叫作"上层建筑"。但是，经济和文化活动仅凭自身既不可能存在更不可能发展；它们的任何发展变化，都不是单凭其自身自然而然进行的。经济和文化的任何发展变化，都离不开政治和道德等上层建筑的作用，都是一定的政治和道德等上层建筑的作用之结果。因此，政治与道德等上层建筑一经产生，就反过来作用于经济和文化，从而成为经济和文化发展变化——繁荣进步还是停滞落后——的根本原因。这个道理，普列汉诺夫曾有十分精辟的论述：

"人类从A点发展到B点，从B点发展到C点，如此一直到S点。它任何时候都不是在一种经济平面上进行的。为了从A点到B点，从B点到C点等等，每次都必须上升到'上层建筑'并在那里进行一番改造。只有当完成了这种改造之后，才可能达到预期的点。从一个转折点到另一个转折点的道路，总要通过'上层建筑'。经济几乎永远不会自然而然地取得胜利。关于它永远不可能说：自然而然的活动。不！永远不会有自然而然的活动，而是永远必须通过上层建筑，永远必须通过一定的政治制度。"[①]

诚哉斯言！经济和文化究竟是繁荣进步还是停滞不前，并非单凭其自身自然而然独自进行的，而必定是在一定的政治等上层建筑的作用之下进行的，是一定的政治等上层建筑作用之结果，特别是民主制与专制等非民主制的上层建筑作用之结果：民主制是经济和文化繁荣进步的根本原因；专制等非民主制是经济和文化停滞不前的根本原因。

又次，我们考察"必然与偶然"这种内容与形式。毫无疑义，必

[①] 《普列汉诺夫哲学著作选集》第2卷，生活·读书·新知三联书店1961年版，第237页。

然产生和决定偶然。试想，如果人没有长鼻子和眼睛的必然性，张三怎么会生蒜头鼻子和金鱼眼睛呢？不正是长鼻子、眼睛的必然性，产生和决定了张三能够生出蒜头鼻子和金鱼眼睛的偶然性吗？另一方面，偶然也反作用于必然：或加速、延缓必然的实现或产生新的必然。达尔文告诉我们，一些陆生动物偶尔在水中觅食，是一种偶然性，但久而久之，这种偶然性却改变了陆生动物的陆上觅食的必然性，使陆生动物变成了水生动物。又比如，一个天才的偶然诞生，可以加速或者延缓新社会的实现。一个人是偶然病死，还是老死，则可能加速或延缓必然到来的死亡。

再次，我们考察一般与差别这种内容与形式。有人可能会由个别产生和决定一般进而断言，差别产生和决定一般，进而由"差别是一般的形式"，而否定内容产生和决定形式的原理。这是错误的。因为个别与差别根本不同：差别只是个别的一部分，即除去一般所剩下的部分；而个别恰好是一般与差别的统一体，是一般与差别之和。譬如，动物是一般，人、猴子、老虎是个别；人、猴子和老虎除掉动物所剩下的部分"人的特性"与"猴子特性"以及"老虎特性"则是差别。

因此，个别与一般是整体与部分的关系，而差别与一般则都是部分与部分的关系，是事物的不同部分与相同部分的关系。所以，个别产生和决定一般，但差别却不能产生和决定一般。相反地，差别却恰恰是被一般所产生和决定的。试想，没有人的长眼睛的一般性，张三怎么能有黑眼睛，李四怎么能有黄眼睛呢？显然，正是人长眼睛的一般性，产生和决定了张三、李四黑眼睛和黄眼睛的差别性。所以，一般和差别这种内容和形式，也不能逃出内容产生和决定形式的原理。

另一方面，差别又反作用于一般，产生新的一般或直接转化为新的一般。例如，某种先进经验、先进操作方法，一开始，只是某些人运用，逐渐地推广而变成所有人的操作方法，即由差别变成一般。

最后，关于"主观事物与客观事物"以及"事物自身与事物相互关系"的相互作用，则是人人皆知的：谁不知道精神变物质和物质变精神呢？谁不知道事物本身决定相互关系，而相互关系又反过来影响事物本身的发展呢？

综上可知，内容和形式的六大种类——亦即一切内容和形式——都互为因果、相互作用。因此，相互作用乃是形式与内容的普遍属性。只不过，虽然内容与形式是互为因果、相互作用，但内容却是始源，而形式则是派生物：内容在成为形式的结果之前，先是形式的原因；形式在成为内容的原因之前，先是内容的结果。因此，从根本上看，一方面，只有内容是原因，而形式则不是原因；只有形式是结果，而内容则不是结果；另一方面，只能是内容的变化走在形式的前面，而形式的变化不能走在内容的前面，只能是形式的变化用内容来解释，而不能用形式的变化来解释内容。一句话，内容是根本原因、非根本结果；形式是根本结果、非根本原因。这就是为什么，黑格尔通过对形式与内容的详尽分析，得出结论说："内容的规定性，如上面所看到的，为形式的基础。"[①] 这个道理，亦不妨举例说明：

经济与政治互为因果、相互作用。但经济是始源、根本原因，政治是派生物、非根本原因。因此，经济在成为政治的结果之前，先是政治的原因；政治在成为经济的原因之前，先是经济的结果。所以，从根本上看，只能是经济走在政治前头，只能是经济的变化先于政治变化，而不是相反；只能用经济变化来解释政治变化，而不是相反。

生产与科学互为因果、相互作用。但生产是始源、根本原因，科学是派生物、非根本原因。因此，生产在成为科学的结果之前，先是科学的原因；科学在成为生产的原因之前，先是生产的结果。所以，从根本上看，只能是生产走在科学前头，只能是生产变化先于科学变化，只能用生产变化来解释科学变化；而不是相反。

[①] 黑格尔：《逻辑学》下卷，商务印书馆2017年版，第87页。

现在，我们终于弄清了内容和形式的相互作用：内容对形式的决定作用和形式对内容的反作用。但是，内容究竟怎样决定形式的发展变化，而使形式与内容相适应的？形式究竟又是怎样束缚或促进内容发展的？也就是说，内容和形式相互作用的规律是怎样的？

三、内容与形式发展变化规律

1. 内容与形式发展变化规律：基本原理

不难看出，任何形式都只能在一定阶段与内容相适应，而不能永远与内容相适应。在内容没有变成新内容的限度内，形式是促进内容发展、与内容相适应的。但当内容发展到一定阶段而变成新内容的时候，便与它一直在其中存在的形式发生冲突，形式就成为不能适应新内容发展的旧形式，就阻碍、束缚新内容的发展。于是，旧形式的变革或迟或早就到来了。经过变革，旧形式变成与新内容相适应的新形式，从而促进新内容的发展：新形式产生于形式与内容冲突之时，而内容则大发展于新形式产生之后。一致的、和谐的内容与形式，经过一定时期，内容必然又变成更新的内容，因而形式又与内容发生冲突，斗争的结果，必然又由形式变成相应的新形式，而导致内容与形式的新的一致、和谐。如此循环往复，以至于无穷。这就是内容与形式的发展变化规律。对于这一规律，高清海曾有十分精辟的论述：

"最初，形式同内容是相适合的，能为内容的发展提供较充分的条件。随着内容的发展变化，新内容的不断产生和壮大，二者就由基本适合逐渐变为基本不适合。这时，形式便不能为内容的发展提供条件。在这时，内容和形式便形成了尖锐的冲突，形式从促进内容发展的条件，变成为阻碍内容发展的桎梏。由于内容居于决定地位，它不允许与自己不相适合的形式长久存在，在它发展的一定阶段上，就要求抛弃旧的形式，创立新的形式。新形式产生以后，它与内容之间又会出现由基本适合到基本不适合的情况，再一次需要改变旧形式，创立新形式。这就是事物的内容和形式运动的一般情况。"①

诚哉斯言！譬如，党的组织形式，只能在一定时期内，与党的工作内容相适应，而不能永远相适应。当俄国社会民主工党，在纲领和策略的基本问题还没有一致时，党的处于分离状态和小组习气的组织形式，是与党的工作内容相适应的。但当党的纲领和策略已基本一致时，党的工作内容就与离散状态和小组习气的组织形式，发生了冲突，离散状态和小组制度的组织形式，就不适应而落后于党的工作内容的发展，使之停滞不前。冲突的结果，必由离散的组织形式变为统一的组织形式，而适应促进党的工作内容的发展，导致党的组织形式与党的工作内容的一致：统一的党的组织形式产生于离散的组织形式与党的工作内容冲突之时，而党的工作内容则大发展于党的统一组织形式之后。党的工作内容与组织形式的一致和谐，经过一定时期，工作内容必然又变成更新的内容，而与组织形式复相冲突，结果必然又由组织形式变成更新的形式，而导致内容与形式的新的一致。如此循环往复而以至无穷。

内容产生形式，形式又造成新的内容，并因此被新的形式所更替；新的形式又造成更新的内容，并因此被更新的形式所更替；如此循环往复、以至无穷。这就是内容和形式的规律所展现的宏伟图景。这个图景，车尔尼雪夫斯基早就精彩地描绘过了：

"形式的不断更替，一定内容或倾向所产生的形态，由于该种倾向的加强，该种内容的高度发展，而在永恒不断地被否定。谁了解了这个伟大、永恒而普遍的规律，谁惯于把这个规律应用于任何现象，他就会是多么平心静气地迎接那种引起别人惊慌不安的机会！当跟着别人重复下列诗句：'我凭空建树起自己的事业，而整个世界都属于我的

---

① 高清海主编：《马克思主义哲学基础》上册，人民出版社1985年版，第240—241页。

时候，他会毫不惋惜自己已经衰老，并且要说：听便吧，任凭将来怎样，归根结底我们总归会有时来运转的日子的！'"①

2. 内容与形式发展变化规律：马克思的伟大发现

19世纪人类思想的最伟大的成就，恐怕就是马克思发现生产力与生产关系以及经济基础与上层建筑发展变化规律。问题的关键在于，如上所述，一方面，"生产力与生产关系"是"内容与形式"关系；另一方面，"经济基础与政治等上层建筑"是"目的与手段"关系，说到底，也是"内容和形式"关系。这样一来，马克思便通过发现生产力与生产关系以及经济基础与上层建筑发展变化规律，揭示了内容与形式的发展变化规律。

首先，马克思发现，一个国家何种生产关系、经济形态占据统治地位，具有不依人的意志为转移的历史必然性："人们在自己生活的社会生产中发生一定的、必然的、不依他们的意志为转移的关系，即同他们的物质生产力的一定发展阶段相适合的生产关系。"②

诚哉斯言！一个社会实行何种生产关系、经济形态或经济制度——亦即何种经济形态占据统治地位——具有不依人的意志为转移的历史必然性。因为，如果某种生产关系或经济形态、经济制度适合生产力，就会促进生产力发展，就会给人们带来巨大利益；那么，即使人们讨厌和不想实行这种生产关系，或迟或早也必定实行这种生产关系，这种生产关系必定居于支配地位、统治地位。相反地，如果某种生产关系不适合生产力，就会阻碍生产力发展，就会给人们带来巨大损失；那么，即使人们喜欢与渴望实行这种生产关系，或迟或早也必定改变和抛弃这种生产关系，而代之以与生产力相适合的生产关系：

---

① 转引自《普列汉诺夫哲学著作选集》第4卷，生活·读书·新知三联书店1974年版，第266—267页。
② 《马克思恩格斯选集》第2卷，人民出版社1995年版，第32页。

"为了不致丧失已经取得的成果，为了不失掉文明的果实，人们在他们的交往方式不再适合于既得的生产力时，就不得不改变他们继承下来的一切社会形式。"[1]

生产关系所具有的适合或不适合生产力的性质，不是生产关系独自具有的属性，不是生产关系的固有属性；而是生产关系被生产力发展变化所决定的属性，是生产关系的关系属性。因此，一定的生产关系、经济形态或经济制度，即使是惨绝人寰的奴隶制，在生产力发展的一定限度——亦即没有变成新的更高级的生产力的限度——内，都是适合、促进生产力发展的。但是，当生产力的发展超过一定限度，从而成为新的更高级的生产力的时候，原来的生产关系便由适合、促进生产力发展，变成不适合与阻碍生产力发展了；或迟或早，必定发生生产关系革命，使其转化为新的更高级的生产关系，从而能够适合、促进新的更高级的生产力：

"社会的物质生产力发展到一定阶段，便同它们一直在其中运动的现存生产关系或财产关系（这只是生产关系的法律用语）发生矛盾，于是这些关系便由生产力的发展形式变成生产力的桎梏。那时社会革命的时代就到来了。随着经济基础的变更，全部庞大的上层建筑也或慢或快地发生变革。"[2]

新的更高级的生产关系，只能适合且产生于新的更高级的生产力，而不适合或不可能产生于比较低级的生产力。奴隶制或封建制比原始共产主义更高级，因而只能适合比原始社会更高级的生产力，如金属工具生产力；而不适合原始社会生产力，不适合石器生产力。如果在生产力还处于石器水平因而没有剩余产品的时代，就实行奴隶制或封建制，奴隶或农奴必定饿死无疑。因此，不但比较低级的生产关系只

---

[1] 《马克思恩格斯选集》第 4 卷，人民出版社 1995 年版，第 533 页。
[2] 《马克思恩格斯选集》第 2 卷，人民出版社 1995 年版，第 32 页。

能适合比较低级的生产力，不能适合比较高级的生产力；而且比较高级的生产关系也只能适合比较高级的生产力，而不能适合或不可能产生于比较低级的生产力。

因此，任何生产关系便都只能适合一定的生产力，而不能适合一切生产力；它对于生产力的适合或不适合都是暂时的、历史的，随着生产力的发展变化而变化："人们借以进行生产、消费和交换的经济形式是暂时的和历史性的形式。随着新的生产力的获得，人们便改变自己的生产方式，而随着生产方式的改变，他们便改变所有不过是这一特定生产方式的必然关系的经济关系。"①

这样一来，一个社会居于支配地位的，究竟是比较高级的生产关系，还是比较低级的生产关系，便决定于生产力发展水平，因而具有不依人的意志为转移的历史必然性。这可以从两方面看。一方面，正如马克思所指出，比较高级的生产力，必定产生比较高级的生产关系。如果仍然是比较低级的不发达的生产关系居于支配地位，或迟或早，必定会发生生产关系的革命，产生比较高级的生产关系而居于支配地位。② 因为只有比较高级的生产关系，才能适合、促进比较高级的生产力，给人们以巨大利益；而比较低级的生产关系则不适合、阻碍比较高级的生产力，给人们以巨大损害。

另一方面，正如马克思所断言，比较低级的生产力，必定产生比较低级的生产关系。如果产生了比较高级的生产关系，或迟或早，必定又回到比较低级的生产关系："当使资产阶级生产方式必然消灭、从而也使资产阶级的政治统治必然颠覆的物质条件尚未在历史进程中、尚未在历史的'运动'中形成以前，即使无产阶级推翻了资产阶级的政治统治，它的胜利也只能是暂时的，只能是资产阶级革命本身的辅

---

① 《马克思恩格斯选集》第 4 卷，人民出版社 1995 年版，第 533 页。
② 《马克思恩格斯选集》第 2 卷，人民出版社 1995 年版，第 32 页。

助因素……他们在自己的发展进程中首先必须创造新社会的物质条件,任何强大的思想或意志力量都不能使他们摆脱这个命运。"① 因为只有比较低级的生产关系才能适合与促进比较低级的生产力的发展,给人们以巨大利益;而比较高级的生产关系必定阻碍与不适合比较低级的生产力,给人们以巨大损害。

于是,居于支配地位的,无论是哪一种生产关系,只要生产力还没有成为新的、比较高级的生产力,因而还适合生产力发展,是决不会灭亡的;而新的比较高级的生产关系,是决不会产生的。在新的比较高级的生产力还没有获得以前,如果比较低级的生产关系灭亡了,新的比较高级的生产关系产生了,那么,或迟或早,必定会发生生产关系的复辟,又回到原来比较低级的生产关系。因此,马克思说:

"无论哪一个社会形态,在它所能容纳的全部生产力发挥出来以前,是决不会灭亡的;而新的更高的生产关系,在它的物质存在条件在旧社会的胎胞里成熟以前,是决不会出现的。所以,人类始终只提出自己能够解决的任务,因为只要仔细考察就可以发现,任务本身,只有在解决它的物质条件已经存在或至少是在生成过程中的时候,才会产生。大体说来,亚细亚的、古代的、封建的和现代资产阶级的生产方式可以看做是经济的社会形态演进的几个时代。"②

这就是马克思所发现的生产力与生产关系以及经济基础与上层建筑发展变化规律。生产力与生产关系以及经济基础与上层建筑的关系,正如罗森塔尔所言,都属于内容与形式关系范畴:"生产关系对生产力而言是形式,而对它所产生的政治上层建筑、法、思想形式而言则是它们的内容。"③ 这就是为什么,马克思曾将这一规律推广到一切形式与内容,从而得出结论说:"当某种历史的形式达到一定的成熟阶段后,

---

① 《马克思恩格斯选集》第 1 卷,人民出版社 1972 年版,第 171 页。
② 《马克思恩格斯选集》第 2 卷,人民出版社 1995 年版,第 33 页。
③ 苏联哲学研究所主编:《马克思主义哲学原理》,人民出版社 1959 年版,第 306 页。

第五章　内容与形式

它就会被抛弃，而让位给一种更高级的形式。"① 马克思这一精辟至极的结论，显然可以展开如下：

任何形式都只能在一定阶段与内容相适应，而不能永远与内容相适应。在内容没有变成新内容的限度内，形式是促进内容发展、与内容相适应的。但当内容发展到一定阶段而变成新内容的时候，便与它一直在其中存在的形式发生冲突，形式就成为不能适应新内容发展的旧形式，就阻碍、束缚新内容的发展。于是，旧形式的变革或迟或早就到来了。经过变革，旧形式变成与新内容相适应的新形式，从而促进新内容的发展。

依我所见，这就是马克思推广"生产力与生产关系以及经济基础与上层建筑发展变化规律"，所发现的"内容与形式发展变化规律"之完善表述。因此，内容与形式发展变化规律实乃马克思的伟大发现。

按照哲学体系范畴排列顺序的由一般到个别、由抽象到具体、由简单到复杂原则，继"内容与形式"之后，是"同一与差别，普遍、特殊与单一，抽象与具体，一般与个别，逻辑与历史"。因为，一方面，"普遍、特殊和单一"、"抽象和具体"、"一般与个别"、"逻辑与历史"都是"同一和差别"的几种变形，所以必须把这些范畴放在一起研究；另一方面，"同一和差别"、"普遍、特殊和单一"等范畴，跟"形式和内容"的关系，乃是一般与个别关系：凡是单一性、特殊性和普遍性的关系，都是形式和内容关系：普遍是内容，单一性和特殊性是形式。反之，却只是有些内容和形式才是单一性、特殊性和普遍性。譬如，"事物的成分与结构"这种内容和形式，就不是单一性、特殊性和普遍性的关系。

因此，"内容和形式"是一般，"同一和差别"、"普遍性、特殊性

---

① 马克思：《资本论》第 3 卷，人民出版社 1958 年版，第 1158 页。

和单一性"等范畴是个别:"内容与形式"是存在于、依赖于"单一、特殊和普遍"以及"同一和差别"等范畴中的一般部分;而"单一、特殊和普遍"等范畴则是包含"内容与形式"的较个别、较具体、较复杂的整体。因此,不懂"内容与形式",就不能懂包含内容与形式的"普遍、特殊与单一"等范畴;但不懂"普遍、特殊和单一"等范畴,却可以懂其中一部分:"内容与形式"。于是,我们首先研究"形式与内容",然后便由形式与内容上升到包含内容与形式的较个别、较具体、较复杂的同一和差别以及普遍、特殊、单一等范畴。

第六章　同一与差别

本章提要　"不变"就是事物自身与自身相同，就是事物保持自身的稳定而不向他事物过渡。所以，事物在不变时，自身与自身便只是同一而无差别，具有"只是同一而不包含差别"的无矛盾属性，黑格尔斥之为"不包含差别的抽象同一性"。反之，"变化"是事物自身与自身不再相同，是事物离开自身而向他事物过渡。所以，正在变化着的事物，在不同时间便是不同的事物，而在同一时间则处于自身和他事物的中间状态。因此，正在变化着的事物，在同一时间，自身与自身既相同又不同，既同一又差异，具有既同一又差别的矛盾属性，黑格尔赞之为"包含差别的具体同一性"。黑格尔的这种"抽象同一"与"具体同一"理论虽然至今无人质疑，却是谬误。其主要错误在于，将"在变化时事物自身既包含同一又包含差别（亦即事物是自身同时又不是自身）"的真理，偷换为"事物自身与自身的同一包含差别，是包含差别的同一"之谬论；说到底，将"事物自身既包含同一又包含差别"的真理，偷换为"同一包含差别"的谬论。殊不知，同一是事物的相同性，差别是事物的不同性，二者在任何条件下都不可能相互包含；只有事物才可能既包含同一又包含差别：

事物在变化时，只是"事物自身与自身的关系"，才具有既包含同一又包含差别的矛盾性；而决不是事物自身的"同一性"既包含同一又包含差别。反之，事物在不变时，只是"事物自身与自身的关系"才具有只是同一而没有差别的无矛盾性；而不是事物自身的"同一性"只是同一而不包含差别。事物在变化和不变时的同一性,乃是完全相同的同一性,亦即皆为不包含差别的同一性;不同的只是事物在变化和不变时"自身与自身的关系":变化时事物自身具有包含差别的同一性(矛盾性)和不变时事物自身具有不包含差别的同一性(无矛盾性)。

一、同一与差别

1. 同一与差别定义

以事物的同异性质为根据,一切事物都可以分为同一和差别两类。同一就是相同,就是相同的东西,差别就是不同,就是不同的东西。黑格尔说:"所谓差异即不同事物。"① 然而,"同一是相同和差别是不同"似乎是同义语反复,却是能引申出同一和差别更加精确的科学定义的同义语反复。因为,众所周知,宇宙万事万物,绝对没有两个完全相同的东西。不用说并存在空间中的不同事物,绝对没有完全相同的,就是更替于同一时间中的同一事物自身,也不能与自身完全相同:正在变化着的事物每一瞬间它都是自身同时又不是自身。

当莱布尼茨在宫廷讲学讲到"相异律"时,他似乎只关注找不到两片完全相同的树叶;而没有谈及每一片树叶自己与自己也不是完全相同的:树叶每一瞬间是同时又不是原来的树叶。相反地,黑格尔则只强调树叶自身、事物自身的内在差别,而抹煞两片树叶相互间的外在差别,抹煞事物相互间的外在差别,称之为"形而上学":

"据说莱布尼茨当初在宫廷里提出他的相异律时,宫庭中的卫士和宫女们纷纷走入御园,四处去寻找两片完全没有差别的树叶,想要借以推翻这位哲学家所提出的相异律。毫无疑问,这是对付形而上学的

---

① 黑格尔:《小逻辑》,商务印书馆1981年版,第251页。

第六章　同一与差别

一个方便法门,而且即在今天也还是相当受人欢迎的方便法门。但就莱布尼茨的相异律本身而论,须知,他所谓异或差别并非单纯指外在的不相干的差异,而是指本身的差别,这就是说,事物的本身即包含有差别。"①

然而,不论事物自身与自身,还是事物与事物相互之间,宇宙中绝对没有完全相同的事物。反过来,宇宙中完全不同的东西也是不存在的。不用说更替于时间中的同一事物,自身与自身不是完全不同;就是并存于空间中的不同事物,也不是完全不同的东西。可能当莱布尼茨讲到同一律时,他会说世界上没有完全不同的树叶。确实,若干树叶不论如何不同,都同样是树叶嘛!"树叶"就是各种不同树叶的相同东西。

完全不同事物和完全相同事物都是不存在的。因此,存在的就只是事物的相同的部分和不同的部分了。试想,完全相同的个体是不存在,但任何个体都有相同的部分。"人"不就是宝玉和黛玉的相同部分吗?同样,完全不同的个体也是不存在,却存在不同的部分:"男性"和"女性"不就是宝玉、黛玉的不同部分吗?个体如此,一般亦然。"人"与"马"不也是既非完全相同亦非完全不同吗?"动物"是"人"与"马"的相同部分;能制造生产工具和不能制造生产工具等等,则是"人"与"马"的不同部分。

显然,宇宙之中,不论一般的、抽象的事物,还是个别的、具体的事物,都既没有完全相同者,也没有完全不同者,有的只是若干事物的相同部分和不同部分。所谓相同的事物和不同的事物,都只能是若干事物的相同部分和不同部分。因此,所谓"同一"(即所谓相同的事物)就只是若干事物的相同部分;所谓"差别"(即所谓不同事物)就是若干事物的不同部分。于是,我们就把同一定义为若干东西的相

---

① 黑格尔:《小逻辑》,商务印书馆 1981 年版,第 253 页。

新哲学

同部分,差别定义为若干事物的不同部分。

不难看出,一方面,"同一和差别"跟"同一性和差别性"是同一概念,是无处不在、无处不有的一切事物的普遍性:一切事物都具有同一性和差别性,并且皆由同一性和差别性两者构成。另一方面,同一和差别都是相对的。一种属性、一种事物,只有相对一定对象,才是同一性;而相对另一对象,则是差别了。例如,"人"只是相对若干人来说,才是同一性;而相对一个人和一匹马来说,则是差别性。

综上可知,正如黑格尔所言,发现若干事物相互间的同一与差别,并不困难;困难的是发现一事物自身的同一与差别,亦即正在变化着的事物自身与自身的既同一又差别,亦即他所谓"异中之同"和"同中之异":

"假如一个人能看出当前即显而易见的差别,譬如,能区别一支笔与一头骆驼,我们不会说这人有了不起的聪明。同样,另一方面,一个人能比较两个近似的东西,如橡树与槐树,或寺院与教堂,而知其相似,我们也不能说他有很高的比较能力。我们所要求的,是要能看出异中之同和同中之异。但在经验科学领域内对于这两个范畴,时常是注重其一便忘记其他,这样,科学的兴趣总是这一次仅仅在当前的差别中去追溯同一,另一次则又以同样的片面的方式在同一中去寻求新的差别。"[1]

2. 同一与差别分类:对立、矛盾与杂多

原来,同一可以分为两类:若干事物相互间的外在同一与一事物自身的内在同一。若干事物相互间的外在同一,就是若干不同事物的相同属性,如人性就是张三与李四以及约翰等人的外在同一。一事物自身的同一,就是内在同一,亦即逻辑学的"同一律",如在静止不

---

[1] 黑格尔:《小逻辑》,商务印书馆1981年版,第253—254页。

变的条件下，一事物自身是什么同时不能又不是什么。

同理，差别也可以分为两类：若干事物相互间的外在差异与一事物自身的内在差异。若干事物相互间的不同属性，就是外在差别，如人性与狗性就是张三与哈巴狗的外在差别。对于外在差别，黑格尔在论及作为外在同一的"同一律"之后，这样写道："关于同一，有'同一律'，关于差异，也同样有'相异律'的提出，说：'凡物莫不相异'，或者说：'天地间没有两个彼此完全相同之物'。"①

一事物自身的差别，就是内在差别，亦即在运动变化的条件下，一事物自身是自身同时又不是自身，是什么同时又不是什么。赫拉克利特说："我们踏入又不踏入同一条河流。"②黑格尔说："某物之所以运动，不仅因为它在这个'此刻'在这里，在那个'此刻'在那里，而且因为它在同一个'此刻'在这里又不在这里。"③诸如此类都是每一事物自身的内在差别。

差别远比同一复杂，如果进而以有无相反性质为根据，其可以分为对立和杂多。对立与相反是同一概念，就是极端不同而又相互依赖的两极差别，就是互相依赖的两极差别。譬如，黑与白、生与死、福与祸、好与坏、上与下、胜利与失败、资产阶级与无产阶级、感性认识与理性认识等等相反的两极差别，都是对立。因此，黑格尔说：

"本质的差别即'对立'。在对立中，有差别之物并不是一般的他物，而是与它正相反对的他物；这就是说，每一方只有在它与另一方的联系中才能获得它自己的［本质］规定，此一方只有反映另一方，才能反映自己。另一方也是如此；所以，每一方都是它自己的对方的对方。"④

---

① 黑格尔：《小逻辑》，商务印书馆1981年版，第251页。
② 北京大学哲学系外国哲学史教研室编译：《西方哲学原著选读》上卷，商务印书馆1981年版，第23页。
③ 黑格尔：《逻辑学》下卷，商务印书馆2017年版，第67页。
④ 黑格尔：《小逻辑》，商务印书馆1981年版，第254—255页。

杂多是非相反差别，是除了对立之外的一切差别。例如，好与右，男人与台灯、大象与茄子、太阳与政治等等都不是相反的差别，都是非对立差别，都是杂多。一目了然，杂多这种差别虽然是不相互依赖的，却也不是各自独立、互不影响的。例如，植物和动物是非对立的差别，是杂多。二者虽不必然相互依赖，但是，却相互转化、相互影响。诚然，并非一切非对立差别、杂多都可以相互转化。但是，相互毫无影响、无联系的差别，显然是不存在的：哪里有绝对孤立、隔离、毫无联系的东西呢？

差别以有无相互否定性质为根据，又分为矛盾和无矛盾差别两类。矛盾就是一事物自身所包含的"是"同时又"不是"的相互否定的两种属性；无矛盾差别则是不相互否定的差别，是不构成矛盾的差别。举例说：

当人成为粪土而向植物变化时，人就是人同时又是植物而不是人，是植物同时又是人而不是植物：人与植物相互否定而成为人自身所包含的矛盾。

当物体运动时，物体就存在于甲地，同时又在乙地而不在甲地，存在于乙地，同时又在甲地而不在乙地：在甲地和在乙地相互否定而成为运动着的物体位置之矛盾。

反之，当一个人不发生变化的时候，这个人是人，同时就不能又不是人：人与非人就不相互否定而成为人的矛盾。同理，静止的物体，在一定地方，同时就不能又在另一个地方：在一地方和在另一地方就不相互否定而成为静止物体位置之矛盾。这些都是无矛盾差别。

可见，差别之分为矛盾与无矛盾差别的根据，说到底，乃是运动变化与否。运动变化是矛盾的原因；静止不变是无矛盾的原因：哪里有运动变化，哪里就会出现矛盾；哪里静止不变，哪里就不存在矛盾。黑格尔说：

"矛盾不单纯被认为仅仅是在这里、那里出现的不正常现象，而且是在其本质规定中的否定物,是一切自己运动的根本,而自己运动不过就是矛盾的表现。外在的感性运动本身是矛盾的直接实有。某物之所以运动,不仅因为它在这个'此刻'在这里,在那个'此刻'在那里,而且因为它在同一个'此刻'在这里又不在这里。因为它在同一个'这里'同时又有又非有。我们必须承认古代辩证论者所指出的运动中的矛盾,但不应由此得出结论说因此没有运动,而倒不如说运动就是实有的矛盾本身。同样,内在的、自己特有的自身运动,一般的冲动(单子的欲望或冲力[Nisus],绝对单纯物的隐德来希[Entelechie]),不外是:某物在同一个观点之下,既是它自身,又是它自身的欠缺或否定物。抽象的自身同一,还不是生命力;但因为自在的肯定物本身就是否定性,所以它超出自身并引起自身的变化。某物之所以有生命,只是因为它自身包含矛盾,并且确实是在自身中把握和保持住矛盾的力量。但是,假如一个存在物不能够在其肯定的规定中同时袭取其否定的规定,并把这一规定保持在另一规定之中,假如它不能够在自己本身中具有矛盾,那么,它就不是一个生动的统一体,不是根据,而且会以矛盾而消灭。"[①]

3. 同一和差别的关系

外在同一与外在差别的关系 既然同一是若干事物的相同部分,差别是若干事物的不同部分,那么显然,同一和差别相互毫不包含、毫不相同。试想,若干事物的相同部分,怎么能包含这若干事物的不同部分呢?若干事物的不同部分,怎么能包含这若干事物的相同部分呢?张三和李四的共同性,怎么能包含张三和李四的不同性?张三和李四的不同点,怎么还能包括张三和李四的共同点呢?

显然,如果若干事物的相同点,包括若干事物的不同点,那么,

[①] 黑格尔:《逻辑学》下卷,商务印书馆2017年版,第66—67页。

这若干事物的"不同部分",也就一定不是"不同部分",而必是相同部分了;反之,若干事物的"不同部分",如果包含这若干事物的相同部分,那么,这若干事物的"相同部分",也就一定不是相同部分而必然是不同部分了。一句话,若干事物的相同部分,决不能包含这若干事物的不同部分;若干事物的不同部分,决不能包含这若干事物的相同部分:同一和差别决不能相互包含。

内在同一与内在差别的关系 原来,"不变"就是事物自身与自身的相同,就是保持自身的稳定而不向他事物过渡。所以,事物在不变时,自身与自身便只是同一而无差别,事物自身与自身就具有"只是同一而不包含差别的无矛盾属性"。反之,"变化"则是事物自身与自身不再相同,是事物离开自身而向非自身的他事物过渡。所以,正在变化着的事物,在不同时间便是不同的事物,而在同一时间则处于自身和他事物中间状态。因此,正在变化着的事物,在同一时间便是自身、自身与自身相同、同一,又不是自身、自身与自身不同、相异。这样,事物在变化中的"自身与自身的关系",就是一种包含差别的同一,就具有既同一又差别的矛盾属性,说到底,也就是黑格尔所谓的"同中之异与异中之同"。

可见,事物在变化时,一方面,自身与自身的同一,也是指自身与自身的相同,而丝毫不包含自身与自身不同的意思;另一方面,事物在变化时,自身与自身的差别,也是指自身与自身的不同,而丝毫不包括自身与自身相同的意思。仅仅是"事物在变化时自身与自身的关系",才既包含同一又包含差别,而决不是"事物在变化时自身与自身的同一性本身"包含差别;正像牛和羊的关系既包含同一又包含差别,而决不是牛和羊的同一性本身包含差别。又如牛和羊的同一性,并不因牛和羊既同一又差别,就成了包含牛和羊的差别性的同一性;事物在变化时自身与自身的同一性,也并不因事物在变化时自身与自身既同一又差别,而成了包含差别的同一性。

同理，事物在不变时，自身与自身同一性之不包含差别，也决不是由于事物在不变时自身与自身只是同一而不包含差别的关系；正像两个事物的同一性不包含二者的差别，并不是这两个事物只是同一而无差别，而是因为无论如何，事物的同一性，都只能是指事物相同部分，而不包含差别、不同部分的缘故。

所以，事物在变化时，自身与自身既包含同一又包含差别：这并非"同一性"的属性，而是"事物在变化时自身与自身的关系属性"；事物在不变时"自身与自身的同一而无差别"的属性，也并不是"同一性"的属性，而是事物在不变时"自身与自身的关系属性"。

这就是说，一方面，事物在变化时，只是"事物自身与自身的关系"，才既包含同一又包含差别；而决不是事物自身的"同一性"既包含同一又包含差别。另一方面，事物在不变时，只是"事物自身与自身的关系"才具有只是同一而没有差别的无矛盾性；而不是事物自身的"同一性"具有只是同一而没有差别的无矛盾性。事物在变化和不变时的同一性，乃是完全相同的同一性，亦即皆为不包含差别的同一性；不同的只是事物在变化和不变时"自身与自身的关系"：变化时事物自身具有包含差别的同一性（矛盾性）和不变时事物自身具有不包含差别的同一性（无矛盾性）。

4. 黑格尔"抽象同一和具体同一"理论：一种偏见与偷换概念之谬论

黑格尔反复指责和批判外在同一（若干事物相互间的相同性）和外在差别（若干事物相互间的不同性）以及事物静止不变时的同一律、矛盾律与排中律，而称之为"形式的、知性的同一"、"抽象的知性的同一"；却仅仅肯定内在的同一（事物变化时是什么同时又不是什么），称之为"具体的同一"、辩证的同一。

首先，黑格尔批判从若干事物抽象出相同性的外在同一，称之为形式的同一："这种同一，就其坚持同一，脱离差别来说，只是形式的或知性的同一。换言之，抽象作用就是建立这种形式的同一性并将一个本身具体的事物转变成这种简单性形式的作用。有两种方式足以导致这种情形：或是通过所谓分析作用丢掉具体事物所具有的一部分多样性而只举出其一种；或是抹煞多样性之间的差异性，而把多种的规定性混合为一种。"①

其次，黑格尔批判外在差别观，称之为"形而上学"："没有两个事物完全彼此等同：这个命题却表述了更多的东西，即规定了的差异。两个事物不仅仅是两个——数字的多是毫不相干的，——它们乃是由于一个规定而有差异。没有两个事物是彼此等同的：这个命题很激动人的想象，——据一个宫廷轶事，莱布尼慈提出了这命题，使得宫女们去找树叶子是否有两片等同的。——形而上学的幸运时代！"②

再次，黑格尔极力批判、否定乃至嘲弄事物静止不变时的无矛盾律，亦即所谓同一律、矛盾律与排中律：

"于是同一律便被表述为'一切东西和它自身同一'；或'甲是甲'。否定的说法：'甲不能同时为甲与非甲'。这种命题并非真正的思维规律，而只是抽象理智的规律。这个命题的形式自身就陷于矛盾，因为一个命题总须得说出主词与谓词间的区别，然而这个命题就没有作到它的形式所要求于它的。但是这一规律又特别为下列的一些所谓思维规律所扬弃，这些思维规律把同一律的反面认作规律。——有人说，同一律虽说不能加以证明，但每一意识皆依照此律而进行，而且就经验看来，每一意识只要对同一律有了认识，均可予以接受。但这种逻辑教本上的所谓经验，却与普遍的经验是相反的。照普遍经验看来，没有意识按照同一律思维或想象，没有人按照同一律说话，没有

---

① 黑格尔：《小逻辑》，商务印书馆1981年版，第247页。
② 黑格尔：《逻辑学》下卷，商务印书馆2017年版，第44页。

第六章　同一与差别

任何种存在按照同一律存在。如果人们说话都遵照这种自命为真理的规律（星球是星球，磁力是磁力，精神是精神），简直应说是笨拙可笑。这才可算得普遍的经验。只强调这种抽象规律的经院哲学，早已与它所热心提倡的逻辑，在人类的健康常识和理性里失掉信用了。"①

最后，唯一得到黑格尔肯定并且赞不绝口的，乃是事物的内在差别，亦即一事物自身在运动变化时所出现的是—否、否—是、亦此亦彼的矛盾，他称之为"具体的同一"②，这种同一"必定是具体的东西，因而包含有差别和对立于自己本身内的东西"③。反之亦然，"差别，作为自在自为的差别，只是自己与自己本身有差别，因此便包含有同一"④。总而言之，黑格尔得出结论说：

"代替抽象理智所建立的排中律，我们无宁可以说：一切都是相反的。事实上无论在天上或地上，无论在精神界或自然界，绝没有象知性所坚持的那种'非此即彼'的抽象东西。无论什么可以说得上存在的东西，必定是具体的东西，因而包含有差别和对立于自己本身内的东西。事物的有限性即在于它们的直接的特定存在不符合它们的本身或本性。譬如在无机的自然界，酸本身同时即是盐基，这就是说，酸的存在仅完全在于和它的对方相联系。因此酸也并不是静止地停留在对立里，而是在不断地努力去实现它潜伏的本性。矛盾是推动整个世界的原则，说矛盾不可设想，那是可笑的。"⑤

这就是黑格尔的"抽象同一"与"具体同一"理论。这种理论，虽然至今无人质疑，却有片面化和偷换概念之嫌。因为，一方面，这种理论轻视、嘲弄、甚至抹煞事物的外在差别、外在同一和内在同一，统统称之为"形而上学"；而仅仅重视和承认事物的内在差别（事物

---

① 黑格尔：《小逻辑》，商务印书馆 1981 年版，第 248—249 页。
② 黑格尔：《小逻辑》，商务印书馆 1981 年版，第 248 页。
③ 黑格尔：《小逻辑》，商务印书馆 1981 年版，第 258 页。
④ 黑格尔：《小逻辑》，商务印书馆 1981 年版，第 259 页。
⑤ 黑格尔：《小逻辑》，商务印书馆 1981 年版，第 258 页。

是自身同时又不是自身），称之为"具体同一"。另一方面，这种理论偷换概念，将"在变化时事物自身既包含同一又包含差别（亦即事物是自身同时又不是自身）"的真理，偷换为"事物自身与自身的同一包含差别，是包含差别的同一"之谬论；说到底，将"事物自身既包含同一又包含差别"的真理，偷换为"同一包含差别"的谬论。殊不知，同一是事物的相同性，差别是事物的不同性，二者在任何条件下都不可能相互包含；只有事物才可能既包含同一又包含差别：正在变化的事物是自身（同一）同时又不是自身（差别）。

二、普遍、特殊、单一

1. 普遍、特殊与单一：概念分析

黑格尔在《逻辑学》的"本质论"中，研究"同一"与"差别"；及至"概念论"，同一与差别便发展为普遍、特殊和单一（他称单一为"个体性"或"个别"）："在概念中，同一发展为普遍，区别发展为特殊，回到根据的对立发展为个别。"[①] 那么，同一与差别究竟是怎样发展为普遍、特殊与单一的？

无庸赘述，同一和差别可以是随随便便的若干事物的属性，甚至仅仅是两个事物——如张三与李四——的属性。张三与李四的相同点，就是同一；张三与李四的不同点就是差别。然而，当同一与差别不是随随便便的几个事物的属性，而是一定"种类"、"属"、"种"的属性时，同一与差别就进展、转化为普遍、特殊与单一。

原来，以某一种类事物的同一性和差别性为根据，一切属性便分为普遍性、特殊性和单一性三类。首先，普遍性乃是某一种类所有事物的同一性，是某一种类所有事物都具有的属性；而同一性则不必是

[①] 黑格尔：《逻辑学》下卷，商务印书馆2017年版，第284页。

某一种类所有事物都具有的属性：只要随便两个以上的事物都具有的共同点就是同一。所以，黑格尔一再强调："不要把真正的普遍性或共相与仅仅的共同之点混为一谈。"①其次，特殊性是某一种类部分事物的同一性，是某一种类部分事物所具有的属性，说到底，也就是某一种类若干事物彼此有别的不同性、差别性。最后，单一性则是一事物绝无仅有、独一无二的属性。举例说：

喜爱美食和游戏，是人"类"的同一性，是人"类"所有的人都具有的属性，因而是人类的普遍性；反之，爱吃萝卜而不是白菜、陶醉于打扑克而不是乒乓球，则是人"类"的一部分人所具有的同一性，是人"类"的一部分人所具有的属性，因而是人类的特殊性；至于"张三的眼睛是这样的"、"李四的嘴角有块那样的疤"以及每个人的相貌和指纹等等，则都是张三、李四等每个人独一无二绝无仅有的属性，因而是张三、李四等每个人的单一性。

由此可以理解，为什么黑格尔论及同一与差别发展为普遍、特殊与单一时，反复强调"类"与"属"：

"特性属于类……类依据另一方面，通过其被规定的特性而划出界限；关于这另一方面，我们曾经注意过：类作为较低的类，会在一更高的普遍的东西中消解。这个更高的普遍的东西也可以再被了解为类，但却是更抽象的类，不过这仅仅始终属于被规定的概念向外去的那个方面。那向外去的方面在真正更高的普遍的东西中，就回转来向内；这个更高的普遍的东西就是第二否定，规定性在第二个否定中完全只是作为建立起来的东西或作为映象。生命、自我、精神、绝对概念都不是仅仅作为更高的类那样的普遍的东西，而是具体的东西，其规定性也不是属或较低的类，而是在其实在中就全然只是在自身中并为自身所充实。"②

---

① 黑格尔：《小逻辑》，商务印书馆1981年版，第332页。
② 黑格尔：《逻辑学》下卷，商务印书馆2017年版，第271—272页。

"譬如，我们试就卡尤斯、提图斯、森普罗尼乌斯以及一个城市或地区里别的居民来看，那么他们全体都是人，并不仅是因为他们有某些共同的东西，而且是因为他们同属一类（Gattung）或具有共性。要是这些个体的人没有类或共性，则他们就会全都失掉其存在了。反之，那种只是表面地所谓普遍性，便与这里所讲的类或共性大不相同；事实上这种表面的普遍性只是所有的个体事物被归属在一起和它们的共同之点。"①

然而，"普遍性"与"普遍"或"普遍事物"是不同的。任何种类事物的普遍性，都不胜枚举，甚至是无限、无数的。就拿人"类"来说，普遍性显然多至无数，如具有语言、能制造生产工具、有手和脚等等。某类事物的特殊性与单一性显然也都是无数的，不胜枚举。某种类事物的普遍性之和，就构成一类事物全体，叫作"普遍"或"普遍事物"，如"人"、"桌子"等等。某类事物的普遍性与特殊性之和，则构成一类事物中的部分事物，叫作"特殊"或"特殊事物"，如"有些人"、"有些桌子"等等。某类事物的普遍性、特殊性与单一性之和，就构成能够独立存在的个体、实体，叫作"单一"或"单一事物"，如"曹雪芹"、"这张桌子"等等。这恐怕就是为什么，黑格尔这样写道：

"普遍性、特殊性、个体性，抽象地看来，也就相同于同、异和根据。但普遍性乃是自身同一的东西，不过须明白了解为，在普遍性里同时复包含有特殊的和个体的东西在内。再则，特殊的东西即是相异的东西或规定性，不过须了解为，它是自身普遍的并且是作为个体的东西。同样，个体事物也须了解为主体或基础，它包含有种和类于其自身，并且本身就是实体性的存在。"②

---

① 黑格尔：《小逻辑》，商务印书馆1981年版，第350页。
② 黑格尔：《小逻辑》，商务印书馆1981年版，第334—335页。

2. 普遍性、特殊性与单一性的绝对性与相对性

我们知道，一种属性，比如"人性"，只是相对一定对象，如曹雪芹与马克思，才是同一性；而相对另一对象，如植物等，就不是同一性了。相反地，一种属性之为普遍性（或特殊性或单一性），则对于任何对象来说都是普遍性（或特殊性或单一性）。就是说，一种属性如果是普遍性，那么，在任何对象关系中，它都是普遍性；一种属性如果是特殊性，那么，在任何对象关系中它都是特殊性；一种属性如果是单一性，那么在任何关系中就都是单一性。一句话，普遍性、特殊性和单一性在对象关系方面是绝对的。举例说：

"人是能造工具的动物"，"人性"等等，不论对于动物来说，还是对于中国人来说，抑或对于其他任何事物来说，都同样是某种类的所有事物的同一性，亦即都同样是人类中所有人都具有的属性，因而都同样是普遍性。"有些人是黑色的"，"有些人喜欢打扑克"等等，则不论对于任何对象来说，都同样是某一种类事物——即人类——中一部分人所具有的属性，因而都同样是特殊性。至于"李四嘴角上有那样的疤"以及每个人的相貌和指纹等等，则不论对于任何对象来说，都同样是独一无二、绝无仅有的属性，都同样是单一性。

可见，普遍性、特殊性、单一性都是不依任何对象关系为转移的，是在对象关系中绝对不变的。然而，我们不能由此得出结论说："普遍性、特殊性、单一性"完全是绝对的。不！普遍性、特殊性、单一性仅仅是在对象关系方面是绝对的，仅仅是在空间地点方面是绝对的，而在时间方面则是相对的。因为一种属性之为普遍性（或特殊性或单一性），虽然对于任何对象来说都是普遍性（或特殊性、单一性），却不可能对于任何时间来说都是普遍性（或特殊性、单一性）。相反地，此时的单一性，彼时则可以变成特殊性或普遍性；反之亦然。换言之，普遍性、特殊性和单一性都是可以相互转化的：一事物独自具有的单一性，可以变成有些事物具有的特殊性，又可以变成一类事物都具有

的普遍性；反之亦然。举例说：

马克思在《资本论》中指出，单一的价值形态随着生产的发展，变成了特殊的、扩大的价值形态，又变成了普遍的价值形态。达尔文亦曾指出，某类陆生动物到水中觅食，最初是单一性、特殊性，久而久之，就变成了该类所有动物的普遍性；于是，这类陆生动物就变成水生动物。同样，直立行走，最初也是类人猿的单一性、特殊性，日久天长，才变成了普遍性，于是类人猿就成了人类。

反之，类人猿都长尾巴和遍体长毛的普遍性，经过向人的转化，就变成了有些人才有的特殊性，最后势必变成单一性而直至消灭。中国封建道德礼教，在封建社会是普遍性，尔后则变成有些人才遵循信仰的特殊性，最后必将变成单一性直至消灭。

综上可知，普遍性、特殊性、单一性，一方面，不依任何对象关系而转移，不因对象不同而不同：一种属性之为普遍性与特殊性抑或单一性，是在任何对象关系中都绝对不变的；另一方面，则依时间关系为转移，因时间不同而不同：一种属性之为普遍性与特殊性抑或单一性，是以一定时间为条件的。

3. 单一性的绝对流逝性·特殊性和普遍性的相对稳定性

单一性乃是独一无二绝无仅有的属性，所以，不但在空间并存的事物中，而且在时间更替的事物中，都不会有相同的单一性：单一性不但处处不同，而且时时不同、时时变化。就是说，单一性是绝对、永恒、无条件地变化的。因此，对于单一性，我们永远无法叫停。赫拉克利特的名言"人不能两次踏入同一条河流"，即此谓也！事物的单一性绝对变化、流逝而无片刻静止不变。我们常说："大自然瞬息万变"，也是这个意思。

然而，特殊性和普遍性则是相对稳定的。因为普遍性是一定种类所有事物的共同属性。所以，普遍性也就是在一定物种范围内的"空间中并存和时间中更替"的一切不同事物的相同的属性。因此，普遍性不但在一定范围内的任何地方是相同不变的，而且在一定范围内的任何时间中都是相同不变、永久如斯的：普遍性是与整个种类同存亡、同生灭的。相反地，特殊性是一定种类部分事物的共同属性，所以，特殊性只是整个种类中部分事物在有些时候才是相同不变的。因此，特殊性决不能和整个种类同存亡、同生灭，而是随着该种类中一部分事物的变化而变化：它比整个种类的寿命短得不可比拟。这样，虽然特殊性和普遍性相对单一性来说，都是稳定的，但特殊性相对普遍性来说，则是暂时易逝、不稳定的；而普遍性相对特殊性和单一性来说，则是恒久稳定的。举例说：

人的会哭笑、有语言的普遍性，不但为一切地方一切种类的人们所共有，而且也为一切历史时代的人们所共有：它与整个人类同存亡、共生灭。反之，诸如有些人打扑克、耍酒疯、讨饭等特殊性，就不但只是有些人的共性，而且还是有些人有些时候才有的共性：它显然不能与人类同生灭、共存亡，而是随着这一部分人的变化而变化。因此，有些人爱打扑克、耍酒疯的特殊性，相对人的会哭笑、有语言的普遍性来说，就是暂时易逝、不稳定的；而人的会哭笑有语言的普遍性，相对有些人爱打扑克的特殊性来说，则是恒久稳定的。

4. 单一性的必不重复性·特殊性的偶然重复性·普遍性的必然重复性

普遍性是在一定种类事物的"空间中并存和时间中更替"的一切事物中都完全同样共有属性。所以，普遍性一方面必然在同种并存事物中完全相同地出现，这就是在空间中重复；另一方面必然在同种更替的事物中完全相同地出现，这就是在时间中重复。这就是普遍性的必然重复性。举例说：

"人有手"的普遍性的必然重复性就在于：一方面，"人有手"的属性，完全相同地出现在同时并存的一切正常人的身上，这是在空间中重复；另一方面，"人有手"的属性，完全相同地出现于相互更替存在的一切正常人的身上，这是在时间中重复。

"生产力发展到一定阶段，必然与生产关系发生冲突导致变革"的普遍性之必然重复性在于：一方面，这种普遍性必然完全相同地出现在各个国家生产力与生产关系的发展中，这是在空间中的必然重复；另一方面，这种普遍性又必然完全相同地出现在一个国家的历史中，这是在时间中的必然重复。

单一性因其不但在空间并存的事物中，而且在时间更替的事物中，都不会有相同的。因此，单一性不但处处不同，而且时时不同，因而是必然不能重复出现的：任何单一性都只能出现一次。这就是为什么，莱布尼茨说找不出完全相同的两片树叶。这就是为什么，赫拉克利特说人不能两次踏入同一条河流。

特殊性则因其是一定种类部分事物偶然具有的共同性，因而可以偶然重复出现。例如，张三、李四等人今天在家里打扑克，明天则又可以在列车上打扑克：张三等人的打扑克的特殊性是可以偶然重复出现的。再比如，王二今天半夜头疼，明天也可能又在半夜头疼：王二头疼的特殊性是可以偶然重复的。

然而，不可将重复和循环等同起来。因为循环只是一种特殊的重复，是一种周而复始的变化所造成的时间上的重复。一切普遍性都必然重复，却未必循环，而只是有些普遍性才是循环地重复的。例如，春去夏来、花开花落、燕来燕去等等，都是循环式地重复的。但摩擦生热，人有手等普遍性，却仅仅具有重复性而不具有循环性。

5. 普遍性是内容；特殊性和单一性是形式

不言而喻，普遍性是感官感知不到的，它隐藏在事物内部；而特殊性和单一性则是感官能感知的，是暴露于事物外部的属性；并且，普遍性通过单一性和特殊性表现出来：普遍性是内容，单一性和特殊性是形式。举例说：

喜爱游戏是人性，是所有人都具有的普遍性，是看不见摸不着的。反之有些人喜爱打牌，有些人喜爱游泳，是人的特殊性，是看得见摸得着的。喜爱游戏的普遍性是通过有些人喜爱打牌、游泳等特殊性表现出来：普遍性是内容，特殊性是形式。

人皆有脸或容貌，是人性，是人的普遍性。这种普遍性也是感官感觉不到的，是看不见的。我们能够看到的，只是张三、李四、约翰等等那独一无二的单一性容貌。人皆有脸的普遍性是通过张三、李四、约翰等独一无二的单一性容貌表现出来：普遍性是内容，单一性是形式。

因此，恩格斯说："所谓能、热、放射（光或辐射热）、电磁、化学能都是普遍运动的各种表现形式。"① 这就是说，普遍运动是内容，而包含着普遍运动的能、热、电等的特殊性和单一性，则是普遍运动的表现形式。

列宁在《国家与革命》中也这样写道："从资本主义过渡到共产主义当然不能不产生多种多样的政治形式，但本质必然是一个，就是无产阶级专政。"② 这就是说，无产阶级专政这种包含于各种政治中的普遍性，是内容；而包含无产阶级专政这种普遍性的各种各样的诸如"十月革命所建立的苏联政权"、"中华人民共和国政权"等特殊性和单一性，则是无产阶级专政这种普遍性的表现形式。

---

① 《马克思恩格斯选集》第 4 卷，人民出版社 1995 年版，第 245—246 页。
② 尼柯尔斯卡娅主编：《列宁论国家和法》第 1 卷，法律出版社 1960 年版，第 465 页。

三、抽象与具体以及一般与个别

1. 抽象与具体：概念分析

如果"同一和差别以及普遍、特殊和单一"是相对包含它们的事物而言，那么，"同一、差别、普遍性、特殊性、单一性"和包含它们的事物，就变成"抽象和具体"、"一般与个别"。于是，当我们研究同一、差别、普遍、特殊、单一和包含它们的事物的关系时，便过渡、推演出"抽象与具体"以及"一般与个别"两对范畴。

同一、差别、普遍性、特殊性与单一性，相对包含着这些属性的事物来说，都叫作抽象；而包含着这些属性的事物，相对这些属性来说，便叫作具体。一语道破，具体就是整体，抽象就是不能独立的部分。举例说，口吃病与口吃者、颜色与红色、红与红领巾、白与白面书生、好与好人、阶级与无产阶级等等，都是不能独立的部分与整体的关系，所以都是抽象与具体。

然而，有些人，例如苏联哲学家罗森塔尔，把抽象与具体跟部分与整体完全等同起来。这是错误的。虽然具体与整体是同一概念，但抽象与部分却不是一回事。因为部分有"能独立存在的部分"与"不能独立存在的部分"之分；而只有不能独立的部分，才是抽象；能够独立的部分，则只是部分而不配享有抽象之名。

所谓能够独立的部分，也就是凭借物质手段——而不是凭借抽象思维——就能分开整体的部分。例如，分子中的原子、原子中的电子、人的手脚、楼房的砖头等等，都是凭借物质手段就能够分割的，因而是可以独立的部分，所以皆非抽象，而只能是部分。反之，诸如张三的"生死"属性、"健康"属性、"富有才华"等属性，则都是不能凭借物质手段——而只能凭借抽象思维作用——从张三中分离出来的不能独立存在的部分，所以都是张三的抽象，而不仅仅是张三的部分。所以，《辞海》"抽象"词条说："指在思想上把客观事物分解成相对独立的各个方面、属性、关系等。"① 逻辑教科书也都这样写道："抽象就是指在思维中把对象的某个属性抽取出来，而舍弃其他属性的一种逻辑方法。"②

抽象是不能独立的部分，具体是整体。所以，凡是抽象与具体，都是简单与复杂：凡是抽象皆简单（即比较片面、贫乏、方面较少的东西）；凡是具体皆复杂（即比较全面、丰富、方面较多的东西）。因此，马克思说："具体之所以为具体，因为它是许多规定之综合，因而是多样性的统一。"③《辞海》"具体"词条也这样写道："指客观存在着的或在认识中反映出来的事物的整体，是具有多方面属性、特点、关系的统一。"④

但是，不可将抽象与简单——具体与复杂——等同起来。因为一方面，抽象是不能独立存在的，一切抽象都只能存在于具体之中；但简单却既可能不独立存在，又可能独立存在。例如，分子相对物体来说是简单，却能独立存在。所以，分子只能是简单而不可能是抽象。另一方面，抽象与具体都必是部分与整体的包含被包含关系；但简单与复杂却既可能是又可能不是部分与整体的包含被包含关系。

例如，一张桌子与存在于这张桌子之外的分子，虽然没有包含被包含的关系，却是复杂与简单的关系。再比如，一个茅舍和一座楼房是简单与复杂的关系，却没有包含与被包含的关系。所以，一切抽象与具体，都是简单与复杂；但凡是简单与复杂，并不都是抽象与具体："抽象与具体"是个别，而"简单与复杂"是一般。

不难看出，与普遍、特殊、单一在对象关系方面是绝对的不同，抽象与具体不论在对象关系，还是在时间方面，都是相对的：一切事

---

① 《辞海·语词分册》上，上海人民出版社1977年版，第669页。
② 张巨青等：《辩证逻辑》，吉林人民出版社1981年版，第172页。
③ 《马克思恩格斯选集》第2卷，人民出版社1995年版，第103页。
④ 《辞海·语词分册》上，上海人民出版社1977年版，第273页。

物只是相对一定事物才是抽象、部分，而相对于另一定事物就是具体、整体了。例如，白色相对白面是部分、抽象，而相对颜色却是整体、具体了。

然而，由此不能得出结论说，不存在某种绝对的抽象或绝对的具体。因为，一方面，"事物"不论对于任何东西、在任何时候，都是抽象的，因而是绝对的抽象物；另一方面，"单一事物"则不论对于任何对象、在任何时候来说，都是具体的，所以是绝对的具体，马克思称之为"整体的一个混沌的表象"①。例如："曹雪芹"、"北京"、"这张桌子"等单一事物，不论对于任何对象、在任何时间说来，都是具体，所以都是绝对的具体。

可见，除了"单一事物"之为具体和"事物"之为抽象是绝对的，其他一切概念和事物，都相对地是抽象和具体："单一事物"只能是具体，"事物"只能是抽象。除此以外，一切东西都既可以是抽象，又可以是具体：相对一定事物是抽象，相对另一事物又是具体。

2. 一般与个别：判定公式

如果普遍性相对包含着该普遍性的事物来说，那么，这种普遍性就不仅仅是抽象，而且还是一般；反之，同一性、差别性、特殊性、单一性相对包含着它们的事物来说，却不是一般，而仅仅是抽象。因为，一般乃是一种普遍性，并且是这样一种普遍性，只有当这种普遍性相对包含着它的事物来说，才是一般。所以，一般就是相对包含普遍性的特殊或单一事物来说的普遍性；而相对普遍性来说的包含着普遍性的特殊或单一事物，则叫作个别。

更确切些说，一般就是相对某类事物来说的这些事物的普遍性，就是相对某类事物来说的该类所有事物的同一性；个别则是相对普遍

---

① 《马克思恩格斯选集》第 2 卷，人民出版社 2012 年版，第 700 页。

性来说的若干具体事物,就是相对某类所有事物同一性来说的该类事物。简而言之,事物相对其普遍性就是个别;而普遍性相对包含它的事物,就叫一般。一般就是个别的普遍性,个别就是包含一般的事物。举例说:

"人"这种张三、李四等人的普遍性,相对张三和李四等人来说,就是一般;而张三、李四相对"人"来说,则是个别。"树"是松树、橡树的一般,而松树和橡树则是"树"的个别。

不难看出,一切个别都是一般;反过来,一般却只是有些部分才是个别。例如,一切张三、李四等等(个别)都是人(一般);反过来,则只是有些人(一般)才是张三、李四等等(个别)。由此我们可以得出一般与个别关系的判定公式:如果甲都是乙,而只是有些乙才是甲,那么,甲就是个别,乙就是一般。譬如,一切人都是动物,而只是有些动物是人。所以,人是个别,动物是一般。

不言而喻,一般与个别都是相对的:一事物只是相对一定东西才是一般,而相对另一东西就是个别了。举例说,"人"只是相对"中国人"、"美国人"、"张三"、"李四"、"北京人"等等才是一般,而相对"动物"则是个别了。"苹果"只是相对"水果"是个别,而相对"国光苹果"和"黄元帅苹果"就又是一般了。

但是,由此不能说,一切一般与个别都是相对的,而没有绝对的一般与绝对的个别。不!绝对的一般是有的,那就是"事物":"事物"对于一切东西来说都是一般。绝对的个别也是有的,那就是一切单一事物:单一事物对于一切东西来说都是个别。除了"事物"和"单一事物",一切东西都既可以是个别,又可以是一般:相对一事物是个别,而对于另一事物又是一般了。

毋庸赘言,一般乃是一种抽象,是存在于所有个别事物中的不能独立的共性。因此,一般完全依赖和从属于个别,只能存在于个别之中,而不能离开个别,独立存在于个别之外。试想,"人性"不是完全从属、依赖和存在于张三、李四和王二等等一切个别之中吗？谁能见到离开张三、李四等等一切个别的人，而独立存在的赤裸裸的一般的人呢？谁能看见"人"？岂不是只能看见李四、约翰等等？

反之，任何个别也不能离开一般而独立存在。谁能见到不包含一般的"人"的某某个别的人呢？谁能见到不是"房子"的草房、瓦房、楼房？谁能见到不包含"狗"的一般属性的猎狗、哈巴狗、黑狗等个别的狗呢？显然，个别也不能离开一般而独立存在。

然而，个别不能离开一般，和一般不能离开个别根本不同。个别不能离开一般，并不是因为个别依赖、从属于一般，而是因为个别永恒地被一般所依赖、所从属。所以，个别是第一性的，是始源，而一般则是派生物，是第二性的：个别永恒地产生和包含一般，一般则完全依赖、从属于个别。因此，一般与个别不能分离开来、各自独立存在，而必然如影随形、同存共亡：一般与个别的分离独立不过只能存在于思维中罢了。因此，列宁说："个别只会与一般相关联而存在。一般只能在个别中间存在，只能经过个别而存在。"①

3. 关于"同一、普遍、一般、抽象、个别、差别、特殊、单一、具体"九范畴之关系

首先，关于"一般"、"普遍"与"同一"三者之关系。一目了然，凡是"一般"皆"普遍"，凡是"普遍"皆"同一"、"同一性"。反过来，一方面，只有一部分同一性——亦即某类所有事物的同一性——才是普遍；另一方面，普遍只有相对一定事物来说才是一般，而相对另一事物就是个别了：只有一部分普遍是一般。因此，就概念的外延来说，"同一"最广、"普遍"次之、"一般"最狭。举例说：

"人"对于所有人来说，是一般，也是所有人的普遍性，也是所

---

① 列宁：《论马克思恩格斯及马克思主义》，人民出版社 1954 年版，第 280 页。

有人的同一性。反之，张三、约翰等若干人的同一性，并不是普遍性，而只有张三、约翰等所有人的同一性——亦即人性——才堪称普遍。但是，人性这种普遍性，也只有对于张三、李四等人来说，才是一般；而对于动物来说，则是个别。

其次，关于个别、差别、特殊、单一的关系。不难看出，凡是"个别"，都是"一般、普遍、同一与差别性"之和，亦即同一性与差别性之和，是二者的统一体。例如，"中国人"相对"人"来说，是个别。"中国人"这种个别事物，就是"人"这种所有人普遍的、一般的、同一的属性，加上"中国人"区别于其他人的差别性之和。准此观之，所谓教条主义，并非只知一般不懂个别，而是不懂差别；经验主义并非只知个别不懂一般，而是只知差别不懂一般。

既然个别等于一般与差别之和，所以，差别也就等于个别减去一般之差。因此，差别既可能是单一性、特殊性，又可能是范围较狭窄的普遍性。例如，张三与李四的差别，是单一性；一些人与另些人的差别，是特殊性；人与狗的差别，如"能否制造生产工具"则是人的普遍性："人是能够制造生产工具的动物"无疑是人"类"皆有的普遍性。

至于特殊与单一，则显而易见，特殊事物和单一事物都属于个别范畴，是个别之一种，是构成某类部分事物的个别事物——亦即特殊事物——和能够独立存在的个别事物，亦即单一事物；而特殊性与单一性则属于差别范畴，是差别之一种，是某类部分事物具有的差别（特殊性）和独一无二、绝无仅有的差别（单一性）。

再次，关于抽象和一般、具体与个别的关系，则抽象比一般广泛："一般"仅仅是"普遍性"的抽象，而不是"单一性、特殊性、同一性与差别性"的抽象。所以，凡是一般皆抽象，却只有一部分抽象（普遍性）才是一般，而另一些抽象（单一性与特殊性）则是差别性。例如，若干人互相区别的方面，就不是一般，而只是一种抽象，即差别性的抽象。"口吃"也并非一般,而只是有些人的抽象,即特殊性抽象。只有像"动物"、"人"这种对于张三、李四等等的抽象,才是一般。可见,抽象与一般的关系,跟抽象与差别的关系大体相同。

那么,个别与具体是否也有广狭关系呢?否!个别与具体显然是同一概念:凡是个别皆具体,凡是具体皆个别;只不过对于一般来说,便叫个别,而对于抽象来说就叫具体罢了:个别与具体不过是同一事物对于不同对象的不同名称。因此,"一般与个别"跟"抽象与具体"的关系,便是一般与抽象的关系:"一般与个别"是狭义的概念,而"抽象与具体"则是较广泛的概念;凡是"一般与个别"皆是"抽象与具体",但"抽象与具体"却不都是"一般与个别"。

最后,也是最重要的,乃是"普遍、一般"与"差别、特殊"的关系。差别性、特殊性无疑是可以感知的属性,属于现象范畴;普遍或一般则是感官感觉不到而只能由抽象思维把握的属性,属于本质范畴。毋宁说,本质、普遍与一般大体是同一概念,都是只能由抽象思维把握的属性;差别性与现象大体是同一概念,都是可以感知的属性。更确切些说,一切个别的具体事物(如张三、约翰等等)都可以分为"只能由思维把握的本质、普遍、一般"与"可以感知的现象、特殊性、差别性"两大方面、两大属性。

不难看出,在构成每一个个别的具体事物的这两种属性中,本质、普遍和一般属性是根本的主要的决定性的,是原因;而现象、差别性则是非根本非主要被决定的,是结果。试想,一个人生有鼻子的普遍性根本,还是他生有蒜头鼻子的差别性根本?无疑是生有鼻子的普遍性根本!因为他只有具有了生鼻子的普遍性,才可能有生蒜头鼻子之差别性;而没有生蒜头鼻子属性,他依然可以生鼻子,只不过不是蒜头鼻子罢了。所以,本质、一般、普遍性是根本属性,是原因;而现象、差别则是非根本属性,是结果。

然而,决不可以将"可以感知的事物(现象、差别性、特殊性)"

与"个别事物、具体事物"等同起来，进而由"本质、一般、普遍性是根本的，是原因；而现象、差别性是非根本的，是结果"的真理，而滑入"本质、一般、普遍性是根本的，是原因；而个别的具体的事物是非根本的，是结果"谬论。因为"可以感知的事物（现象、差别性、特殊性）"与"个别事物、具体事物"根本不同。个别具体事物，如张三、约翰等等，皆由现象与本质——亦即差别性与一般或普遍——两方面构成，现象、差别性仅仅是个别具体事物的外在的可以感知的方面，是非根本的方面；而本质、一般、普遍则是个别具体事物的内在的只能由思维把握的方面，是根本的方面。

4. 从抽象到具体：科学体系各个范畴相互间的推演顺序

马克思《〈政治经济学批判〉导言》，如所周知，曾专门研究政治经济学科学体系各范畴的推演顺序。他的结论是，各个范畴的推演顺序，应该是从抽象到具体：从抽象到具体"显然是科学上正确的方法"[①]。对此，亚里士多德亦曾指出："对个别特性的思考是在对共同东西的研究之后。"[②] 亚里士多德此见与马克思是一致的。因为科学体系中的抽象范畴，无疑都是一般的普遍的范畴。因此，作为科学范畴体系推演顺序的抽象和具体，也就是一般与个别，说到底，也就是内涵比较简单的范畴与包含它的比较复杂的范畴，也就是内涵比较片面的范畴和包含它的比较全面的范畴，也就是部分和包含该部分的整体范畴。举例说：

价值与剩余价值就是抽象与具体：价值是抽象、一般，是内涵比较简单、比较片面的范畴，而剩余价值则是具体、个别，是内涵包含价值的比较复杂、比较全面的范畴。所以，作为科学体系范畴推演顺

[①] 《马克思恩格斯选集》第 2 卷，人民出版社 1977 年版，第 103 页。
[②] 苗力田主编：《亚里士多德全集》第二卷，中国人民大学出版社 1991 年版，第 57 页。

序的"从抽象到具体"与"从一般到个别",是同一概念;而"从抽象到具体与从一般到个别",与"从简单到复杂以及从部分到整体",大体说来,是同一概念。

但是,从抽象到具体、从一般到个别、从简单到复杂的方法,与演绎法并不完全相同:它比演绎法更为复杂和丰富。因为这种方法具有双重含义。一方面,从抽象到具体、从简单到复杂,是从一般范畴到个别范畴。因为凡是一般都是内涵较少、较抽象、较简单的范畴;而凡是个别则都是包含一般的内涵较多、较具体、较复杂的范畴。《资本论》从价值到剩余价值的从抽象到具体的方法,便是从一般到个别的典范。这是演绎法。

但是,另一方面,从抽象到具体、从简单到复杂,则是从初始范畴到非初始或派生范畴。因为初始范畴都是内涵较少、较简单的范畴,而非初始或派生范畴则都是包含初始范畴的内涵较多、较复杂的范畴。《资本论》从第一卷"生产过程",到第二卷"流通过程",再到第三卷"分配过程",便是从初始范畴到派生范畴的典范。但是,这不是演绎法,因为生产、流通与分配都是并列的概念关系,而不是一般与个别的概念关系。

这样,正如马克思所指出,科学理论体系的各个范畴的推演顺序,之所以是从抽象的一般的简单的范畴,上升到比较具体的个别的复杂的范畴,乃是因为只有懂得抽象的、一般的、简单的范畴,才能懂得包含它的具体的、个别的、复杂的范畴;而如果走相反的道路,则两者都无法理解:"只要知道了剩余价值的各个规律,利润率是容易理解的。如果走相反的道路,则既不能了解前者,也不能了解后者。"[①] 因此,"从抽象的一般的简单的范畴,上升到比较具体的个别的复杂的范畴",也就是一切科学理论体系——不论是公理化体系还是非公理化

---

① 《马克思恩格斯全集》第 23 卷,人民出版社 1971 年内部版,第 242 页。

体系——的各个范畴的推演顺序。

《资本论》体系的各个范畴的推演顺序,如所周知,是这种方法的典范。《几何原本》的各个范畴的推演方法也是如此。且看《几何原本》第一篇。该篇的点、线、直线、面、平面、直角、圆、平行线等23个范畴的排列顺序所遵循的,便是一种从抽象到具体、从一般到个别、从简单到复杂的方法:从点到线和从线到面是从初始范畴到派生范畴;从面到平面是从一般到个别;从平面到直角、从直角到圆、从圆到平行线是从初始范畴到派生范畴。"此外,定理的编排",克莱因说,"也是从简单的到越来越复杂的"。① 所以,笛卡尔把这种方法作为一切科学都应该遵循的四条普遍方法之第三条:

"第三条是,按次序进行我的思考,从最简单、最容易认识的对象开始,一点一点逐步上升,直到认识最复杂的对象;就连那些本来没有先后关系的东西,也给它们设定一个次序。"②

四、关于抽象与具体以及普遍、一般与个别关系之理论

1. 黑格尔关于抽象概念与具体概念的理论

贺麟与张世英说:"黑格尔是第一个提出'具体概念'以区别于'抽象概念'的哲学家。他认为形式逻辑的概念是抽象概念,辩证逻辑的概念是具体概念。抽象概念所把握的是抽象的同一,具体概念所把握的是具体的同一。"③

诚哉斯言!如前所述,黑格尔所谓"抽象同一"是不包含差别的同一,亦即所谓形式逻辑的同一律,说到底,亦即在不变时事物自

---

① 克莱因:《古今数学思想》第一卷,上海科学技术出版社1979年版,第97页。
② 笛卡儿:《谈谈方法》,商务印书馆2000年版,第16页。
③ 贺麟、张世英:《黑格尔关于辩证逻辑与形式逻辑的关系的理论》,上海人民出版社1956年版,第17页。

身与自身所具有的只是同一而不包含差别的无矛盾性。反之，他所谓"具体同一"则是包含差别的同一，是指正在变化的事物是自身（同一）同时又不是自身（差别）的矛盾性。从此出发，一方面，黑格尔认为抽象概念所把握的是抽象同一，这种概念的特点是排除、舍弃事物的不同特性而抽取其共同性，是脱离特殊性的一种抽象共同性，不包含特殊性、差异性、对立面和矛盾，因而越抽象越普遍的东西也就越贫乏越空洞：

"一说到概念人们心目中总以为只是一抽象的普遍性，于是概念便常被界说为一个普遍的观念。因此人们说颜色的概念，植物动物的概念等等。而概念的形成则被认为是由于排除足以区别各种颜色、植物、动物等等的特殊部分，而坚持其共同之点。这就是知性怎样去了解的概念的方式。人们在情感上觉得这种概念是空疏的，把它们只认为抽象的格式和阴影，可以说是很对的。"①

另一方面，黑格尔认为具体概念所把握的是具体同一，这种概念的特点是包含一切特殊性、差异性、对立成分和矛盾性的具体普遍性，因而越抽象越普遍的东西也就越丰富越具体：

"概念的普遍性并非单纯是一个与独立自存的特殊事物相对立的共同的东西，而毋宁是不断地在自己特殊化自己，在它的对方里仍明晰不混地保持它自己本身的东西。无论是为了认识或为了实际行为起见，不要把真正的普遍性或共相与仅仅的共同之点混为一谈，实极其重要。"② "这种普遍性并不只是某种在人的别的抽象的质之外或之旁的东西，也不只是单纯的反思特性，而毋宁是贯穿于一切特殊性之内，并包括一切特殊性于其中的东西。"③ 因此，概念外延越广，内涵便越丰富

---

① 黑格尔：《小逻辑》，商务印书馆1981年版，第332页。
② 黑格尔：《小逻辑》，商务印书馆1981年版，第332页。
③ 黑格尔：《小逻辑》，商务印书馆1981年版，第351页。

越深邃："外延最广也就是内包最深……外延越广，内容越丰富。"①

这就是黑格尔的抽象概念与具体概念理论，实为谬论也！首先，这种理论的基础——抽象同一与具体同一理论——如前所述，犯有偷换概念的错误，亦即将"在变化时事物自身既包含同一又包含差别（亦即事物是自身同时又不是自身）"的真理，偷换为"事物自身与自身的同一包含差别，是包含差别的同一"之谬论；说到底，将"事物自身既包含同一又包含差别"的真理，偷换为"同一包含差别"的谬论，从而得出了"包含差别的具体同一"与"不包含差别的抽象同一"之谬论。

其次，黑格尔进而推广"包含差别的具体同一"与"不包含差别的抽象同一"之谬论，遂导致双重的错误结论：一方面，存在着包含一切特殊性的具体普遍性，亦即所谓具体概念；另一方面，存在着舍弃事物的不同特性而抽取其共同性的脱离特殊性的抽象普遍性，亦即抽象概念。这是大错特错的。因为，一方面，所有普遍，都是舍弃事物的不同特性而抽取其共同性的脱离特殊性的抽象普遍，根本不存在包含特殊性的具体普遍。另一方面，概念越普遍，外延便越丰富，内涵便越稀少；概念越具体，外延便越稀少，内涵便越丰富。所有概念皆是如此，根本不存在黑格尔所谓越普遍内涵便越丰富的"具体概念"。

更何况，按照黑格尔具体概念与抽象概念理论，辩证逻辑中的概念都是具体概念，而没有抽象概念；相反地，形式逻辑中的概念都是抽象概念，而没有具体概念。譬如，"张三"、"中国人"、"人"、"动物"、"生物"、"物质"等概念，在辩证逻辑中统统都是具体概念；而在形式逻辑中，这些概念统统都是抽象概念。这是何等的荒谬！

然而，如此荒唐的黑格尔关于抽象概念与具体概念的谬论，不

---

① 黑格尔：《哲学史讲演录》第一卷，商务印书馆2019年版，第34—35页。

但无人质疑，而且如同宗教迷信一样深入人心，以致贺麟翻译黑格尔《小逻辑》，竟然将"概念"译为"总念"！对此，他这样解释说："德文原文是 Begriff，英译本作 Notion。我们译成总念，是为了表示黑格尔所了解的特殊意义的'总念'和一般所了解的'概念'有着重大区别。概念指抽象的普遍性的观念，总念指具体的、有内容的、普遍性的观念。如果照黑格尔的专门名词来说，则概念指抽象共相，亦即脱离特殊的一般性，总念指具体共相，亦即与特殊相结合的一般性。总念是由事实中或经验材料中提炼而得，是特殊具体事实的总结。总结不是单纯孤立的甲等于甲的同一性，而是包含其对方，或对立统一的观念。总念不是静止的观念，而是由扬弃低级观念，扬弃对立观念，经过发展提高而达到的观念。"①

贺麟翻译的《小逻辑》新版又将"总念"改为"概念"，但仍然坚持将"概念"译为"总念"是不错的："我国早期黑格尔哲学研究者中有人曾把 Begriff 译成'总念'，个别日本学者从强调'具体概念'着眼，也曾表示赞同把 Begriff 译成'总念'，也有读者在与我谈话或通信中，曾表示同意译'总念'的，所以'总念'这一译名也不是不可用的。但是，无论用'总念'或'概念'，都应该明确了解具体的概念与抽象的概念的差别。"②

2. 柏拉图的理念论

柏拉图的"理念"的希腊原文是 eidos 和 idea，源自动词"看"（ide），意为"看到的东西"，引申为"灵魂的眼睛看到的东西"，说到底，亦即抽象思维所把握的东西。③ 原来，如所周知，以人的认识

---

① 黑格尔：《小逻辑》，商务印书馆 1981 年版，译者引言，第 7 页。
② 黑格尔：《小逻辑》，商务印书馆 1981 年版，新版序言，第 15 页。
③ 柏拉图说："灵魂自身看到的东西是理智和肉眼不可见的。"(《柏拉图全集》第一卷，人民出版社 2002 年版，第 88 页)

第六章 同一与差别

官能为根据，一切个别的具体事物（如这个人、这棵树、这条狗等等）都可以分为"感官感觉不到而只能由抽象思维把握的本质、普遍、一般"与"可以感知的现象、特殊性、差别性"两大方面、两大属性。柏拉图所谓的理念——亦即他在对话中交替使用的 eidos 和 idea——就是感官感觉不到而只能由抽象思维把握的本质、一般、普遍属性，说到底，亦即柏拉图所谓的"美本身"、"善本身"等等。这些理念是产生其他一切事物的永恒不变的实体。柏拉图《国家篇》这样写道：

"苏格拉底说，……让我提醒你一下我们在前面和在别的时候常常说过的那件事情。

"格老康说，什么事情？

"就是一方面我们说有多个的东西存在，并且说这些东西是美的，是善的等等。

"是的。

"另一方面，我们又说有一个美本身、善本身等等，相应于每一组这些多个的东西，我们都假定一个单一的理念，假定它是一个统一体而称它为真正的实在。

"我们是这样说的。

"我们说，作为多个的东西，是我们所能看见的，而不是思想的对象，但是理念则只能是思想的对象，是不能被看见的。

"确乎是这样。"[①]

柏拉图强调，可以感知的现象、特殊、差别等杂多的具体事物，譬如美的东西、善的东西等等，变灭无常，是不真实的东西；反之，抽象思维所把握的本质、普遍、一般等理念世界，譬如美本身、善本身等等，则是永恒不变的实体，是真实的事物：可感知的具体事物是理念的分有和摹本；理念则是可感知的具体事物的原因和实体。柏拉

[①] 北京大学哲学系外国哲学史教研室编译：《古希腊罗马哲学》，商务印书馆 2021 年版，第 185—186 页。

图一再说：

"假如在美本身之外还有其他美的东西，那么这些美的东西之所以是美的，就只能是因为它们分有了美本身……美的东西是由美本身使它成为美的。"① "那么大的事物之所以是大的，较大的事物之所以较大，也是由于大本身，而较小的事物之所以较小是由于小本身。"②

柏拉图还用那个后来顶顶有名的"洞穴"比喻，生动说明可以感知的现象、特殊、差别等具体事物，变灭无常，是不真实的东西；反之，抽象思维所把握的本质、普遍、一般的理念世界，则是永恒不变的实体，是真实的事物：

"请你想象有这么一个地洞，一条长长的通道通向地面，和洞穴等宽的光线可以照进洞底。一些人从小就住在这个洞里，但他们的脖子和腿脚都捆绑着，不能走动，也不能扭过头来，只能向前看着洞穴的后壁。让我们再想象他们背后远处较高的地方有一些东西在燃烧，发出火光。火光和这些被囚禁的人之间筑有一道矮墙，沿着矮墙还有一条路，就好像演木偶戏的时候，演员在自己和观众之间设有一道屏障，演员们把木偶举到这道屏障上面去表演。

"他说，好吧，我全看见了。

"那么你瞧，有一些人高举着各种东西从矮墙后面走过，这些东西是用木头、石头或其他材料制成的假人和假兽，再假定这些人有些在说话，有些不吭声。

"他说，你这个想象倒很新颖，真是一些奇特的囚徒。

"我说，他们也是和我们一样的人。你先说说看，除了火光投射到他们对面洞壁上的阴影外，他们还能看到自己或同伴吗？

"他说，如果他们的脖子一辈子都动不了，那么他们怎么能够看到

---

① 北京大学哲学系外国哲学史教研室编译：《古希腊罗马哲学》，商务印书馆 2021 年版，第 183 页。
② 《柏拉图全集》第一卷，人民出版社 2002 年版，第 110 页。

别的东西呢?

"还有那些在他们后面被人举着过去的东西,除了这些东西的阴影,囚徒们还能看到什么吗?

"肯定不能。

"那么如果囚徒们能彼此交谈,你难道不认为他们会断定自己所看到的阴影就是真实的物体吗?

"必然如此。"①

这就是柏拉图"洞穴"比喻的主要部分。通过这个比喻,柏拉图告诉我们,可以感知的变灭无常的具体事物,如同洞穴囚徒所看到的洞壁上的阴影、影子、影像,是不真实的事物;而只能由思维把握的普遍的永恒不变的理念,才是真正真实的,好像逃出洞穴的囚徒在光天化日之下所看到的事物之真实:

"理念世界就是当太阳照亮着物体时,我们所看到的东西;而万物流转的世界则是一个模糊朦胧的世界。眼睛可以比作是灵魂,而作为光源的太阳则可以比作是真理或者善。"②

柏拉图的理念论影响深远。罗素说:"柏拉图关于理念的学说包含着许多显然的错误。但是尽管有着这些错误,它却标志着哲学上一个非常重要的进步,因为它是强调共相这问题的最早的理论,从此之后共相问题便以各种不同的形式一直流传到今天。"③

诚哉斯言!柏拉图理念论最主要的贡献,恐怕就是继承巴门尼德提出的实体与现象之分,而将一切事物分为"只能由思维把握的本质、普遍、一般"与"可以感知的现象、特殊性、差别性"两大类型,进而发现:前者是根本的主要的决定性的,是原因;而后者则是非根本非主要被决定的,是结果。这是真理!因为,如上所述,只能由抽象

---

① 《柏拉图全集》第二卷,人民出版社 2003 年版,第 510—511 页。
② 罗素:《西方哲学史》上卷,商务印书馆 2013 年版,第 158 页。
③ 罗素:《西方哲学史》上卷,商务印书馆 2013 年版,第 160 页。

思维把握的事物的本质、一般属性,确实是根本的主要的决定性的,是原因;而可以感知的现象、差别属性,则是非根本非主要被决定的,是结果。然而,柏拉图的理念论,正如罗素所言,包含许多错误。

首先,理念论将可以感知的事物(现象、差别性、特殊性)与个别事物、具体事物等同起来,进而由"本质、一般是根本的,是原因;而现象、差别是非根本的,是结果"的真理,而滑入"本质、一般是根本的,是原因;而个别的具体的事物是非根本的,是结果"之谬论。这一谬误,为尔后历代"客观唯心主义"思想家所继承。黑格尔便这样写道:"真正讲来,普遍性才是个体事物的根据和基础、根本和实体。"[①]

殊不知,可以感知的事物(现象、差别性、特殊性)与个别事物、具体事物根本不同。因为,如上所述,个别具体事物由现象与本质——亦即差别性与一般——两方面构成,现象、差别性、特殊性仅仅是个别具体事物的外在的可以感知的方面,是非根本的;而本质、一般、普遍则是个别具体事物的内在的只能由思维把握的方面,是根本的。

其次,理念论将"本质(普遍、一般)是根本的,是现象(差别性)的原因"之真理,夸大为"本质(普遍、一般)是实体,是个别具体事物的实体"之谬误。因为,恰恰相反,正如亚里士多德所言,实体是能够独立存在的事物,因而唯有个别具体事物,如张三、约翰等等,才是真正的实体;而本质、普遍性虽然比现象、差别性根本,却与现象、差别性同样是个别的具体事物——亦即实体——的属性。柏拉图认为本质、一般、普遍性是实体的这一谬误,也为尔后历代客观唯心主义思想家所继承。黑格尔说:"普遍性才是个体事物的根据和基础、根本和实体。"[②]

---

① 黑格尔:《小逻辑》,商务印书馆1981年版,第350页。
② 黑格尔:《小逻辑》,商务印书馆1981年版,第350页。

第六章　同一与差别

最后，理念论将本质、一般、普遍这种摸不着看不见而只能由思想把握的东西，与思想本身等同起来："苏格拉底说：巴门尼德啊，也许这些'型'（亦即理念——引者）中间的每一个都只是个思想，不在别处，只在心里，这样就不会遇到刚才说的那些问题了。"①其实，理念的名字和定义——本质或普遍就叫作理念——实已意味着：本质、一般、普遍亦即思想。确实，理念不是思想又是什么呢？这一将一般、普遍或共相等同于思想之谬误，亦为尔后历代客观唯心主义思想家所继承。黑格尔便这样写道："理念最初是唯一的、普遍的实体，但却是实体的发展了的真正的现实性，因而成为主体，所以也就是精神。"②

3. 唯名论与唯实论

柏拉图的学生亚里士多德有句名言：吾爱吾师，吾尤爱真理。果然，他反对老师认为一般、普遍或共相是实体，而认为实体乃是独一无二的、单一的、个别的、感官能够感到的事物以及这些事物的总和，亦即单一事物及其"属"或"种"：单一事物是第一实体；单一事物的属或种则是第二实体：

"实体，在最严格、最原始、最根本的意义上说，是既不能述说一个主体，也不存在一个主体之中，如'个别的人'、'个别的马'。而人们所说的第二实体，是指作为属性而包含第一实体的东西，就像种包含属一样，如某个具体的人被包含在'人'这个属之中，而'人'这个属又被包含在'动物'这个种之中。所以，这些是第二实体，如'人'、'动物'。"③

亚里士多德与柏拉图的这一重大理论之分歧，引起中世纪哲学家们长达数百年的激烈争论。这一争论的始作俑者是公元3世纪的新柏

---

① 王太庆译：《柏拉图对话集》，商务印书馆2004年版，第498页。
② 黑格尔：《小逻辑》，商务印书馆1981年版，第398页。
③ 苗力田主编：《亚里士多德全集》第一卷，中国人民大学出版社1990年版，第6页。

拉图主义者波尔费留（Porphyrios），他——据6世纪哲学家波爱修记载——是这样说的：

"我现在不谈'种'和'属'的问题，不谈它们是否独立存在，是否仅仅寓于单纯的理智之中，如果存在，它们究竟是有形体的还是无形体的，以及它们究竟是与感性事物分离，还是寓于感性事物之中，与感性事物一致。这类问题是最高级的问题，需要下很大的工夫研究的。"①

这些问题被称为"波尔费留问题"。"波尔费留问题"在12世纪成为经院哲学家们关注的焦点，他们围绕共相性质而争论不休，长达数百年之久。这些争论可以归结为唯实论与唯名论两大流派。唯实论的主要代表有波尔费留、安瑟尔谟、托马斯·阿奎那、邓斯·司各脱。唯名论的主要代表有波爱修、马西亚诺·卡佩拉、罗色林、彼得·奥勒欧利、奥卡姆。那么，唯实论与唯名论的基本观点是什么？文德尔班对于唯实论者们的理论曾有极为精辟的概括，指出唯实论乃是这样一种追随柏拉图理念论而认为共相是实体的理论：

"共相（类概念或逻辑类）在此表现为本质的、原始的实在，这种实在从自身产生特殊、包含特殊（种属、最后个体）。因此，共相不仅是实体（实在；因此称为"唯实论"），而且与有形的个别事物相比，共相是产生一切，决定一切的更原始的实体；共相是更实在的实体，越普遍也就越现实。因此，在此概念中，概念的逻辑关系直接变成形而上学的关系；形式秩序（Ordnung）包含现实的涵义。逻辑从属关系变成'一般'产生和包含'特殊'；逻辑区分和规定变成'共相'在'特殊'中成形并展现自己。这种提高到形而上学涵义的概念金字塔，其顶峰就是作为普遍之极的'神'的概念。"②

---

① 北京大学哲学系外国哲学史教研室编译：《西方哲学原著选读》上卷，商务印书馆1987年版，第227页。

② 文德尔班：《哲学史教程》上卷，商务印书馆1997年版，第388页。

诚哉斯言！唯实论就是认为共相、普遍、一般、本质——四者是同一概念——是实体的学说，是认为共相是产生其他一切事物的实体的学说。只不过，极端实在论者，如安瑟尔谟等，追随柏拉图理念论的"个别具体事物是共相的分有和摹本"思想，认为共相是与个别具体事物相分离的实体；而温和实在论者，如阿奎那等，则承继亚里士多德的"共相存在于个别具体事物之中"的逻辑，认为共相是产生和存在于个别具体事物之中的实体。

那么，何谓唯名论？文德尔班说，所谓唯名论，乃是这样一种理论，在这种理论看来："共相只不过是集合名词，不同事物的共同称号，声息（flatus vocis），它们都被视作形形色色的实体的符号或实体的非本质的属性的符号。……正如用一个名称去理解许多个体只不过是人们的指定一样，个别实体中各部分的区分也不过是人们为了分析思想和思想交流。真正现实的是个体，而且只有个体。"[1] 梯利说得更为简明深刻："有些人表明赞同唯名论，认为一般概念仅仅是个别事物的名称，不先于事物，也不在事物中，而是在事物以后。"[2]

诚哉斯言！唯名论就是认为心外皆为个别具体事物，而共相只存在于心中，不过是头脑中的概念、思想或称谓众多个别具体事物的共同名称：认为共相是概念、思想，是温和唯名论；认为共相是称谓众多个别具体事物的共同名称，则是极端唯名论。奥康的威廉说："每一个外在于心灵的东西都是个别的东西。"[3] "在这里，我们用'个别事物'来表达这样一种东西；它不仅用数来表示不是一，而且也不是为许多东西所共有的某种自然的或约定的符号。在这种意义上，文字表达、概念或有意义的口头发音都不是个别的东西，只有不是某种共同符号

---

[1] 文德尔班：《哲学史教程》上卷，商务印书馆1997年版，第396—397页。
[2] 梯利：《西方哲学史》，商务印书馆2006年版，第183页。
[3] 北京大学哲学系外国哲学史教研室编译：《西方哲学原著选读》上卷，商务印书馆1987年版，第292页。

的东西才是个别的东西。"[1] 波爱修说：

"既然'种'和'属'都是思想，因此它们的相似性是从它们存在于其中的诸个体中收集起来的，比如人类的相似性是从彼此不同的个人中收集起来的，这个相似性被心灵思索并真正地知觉到，从而就造成了'属'；进而当思考这些不同的'属'的相似性（它不能在这些'属'之外或者在这些个别的'属'之外存在）时，就形成了'种'。所以，'种'和'属'是在个体之中，但它们都被思考为共相，并且，'属'必须被看作不外是把个体中的众多的实质上相似性集合起来的思想，而'种'则是集合'属'的相似性的思想。"[2]

不难看出，唯实论继承柏拉图理念论，更加明确地以人的认识官能为根据，将一切事物分为"可以感知的共相、本质、普遍性"与"只能由理智把握的特殊性、单一性"两大方面，进而得出结论：前者是根本的，是原因；而后者则是非根本的，是结果。这是真理！但是，唯实论与理念论一样，误将可以感知的事物（特殊性、单一性）与个体、个别事物等同起来，进而由"共相是根本的，是原因；而特殊性、单一性是非根本的，是结果"的真理，滑入"共相、本质是根本的，是原因；而个别事物是非根本的，是结果"之谬论，最终导致"共相是个别事物的实体"之谬误。诚然，唯实论比理念论有所进步，譬如，发现共相既存在于理智中，又存在于个别事物中。阿奎那便这样写道：

"'实际上被认识的'这一说法有两个含义，一方面指被认识的东西，一方面指'被认识'本身。与此类似，我们也从两个含义理解'被抽象出的共相'这一说法，一方面把它了解成事物的本质，另一方面把它了解成抽象概念或普遍概念。本质自身之被认识、被抽象，或

---

[1] 北京大学哲学系外国哲学史教研室编译：《西方哲学原著选读》上卷，商务印书馆1987年版，第292页。

[2] 北京大学哲学系外国哲学史教研室编译：《西方哲学原著选读》上卷，商务印书馆1987年版，第232—233页。

者发生普遍性的思维关系，那是偶然的事情，它是只存在于个别事物中的；至于那被认识、被抽象，或者普遍性的思维关系，则恰恰存在于理智之中。"①

唯名论继承亚里士多德实体学说，进而发现：只有亚里士多德所说的"第一实体"——亦即能够独立存在的单一事物——才是实体；而其他一切事物，包括亚里士多德所谓"第二实体"等一切共相，都不是实体。这无疑是真理！但是，唯名论却由"唯有个别是实体而共相不是实体"的真理进一步断言，唯有个别事物存在于心外，而共相只存在于心中，不过是头脑中的概念、思想或称谓众多个别具体事物的共同名称。这是大错特错的。

殊不知，单一的个别事物固然存在于心外，却分为两部分，一部分是可以感知的现象、差别；另一部分是只能由抽象思维把握的本质、共相：二者结合起来就构成能够独立存在的个别事物。因此，单一的个别事物（差别或现象与共相或本质之和）、差别（现象）与共相（本质）都同样存在于心外。只不过，一方面，单一的个别事物，如张三、约翰等等，是能够独立存在的，是实体；而差别（现象）与共相（本质）则是不能独立存在的，是属性。唯名论却认为只有单一的个别事物（实体）存在于心外，而共相只存在于心中，这显然是偏见。

另一方面，共相（本质）是理智对象，通过理性认识或所谓"思想"反映和表达；而思想、认识又通过语言、名称表达。差别（现象）是感知对象，通过感性认识反映和表达；而感性认识也同样通过语言、名称表达。譬如，我们口中说出的"牡丹花"，是语言、名称、声音，是对我们头脑中出现的"牡丹花"的表达；而我们头脑中的"牡丹花"，则是思想、认识，是对心外实际存在的"牡丹花"的反映。唯

---

① 北京大学哲学系外国哲学史教研室编译：《西方哲学原著选读》上卷，商务印书馆1987年版，第273页。

名论不懂此理,特别是不懂得名称是思想的表达和思想是共相的反映,遂误以为共相只不过是思想和名称,因而仅仅存在于心中。最早发现唯名论这一谬见而通晓"名称是思想的表达和思想是共相的反映"的思想家,恐怕是阿伯拉尔。他这样写道:

"究竟'种'和'属'是否存在?也就是说,它们是表示某些真实存在的东西,还是只属于理解之中?——即属于没有相应实物的空洞意见之中,有如下面这些词:喷火兽、羊鹿,它们不能使人兴起合理的理解。对此,必须回答说,实际上它们是用命名来指出真实存在的事物,这和单数名词所指示的事物是相同的,这绝非是空洞的意见;可是,在某种意义上,它们又是单独地、赤裸裸地纯粹地包含于理解之中的。"[①]

五、逻辑与历史

"一般"和"普遍"相对包含它们的一定历史事物而言,就变成了逻辑,与包含它们的历史事物便构成逻辑与历史的关系。于是,当我们研究一般、普遍与包含它们的历史之关系,便过渡到"逻辑与历史"范畴。

1. 逻辑与历史:概念分析

逻辑与历史的核心问题是逻辑与历史一致;而"逻辑与历史一致",如所周知,是黑格尔首次提出的。"逻辑"一词由英文 logic 音译而来,源于希腊文 λόγος(罗格斯),意为思维、思想、规律。黑格尔所谓的"逻辑",虽然具有思维、思想的含义;但是,他是客观唯心主义者,在他那里,思想、逻辑还有本体论的含义:思想、逻辑就是

[①] 北京大学哲学系外国哲学史教研室编译:《西方哲学原著选读》上卷,商务印书馆 1987 年版,第 252 页。

普遍、共相、一般、本质。他这样写道:"我们诚然可以说,逻辑是关于思维及其规定和规律的科学,但是思维本身只构成普遍的规定性或要素。"①

因此,黑格尔的逻辑学乃是一种本体论、形而上学:"因此逻辑学便与形而上学合流了。形而上学是研究思想所把握住的事物的科学,而思想是能够表达事物的本质性的。"②这就是为什么,黑格尔《逻辑学》的主要研究对象并不是概念、判断与推理等思维形式;而是自然、社会与人类思维三大领域一切事物的普遍性,如质、有、无、变、有限与无限、排斥与吸引、量、度、本质与现象、同一、差别、对立、矛盾、形式与内容、相对、绝对、偶然与必然、原因与结果、可能与现实、机械性、化学性、目的性、目的与手段等等。

黑格尔继承柏拉图理念论,将"本质、一般、普遍"与"思想"、"理念"等同起来,进而将他的逻辑学所研究的自然、社会与人类思维三大领域一切事物的普遍性,如质、有、无、变等等,叫作绝对理念、绝对精神:"逻辑学是研究纯粹理念的科学,所谓纯粹理念就是思维的最抽象的要素所形成的理念。"③

于是,在黑格尔那里,逻辑不仅是思想、精神、理念,而且是最一般最普遍的精神、理念,他名之为"纯粹理念"、"绝对理念"、"绝对精神",是绝对的最抽象的普遍、共相、一般、本质。这样一来,自然、社会和人类思维等宇宙万物的历史便都不过是逻辑、绝对精神发展运动的外在表现,因而与逻辑、绝对理念必然一致:这就是黑格尔的"逻辑与历史一致"。

马克思主义经典作家以辩证唯物主义改造了黑格尔的"逻辑与历史一致"理论,去掉其"逻辑"的思想含义,而仅用其指自然、社会

---

① 黑格尔:《哲学科学全书纲要》,商务印书馆 2021 年版,第 45 页。
② 黑格尔:《小逻辑》,商务印书馆 1981 年版,第 79 页。
③ 黑格尔:《小逻辑》,商务印书馆 1981 年版,第 63 页。

与人类思维三大领域一切事物的普遍性：马克思主义"逻辑与历史"概念中的"逻辑"，就是普遍、一般。那么，马克思主义"逻辑与历史"又有何含义？原来，如前所述，普遍、一般完全存在于单一的特殊的事物之中。那么，单一的特殊的事物又存在何处？显然存在于不断更替的过程之中，说到底，存在于历史之中。因此，归根结底，普遍、一般是存在于历史之中。普遍、一般和历史，相对这种关系来说，就叫作"逻辑和历史"。

这样一来，"逻辑和历史"中的"逻辑"就是存在于一定历史中的一般、普遍的属性；而历史则是一切单一的和特殊的事物的过去、现在和未来，是单一的特殊的事物经历的不断更替过程，是包含着一定逻辑或普遍性的单一的特殊的事物。这就是说，虽然一切一般的普遍的东西都是逻辑，但并非任何一般的普遍的东西与任何历史的关系，都是逻辑与历史关系。一般、普遍的东西，只有与包含它的一定历史——历史也只有与它所包含的一定的一般普遍的东西——才是逻辑与历史的关系。举例说：

"人是能制造生产工具的动物"这种一般的普遍的东西，包含于人类历史之中，因而与人类历史是"逻辑与历史"关系。但是，"人是能制造工具的动物"并不包含在木星历史中，因而与木星史就不是逻辑与历史关系。

2. 逻辑与历史一致：马克思主义观点

既然逻辑是包含于一定历史中的一般、普遍属性，而历史是包含一定逻辑的单一、特殊事物，那么显然，逻辑与历史是必然一致的。所谓必然一致，那就是说，历史中必有一种东西，这种东西与逻辑完全一样、完全相同、完全一致。这种东西就是历史中的一般的、普遍的事物：逻辑不就是历史中普遍的一般的东西吗？所以，只要剥去历史的单一性、特殊性，那么，历史就是逻辑，逻辑就是历史。逻辑无非是舍弃了单一性、特殊性的历史；历史无非是充斥单一性、特殊性的逻辑而已。因此，马克思主义经典作家除去黑格尔"逻辑与历史一致"中的唯心主义而汲取其合理内核，认为逻辑与历史必然一致。恩格斯便这样写道："逻辑无非就是历史，不过是摆脱了历史形式以及起扰乱作用的偶然性而已。"①

因此，逻辑与历史的一致是必然的，而不是大体的、偶然的。因此，如果逻辑与历史不是必然一致，而是大体一致、偶然一致，那么二者必居其一：或者这种逻辑并不是包含在这种历史的逻辑，从而这种逻辑和这种历史并不是逻辑和历史的关系；或者这种逻辑并非逻辑、并非历史中的一般的普遍的东西。

准此观之，历史乃是一切逻辑的源泉，一切逻辑无不存在于历史之中，莫逃乎历史之外。所以，研究历史，从历史中就能开发出一切逻辑。而离开历史，从根本上看，逻辑也就成了无本之木、无源之水。因此，对于事物，如果仅仅从现状来研究，就很难发现它的逻辑；而只有研究历史，才能把握逻辑。譬如，达尔文是怎样来解释动植物物种的合理性、完善性及其对环境的惊人的适应性？怎样来解释这些乍一看来令人困惑不解的现象呢？季米里亚捷夫在《生物学中的历史方法》一书中指出，达尔文之所以能够揭露有机自然的这一奥秘，只是由于他对有机界的历史的观点。他写道：

"作为在个体发展时期，直接获得的那种难于了解的生理上的完善状态，只有当把它当作历史过程的进化来看，才能了解。"②

他进而指出，这个原理具有普遍意义，并且必须把它推广到诸如力学、物理学、化学等仿佛可以忽视历史的科学上去。但是，既然物质的每一现在状态，只不过是无限发展链条中的一个环节，那么历史

---

① 《马克思恩格斯选集》第2卷（上），人民出版社1972年版，第122页。
② 罗森塔尔：《逻辑辩证原理》，生活·读书·新知三联书店1962年版，第190页

主义的原则在这里也会给科学家提供有利认识武器。季米里亚捷夫引证康德和拉普拉斯的天体起源假说：

"在他们的假说中，就是援引行星起源和发展的历史，来说明行星的现在的运动。在现代天体演说化学的理论中，以历史主义去解释天体运动的规律具有更大的意义。这些理论的出发点是：要想能够揭示和了解行星系统的图景，就不要把它们当作现成的东西来加以研究。进化的历史发展的概念运用于天体，犹如运用于有机自然一样合适。"①

在社会科学上，这个道理更为明显。例如，要通晓国家的逻辑，要通晓"国家政权是一个阶级压迫另一个阶级的机器，是使一切被支配阶级受一个阶级控制的机器"这一所谓国家的一般普遍性质，正如恩格斯所言，就必须知道国家的历史，必须知道："国家不是从来就存在的，曾经有过一个时代并没有存在过什么国家。国家是社会分成阶级的时候和地方、在剥削者和被剥削者出现的时候出现的。"②如果不晓得国家历史，那么，我们就无从晓得关于国家的一般理论、国家的逻辑。

因此，列宁说："在社会科学上最可靠的方法，为真正获得正确看待这个问题的技能而不失于许许多多细枝末节或各种争执意见中所必需的方法，为用科学眼光看待这个问题的最重要的方法，就是不要忘记基本的历史上的联系，而要对于每一问题都根据某种现象在历史上怎么产生出来，以及它在发展中经过了怎样一些主要阶段的情形之观察，并根据它的这种发展情形去观察这个现象现在成了什么。"③

因此，恩格斯总结道："历史就是我们的一切，我们比任何一个哲学学派，甚至比黑格尔都更重视历史。"④然而，我们之所以重视历史，

---

① 罗森塔尔：《逻辑辩证原理》，生活·读书·新知三联书店1962年版，第191页。
② 列宁：《论马克思恩格斯及马克思主义》，外国文书籍出版局1950年版，第408页。
③ 《列宁 斯大林论国家》，新华书店1950年版，第5—6页。
④ 《马克思恩格斯全集》第3卷，人民出版社2002年版，第520页。

创立如此繁杂的历史科学,其目的恰恰全在于发现包含于历史中的逻辑。难道不是只有逻辑,只有一般的普遍的东西,才能成为科学对象;而单一性特殊性不过是存在于科学大厦之外的阶梯吗?

可见,探求逻辑乃是历史科学的唯一目的。因此,历史科学决不可只限于历史现象和具体事物的堆积,而是为了揭示逻辑,才再现历史的完整的偶然的个别的具体的过程。反之,抽象的理论体系则是历史的产儿、骄子,是舍弃了一切单一性、特殊性的历史科学。因此,逻辑必须以历史实际为基础,需要历史的佐证,需要与历史不断接触。这样,再现具体历史事件的历史的方法,虽然只适用于历史科学,而建立抽象理论概念体系的逻辑的方法,虽然只适用于理论科学,但二者却相互渗透、融合贯通、相反相成、相辅相生。

3. "科学体系中概念排列顺序"与"概念所反映的事物的历史发生次序"是否大体一致

然而,黑格尔"逻辑与历史一致"理论,还包含"科学体系中概念排列顺序"与"概念所反映的事物的历史发生次序"一致的思想。他在《逻辑学》第一章论及"有"、"无"和"变"的顺序时,便这样写道:"那在科学上是最初的东西,必定会表明在历史上也是最初的东西。"[①] 那么,真正讲来,"科学体系中概念排列顺序"与"概念所反映的事物的历史发生次序"是否一致?

苏联哲学家们的回答是肯定的,我国主流学者亦然。他们从逻辑和历史一致的前提出发,依据科学体系中概念所排列顺序是由简单到复杂,便得出结论说:概念排列顺序与概念所反映的事物历史次序大体一致;并将这种一致奉为科学体系中概念排列的一个原则。这似乎是毫无疑问、再自然不过了,但却是极大的错误。

---

① 黑格尔:《逻辑学》上册,商务印书馆1977年版,第77页。

诚然，实际事物的历史发展顺序具有从简单到复杂的必然性。但是，概念反映的事物在历史上发生的顺序，却并非必然由简单到复杂；相反地，倒常常是由复杂到简单，或复杂与简单同时并生。因为实际的历史事物都是单一、个别的整体，而概念所反映的事物，则正如马克思所说，常常只是个别和整体的侧面。这样，当历史先产生一种个别事物（复杂），而这个别事物以后又发展出一个方面（简单）时，概念反映的事物在历史上的次序，就是由复杂到简单或简单与复杂同时并生。举例说：

马克思发现，在历史上有些地方，是先产生"协作，发达的分工"，尔后才从中产生"货币"。这样，历史事物虽然是由简单到复杂（由没有货币的协作分工，到具有货币的协作分工）；但概念反映的事物的历史次序，却是由复杂到简单（由协作分工到货币）。马克思还曾指出：在《资本论》体系中是由生产资本到商业资本，而"在历史发展的进程中情形则恰好相反"[①]。与这种情形不同，马克思所说的"占有"这种简单事物和"家庭"这种复杂事物，在历史上是同时并生的。

可见，概念排列的由简单到复杂顺序，与概念反映的事物历史发生次序，不但不是必然一致，而且往往相反。那么，在什么条件下二者才是一致的？马克思说："要看情况而定。"[②] 为什么？因为这种一致是偶然的、不可预见的。那么，是在怎样的偶然情况下，二者才一致呢？那就是，只有在简单概念反映的事物侧面，在历史上是作为整体而存在，也就是说，它能够在事物其他方面还没有产生的时候，就先存在于一个不发展的整体的偶然限度内，才是一致的。马克思的原话是："只有在简单的范畴，表现为一个不发展的整体的支配关系，（它所以是支配关系，是因为其他比较具体的关系还没产生）或者表现为

---

① 马克思：《资本论》第 3 卷，人民出版社 1975 年版，第 349 页。
② 《马克思恩格斯文集》第 8 卷，人民出版社 2009 年版，第 25 页。

一个发展的整体从属关系,而这种从属关系在不发展的整体向发展的整体过渡以前,在历史上已经存在过。只有在这个限度内,从简单到上升到复杂这个抽象思维的进程,才符合现实的历史进程。"①

举例说,"货币"这种简单概念反映的就可以是这种事物侧面关系,它能够在事物的其他较具体方面、关系(资本、银行、雇佣劳动)还没产生的时候就先存在于不发展的社会中。在这种偶然限度内,科学体系中的由货币到资本的从抽象到具体、从简单到复杂的概念排列顺序,跟货币与资本的历史发生次序,是一致的。之所以说货币到资本的概念顺序,与货币到资本的历史顺序一致,是偶然的,乃是因为,正如上面马克思说过的,货币并不必然在资本之前存在,它还能偶然地在协作和发达的分工这些比资本还复杂的事物产生之后,并不存在。被人们奉为"概念排列顺序与概念反映的事物历史次序大体一致"的典型的货币与资本尚且如此,遑论其他?因此,马克思总结道:

"把经济范畴按它们在历史上起决定作用的先后次序来安排是不行的、错误的。它们的次序倒是由它们在现代资本主义社会中的相互关系决定的。这种关系同看来是它们的合乎自然的次序或者同符合历史发展次序的东西恰好相反。"②

可是,曾有多少马克思主义哲学家们却与马克思大唱反调,对概念排列顺序与概念反映的事物历史次序的偶然一致,大吹特吹,神乎其神,使之竟成了科学体系概念排列原则。自从科学的太阳照耀地球以来,还没有听说过偶然的东西能成为"科学"的原则。

诚然,一些科学家,如霍金,断言20世纪物理学,特别是量子力学是一种关于偶然性或非预见性的科学:"量子力学不可避免地把非预见性或偶然性引进了科学。"③实际上,量子力学正如玻恩、赖兴巴哈等

---

① 《马克思恩格斯文集》第8卷,人民出版社2009年版,第26页。
② 《马克思恩格斯全集》第46卷上册,人民出版社1979年版,第45页。
③ 转引自李浙生:《物理科学与辩证法》,冶金工业出版社2008年版,第265页。

科学家所言，并不是关于偶然性或非预见性的科学，"并不意味着严格的自然规律不再存在"①；恰恰相反，量子力学的研究对象是"由按数学结构而论与波相似的一种形式的概率规律"②，法国科学家郑春顺称之为"偶然性规律"："20世纪看到量子力学的诞生，它完全改变了我们的物质概念。牛顿的决定论机器在原子的层次上被波和粒子的奇妙世界所代替，这世界再不受因果关系的严格规律支配，而受摆脱束缚的偶然性规律支配。"③

究竟言之，"科学体系中概念排列的由简单到复杂顺序"与"概念反映的事物在历史上的次序"，只可能偶然一致——而不可能必然一致——之原因，说到底，乃在于二者并非"逻辑与历史"的关系。因为"概念所反映的事物在历史中发生的顺序"，如前所述，往往是从复杂到简单。这样一来，"概念排列的由简单到复杂的顺序"，显然不是"概念反映的事物在历史上发生顺序（从复杂到简单）"的普遍的一般的必然的属性，不是其"逻辑"。

科学体系中概念排列的由简单到复杂，不是存在和来自于概念反映的事物历史次序中的逻辑，那么，它到底来自何方？我们在前面关于科学体系中概念排列原则的研究中已经阐明，从简单到复杂的顺序，完全根据和源于概念相互间一般（抽象）与个别（具体）的关系：不懂一般（抽象）概念，就不能懂包含它的个别（具体）概念；而不懂个别（具体）概念，却可懂被它所包含的一般（抽象）概念。譬如，不懂价值（一般、抽象概念），就不懂剩余价值（个别、具体概念）；但不懂剩余价值（个别、具体概念），却可以懂价值（一般、抽象概念）。

因此，科学体系中概念排列的顺序是：从一般到个别，从抽象到

---

① 转引自李浙生：《物理科学与辩证法》，冶金工业出版社2008年版，第253页。
② 转引自李浙生：《物理科学与辩证法》，冶金工业出版社2008年版，第252页。
③ 李浙生：《物理科学与辩证法》，冶金工业出版社2008年版，第270页。

具体。一般、抽象概念（如价值）都是比较简单的；个别、具体概念（如剩余价值）都是比较复杂的。因此，科学体系中概念（范畴）排列的顺序也可以说是从简单到复杂：这就是概念排列的顺序是从简单到复杂的全部依据、理由和原因。因此，科学体系中概念排列的从简单到复杂顺序之实质，完全是从一般（抽象）到个别（具体）；而概念所反映的事物在历史中的发生顺序，却不可能从一般（抽象）到个别（具体）：哪里会有独立于个别（具体）的一般（抽象）呢？哪里会有独立于马克思、黑格尔、康德等个别的具体的人的一般的抽象的人呢？

因此，"概念排列的由简单到复杂"，与"概念所反映的事物在历史中发生顺序的由简单到复杂"，实质上风马牛不相及，决非逻辑与历史的关系。这就是为什么，科学体系中概念排列的由简单到复杂顺序，与概念反映的事物在历史中发生的从简单到复杂的顺序之一致，丝毫不具有必然性：既不是必然一致，也不是大体一致，而只是偶然一致。二者的一致全系偶然，怎么可能成为科学体系概念排列原则呢？

当那些马克思主义思想家们断言概念排列顺序，与概念反映的事物在历史上发生顺序大体一致时，似乎是抬高了逻辑与历史一致的科学原理，扩大了它的版图；但实际上恰好贬低了逻辑与历史一致：逻辑与历史本来是必然一致，却都被修正为大体一致。"大体一致"，这是个双重错误，它一方面贬低了逻辑与历史一致的必然性，他方面夸大了概念排列顺序与概念反映的事物历史次序一致的偶然性，使之变成了合乎规律性的东西，具有了概念排列原则的意义。而实际上，因为二者只能偶然一致，所以这种一致只能具有非科学的、事后的、巧合的意义，而决不是科学的原则。偶然的东西怎么能是科学原则呢？

不但此也！"概念排列顺序与概念反映的事物历史顺序大体一致"学说，还包含着"科学体系中概念排列顺序，与科学史上概念出现的顺序大体一致"。这种一致之始作俑者，亦为黑格尔也！

黑格尔从"自然和社会的历史不过是逻辑、理念的外在表现，因而与逻辑、理念必然一致"的客观唯心主义原理出发，认为哲学史不过是哲学理念发展的表现与进程，因而哲学体系中概念的从抽象到具体的排列顺序，与哲学史上概念出现的从抽象到具体的顺序势必大体一致；科学体系中概念排列顺序，与科学史上概念出现的顺序大体一致。黑格尔这样写道：

"我们也许会以为，哲学在理念阶段上发展的次序与它在时间上出现的次序是不一致的。但大体上这次序是相同的。在这里只须指出一个区别：那初期开始的哲学思想是潜在的、直接的、抽象的、一般的，亦即尚未高度发展的思想。而那较具体较丰富的总是较晚出现；最初的也就是内容最贫乏的。"[①]

"历史上的那些哲学系统的次序，与理念里的那些概念规定的逻辑推演的次序是相同的。我认为：如果我们能够对哲学史里面出现的各个系统的基本概念，完全剥掉它们的外在形态和特殊应用，我们就可以得到理念自身发展的各个不同的阶段的逻辑概念了。反之，如果掌握了逻辑的进程，我们亦可从它里面的各主要环节得到历史现象的进程。"[②]

"全部哲学史是——有必然性的、有次序的进程。这进程本身是合理性的，为理念所规定的。偶然性必须于进入哲学领域时立即排除掉。概念的发展在哲学里面是必然的，同样概念发展的历史也是必然的。"[③]

客观唯心主义大师黑格尔及其追随者的理论勇气令人惊讶，他们不管事实如何而坚持其偏见竟然到了这步田地，以致闭目不见科学认

---

① 黑格尔：《哲学史讲演录》第一卷，商务印书馆2019年版，第46页。
② 黑格尔：《哲学史讲演录》第一卷，商务印书馆2019年版，第36—37页。
③ 黑格尔：《哲学史讲演录》第一卷，商务印书馆2019年版，第43页。

识史主要趋势,并不是先产生简单概念、抽象概念、一般概念,而后产生复杂概念、具体概念、个别概念。相反地,倒是往往先产生复杂、具体、个别概念,后产生简单、抽象、一般概念。谁人不知,"山"、"水"、"日"、"月"、"红"、"海"这些比较复杂、具体、个别概念的产生,是先于较简单、抽象、一般的"物质"、"自然"呢?并且科学史上一门科学的基本概念,常常是同时并生。譬如,逻辑学的概念、判断、推论三者岂不是同时并生的?更何况,实质上,科学史上的由简单到复杂,主要是同一概念的内涵和外延的发展;而科学体系的由简单到复杂,却是概念相互间的排列顺序:二者亦风马牛不相及也!

特别是,黑格尔从"科学体系中概念排列顺序与科学史上概念出现的顺序一致"观点出发,进而举例说:"逻辑开始之处实即真正的哲学史开始之处。我们知道,哲学史开始于爱利亚学派,或确切点说,开始于巴曼尼得斯的哲学。因为巴曼尼得斯认'绝对'为'有',他说:'惟有在,无不在'。这须看成是哲学的真正开始点。"[①]

黑格尔此言犯有双重错误。一方面,西方哲学史并非开始于爱利亚学派,更不是开始于巴曼尼得斯,而是开始于米利都学派,开始于泰利士。因为泰利士鼎盛年约公元前 585 年;而爱利亚学派开创者克赛诺芬妮鼎盛年约公元前 540 年,巴曼尼得斯(巴门尼德)鼎盛年约公元前 504 年。另一方面,按照从抽象到具体、从一般到个别原则,哲学的开端范畴并不是"存在"、"有"。诚然,宇宙一切事物的最抽象最简单的普遍性似乎就是"存在",亦即巴门尼德那句著名的同义语反复:"存在物存在。"[②] 这样一来,"存在"似乎应该是哲学、第一哲学的开端范畴。其实不然,因为,"存在"虽然极其抽象、普遍、一般,却远不及"事物":一切"存在"都是"事物";但是,一切事物

[①] 黑格尔:《小逻辑》,商务印书馆 1981 年版,第 191 页。
[②] 北京大学哲学系外国哲学史教研室编译:《古希腊罗马哲学》,商务印书馆 2021 年版,第 53 页。

并不都是"存在"："事物"才应该是哲学、元哲学的开端范畴。

不但此也！"存在"不但不是最抽象最简单最普遍的范畴，而且是一个相当复杂的范畴。试析"存在"范畴的内涵，恐怕首先就是巴门尼德的那句同义语反复："存在物存在。"[①] 进言之，一切存在物为什么存在着？为什么"存在物产生和消灭"[②]？细细想来，不难看出，事物的存在与不存在，关乎不变与变化；而一切事物之所以存在和不存在及其相互变化，就是因为一切事物都具有"质"、"量"和"度"。这恐怕就是为什么，黑格尔《逻辑学》第一篇"存在论"包括"存在"、"不存在"、"变化"、"不变"、"质"、"量"和"度"七大范畴："变化"、"不变"、"质"、"量"和"度"五个范畴是"存在"的分解。因此，当且仅当完成了对这五个范畴的研究，也就完成了对"存在"的研究："存在"不但不是元哲学的开端范畴，而且不能独立作为元哲学范畴。

综上可知，如果说概念排列顺序与概念反映的事物历史次序，还可以偶然一致的话；那么，它与科学史概念产生顺序就根本谈不上什么一致了。如果概念反映的事物历史次序，还可以是科学体系概念排列顺序的偶然巧合的话，那么，科学史概念产生顺序，对于概念排列顺序就连这种偶然巧合也谈不上了。诚然，正像黑格尔唯心主义外壳中包含着辩证法的合理内核一样，在黑格尔"哲学体系中概念排列顺序与哲学史上概念出现顺序一致"的客观唯心主义外壳中，也包含合理内核：逻辑与历史必然一致。然而，遗憾的是，一些马克思主义哲学家却以为只要添上"大体"二字，把必然一致改成大体一致（这也就把必然一致改成偶然一致）便算去掉了唯心外壳，获得了合理内核。

---

① 北京大学哲学系外国哲学史教研室编译：《古希腊罗马哲学》，商务印书馆 2021 年版，第 53 页。

② 北京大学哲学系外国哲学史教研室编译：《古希腊罗马哲学》，商务印书馆 2021 年版，第 54 页。

殊不知这么一改，恰好去掉了"历史与逻辑必然一致"的真理，而所得到的不过是毫无科学意义的"概念排列顺序与概念所反映的事物的历史发生顺序偶然一致"罢了。

按照哲学范畴体系排列顺序的"从一般到个别、从抽象到具体、从简单到复杂"原则，继"同一、差别、普遍、特殊、单一"等范畴之后，是"偶然与必然、自由、可能与现实"范畴。因为在"偶然与必然、自由、可能与现实"中我们将知道，一方面，"自由"不过是利用必然性而任意改变偶然性的活动，而"可能与现实"则是必然与偶然的结合物。所以，必须把"必然、偶然、自由、可能、现实"放在一起研究。另一方面，"偶然与必然、自由、可能与现实"不但较"内容和形式"为个别、具体，而且也较"同一、差别、普遍、特殊、单一"更为个别、具体。因为，虽然"必然与普遍"、"偶然与特殊性、单一性"是同一的概念；但是，"可能与现实"却是普遍性、特殊性、单一性、同一、差别、个别、一般、抽象、具体以及历史与逻辑的结合体、统一物。因此，"必然、偶然、自由、可能与现实"比"同一、差别"等概念要具体、复杂、个别得多。

这样，"同一、差别"等范畴便是一般，而"必然、偶然"等范畴则是个别："同一、差别"等范畴是存在、依赖于"必然、偶然"等范畴中的一般部分，而"必然、偶然"等范畴则是包含"同一、差别"等范畴的较个别较复杂较具体的整体。因此，不懂"同一、差别"等范畴，就不能懂包含它们的"必然、偶然"等范畴；但不懂"必然、偶然"等范畴，却可以懂其中的一般部分"同一、差别"等范畴。于是，我们首先研究"同一、差别"等范畴，然后便由其上升到包含它们的较具体、复杂、个别的"必然、偶然"等范畴。

第七章　必然与偶然·可能与现实·自由

本章提要　自由就是按照自己意志进行的行为；自由与意志自由是同一概念。"自由是按照自己的意志利用必然性来改变偶然性从而选择实现某种可能性的行为，亦即任意选择可能性的行为"是意志自由定义，也是自由定义，是自由的精确的具体的定义；而"自由是没有外在障碍因而能够按照自己意志进行的行为"则是自由的简明的抽象的定义。准此观之，自由与实行自我意志的障碍之消除，并不完全相同：自由仅仅是实行自我意志的自身之外的外在障碍（如不准爬山）之消除；实行自我意志的自身内在障碍（如膝盖发炎而不能爬山）之消除，并不是自由，而是利用自由的能力或条件。换言之，自由与否，乃是一个人的身外之事，而不是他身内之事；若是他的身内之事，则属于他的利用自由的能力范畴而无所谓自由不自由。然而，伯林与格林等思想家却误将"利用自由的能力"与"自由"本身等同起来，因而误将前者叫作积极自由，将后者叫作消极自由：这就是所谓"两种自由概念"。

一、必然与偶然

1. 必然与偶然：概念分析

亚里士多德对于必然概念曾有十分透辟的阐述。他这样写道："必然的意思是没有它作为伴随条件生命就不可能，例如呼吸和营养对动物就是必然的，因为缺少这些条件生命就不能存在，没有它善既不能存在也不能生成，恶也不能被消除和摈绝。例如，为了不生病，服药是必需的；为了获得财富，去埃吉娜的航行是必要的。此外，强制的和强制是对冲动和意图的妨碍和阻止，强制也被称为必然，所以它是恼人的，例如尤埃诺斯说：

"一切必然的事情天生是讨厌的。

"而强制就是某种必然，索福克勒斯说：

"强制让我必然地做这一切。

"人们认为必然不可言喻，这很对；它既与按照意图的运动相反，也与按照推理的运动相反。此外，对于不允许别样我们就说必然如此。正是按照必然的这种意义，其他的一切才被说成是必然。当由于受到强制必然不能够按照意图而动作或被动的时候，这就是强制。故成为必然就是由于它而不允许别样，这一道理也适用于生命和善的伴随原因，不论是善，还是生命，还是存在，缺少某些因素都不行，这是必然的，这一原因是某种必然。

"此外，证明也是必然的东西。因为如若证明是单纯的，事物就不允许别样。它是大前提的结论，推理所依据的各个前提是不能成为别样的。在那些必然的事物中，有的有其他原因，有的则没有其他原因，而是由于这些必然的事物，其他才必然存在。原始和主要的必然是单纯，单纯就是不允许多变，也就是不能一会儿这样，一会儿那样，因为那就会是多变了。"[①]

诚哉斯言！必然是一种"不允许别样"的强制性，是"不允许多变，也就是不能一会儿这样，一会儿那样"的属性，是事物一定这样而不会那样的属性，是一定不移、不能改变的属性，说到底，是不可

[①] 苗力田主编：《亚里士多德全集》第七卷，中国人民大学出版社1993年版，第116—117页。

避免的属性。譬如，人必有一死，就是一定不移、不可避免、不能改变的属性，因而是必然性。

何谓偶然？亚里士多德接着必然性的阐述，曾用大量篇幅反复论说"偶然"、"偶性"、"偶然性"：三者无疑是同一概念。他这样写道："偶性，一个东西被称为偶性，它依存于某物并被真实地说明，不过既非出于必然，也非经常发生，例如，一个人掘园种菜却发现了宝藏。对于掘园者来说，宝藏的发现就是偶性或机遇。因为发现并非必然出于掘园，或是其后果，而种菜的人并不经常找到宝藏。文雅的人很可能是白净的，但这事既非必然，也非经常发生，我们称之为偶性。既然有着依存者和被依存者，而一些东西是在某一地点、某一时间的依存，某物可能的依存，但不是因为它是一定的个体或此时、此地，它便是偶性。机遇或偶性是没有确定的原因的，而只是碰巧，即不确定。一个人碰巧到了埃吉那岛，假如不是由于想去那地方而是因风暴迷途，或为海盗俘获。偶性或机遇确在发生着和存在着，不过不是作为自身而是作为他物，风暴是去了他并没有驶向的地方的原因，这就是埃吉那岛。"[①]

确实，偶然是必然的对立面、相反物，是"非必然"、"不确定"、"碰巧"、"机遇"，是事物可以这样也可以那样的属性，是没有一定、可以改变的属性，说到底，是可以避免的属性。一个人必死，乃是一定不移、不可避免、不能改变的属性，所以是必然；而他究竟是怎样死的，则是他的没有一定、可以病死、也可以自杀、还可以老死等等可以改变的属性，所以是偶然性。

不难看出，必然之所以是一定不移、不能改变、不可避免的属性，就是因为，必然性乃是某一种类所有事物都具有的共性，是该类事物

[①] 苗力田主编：《亚里士多德全集》第七卷，中国人民大学出版社1993年版，第143—144页。

自身内在的普遍性、一般性和本质。所以，黑格尔说："必然性自在地即是那唯一的、自身同一的、而内容丰富的本质。"①"我们所要达到的必然性，即一物之所以是一物乃是通过它自己本身，这虽然可以说是中介性的，但它却同时能扬弃其中介过程，并把它包含在自身之内。因此对于有必然性的事物我们说：'它是'，于是我们便把它当成单纯的自身联系，在这种自身联系里，它受他物制约的依他性也因而摆脱掉了。"②

反之，偶然这种"事物的没有一定、可以改变、可以避免的属性"，则不是某一种类一切事物的共性，不是事物自身内在的普遍性、一般性、本质；而是个别具体事物相互间外在的现象，是绝无仅有的单一性或某类部分事物的特殊性：偶然是事物外在的现象、单一性与特殊性。所以，亚里士多德说："偶性或机遇确在发生着和存在着，不过不是作为自身而是作为他物。"③ 黑格尔也这样写道："因此我们认为偶然的事物系指这一事物能存在或不能存在，能这样存在或能那样存在，并指这一事物存在或不存在，这样存在或那样存在，均不取决于自己，而以他物为根据。"④

诚哉斯言！举例说：

"人必有一死"这种必然性，就是包含在张三死了、李四死了、秦始皇死了、黑格尔死了等等一切个别人死亡之中的内在的普遍性、一般性、本质；而张三是那样病死的、李四是如此被杀死的、王二是上吊死的、有些人是淹死的等等偶然性，则是"人必有一死"的外在表现、现象，是一种单一性和特殊性。

可见，凡是偶然都是可以感知的事物的外在的现象、单一性与特

---

① 黑格尔：《小逻辑》，商务印书馆1981年版，第311页。
② 黑格尔：《小逻辑》，商务印书馆1981年版，第306页。
③ 苗力田主编：《亚里士多德全集》第七卷，中国人民大学出版社1993年版，第143页。
④ 黑格尔：《小逻辑》，商务印书馆1981年版，第301页。

殊性；凡是必然都是不可感知的事物内在的本质、普遍性、一般性；反过来，凡是可以感知的事物外在的现象、单一性与特殊性，也都是偶然性；凡是不可感知的事物内在本质、普遍性、一般性，也都是必然性。石里克说：

"必然性指的就是普遍有效性，既不多些也不少些。这句：'A 必然随着 B 而发生'就其内容而言和句子'每一次只要状态 B 发生，状态 A 即随之而发生'是完全等同的。前者没有比后者多讲了任何东西。"①

确实，谁能找到必然性不是本质、普遍、一般的？哪里有本质、一般、普遍不是必然性呢？谁又能找到偶然性不是现象、单一性、特殊性？哪里有现象、单一性和特殊性不是偶然性？谁也找不到。这意味着，"必然"与"普遍、一般、本质"——"偶然"与"现象、特殊性和单一性"——乃是外延相同的同一概念、同一事物，是同一事物相对不同对象而有的不同名称；正像父与子可以是同一个人对于不同对象而具有的不同名称一样。②

毫无疑义，"本质与现象"乃是构成一切实际的具体的个别事物的两方面；"单一性、特殊性和普遍性"乃是构成一切实际的具体的个别事物的三方面。这意味着，偶然性与必然性乃是构成一切实际的具体的个别的事物的两个方面：必然性是事物内在的本质、普遍性方面；偶然性是事物的外在的现象、特殊性和单一性方面。这就更为深刻证明了此前对于因果律的研究所得出的结论：决定论（认为一切事物的

---

① 石里克：《自然哲学》，商务印书馆 2007 年版，第 70 页。
② 科朴宁亦通过大量论述而得出结论说："合乎规律的联系是客观地相互制约的，是本质的和必然的。从事物的本质，从事物的内部联系中不可避免地一定要产生的东西，就是必然的东西。必然性的对立面是偶然性。偶然性是不稳定的，它同过程的本质没有直接的联系。偶然的现象，可能发生也可能不发生，可能这样也可能那样。必然性基因于事物本身，而偶然性则基因于其他事物。"（康斯坦丁诺夫主编：《马克思主义哲学原理》，人民出版社 1959 年版，第 234 页）

发生都是必然的、被必然决定的、必定的理论）和非决定论（认为一切事物的发生都是偶然的、非必然决定的理论）都是各执一偏的谬论：决定论只见本质、普遍性、必然性，非决定论则只见现象、单一性、特殊性、偶然性——二者皆是盲人摸象也！

2.必然与偶然的固有属性

根据此前阐述的"普遍、一般"和"特殊、单一"的关系，从"必然与普遍、一般"是同一概念，以及"偶然与单一性、特殊性"是同一概念，可以得出一系列重要结论：

其一，我们对于"普遍、一般"和"特殊、单一"的研究表明，独一无二的单一性具有绝对变化流逝性；一些事物的特殊性具有相对暂时易变性；某类事物共有的普遍性或一般则具有相对永恒不变性。于此可知，独一无二或单一的偶然性永恒变化流逝；一些事物特殊的偶然性相对暂时易变；某类事物共有的普遍的必然性则是相对恒久不变的。这就是为什么黑格尔说："这种变的绝对不静止，就是偶然。"[①]亚里士多德亦如是说："在存在着的东西中，有一些永远如此（且出于必然），不是在强制意义下的必然，而是说它不可能别样；有些则不是出于必然，不永远如此，而是经常这样，这就是偶性存在的本原和原因。"[②] 这个道理，不妨举例说明：

赫拉克利特的名言"人不能两次踏入同一条河流"，说的就是河流的偶然性（单一性）永恒变化，以致此一次此一时的河流的偶然状态，不同于瞬息之间的彼一时彼一次的河流状态，因而人不能两次——即使两次间隔只有两秒钟——踏入同一条河流。但是，譬如说，某河流有四个浅滩的偶然性（特殊性），相对河流有河床的必然

[①] 黑格尔：《逻辑学》下卷，商务印书馆2017年版，第198页。
[②] 苗力田主编：《亚里士多德全集》第七卷，中国人民大学出版社1993年版，第148页。

性（普遍性）来说，则是暂时易变的；而河流有河床的必然性，相对四个浅滩的偶然性来说，则是恒久不变的。

其二，我们对于"普遍、一般、特殊和单一"范畴的研究表明，单一性必不可重复，特殊性只能偶然重复，而普遍或一般则必然具有重复性。由此可知，偶然性不一定具有重复性，不一定能重复出现；而必然性则一定具有重复性，一定能重复出现。举例说：

人有眼睛的必然性，是一定重复出现的：一方面，人有眼睛的属性完全相同地出现在同时并存的每个正常人身上，这是空间中重复；另一方面，人有眼睛的必然性又完全相同地出现在不断更替存在的正常人身上，这是在时间中的重复。反之，每个人相貌具有单一性状的偶然性，是不可重复的；而有些人长尾巴的特殊性状的偶然性，则可以在有些人身上偶然重复出现。

其三，我们对于"普遍、一般、特殊和单一"范畴的研究表明，单一性、特殊性、普遍性或一般可以互相转化。由此可知，偶然与必然是可以互相转化的。因为，我们说必然是事物不可避免的、不可改变的属性，并非说事物的必然性是绝对不可改变的。究其实，只有事物在不发生种类变化的条件下，事物的必然性才是不可改变的。换言之，必然是事物不可改变的属性，是以事物不发生种类变化为条件的。这是因为：

一事物如果不发生种类变化，则无论如何变化，仍属于原来物种，那么，它在原来物种中的普遍性（必然性）也一定不会变成特殊性（偶然性）；而它在原来物种中的特殊性（偶然性）也一定不会变成普遍性（必然性）。反之，一事物如果发生种类变化，也就是由一物种变成另一物种，那么，它在原来物种中的普遍性（必然性）在新的物种中就会变成特殊性（偶然性），而该事物在原来物种中的特殊性（偶然性）就会变成普遍性（必然性）。举例说：

达尔文告诉我们，当陆生动物没有变成水生动物时，陆生动物到水中觅食的偶然性，不会变成必然性；它在陆地取食物的必然性，也不会变成偶然性。但是，当陆生动物发生物种变化，变成水生动物时，到水中觅食就由偶然变成必然，而到陆地觅食，则由必然变成偶然。

当猿没有变成人类时，一方面，无语言和有尾巴的必然性，不可改变，不会变成偶然性；另一方面，直立行走的偶然性，也不会变成必然性。但是，当猿变成人类时，无语言和有尾巴便由原来在猿类中的必然性，变成了偶然性；而直立行走，则由偶然性变成了必然性。

可见，必然性是事物不可改变的属性，是有条件的，那就是只有在事物种类不变的前提下，它才是不可改变的；而随着事物种类变化，必然性就会改变，变成偶然性；反过来，偶然性也会变成必然性：事物的必然性和偶然性随着事物种类变化而相互转化。

其四，必然是不可避免、一定不移、普遍一般、重复稳定的属性，显然意味着，不但在事物的必然性出现之后，人们能够知晓它，而且当事物的必然性还没有出现之前，人们就可以完全准确预见到它的出现。举例说：

张三必死、地球必将毁灭、人类必将灭亡等等诸如此类的必然性，虽然还没有出现，人们就已完全准确地预见到它们将来的出现。而人们之所以能做出这些完全准确的预见，不就是因为这些事物是必不可避免、一般普遍、重复稳定吗？

相反地，偶然性则由于它具有单一性、特殊性、不一定重复性、暂时易逝性和可以避免、没有一定的性质，人们就不能在偶然性还没有出现时，就完全准确预见到它怎么出现，而只能在它出现之后，才能准确知晓。举例说：

谁能完全准确地预见到张三何时死去呢？谁能完全准确地预见到一棵树上有多少树叶呢？而人们之所以不能完全准确地预见到这些偶然现象，不就是因为这些偶然现象都是可以这样、也可以那样而没有一定吗？

或许有人说，偶然性也是可预见的。例如，天气预报、诸葛亮用兵料事如神，不都是预见吗？甚至日常生活中也都处处存在对偶然性的预见，比如说，"我早就料定他又上南湖游泳去了"、"他一定不得好死"等等，不都是对偶然性的预见吗？是的，这些是对偶然的预见，不过不是完全准确的预见，而是大约、估计、近似、猜测的预见，是与对必然性的完全准确、毫厘不爽的预见根本不同的预见。所谓偶然性和必然性的可预见性和不可预见性，当然是指完全准确的预见，而不是大约、近似的预见。

这就是为什么，我们说偶然不可预见而必然可以预见。无庸赘述，必然的不可避免性、普遍性、重复性、稳定性，导致了必然的可预见性；而偶然的可避免性、单一性、特殊性、不重复性、易变性，则导致了偶然的不可预见性。

其五，我们对于"普遍、一般、特殊和单一"范畴的研究表明，事物的普遍性或一般是看不见摸不着的，是不可感知的，是通过可以感知的单一性和特殊性表现出来的，是单一性和特殊性的内容。这意味着，必然是摸不着看不见的，是不可感知的，是通过可以感知的偶然表现出来：必然是偶然的内容，偶然性是必然性的表现形式。譬如，"人必有一死的必然性、普遍性"是摸不着看不见的，是不可感知的，是通过可以感知的张三如何病死、李四如何被杀、王二如何老死等偶然性表现出来：必然性是内容，偶然性是形式。因此，马克思恩格斯说："被断定为偶然的东西，是一种有必然性隐藏在里面的形式。"[1] "在偶然事件中贯彻并规律它们的内在法则，要在这种偶然事件大量结合在一起的情形下才可以看清楚。"[2]

因此，必然产生和决定偶然，是偶然的原因。试想，如果人没有

---

[1] 《马克思恩格斯文集》第4卷，人民出版社2009年版，第298—299页。
[2] 《资本论》第3卷，人民出版社2004年版，第1084页。

长鼻子的必然性,张三怎么会偶然地生出一个蒜头鼻子呢?不正是人长鼻子的必然性,产生和决定了张三有一个蒜头鼻子的偶然性吗?没有死的必然性,李四怎么会病死呢?不正是死的必然性,产生和决定了张三病死的偶然性吗?如果动物没有觅食的必然性,怎么会有有些陆生动物到水中觅食的偶然性呢?不正是觅食的必然性,产生和决定了水中觅食的偶然性吗?

必然产生和决定偶然,而偶然又反作用于必然,产生新的必然。譬如,陆生动物觅食的必然性,产生和决定了它到水中觅食的偶然性;反过来,正如达尔文发现,有些陆生动物到水中觅食的偶然性,日久天长,就改变了陆生动物到水中觅食的偶然性而使之变成新的必然性,结果陆生动物就变成了水生动物。猿猴行走的必然性,产生和决定了它有时直立行走的偶然性;反过来,直立行走的偶然性,日久天长,就变成了新的必然性,结果猿就变成了人。

可见,必然与偶然正如一切内容与形式一样,相互作用、相互转化、互为因果。不但此也!由必然是内容、是内,偶然是形式、是外,我们还可以得出结论说,必然的原因相对偶然的原因来说,是内因,而偶然的原因相对必然的原因来说,是外因。举例说:

资本主义取代封建制这种必然性的原因,是"封建制生产关系必将与生产力冲突"这种必然性;资本主义究竟何时取代封建制,这种偶然性的原因是"某个国家领袖个人才能、意志、品德和国民的觉悟、力量"等种种偶然性。"封建制生产关系必将与生产力发生冲突"这种原因,相对"某个国家的领袖个人才能、意志和国民觉悟、力量"这种原因来说,显然是内因。

然而,人们往往把"必然性原因只有相对偶然性原因来说才是内因"加以绝对化,以为必然性的原因不论对于任何事物来说都是内因。这是错误的。如果不是相对于偶然性的原因来说,那么,必然性的原因就可能是外因。举例说:

347

海洋涨潮是必然的,其原因正是海洋之外的月球引力,是外因。生物进化是必然的,其原因在生物之外的自然环境中,是外因。科学的发展的原因,从根本上看,也是在科学之外的社会实践中,是外因。生产关系变革、资本主义取代封建制是必然的,其原因正是生产关系之外的生产力的发展,是外因。

可见,如果不是相对偶然性原因来说,那么,必然性的原因是外因的事物,简直可以信手拈来、不胜枚举。因此,必然性原因是内因,偶然性原因是外因,完全是相对的。

3. 科学:必然性的知识体系

我们在"普遍、一般、特殊和单一"等范畴的研究中知道,思维之外的一切个别具体事物——亦即一切实际存在的个别具体事物——都是单一事物,其全部属性可以分为单一性、特殊性与一般或普遍性三类;三者只要缺一,也就无所谓实际的个别具体事物,而只能是存在于思维中的事物。

这就是说,只要是实际存在的个别具体事物,那么它一定都包含单一性、特殊性、普遍性,因而也就一定都既包含偶然性又包含必然性,而决不可能存在仅仅具有偶然性——或仅仅具有必然性——的个别具体的实际事物。就是说,必然性与偶然性乃是实际存在的个别具体事物的不能独立存在的两部分。

因此,不论必然还是偶然,在思维之外的实际存在的个别具体事物中,都是不能独立存在、互相脱离的。相反地,二者总是形影不离、朝夕相伴、同存同亡。只有在思维作用下,必然和偶然才分离开来:"必然"以其不可避免性、普遍性、一般性和"偶然"以其可以避免性、单一性、特殊性在思维中相互区别、相互独立。一句话,一切实际存在的个别具体事物都完全由必然性与偶然性构成,而只有思维中的事物,必然与偶然才可分离开来、独立存在。

第七章 必然与偶然·可能与现实·自由

这样一来，必然性与偶然性也就构成人类全部认识的全部对象。偶然性亦即特殊性、单一性或现象，是可以感知的，是感性认识对象；而必然性、普遍性、一般或本质——四者是同一概念——则是不可感知而只能由思维把握的，是理性认识对象。人类认识的任务和行为目的，显然在于通过可以感知的外在的偶然性、特殊性、单一性，掌握内在的不可感知的必然性、本质、规律性，从而赢得自由而不受必然性的盲目支配："必然性只有在它尚未被理解时才是盲目的。"[①] 所以，黑格尔说：

"概括来讲，认识的任务同样在于克服这种偶然性。另一方面，在实践范围内，行为的目的也在于超出意志的偶然性或克服任性（Willkur）。同样特别在近代常有人将偶然性过分地予以提高，且既在自然界又在精神界都曾给予偶然性以事实上不配有的一种价值。首先就自然而论，人们赞美自然，每每主要地仅因其品汇的繁多和丰富。这种丰富性，除了其中所包含的理念的展现之外，并不能提供给我们以较高的理性的兴趣，而且这些庞大繁多的有机和无机的品汇也仅供给我们以一种消失在纷纭模糊中的偶然性的观感而已。无论如何，那些受外在环境支配的五花八门的动物植物的个别类别，以及风、云状态的变幻多端，比起心灵里一时触发的奇想，和偏执的任性来，并不值得我们予以较高的估量。对于这种变化无常的现象加以赞美，乃是一种很抽象的心理态度，必须超出这种态度，进一步对自然的内在和谐性和规律性有更确切的识见。"[②]

不但此也！必然及其固有特性——普遍性、一般性、重复性、稳定性、可预见性、不可避免性——乃是科学全部对象和科学之所以为科学的全部因素；而偶然及其固有特性——单一性、特殊性、可避免

---

① 黑格尔：《小逻辑》，商务印书馆1981年版，第307页。
② 黑格尔：《小逻辑》，商务印书馆1981年版，第301页。

性、易变性、不可重复性、不可预见性——则是经验全部对象和非科学之所以为非科学的全部因素。因为，如前所述，科学是关于实际存在的事物的本质、规律、必然性、普遍性——四者是同一概念——的理性知识体系，简言之，也就是关于实际存在的事物的普遍性的理性知识体系。因此，科学的全部根据和全部内容，就在于必然性、可预见性、不可避免性、普遍性、重复性、稳定性；而经验或非科学的全部根据和全部内容，就在于偶然性、不可预见性、单一性、特殊性、不重复性、不稳定性。那么，是否可以进而断言：科学是偶然性的敌人？苏联哲学家科朴宁说：

"'科学是偶然性的敌人'这个说法很流行。不应该把这个论点了解成科学否定偶然性的存在。偶然性是客观存在的，也是科学所研究的。但是科学不应当停留在这一点上，科学必须揭示偶然性后面的必然性，即通过偶然性表现出来的规律性。在这个意义上：科学是偶然性的敌人。"[①]

诚哉斯言！科学对象乃是事物的必然性，科学是关于必然性的知识体系，是必然性的大厦，是必然性的王国。科学的对象不是偶然性。然而，必然只有通过偶然才能表现出来。科学也就只能通过偶然性来掌握必然性；偶然性是建立必然性知识体系的基础，是进入科学大厦的阶梯，是步入科学王国的唯一之路。在这个意义上，偶然性是科学的朋友。但是，偶然性也仅仅是必然性知识体系的基础、进入科学大厦的阶梯和步入科学王国的道路而已。偶然性本身，绝对不能进入科学知识体系，决不可步入科学的大厦和王国。密纳发的猫头鹰不准许偶然性到科学的王国中来，而把它像科学的敌人一样，摒斥于科学大门之外。在这个意义上，偶然性又是科学的敌人。一言以蔽之，唯有有必然性才是科学对象——科学是必然性的知识体系——而偶然性

[①] 康斯坦丁诺夫主编：《马克思主义哲学原理》，人民出版社1959年版，第238—239页。

则既是科学的朋友又是科学的敌人，无论如何都不能入科学之殿堂。因此，黑格尔说：

"科学、特别哲学的任务，诚然可以正确地说，在于从偶然性的假象里去认识潜蕴着的必然性。但这意思并不是说，偶然的事物仅属于我们主观的表象，因而，为了求得真理起见，只须完全予以排斥就行了。任何科学的研究，如果太片面地采取排斥偶然性、单求必然性的趋向，将不免受到空疏的'把戏'和'固执的学究气'的正当的讥评。"①

二、可能与现实：必然和偶然的结合物

1. 可能与现实：概念分析

最早系统研究可能与现实的，无疑是亚里士多德。特别是他的《形而上学》，对于可能与现实曾有大量的论述。不过，他大都将"可能"叫作"潜能"：二者完全是同一概念。例如，他说："在这些场合中，也既有潜能上的，又有实现了的，例如，奥林匹亚运动会就既有可能出现的，也有实际上发生了的。"②"现实之于潜能，犹如正在进行建筑的东西之于能够建筑的东西。"③那么，可能与现实究竟是什么？亚里士多德的回答是：可能、潜能就是能够存在；现实则是已经存在。他这样写道：

"已经从质料中分化出来的东西相对于质料，已经制成的器皿相对于原始素材。两类事物是互不相同的，用前者来规定现实，用后者来规定潜能。"④"所以，现实就是一件东西的存在，但是它不以我们称为'潜在'的那种方式存在；例如，我们说，一尊黑梅斯的雕像潜在于一

---

① 黑格尔：《小逻辑》，商务印书馆 1981 年版，第 303 页。
② 苗力田主编：《亚里士多德全集》第二卷，中国人民大学出版社 1991 年版，第 75 页。
③ 北京大学哲学系外国哲学史教研室编：《古希腊罗马哲学》，商务印书馆 2021 年版，第 277 页。
④ 苗力田主编：《亚里士多德全集》第七卷，中国人民大学出版社 1993 年版，第 209 页。

块木头中，半截线潜在于整条线中，因为可以把它分出来，我们甚至称不在做研究工作的人为学者，如果他有能力作研究的话；与这些东西之一相反的东西，就是现实地存在着。我们的这个意思，可以借归纳法在特殊事例中看出来，我们不要去寻求每样东西的定义，而应该满足于把握其中的类似之处：现实之于潜能，犹如正在进行建筑的东西之于能够建筑的东西，醒之于睡，正在观看的东西之于闭住眼睛但有视觉能力的东西，已由质料形成的东西之于质料，已经制成的东西之于未制成的东西。"①

诚哉斯言！可能就是能够。更确切些说，可能是能够发生的个别具体事物，亦即能够发生的单一性事物。这就是说，可能是具体的单一的，是能够发生的实际的事物；而不是仅仅存在于思维中的抽象事物。只有具体的单一的事物，才是可能的；而单一事物的某个部分，却决不是可能。而一切具体的单一的实际事物，如前所述，都包括并且仅仅包括单一性、特殊性、普遍性三种属性；单一性、特殊性、普遍性构成一切具体的单一的事物。所以，所谓具体的单一的实际事物，也就是单一性、特殊性、普遍性的结合物。而单一性和特殊性又等于偶然性；普遍性则等于必然性。所以，所谓个别具体的实际事物，也就是必然与偶然的结合物、统一体。

诚然，能够发生的东西既可以是事物的普遍性、必然性，又可以是事物的单一性、特殊性、偶然性。但是，如果能够发生的仅仅是普遍性、必然性或者仅仅是单一性、特殊性、偶然性，那么，它们就不是可能而只是必然性或偶然性。只有当能够发生的事物是单一具体独立于思维之外而实际存在的事物时，只有当能够发生的事物是必然与偶然的结合物、统一体时，才是可能。一句话，可能是能够发生的必然与偶然的结合物、统一体。举例说：

---

① 北京大学哲学系外国哲学史教研室编译：《古希腊罗马哲学》，商务印书馆 2021 年版，第 277 页。

第七章　必然与偶然·可能与现实·自由

资本主义取代封建制能够实现，这种能够实现的单纯的普遍性、必然性只是必然性而非可能；只有到 16 世纪欧洲行将诞生奴役制现代资本主义，这种必然与奴役制等偶然的结合物，这种单一事物，才是可能。"人是会死的"，这种单纯的必然性，就只是必然而非可能；只有"张三不久于人世"，这种必然与偶然的结合物，这种具体事物，才是可能。同样，能够发生的单纯偶然性，也只能是偶然而不是可能。例如，每个人都能够发生与任何人都不同的形象属性，就只是偶然性而并非可能。

可见，可能并非是能够发生的一切事物，并非是能够发生的必然性或能够发生的偶然性；而只是能够发生的必然性与偶然性的结合物。那么，究竟言之，能够发生的必然与偶然的结合物，又是什么意思呢？我们知道，必然是一定不移、不可改变的；而偶然是没有一定、可以这样也可以那样的。因此，能够发生的必然与偶然的结合物，也就是必然能够伴随何种偶然而出现：可能就是必然能够伴随何种偶然而出现。举例说：

16 世纪现代资本主义能够发生的可能性，就是现代资本主义一定发生的必然性，能够伴随奴役制等偶然性而出现。张三要病死的可能性，就是张三一定要死的必然性能够伴随张三病死的偶然性而出现。

因此，可能，能够发生的个别具体事物，也就是必然能够伴随何种偶然而出现。然而，可能这种能够发生的个别具体事物，究竟是产生和存在于什么东西之中呢？显然是产生和存在于已经发生的事物之中：已经发生的事物产生和包含种种能够发生的事物。而已经发生的事物不是别的，正是现实：可能产生和存在于现实之中；现实是可能的源泉、基础、根本原因。所以，黑格尔说："现实性是包含可能性在自身内作为一个抽象环节的。"[①] "一个事物是可能的还是不可能的，取

---

① 黑格尔：《小逻辑》，商务印书馆 1981 年版，第 298 页。

决于内容，这就是说，取决于现实性的各个环节的全部总和。"① 准此观之，现实性是比可能性更丰富更广阔更高级的范畴。黑格尔说：

"最初在想象里，我们总以为可能性是较丰富较广阔的范畴，而现实性则是较贫乏较狭窄的范畴。因此人们说：一切都是可能的，但不能说，凡是可能的因而也是现实的。但事实上，也就是说，根据思想来考察，现实性倒是较广阔的范畴，因为作为具体思想的现实性是包含可能性在自身内作为一个抽象环节的。这点即在通常意识里也可以看到，因为当我们谈到可能的事物与现实的事物须区别开，我们说：'这仅仅是可能的东西'之时，我们已感到现实性较高于可能性了。"②

如果说可能是必然能够伴随何种偶然而出现，那么，现实便是必然已经伴随某种偶然而出现。因为，如上所述，现实、已经发生的事物，也就是在思维之外实际发生的事物。而只有单一的具体的事物，才能在思维之外实际发生。所以，事物只有成为单一事物、具体事物时，才能是现实。也就是说，事物只有成为必然与偶然的结合物、统一体时，只有必然与偶然互相伴随、合为一体时，才是现实；而各自分立的偶然性或必然性，只能存在于思维中，而决不能在思维之外实际发生。

然而，真正讲来，必然与偶然的结合物，还不是现实：可能不也是必然与偶然的结合物吗？只有已经发生的必然与偶然的结合物，才是现实。正像能够发生的必然与偶然的结合物，也就是必然能够伴随何种偶然而出现的一样；已经发生的必然与偶然的结合物，也就是必然已经伴随何种偶然而出现：必然已经伴随某种偶然而出现就是现实，现实就是必然已经伴随某种偶然而出现。举例说：

---

① 黑格尔：《小逻辑》，商务印书馆 1981 年版，第 300 页。
② 黑格尔：《小逻辑》，商务印书馆 1981 年版，第 298 页。

16 世纪欧洲现代资本主义的现实，也就是资本主义一定建立的这种必然性已经伴随 16 世纪欧洲奴役制等偶然性而出现。张国忠在一九七五年病死的现实，也就是张国忠一定要死的必然性，已经伴随一九七五年他病死的偶然性而出现。

可见，现实是已经发生的必然与偶然的结合物，说到底，也就是必然已经伴随某种偶然而出现；而可能则是必然能够伴随何种偶然而出现。问题还在于，虽然事物只有成为单一具体事物，只有成为必然与偶然结合物，才是现实；但事物一经成为现实时，那么它的各个部分也就都是现实的了。所以，现实也就不只是单一具体的事物，而且还可以是单一具体事物的各部分：必然性或偶然性。一句话，现实既是具体的又是抽象的。举例说：

虽然只有资本主义取代封建制的这种必然性，与 16 世纪欧洲奴役制现代资本主义等偶然性相互伴随，合为一体时，才是现实的；但一旦它们成为现实后，也就可以单单说资本主义取代封建制，这种单纯的必然性是现实，而并非只有"16 世纪欧洲奴役制现代资本主义"这种偶然与必然统一体，才是现实。

可见，事物虽然只有成为必然偶然结合体——亦即成为个别具体事物——才能实际发生，才能成为现实；但是，一旦事物成为现实之后，它的各部分、它的必然部分或偶然部分，也就都是现实的了。所以，现实乃是已经发生的一切事物，而不仅仅是单一、具体事物。这就是为什么，现实的定义乃是"已经发生的事物"，而不是"已经发生的个别具体事物"。

2. 黑格尔的现实概念——凡是合乎理性的东西都是现实的；凡是现实的东西都是合乎理性的

可能与现实都是必然性与偶然性的结合物，只不过，可能是能够发生的必然性与偶然性的结合物；而现实则是已经发生的必然与偶然性的结合物。然而，正如黑格尔所指出，人们大都将现实与外在的感性存在等同起来，以为现实是摸得着看得见的东西；殊不知，这些仅仅是现实的表面现象，现实之所以为现实，乃在于这些现象所表现的内在本质或必然性，亦即他所谓的"理念"、"理性的东西"——"理性的东西与理念同义"①——"现实性在它的开展中表明自己是必然性。"② 据此，黑格尔得出那个鼎鼎有名的"合理性与现实性等同公式"：

"凡是合乎理性的东西都是现实的；凡是现实的东西都是合乎理性的……除了理念以外没有什么东西是现实的。所以最关紧要的是，在有时间性的瞬即消逝的假象中，去认识内在的实体和现在事物中的永久东西。其实，由于理性的东西（与理念同义）在它的现实中同时达到外部实存，所以它显现出无限丰富的形式、现象和形态。"③ 后来在《小逻辑》第二版中，黑格尔又进一步发挥说：

"现实是本质与实存或内与外所直接形成的统一。现实事物的表现就是现实事物本身。所以现实事物在它的表现里仍同样还是本质性的东西。也可以说，只有当它有了直接的外部的实存时，现实事物才是本质性的东西……因此实存即是现象……现实与思想（或确切点说理念）常常很可笑地被认作彼此对立。我们时常听见人说，对于某种思想的真理性和正确性诚然无可反对，但在现实里却找不着，或者再也无法在现实里得到实现。说这样的话的人，只表明他们既不了解思想的性质，也没有适当地了解现实的性质。因为这种说法，一方面认为思想与主观观念、计划、意向等类似的东西同义，另一方面又认为现实与外在的感性存在同义。在日常生活里，我们对于范畴及范畴所表示的意义，并不那么准确认真看待，也许勉强可以这样说，也许常有这样的情形发生，譬如说，某项计划或某种征税方法的观念本身虽然

---

① 黑格尔：《法哲学原理》，商务印书馆 1961 年版，第 13 页。
② 黑格尔：《小逻辑》，商务印书馆 1981 年版，第 259 页。
③ 黑格尔：《法哲学原理》，商务印书馆 1961 年版，第 12 页。

第七章　必然与偶然·可能与现实·自由

很好、也很适用，但这类东西在现实里却找不到，而且在某些特定条件下，也难以实现。但抽象理智一抓住这些范畴，就夸大现实与思想的差别，认为两者之间有了固定不移的对立，因而说：在这现实世界里，我们必须从我们的头脑里排除掉观念。对于这种看法，我们必须用科学和健康理性的名义断然地予以驳斥。因为一方面观念或理念并不是仅藏匿在我们的头脑里，理念一般也并不是那样薄弱无力以致其自身的实现与否，都须依赖人的意愿。反之，理念乃是完全能起作用的，并且是完全现实的。另一方面现实也并不是那样地污浊、不合理，有如那些盲目的、头脑简单的、厌恨思想的实行家所想象的那样。现实就其有别于仅仅的现象，并首先作为内外的统一而言，它并不居于与理性对立的地位，毋宁说是彻头彻尾地合理的。任何不合理的事物，即因其不合理，便不得认作现实。在一般有教养的语言习惯里，我们也可察出与此种看法相符合的说法，譬如对于那没有作出真正显示才智的贡献和扎实的业绩的诗人或政治家，人们大都拒绝承认他是真实的诗人或真实的政治家。"[①]

综上可知，黑格尔"凡是合乎理性的东西都是现实的；凡是现实的东西都是合乎理性的"具有双重含义。一方面，他确认现实是已经发生的必然性与偶然性的结合物：必然或本质（亦即他所谓"理念"、"理性的东西"）是根本的决定性的，是原因；而偶然或现象（亦即可以感知的东西）是非根本的、被决定的，是结果。黑格尔此见——除去将必然或本质当作"理念"或"理性的东西"——无疑是真理。然而，从此出发，他却误以为唯有必然、本质、理念或理性的东西是名副其实的现实；而偶然、现象不过是瞬即消逝的假象。于是乎，真正讲来，"现实"与"理念"、"理性的东西"便是等同的，是同一东西："凡是合乎理性的东西都是现实的；凡是现实的东西都是合乎理性的。"

[①] 黑格尔：《小逻辑》，商务印书馆 1981 年版，第 295—296 页。

另一方面，黑格尔是辩证法大师，在他看来，现实不断发展变化而处于新旧更替之中。这样一来，现实的旧事物便势必丧失其存在的必然性，而成为不复具有必然性的不合理性的东西，因而即使实际上存在着，也变成了不现实的东西。反之，新事物则具有存在的必然性而成为合乎理性的东西，因而即使还没有存在，也变成了现实的东西："凡是合乎理性的东西都是现实的；凡是现实的东西都是合乎理性的。"此乃辩证法之伟大真理也！对此，恩格斯曾有极为精辟的论述：

"不论哪一个哲学命题都没有像黑格尔的一个著名命题那样引起近视的政府的感激和同样近视的自由派的愤怒，这个命题就是：'凡是现实的都是合乎理性的，凡是合乎理性的都是现实的。'这显然是把现存的一切神圣化，是在哲学上替专制制度、警察国家、专断司法、书报检查制度祝福。弗里德里希·威廉三世是这样认为的，他的臣民也是这样认为的。但是，在黑格尔看来，决不是一切现存的都无条件地也是现实的。在他看来，现实性这种属性仅仅属于那同时是必然的东西：'现实性在其展开过程中表明为必然性'。

"所以，他决不认为政府的任何一个措施——黑格尔本人举'某种税制'为例——都已经无条件地是现实的。但是必然的东西归根到底会表明自己也是合乎理性的。因此，黑格尔的这个命题应用于当时的普鲁士国家，只是意味着：这个国家只在它是必然的时候是合乎理性的，是同理性相符合的。如果说它在我们看来终究是恶劣的，而它尽管恶劣却继续存在，那么，政府的恶劣可以从臣民的相应的恶劣中找到理由和解释。当时的普鲁士人有他们所应得的政府。

"但是根据黑格尔的意见，现实性决不是某种社会状态或政治状态在一切环境和一切时代所具有的属性。恰恰相反，罗马共和国是现实的，但是把它排斥掉的罗马帝国也是现实的。法国的君主制在1789年已经变得如此不现实，即如此丧失了任何必然性，如此不合理性，以致必须由大革命（黑格尔总是极其热情地谈论这次大革命）来把它消灭。所以，在这里，君主制是不现实的，革命是现实的。这样，在发展进程中，以前一切现实的东西都会成为不现实的，都会丧失自己的必然性、自己存在的权利、自己的合理性；一种新的、富有生命力的现实的东西就会代替正在衰亡的现实的东西——如果旧的东西足够理智，不加抵抗即行死亡，那就和平地代替；如果旧的东西抗拒这种必然性，那就通过暴力来代替。这样一来，黑格尔的这个命题，由于黑格尔的辩证法本身，就转化为自己的反面：凡在人类历史领域中是现实的，随着时间的推移，都会成为不合理性的，就是说，注定是不合理性的，一开始就包含着不合理性；凡在人们头脑中是合乎理性的，都注定要成为现实的，不管它同现存的、表面的现实多么矛盾。按照黑格尔的思维方法的一切规则，凡是现实的都是合乎理性的这个命题，就变为另一个命题：凡是现存的，都一定要灭亡。"①

3. 可能与现实的分类：真实可能与虚幻可能以及形式可能与实在可能

从可能的最广泛意义来说，其可以分为客观真实的可能与主观虚幻的可能两类。符合而不背离必然性的可能，就是客观的真实的可能；违背必然性的可能，就是主观的虚幻的可能。主观虚幻的可能，也就是客观真实的不可能。因此，黑格尔说："一个事物是可能的还是不可能的，取决于内容，这就是说，取决于现实性的各个环节的全部总和，而现实性在它的开展中表明它自己是必然性。"② 这个道理，不妨举例说明：

张三病死的可能性，符合"人一定要死"的必然性，因而是客观真实的可能。制造蒸汽机的可能，符合能量守恒转化定律，所以是客

---

① 《马克思恩格斯选集》第4卷，人民出版社2012年版，第221—222页。
② 黑格尔：《小逻辑》，商务印书馆1981年版，第300页。

观真实的可能。反之，秦始皇追求长生不老的可能性，违背"人一定要死"的必然性；制造永动机成功的可能性，违背能量守恒规律；所以都是主观虚幻的可能、客观真实的不可能。

显然，只有客观的、真实的可能，才可以变成现实；而主观虚幻的可能，亦即客观真实的不可能，当然决不会变成现实。所以，一个东西是否真实可能，乃是它能否变成现实的前提：可能的客观真实性乃是可能变成现实的前提。不过，客观真实可能又分为形式可能与实在可能。形式可能亦即抽象可能，也就是未来之可能，是只有在将来才能实现的可能，说到底，也就是某种必然性只有在将来才能够伴随某种偶然出现。实在可能也就是具体可能性、现实可能性，是现在之可能，是当下就能够实现的可能，是某种必然现在就已能够伴随某种偶然出现。举例说：

马克思在《资本论》中指出，在资本主义以前的简单商品生产的社会中，经济危机就是将来才能发生的形式可能性，亦即所谓抽象可能；而在资本主义社会中，经济危机则是实在可能、具体可能。利用月球物质资源造福人类的可能，是将来才能够实现的可能，所以是形式可能、抽象可能；而到月球去探险的可能，则是现在就能实现的，所以是实在可能、具体可能。

然而，黑格尔却把可能仅分为形式可能（抽象可能）与实在可能（真实可能）两类，进而把形式可能（即将来能实现的可能）这种属于客观真实的可能，与那种违背必然性的主观虚幻的可能混淆一起，统统称之为形式可能性、抽象可能性。造成这种混乱的原因乃在于违反了分类规则，而在同一分类中依据两个根据：一是将来能实现的与现在能实现的；二是客观真实的与主观虚幻的。黑格尔便是依据这样两个根据，把可能分为形式可能与实在可能：将来能实现的和主观虚幻的叫作形式可能、抽象可能；当下能实现的和客观真实的叫作实在可能、真实可能。①

殊不知，如果按照同一分类只依据同一根据的规则，那么，可能性只可直接分为客观真实可能与主观虚幻可能两类。然后，在客观真实可能中又分为只有到将来才可以实现的可能（形式可能、抽象可能）与当下就可以实现的可能（实在可能、具体可能）。因此，形式可能、抽象可能乃是客观真实可能的一个种类，属于客观真实可能范畴，而与主观虚幻的可能根本不同，因而黑格尔将二者混在一起统统称之为形式可能、抽象可能，是极不恰当的。这恐怕就是黑格尔十分轻视抽象可能性的原因。他曾这样写道：

"一般人总常常认为可能的即是可以设想的。但这里所说的可设想性，只是指用抽象同一的形式去设想任何内容而言。既然任何内容都可用抽象的形式去设想，现在只消把一个内容从它所有的许多联系里分离出来，即可设想一可能的东西了。因此任何内容，即使最荒谬、最无意识的东西，均可看作是可能的。月亮今晚会落到地球上来，这也是可能的。因为月亮是与地球分离的物体，很可能落到地球上来，正如一块抛在空中的石头会落到地上一样。又如土耳其的皇帝成为教皇也是可能的。因他既是一个人，就可能转而皈依基督教，可能成为天主教的僧侣等等。象这类的关于可能性的说法，主要是用抽象形式的方式去玩弄充足理由律。依此，可以说：任何事物都是可能的，只要你为它寻得出一个理由。一个人愈是缺乏教育，对于客观事物的特定联系愈是缺乏认识，则他在观察事物时，便愈会驰骛于各式各样的空洞可能性中。譬如，在政治范围里，政客揣想出来的无奇不有的'马路新闻'，就是这种可能性的例子。再则，在实际生活中，恶意和懒惰即常常潜匿在可能性这一范畴后面，借以逃避确定的义务。对于

----

① 黑格尔：《小逻辑》，商务印书馆1981年版，第299、304、305页；《逻辑学》下卷，商务印书馆2017年版，第197、201、203页。

这种不负责任的行为，刚才所说的那种充足理由律也可同样应用到。明智的和有实践经验的人，决不受那种可能性的骗（正因为那只是可能的），而坚持要掌握现实，不过所谓现实并不是指当前的此时此地的特定存在而言。在日常生活里，很有不少的谚语，足以表示轻视抽象的可能性的意思。譬如说：'一个麻雀在手中比十个麻雀在屋顶上要好些。'"①

黑格尔此见固然深刻，却将将来才可以实现的客观真实的可能与主观虚幻的可能混为一谈，都称之为抽象可能。殊不知，真正讲来，他所鄙薄的抽象可能性（形式可能性）与他所赞誉的具体可能性（实在可能性）的区别仅仅在于"时间性"。随着时间的流逝、事物的发展，则一切形式可能、抽象可能统统都必定变成实在可能、具体可能。诚然，这丝毫不否定，只有实在可能性，才可以在当下、现在变成现实，而形式的可能决不能在当下、现在变成现实：可能的实在性乃是可能当下就可以变成现实的前提。

综上可知，可能只有具备两个条件——真实性和实在性——才具有了现在就变成现实的前提：客观真实性而非主观虚幻性和实在性而非形式可能性，乃是可能现在就变成现实的两个前提。这就是说，仅仅符合必然性的可能，还不具备现在就变成现实的前提；只有当这种必然性已经能够伴随某种偶然而出现，可能才具有了现在就变成现实的前提：符合必然性和这种必然性已经能够伴随某种偶然出现，这两个条件便是可能现在就可以变成现实的两个前提，二者缺一，可能便绝不能在现在变成现实。举例说：

所有政体——民主共和与寡头共和以及有限君主制与君主专制及其混合政体——几乎都曾出现在于原始社会、奴隶社会、封建社会、资本主义社会和社会主义社会。这意味着，任何政体，不论是民主制

---

① 黑格尔：《小逻辑》，商务印书馆 1981 年版，第 298—299 页。

还是非民主制，都可能普遍实行于任何国家任何时代任何生产力和经济发展水平。但是，可能变成现实，却是有条件的。一个社会要使实行某种政体的可能性变成现实，是有条件的。就拿民主来说。任何社会都绝对可能实行民主。但是，要将这种可能性变成现实，亦即实现民主，是有条件的。毋庸置疑，一些社会具备实现民主的条件；另一些社会则不具备实现民主的条件。然而，问题的关键在于，一个社会不论是否具有实现民主的条件，民主都是可能的，而不是不可能的。

只不过，对于具备民主实现条件的社会，民主具有所谓"现实的可能性"或"实在可能性"，亦即经过人们的活动现在就可以实现的可能性；而对于不具有民主实现条件的社会，民主则具有"抽象的可能性"或"形式可能性"，亦即只有将来才可以实现——而现在则不会实现——的可能性，是需要经过人们的活动到将来才会实现的可能性。

试想，秦皇汉武时代，确实不具有实现民主的条件。今日的中国则具有实现民主的条件。但是，即使对于秦皇汉武时代，能否实现民主也同样是完全依人的意志而转移的，因而也是可能的、可以自由选择的。假设当时人们都想实行民主，或者想实行民主的人的力量占据上风，那么，民主就会实现。因此，秦皇汉武时代，民主也不是不可能的。那时民主也具有可能性；只不过不是实在可能性，而是抽象可能性，是要经过努力奋斗才会在将来实现的抽象可能性。

抽象可能性与主观虚幻的可能——亦即客观真实的不可能性——根本不同：抽象可能性符合必然性，因而能否实现依人的意志而转移；而主观虚幻的可能则违背必然性，因而能否实现不依人的意志而转移。想当年秦始皇寻求长生不老，无疑是荒唐的。因为长生不老是主观虚幻的可能，亦即客观真实的不可能性，其能否实现是不依人的意志而转移的。

相反，如果他寻求长寿，立志活到100岁，则并不荒唐。因为他活到 100 岁，不是主观虚幻的可能，而是客观真实的可能，能否实现是依人的意志而转移的；只要他经过漫长的养生年月，这一愿望在遥远的将来就可能实现，因而属于抽象可能性范畴。这种可能性实现的几率极小，几乎是不可能。但可能性实现的几率不论如何小，仍然属于可能性范畴，是依人的意志而转移的；而不属于不可能范畴，不是不依人的意志而转移的。

秦皇汉武时代民主的可能性就属于这种抽象可能性范畴，这种可能性实现的几率极小，接近于零，因而几乎是不可能。但是，即使可能性的实现几率接近于零，也仍然是可能性，仍然是依人的意志而转移的；而不是不可能性，不是不依人的意志而转移的。因为，说到底，民主实现条件与民主实现可能根本不同。任何社会，不论是否具备实现民主的条件，都具有实行民主的可能性：只不过不是现实可能性，而是抽象可能性罢了。

4. 可能变现实的途径

不具备可能变现实的前提，可能绝不会变成现实。但如果单单具备可能变现实的前提，可能也还不会变成现实。只有在具备可能变现实的前提之后，又经过一定的途径、过程，可能才会变成现实。那么，可能变现实的途径是怎样的呢？

原来，以是否依赖人类活动为根据，可能与现实还可以分为"依赖人类活动的可能与现实"与"不依赖人类活动的可能与现实"。依赖人类活动的可能与现实，也就是人类活动及其产物的可能与现实。人类活动就是人类社会和人类精神活动；人类活动产物就是人所改造、创造的自然物。例如，制造火车和修建水电站等可能与现实，就是依赖人类活动的可能与现实。不依赖人类活动的可能与现实，则主要是自然现象的可能与现实，如打雷、下雨的可能与现实。

不依赖人类活动的自然界中的可能变成现实，显然不是通过人类活动,而是通过自然界的自然而然的变化,自行盲目造成的:自然变化是不依赖人类活动的自然界事物中的可能变现实的唯一途径。

例如,天空中包含着足够水蒸气,有了下雨的可能。这种可能下雨到现实下雨的变化,就不是通过人类活动,而是通过"空气中的微尘和雷电刺激使水蒸气变为雨滴"的自然而然的变化,自行盲目造成的。同样,沧海由可能变成高山,到现实变成高山,日蚀由某年某日可能发生,到现实发生等等由可能到现实的变化,都不是通过人类活动自觉造成的;而是自然界的自然而然的变化自行造成的。所以,自然界的盲目变化,乃是不依赖人类活动的自然界中的可能变成现实的唯一途径、过程。

依赖人类活动的事物,也就是社会、精神和人所改造的自然物。这些事物的可能向现实的变化,是完全通过人类活动造成的。没有人类活动,社会和精神及人所改造的自然物中存在的可能,就决不会变成现实:人类活动是社会、精神和人所改造自然物中的可能变成现实的唯一之路。

首先,依赖人类活动的自然物的可能变成现实,比如防止河水泛滥的可能性,不通过人类的筑堤活动,能变现实吗?水能、电能为人造福的可能性,不通过人类建立水电站等活动,能变成现实吗?显然都是不能的。其次,社会事物的可能变成现实,譬如,任何一个国家民主实现的可能性,不通过庶民阶级的抗争活动能变现实吗?也是不能的。这就是为什么,甚至欧美国家的民主,说到底,都是一种抗争的民主。最后,精神领域的可能变现实,譬如《红楼梦》的诞生的可能性,不通过曹雪芹的写作能变现实吗?显然也是不能的。曹雪芹描述这部著作的写作时,曾吟诗曰:"字字看来都是血,十年辛苦不寻常。"

可见,单单具备可能变现实的前提——亦即可能的客观真实性和实在性——而没有人类的活动,那么,社会领域、精神世界以及人造

365

自然物中的可能，就决不会变成现实；人类活动是社会、精神以及人类改造的自然物中的可能变现实的唯一途径。

细究起来，可能变现实的前提，也就是通常所说的可能变现实的客观条件；可能变现实的途径，也就是通常所说的可能变现实的主观条件。因此，单单具备可能变现实的客观条件而没有主观条件，那么，社会、精神以及人类改造的自然界事物中的可能，就决不会变成现实；主观条件是社会、精神以及人类改造自然界的事物中可能变现实的唯一途径。毛泽东精辟地阐述了主观条件在这种可能变现实中的巨大意义：

"客观因素具备着这种变化的可能性。但实现这种可能性，就需要正确的方针和主观的努力。这时候，主观作用就是决定的了。"[①] "战争的胜负，固然决定于双方军事、政治、经济、地理、战争性质、国防援助诸条件，然而不仅仅决定于这些；仅有这些还只是有了胜负的可能性，它本身没有分胜负。要分胜负还须加上主观的努力，这就是指导战争和实行战争，这就是战争中的自觉的可能性。"[②]

不难看出，人类在可能变现实的过程中进行活动的意义、目的，全在于获得可能变现实的自由，亦即全在于：一方面选择、实现于人有利的可能，而避免于人不利的可能；另一方面加速于人有利的可能变现实，延缓于人不利的可能变现实。那么，人类在可能变现实中所得到的自由，也就是人类自由的全部东西吗？换言之，可能变现实的自由是不是人类的一切自由、自由本身："可能变现实的自由"与"自由"是否同一概念？

[①] 《毛泽东选集》第 3 卷，人民出版社 1991 年版，第 454—455 页。
[②] 《毛泽东选集》第 2 卷，人民出版社 1991 年版，第 478 页。

三、自由——按照自己意志利用必然性来改变偶然性从而选择实现某种可能性的行为

自由有两个定义："自由是没有外在障碍因而能够按照自己意志进行的行为"是自由的简明的抽象的定义；"自由是按照自己的意志利用必然性来改变偶然性从而选择实现某种可能性的行为"是自由的精确具体定义。何谓自由？胡适答曰："'自由'在中国古文里的意思是：'由于自己'，就是不由于外力，是'自己做主'。在欧洲文字里，'自由'含有'解放'之意，是从外力制裁之下解放出来，才能'自己做主'。"[①] 诚哉斯言：自由就是没有外在障碍而能够按照自己的意志进行的行为。由此看来，自由概念十分简单明了。然而，翻开人类思想史，实在令人吃惊：几乎每个思想家都颂扬自由，但究竟何谓自由，却一直众说纷纭，其定义据阿克顿统计，竟有二百余种之多："自由是个具有两百种定义的概念。"[②] 所以，萨托利说自由是一个"如同变色龙一样的概念"[③]。这样一来，各种自由理论之争，说到底，便可以归结为自由的概念之争。因此，艾伦·瑞安写道："在那些力图劝使我们采用他们所喜欢的对自由本质的理解的人们之间，发生的却是一场无休止的概念之战。"[④] 然而，正如伯林所言，这并不是一种纯粹的学理的概念之战："它们的背后同时发生了许多人类历史事件。"[⑤] 林肯说得就更清楚了："世界上还未曾有过自由概念的精确定义，而美国人民目前极需这样一个定义。我们全都声称为自由而奋斗：使用的虽是同一词语，

---

① 胡明主编：《胡适精品集》第 14 卷，光明日报出版社 2000 年版，第 68 页。
② 阿克顿：《自由与权力》，商务印书馆 2001 年版，第 14 页。
③ Giovanni Sartori, *The Theory Democracy Revisited*, Chatham House Publisher, New Jersey, 1987, p.298.
④ 戴维·米勒、韦农·波格丹诺主编：《布莱克维尔政治学百科全书》，中国政法大学出版社 1992 年版，第 271 页。
⑤ Isaiah Berlin, *Four Essays on Liberty*, Oxford University Press, Oxford, New York, 1969, p.121.

所指称的却并不是同一事物。"[①] 因此，对于自由的概念分析具有巨大的理论意义和现实意义。那么，究竟什么是自由？围绕自由概念究竟有何争论？

1. 自由：自由与利用自由的能力

不言而喻，要知道自由是什么，须知道自由在何处。谁都知道，非生物界无所谓自由，我们不能说一座山或者一条河是自由的还是不自由的。植物界也无所谓自由，我们不能说一棵树是自由的还是不自由的。自由显然仅仅存在于动物界：动物是能够自由运动的生物。不过，动物的一切运动并非皆为自由。心脏跳动是自由的还是不自由的？血液循环是自由的还是不自由的？显然这些都无所谓自由不自由。那么，自由究竟存在于动物的什么领域？无疑存在于受心理、意识、意志支配的活动领域。所以，洛克说：

"自由要前设理解和意志——一个网球不论为球拍所击动，或静立在地上，人们都不认为它是一个自由的主体。我们如果一研究这种道理，就会看到，这是因为我们想象网球不能思想，没有意欲，不能选择动静的缘故。""因此，离了思想，离了意欲，离了意志，就无所谓自由。"[②]

可见，自由是一种受心理、意识或意志支配的活动。这样，自由便属于行为范畴；因为如前所述，行为就是有机体受意识支配的实际活动。那么，自由是一种什么行为？自由就是能够按照自己的意识进行的行为，亦即按照自己的知（认知、理解）情（愿望、理想）意（意志、目的）进行的行为；不自由则是不能按照自己的意识进行的行为，亦即不能按照自己的知、情、意进行的行为。这是大家公认而没

[①] Friedrich A. Hayek, *The Constitution of Liberty*, The University of Chicago Press, 1978, p. 11.

[②] 洛克：《人类理解论》，商务印书馆 1958 年版，第 208 页。

第七章 必然与偶然·可能与现实·自由

有争议的。从这个不争的定义来看，自由是一种能够的、可能的行为，是行为的可能性，亦即行为的机会。所以，伯林说：

"我所谓的自由，是行为的机会，而不是行为本身。假设，即使我有权从敞开的门走出去，但我却不这么做而宁可像植物那样固守家园，我并不会因此变得较不自由。自由是行为的机会，而不是行为本身；是行为的可能性，而未必是这种可能性的行动之实现，像弗洛姆和克里克所说的那样。"①

但是，伯林否认自由属于行为范畴，否认自由是行为本身，否认自由是现实的行为，是不能成立的。因为，一方面，可能的、能够的行为无疑仍然是一种行为，仍然属于行为范畴：行为包括可能的行为与现实的行为两大类型。另一方面，可能的、能够的行为，就其本性来说，包括实际的、现实的行为。因为可能的行为多种多样，现实的行为不过是可能的行为之一种：一切现实的行为都是可能的行为，是已经得到实现的可能的行为。举例说：

张三杀死了李四，岂不只是张三可能干的行为之一种？因为张三还可能不杀李四，而只是割下他的鼻子：这岂不是另一种可能的行为？所以，自由、能够按照自己意志进行的行为，就其本性来说，包括已经按照自己意志进行的行为。试想，如果说伯林能够按照自己的意志从开敞的门户走出，是他的自由，那么，他已经按照自己的意志从开敞的门户走出，岂不更是他的自由？显然，自由不仅包括行为的机会、行为的可能性或可能的行为，而且包括实际的、现实的行为或行为本身：自由是一切能够按照自己的意识进行的行为，是能够按照自己的知（认知、理解）情（愿望、理想）意（意志、目的）进行的行为。

---

① Isaiah Berlin, *Four Essays on Liberty*, Oxford University Press, Oxford, New York, 1969, p. xlii.

不过，一般讲来，我们往往说自由是能够按照自己的意志进行的行为，而不说自由是能够按照自己的思想或愿望所进行的行为。这是为什么？原来，自由必与意志相关，而未必与知、情相关。试想，一个人即使没有能力做某件事，也会极想望、愿望做某事。因此，他若不能按照自己的思想、愿望做某事，便可能不是因为他不自由，而是因为他无能力。举例说，我的腿跌断了。但是，看见别人踢球，我便也极想望去踢，可我却不能按照我想望的去踢：由此显然不能说我无踢球自由，而只能说我无踢球能力。反之，一个人只有在他认为有能力做某事时，才会有去做某事的意志。因此，他若不能按照自己的意志去做某事，一般说来，便不是因为他无能力，而是因为他无自由。

试想，我的腿摔断了，我便只会有踢足球的想望，而决不会有去踢足球的意志。只有在我的腿痊愈而能踢足球时，我才会产生踢足球的意志。此时我若不能按照我的意志去踢足球，便不能说我无踢足球的能力，而只能说我无踢足球的自由。所以，说自由是能够按照自己的理解和愿望进行的行为，固然不错；但是，说自由是能够按照自己的意志进行的行为，就更加精确了。这就是为什么我们常说"自由是能够按照自己的意志——而不是自己的想望——进行的行为"的缘故。

然而，细究起来，"自由是能够按照自己的意志进行的行为"的定义，仍然需要进一步精确化。一个人的行为之所以能够按照自己的意志进行，显然是因为不存在按照自己意志进行的障碍。所以，范伯格说："自由即无约束。"[1] 伯林也这样写道："自由的根本含义，是免于桎梏、免于监禁、免于被他人奴役。其余的含义，则是这一含义的引申或隐喻。力争自由就是设法去掉障碍。"[2] 于是，自由也就是因强制或障碍的不存在而能够按照自己的意志进行的行为。因此，罗尔斯

---

[1] 范伯格：《自由、权利和社会正义》，贵州人民出版社1998年版，第3页。
[2] Isaiah Berlin, *Four Essays on Liberty*, Oxford University Press, Oxford, New York, 1969, p. lvi.

写道：

"自由可以参照三因素来解释：自由的行为者，他们所摆脱的束缚和限制，他们自由去做或不做的事情……这样，对自由的一般描述便具有以下形式：这个或那个人（或一些人）免除（或没有免除）这种或那种强制（或一系列强制）而去做（或不做）等等。"[1]

问题在于，按照自己的愿望或意志进行的行为之障碍，正如范伯格所言，既可能存在于自己身外，是外在障碍或限制，如他人、法律、舆论和社会的压力等等；也可能存在于自身之内，是内在障碍或限制，如贫困、无知、身体不佳和自己不能驾驭的感情等等。[2] 那么，这两种障碍的存在是否都意味着不自由？

如果使一个人不能按照自己的意志进行的障碍或强制存在于自己身内，是内在限制，那么，我们不能说他不自由，而只能说他无能力：没有利用自由的能力。只有当一个人不能按照自己的意志进行的障碍或强制存在于自己身外，是外在限制，我们才可以说他不是无能力，而是不自由。举例说：

在一个可以随意出国旅行的自由的国家，一个公民不能按照自己的意志出国旅行的障碍，不是存在于自身之外，不是因为国家不准出国旅行；而是存在于自身，是因为自己无钱。那么，我们便不能说他没有出国旅行的自由，而只能说他没有出国旅行的能力：他完全有出国旅行的自由，而只是没有利用出国旅行的自由的能力。反之，一个公民不能按照自己的意志出国旅行的障碍，不是存在于自身（他很有钱、很健康，也有闲暇和兴趣）；而只是存在于自身之外，比如说，是因为国家不准出国旅行。那么，他便不是没有出国的能力，而是没有出国的自由。

---

[1] John Rawls, *A Theory of Justice* (Revised Edition), The Belknap Press of Harvard University Press, Cambridge, Massachusetts, 2000, p. 32.
[2] 范伯格：《自由、权利和社会正义》，贵州人民出版社1998年版，第14页。

因此，一个人自由与否，与他实行自己意志的自身的、内在的障碍无关，而只与他自身之外的外在障碍有关：自由亦即不存在实行自己意志的外在障碍；而不存在内在障碍并不是自由，而是利用自由的能力或条件。这个"自由"与"利用自由的条件"之区分，乃是伯林的伟大贡献。他写道：

"辨别自由与利用自由的条件是很重要的。如果一个人太贫穷或太无知或太衰弱，以致无法利用他的合法权利，那么，这些权利赋予他的自由对于他实际上等于零，但他所享有的自由却并不因此而消灭。"①

然而，正如伯林所言，许多人却将"利用自由的条件"与"自由"等同起来，因而由人们因为穷困等内在障碍而没有"利用自由的条件"，便断言他们是不自由的："有一种似乎很有理的说法：如果一个人穷得负担不起法律并不禁止他的东西——如一片面包、环球旅游或诉诸法院——他也就和法律禁止他获得这些东西一样的不自由。"②

诚然，对于因自身内在障碍的存在而没有"利用自由的能力或条件"的人来说，自由是毫无价值毫无意义的。但是，这并不等于不自由。举例说，如果北京的玉泉山开放了，每个人都可以随意去爬这座山了。但是，不幸的是，我此时却患上严重的关节炎，它是我爬山的内在障碍，使我不能按照我的渴望去爬玉泉山了。这样，我便并不是没有爬玉泉山的自由，而是没有利用爬玉泉山的自由之能力、条件。当然，事实上，对于我来说，这与没有爬玉泉山的自由是一样的。但是，由此并不能说我没有爬玉泉山的自由，而只能说爬玉泉山的自由对我毫无用处：没有自由和有自由而毫无用处是根本不同的。

试想，我有一台电脑，因为无知我不会使用它，它对我毫无用处：

---

① Isaiah Berlin, *Four Essays on Liberty*, Oxford University Press, Oxford, New York, 1969, p. liii.

② Isaiah Berlin, *Four Essays on Liberty*, Oxford University Press, Oxford, New York, 1969, p. 122.

第七章　必然与偶然・可能与现实・自由

有没有它对于我来说事实上是完全一样的。但是，我不能因此就说我没有它。同样，对于那些目不识丁、穷困潦倒的人来说，思想自由和政治自由是毫无价值、毫无意义的：拥有这些自由与没有这些自由实际上是一样的。但是，我们不能因此就说他们没有思想自由和政治自由，就说他们思想不自由和政治不自由，就说他们遭受了思想奴役和政治奴役。

可见，自由与实行自我意志的障碍之消除，并不完全相同：自由仅仅是实行自我意志的自身之外的外在障碍之消除；实行自我意志的自身内在障碍之消除，并不是自由，而是利用自由的能力或条件。换言之，自由与否，乃是一个人的身外之事，而不是他身内之事；若是他的身内之事，则属于他的利用自由的能力范畴而无所谓自由不自由。这一"自由与利用自由的能力或条件"之辨，不仅具有极大的理论意义，而且具有莫大的现实意义。

因为一个社会，如果那里的群众因为贫困和无知等自身内在障碍而没有利用自由的能力和条件，因而自由对于他们毫无用处，那么，我们当然应该努力为群众获得物质财富和教育而奋斗，应该努力实现正义与平等。但是，我们决不可以将这些使自由从无用变得有用的能力和条件，当作自由本身；更不可顾此失彼，将自由弃置一旁。因为如所周知：自由乃是达成自我创造性潜能之实现和社会进步的最为根本的必要条件，从而是社会繁荣兴盛的最为根本的必要条件。这样，长久说来，人们只有生活在一个自由的社会，才能真正摆脱贫困与无知：正义与平等是个如何分配蛋糕的问题，而自由则是如何将蛋糕做大的问题。

然而，即使是西方，多年来，许多政党、改革家与革命家，所考虑的也只是如何使人民摆脱贫困与无知；并且将这些使自由从无用变得有用的能力和条件，当作自由本身，从而将自由弃置一旁。这一点使伯林甚为忧虑，他一再说：

373

新哲学

"我们必须要创造一些条件，以使那些合法拥有选择自由权利却没有条件利用这些权利的人，有条件利用它们。没有用的自由应该变得有用；然而这些自由却和利用自由所不可或缺的条件不同：这并不是一种学究式的区分。因为忽视这种分别，选择自由的意义与价值便易于被贬抑。人们在热诚创造使自由具有真实价值的社会的与经济的条件时，往往会忘记自由本身；而且，如果我们不健忘的话，在这种情况下，自由很容易被弃置一旁而被代之以那些改革家或革命家所朝思暮想的价值。"①

总而言之，说不自由是不能够按照自己的意志进行的行为，是不够精确的。因为不能够按照自己的意志进行的行为，既可能是由于行为者自身内在障碍的存在，也可能是由于行为者自身之外的外在障碍的存在：只有后者才是不自由，而前者则是没有利用自由的能力或条件。因此，精确地说，不自由乃是因有外在强制而不能按照自己的意志进行的行为；而自由则是没有外在强制而能够按照自己的意志进行的活动。这是自由与不自由的精确定义。对于这个定义，霍布斯已说得很清楚：

"自由的含义，精确讲来，是指不存在障碍。所谓障碍，我指的是动作的外部阻碍。……但是，当动作的阻碍存在于事物本身的构成之中时，我们通常不说它缺乏自由，而只说它缺乏动作的能力，如静止的石头或卧床的病人。"②

遗憾的是，今日学者，无论中西，几乎都将霍布斯关于自由的这一定义，看作是"消极自由"的定义；而认为在这种自由之外还存在什么"积极自由"。这种自由概念理论的代表，便是伯林著名的"两种自由概念"。

---

① Isaiah Berlin, *Four Essays on Liberty*, Oxford University Press, Oxford, New York, 1969, p. liv.
② Thomas Hobbes, *Leviathan*, Simon & Schuster Inc., New York, 1997, p. 159.

2. 两种自由概念：自由与自制之等同

最早明确提出"积极自由"与"消极自由"的学者，固然是格林（T. H. Green），但其思想渊源，却源远流长、由来久矣。可以说，这是两千多年来思想家们关于自由概念的一种思想传统。仅就这一思想传统的西方大师来说，便有苏格拉底、柏拉图、斯宾诺莎、伏尔泰、康德、费希特、黑格尔。这些思想的泰斗们看到，自由与正义、仁爱等人类的善不同：正义与仁爱都是纯粹的善，都是纯粹的好东西；而自由却不是纯粹的善，不是纯粹的好东西。因此，他们热衷于辨析自由概念而试图确立所谓"真正的自由"。结果，格林发现：真正自由就是积极自由，而消极自由则不是真正的自由。那么，究竟何谓积极自由与消极自由？

伯林引述格林的话说："'仅仅消除限制，仅仅使一个人能做他喜欢做的事，与真正自由还相距甚远……真正自由的理想，是人类社会的所有成员都能够使他们自己处于最佳状态的最大限度之能力。'这是积极自由的经典陈述；其关键词当然是'真正自由'和'他们自己的最佳能力'。"[①]

由此看来，所谓积极自由，也就是行为者自身所具有的进行和享受值得享受的事物的能力，是行为者按照自己的意志进行的行为者自身内在障碍之消除，因而也就是享有自由的能力；反之，消极自由则是行为者按照自己的意志进行的行为者自身之外的外在障碍、限制（如法律限制）之消除。这一定义，在格林下面的一段话里也可以得到印证："当我们提及自由时，我们应该谨慎地考虑它的含义。我们所谓的自由并不仅仅是不受强制的自由……我们言及自由指的是一种积极的（positive）权力或能力，从而可以做或享受某种值得做或享受的

---

① Isaiah Berlin, *Four Essays on Liberty*, Oxford University Press, Oxford, New York, 1969, p. xlix.

事。"① 萨拜因在叙述格林的自由理论时说得就更清楚了:

"象格林所说,边沁的立场默认法律是对自由的唯一限制;然而,除非把自由武断地说成不要法律限制,这种说法也并不正确。与这种格林称之为'消极自由'的概念相反,他提出一个'积极的'定义:自由是'从事值得去做或享受值得享受的事物的一种积极的力量或能力'。自由必须不只是意味法律上的自由,而是按照现有条件发展人的能力的实际可能性,是个人真正增加分享社会有价值事物的权力,并且是为了共同利益扩大作出贡献的能力。"②

可见,在格林看来,一方面,无外在障碍的自由只是消极自由:消极自由是因没有外在障碍而能够按照自己意志进行的行为;另一方面,积极自由则是无内在障碍的自由:积极自由是因没有内在障碍而能够按照自己意志进行的行为,是行为者自身所具有的某种能力。然而,积极自由与消极自由的这种含义是根本不能成立的。因为这种所谓的积极自由——亦即按照自己意志进行的行为者自身内在障碍之消除——并不是什么自由,而是利用自由的能力或条件;反之,这种所谓的消极自由——亦即按照自己意志进行的行为者自身之外的外在障碍之消除——也就并不是什么消极自由,而是全部的自由,是自由本身。因此,伯林曾就这种含义的消极自由与积极自由发问道:

"积极自由与消极自由区分的可能与可取之处如何?这种区分跟更为深远的自由与自由的条件之区分关系如何?"③

是的,在格林那里,积极自由与消极自由之分,实际上就是利用自由的能力与自由本身之分。他的错误,就在于将利用自由的能力或条件,当作一种自由,而名之为"积极自由"。这是错误的,因为利

---

① Isaiah Berlin, *Four Essays on Liberty*, Oxford University Press, Oxford, New York, 1969, p. 23.

② 萨拜因:《政治学说史》下册,商务印书馆 1986 年版,第 799 页。

③ Isaiah Berlin, *Four Essays on Liberty*, Oxford University Press, Oxford, New York, 1969, p. x.

第七章　必然与偶然·可能与现实·自由

用自由的能力，如上所述，并不是自由，并不属于自由范畴，因而也就根本不可能是什么积极自由。格林此误，推究起来，实在荒唐。因为，如果确如格林所言，行为者自身所具有的某种能力——亦即利用自由的能力——就是积极自由而属于自由范畴，那么，一个最为健康、智慧和富有的、具有最大的利用自由的能力却又枷锁在身的伟大囚徒，便是一个最自由的人了。因为按照格林的积极自由的定义，他拥有最大的积极自由。显然，格林所赋予的积极自由与消极自由的这种含义是根本不能成立的。那么，伯林对于积极自由与消极自由的理解，是否跟格林一样呢？让我们听听伯林自己是怎么说的吧："消极自由，关涉回答这样的问题：'主体——一个人或一群人——在怎样的限度内，是或应该被允许做他所能做的事或成为他所能成为的人，而不受到他人的干涉？'……积极自由则关涉回答这样的问题：'什么东西或什么人，是决定某人去做什么或成为什么的控制和干涉之根源？'"①

这就是说，积极自由是主动的自由，是自己做主的自由，是自己赋予自己的自由，是自己使自己自由的那种自由；反之，消极自由则是一种被容许的、被动的自由，是我得到别人的容许而被动地得到的自由，是别人做主而给予我的自由，是别人不干涉我从而赋予我的自由。举例说：

颐和园园长是个冬泳爱好者。他做出决定：颐和园可以冬泳。那么，他所享有的冬泳自由，便是主动的自由，是自己做主的自由，是自己赋予自己的自由，是自己使自己自由的那种自由，因而叫作积极自由。反之，游客当中的冬泳爱好者所享有的冬泳自由，则是一种被容许的、被动的自由，是得到园长的容许而被动地得到的自由，是园长做主而给予的自由，是园长不干涉我从而赋予我的自由，因而叫作

---

① Isaiah Berlin, *Four Essays on Liberty*, Oxford University Press, Oxford, New York, 1969, pp. 121, 122.

消极自由。

这样，在一个民主国家，每个人所享有的自由便都是积极自由。因为所谓民主，就是每个公民共同地、平等地掌握国家最高权力的政体；因而在民主国家，每个人所享有的自由——不论是政治自由还是经济自由抑或思想自由——便都是每个人自己做主的自由，都是自己赋予自己的自由，是自己使自己自由的那种自由，亦即积极自由。反之，在专制国家，由于最高权力掌握在专制君主一个人手中，因而只有君主一个人所享有的自由，才是自己做主的自由，是自己赋予自己的自由，是自己使自己自由的那种自由，亦即积极自由；而其余一切人所享有的自由，则都是一种被容许的、被动的自由，是得到君主的容许而被动地得到的自由，是君主做主而给予的自由，是君主不干涉我从而赋予我的自由，因而都是消极自由。因此，伯林写道：

"'谁统治我？'和'我被政府干涉多少？'从逻辑上看是根本不同的。积极自由与消极自由的根本区别，说到底，就存在于这种不同之中。因为要知道积极自由是什么，需要回答的问题就是'谁统治我'，而不是'我可以自由地做什么和成为什么'。"[①]

不难看出，伯林这种含义的积极自由与消极自由是能够成立的：这是积极自由与消极自由的最为基本的含义。因为积极的无疑是主动的，而消极的则是被动的：积极自由显然是一种主动的自由，是自己做主的自由，是自己赋予自己的自由；反之，消极自由则是一种被容许的、被动的自由，是我经过别人的容许而被动地得到的自由，是别人做主而给予我的自由。但是，从这种含义，我们显然不能得出结论说，积极自由是一种行为者没有内在障碍的自由；而只能得出结论说，积极自由与消极自由都是一种行为者没有外在障碍的自由。只不过，积极自由（亦即主动的、自己做主的自由）的外在障碍，是行为者自

---

① Isaiah Berlin, *Four Essays on Liberty*, Oxford University Press, Oxford, New York, 1969, p. 130.

己消除的，因而这种自由是自己给予自己的；反之，消极自由（亦即被动的、非我做主的自由）的外在障碍，则是他人消除的，因而这种自由是他人给予自己的。

就拿言论自由来说。民主国家的言论自由是每个人自己做主的自由，是积极自由；专制国家的言论自由则是君主做主而给予每个人的自由，是消极自由。但是，这两种自由岂不同样是一种没有外在障碍（如规定言论不可自由的法律之限制）的自由？只不过，民主国家的积极的言论自由的外在障碍，是每个人自己消除的，因而这种自由是自己给予自己的；反之，专制国家的消极的言论自由的外在障碍，则是专制者消除的，因而每个人的这种自由是专制者给予自己的。

可见，关于积极自由与消极自由，伯林与格林的定义根本不同。可是，为什么伯林却说：对于格林的积极自由与消极自由的定义——亦即不存在外在障碍的自由只是消极自由，而积极自由则是没有内在障碍的自由——"我没有什么不同意见"①？原来，伯林在进一步界说自由概念时，深受柏拉图与斯宾诺莎以及康德与黑格尔的影响。可是，这些思想泰斗们在寻求真正的自由时，却误入歧途。因为他们竟然一致认为：真正的自由，亦即自主，更确切些说，是理智自主，是理智支配情欲从而能做明知当做之事而不做明知不当做之事；真正的不自由则是不自主，是理智不自主，是情欲支配理智从而去做明知不当做之事而不做明知当做之事。对于自由的这一定义，斯宾诺莎的表述最为清楚：

"受情感或意见支配的人，与为理性指导的人……我称前者为奴隶，称后者为自由人。"②"我把人在控制和克制情感上的软弱无力称为奴役。因为一个人为情感所支配，行为便没有自主之权，而受命运的

---

① Isaiah Berlin, *Four Essays on Liberty*, Oxford University Press, Oxford, New York, 1969, p. xlviii.

② 斯宾诺莎：《伦理学》，商务印书馆1962年版，第205页。

宰割。在命运的控制之下，有时他虽明知什么对他是善，但往往被迫而偏去作恶事。"①

伯林完全接受了这种所谓"真正自由"的思想传统，而名之为"积极自由"：积极自由就是自主，亦即自己的理智自主或理智支配感情。他写道："认为自由即是'自主'的'积极'的自由观念，实已蕴涵自我的分裂和斗争，在历史上、理论上、实践上，均轻易地将人格分裂为二：一是超验的、理智的、支配的控制者，另一则是被它训导的一大堆经验界的欲望与激情。"②

如果这种所谓真正自由或积极自由的定义——理智支配感情——能够成立，那么，这种自由确实就是一种自身的内在障碍——不理智的感情——之消除，因而也就可以名之为积极自由，从而消除外在障碍的自由也就只能是消极自由了。所以，伯林接着说：

"自由就是自主，就是实行自我意志的障碍之消除；而不论这些障碍是什么——自然的对抗、自己的不能驾驭的感情、不合理的制度、他人与我相反的意志和行为。"③

这显然意味着：如果实行自我意志的障碍是存在于自己身外的"自然的对抗"、"不合理的制度"、"他人与我相反的意志和行为"，则该障碍的消除之自由，便是消极自由；如果这障碍是存在于自己身内的"自己的不能驾驭的感情"，则该障碍的消除之自由，便是积极自由。

可见，正是理智自主的自由定义，使伯林回到了格林的积极自由与消极自由之错误定义：积极自由是不存在内在障碍之自由；消极自由是不存在外在障碍之自由。因此，问题的关键在于：自己的理智自

---

① 斯宾诺莎：《伦理学》，商务印书馆1962年版，第154页。
② Isaiah Berlin, *Four Essays on Liberty*, Oxford University Press, Oxford, New York, 1969, p.122.
③ Isaiah Berlin, *Four Essays on Liberty*, Oxford University Press, Oxford, New York, 1969, p.146.

第七章　必然与偶然·可能与现实·自由

主或理智支配感情，究竟是不是自由？如果是，那么，这种自由确实就是一种自身的内在障碍——亦即自己的感情——之消除，因而也就确实存在着两种自由：消除内在障碍的自由与消除外在障碍的自由；反之，如果理智支配感情并不是自由，那么，由此就不能说存在着内在障碍之消除的自由，就不能否定自由与外在障碍之消除是同一概念。那么，理智支配感情究竟是不是自由？

答案是否定的。理智做主、理智支配情欲，并不是自由，而是自制或节制：自制或节制就是理智支配情欲；反之，情欲做主、情欲支配理智，并非不自由，而是不自制或放纵。因此，斯宾诺莎及其后继者伯林，认为理智支配情欲就是自由——情欲支配理智就是不自由——的观点，是错误的：它误将自制与自由、不自制与不自由等同起来。

殊不知，"自制"与"自由"以及"不自制"与"不自由"根本不同。因为，不难看出，一个人不论是"自制、理智支配情欲、照自己的理智而行"，还是"不自制、情欲支配理智、照自己的情欲而行"，都是在照自己的意志而行：只不过前者是自己的理智的意志，后者是自己的不理智的意志罢了。因此，一个人不论是受理智支配，还是受情欲支配，他都是自主的、自由的。只不过，受理智支配是自己的理智做主、是理智自由；受情欲支配是自己的情欲做主、是自己的情欲自由罢了。举例说：

一个人知道饮酒有害，遂不再饮酒，是按照自己的意志（不饮酒的意志）而行，是自由。但是，他若酒瘾上来，明知饮酒有害，却不由自主饮起酒来，岂不也是按照自己的意志（饮酒的意志）而行吗？他的不由自主，只不过是不由自己的理智做主，而由自己的情欲做主，因而仍是自己做主，而非他人做主。所以，受情欲支配而不由自主的人，并非不自由，而是不自制：他缺乏的不是自由，而是自制能力。

可见，认为理智支配情欲就是自由而情欲支配理智就是不自由的观点，是错误的：它将自制与自由、不自制与不自由等同起来。这种

381

观点不但错误，而且荒谬。试想，如果自制——理智支配情欲——就是自由，那么，一个人只要自制力极强，即使他是个毫无自由可言而身戴枷锁的苦役犯，他也是最自由的人了；反之，如果没有自制力——亦即没有理智支配情欲的能力——就是不自由，那么，一个人只要极端缺乏自制力，即使他是个拥有最多自由的专制君主，他也是个最不自由的人了。这样一来，在一个极其自由的宪政民主的社会里，却生活着极不自由的人们：如果这个社会的人们极端放纵而缺乏自制力的话。反之，在一个毫无自由可言的专制的社会里，却生活着极为自由的人们：如果这个社会的人们极端理智而富有自制力的话。这岂不荒谬之至！

　　认为理智支配情欲就是自由、亦即所谓积极自由的观点之荒谬，还在于：它势必导致专制。因为正如伯林所言："我的理智若要胜利，便必须消除和压抑那些使我堕为奴隶的我的'低下'的本能、激情、欲望；同样地，社会上那些高贵者——受过更好教育、更为理智而为同时代最有见识者——也就可以强制那些不理智的成员，使他们变成理智的人。"①"如果这种积极的自由观念导致专制，即使是最好的最开明的君主专制，毕竟还是专制；正如《魔笛》一剧中萨拉斯特罗的殿堂，毕竟还是炼狱一样。然而，这种专制原来却又与自由是一回事。那么，是否这个论证的前提有什么缺陷？或是这些基本假定本身出了什么错误？"②是的，从上可知，伯林的前提确实发生了错误：导致专制的前提"理智做主而支配情欲"，并不是什么"自由"，而是"自制"："自制"可以导致专制，"自由"怎么能导致专制呢？

　　可见，柏拉图、斯宾诺莎、康德和黑格尔及其后继者伯林，认为

---

① Isaiah Berlin, *Four Essays on Liberty*, Oxford University Press, Oxford, New York, 1969, p. 134.
② Isaiah Berlin, *Four Essays on Liberty*, Oxford University Press, Oxford, New York, 1969, p. 154.

真正的自由就是自己的理智做主从而支配感情，是错误的：理智支配感情乃是自制而决不是自由；自制与自由根本不同。这样，一方面，伯林从"理智支配感情就是自由"的错误前提出发，认为这种自由就是积极自由，断言积极自由就是一种自身的内在障碍——亦即不理智的感情——之消除，是不能成立的。另一方面，他由此认为存在着两种自由——亦即消除内在障碍的积极自由与消除外在障碍的消极自由——也是不能成立的。

当然，伯林与格林的错误，并不在于区分自由为积极与消极两大类型——自由无疑可以分为积极自由与消极自由两大类型——而只在于他们对积极自由与消极自由的定义：他们都误将一个人自己所具有的利用自由的能力（亦即他实行自己意志的自身内在障碍之消除）当作积极自由，进而误将他实行自己意志的外在障碍之消除（亦即自由本身）当作消极自由。换言之，他们都误将利用自由的能力与自由本身等同起来，因而误将前者叫作积极自由、误将后者叫作消极自由。只不过，格林是直接将利用自由的能力——亦即实行自己意志的自身内在障碍之消除——叫作积极自由；而伯林虽然反对将利用自由的能力与自由本身等同起来，但是，由于他误将理智支配感情当作自由，因而也就间接地将利用自由的能力——亦即实行自己意志的自身内在的感情障碍之消除——叫作积极自由罢了。伯林和格林关于积极自由与消极自由的定义之错误，进一步表明霍布斯关于"自由"与"利用自由的能力或条件"之辩是真理：

自由仅仅是实行自我意志的自身之外的外在障碍之消除；实行自我意志的自身内在障碍之消除，并不是自由，而是利用自由的能力或条件。

伯林和格林的积极自由与消极自由的定义既然是错误的，那么，正确的定义究竟是怎样的？不难看出，积极自由与消极自由具有双重含义。一方面，如上所述，积极自由与消极自由无疑具有主动的自由与被动的自由之意：所谓积极自由，亦即主动的自由，也就是自己做主的自由；反之，所谓消极自由，亦即被动自由，也就是非我做主的自由，是他人做主而赋予我的自由，亦即他人不干涉我而赋予我的自由。这样，积极自由与消极自由便都是一种行为者没有外在障碍的自由：只不过，积极自由（亦即主动的、自己做主的自由）的外在障碍，是行为者自己消除的，因而这种自由是自己给予自己的；反之，消极自由（亦即被动的、非我做主的自由）的外在障碍，则是他人消除的，因而这种自由是他人给予自己的。

另一方面，积极自由无疑是进行某种活动的自由，是按照自己的意志而进行某种行为的自由；消极自由是不进行某种活动的自由，是按照自己的意志而不进行某种行为的自由。比如说，我今天愿意上课，如果我能够按照自己的意志去上课，我就获得了积极自由：它是我进行某种行为的自由。相反地，我今天不愿意上课，如果我能够按照自己的意志不去上课，我就获得了消极自由：它是不进行某种行为的自由。从这种含义来看，显然也不能说积极自由（进行某种活动的自由）是消除内在障碍的自由，而消极自由（不进行某种活动的自由）是消除外在障碍的自由。二者显然都是一种行为者没有外在障碍的自由：只不过，积极自由的外在障碍，是进行某种活动的障碍；而消极自由的外在障碍，则是不进行某种活动的障碍罢了。

这些就是积极自由与消极自由的真正含义吗？是的。不过，"积极自由"的英文是 positive liberty，"消极自由"的英文是 negative liberty：二者也可以汉译为"肯定的自由"与"否定的自由"或者"正面的自由"与"负面的自由"。这些自由的含义比较模糊。一方面，它们可以具有积极自由与消极自由的含义。因为确实可以说，如果我能够按照自己的意志去上课，我就获得了积极的、肯定的、正面的自由；如果我能够按照自己的意志不上课，我就获得了消极的、否定的、负面的自由。

另一方面,"肯定的自由"与"否定的自由"以及"正面的自由"与"负面的自由"显然又具有正确的、正价值的、应该的自由与错误的、负价值的、不应该的自由之意。因为确实可以说,如果我能够按照自己的意志帮助了别人,我就获得了肯定的或正面的自由:这种自由是正确的、正价值的、应该的。如果我能够按照自己的意志损害了别人,我就获得了否定的或负面的自由:这种自由是错误的、负价值的、不应该的。从这种含义来看,显然不能说,肯定的或正面的自由(亦即正确的、应该的自由)是行为者没有自身内在障碍的自由,而否定的或负面的自由(亦即错误的、不应该的自由)是行为者没有自身之外的外在障碍的自由:这两种自由的不同,显然仅仅在于二者的道德效用,而与实行意志的障碍究竟是什么障碍——内在障碍还是外在障碍——无关。

综上可知,自由确实可以分为"积极自由"与"消极自由"、"肯定的自由"与"否定的自由"以及"正面的自由"与"负面的自由":这些自由同样都是实行自我意志的自身之外的外在障碍之消除;而不是实行自我意志的自身内在障碍之消除。实行自我意志的自身内在障碍之消除,乃是利用这些自由的能力或条件,而并不是这些自由本身:自由,就其本身来说,就是实行自我意志的自身之外的外在障碍之消除,就是不存在外在障碍因而能够按照自己意志进行的行为。但是,不言而喻,自由的这些类型,实为常识,而并不具有重大学术价值。那么,具有重大学术价值的自由的类型是什么?似乎是古今中外一直争论不休的意志自由:决定论与非决定论。

3. 意志自由:决定论与非决定论

何谓意志自由?张岱年说:"意志自由谓意志自己决定。"[①] 这就是

---

① 张品兴主编:《人生哲学宝库》,中国广播电视出版社1992年版,第213页。

说，意志自由就是意志的自由，就是意志自己决定自己而不是被意志之外的东西决定。① 这种顾名思义的定义，正如洛克所言，是不恰当的："意志是否自由问题是不适当的，只有人是否自由的问题才是适当的。"② 因为所谓自由，如所周知，乃是一个人能够按照他自己的意志进行的行为。因此，意志自由并不是一个人的意志的自由，而是一个人自己的自由，是一个人能够自己决定自己的意志、自己选择自己的意志的自由。就是说，一个人的意志自由，并不是说，他的意志能够由意志自己决定，而是说，他的意志能够由他自己决定。这样，所谓意志自由，也就是一个人的意志能够由他自己决定、自己选择的自由：意志自由就是一个人自己能够选择自己的意志之自由。比如说，一个人有了上街买花的意志。那么，这一意志能够由他自己决定、自己选择吗？他可以放弃这一意志，而代之以在家写作的意志吗？如果可以，那么，他的意志就是自由的，他就拥有意志自由；如果不可以，如果他上街买花的意志是必然的、不可选择、不由自主的，那么，他上街买花的意志就是不自由的，他就不能拥有意志自由。

意志，如所周知，乃是行为的充分且必要条件：有什么样的意志，就必定有什么样的行为；没有什么样的意志，就必定没有什么样的行为。所以，意志自由，说到底，也就是行为自由，亦即行为选择之自由。这样，一个人，如果至少能够在两种可能的行为中进行选择，那么，他的意志就是自由的，他就拥有意志自由：意志自由就是行为选择之自由。反之，如果他只能进行一种行为而别无选择，那么，他的意志就是不自由的，他就不拥有意志自由：意志不自由就是没有行为选择之自由。因此，"意志自由"、"行为自由"和"选择自由"三者乃是同一概念。所以，包尔生说：意志自由"意味着能够按照一个人

---

① 包尔生：《伦理学体系》，中国社会科学出版社1988年版，第385页。
② 洛克：《人类理解论》，商务印书馆1958年版，第215页。

第七章　必然与偶然·可能与现实·自由

自己的意志做出决定和采取行动（选择的自由）"①。

然而，每个人的意志究竟是自由的还是不自由的？围绕这一问题——因果律与其混绕一起——自古以来，哲学家们便一直争论不休。这些争论，如所周知，可以归结为两大流派：一派叫作"决定论"，认为每个人的任何意志或行为的发生，都是必然的、被必然决定的，因而不可能存在什么意志自由；另一派叫作"非决定论"，认为每个人的任何意志的发生都是偶然的、非必然决定的，因而意志是自由的。

毋庸赘言，如果仅就结论而不谈论证过程，那么，显而易见：非决定论是真理而决定论是谬误。因为正如伯林所言，只有非决定论是真理，才会有选择和责任；如果决定论是真理，那么，选择和责任就都不可能存在了：这显然是极其荒谬的。②洛伦兹也这样写道："如果事情是完全决定论的话，那么我们就应该改变我们对我们同胞的看法，例如我们就不应该处罚凶杀犯和其他犯罪的人。这是因为这些人要犯罪是早已决定的，他们对此无能为力。这种想法并未能掌握决定论的全部含义。如果某人犯凶杀罪是早已决定的，那么根据同样理由，我们是否要处罚他也是早已注定的，我们对此同样无能为力……究竟我们应该选择相信每件事都是早已注定了的，还是相信我们可以自由决定呢？我相信，如果我们能像数学家那样，在企图达到结论前引入一定的前提，就能得到适当的答案，我们的前提是我们应该相信真理，即使它会伤害我们；而不是相信谬误，即使它使我们高兴。所以我们必须完全相信自由意志。"③

然而，如果就决定论与非决定论的论证——而不是结论——来

---

① 包尔生：《伦理学体系》，中国社会科学出版社1988年版，第385页。
② Isaiah Berlin, *Four Essays on Liberty*, Oxford University Press, Oxford, New York, 1969, p. xv.
③ 李浙生：《物理科学与辩证法》，冶金工业出版社2008年版，第322页。

看，则如本书第四章"原因与结果"所述，二者却都是错误的：它们都将因果性与必然性混为一谈。决定论正确看到："一切事物、任何意志的发生都必然有其原因，都必然被其原因所决定。"但是，从此出发，决定论却将因果性当作必然性，因而得出错误的结论："一切事物、任何意志的发生都是必然的、必定的、必然决定的、不可能存在什么意志自由。"

反之，非决定论，则正如包尔生所言，错误地认为："意志本身并不是由原因决定的，而是自己的决定的最后的、再无其他原因的原因，它绝对独立于受因果律支配的世界上事物的发展过程。"[①] 不过，从这种错误的前提，非决定论却将无原因当作非必然，因而得出了正确的结论：意志是非必然决定的，是自由的。

因此，摩尔在总结意志自由的争论时写道："在对于自由意志的争论中，人们常常以为这一争论完全是对于是否每一事物都是某种原因引起的这一问题的争论，或者说，他们以为这一争论是对意志行为是否有没有前因这一问题的争论。那些认为我们具有自由意志的人认为自己必须主张意志有时没有原因；而那些认为每一事物都有其原因的人认为，每一事物都有其原因本身就证明了我们不具有自由意志。"[②]

可见，决定论与非决定论犯有一个共同错误：都把因果性当作必然性。但是，如前所述，因果性与必然性根本不同。一切事物的发生都必然有原因，这是千真万确的。不过，其原因既可能是必然的，也可能是偶然的：若是必然的，则该事物的发生便是必然的；若是偶然的，则该事物的发生便是偶然的。一般说来，引发事物的特殊的、具体的原因，都是偶然的；而只有引发事物的普遍的原因，才是必然的。试想，每个人的死亡都必然有原因：既有必然的原因，也有偶然的原因。这可以从两方面看。一方面，就每个人死亡的普遍原因来说，它

---

① 包尔生：《伦理学体系》，中国社会科学出版社1988年版，第386页。
② 摩尔：《伦理学》，中国人民大学出版社1985年版，第104页。

是必然的：死亡是新陈代谢的必然。所以，每个人的死亡都是必然的。另一方面，就每个人死亡的特殊原因——每个人究竟何时何地如何死亡——来看，当然也必然有其原因，但其原因显然是偶然的。所以，每个人何时何地如何死亡是偶然的。就拿徐志摩的死来说，当然必然有其原因，但其原因却是偶然的：恰好他搭乘的那架飞机失事，这纯系偶然。因此，徐志摩遭遇空难而死是偶然发生的。这样，虽然徐志摩死亡必然有原因，但他因空难而死却是偶然的。

这样，一方面，"一切事物的发生都必然有原因"与"一切事物的发生都是必然的"根本不同：前者是事物的因果性；后者是事物的必然性。决定论的错误就在于把二者等同起来，由"万物的发生皆必然有原因"的正确前提，错误地得出结论说：万物的发生都是必然的，因而也就不可能存在什么意志自由了。另一方面，每个人的意志都是自由的，并不是因为意志是没有原因的，而是因为其具体的、特殊的原因是偶然的，因而是可以选择的，是自由的。非决定论的错误就在于将原因与必然以及无原因与偶然等同起来，从而由意志无原因的错误前提得出了正确结论：意志是可以选择的，是自由的。合而言之，决定论与非决定论的错误，说到底，都是一种混淆概念的错误：二者都将因果性与必然性混为一谈。由此可以理解为什么伯林说："在我看来，意志自由问题的解决要求一套新的概念工具而摆脱传统术语的束缚。然而，就我所知，迄今还没有人能做到这一点。"①

不过，从意志自由的争论毕竟可以看出，真正说来，意志自由的问题只关乎必然性与偶然性，而与因果律无关：哪里有偶然性，哪里就有意志自由；哪里有必然性，哪里就没有意志自由——意志自由只存在于偶然性领域，而不存在于必然性王国。美国科学家法墨说：混沌学发现确定性方程的偶然随机性"从哲学水平上来说，使我吃惊之

---

① Isaiah Berlin, *Four Essays on Liberty*, Oxford University Press, Oxford, New York, 1969, p. lxiii.

处在于，这是定义意志自由的一种方式"。但是，由此不能像英国物理学家戴维斯等人那样得出结论说，必然性与意志自由绝对对立："当牛顿发现他的力学定律时，很多人都认为，自由意志的概念这下子算是寿终正寝了。"①

殊不知，事实上，人只有在没有认识必然性的时候，才会被必然性奴役，必然性才是意志自由的某种障碍；而在人认识了必然性之后，就能够按照自己的意志来利用必然性为自己服务。这样，必然性就不但不是意志自由的障碍，而且是意志自由的前提与根据：对必然性的认识，是意志自由的前提与根据。举例说，为什么唐太宗吞金服药以求长生不死，却未能成功获得长生不死之自由？岂不就是因为他没能认识死亡之必然性，而误以为人可能长生不死？相反，孙思邈之所以通过养生而得长命百岁之自由，岂不就是因为他深谙唯养生可得长寿，而人生不能无死之必然？所以，斯宾诺莎说："自由是对必然的认识。"② 黑格尔说："自由以必然为前提。"③ 恩格斯说："自由是在于根据对自然界的必然性的认识来支配我们自己和外部自然界。"④

因此，所谓意志自由，说到底，也就是按照自己的意志利用必然性来改变偶然性从而选择实现某种可能性的活动，也就是任意选择可能性的行为或任意改变偶然性的行为：这是意志自由的精确定义。这个定义——"按照自己的意志"或"任意"——显然已经蕴涵着：不存在外在障碍。就是说，意志自由也是因不存在外在障碍而能够按照自己的意志利用必然性来改变偶然性从而选择实现某种可能性的行为，是因不存在外在障碍而能够任意选择可能性的行为，说到底，也就是没有外在障碍因而能够按照自己意志进行的行为：意志自由的定义也

---

① 转引自李浙生：《物理科学与辩证法》，冶金工业出版社 2008 年版，第 319 页。
② 斯宾诺莎：《伦理学》，商务印书馆 1962 年版，第 224 页。
③ 黑格尔：《小逻辑》，商务印书馆 1980 年版，第 323 页。
④ 《马克思恩格斯选集》第 3 卷，人民出版社 1972 年版，第 111 页。

就是自由的定义。

因此，意志自由与自由实为同一概念。确实，自由就是按照自己意志进行的行为，就是意志自由！只不过，自由是没有外在障碍因而能够按照自己意志进行的行为，这是自由的简明的抽象的定义。因为它没有说明，在没有外在障碍的条件下，按照自己意志进行的行为究竟是什么行为，究竟是怎样的任意行为。是任意违背必然性的吗？显然不是！恰恰相反，如果没有认识必然性而按照自己意志进行行为，以致违背必然性，那么，就会被必然性奴役，必然性就是自由的障碍而使人得不到自由。但是，如果认识了必然性，就能够按照自己的意志，利用必然性来改变偶然性从而选择实现某种可能性而得到自由。因此，自由乃是按照自己的意志利用必然性来改变偶然性从而选择实现某种可能性的活动：这是自由的精确的具体的定义。

可见，自由有两个定义："自由是没有外在障碍因而能够按照自己意志进行的行为"是自由的简明的抽象的定义；"自由是按照自己的意志利用必然性来改变偶然性从而选择实现某种可能性的行为"是自由的精确具体定义。这就是为什么，哲学家们大都将"意志自由"与"自由"完全等同起来：他们的自由定义，就是自由的精确具体定义，说到底，就是意志自由定义。例如，海德格尔说："自由仅在于选择一种可能性，这就是说，在于承担未选择其它可能性并且也不可能选择它们这回事。"[1] 萨特说："我们在这里考察的关于自由的技术的和哲学的概念则只不过是这样一个概念，它意味着：选择的自主。"[2] 斯宾诺莎说："自由是对必然的认识。"[3] 黑格尔说："自由以必然为前提。"[4] 恩格斯说："自由是在于根据对自然界的必然性的认识来支配我们自己

---

[1] 海德格尔：《存在与时间》，生活・读书・新知三联书店 1987 年版，第 340 页。
[2] 萨特：《存在与虚无》，生活・读书・新知三联书店 1987 年版，第 620 页。
[3] 斯宾诺莎：《伦理学》，商务印书馆 1962 年版，第 224 页。
[4] 黑格尔：《小逻辑》，商务印书馆 1980 年版，第 323 页。

和外部自然界。"① 如此等等：这些岂不都既是自由的定义，也是意志自由的定义吗？自由与意志自由岂非同一概念？

意志自由（按照自己的意志利用必然性来改变偶然性从而选择实现某种可能性的活动）与自由（没有外在障碍因而能够按照自己意志进行的行为）实为同一概念、同一定义。那么，为什么不废除"意志自由"而只保留"自由"概念和名称？原来，意志自由概念和名称存在的必要性，乃在于唯有意志自由才能清楚表明——自由概念和名称则难以表明——绝对不存在能够完全剥夺自由的外在障碍。或者说，意志自由的外在障碍只能剥夺某种意志的自由，而不能完全剥夺意志自由。因为意志自由显然是一种绝对的、无条件的自由。举例说，我被囚禁一室，囚室无疑是我的意志自由的一个外在障碍。但是，这种外在障碍，只能剥夺我某种意志自由，如到室外散步；却不能完全剥夺我的意志自由，因为我总会有种种其他的意志自由，如可以选择坐着还是躺下、凝视墙壁还是望着屋顶等等的自由。

这样一来，意志自由概念和名称就可以清楚表明自由之必然的、普遍的、绝对的、无条件的本性。因为每个人，不论在任何条件下，不论他陷入何等困境，不论他多么不自由，他毕竟与一棵树一根草不同。他必然总会有不同的可能活动可以按照自己的意志进行选择，他必然总会有不同的偶然活动可以按照自己的意志进行改变：他必然总会有一定的自由。比如说，他身陷囹圄，极度不自由，却总可以按照自己的意志从床上先左脚而不是右脚下地、向前看而不向后看，如此等等。因此，意志自由是必然的、普遍的、绝对的、无条件的，是每个人的一切行为——不论这种行为多么不自由——所必然拥有的一种类型的自由。所以，萨特一再说："自由仅仅意味着这样的事实，即

---

① 《马克思恩格斯选集》第 3 卷，人民出版社 1972 年版，第 111 页。

这种选择总是无条件的。"①"我不得不自由。这就是说，除自由本身外，找不到我的自由的限度；也不妨说，我们没有不要自由的自由。"②这恐怕是因为，意志自由乃是动物之为动物的本性：动物就是能够自由运动的生物。因此，意志自由乃是人的动物本性，没有这种自由，哪怕只是一瞬间，人就不再是动物了，人就不再是能够自由运动的生物了：这或许就是为什么意志自由是必然的、绝对的、无条件的原因。

除了意志自由，其他一切自由，如政治自由、经济自由、结社集会自由以及思想自由等等，都是偶然的、特殊的、具体的、相对的、有条件的自由。这些自由都是具体的、特殊的，因为它们必定都仅仅是每个人的某部分行为——而不是一切行为——所拥有的自由：经济自由是经济行为的自由、政治自由是政治行为的自由、结社集会自由就是建立社会各种团体和党派及其开会等活动的自由、思想自由是传达和交流思想的行为的自由。这些自由都是偶然的、相对的、有条件的，如政治自由以民主为条件、经济自由以没有政府管制为条件、思想自由以没有任何限制为条件等等。

这样，自由便有普遍的、必然的、绝对的、无条件的自由与特定的、具体的、偶然的、有条件的自由之分。普遍的、必然的、绝对的、无条件的自由只有一种：就是意志自由或选择自由，说到底，就是自由，亦即自由本身。特定的、具体的、偶然的、有条件的自由，则远为复杂。首先，这种自由可以分为两类：集体自由与个人自由。所谓个人自由，不言而喻，就是一个人自己所享有的自由。反之，所谓集体自由，则是两个以上的人所结成的团体之自由，如国家自由、民族自由、社团自由等等。集体自由一目了然、极为简单；反之，个人自由则十分复杂。这种自由，正如卢梭等社会契约论者所言，可以进一

---

① 萨特：《存在与虚无》，生活·读书·新知三联书店 1987 年版，第 64 页。
② 张品兴主编：《人生哲学宝库》，中国广播电视出版社 1992 年版，第 239 页。

步分为个人的自然自由与个人的社会自由或公民自由:"我们必须清楚地区分仅仅是以个人的力量为其界限的自然的自由,和被普遍意志约束的社会自由。"①

个人的自然自由,亦即所谓自然自由,是个人在社会之外的自然状态中生活的自由。就某个人来说,自然自由是可以实际存在的,如那位被日本抓去的中国劳工逃进深山的十三年孤身一人生活之自由。但就人类来说,自然自由实际上是不存在的。因为人类是社会动物,不可能先处于自然状态,尔后进入社会状态。不过,正如罗尔斯所说,自然状态在历史上、实际上的不存在,并不妨碍其在逻辑上、理论上的存在。这种存在于理论假设中的人在自然状态中的自由之必要性在于,它是推导人在社会状态中所应享有的自由之前提。他这样写道:"平等的原初状态类似于传统的社会契约理论中的自然状态。当然,这种原初状态不可以被看作一种实际的历史状态,也不是人类文明的原始状态。它应被理解为一种可以导致某种正义观念的纯粹假设状态。"②

每个人在社会状态中的自由,则是个人的社会自由,亦即所谓社会自由或公民自由。而人们的社会活动,如前所述,无非四种:一是创获物质财富的活动,亦即经济;二是创获精神财富的活动,亦即文化;三是不直接创获财富的管理活动,包括政治、德治、法和道德;四是完全不创获财富的人身活动。这样一来,社会自由便可以分为五种:(1)经济自由,是每个人创获物质财富的自由,如财产自由、劳动自由、就业自由、经营自由、贸易自由等等;(2)言论出版自由,亦即所谓思想自由,是每个人创获精神财富的自由,如言论自由、出版自由、新闻自由、宗教自由、信仰自由等等;(3)政治自由,是每个人参加社会管理活动的自由,如建党自由、选举自由、投票自由等

---

① 卢梭:《社会契约论》,商务印书馆 1991 年版,第 30 页。
② John Rawls, *A Theory of Justice* (Revised Edition), The Belknap Press of Harvard University Press, Cambridge, Massachusetts, 2000, p. 11.

等；(4) 结社集会自由，亦即与经济自由、政治自由和思想自由并列的狭义的"社会自由"，说到底，亦即"社团自由"，如建立各种社会团体的自由、举行各种会议的自由、游行示威自由等等；(5) 人身自由，是每个人的不创获财富的活动之自由，如恋爱自由、结婚自由、居住自由、迁徙自由、通信自由等等。

总而言之，自由的分类可以表示如图：

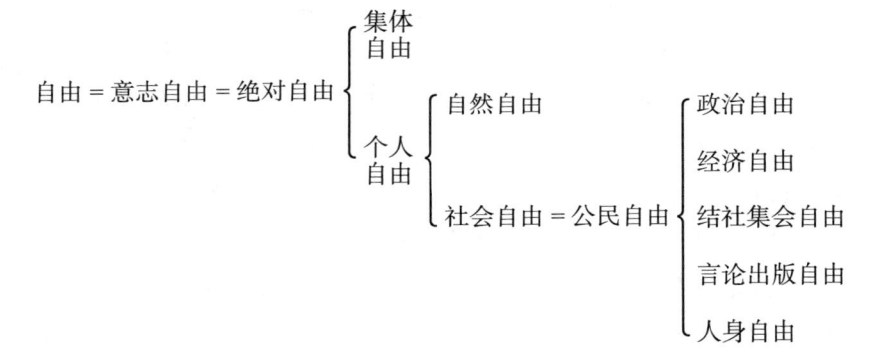

$$
\text{自由}=\text{意志自由}=\text{绝对自由}\begin{cases}\text{集体自由}\\ \text{个人自由}\begin{cases}\text{自然自由}\\ \text{社会自由}=\text{公民自由}\begin{cases}\text{政治自由}\\ \text{经济自由}\\ \text{结社集会自由}\\ \text{言论出版自由}\\ \text{人身自由}\end{cases}\end{cases}\end{cases}
$$

4. 自由价值

不难看出，自由、意志自由（按照自己的意志利用必然性来改变偶然性从而选择实现某种可能性的行为，亦即任意选择可能性的行为）的价值，全在于：一方面，选择、实现于人有利的可能，而避免于人不利的可能；另一方面，加速于人有利的可能变现实，延缓于人不利可能变现实。一句话，自由的价值无非是趋利避害而获得利益、快乐和幸福。这是否就是自由的价值？答案是肯定的。

不过，将自由的价值归结为获利避害，未免抽象笼统空洞而毫无用处：难道有什么行为不是为了趋利避害而获得利益、快乐和幸福？将自由的价值归结为获利避害，不但空洞而且鄙俗，亵渎了裴多菲千古绝唱："生命诚可贵，爱情价更高。若为自由故，二者皆可抛。"谁人不晓得这首诗？哪首诗能比这首流传得更广？从古到今，几乎无人不热爱、追求和颂扬自由。可是——伯林问得好——"自由究竟有什么价值？它是不是人类的一种基本需要？或只是达成其他一些基本需求的先决条件？"①

自由确是人类的一种基本需要。因为，正如巴甫洛夫所说，任何形态的物质之所以能够保持自身的存在，都同样有赖于自身内部诸因素之间及其复合体与外界环境之间的平衡。而物质形态越高级复杂，它内外平衡的保持便越困难，它保持平衡的条件也就越复杂高级。②石头的平衡几乎在任何条件下都可以保持。植物则需要阳光、水分、营养。动物比植物更高级，那么，它所特有的保持平衡、维持生存的根本条件是什么呢？是自由运动能力：动物是能自由运动的生物；植物是不能自由运动的生物。植物不具有自由能力，是因为没有自由能力，它们也可以生存：植物不需要自由。反之，动物若不具有自由能力，便不可能维持生存。就拿那笨猪来说吧。若是它真笨得完全丧失自由能力，而像一棵树那样，固定在某个地方不动，任凭风吹日晒雨淋，它还能生存吗？所以，动物的生存需要自由：自由是动物生存的根本条件、根本需要。巴甫洛夫说：

"自由反射当然是动物的一种共同特性，一种普遍的反应，而且也是最重要的先天反射之一。缺少这种反射，一个动物所面临的每一细微障碍，都会完全阻碍它的生活过程。这是我们很熟知的；因为一切动物，当剥夺了它们的通常自由，便奋力于解放自己，特别是野生动物在第一次被擒获时是如此的。"③

动物所固有的，人无不具有。自由是动物的基本需要，也就不能不是人的基本需要。而且人对自由的需要程度，远比其他动物更高，自由对人更为基本、更为重要。因为低级物质形态没有自由的需要和

---

① Isaiah Berlin, *Four Essays on Liberty*, Oxford University Press, Oxford, New York, 1969, p. lix.
② 巴甫洛夫：《条件反射演讲集》，人民卫生出版社 1954 年版，第 3 页。
③ 巴甫洛夫：《条件反射演讲集》，人民卫生出版社 1954 年版，第 224 页。

自由的能力；自由是物质形态发展到动物阶段才产生的高级需要、高级能力。推此可知，在动物进化的阶梯上，越是低级的动物，对自由的需要就越少、越不重要、越不基本；越是高级的动物，对自由的需要就越多、越重要、越基本。人是最高级的动物，所以人对自由的需要便最多、最重要、最基本：自由是最深刻的人性需要。

那么，具体说来，自由在人的需要的层次上究竟占有怎样重要、基本的地位呢？马斯洛说："至少有五种目标，我们可以称之为基本需要。扼要地说，这就是生理、安全、爱、尊重和自我实现。"[①]自由需要的基本程度大体与安全和爱相当。自由不及生理需要基本。伯林说："埃及农民对于衣物和医药的需要优先于、强烈于对个人自由的需要。"[②]但自由的需要比尊重和自我实现更基本。因为一个人即使尊重丧尽、碌碌无为，他总还是能够活着；若是自由丧尽，像植物一样，那他要生存便万万不能了。所以，汤因比说："没有最低限度的自由，人就不可能生存，正如没有最低限度的安全、正义和食物便不能生存一样。"[③]

自由是人的一种基本需要。而有什么需要，便会有什么欲望；有什么欲望，便会有什么目的：欲望是对需要的觉知；目的是为了实现的欲望。所以，全面地看，应该说：自由是人的一种基本需要、基本欲望、基本目的。换言之，人活动的基本目的之一，便是为了满足自由需要、实现自由欲望、达成自由目的。这就是为什么在人类历史上，会有那么多自由的斗士，他们不惜从事生死搏斗，为的只是自由。这就是为什么即使自由带来灾难和痛苦，这种自由本身也是让人快乐的好事情；纵令奴役带来幸福和快乐，这奴役本身也是令人痛苦的坏东

---

① 马斯洛等：《人的潜能与价值》，华夏出版社1987年版，第176页。
② Isaiah Berlin, *Four Essays on Liberty*, Oxford University Press, Oxford, New York, 1969, p. 124.
③ Edgar Bodenheimer, *Jurisprudence: The Philosophy and Method of the Law*, Harvard University Press, Massachusetts, 1967, pp. 201, 202.

西:"任何人生来都渴求自由、痛恨奴役状况。"[①] 一句话,人们往往是为自由而求自由:自由是目的而不是手段。萨特甚至认为,人的一切活动根本说来都应该以自由为目的:

"当我宣称:在每一具体环境下,自由不外是以自己的要求为目的。这时候,如果有人一旦明白了他是在孤寂中估价事物,那么他除了要求把自由这一件事情作为一切价值的基础之外,不复再有其他要求。这一点,决不是说他是抽象地要求自由,而只是说,老实人的行为的最根本的意思是:就自由而求自由。我们要求的是以自由为目的的自由,是在各种特殊环境下均有的自由。"[②]

萨特此论未免偏狭。自由不可能是人的一切活动的根本目的,因为人类还有其他基本需要。但是,自由确是人类活动的基本目的之一。因此,自由有价值,根本说来,并不是因为它是达成其他有价值的、可欲的事物之手段;而是因为自由本身就是有价值的、可欲的,就能够满足人们的需要,就是人们所追求的目的:自由具有内在价值。

因为所谓内在价值,相对外在价值或手段价值而言,源于亚里士多德的"内在善"与"手段善"之分:"善显然有双重含义,其一是事物自身就是善,其二是事物作为达到自身善的手段而是善。"[③] 因此,内在价值也可以称之为"目的价值"(value as an end)或"自身价值"(value-in-itself),是其自身而非其结果就是可欲的、就能够满足需要、就是目的的价值。例如,健康长寿自身就是可欲的,就是人们追求的目的,就是有价值的,因而具有内在价值。反之,所谓外在价值,亦即手段价值,乃是其结果是可欲的、能够满足需要、从而是人们追求的目的的价值。例如,冬泳的结果——健康长寿——是可欲的,是有价值的,是人们所追求的目的,因而冬泳具有外在价值、手段价值。

[①] 博登海默:《法理学——法哲学及其方法》,华夏出版社1987年版,第272页。
[②] 萨特:《存在主义哲学》,上海译文出版社1988年版,第355页。
[③] 亚里士多德:《尼各马科伦理学》,中国社会科学出版社1990年版,第8页。

第七章　必然与偶然・可能与现实・自由

准此观之，自由不仅本身就有价值，就是人们所追求的目的，因而具有内在价值；而且还具有外在价值：自由还是达成其他众多有价值事物的一种手段。

自由所能达成的有价值事物，不胜枚举；更确切些说，自由乃是获得一切有价值的事物的最根本的必要条件。因为，如前所述，自由就是没有外在障碍而能够按照自己的意志进行的行为：自由是一种能够的、可能的行为，是行为的可能性，亦即行为的机会。这就是说，自由的价值乃在于提供种种机会。所以，哈耶克说："自由能够给予个人的只是种种机会。"① 菲利普斯（H. B. Phillips）也这样写道："在一个进步的社会，对于自由的任何限制，都会减少可尝试事情之数量，从而降低社会进步的速度。"② 因此，如果有自由，就有获得一切有价值的事物的机会，就可能获得各种有价值的事物；如果没有自由，就没有获得一切有价值的事物的机会，就不可能获得各种有价值的事物：自由乃是获得一切有价值的事物的最根本的必要条件。所以，洛克说："自由是其余一切的基础。"③ 哈耶克说："自由并不仅仅是许许多多价值中的一个，而是一切价值的根源。"④

自由是获得一切有价值的事物的必要条件，而其中最重要的事物，则正如人道主义论者所说，乃是自我实现。所谓自我实现，亦即自我完善、自我成就，是充分发挥、实现自己的潜能，从而使自己成为一个可能成为的最有价值的人。马斯洛说："自我实现是指人的自我完善的渴望，也就是使自己的潜能得以实现的倾向。这种倾向也就是越来越成为一个独特的人的渴望，成为他能够成为的那个人。"⑤ 现代心理

---

① Friedrich A. Hayek, *The Constitution of Liberty*, The University of Chicago Press, 1978, p. 71.
② Friedrich A. Hayek, *The Constitution of Liberty*, The University of Chicago Press, 1978, p. 9.
③ 洛克：《政府论》下篇，商务印书馆 1993 年版，第 13 页。
④ 霍伊：《自由主义政治哲学》，生活・读书・新知三联书店 1992 年版，第 40 页。
⑤ Abraham H. Maslow, *Motivation and Personality*, second edition, Harper & Row, Publishers, 1970, New York, p. 46.

学发现，创造能力是每个人与生俱来的一种潜能，只不过大多数人后天逐渐丧失了它。[①] 因此，每个人的自我实现，真正讲来，乃是实现自己的创造潜能。

问题的关键在于，所谓创造性，也就是独创性：创造都是独创的、独特的，否则便不是创造，而是模仿了。这样，一个人的创造潜能的实现，实际上便以其独特个性的发挥为最根本的必要条件，二者成正相关变化：一个人的个性发挥得越充分，他的创造潜能便越能得到实现，他的自我实现的程度便越大；他的个性越是被束缚，他的创造潜能便越难于实现，他的自我实现的程度便越低。这就是为什么古今中外那些大学者、大发明家、大艺术家、大文豪们，大都是些特立独行的人；而越是不能容忍个性的社会，就越缺乏首创精神："一个社会中的特立独行的数量，一般来说，总是和该社会中所拥有的天才、精神力量以及道德勇气的数量成正比。"[②] 所以穆勒大声疾呼："只有个性的培养才造就——或者才能造就——充分发展的人类。"[③] 马斯洛也热情洋溢地写道：

"自我实现的人虽然不缺乏任何一种基本需要的满足，但是，他们仍然有动力。他们奋斗，他们尝试，他们雄心勃勃，但这一切都不同寻常。他们的动机只是发展个性、实现个性，成熟、发展，一句话，就是自我实现。"[④]

那么，一个人的个性究竟如何才能得到充分发挥呢？不难看出，一个人个性的发挥和实现程度，取决于他所得到的自由的程度。因为，

[①] Abraham H. Maslow, *Motivation and Personality*, second edition, Harper & Row, Publishers, New York, 1970, p. 172.

[②] Robert Maynard Hutchins, *Great Books of The Western World*, Volume 43, *UTILITARIANISM*, by John Stuart Mill, Encyclopaedia Britannica, Inc., 1980, p. 299.

[③] Robert Maynard Hutchins, *Great Books of The Western World*, Volume 43, *UTILITARIANISM*, by John Stuart Mill, Encyclopaedia Britannica, Inc., 1980, p. 297.

[④] Robert Maynard Hutchins, *Great Books of The Western World*, Volume 43, *UTILITARIANISM*, by John Stuart Mill, Encyclopaedia Britannica, Inc., 1980, p. 159.

正如存在主义所说,一个人的个性如何、他究竟成为什么人,不过是他自己的行为之结果:"人从事什么,人就是什么。"① 于是,一个人只有拥有自由,能够按照自己的意志去行动,他所造成的自我,才能是具有自己独特个性的自我;反之,他若丧失自由、听任别人摆布,按照别人的意志去行动,那么,他所造就的便是别人替自己选择的、因而也就不可能具有自己独特个性的自我。

这样,自我实现最根本的必要条件是个性的发挥;个性发挥最根本的必要条件是自由。于是,说到底,自由便是自我实现最根本的必要条件,二者成正相关变化:一个人越自由,他的个性发挥得便越充分,他的创造潜能便越能得到实现,他的自我实现的程度便越高;一个人越不自由,他的个性发挥便越不充分,他的创造潜能便越得不到实现,他的自我实现程度便越低。所以,洪堡在《论国家的作用》曾这样写道:

"人的真正目的——不是变幻无定的喜好,而是永恒不变的理智为他规定的目的——是把他的力量最充分地和最均匀地培养为一个整体。为进行这种培养,自由是首要的和不可或缺的条件。"②

马斯洛更是一再强调:"自我实现的个人比普通人拥有更多的自由意志和更少的屈从他人。"③"这些人较少屈服于压抑、限制和束缚,一句话,较少屈从社会化。"④"他们可以被叫作自主者,他们受自己的个性法则而非社会规则支配。"⑤"按照促进自我实现或健康的观点,良好环境应该如此:供应全部必需的原料,然后退至一旁,让机体自己道

---

① 海德格尔:《存在与时间》,生活·读书·新知三联书店 1987 年版,第 288 页。
② 洪堡:《论国家的作用》,中国社会科学出版社 1998 年版,第 30 页。
③ Robert Maynard Hutchins, *Great Books of The Western World*, Volume 43, *UTILITARIANISM*, by John Stuart Mill, Encyclopaedia Britannica, Inc., 1980, p. 162.
④ Robert Maynard Hutchins, *Great Books of The Western World*, Volume 43, *UTILITARIANISM*, by John Stuart Mill, Encyclopaedia Britannica, Inc., 1980, p. 171.
⑤ Robert Maynard Hutchins, *Great Books of The Western World*, Volume 43, *UTILITARIANISM*, by John Stuart Mill, Encyclopaedia Britannica, Inc., 1980, p. 174.

出自己的希望和要求，并做出自己的选择。"① 由此，马斯洛甚至试图建立一个自我实现人、健康人的乌托邦。这个乌托邦，在他看来，很多事情难于把握；但有一点可以肯定：在那里人人享有最大限度的自由。他这样写道：

"最近，在理论上建立一个心理学乌托邦一直是我的乐趣。在这个乌托邦中，人人都是心理健康的，我称之为精神优美。根据我们关于健康人的知识，我们是否能预见到，假如千户健康人家移居一处荒原，在那里他们可以随意设计自己的命运。他们会发展怎样一种文化呢？他们将选择什么样的教育、经济体制、性关系、宗教呢？我对某些事情很没把握，尤其是经济情况。但对另外一些事情我可以非常肯定。其中之一是，几乎可以肯定，这将是一个高度无政府主义的群体，一种自由放任但是充满爱的感情的文化。在这个文化中，人们的自由选择的机会将大大超出我们现已习惯的范围，人们的愿望将受到比在我们社会中更大的尊重。人们将不像我们现在这样过多地互相干扰，这样易于将观点、宗教信仰、人生观、或者在衣、食、艺术或者异性方面的趣味强加给自己的邻人。总之，这些精神优美的居民将会在任何可能的时候表现出宽容、尊重和满足他人的愿望，只是在某些情况下会阻碍别人，他们允许人们在任何可能的时候进行自由选择。在这样的条件下，人性的最深层能够自己毫不费力地显露出来。"②

然而，有些自由主义思想家，如伯林，却怀疑自由是每个人创造性潜能实现的必要条件。因为他们看到，在不自由社会里，并不乏才华横溢之士："如果这一点是事实，那么穆勒认为人的创造能力的发展是以自由为必要条件的观点，就站不住脚了。"③ 确实，不自由的社会

---

① Robert Maynard Hutchins, *Great Books of The Western World*, Volume 43, *UTILITARIANISM*, by John Stuart Mill, Encyclopaedia Britannica, Inc., 1980, p. 277.

② 马斯洛：《动机与人格》，华夏出版社 1987 年版，第 329 页。

③ Isaiah Berlin, *Four Essays on Liberty*, Oxford University Press, Oxford, New York, 1969, p. 128.

第七章　必然与偶然·可能与现实·自由

也可见到不少才华横溢之士。但是，这些人之所以能够实现自我创造性潜能，决不是因为他们听任他人摆布而失去自由；恰恰相反，乃是因为他们勇于反抗而争得自由。因此，伯林以不自由社会常有才华充分发挥者为根据，否定每个人创造性潜能的实现以自由为必要条件，是不能成立的。

任何社会，都存在才华横溢者，只是因为任何社会人们都有可能得到自由。只不过，在自由社会，人们得到自由无须反抗和牺牲，因而人人都有自由，于是也就人人都有可能发挥自己的创造潜能而自我实现。反之，在不自由社会，人们要得到自由，便必须反抗和牺牲，如牺牲健康、幸福、人格、爱情乃至生命。因而在这种社会，也就只有极少数人才可能争得自由而自我实现——这极少数人便是那可歌可泣的裴多菲式的自由斗士，他们以自己的行动证明：生命诚可贵，爱情价更高。若为自由故，二者皆可抛。

自由是每个人自我实现、发挥创造潜能最根本的必要条件，同时也就是社会繁荣进步最根本的必要条件。因为社会不过是每个人之总和。每个人的创造潜能实现得越多，社会岂不就越富有创造性？每个人的能力发挥得越充分，社会岂不就越繁荣昌盛？每个人的自我实现越完善，社会岂不就越进步？所以，杜威说："自由之所以重要，是因为它是发挥个人潜力和促进社会发展的条件。"[①] 诚然，自由不是社会进步的唯一要素。科学的发展、技术的发明、生产工具的改进、政治的民主化、道德的优良化等等都是社会进步的要素。但是，所有社会进步的要素，统统不过是人的活动的产物，不过是人的潜能实现之结果，因而说到底，无不以自由——创造性潜能实现的最根本必要条件——为最根本的必要条件。

因此，自由虽不是社会进步的唯一要素，却是社会进步的最根本

---

① 张品兴主编：《人生哲学宝库》，中国广播电视出版社1992年版，第237页。

403

的要素、最根本的条件。所以，穆勒把自由精神叫作"前进精神"或"进步精神"而一再说："进步的唯一无穷而永久的源泉就是自由。"[①]这样，若要社会进步，根本说来，便应该使人自由；若是压抑自由，便从根本上阻碍了社会进步。换言之，自由的社会，必定繁荣进步；不自由的社会，必定停滞不前——若是它还能进步，那并不是因为它不自由，恰恰相反，乃是因为在这不自由的社会里，存在着勇于反抗而不畏牺牲的自由的斗士们。

四、偶然、必然、可能、现实与自由五者之关系

1. 可能变成现实的过程：必然、偶然与自由

可能变成现实，如上所述，也就是能够发生的变成已经发生的，也就是必然由能够伴随某种偶然出现，变成必然已经伴随某种偶然而出现。而必然乃是一定不移总要发生的。所以，必然一定不移总要伴随某种偶然而出现，总要由能够伴随某种偶然而出现，变成已经伴随某种偶然出现。因此，可能总要变成现实：可能变成现实是必然的。但究竟何种可能变成现实，可能何时变成现实，则是偶然的。这就是说，可能性是多种多样的，而其中必有一种可能变为现实，这是必然的；但何种可能变成现实，可能何时变为现实，则是偶然的。举例说：

在某人怎么死亡的多种可能性中，必有一种可能变成现实：死的可能性变成现实是必然的。但是，哪一种死亡方式——如生病而死还是出车祸而亡等等——变成现实和何时死去，则都是偶然的。

然而，由此并不能得出结论说，任何一种可能性变成现实的实现程度，都是一样大的。可能变现实的实现程度，叫作几率。每种可能

[①] Robert Maynard Hutchins, *Great Books of The Western World*, Volume 43, *UTILITARIANISM*, by John Stuart Mill, Encyclopaedia Britannica, Inc., 1980, p. 300.

性变现实的几率,也就是每种可能性与全部可能性的总数之比,可以表达为如下公式:

$$某种可能变现实的几率 = \frac{某种可能性}{全部可能性}$$

举例说,如果每 100 张彩票中有 7 张中彩的话,每张彩票中彩的几率就是 7/100。如果有 200 人参加考试而录取 10 人的话,每个人被录取的几率就是 1/20。如果我们班是 40 人,有 10 人要去出差,那么,我出差的几率就是 1/4。

可能变成现实是必然的,而何种可能变现实和可能何时变现实,则是偶然的。所以,任意选择和实现可能性(即一方面随意选择、改变或创造某种可能性,使这一种可能变成现实,而避免他种可能变成现实;另一方面延缓或加速可能变现实的时间),则是可能变现实中的自由。譬如说,我们在病死、老死、淹死等可能中,一方面,选择老死并使之变成现实;另一方面,延缓老死的可能变现实的时间而尽量活得长久,就是在人怎样死的可能变现实中的自由。曹操《龟虽寿》诗曰:"盈缩之期,不但在天。养怡之福,可得永年。"此之谓也!毛泽东亦曾十分生动地把可能变现实中的必然性和偶然性喻为舞台,而可能变现实中的自由则是戏剧:

"战争指挥员活动的舞台,必然建筑在客观条件的许可之上,然而他们凭借这个舞台,却可以导演出很多有声有色、威武雄壮的戏剧来。"[①]

2. 人类活动的意义:全在于获得可能变现实的自由

人类在可能变现实过程中进行活动的意义、目的,毫无疑义,全

---

① 《毛泽东选集》第 2 卷,人民出版社 1991 年版,第 446 页。

在于获得可能变现实的自由,亦即全在于:一方面,选择、实现于人有利的可能,而避免于人不利的可能;另一方面,加速于人有利的可能变现实,延缓于人不利的可能变现实。而人类在可能变现实中所得到的自由,也就是人类自由的全部东西。换言之,可能变现实的自由之全部东西,也就是人类的一切自由,亦即自由本身:"可能变现实的自由"与"自由"是同一概念。因为自由的定义,如上所述,就是按照自己的意志利用必然性来改变偶然性从而选择实现某种可能性的行为,亦即任意选择可能性的行为。因此,海德格尔说:

"自由仅在于选择一种可能性,这就是说,在于承担未选择其它可能性并且也不可能选择它们这回事。"①

这样一来,"可能变现实的自由之两大方面"与"自由的两大方面"也就不能不是同一概念。因为自由的定义——按照自己的意志利用必然性来改变偶然性从而选择实现某种可能性的行为——表明,自由的全部东西就在于,一方面,随意改变偶然性的种类,使必然伴随这一种偶然性发生,而避免必然伴随他种偶然发生;另一方面,则在于加速或延缓必然的实现时间。可能变现实的自由之全部东西,一方面是"随意改变选择可能性,使这一种可能变为现实而避免他种可能变为现实",不也就是"随意改变偶然性,使必然性伴随这一种偶然性发生,而避免必然伴随其他偶然发生"吗?另一方面,"延缓或加速可能变现实的时间",不也就是"延缓或加速必然由能够到已经伴随某种偶然而发生的时间",不也就是延缓或加速必然性的实现时间吗?

可见,"可能变现实的自由"之两大方面、全部东西,也就是"自由"的两大方面、全部东西:"可能变现实的自由"与"自由"是同一概念:自由就是任意选择可能性的行为。所以,人类在可能变现实中

---

① 海德格尔:《存在与时间》,生活·读书·新知三联书店 1987 年版,第 340 页。

所得到的自由，也就是人类所获得的一切自由。因而，人类一切活动的意义、目的，全在于获得可能变现实的自由。

3. 科学：人类获得可能变现实的自由之根据

科学、必然性的知识体系，如前所述，乃是人类获得自由的根据、保障。"自由"与"可能变现实的自由"是同一概念。因此，科学、必然性的知识体系，也就是人类获得可能变现实的自由之根据、保障。这是毫无疑义的。因为，人类要获得可能变现实的自由，即要达到任意选择实现可能性的活动，首先就要认识可能性。不认识什么是可能，谈何任意选择实现可能性的活动呢？所以，对可能性的认识，乃是人类获得可能变现实的根据、保障。

问题的关键在于，所谓对可能性的认识，不外乎一方面在于发现新的可能性，从不知道可能性到知道可能性。另一方面则在于分辨可能性：何者是客观真实的，何者是主观虚幻的；何者是形式的、抽象的，何者是实在的、具体的；何者是有利的，何者是有害的。分辨可能性种类，实质上就是对必然性的认识。因为可能性的分辨是以必然性为标准的：凡是不符合必然性的事物都是不可能的，如果说它是可能的话，那么这种可能就是主观虚幻的可能；凡是符合必然的能够发生的事物，都是客观真实的可能；如果这种必然性在将来才能够伴随某种偶然出现，那么这种可能性就是形式可能、抽象可能；如果这种必然性当下就能够伴随某种偶然出现，那么这种可能就是实在可能、具体可能。

可见，对可能性的分辨可以归结为对必然性的认识；如果不认识必然性就无法分辨可能性。同样，对可能性的发现也是如此。因为凡是符合必然性的事物，都是或迟或早能够发生的事物，都是可能性。所以，发现了必然性，也就发现了可能性；对必然性的发现，就是对可能性的发现。反之，如果不发现、不认识必然性，那也就决不会发现和认识可能性。举例说：

发现了原子能的必然属性，也就发现了使用原子能的可能性，而未发现原子能的必然属性，就决不会发现原子能的使用的可能性。发现了电磁必然属性，也就发现了应用无线传递信号的可能性；没发现电磁必然属性，也就决不会发现无线传递信号的可能性。

可见，对可能性的认识、发现和分辨，实质上可以归结为对必然性的认识。因此，由对可能性的认识是人类在可能变现实中获得自由的根据，可以得出结论说：对必然性的认识是人类在可能变现实中获得自由的根据。这就是为什么，斯宾诺莎说："自由是对必然的认识。"① 黑格尔说："自由以必然为前提。"② 恩格斯说："自由是在于根据对自然界的必然性的认识来支配我们自己和外部自然界。"③ 科学不是别的，正是对必然性的系统认识。所以，科学也就是人类在可能变现实中获得自由的根据、保障；科学的意义就在于此。

不但此也！科学还是一切预见的根据。因为所谓预见，就是预先知道，就是在事物还没有发生之前就知道它的发生。预见不外乎对必然性的预见和对偶然性的预见。只不过，必然是可以完全准确预见的；偶然则是不能完全准确预见的，而只能大约、近似准确预见。而对必然完全准确的预见的根据，是对必然的认识，是科学：认识了必然、掌握了科学，也就可以完全准确地预见必然性。例如，掌握了社会发展规律，就可以做出资本主义一定会取代封建制的预见。掌握了新陈代谢的必然性，也就可以做出张三必死的预见。

那么，对偶然性的预见的根据又是什么呢？是对可能性的认识。认识了可能性，也就可以对偶然性做出大约、近似的预见。例如，诸葛亮用兵料事如神，不就是根据他对种种可能性的透彻认识吗？草船

---

① 斯宾诺莎：《伦理学》，商务印书馆 1962 年版，第 224 页。
② 黑格尔：《小逻辑》，商务印书馆 1980 年版，第 323 页。
③ 《马克思恩格斯选集》第 3 卷，人民出版社 1972 年版，第 111 页。

借箭的预见，不就是根据"曹军在大雾中有盲目射箭"的可能性而做出的吗？列宁对十月革命胜利的预见，不就是根据他对社会主义有首先在一个国家内取得胜利的可能性的认识吗？

可见，对可能性的认识，乃是对偶然性预见之根据。而我们知道，对可能性的认识，实质上可以归结为对必然性的认识。因此，不论对必然性还是对偶然性的预见，归根结底都是以必然性认识为依据的，都是以科学为根据的：科学乃是一切预见的根据。

诚然，一些当代科学家，如霍金，断言20世纪物理学，特别是量子力学是一种关于偶然性或非预见性的科学："量子力学不可避免地把非预见性或偶然性引进了科学。"[①] 此为谬见也！实际上，量子力学正如玻恩、赖兴巴哈等科学家所言，并不是关于偶然性或非预见性的科学，"并不意味着严格的自然规律不再存在"[②]；恰恰相反，量子力学的研究对象是"由按数学结构而论与波相似的一种形式的概率规律"[③]。规律无疑属于必然性范畴：凡是规律皆必然也！因此，一切科学的对象都是必然性；只不过，量子力学规律是一种概率必然性；而牛顿力学与爱因斯坦相对论规律则是一种非概率必然性罢了。

按照哲学范畴体系排列顺序的"由一般到个别，由抽象到具体、由简单到复杂"原则，继"偶然与必然、自由、可能与现实"之后的是"质与量"。因为质或量都是偶然或必然的；但是，反过来，偶然或必然不都是质或量。譬如，一个人走路摔倒，是偶然的；却既不是他的质，也不是他的量。因此，"必然与偶然"等范畴是一般，而"质与量"是个别："必然与偶然"等范畴是存在依赖于"质与量"中的一般部分，而"质与量"等范畴则是包含"必然与偶然"的较具体较

[①] 转引自李浙生：《物理科学与辩证法》，冶金工业出版社2008年版，第265页。
[②] 转引自李浙生：《物理科学与辩证法》，冶金工业出版社2008年版，第253页。
[③] 转引自李浙生：《物理科学与辩证法》，冶金工业出版社2008年版，第252页。

个别的整体。因此，不懂必然偶然等范畴，就不能懂包含它的质、量；但不懂质与量，却可以懂其中的一般部分"必然与偶然"等范畴。于是，我们首先研究必然、偶然等范畴，然后便由"必然偶然"等范畴上升到包含它的个别、较具体、较复杂的"质与量"。

第八章　质与量

本章提要　量变引发质变规律 A：一事物偶然的有条件的主观任意的量变，在一定限度内，不影响该事物的存在；但是，只要这种量变超过一定限度，该事物必然发生质变、不复存在而转化为他事物。量变引发质变规律 B：一事物的绝对无条件量变，是客观的、必然的、不依人的意志而转移。这种量变在一定限度内，不影响该事物的存在；但它或迟或早必然超过这一限度，于是该事物便必然发生质变、不复存在而转化为他事物。A 与 B 结合起来，便形成量变引发质变规律：一事物的量变在一定限度内，不影响该事物的存在；超过这一限度，该事物必发生质变、不复存在而转化为他事物。

一、量变引发质变规律

1. 质与量：概念分析

自古希腊哲学以降，直到当代西方哲学，都将"存在"作为极端重要的哲学范畴来探究。海德格尔的代表作，就是《存在与时间》。萨特的代表作，则是《存在与虚无》。黑格尔则将"存在"看作是哲学和哲学史的开端范畴："逻辑开始之处实即真正的哲学史开始之处。我们知道，哲学史开始于爱利亚学派，或确切点说，开始于巴曼尼得斯的哲学。因为巴曼尼得斯认'绝对'为'有'，他说：'惟有在，无不在'。这须看成是哲学的真正开始点。"① 黑格尔哲学的开端，正是"存在"（亦即"有"），说到底，是"存在"与"不存在"（亦即"无"）："开端包含有与无两者，是两者的统一。"②

此乃似是而非之见也！因为哲学是关于宇宙一切事物的普遍性的科学；而宇宙一切事物的最抽象最简单的普遍性似乎就是巴门尼德的同义语反复："存在物存在。"③ 然而，一切存在物为什么存在着？为什么"存在物产生和消灭"④？细细想来，不难看出，事物的存在与不存在并不简单，而是包含不变与变化。因为，变化就是事物与原来不同，就是原来的事物不存在而原来不存在的事物存在；不变就是事物与原来相同，就是原来的事物仍然存在，就是原来没有的事物仍然不存在。这恐怕就是为什么，黑格尔《逻辑学》第一篇"存在论"研究"存在"、"不存在"与"变化"以及"质"、"量"和"度"六大范畴：存在是一个看似极端简单而实则包含"变化"、"质"、"量"和"度"的极其复杂的范畴。

原来，一切事物之所以存在和不存在及其相互变化，就是因为一切事物都具有"质"、"量"和"度"。亚里士多德早已发现：每个事物都具有质与量。何谓质？亚里士多德答道："质的一个意思是实体的差异，例如人是有某种质的动物，因为两足，马则四足；圆是有某种质的图形，因为无角，表明了其实体上的差异。质就是实体的差异，这是一种意义。……另一层意思是，运动者作为运动着的东西的属性，以及各种运动的差异。德性和恶行是这种属性的一部分，因为它们揭示了运动和行为的差别，正是由于这种差别，那些在运动中的事

---

① 黑格尔：《小逻辑》，商务印书馆1981年版，第191页。
② 黑格尔：《小逻辑》，商务印书馆1981年版，第59页。
③ 北京大学哲学系外国哲学史教研室编译：《古希腊罗马哲学》，商务印书馆2021年版，第53页。
④ 北京大学哲学系外国哲学史教研室编译：《古希腊罗马哲学》，商务印书馆2021年版，第54页。

第八章　质与量

物才动作或承受得好和坏。能够如此这般地运动和行为是善良，相反地则是恶。善和恶主要表示有生命东西的质，在其中又主要表示具有意图者的质。"① 那么，何谓量？亚里士多德说：

"量的意思是可以分解成一些组成部分，其中各个或每一个在其本性上是一个一或这个。众多是某种计数的量。大小是可度量的量。……在就自身而言的量中，有的是由于实体，例如线（因为在说明其是什么的定义中含有某种量），有的是这种实体的属性和状态。例如，多和少，长和短，宽和窄，深和浅，重和轻，等等。再如大和小，较大和较小，不论就自身说还是就相互关联来说，都是量的就其自身的属性。这一些名称当然可以转而应用到其他事物之上。"②

诚哉斯言！质是事物的一种差异，是一事物区别于他事物的特有属性，也就是某事物之所以为某物的固有属性，说到底，是每个事物保持其存在的固有属性。因此，一事物的质如果不变，该事物就存在；如果质发生变化，该事物就不复存在而变成他事物。

量则亦如亚里士多德所言，乃是一事物的这样一类属性，诸如"多和少，长和短，宽和窄，深和浅，重和轻，等等……可以转而应用到其他事物之上。"③ 更精确些说，量乃是一事物与他事物所共有而不能使事物互相区别的属性，是事物所具有的与自身存在没有直接关系——却又最终决定自身存在与否——的属性，说到底，是造成事物的质的属性，是质的原因。因此，一事物的量发生变化，在一定限度内，并不影响该事物的存在；但超过一定限度，该事物便发生质变而不复存在，变成他事物。举例说：

固体、液体、气体，分别是冰、水、汽保持其存在的固有属性，

---

① 苗力田主编：《亚里士多德全集》第七卷，中国人民大学出版社1993年版，第130—131页。
② 苗力田主编：《亚里士多德全集》第七卷，中国人民大学出版社1993年版，第129—130页。
③ 苗力田主编：《亚里士多德全集》第七卷，中国人民大学出版社1993年版，第130页。

是冰、水、汽之所以为冰、水、汽的固有属性,是冰、水、汽互相区别的特有属性,因而分别是冰、水、汽的质。温度则是冰、水、汽所共有而不能使三者互相区别的属性,是冰、水、汽所具有的与自身存在没有直接关系——却又最终决定自身存在与否——的属性,是造成冰、水、汽的质"固体"与"液体"及"气体"的属性,是"固体"与"液体"及"气体"的原因。因此,冰、水、汽的温度发生变化,在一定限度内,并不影响冰、水、汽的存在;但超过一定限度,冰、水、汽便发生质变而不复存在。

因此,黑格尔说:"质是与存在同一的直接的规定性,与即将讨论的量不同,量虽然也同样是存在的规定性,但不复是直接与存在同一,而是与存在不相干的。且外在于存在的规定性。——某物之所以是某物,乃由于其质,如失掉其质,便会停止其为某物。"① "量不是别的,只是扬弃了的质……但这被扬弃了的质既非一抽象的无,也非一同样抽象而且无任何规定性的'有'或存在,而只是中立于任何规定性的存在。存在的这种形态,在我们通常的表象里,就叫做量。我们观察事物首先从质的观点去看,而质就是我们认为与事物的存在相同一的规定性。如果我们进一步去观察量,我们立刻就会得到一个中立的外在的规定性的观念。按照这个观念,一物虽然在量的方面有了变化,变成更大或更小,但此物却仍然保持其原有的存在。"②

诚哉斯言!量不是别的,只是扬弃了的质!我们的认识,首先是对质的认识,根据事物的质是什么,才能知道该事物的量是什么:量是质的原因。李达说:"量是标志质的范围和等级的范畴。"③ 此言作为定义,虽非真理,却也堪称有识之见也。然而,人们大都离开质而界说量,对量做顾名思义和举例说明式的定义:量是数量、大小、长短、

---

① 黑格尔:《小逻辑》,商务印书馆1981年版,第202页。
② 黑格尔:《小逻辑》,商务印书馆1981年版,第217页。
③ 李达主编:《唯物辩证法大纲》,人民出版社2022年版,第245页。

增减、规模、速度、程度等等。

殊不知，数量、大小、长短、增减、规模、速度、程度等等都只是特定事物的量，正如温度只是特定事物"水、冰、汽"的量，电磁波长短只是特定事物"颜色"的量。数量、大小、长短、增减、规模、速度、程度以及温度等等，都只是特定事物的量，都是相对一定事物才是量，而相对另一定事物则是质了。试想，"1"之所以为"1"而区别于"2"的固有属性，岂不就是数量的多少？所以，数量便是1区别于2的质。速度是百米赛跑的冠军之所以为冠军而与亚军相互区别的固有属性，是冠军区别于亚军的质。猫之所以为猫而区别于虎的固有属性，岂不就是大小？所以，大小是猫区别于虎的质。

可见，数量、大小、长短、增减、规模、速度、程度等等都只是相对一定事物才是量，而相对另一定事物则又是质。因此，数量、大小、长短、增减、规模、速度、程度等等也就并非一切事物的量，而是特定事物的量。数量、大小、长短、增减、规模、速度、程度等等与温度、电磁波的区别，只不过在于，前者是很广泛的特定事物的量，而后者则是很狭小的特定事物的量罢了。因此，正如不可把量定义为温度一样，也不可把量定义为数量、大小、长短、增减、规模、速度、程度等等，将量与特定事物的量等同起来。那么量是什么呢？量乃是一事物与他事物所共有而不能使事物互相区别的属性，是事物所具有的与自身存在没有直接关系——却又最终决定自身存在与否——的属性，说到底，是造成事物的质的属性，是质的原因。赖有这个定义，方有如下"量变引发质变之规律"也。

2. 度：量变引发质变规律

一事物的量变只是在一定限度内，才不影响该事物的存在；超过这一限度，该事物便发生质变而不复存在，变成他事物。换言之，事物的量变有一定范围，不超过这个范围，就不能改变事物的质而造成质变；超过这个范围，就改变事物的质，造成质变。不改变事物的质的量变范围，叫作"度"；而改变事物质的量变界限，叫"关节点"。恩格斯将"改变事物质的量变界限"叫作"关节线"："度量关系的关节线——在这里，在量变的一定点上骤然发生质变。"① 黑格尔则将"不改变事物的质的量变范围"叫作"有质的限量"，并作为"度"的定义："度是有质的限量。"② 从这一定义出发，黑格尔进而论述道：

"尺度，正如其他各阶段的存在，也可被认作对于'绝对'的一个定义。因此有人便说，上帝是万物之尺度。这种直观也是构成许多古代希伯来颂诗的基调，这些颂诗大体上认为上帝的光荣即在于他能赋予一切事物以尺度——赋予海洋与大陆、河流与山岳，以及各式各样的植物与动物以尺度。在希腊人的宗教意识里，尺度的神圣性，特别是社会伦理方面的神圣性，便被想象为同一个司公正复仇之纳美西斯（Nemesis）女神相联系。在这个观念里包含有一个一般的信念，即举凡一切人世间的事物——财富、荣誉、权利、甚至快乐痛苦等——皆有其一定的尺度，超越这尺度就会招致沉沦和毁灭。"③

这样一来，黑格尔便通过对"质"、"量"和"度"三范畴的分析，完成了对"存在论"的研究，发现了"量变引发质变规律"：一事物的量变在一定限度内，不影响该事物的存在；超过这一限度，该事物必发生质变，不复存在而转化为他事物。这无疑是自然、社会与思维三大领域一切事物发展变化的普遍规律。对于这一具有巨大实践价值与理论意义的重要发现，黑格尔一反其晦涩难解风格，而援引"麦粒不断增加而变麦堆"和"驴负物行走因不断增加负担而倒下"等事例予以精辟说明：

"尺度中出现的质与量的同一，最初只是潜在的，尚未显明地实现出来。这就是说，这两个在尺度中统一起来的范畴，每一个都各要

---

① 恩格斯：《反杜林论》，人民出版社 2015 年版，第 133 页。
② 转引自张世英：《论黑格尔的"逻辑学"》，上海人民出版社 1959 年版，第 156 页。
③ 黑格尔：《小逻辑》，商务印书馆 1981 年版，第 234—235 页。

求其独立的效用。因此一方面定在的量的规定可以改变,而不致影响它的质,但同时另一方面这种不影响质的量之增减也有其限度,一超出其限度,就会引起质的改变。例如:水的温度最初是不影响水的液体性的。但液体性的水的温度之增加或减少,就会达到这样的一个点,在这一点上,这水的聚合状态就会发生质的变化,这水一方面会变成蒸气,另一方面会变成冰。当量的变化发生时,最初好象是完全无足重轻似的,但后面却潜藏着别的东西,这表面上无足重轻的量的变化,好象是一种机巧,凭借这种机巧去抓住质［引起质的变化］。这里所包含的尺度的矛盾(antinomie),古代希腊哲学家已经在不同的形式下加以说明了。例如,问一粒麦是否可以形成一堆麦,又如问从马尾上拔去一根毛,是否可以形成一秃的马尾?当我们最初想到量的性质,以量为存在的外在的不相干的规定性时,我们自会倾向于对这两个问题予以否定的答复。但是我们也须承认,这种看来好象不相干的量的增减也有其限度,只要最后一达到这极点,则继续再加一粒麦就可形成一堆麦,继续再拔一根毛,就可产生一秃的马尾。这些例子和一个农民的故事颇有相同处:据说有一农夫,当他看见他的驴子拖着东西愉快地行走时,他继续一两一两地不断增加它的负担,直到后来,这驴子担负不起这重量而倒下了。如果我们只是把这些例子轻易地解释为学究式的玩笑,那就会陷于严重的错误,因为它们事实上涉及到思想,而且对于思想的性质有所认识,于实际生活,特别是对伦理关系也异常重要。例如,就用钱而论,在某种范围内,多用或少用,并不关紧要。但是由于每当在特殊情况下所规定的应该用钱的尺度,一经超过,用得太多,或用得太少,就会引起质的改变,(有如上面例子中所说的由于水的不同的温度而引起的质的变化一样。)而原来可以认作节俭的行为,就会变成奢侈或吝啬了。"[1]

---

[1] 黑格尔:《小逻辑》,商务印书馆 1981 年版,第 236—237 页。

二、量变引发质变规律：类型分析

1. 质变与量变类型

如果说黑格尔通过对"质"、"量"和"度"三范畴的分析，发现了"量变引发质变规律"；那么，当我们进一步考察"质变"与"量变"范畴时，便将发现量变质变规律的两大类型。一切事物的变化，无非质变与量变。所谓质，如上所述，乃是事物保持其存在的固有属性：一事物的质如果不变，该事物就存在；如果质发生变化，该事物就不复存在而变成他事物。因此，一事物存在着，就意味着，该事物的质没有发生变化：质不变。但是，恩格斯说："一切产生出来的东西，都注定要灭亡。"①任何存在着的事物或迟或早必将消灭。这意味着：一切事物或迟或早必将发生质变。

因此，事物的质不变与质变一样，都是有条件的相对的。事物的质在一定条件下不变，而在另一定条件下就变化了。譬如，一个人，他保持其存在不发生质变死去而为人，是有时间等条件的；或迟或早，他势必发生质变死去而化为粪土。因此，一切事物质的变化与不变都是暂时的、间断的，质的不变到一定的时间，势必被质的变化所间隔、断开；质变到了一定时间，势必被质的不变间隔、断开。因此，质变和质不变都是有条件地互相间断、更替，犹如日与夜彼此更替一样：质变与质不变都是相对的有条件的。

那么，量变是否绝对无条件？庄子的回答是肯定的："无动而不变，无时而不移。"②赫拉克利特亦如是说："我们走入又不走入同一条河流，我们存在又不存在。"③柏拉图《克拉底鲁》篇也曾援引赫拉克利

---

① 恩格斯：《自然辩证法》，人民出版社 2018 年版，第 23 页。
② 《庄子·秋水》。
③ 北京大学哲学系外国哲学史教研室编译：《古希腊罗马哲学》，商务印书馆 2021 年版，第 24 页。

特:"赫拉克利特在某一个地方说过:一切皆流,无物常住。他把万物比作一道川流,断言我们不能两次走下同一条河流,不能两次接触到一件变灭的东西。"[1] 恩格斯说:新的自然观使"我们又回到了希腊哲学的伟大创立者的观点:整个自然界,从最小的东西到最大的东西,从沙粒到太阳,从原生物到人,都处于永久的产生和消灭中,处于不断的流动中,处于不息的运动和变化中"[2]。

然而,一切事物的质在一定条件下都是静止不变的。因此,恩格斯、赫拉克利特和庄子此言之真谛,乃在于昭示一切事物的量变是绝对的,事物的量在任何条件下都是变化的,是永不停止、永不间断、永恒连续地变化的;量没有不变的时候,量的不变是不存在的,存在的只是质的不变。就拿赫拉克利特的河流来说。从质上看,河流的存在和消失都是有条件的相对的;但是从量上看,河流却处于绝对无条件的变化之中,因而河流每一瞬间都是同时又不是同一条河流,因而人踏入同时又不能踏入同一条河流。从质上看,生物的生和死都是暂时的有条件的,是相对的;但从量上看,生物都处于新陈代谢的绝对无条件变化之中,因而生物绝对地在每个瞬间是生物同时又是非生物。

准此观之,赫拉克利特说:"万物皆变,无物长驻。"庄子说:"无动而不变,无时而不移。"[3] 实乃片面之见也!因为,仅就事物的量来说才是如此:绝对无条件的变化仅仅是量变;而就事物的质来说就大谬不然了:事物的质是相对静止不变的。因此,赫拉克利特和庄子此言,皆有抹煞事物质的相对静止不变而夸大和全面化事物的变化,因而堕入片面化谬误之嫌。

细究起来,绝对无条件的变化都是量变;但是,量变却不都是绝

---

[1] 北京大学哲学系外国哲学史教研室编译:《古希腊罗马哲学》,生活·读书·新知三联书店1957年版,第17页。
[2] 恩格斯:《自然辩证法》,人民出版社2018年版,第19页。
[3] 《庄子·秋水》。

对无条件的。原来，量和量变极端复杂，具有不同类型。这些类型对于量变质变规律来说极其重要：它导致量变质变规律亦有相应的不同类型。这恐怕就是为什么，黑格尔非常重视量和量变的类型。他不但将量分为定量、外延的量（或广量）与程度、内涵的量（或深量）以及连续的量与分离的量等等；而且在阐述"纯量"与"定量"时，还大段援引斯宾诺莎关于"抽象的或表面的量"与"实体的量"之分类。

然而，至关重要的量变类型却是：绝对无条件量变与相对有条件量变。赫拉克利特和庄子所言的变化都是绝对无条件量变；而黑格尔所列举的"一粒一粒不断地增加麦粒"和"一两一两地不断增加驴的负担"以及"一根一根不断地拔去马尾上的毛"等量变，无疑都是有条件的相对的，是相对有条件的量变。现代自然科学证实：质变与质不变一样，都是相对有条件的；而量变则有绝对无条件量变与相对有条件量变之分。举例说：

宇宙万物无非物质及其属性而已。物质形态是一种物质区别于他种物质的特有属性，也就是某物质之所以为某物质的固有属性，说到底，是每一物质保持其存在的固有属性。质量则是一物质与他物质所共有而不能使各种物质互相区别的属性，是物质所具有的与自身存在没有直接关系——却又最终决定自身存在与否——的属性，是造成物质形态的属性，是物质形态的原因，说到底，也就是物质的成分数目、结构组合、空间排列和物质多少。

现代自然科学表明，一方面，物质形态的变化和不变都是相对有条件的，物质的质变是相对的。举例说，动物、植物和微生物等物质形态"因生存而保持不变"和"因死亡而变成其他物质形态"，都是有条件的相对的，生物的质的稳定不变和质变都是相对的。另一方面，各种物质成分数目、结构组合等质量（亦即物质的浅层的量）的变化和不变也都是相对有条件的；而造成这种变化和不变的物质多少及其空间排列等质量——亦即物质的深层的量——之变化，则是绝对无条件的。举例说：

笑气和无水硝酸的成分、数目、结构组合之质量，由一种向另一种——比如由 N_2O 到 N_2O_3——的变化，是有条件的相对的；而造成这种变化的氮氧成分数目结构组合的空间排列之质量变化，则是绝对无条件的。别的不说，只要承认氮氧分子等一切物质的振动是永恒的——这是毫无疑义的科学发现——也就不能不承认：氮氧成分数目结构组合的空间排列是绝对无条件变化的。

可见，质变与质不变一样，都是相对有条件的；而量变则有绝对无条件量变与相对有条件量变之分。不难看出，相对有条件量变及其所导致的质变，大都是主观的、偶然的、依人的意志而转移。譬如，黑格尔所列举的"一粒一粒不断地增加麦粒而形成麦堆"、"一两一两地不断增加驴的负担而终致驴倒下"和"一根一根不断地拔去马尾上的毛而形成秃马尾"等量变与质变，便都是主观的、偶然的、依人的意志而转移。反之，绝对无条件的量变及其所导致的质变，则是客观的、必然的、不依人的意志而转移。譬如，物质的振动和空间排列的绝对无条件的量变——及其导致的物质形态的质变——无疑都是客观的、必然的、不依人的意志而转移。冰、水、汽的绝对无条件的量变（温度变化）及其所导致的质变（固体、液体与气体的变化），同样是客观的、必然的、不依人的意志而转移。

2. 量变引发质变规律类型

这样一来，量变引发质变规律便分为两大类型：A."量变与质变是主观的偶然的依人的意志而转移"的量变引发质变规律；B."量变质变是客观的必然的不依人的意志而转移"的量变引发质变规律。量变引发质变规律 A 可以表述如下：

一事物偶然的有条件的主观任意的量变，在一定限度内，不影响该事物的存在；但是，只要这种量变超过一定限度，该事物必然发生质变、不复存在而转化为他事物。

　　这种量变与质变虽然都是偶然的人为的任意的，但是，量变超过一定限度必发生质变，却是客观的必然的不依人的意志而转移的，因而是一种量变质变规律。这种规律，主要存在于人为领域。黑格尔论述量变质变规律所列举的事例，大抵如此：一粒一粒不断地增加麦粒的量变达到一定限度，便必然发生质变而成为麦堆；一两一两地不断增加驴的负担的量变达到一定限度，便必然发生质变而使驴倒下；一根一根不断地拔去马尾上的毛的量变达到一定限度，必然发生质变而形成秃马尾。人生在世，取得各种成功，也大都遵循这种量变质变规律。譬如，一次一次练习钢琴的量变达到一定程度，便必然发生质变而成为钢琴家；一件一件地做好事的量变达到一定程度，便必然发生质变而成为好人；一天一天地读书写作的量变达到一定限度，便必然发生质变而成为学问家。对此，亚里士多德早有所见：

　　"德性的获得，不过是先于它的行为之结果；这与技艺的获得相似。因为我们学一种技艺就必须照着去做，在做的过程中才学成了这种技艺。我们通过从事建筑而变成建筑师，通过演奏竖琴而变成竖琴手。同样，我们通过做正义的事情而成为正义的人，通过节制的行为而成为节制的人，通过勇敢的行为而成为勇敢的人。"[1]

　　与量变引发质变规律 A 有所不同，量变引发质变规律 B 则可以表述为：一事物的绝对无条件量变，是客观的、必然的、不依人的意志而转移。这种量变在一定限度内，不影响该事物的存在；但它或迟或早必然超过这一限度，于是该事物便必然发生质变、不复存在而转化为他事物。

　　这种量变引发质变规律表明，不但量变超过一定限度便发生质变

---

[1] Aristotle, *Aristotle's Nicomachean Ethics*, translated with commentaries and glossary by Hippocrates G. Apostle, Peripatetic Press, Grinnell, Iowa, 1984, p. 21.

是必然的，而且量变与质变也都是必然的；只有质变的具体时间才是偶然的，因而人们便可以加速或延缓这种质变的发生而趋利避害。这种量变质变规律主要存在于自然领域，如沧海桑田之变、陆生动物向水生动物的转变等等。黑格尔论述量变质变规律亦曾列举此类事例。譬如，水的温度因粒子的永恒振动而处于绝对无条件的量变中，这种量变是客观的、必然的、不依人的意志而转移。这种温度的量变在一定限度内，不影响该水的存在；但它或迟或早必然超过这一限度，于是水便必然发生质变、不复存在而转化为冰或蒸汽。有鉴于此，人们便可以提高或降低水温使水变成冰或蒸汽以满足自己的需要。

量变引发质变规律 A 与 B 结合起来，求同存异，便形成量变引发质变规律：一事物的量变在一定限度内，不影响该事物的存在；超过这一限度，该事物必发生质变、不复存在而转化为他事物。

量变引发质变规律是质与量变化的最重要规律——远比质量互变规律重要——马克思恩格斯论及质与量的变化规律，大都将其归结为："量变超过一定限度必将发生质变。"马克思在阐述"单个的货币占有者或商品占有者要蛹化为资本家而必须握有的最低限度价值额"时便这样写道："在这里，也像在自然科学上一样，证明了黑格尔在他的《逻辑学》中所发现的下列规律的正确性，即单纯的量的变化到一定点时就转变为质的区别。"[①] 恩格斯对马克思此言曾写脚注并在《反杜林论》中进一步发挥道：

"因此，这里我们看到了由于元素的单纯的数量增加——而且总是按同一比例——而形成的一系列在质上不同的物体。这种情况在化合物的一切元素都按同一比例改变它们的量的地方表现得最为纯粹，例如在正烷属烃 C_nH_{2n+2} 中：最低的是甲烷 CH_4，是气体；已知的最高的是十六烷 $C_{16}H_{34}$，是一种形成无色结晶的固体，在 21℃熔融，在 278℃才沸腾。在两个系列中，每一个新的项都是由于把 CH_2，即一个

[①] 《马克思恩格斯选集》第 2 卷，人民出版社 2012 年版，第 197 页。

碳原子和两个氢原子，加进前一项的分子式而形成的，分子式的这种量的变化，每一次都引起一个质上不同的物体的形成。"①

在《自然辩证法》中，恩格斯还援引门捷列夫说，量变引发质变规律不仅适用于化合物，而且也适用于化学元素本身："元素的质是由元素的原子量的数量所决定的。这已经得到了出色的验证。门捷列夫证明了：在依据原子量排列的各同族元素的系列中，发现有各种空白，这些空白表明这里有新的元素尚待发现。这些未知元素之一他称之为亚铝，因为该元素在以铝为首的系列中紧跟在铝的后面。他预先描绘了这一元素的一般化学性质，并大致地预言了它的比重、原子量以及原子体积。几年以后，勒科克·德·布瓦博德朗确实发现了这个元素，门捷列夫的预言被证实了，只有微不足道的误差。亚铝实际上就是镓。门捷列夫通过——不自觉地——应用黑格尔的量转化为质的规律，完成了科学上的一个勋业，这一勋业，足以同勒维烈计算出尚未见过的行星海王星的轨道的勋业媲美。"②

这恐怕就是为什么，苏联教科书《马克思主义哲学原理》将"质与量的变化规律"叫作"量变到质变的转化规律"："量变到质变的转化规律是这样一个规律，由于这个规律，细微的、最初是不显著的量变逐渐积累，到了一定阶段，破坏事物的度，引起根本的质变，结果事物发生变化，旧质消失，新质产生。"③

三、量变与质变基本属性

1. 量变的渐进性与质变的飞跃性：质量互变规律

量变，如上所述，分为绝对无条件量变与相对有条件量变；质变

---

① 恩格斯：《反杜林论》，人民出版社 2015 年版，第 135—136 页。
② 恩格斯：《自然辩证法》，人民出版社 2018 年版，第 81 页。
③ 康斯坦丁诺夫主编：《马克思主义哲学原理》，人民出版社 1959 年版，第 263 页。

则与质不变一样，都是相对有条件的。绝对无条件的量变，无疑使量变具有绝对无条件的连续性，使量变绝对连续而无间断。有条件的量变，似乎是间断的；但相对它所造成的质变来说，也是不断的。譬如，一粒一粒不断地增加麦粒的量变，才能达到一定限度、发生质变而成为麦堆；一两一两不断地增加驴的负担的量变，才能达到一定限度、发生质变而使驴倒下；一根一根不断地拔去马尾上的毛的量变，才能达到一定限度、发生质变而形成秃马尾。

可见，造成质变的量变，不论何种类型，都是连续不断的。只不过，绝对无条件量变是绝对连续不断；而相对有条件量变是相对连续不断而已。反之，质变则是连续不断的量变的结果，因而是一种间断性的变化，而不是连续不断的变化。对于质变的这种间断性，如前所述，黑格尔举例说，一粒一粒不断地增加麦粒，"继续再加一粒麦就可形成一堆麦"①，一根一根不断地拔去马尾上的毛，"继续再拔一根毛，就可产生一秃的马尾"②。他还曾这样写道："水的温度之增加或减少，就会达到这样的一个点，在这一点上，这水的聚合状态就会发生质的变化，这水一方面会变成蒸气，另一方面会变成冰。"③

不但此也，质变又是完全由量变造成的，因而质变只能发生在量变过程之中，而不能在量变过程之外。这样，质的间断性变化也就发生在量的连续不断变化之中，因而形成量的连续不断变化过程的中断、转折点：质变是量变连续不断过程的中断、转折点。但是，这种中断、转折点，并非使量变成为间断的而有间断性。因为量变的连续性，使它在事物质变时也仍然进行、连续不断。质变这种量变连续过程的中断、转折点，实质上，乃是使量变过程随着旧质的消灭、新质的产生而结束旧量变、开始新量变，导致旧量变到新量变的中断、转折。对

---

① 黑格尔：《小逻辑》，商务印书馆1981年版，第237页。
② 黑格尔：《小逻辑》，商务印书馆1981年版，第237页。
③ 黑格尔：《小逻辑》，商务印书馆1981年版，第236页。

此，黑格尔曾有十分精辟的论述：

"就一个质的进程是在经久不绝的量的连续性中而言，接近一个质变点的各比率，从量方面来考察，便只是由较多和较少而有区别。从这方面看，变化是逐渐的。但是，渐进性仅涉及变化的外在方面，而不涉及变化的质的方面；先行的量的比率，纵使无限接近于后继者，却仍然是一个不同的质的实有。因此，从质的方面来看，自身无任何界限的渐进性的单纯量的进展，被绝对地中断了；因为新生的质按其单纯的量的关系来说，对正在消失的质是不确定的另外一种质，是漠不相关的质，所以过渡就是一个飞跃。"①

诚哉斯言！质变是量变渐进过程的飞跃。因为质变不但使一事物不复存在而变成另一事物，而且质变无疑比量变迅速、短暂得多。诚然，只是有些质变非常短暂，是一瞬间，如水变成冰；某些基本粒子的衰变、质变甚至短暂到几十亿分之一秒。但是，有些质变则很漫长，如由猿到人的质变约四十万年。然而，这与由猿到人的几千万年的量变或进化比较起来，无疑也是迅速短暂的。所以量变是绝对缓慢而质变是相对迅速的。量变的绝对缓慢，使量变绝对渐进；而质变相对量变的迅速性，则使质变这种量变过程的转折点，成为旧量变到新量变的飞跃，成为量变渐进过程中的飞跃。于是，质变就使量变不是在一个平面上直线式地进行，而是通过飞跃，曲折进行。这可以表示如图：

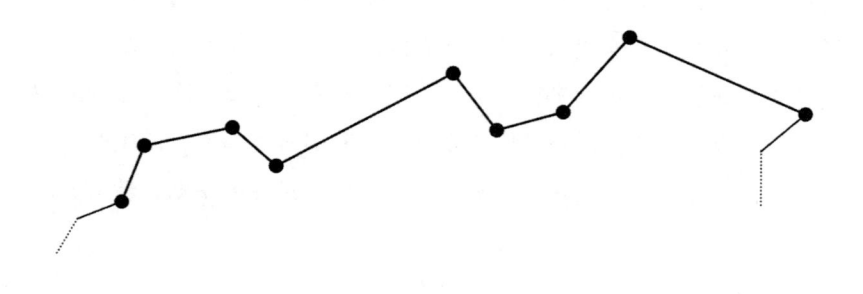

---

① 黑格尔：《逻辑学》上卷，商务印书馆 1977 年版，第 401—402 页。

第八章　质与量

图解：

线段表示连续渐进的量变，圆点表示连续渐进过程的飞跃，即质变。线段的长短（量变长短）是偶然的，但线段达到和经由圆点（质变）而为新的线段（量变），则是必然的。这就是说，连续不断渐进的量变，在一定限度内，不改变事物的质；但它或迟或早势必达到一定限度。这时，事物便出现量变渐进过程的中断，发生质变，而飞跃为新质事物。反过来，连续不断渐进的量变，又因为质变的中断，而结束原来的量变，开始新的量变："这两种过渡，由质过渡到定量，由定量复过渡到质，可以表象为无限进展。"① 这就是量变达到一定限度必然引起质变，质变又造成新的量变的过程，这就是所谓质量互变规律。

举例说：

水的温度连续渐进的量变，在一定限度内并不改变水的质。但是，它或迟或早必然达到100℃或0℃。这时，水的温度的变化便出现渐进过程的中断，而飞跃为汽或冰；而水的温度之渐进变化，则因为被冰和汽的质变所中断，结束了水的温度量变，开始了新的量变：冰和汽的温度变化。

生产力的连续渐进的量变，在一定限度内并不改变生产力的质。但是，或迟或早必然要达到一定程度。这时，生产力便出现渐进过程的中断，发生质变而飞跃为新生产力，如从手推磨的生产力飞跃为蒸汽机生产力。反过来，生产力的连续不断的渐进过程，则因被新生产力质变所中断，而结束旧生产力（手推磨的生产力）的量变，开始新生产力（蒸汽机生产力）的量变。

人类知识的连续不断的量变，在一定限度内，并不改变知识的质。但是，或迟或早必然达到一定程度。这时，知识的发展便出现渐进过程的中断，发生质变而飞跃为新知识、新科学，如哥白尼的《天体运

---

① 黑格尔：《小逻辑》，商务印书馆1981年版，第238页。

行论》、牛顿的《自然哲学的数学原理》等等。反过来，知识连续不断渐进的量变，则被知识质变——哥白尼的《天体运行论》和牛顿的《自然哲学的数学原理》等等——中断，而结束旧知识量变，开始了在新知识体系（如哥白尼的《天体运行论》和牛顿的《自然哲学的数学原理》等）基础上的量变。

这就是"量变必然引起质变而质变又造成新量变"的"质量互变规律"。这一规律是否与"量变引发质变规律"一样，原本为黑格尔所发现？张世英的回答是否定的："黑格尔只着重谈量变引起质变，而对于在新质基础上的量变的性质则无所认识，这是黑格尔质量互变的一个重大缺点。"① 此言恐怕不能成立。因为质量互变规律不但远不及量变引发质变规律重要，而且其主要内容就是量变引发质变规律，只不过多了一句话："事物在质变完成以后，就在新质的基础上开始新的量变。"② 准此观之，黑格尔一再强调，变化是两种过渡，亦即从质到量与从量到质的过渡：这不是质量互变规律又是什么？不但此也，黑格尔对于质量互变规律曾有极为精辟的长篇大论，通过这些论述，他得出结论说：

"当水改变其温度时，不仅热因而少了，而且经历了固体、液体和气体的状态，这些不同的状态不是逐渐出现的；而正是在交错点上，温度改变的单纯渐进过程突然中断了，遏止了，另一状态的出现就是一个飞跃。一切生和死，不都是连续的渐进，倒是渐进的中断，是从量变到质变的飞跃。据说自然界中是没有飞跃的；普通的观念，如果要想理解发生和消逝，就会像前面讲过的那样，以为只要把它们设想为逐渐出现或消失，那就是理解它们了。但在上面已经说过：'有'的变化从来都不仅是从一个大小到另一个大小的过渡，而且是从质到量和从量到质的过渡，是变为他物，即渐进过程之中断以及与先前实有

---

① 张世英：《论黑格尔的"逻辑学"》，上海人民出版社 1959 年版，第 162 页。
② 李达主编：《唯物辩证法大纲》，人民出版社 2022 年版，第 255 页。

物有质的不同的他物。水经过冷却并不是逐渐变成坚硬的,并不是先成为胶状,然后再逐渐坚硬到冰的硬度,而是一下子变坚硬了。在水已经达到了冰点以后,如果仍旧在静止中,它还能保持液体状态,但是,只要稍微振动一下,就会使它变成固体状态。"①

2. 爆发式飞跃与非爆发式飞跃

然而,我们不能由质变是量变绝对渐进过程中的飞跃,就得出结论说:质变不具有渐进性,而只能说质变不具有绝对渐进性。因为质变之为飞跃,乃是相对的:质变只是相对量变才是飞跃而非渐进。但是,各种质变相对而言,则又分为相对渐进性的与相对非渐进性的两类。也就是说,质变这种量变的飞跃,可以分为两类:一类是相对非渐进性的,因而是与量变有显著区别的飞跃,叫作爆发式飞跃;另一类是相对渐进的,因而是不能与量变有显著区分的飞跃,叫非爆发式飞跃。

凡是旧质迅速消灭、新质迅速产生的飞跃,都是爆发式飞跃。这种飞跃的特点,是比较急骤而猛烈,持续时间较短,质变是通过一次突然冲击一下子完成的。例如,自然现象中的火山爆发、铀核裂变、氢核聚合、地层断裂;社会现象中的暴力革命;思维现象中的豁然贯通、恍然大悟、灵感涌现。一句话,爆发式飞跃是相对非渐进性的质变,是突然转变的飞跃。

反之,凡是旧质逐渐消亡、新质逐渐产生的质变、飞跃,都是非爆发式飞跃。这种飞跃的特点是比较缓慢而平静,延续时间较长,质的转化是通过若干中间环节或过渡阶段而逐步实现的。举例说,生物界每一新物种的产生、质变,大都持续几十万年才能完成。由猿到人的质变、飞跃,就经过约四十万年的亦猿亦人的质变过程。可见,非

---

① 黑格尔:《逻辑学》上卷,商务印书馆 1977 年版,第 403—404 页。

爆发式飞跃是相对渐进性质变，是逐渐过渡的飞跃。

这样，爆发式飞跃，就因非渐进性而与量变显著区分开来；而非爆发式飞跃，则因相对渐进性而与量变无显著区分。例如，由水到冰的质变，由旧社会到新社会的质变等等爆发式飞跃，就因其非渐进性而与量变有显著区分。但是，从一物种到另一物种的质变，由旧语言到新语言的质变等等非爆发式飞跃，则因其相对渐进性而与量变无显著区分。

然而，决不能由非爆发式飞跃与量变没有显著区别就断言：非爆发式飞跃只是渐进而不是飞跃。因为质变之为飞跃，并非相对自身，而仅仅是相对量变而言，完全在于它是量变绝对渐进过程的转折、飞跃；而非爆发式质变，与爆发式质变同样是量的绝对渐进过程的转折、飞跃。只不过，非爆发式这种转折飞跃，比爆发式来得漫长罢了。譬如，由猿到人的非爆发式质变，同样是由猿到人的量变渐进过程的转折、飞跃。只不过，这种转折、飞跃，比爆发式飞跃——如水到冰的飞跃——来得漫长罢了。所以，恩格斯说："质变尽管有种种渐进性，从一种运动形式向另一种运动形式的转化，永远是一种飞跃。"①

按照哲学范畴体系排列顺序的"从一般到个别、从抽象到具体、从简单到复杂"原则，继"质和量"之后的，乃是"对立"和"矛盾"。因为，如前所述，一方面，对立和矛盾是"差别"的具体种类：差别是一般，对立和矛盾是个别。另一方面，"普通、特殊和单一"、"偶然和必然"、"现象、性质、规律和本质"、"质和量"等范畴与"同一与差别"等范畴，乃是外延广狭程度相差无几的范畴，因而都远比"差别"的两个具体种类"对立和矛盾"抽象、普遍、一般。所以，"同一"、"差别"、"偶然"、"必然"、"质"、"量"以及更为一般的

---

① 恩格斯：《反杜林论》，人民出版社1956年版，第67页。

"变化"、"不变"、"原因"、"结果"、"相对"、"绝对"等等范畴,都是存在和依赖于"对立"和"矛盾"两范畴中的一般部分;而"对立"和"矛盾"则是包含着这一切范畴的较个别、较具体、较复杂的整体。因此,不懂"同一"、"差别"、"必然"、"偶然"、"质"、"量"以及更为一般的"变化"、"不变"、"原因"、"结果"等范畴,就不能懂包含这些范畴的"对立"和"矛盾";但不懂"对立"和"矛盾",却可以懂其中一般部分"同一"、"差别"、"必然"、"偶然"、"质"、"量"以及更为一般的"变化"、"不变"、"原因"、"结果"等范畴。

于是,我们便首先研究"同一"、"差别"、"必然"、"偶然"、"质"、"量"以及更为一般的"变化"、"不变"、"原因"、"结果"等范畴,然后便由这些范畴上升到包含它们的较具体、较复杂、较个别的"对立"和"矛盾"。可是,粗略看来,似乎恰好相反:"对立"是一般,而"同一和差别"、"质和量"、"偶然和必然"、"形式和内容"等等都是个别。难道"同一和差别"、"质和量"、"偶然和必然"、"形式和内容"等等不都是"对立"的特殊形式吗?是的,"同一和差别"、"质和量"、"偶然和必然"、"形式和内容"等都是对立,都是对立的特殊的具体的形式。

然而,只是就"同一和差别"等范畴的相互关系来说,它们才是一种特殊的对立关系,才是对立的特殊的具体的形式。反之,同一、差别、偶然、必然等范畴自身,却决不是对立的特殊的具体的形式;恰好相反,如果就同一、差别、偶然、必然等每个范畴自身来说,则都远比"对立"范畴抽象、普遍、一般。因为,如前所述,差别分为对立和杂多两大种类,对立仅仅是差别的一个具体种类,仅仅是一种这样的特殊的具体的差别,亦即互相排斥又互相依赖的两极差别;而不是互相排斥又互相依赖的差别,如人和木头、太阳和大象等等,则都是杂多。所以,如果就差别等范畴自身与对立的关系来说,则差别等范畴是一般,而对立则是个别;只是就差别与同一的互相关系来说,它们才都是对立的具体的特殊的个别的形式："对立"是一般，而"差别与同一"——亦即差别与同一相互关系——是个别。

可见，任何一对"对立"范畴（如同一与差别）就每方自身来说，虽然是较一般的，都比"对立"范畴一般、抽象、普遍（差别远比对立抽象、一般、普遍）；但是，就两个对立范畴外部关系（如同一与差别）来说，它们却往往都是较个别的，都比"对立"范畴更加个别、具体、特殊（"同一与差别"远比"对立"更加个别、具体）。不言而喻，比较各个范畴的一般与个别、抽象与具体，确定哪个是较一般、较抽象的，哪个是较个别、较具体的，乃是根据各个范畴本身，而不是根据各个范畴相互间的外部关系。就是说，比较甲范畴和乙范畴哪个较一般，哪个较个别，乃是根据甲范畴自身和乙范畴自身，而不是根据甲范畴与其他范畴的某种关系，也不是根据乙范畴与其他范畴的某种关系。举例说：

如果比较"差别"与"对立"两范畴，究竟是"差别"更为一般、抽象，还是"对立"更为一般、抽象，那就应根据"差别"自身与"对立"自身，而不是根据"差别与同一"的互相关系。这样，虽然"差别与同一"相互关系，远比"对立"个别、具体；但是，"差别"自身却远比"对立"抽象、一般：对立不过是一种特殊差别，亦即两极差别。因此，"差别"是一般、抽象；"对立"是个别、具体。同理，"偶然与必然"、"形式与内容"、"质和量"等范畴的相互关系，虽然皆比"对立"更加具体、个别，都是对立的个别具体形式；但是，这些范畴每方本身，却都比"对立"范畴更加抽象、一般，因而这些范畴是一般、抽象，而"对立"则是个别、具体。

在"对立"范畴的研究中我们将知道，不懂同一和差别、偶然和必然、质和量等等范畴，就不可能懂对立。因为对于对立范畴的研究，要经常运用同一与差别等范畴。反之，不懂对立，却完全可以懂得同一、差别、质、量等范畴。这就是为什么，在这些范畴的研究中，没有出现对立范畴。这完全是因为,"同一"、"差别"、"必然"、"偶然"等等,是存在于"对立"范畴内涵中的一般部分;而"对立"则是包含这些范畴的个别整体。人们之所以认为"同一"、"差别"、"质"、"量"等范畴是对立的个别、具体形式,不过是因为,他们在比较各个范畴的一般与个别关系时,不是根据各范畴自身(如"差别"自身),而是根据一对范畴的外部对立关系(如"差别与同一"的对立关系)而已。

那么,"对立"与"矛盾"两范畴的排列顺序又当如何?对于二者的研究表明,一方面,对立和矛盾是交叉概念关系,因而对于这两个范畴应当相邻相接地进行研究。另一方面,矛盾远比对立更为复杂,围绕对立范畴的研究没有形成什么流派;但围绕矛盾的研究却形成辩证法与形而上学、诡辩论,形式逻辑与辩证逻辑等流派:由此可见"矛盾"范畴远比"对立"范畴复杂之一斑。因此,"矛盾"应在"对立"之后研究。

那么,矛盾是元哲学最复杂最具体的范畴吗?否。元哲学最复杂最具体的范畴乃"价值"也!首先,价值无疑是自然、社会与意识三大领域所共有的一切事物的普遍性,亦即宇宙万物的普遍性。试想,宇宙万物,不论什么东西——日月山河、飞禽走兽、政治、道德、文化、思想、宗教等等——岂不都具有价值?因此,价值乃是元哲学研究对象。但是,价值远比矛盾与对立等其他一切元哲学范畴具体。因为,细究起来,价值乃是客体对于主体的效用。一切事物都有价值,仅仅是价值普遍性的一方面,亦即价值客体的普遍性;另一方面,就价值主体的普遍性来说,却远非宇宙万物的普遍性,而唯有一切生物(微生物和植物以及人类等动物)才能够——非生物则不能够——是价值主体:"分辨好坏利害的评价能力和趋利避害的选择能力"是价值主体的充分且必要条件。因此,唯有生物才是价值主体,而非生物皆非价值主体;"不仅仅人是价值主体,其他生命形式也是价值主体"[①]。

这样一来,价值便"半是普遍、半是特殊"而远比矛盾与对立等其他一切元哲学范畴具体(这些范畴均是"完全普遍",亦即均完全是自然、人类社会与人类意识三大领域一切事物普遍性),因而也就是元哲学最具体最复杂的范畴。这就是为什么,围绕价值范畴的研究竟然形成"客观论"、"实在论"、"主观论"、"关系论"、"自然主义"、"直觉主义"、"情感主义"、"规定主义"、"描述主义"九大流派。这就是为什么,科学哲学家瓦托夫斯基说:"价值理论构成了哲学学科的一个最困难、最严密的领域。"[②] 这就是为什么,价值乃是元哲学的终结范畴;"事物"是元哲学的开端范畴。

[①] 余谋昌:《生态人类中心主义是当代环保运动的唯一旗帜吗?》,《自然辩证法研究》1997年第9期。

[②] M. W. Wartofsky, *Conceptual Foundations of Scientific Thought*, The Macmillan Company, New York, Collier-Macmillan Limited, London, 1968, p. 404.

第九章　对立

本章提要　否定之否定仅仅是对立面变化的规律。对立分为潜在对立与实在对立：前者是一方实在一方潜在的对立，如祸与福；后者是双方共同实际存在的对立，如经济与政治。实在对立的否定之否定规律：每方必经产生新的对方，然后又必由新对方产生出新自身。潜在对立的否定之否定规律：每方必经向对方变化（或者被对方克服而变成对方，或者克服对方而未变成对方），然后又必由向对方变化而变向新的自身（或者克服对方而似乎未经对方的中间环节而直接变成新自身，或者被对方克服而明明经过对方的中间环节后，复由对方变成新自身）。否定之否定规律：对立双方在变化过程中，一方（正）必经同对方（反）斗争，然后又必由同对方的斗争而回复新的自身（新的正）。对立双方互相排斥又互相依赖之本性，是否定之否定规律的原因、根据。

一、对立的基本属性

1. 对立：合二而一

何谓对立？黑格尔说："本质的差别即是'对立'。在对立中，有差别之物并不是一般的他物，而是与它正相反对的他物。……在对立里，相异者并不是与任何他物相对立，而是与它正相反对的他物相对立。"① 确实，对立即相反，是两种相反差别。可是，究竟何为相反？亚里士多德的《形而上学》和《物理学》对于相反、对立和差别都有大量论述。通过这些论述，他得出结论说：

"既然有差别的东西相互间差别有大有小，并且存在着某种最大的差别，我就把这种最大的差别叫做相反。从归纳中，就可把最大差别显示出来。有些在种上相差别的东西相互之间没有相通之点，它们相距遥远而无共同之处。而对于那些在属上相差别的东西，则可能存在着从相反方面的生成。在相反者之间也就是两极的距离最大。而在每一个种中最大的东西也就是完满终极的东西。最大的东西就是不可超越的东西。完满的东西就是包罗无遗的东西。正如其他东西因具有终极而称为终极一样，终极的差别也具有着终极。终极就是此外无物，在万物之中它是终端，是边沿，没有任何东西在完满之外，完满的东西不需再予增添。由此显然可见，相反就是终极的差别，完全的差别。"②

诚哉斯言！对立与相反是同一概念，就是两种极端差别，亦即两极差别，如正与负、好与坏、大与小、上与下、阴与阳、作用与反作用、原因与结果等等。古希腊毕达哥拉斯学派曾将基本的对立归结为十个："有限与无限、奇与偶、一与多、右与左、阳与阴、静与动、直与曲、明与暗、善与恶、正方与长方。"③ 因此，黑格尔说："在物理学中所盛行的两极观念，似乎包含了比较正确的关于对立的界说。"④ 准此观之，亦如黑格尔所说，对立的根本性质、对立之为对立的本性，便是对立双方既互相排斥、互相反对，又互相依赖、互为存在条件：

"在对立中，有差别之物并不是一般的他物，而是与它正相反对的

---

① 黑格尔：《小逻辑》，商务印书馆1962年版，第254、257页。
② 苗力田主编：《亚里士多德全集》第七卷，中国人民大学出版社1993年版，第228页。
③ 北京大学哲学系外国哲学史教研室编译：《古希腊罗马哲学》，商务印书馆2021年版，第39页。
④ 黑格尔：《小逻辑》，商务印书馆1962年版，第256页。

第九章　对立

他物；这就是说，每一方只有在它与另一方的联系中才能获得它自己的[本质]规定，此一方只有反映另一方，才能反映自己。另一方也是如此；所以，每一方都是它自己的对方的对方。"①"两极是两个生动的极端，每一端都是这样设定的：只有与它的另一端相关联，它才存在，如果没有另一端，它就没有任何意义。……每一极都是设定另一极，并从自身排斥另一极的东西。"②

马克思论及"相对价值形式与等价形式"对立时，也这样写道："价值表现的两极：相对价值形式和等价形式……相对价值形式和等价形式是同一价值表现的互相依赖、互为条件不可分离的两个要素，同时又是同一价值表现的互相排斥、互相反对的两极端。"③

老子将对立双方互相排斥又互相依赖的本性概括为八个字："有无相生，难易相成。"④《汉书·艺文志》的概括更为精确："相反而皆相成也。"这样一来，对立便又可以进而定义为：互相排斥又互相依赖的两极差别。举例说，实物与场、运动与静止、感性认识与理性认识、生与死、上与下、祸与福、顺利与困难、地主与佃农、资产阶级与无产阶级等等一切对立，无疑都是两极差别，都是互相依赖而不能孤立存在的，假如没有和自己作对的一方，它自己这一方就失去了存在的条件。一言以蔽之，对立就是互相排斥又互相依赖的两极差别。对于对立的这一根本特点，毛泽东曾有十分生动的阐释：

"没有生，死就不见；没有死，生也不见。没有上，无所谓下；没有下，也无所谓上。没有祸，无所谓福；没有福，也无所谓祸。没有顺利，无所谓困难；没有困难也无所谓顺利。没有地主，就没有佃农；没有佃农，也没有地主。没有资产阶级，就没有无产阶级；没有无产阶

---

① 黑格尔：《小逻辑》，商务印书馆1981年版，第254—255页。
② 黑格尔：《自然哲学》，商务印书馆1980年版，第225页。
③ 《资本论》第1卷，商务印书馆2001年版，第62页。
④ 《道德经·第二章》。

437

级,也就没有资产阶级。没有帝国主义的民族压迫,就没有殖民地和半殖民地;没有殖民地和半殖民地,也就没有帝国主义的民族压迫。"①

诚哉斯言!这些都是互相依赖的两极差别,都是对立。关于对立双方的互相依赖性,黑格尔特别重视而一再说:"每一方面之所以各有其自为的存在,只是由于它不是它的对方,同时每一个方面都映现在它的对面内,只由于对方存在,它自己才存在。"② "每一方只有在它与另一方的联系中,才能获得它自己的'本质'规定,此一方只有反映另一方,才能反映自己。"③

然而,有些学者却把"人与非人"、"桌子与非桌子"等等诸如此类的"甲与非甲"统统都当作对立。这是极不恰当的。因为,一方面,人与非人、桌子与非桌子等等,并非两极差别。非桌子就是电灯、太阳、山河草木等等一切桌子之外的事物总和,这些东西与桌子显然并非两极差别,并非两种极端差别。另一方面,桌子与非桌子也不是互相依存,不会因失去一方,他方就不存在。桌子离开桌子之外的东西,离开非桌子仍然存在;反之,桌子之外的事物,如太阳等等离开桌子也照样存在。所以,诸如"桌子与非桌子"等"甲与非甲"者,并非对立,而只是差别。

诚然,也不能由此得出结论说:一切"甲与非甲"都不是对立。确有一些"甲与非甲"是相互依存的两极差别,因而是对立。譬如,正义战争与非正义战争、金属与非金属、核国家与无核国家、城市青年与非城市青年、正式会议与非正式会议、正常人与非正常人等等,就都是互相依赖的两极差别,就是对立。

可见,对立之为对立,对立的独特属性就在于,对立双方,一方面,是极端不同互相排斥;另一方面,每方又都只是一个侧面,而互

---

① 《毛泽东选集》第2卷,人民出版社1991年版,第794页。
② 黑格尔:《小逻辑》,商务印书馆1981年版,第254页。
③ 黑格尔:《小逻辑》,商务印书馆1981年版,第254—255页。

相依赖、互相联结，构成一个整体、一个统一体。对此，中国古代学者多有所见。姑且不说辩证法大师老子，就是朱熹《金华潘公文集序》在解释张载《西铭》时，也这样写道：

"天地之化，包括天外，运行无穷，然其所以为实，不越乎一阴一阳两端而已。其动静、屈伸、往来、阖辟、升降、浮沉之性，虽未尝一日不相反，然亦不可以一日而相无也。"

对立的这种相反相成、两极相合的属性，可以归结为四个字："对立统一"。"对立"是两个对立物，"统一"是不同侧面联结为一个整体，"对立统一"是两个对立物既极端不同、互相排斥，而又互相依赖、互相联结地构成一个统一物。遗憾的是，"对立统一"一词，被当代中国和苏联学界称为"对立统一规律"、"对立面的统一和斗争规律"。因此，对立物互相排斥又互相依存而联结为一个统一体的属性，不妨称之为"合二而一"。"二"只是两个对立物，而不是任何两个事物；"一"是统一物，是不同侧面联结为一个整体；"合"是构成："合二而一"就是一切对立物既极端不同、互相排斥而又互相依赖、互相联结地构成一个统一物。最早用"合二而一"表达对立物既互相反对又互相依赖这一特性者，恐怕是方以智。他在《东西均》中这样写道："所谓相反相因者，相胜而相成也。""尽天地古今皆二也，两间无不交，则无不二而一者。""交也者，合二而一也。"

不言而喻，"对立统一"或"合二而一"，这种对立物既互相排斥、极端不同而又互相依赖、联结构成一个统一物的属性，乃是对立物绝对无条件属性：对立物不论在任何条件下，都是极端不同互相排斥又互相依赖联结构成一体。举例说：

形式和内容，不论在任何条件下，都是互相依赖又互相排斥的：形式和内容是绝对无条件地互相依赖又互相排斥的。困难和顺利，不论在任何条件下，都是互相依赖又互相排斥的：困难和顺利是绝对地互相依赖又互相排斥的。感性认识与理性认识，不论在任何条件下，都是互相依赖又互相排斥的：感性认识和理性认识是绝对地互相依赖又互相排斥的。如此等等，不胜枚举。

然而，却有学者以为，对立而互相排斥的属性是绝对无条件的；而互相依存的属性，则是相对有条件的："对立方面不能永远处于相互依存状态。""互相排斥的对立面的斗争则是绝对的。"[①] 难道对立双方所具有的互相依赖的属性，还需要一定的条件吗？难道对立双方只有在一定条件下，才互相依赖，而在另一条件下，就不互相依赖吗？难道对立双方，不是与无条件地互相排斥一样地无条件互相依赖吗？天地间哪里有时而互相依存时而又不互相依存的两个对立物呢？

究其实，这些学者之所以说对立面的互相依赖属性是相对有条件的，而对立面互相排斥属性是绝对的，不过是把对立面"互相依赖、联结为一个整体"的"统一"，与对立面的"平衡、适应、无斗争"的"统一"等同起来；把对立面的互相排斥属性与对立面的斗争（即对立面一方克服另一方的冲突争斗）等同起来："用互相排斥来理解斗争性并不错。"[②] 这样一来，如所周知，对立面的斗争（在量的方面）是绝对的无条件的，而对立面的统一（即平衡无斗争状态）则是相对有条件的。所以，当他们把"对立面的互相排斥性"当作"对立面的斗争"，把"对立面互相依赖"属性当作"对立面的平衡统一"的时候，便由"斗争是绝对的而平衡、统一是相对的"而误以为："对立面互相排斥属性是绝对的而互相依赖属性是相对的。"

殊不知，一方面，"对立物的斗争"与"对立物互相排斥"属性根本不同。因为对立面的斗争，乃是一方克服另一方的冲突、争斗；而对立面的互相排斥属性，显然还不是一方克服另一方的冲突、争斗；另一方面，与对立面"斗争"相对而言的对立面的"统一"，也绝不

---

① 高清海主编：《马克思主义哲学基础》上册，人民出版社 1985 年版，第 420、416 页。
② 高清海主编：《马克思主义哲学基础》上册，人民出版社 1985 年版，第 417 页。

是"统一"的本意，亦即不是"不同侧面联结为一整体"的意思，不是对立面联结为一个整体的"统一"，而是对立面的平衡、适应、无斗争状态。所以，与对立面斗争相对而言，对立面平衡无斗争状态的对立面"统一"，跟对立面的互相依赖联结为一个整体的对立面的"统一"，是根本不同的：对立面的互相依赖还不是双方的平衡无斗争状态。

因此，把"对立面的斗争"与"对立面互相排斥"属性、把对立面的统一（即无斗争的平衡状态）与对立面的互相依赖属性等同起来，并由此得出"对立面的互相依赖属性是相对的，互相排斥属性是绝对的"结论，乃谬论也。

对立的"合二而一"、"对立统一"的特性告诉我们，对立之为对立，完全在于对立双方相互间的这种合二而一、对立统一关系：对立乃是对立双方相互关系，而非每方自身的内部属性。举例说：

生产力与生产关系之为对立，就在于生产力与生产关系相互间的"既互相依赖、联结又互相排斥、反对"的对立统一关系：生产力与生产关系的对立，乃是生产力与生产关系的相互关系，而非每方面自身的内部属性。无产阶级与资产阶级之为对立，就在于无产阶级与资产阶级相互间的既依赖联结又排斥反对的对立统一关系：无产阶级与资产阶级的对立乃是无产阶级与资产阶级的相互关系，而非无产阶级或资产阶级自身属性。

对立乃是对立双方相互关系，而非每方的自身内部属性。这是对立与矛盾的显著区别之一。在下一章"矛盾"范畴的研究中我们将知道，与对立根本不同，矛盾恰好是矛盾双方每方自身内部属性，而非双方相互关系。

2. 对立：一分为二

亚里士多德在谈到古代思想家时曾评论说："谁都承认存在着的事

物和本质是对立双方面组成的；至少谁都声称本原是对立的。比如有的人指出奇数与偶数，另一些人指出热和冷，第三种人指出有限和无限，第四种人指出爱和恨。"[1] 黑格尔集对立思想之大成，一言以蔽之曰："凡一切真实之物都含有相反的成分于其中。"[2] 马克思主义继承了关于一切事物都存在对立的思想。列宁说，自然界（精神和社会都在内）一切现象和过程具有对立的倾向："事物（现象等）乃是对立面的总和与统一。"[3]

诚哉斯言！从自然界来看，一切事物都是物质与属性的对立统一体，都是场与实物、质量与物质形态、运动和静止、有限与无限、时间与空间等等的对立统一体。从社会来看，一切社会事物都是生产力与生产关系、经济基础与上层建筑的对立统一体。从人类精神领域来看，一切事物都是认识与实践、认识与物质、感性与理性、概念与判断、判断与推论、真理与错误等等的对立统一体。从整个宇宙来看，不论自然、社会和人类思维，不论主观和客观，一切事物都是相对与绝对、原因与结果、变化与不变、新与旧、形式与内容、同一和差别、普遍、特殊和单一、个别与一般、抽象与具体、必然与偶然、可能与现实、现象与实质、质和量等等对立面的统一体。

可见，一切事物都存在对立。更确切些说，对立存在的这种普遍性表现为两种情形：一切事物或者本身就是对立（一个对立面或两个对立面结成的对立统一体）；或者自身不是对立（对立面或对立统一体），却包含着对立，是包含对立的事物：

凡是自身就是对立的事物，不但自身存在和包含对立，而且相互间也构成对立。例如，原因、质、好、可能、抽象等事物自身都是对

---

[1] 北京大学哲学系外国哲学史教研室编译：《古希腊罗马哲学》，生活·读书·新知三联书店1957年版，第239页。
[2] 黑格尔：《小逻辑》，生活·读书·新知三联书店1954年版，第144页。
[3] 列宁：《哲学笔记》，人民出版社1956年版，第149页。

立面，因而一方面，这些事物自身包含对立，如原因自身包含着新原因与旧原因、好原因与坏原因等对立；另一方面，这些事物相互间也存在对立，如原因与结果相互构成对立物，质与量相互间构成对立物。

凡是本身不是对立而包含对立的事物，则相互间便不存在对立面，而只是自身内部包含对立。例如：桌子、大象、人等等本身都不是对立（对立面或对立统一体），因而相互间都不存在对立，却包含对立：桌子包含新与旧、实物与场、好与坏等等对立；但桌子与任何事物相互间却不能构成对立。

所以，一切事物，或者是对立，或者包含对立；或者内部、外部都存在对立，或者只在内部包含对立。此乃亚里士多德之发现也！他这样写道："所有的事物要么是相反者，要么出于相反者。"[①] 一句话，尽管对立存在的形式有所不同，但一切事物却都存在对立：这样或那样地存在着。因此，对立乃是无处不在，无处不有，存在于自然、社会和精神三大领域的一切事物的普遍属性。对此，中国古代哲学家亦早有所见，故曰："物生有二"、"万物莫不有对"云云。

列宁和毛泽东则把对立存在的普遍性概括为四个字：一分为二。"一"是任何一个事物而不仅仅是对立统一物；"二"仅仅是两个对立面，而不是任何两个事物："一分为二"就是任何一个事物都存在两个对立面：或者事物自身都可以分出两个对立面，或者事物相互间都构成两个对立面。诚然，最早将对立普遍性归结为"一分为二"者，可能是隋朝杨上善。他在注释《黄帝内经·太素》时说："一分为二，谓天地也。"北宋邵雍所著《皇极经世书》卷七说："太极既分，两仪立矣。阳上交于阴，阴下交于阳，四象生矣……是故一分为二。"南宋朱熹在说明"理一分殊"时也这样写道："一分为二，节节如此，以至无穷，皆是一生两尔。"

---

① 苗力田主编：《亚里士多德全集》第七卷，中国人民大学出版社1993年版，第88页。

因此，一方面，"一分为二"的"分"，并不仅仅具有"分"的含义，而且还有构成的含义：当事物只是一个对立面的时候，那么这个对立面的一分为二，显然并不是这个对立面分而为二，而是这个对立面与其对方构成两个对立面。例如，"右"这个事物的"一分为二"，就不是右分为右与左，而是右与左构成两个对立面。所以，一分为二的"分"既具有分的含义，又具有构成的含义。一句话，"分"与"存在"相当："一分为二"等于"一存在二"：任何一事物都存在两个对立物：或者分为两个对立面，或者构成两个对立面。

另一方面，"一分为二"的"一"，与"合二而一"的"一"是不同的。因为合二而一的"一"，是指对立统一体，而不是任何一个事物；一分为二的"一"，则是指任何一个事物，而不仅仅是对立统一体。为什么一分为二的"一"是任何一个事物，而不仅仅是统一体呢？因为，如上所述，一切事物并不都是对立，并不都是对立面或对立统一体，而还有极其众多的不是对立（即不是对立面或对立统一体）却包含对立（包含对立统一体）的事物，如桌子、大象等等。如果说"一"仅仅是对立统一体，那么一分为二就只适用于本身是对立的事物，就只有本身是对立的事物，才能存在两个对立面；而不是对立却包含对立的事物（如桌子、大象），就不适用一分为二，不存在两个对立面。这显然是偏见。所以，一分为二的"一"，绝不仅仅是对立统一体，而是任何一事物。

如果一分为二的"一"，与合二而一的"一"是同一概念，亦即都是指对立统一体，那么，一分为二就既具有一切对立统一体都分为两个对立面含义，又可以具有一切两个对立面都合成一个统一体的含义。但是，一分为二的"一"，与合二而一的"一"是不同的，它不仅仅指对立统一体，而是指任一事物。这样，一分为二显然只有一切事物都存在、包含对立含义；而不具有两个对立面合为一个统一体的含义。因此，两个对立面合为一个统一体的思想，就必须用"合二而一"来表述。这是毫不足怪的。"一切事物都存在对立"与"对立双方互相依赖又互相排斥地构成一个统一体",乃是两种不同的属性：前者是指任何事物都普遍存在对立,是对立存在的普遍性；后者则是指对立本身互相依赖又互相排斥而共处一体的独特性质。任何事物都存在对立——亦即对立的普遍性——是用"一分为二"表述；而对立本身的属性——亦即对立双方互相依赖又互相排斥而共处一体的性质——则用另一术语"合二而一"来表述。这又有什么奇怪的呢？

然而,一些学者却以为一分为二的"一",并不是指任何事物,而只是指对立统一体。因此,"一分为二"就既具有一切对立统一物都分为两个对立面,又具有一切对立面都互相依赖、互相排斥而构成一个统一体的双重含义。这样一来,合二而一就没有存在的必要了。不但此也,他们进而一方面把"对立面互相依赖、联结为一统一体"的属性,与"对立双方的平衡、均衡、一致、统一"等同起来；另一方面,把"对立面互相排斥"属性与"对立面的斗争"等同起来。这样一来,一分为二就又包含"对立面的统一和斗争规律"、"对立面的斗争与平衡规律"或"对立统一规律"：三者原本是同一概念。于是,一分为二也就成为对立的普遍性和对立统一规律的概括了。这样,合二而一就更不能与一分为二并存了。

可见,把一分为二作为"对立统一规律"的通俗表述,而摈弃合二而一,完全建筑在两个错误前提上：一是把一分为二的"一"理解为对立统一物；二是把"对立的互相依赖、互相排斥",与"对立面的平衡、斗争"等同起来。所以,把"一分为二"作为对立统一规律的通俗表述,而摈弃合二而一,是错误的、不能成立的。

把一分为二作为对立统一规律的通俗表述,似乎是抬高了一分为二,实质上不但造成了理论混乱,而且还降低了一分为二。因为把一分为二作为对立统一规律通俗表述的一个前提,是把一分为二的"一"仅仅理解为对立统一体。而把一分为二的"一"仅仅理解为对立统一体,也就等于说,仅仅本身是对立的事物(如原因、结果、好、可能等)才能一分为二;而那些本身不是对立却包含对立的事物(如桌子、大象等)就不能一分为二,就不存在对立。这就剥夺了一分为二的无所不包的广阔领域,大大缩小了一分为二的普遍适用性。

综上所述,"一分为二"和"合二而一"的真谛,可以归结为如下:一分为二意味着,一切事物都存在两个对立面,因而是关于对立存在的普遍属性的通俗表述;合二而一意味着,两个对立面既互相排斥又互相依赖,从而构成一个统一体,因而是关于对立本身独特属性——亦即对立定义之"种差"——的通俗表述。

3. 对立:实在对立与潜在对立

对立不仅具有普遍性,而且具有多样性。所谓对立的多样性,一方面在于世界无尽无休、纷纭复杂的万事万物,没有一事物不存在对立,因而世界上的对立也就同样是纷纭复杂、无尽无休。例如,因为阶级、经济、物质、运动、颜色、味道、概念、知识等等无穷无尽的事物无不存在对立,所以也就有阶级的对立,如无产阶级与资产阶级,奴隶主与奴隶阶级;也就有物质的对立,如物质与属性、实物与场、连续物质与间断物质;也就有运动的对立,如运动与静止,作用与反作用;也就有颜色的对立,如黑与非黑;也就有味道的对立,如香与臭;也就有知识的对立,如感性知识与理性知识,如此等等,不胜枚举。

另一方面,对立的多样性还在于,每一具体事物自身所包含的对立,也绝不只是一对,而必是若干对立的总和。譬如,一个人就包含好与坏、美与丑、善与恶、场与实物、运动和静止、知识与实践、感性与理性等等对立。

因此,不论从不是对立的事物(如大象、香蕉)自身包含的对立来看,还是从本身就是对立(如好与坏)的事物来看,对立都是多种多样的。那么,按照分类规则,对立可以分为几类?亚里士多德多次强调，对立分为四类："对立有四种。"① "对立有四种意义：1. 有相互关系的两事物是对立的。2. 两个相反者是对立的。3. 缺乏与具有是对立的。4. 肯定命题与否定命题是对立的。概括地说，有相互关系的事物的对立，如'两倍'和'一半'相反者的对立，如'好'和'坏'，缺乏与具有的对立，如'盲'和'视力'，肯定命题与否定命题的对立，如'他坐着'和'他没坐'。"②

这种对立分类，虽然很有价值，却与否定之否定规律无关。那么，与否定之否定规律有关的对立分类究竟如何？原来，以"变化"为根据，则一切对立不外两类。一类是对立面自身不存在变化、对立双方相互间不存在斗争的对立，如右方与左方、上与下、东与西、正与负等等。如果说这种对立有变化，那实际上并不是每方本身在变化，而不过或者是把这种对立作为一种属性的事物在变化；或者是每方对于不同关系而具有的不同的外部相对性罢了。举例说：

我们说左方变成了右方，不过或者是一个人或别的什么事物，从左方移至右方；或者是右方相对更右边的东西而言，变成了左方，而左方相对于更左边的东西而言，变成了右方。这不过是左方和右方相对不同位置而具有不同的外部相对性；而"左方"这种事物本身，与"右方"这种事物本身，并不存在变化：其相互间也是不存在斗争的。谁能说左方与右方能够相互进行什么斗争，因而左方本身和右方本身发生什么变化呢？

另一类对立，是对立物自身存在变化，而对立相互存在斗争，如困难与顺利、祸与福、生产力与生产关系、无产阶级与资产阶级、形式与内容、原因与结果、感性认识与理性认识、实物与场、政治与经济等等。梅留兴的《谈谈有限性和无限性问题》已意识到对立面的这

---

① 苗力田主编：《亚里士多德全集》第七卷，中国人民大学出版社1993年版，第34页。
② 亚里士多德：《范畴篇 解释篇》，商务印书馆1959年版，第38页。

样两种不同类别,因而写道:

"自然界所存在的所有的对立面,基本上可分为两类。第一类包括彼此处于不断的相互作用之中的对立面。这些对立面的斗争是发展过程的源泉和内容。但是还存在另一类对立面,这些对立面之间没有任何斗争,它们客观上不是发展的源泉。属于这一类的有:粒子的微粒性和波动性、连续与不连续、有限和无限、正和负、微分和积分等等。"①

对立面本身存在变化的对立,无疑远远重要于对立面自身不存在变化的对立,因而纷纭复杂、种类繁多。那么,这种对立究竟可以分为哪些种类?亚里士多德认为运动变化就是潜能的实现:"每一种东西都可以分为潜能和现实,我把一个潜能上是如此的东西的实现叫作运动。"② 准此观之,对立面本身存在变化的对立可以分为两类:潜在对立与实在对立。潜在对立是一方实在、一方潜在的对立,是实在的一方潜在着对方的对立,是实在的一方潜在地就是对方的对立。因此,这种对立,实在一方可以直接变成潜在一方,潜在一方可以直接变成实在一方;双方的转化一定是相互直接变化。举例说:

好事与坏事便是潜在对立:好事潜在地就是坏事,坏事潜在地就是好事,因此好事可以直接变成坏事,坏事可以直接变成好事;好事与坏事的转化是相互直接变化。潜在对立俯仰皆是,如种子与植株、卵与虫体、健康与疾病、睡与醒、兴奋与抑制、化合与分解、公有制与私有制、福与祸、困难与顺利、战争与和平、善与恶、胜利与失败、真理与谬误、分析与综合、归纳与演绎、意识与无意识、爱与恨、有序与无序、输出与输入、对称与破缺、平衡与不平衡等等。

实在对立是双方共同实际存在的对立。这种对立,双方共同实存,

---

① 梅留兴:《谈谈有限性和无限性问题》,生活·读书·新知三联书店1962年版,第106—107页。
② 苗力田主编:《亚里士多德全集》第七卷,中国人民大学出版社1993年版,第257页。

而不是一方实在、一方潜在，不能一方潜在着对方、潜在地就是对方。所以，这种对立，一方也就不能直接变成对方，而只能通过对对方的作用、影响，从而创造、产生对方：双方的转化不可能是相互直接变化，而只能是相互产生。例如，无产阶级与资产阶级便是实在对立：双方共同实际存在，而不是一方实在一方潜在，不是无产阶级潜在地就是资产阶级、资产阶级潜在地就是无产阶级。所以，双方的转化便不是无产阶级直接变成资产阶级，资产阶级直接变成无产阶级；而是通过相互作用，无产阶级造成、产生新的资产阶级，资产阶级造成、产生新的无产阶级，亦即"资本家生产工人，而工人生产资本家"①。

实在对立与潜在对立一样不胜枚举，如质量与物质形态、场与实物、实体与属性、雄与雌、经济基础与上层建筑、垄断与竞争、工业与农业、城与乡、领导与群众、自由与纪律、感性认识与理性认识、形象思维与抽象思维、理论与实践、主体与客体、结构与功能、过程与状态、控制与反馈、系统与要素、全局与局部等等。

对立分类——不变对立与变化对立以及实在对立与潜在对立——的思想，渊源于毕达哥拉斯而为黑格尔首肯。② 黑格尔说，毕达哥拉斯这样划分对立"现在并且永远有最高的重要性"③。这种重要性——我们即将看到——充分体现在它与否定之否定规律的联系上。

总之，对立的分类可以表示如图：

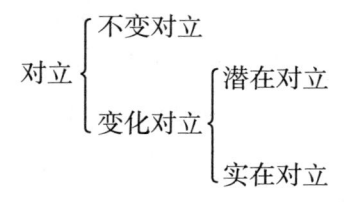

$$\text{对立}\begin{cases}\text{不变对立}\\ \text{变化对立}\begin{cases}\text{潜在对立}\\ \text{实在对立}\end{cases}\end{cases}$$

---

① 《马克思恩格斯全集》第 46 卷，人民出版社 1979 年版，第 455 页。
② 黑格尔：《哲学史讲演录》第一卷，商务印书馆 2019 年版，第 250—252 页。
③ 黑格尔：《哲学史讲演录》第一卷，商务印书馆 2019 年版，第 253 页。

二、对立规律：否定之否定规律

不是对立的事物，亦即不互相依赖互相反对的事物，如战争与石头、大象与茄子等等，其一方的变化，并不必然在对方的作用之下才能发生。所以，不是对立的事物之变化发展，双方相互间没有必然联系。反之，对立事物，双方既互相依赖制约，失去一方他方就不能存在，又互相反对、排斥，遂使每方的变化，必然是在对方的作用之下才能发生，每方的变化，都与对方有必然联系。这种必然联系的规律，就是否定之否定规律。一切对立事物都是遵循否定之否定规律而变化发展。

然而，如上所述，一切对立物都分为"潜在对立（双方可以互相直接变化）"与"实在对立（双方不能互相直接变化，却相互产生、相互作用）"两大种类。否定之否定规律在这两类对立事物中具有不同的表现。因此，我们首先在每类对立事物中，分别考察它们的否定之否定，然后再把二者归纳起来，使之升华为一切对立面变化的否定之否定规律。

1. 实在对立变化的否定之否定规律

不难看出，不能互相直接变化而只能互相产生、互相作用的对立物，在变化过程中，一方必然经过产生对方，然后又必然由对方产生出新的自身：新的一方是双方相互作用的结合物。因此，一方只有并且必然经过产生新的对方，才能变成新的自身。例如，在政治和经济的变化过程中，经济必然经过产生政治，然后又必然由政治产生新经济：新经济是政治和经济相互作用的结合物。因此，经济只有并且必然经过产生政治，才能变成新经济。普列汉诺夫说：

"人类从 A 点发展到 B 点，从 B 点发展到 C 点，如此一直到 S 点，它任何时候都不是在一种经济平面上进行的。为了从 A 点到 B 点，从

B 点到 C 点等等，每次都必须上升到'上层建筑'并在那里进行一番改造。只有当完成了这种改造之后，才可能达到预期的点。从一个转折点到另一个转折点的道路，总是要通过'上层建筑'。经济……几乎永远不会自然而然地活动，而是永远必须通过上层建筑，永远必须通过一定的政治制度。"①

反之亦然。在政治的变化中，也必然经过产生新经济，然后又必然由新经济产生出新政治：新政治是经济与政治双方相互作用的结合物。因此，政治只有并且必然经过新经济，才能变成新政治。

同理，社会与道德、物质财富与精神财富、理论与实践、生产力与生产关系、无产阶级与资产阶级、目的与手段等等一切"不能互相变化而只能互相产生、互相作用的对立物"在变化过程中，都是每方必然经过产生对方，然后又必然由对方产生出新的自身。马克思在表述自己的唯物史观时，曾说过这样一句名言："新的更高的生产关系，在它存在的物质条件在旧社会的胎胞里成熟以前，是决不会出现的。"②

这就是说，新的生产关系在新的生产力成熟之前，是决不会出现的：新的生产关系是新的生产力的产物，因而生产关系只有并且必然经过产生新生产力，才能变成新生产关系。这样，生产关系的发展所循由的规律便是：必经产生新生产力，然后又必由新生产力产生新生产关系。而新的生产关系一经产生，又必然加速生产力的发展，从而造成更新更高的生产力：更新更高的生产力是新生产关系的产物，因而新生产力只有并且必然经过产生新生产关系，才能变成更新的生产力。于是，生产力发展所循由的规律也便是：必经产生新生产关系，然后又必由新生产关系产生新生产力。

---

① 《普列汉诺夫哲学著作选集》第 2 卷，生活·读书·新知三联书店 1961 年版，第 237 页。
② 《马克思恩格斯选集》第 2 卷，人民出版社 2012 年版，第 83 页。

恩格斯说:"社会一旦有技术上的需要,则这种需要就会比十所大学更能把科学推向前进。"① 为什么?因为新理论是新实践的产物。于是,理论的发展所循由的规律便是:理论必然经过产生新实践,然后又必由新实践产生新理论:理论只有并且必经产生新实践,才能变成新理论。同理,新的实践也是新的理论的产物:"没有革命的理论,便没有革命的运动。"② 因而,实践的发展所循由的规律也就是:必经产生新理论,然后又必由新理论产生新实践。实践只有并且必然经过产生新理论,才能变成新实践。

资本与雇佣劳动力的变化也是如此:资本必经产生新的更多的雇佣劳动力,然后又必由新的更多的雇佣劳动力产生出新的更多的资本。新的更多的资本是新的更多的雇佣劳动力的产物,因而资本只有并且必经产生新的更多的雇佣劳动力,才能变成更多的资本。反之,雇佣劳动力的变化亦然。这个道理,马克思讲得十分透辟:

"资本只有同劳动交换,只有引起雇佣劳动的产生,才能增加起来。雇佣劳动只有在它增加资本,使奴役它的那种权力加强时才能和资本交换。因此,资本的增加就是无产阶级即工人阶级的增加。"③ 于是,资本与雇佣劳动力"每一方都由于再生产对方,再生产自己的否定而再生产自己本身"④。

比较生产力与生产关系、实践与理论、政治与经济以及雇佣劳动力与资本等实在对立之发展变化,可以发现,它们虽各有特点,但其所遵循的规律却完全相同:

实在对立在变化过程中,一方必经产生新的对方,然后又必然由新对方产生出新自身:新的一方是新的对方的产物,因而一方只有并

---

① 《马克思恩格斯选集》第4卷,人民出版社2012年版,第505页。
② 《列宁选集》第1卷,人民出版社1973年版,第241页。
③ 《马克思恩格斯全集》第6卷,人民出版社1961年版,第490页。
④ 《马克思恩格斯全集》第46卷,人民出版社1961年版,第455页。

且必经产生新的对方，才能变成新的自身。这就是实在对立变化的否定之否定规律：正面所产生的反面，就是对正面的否定，反面所产生的新正面，则又是对反面的否定，即正面的否定之否定。因此，实在对立的否定之否定规律，也就是实在对立三段式螺旋循环变化规律。

不难看出，所谓一方产生新的对方，其实也就是一方经过克服旧的对方的斗争，而使对方自身发生新旧斗争，致使对方变成新的对方：一方产生新的对方，就是双方相互产生的过程，就是双方相互斗争的过程。举例说：

经济产生新政治，就是经济经过克服旧政治的斗争，而使政治发生新旧斗争，致使政治变成新政治：经济产生政治的过程，就是经济和政治相互斗争的过程。

资产阶级产生新的无产阶级，就是资产阶级经过克服无产阶级的斗争，而使无产阶级变成新的无产阶级：资产阶级产生新的无产阶级的过程，就是资产阶级和无产阶级相互斗争的过程。

因此，能够互相产生、互相作用的对立物变化规律，又可以表述为：一方必然经过同对方的斗争，然后又必然由同对方的斗争，而变成新的自身，新的一方是双方斗争的结合物。因此，一方只有并且必然经过同对方的斗争，才能变成新的自身。

2. 潜在对立变化的否定之否定规律

潜在对立比实在对立复杂得多，可以根据其与否定之否定三段式规律的关系而分为"似可不经中间环节型"和"明明必经中间环节型"两类——前者每方似可不必经过向对方变化之中间环节，而能直接变为新自身；后者则十分明显地必然经过向对方变化之中间环节，才能变为新自身。

福与祸便是"似可不经中间环节型"的潜在对立。因为福在其变化过程中，有时似乎跳过"祸"的中间环节，而直接变成新福；从而便似乎不遵循"福—祸—新福"的否定之否定三段式,而遵循"福—新福"的两段式。

其实不然。因为老子曰:"福兮祸之所伏;祸兮,福之所依。"福祸互相依赖,离开祸,福便既不能存在,更不能发展——福只有并且必然经过与祸发生关系、在祸的作用下,才能变成新福:或者克服祸、不变成祸而变成新福;或者被祸克服、变成祸而复由祸变成新福。而"福被祸克服变成祸的过程"与"福克服祸未变成祸的过程",都同样是"福向祸的变化过程"。因为"福向祸的变化过程"亦即"福与祸互相克服的斗争过程",它包括并且只包括两种相反情形:一种是福被祸克服从而福变成祸的过程;一种是福克服祸从而福未变成祸的过程。这样,"福变成祸复变成新福"与"福未变成祸而变成新福"便都同样经过了向祸变化的中间环节而构成三段式。只不过,前者经过的是被祸克服了的、变成了祸的向祸变化的中间环节;后者经过的则是克服了祸的、因而未变成祸的向祸变化的中间环节罢了。

因此,福在其变化过程中,必然经过向祸变化(或者被祸克服而变成祸,或者克服祸而未变成祸),然后又必然由向祸变化而变成新的福(或者克服祸而似乎未经祸的中间环节而直接变成新福,或者被祸克服而经过祸的中间环节后,复变成新福):新的福是福与祸相互变化的结果,因而福只有并且必然经过向祸变化,才能变成新的福。这便是"似可不经中间环节型"的潜在对立变化之规律。

"明明必经中间环节型"的潜在对立,又分为"统计型"与"非统计型"两类。工作与休息是非统计型的明明必经中间环节的潜在对立。因为不论就某一具体工作还是就全部工作的整体来说,工作在其变化过程中,都必然经过变成休息,然后又必由休息变成新工作:新的工作是工作与休息相互变化的结果,因而工作只有并且必然变成休息,才能变成新工作。同理,休息的变化亦然。

种子与植株则属"统计型"。从统计规律的角度来看,也就是从

第九章　对立

整体而不是从个体来看，种子在变化过程中，必然经过变成植株，然后又必然由植株变成新种子：新种子是新植株的产物，因而种子只有并且必然经过变成新植株，才能变成新种子。反之，如果不是从整体而是就某粒种子来说，那么，该粒种子显然并不必然变成植株，复必由植株变为新种子，而完全可能变成面粉，复由面粉变成粪土，从而并不遵循否定之否定三段式变化。同理，植株的变化亦然。对此，恩格斯曾有极为透辟的论述：

"我们以大麦粒为例。亿万颗大麦粒被磨碎、煮熟、酿制，然后被消费。但是，如果一颗大麦粒得到它所需要的正常的条件，落到适宜的土壤里，那么它在温度和湿度的影响下就发生特有的变化：发芽；而麦粒本身就消失了，被否定了，代替它的是从它生长起来的植物，即麦粒的否定。而这种植物的生命的正常进程是怎样的呢？它生长，开花，结实，最后又产生大麦粒，大麦粒一成熟，植株就渐渐死去，它本身被否定了。作为这一否定的否定的结果，我们又有了原来的大麦粒，但不是一粒，而是加了10倍、20倍、30倍。谷类的种变化得极其缓慢，所以今天的大麦差不多和一百年以前的一样。如果我们以一种可培育的观赏植物为例，如大丽花或兰花，我们只要按照园艺家的技艺去处理种子和从种子长出的植物，那么我们得到的这个否定的否定的结果，不仅是更多的种子，而且是品质改良了的，能开出更美丽的花朵的种子，这个过程的每一次重复，每一次新的否定的否定都向前推进这种完善化。"①

仔细比较"种子与植株"、"工作与休息"这类"明明必经中间环节型"的潜在对立，与"福与祸"这类"似可不经中间环节型"的潜在对立之变化，二者虽大相径庭，但其共同之处却也不难看出，那就是：

一切潜在对立在变化过程中，一方必然经过向对方变化，然后又

---

① 恩格斯：《反杜林论》，人民出版社2015年版，第144页。

必然由向对方的变化而变向新的自身：新的一方是双方相互变化的结果，因而一方只有并且必然经过向对方变化，才能变成新的自身。

这就是潜在对立变化的否定之否定规律：正面所变向的反面，是正面的否定，反面所变向的新正面，则是反面的否定、正面的否定之否定。因此，潜在对立变化的否定之否定规律，也就是潜在对立面三段式螺旋循环变化规律。不言而喻，一方变成对方的过程，也就是一方被对方克服的斗争，也就是双方的斗争：对立物相互变化过程就是双方斗争过程。所以，能够互相直接变化的对立物的变化规律，也可以表述为：

一方必然经过同对方的斗争，然后又必然由同对方的斗争而变成新自身：新的一方是双方斗争的结合物。因此，一方只有并且必然经过同对方的斗争，才能变成新的自身。

3. 否定之否定规律

一切对立，不是双方共同实在，就是一方实在一方潜在；不是实在对立，就是潜在对立。所以，我们若找到实在对立与潜在对立变化的否定之否定规律的共同点，便可使之升华为一切对立变化的否定之否定规律。那么，二者的共同点是什么？

二者最根本的共同点无疑是：实在对立双方相互产生过程，与潜在对立双方相互变化过程，都是相互斗争过程。潜在对立一方向对方变化的过程，也就是一方被对方克服——或克服对方——的斗争：双方相互变化过程也就是双方相互克服的斗争过程。举例说：

健康向疾病变化的过程，也就是健康被疾病克服或健康克服疾病的斗争过程，健康与疾病相互变化过程也就是健康与疾病相互克服的斗争过程。这样，健康在其变化过程中，便必然经过克服疾病或被疾病克服的斗争，然后又必由同疾病的斗争复变向新的健康：新的健康是健康与疾病斗争的结果，因而健康只有并且必然经过同疾病斗争，

第九章　对立

才能变成新健康。同理，疾病的变化亦然。

实在对立一方产生新对方，其实也就是一方经过克服旧对方的斗争，而使对方自身发生新旧斗争，以致旧对方变为新对方；双方相互产生过程即双方相互斗争过程。举例说：

经济产生新政治，就是经济经过克服旧政治的斗争，从而使政治自身发生新旧斗争，以致旧政治变为新政治；经济产生新政治的过程就是经济和政治相互斗争过程。这样，经济在其变化过程中，便必然经过克服旧政治的斗争而产生新政治，然后又必经新政治克服旧经济的斗争而产生新经济：新经济是经济与政治相互斗争的结果，因而经济只有并且必然经过同政治斗争，才能变成新经济。同理，政治的变化亦然。

可见，通过"斗争"之抽象，实在对立与潜在对立变化的否定之否定，便可升华为如下一切对立面变化的否定之否定：

抽象地说，在对立物变化过程中，一方必然经过同对方的斗争，然后又必然由同对方的斗争，而变成新的自身：新的一方是双方斗争的结合物。因此，一方只有并且必然经过同对方的斗争，才能变成新的自身。

具体地说，在对立物变化过程中，一方必然经过产生对方、或变成对方、或同对方（不被对方克服而变成对方）的斗争，然后又必然由对方产生或变成新的自身：新的一方是双方斗争的结合物。因此，一方只有并且必然经过产生对方或变成对方或同对方的斗争，才能变成新的自身。

这个对立面变化的规律就叫作否定之否定规律：正面所产生所变成所斗争的反面，就是对正面的否定；而反面所产生所变成所斗争的新正面，则又是对反面的否定，亦即正面的否定之否定。因此，否定之否定规律也就是对立面三段式螺旋循环变化规律。可是，为什么否定之否定仅仅是对立面的变化规律？

457

4. 否定之否定规律根源

原来，仅仅是由于对立双方互相排斥又互相依赖、离开一方他方就不能存在和发展的本性，才使每方的变化都与对方有必然联系，才使每方的变化都必然是在对方的作用下发生，才使每方必然经过向对方变化，然后又必由之而回复新自身，从而循由否定之否定三段式规律。

为什么实践不能直接变成新实践，却必然经过产生新知识，然后才能由新知识产生出新实践，从而循由否定之否定三段式规律？岂不仅仅是因为，实践与知识虽互相反对排斥但却互相依赖联结，离开知识，实践就既不能存在更不能发展？

为什么福不能直接变成新的福，却必然经过向祸变化——或者被祸克服而变成祸，或者克服祸而不变成祸——然后才能变成新的福，从而循由否定之否定三段式规律？岂不仅仅是因为，福与祸互相反对又互相依赖，离开祸，福就既不能存在更不能发展？

所以，互相反对排斥又互相依赖联结的对立本性，乃是否定之否定规律的原因、根源、根据、本质。这一至为重要的原理，在黑格尔、马克思和恩格斯那里均有论述："凡是为对方之物，即与对方是同一之物。唯有由于这样，精神才在它的对方里回复其自身。"[①] "由于矛盾本性而自我安置和自我对置。"[②] "由矛盾所引起的发展，或否定之否定。"[③]

反之，不具有对立关系的两个事物，即两个非对立事物，如篮球明星与排球明星，正是由于二者不具有既互相反对又互相依赖的本性，所以每方的变化就与对方没有必然联系（而只有偶然联系），每方的变化也就并不必然在对方作用之下才能发生（而只偶然在对方作用之

[①] 黑格尔:《哲学史讲演录》第一卷，三联书店 1959 年版，第 28 页。
[②] 《马克思恩格斯选集》第 1 卷，人民出版社 1995 年版，第 11 页。
[③] 《马克思恩格斯全集》第 20 卷，人民出版社 1971 年版，第 357 页。

下发生变化），每方并非必然经过向对方变化然后又必由之而回复新自身（而只可能偶然地经过向对方变化，然后又偶然地由对方回复其新自身）。谁能说篮球明星只有并且必然经过变为排球明星，才能变成新篮球明星？"篮球明星变成排球明星，又由排球队员回复为新篮球明星"的否定之否定变化，显系完全偶然。

可见，非对立双方不相反对不相依赖的本性，是其不必否定之否定地变化的原因、根据、本质。这个道理，列宁说得很明白："一般说来，运动和生成可以不重复，不回到出发点，在这样的情况下，这种运动就不是对立面的同一。"[①] 这就是说，不具有对立关系的两个事物，由于其不具有对立面的同一本性，亦即不具有互相依赖、离开一方他方就不能存在和发展的本性，所以，其变化便不必然遵循否定之否定规律。

5. 否定之否定规律作用范围

否定之否定根源于对立双方互相反对互相依赖的本性。这便意味着：否定之否定是作用于一切对立面变化的普遍规律。因此，恩格斯说："两极对立物的互相渗透和它们达到极端时的相互转化——由矛盾所引起的发展，或否定之否定……"[②] "本质上对抗的、包含着矛盾的过程，每个极端朝向它的对立面的转化，最后，作为一切的核心的，否定之否定。"[③] "真实的自然的、历史和辩证的否定也就是一切发展的动力——对立面的划分、对立面的斗争和斗争的解决，同时在过去经验的基础上又达到最初的出发点，但是在更高的阶段上达到这一出发点。"[④]

[①] 列宁：《哲学笔记》，人民出版社 1956 年版，第 389、407 页。
[②] 恩格斯：《自然辩证法》，人民出版社 1955 年版，第 1 页。
[③] 恩格斯：《反杜林论》，人民出版社 1957 年版，第 143—145 页。
[④] 恩格斯：《反杜林论》，人民出版社 1957 年版，第 328 页。

可见，一切事物的变化不都必然回到出发点而遵循否定之否定。这种不遵循否定之否定而变化的事物就不是对立物。这也就意味着：否定之否定仅仅是对立物变化的规律。那么，能否由此进而断言，它是作用于一切事物变化的普遍规律？这取决于一切事物是否都是对立面。马克思主义继承黑格尔所系统论述的"凡一切真实之物都含有相反的成分于其中"的思想，认为"自然界（精神和社会都在内）一切现象和过程具有……对立的倾向，事物（现象等）乃是对立的总和与统一。"①

诚哉斯言！从自然界来看，一切事物都包含物质与属性、实物与场、空间与时间、有限与无限、运动与静止等对立。从社会领域来看，一切事物都包含生产力与生产关系、经济基础与上层建筑、社会存在与社会意识、道德与法、政治与德治、自由与强制、制度与治理等对立。从人类意识、精神领域来看，一切事物都包含物质与意识、认识与实践、感性与理性、真理与错误、科学与宗教等对立。从整个宇宙来看，则一切事物都包含原因与结果、形式与内容、必然与偶然、可能与现实、现象与本质、质与量等对立。

可见，一切事物都包含（即存在）对立、对立面。但是，由"一切事物都包含、存在对立、对立面"，不能说"一切事物都是对立面、对立事物"；正像不能由"水包含、存在鱼"便说"水就是鱼"一样："包含什么"与"是什么"根本不同。实际上，一切事物都可以分为两类。一类是不但自身包含对立面，而且自身就是对立面，从而相互间也就存在自己的对立面，因而相互间能构成对立的事物，叫做"对立事物"：对立事物即自身就是对立面从而能与他物构成对立的事物。例如，"原因"就是对立事物，因为"原因"不但自身包含"新与旧"等对立面，而且自身就是对立面，从而也就存在自己的对立面"结

---

① 列宁：《哲学笔记》，人民出版社1956年版，第389、407页。

果",因而相互间能构成对立:原因与结果。

另一类事物则仅仅自身包含对立、对立面,但自身却不是对立面,从而相互间也就不存在自己的对立面,因而也就不能与任何事物构成对立。这类事物叫作"非对立事物":非对立事物即自身不是对立面,从而与任何东西都不能构成对立的事物。例如,"苏格拉底"便是非对立事物。因为"苏格拉底"仅仅自身包含"好与坏"等对立;但"苏格拉底"自身却不是对立面,从而相互间也就不存在自己的对立面:什么东西能与苏格拉底既互相反对又互相依赖呢?什么也不能,苏格拉底与任何东西都不能构成对立。

或许有人认为,苏格拉底有自己的对立面:非苏格拉底。因此,苏格拉底自身也就是一个对立面,也就是对立事物。在他们看来,一切事物都有自己的对立面:非自身。因而一切事物便都是对立面、对立事物。这是错误的观点。因为虽然一切事物都有"非自身",但"非自身"却不都是"自身"的对立面:"自身"与"非自身"大都不是对立。因为对立与相反是同一概念,乃是互相排斥又互相依赖的两极差别。准此观之,苏格拉底与非苏格拉底便不是对立。因为,一方面,非苏格拉底是苏格拉底之外的桌子、书籍、马、亚里士多德等一切事物,这些事物与苏格拉底显然只是差异而不是相反、不是对立;另一方面,这些桌子等非苏格拉底与苏格拉底并不互相依赖。谁能说离开苏格拉底,桌子等便不能存在?所以,一切事物虽然都有自身的"非自身",但并不都有自身的对立面,从而自身便不都是对立面、对立事物。

这个道理,亚里士多德多有阐述。一方面,他承认一切事物都包含、存在对立、对立面:"谁都承认存在着的事物和本质是由对立的方面组成的。"[①] 但另一方面,他又以第一实体——如苏格拉底等一切

---

① 亚里士多德:《形而上学》,商务印书馆1997年版,第60页。

能够独立存在的单一事物——为例,说明一切事物虽然都包含对立、对立面,却不都有自己的对立面、相反者,从而不都是对立面、对立事物:

"一个实体是不与另一个实体对立的。"① "实体的另一标志是它没有相反者。什么东西能成为第一实体(比如个别的人或动物)的相反者呢?没有。种和类也没有相反者。然而,这一特点并非实体所专有,而是对于其他许多事物都是真实的。…… 但同一实体……却容许有相反的性质。同一个人,有时候白,有时候黑,有时候温暖,有时候寒冷,在某一时间是好的,在另一时间是坏的。"②

总而言之,一切事物,或者自身就是对立物,或者自身不是对立物却包含对立:"所有的事物要么是相反者,要么出于相反者。"③ 这就是说,一切事物虽然并不都是对立事物,不都是对立面;然而,却都包含对立面。因此,否定之否定便不是一切事物变化的普遍规律,而是包含于、存在于一切事物之中的普遍规律。这就告诉我们:真理既不是把否定之否定夸大为一切事物变化规律而使其失去必然性的"夸大论";更不是因否定之否定在一切事物变化中没有普遍性而否认其为规律的否认论。真理是:一方面,否定之否定仅仅是对立事物变化的普遍规律,而不是非对立事物变化规律;另一方面,否定之否定又因对立普遍存在于一切事物之中,而是存在于一切事物中的普遍规律。

因此,否定之否定规律的"否定",仅仅指事物被对立物否定,而不是被任何差别事物所否定;仅仅指对立事物的相互否定,即正面被反面否定,或反面被正面否定。否定之否定,也就是指事物经过被对立物否定又由对立物的被否定而回复为新的本身,也就是正面经过被反面否定,又由反面的被否定而回复为新的正面,而正面变成新正

---

① 苗力田主编:《亚里士多德全集》第二卷,中国人民大学出版社 1991 年版,第 19 页。
② 亚里士多德:《工具论》,人民出版社 2015 年版,第 16—17 页。
③ 苗力田主编:《亚里士多德全集》第七卷,中国人民大学出版社 1993 年版,第 88 页。

面，也就是正面的否定之否定：正面——反面（正面的否定）——新正面（反面的否定，即正面的否定之否定）。这样，否定之否定规律也就是对立物发展变化的三段式螺旋循环规律。

因此，一方面，对立事物的变化发展并非直线式，而是如螺旋那样曲曲折折地变化的。但是，否定之否定并非泛指一切事物的曲折变化，而仅仅是指对立事物的那种必须经过对立面作用而变化的如同螺旋式的曲折变化。所以，否定之否定只是揭示了一种独特的曲折变化，这就是对立事物在发展中必然经过对立面才能变化发展的曲折变化。因此，不是对立物的变化，不论如何曲折，不论曲折得如何与螺旋相似，都不是否定之否定的变化。就连那螺旋的运动本身，也并不是否定之否定的运动，而不过是与否定之否定相似的运动，因而成为否定之否定的比喻罢了。因为螺旋的运动尽管与否定之否定相似，却不是对立面的运动，所以不是否定之否定的运动。因此，一些学者把一切事物的曲折变化都当作否定之否定的变化，把否定之否定夸大为一切事物的曲折变化规律，是大错特错的。这种错误的最形象表述，就是把否定之否定比喻为波浪式。因为，一目了然，波浪式只能比喻一切事物变化发展的曲折性，而不能专喻否定之否定的那种类似螺旋式的曲折变化。所以，用波浪式作为否定之否定的比喻，也就把否定之否定的变化等同于一切事物的曲折变化，因而是极不恰当的。

另一方面，否定之否定规律告诉我们，一切对立面都遵循否定之否定的三段式规律而像螺旋那样循环往复以至无穷。但这种对立物通过对方又回复为新的原事物的循环重复，显然不是完全重复，而只是部分重复。因为新事物与原事物绝非完全相同，而只是部分相同——新事物是原事物与其对立面斗争的结合物，这种结合物怎能与原事物完全相同呢？原始共产主义公有制经过变成私有制又由私有制回复为将来的共产主义公有制——这种公有制的循环重复怎么能是完全的重复呢？将来的共产主义公有制与原始公有制怎么能完全相同呢？将来的共产主义公有制乃是原始公有制与私有制斗争的结合物，这种结合物怎么能与原来的公有制完全相同呢？说到底，否定之否定三段式的新对旧的循环重复，与其他新对旧的重复之不同，仅仅在于，经过否定之否定的新事物乃旧事物与对立面的斗争结合物，它与原来的旧事物仅仅有新旧区别，而无其他任何区别，如共产主义公有制与原始共产主义公有制仅仅有新旧区别，而其他皆同。

反之，其他新事物都是旧事物的直接变化结果，因而与旧事物不但有新旧区别，而且还有其他质的不同。譬如，一张桌子变成了木灰，木灰是桌子所变成的新事物，二者不但有新旧区别，而且有质的不同。但不论否定之否定的新对旧的重复，与其他事物新对旧的重复如何不同，却同样都是新对旧的重复，因而也不能不是一切新东西对旧东西的那种重复，即那种肯定保留旧事物一部分、又否定抛弃旧事物一部分的重复。所以，否定之否定规律的三段式循环重复，就不是不进不退、毫无变化、完全相同的循环重复，而是发展或倒退的循环重复：对立面的每一次由对方回到原来事物都不是与原事物完全相同，而是或比原事物退化或比原事物进化的新事物。

因此，毛泽东说："实践——认识——再实践——再认识。这种实践和认识的否定之否定的循环重复以至无穷，而实践和认识之每一循环的内容都比较进到了高一级程度。"[①] 列宁也这样写道：

"发展好像是重复着已往的阶段，但却是用另一种方式在更高的基础上重复着已往的阶段（否定之否定）。"[②] 否定之否定是"在高级阶段上重复低级阶段的某些特性、特征等等"，"仿佛是向旧东西回复"。

6. 否定之否定规律的扩大化和狭隘化

否定之否定，如前所述，乃是对立事物变化的规律，仅仅是一切

[①] 《毛泽东选集》第1卷，人民出版社1991年版，第296—297页。

[②] 列宁：《论马克思恩格斯及马克思主义》，人民出版社1973年版，第23页。

对立事物变化的规律,而不是非对立事物变化的规律;因为只有对立事物才具有对立性,亦即具有互相依赖又互相反对的性质。这种互相排斥、截然相反,又互相依赖、失去一方他方就不能存在的性质,就使每方的变化都与对方有必然联系,就使每方的变化必然是在对方的作用之下才能发生,使每方只有在同对方的斗争中,才能变成新的自身。一句话,也就是使事物在变化过程中,每方必然经过同对方的斗争,复由同对方的斗争而变成新的自身:对立事物的互相依赖又互相反对的性质,产生和决定了对立事物必然遵循否定之否定规律而变化。

反之,不是对立的事物,不具有互相依赖又互相反对性质的事物,如大象和茄子,则由于它们不具有既互相依赖、失去一方他方就不能存在,又互相排斥、截然相反的性质,所以,每方的变化就与对方没有必然联系(而只有偶然联系);每方的变化也就并不必然在对方作用下才能发生(而只偶然在对方作用下发生变化);每方并不是只有经过同对方斗争,才能变成新的自身(而只是偶然地经过同对方斗争变成新的自身)。一句话,非对立事物的既不相反对又不相依赖的性质,就使每方并非必然经过同对方斗争,复由同对方斗争变成新的自身。谁能说茄子必然通过变成大象(的一部分),复由大象变成新的茄子呢?茄子变成大象(被大象吃掉变成大象的肉),复由大象变成新茄子(大象死掉为茄子的粪肥)不完全是偶然的吗?

因此,不是对立的事物,不互相反对又互相依赖的事物,便不可能必然遵循否定之否定而变化。因此,否定之否定只是对立事物变化的规律,而并不是非对立事物变化规律,并非一切事物(既包括对立事物又包括非对立事物)变化规律——否定之否定在非对立事物变化中至多只能具有偶然性质罢了。

否定之否定仅仅是对立事物变化规律,而在非对立事物变化中至多只能具有偶然性质。所以,如果把一切事物的变化都套用否定之否定,那么,一方面,就把否定之否定变成偶然"游戏";另一方面,则把否定之否定弄成了牵强附会、荒谬绝伦的东西。举例说：

车尔尼雪夫斯基就以为否定之否定是一切事物变化的规律，因而把否定之否定弄成了偶然游戏。他曾说"称呼"的发展是否定之否定：你——您——你；服装的发展是否定之否定：祖先的外衣——文明时代的大礼服——现在的外衣。

不言而喻，这些"称呼"、"服装"都不是互相依赖、互相反对的，都不是对立事物。所以，这些事物的变化只是偶然地遵循"否定之否定"。谁能说"称呼"由"你"到"您"的变化是必然的呢？谁能说服装的"由外衣到礼服复到外衣"的变化是必然的呢？如果把这些非对立事物偶然出现的否定之否定当作否定之否定规律，断言否定之否定是一切事物（既包括对立事物又包括非对立事物）的规律，那也就使否定之否定成了偶然的现象而不成其为规律了。

然而，否定之否定的伟大发现者黑格尔决不满意把否定之否定变成偶然的东西。但是，因为他也照样把否定之否定夸大为一切事物变化规律，这就注定了他在把一切事物的"否定之否定"塞进必然性的殿堂时，势必把否定之否定弄成牵强附会、荒谬绝伦的东西：否定之否定只是在对立事物中才是必然的，而在非对立事物中则都是偶然的——明明是偶然的，偏说它是必然的，又怎能不牵强附会、荒谬绝伦呢？

请看，在黑格尔那里，否定之否定已经扩大为一切事物（而不单纯是对立事物）的演化规律，变成了一切关系的联结。黑格尔的"正"是一事物；"反"却不一定是其相反、对立面，而是其差别事物；"合"也不是新的原对立物，而是第三个差异事物。黑格尔说：

世界是否定之否定：非洲（正）——亚洲（反）——欧洲（合）；五官是否定之否定：触觉（正）——嗅觉和味觉（反）——视觉和听觉（合）；哲学是否定之否定：逻辑学（正）——自然哲学（反）——精神哲学（合）；逻辑学是否定之否定：存在论（正）——本质论

（反）——概念论（合）；自然哲学是否定之否定：力学（正）——物理学（反）——有机物理学（合）；精神哲学是否定之否定：主观精神（正）——客观精神（反）——绝对精神（合）。

特别是，黑格尔的"合"的继续变化，也不是向其对立面变化，而是像双胞胎一样，由自身生出两个差别事物。这两个新差别事物，又组成一个新的"合"，即新的第三个相异物。这种增殖过程就构成一个思想群，思想群同每个概念一样，也有另一个相异的思想群为其"反"与"合"。如此等等。

可见，当黑格尔把否定之否定这一对立事物的变化规律，当作一切事物演化规律的时候，就不得不牵强附会地把一切非对立事物的关系和演化过程，硬塞到否定之否定的框子里去，从而把否定之否定弄成荒谬绝伦的东西。难道还有比断言世界按着非洲（正）——亚洲（反）——欧洲（合）的"否定之否定"规律发展更牵强附会的吗？所以，列宁说："任何真理，如果把它说得过火，大吹特吹，超过了它实际上所能应用的限度以外，便可弄到荒谬绝伦。"①

可是，当代哲学家却似乎比黑格尔聪明得多。因为他们既把否定之否定夸大为一切事物的规律，又没有把否定之否定弄成荒谬的东西：真是妙极了！但这不过是因为，他们干脆扔掉了否定之否定规律，而把一切事物都具有的"肯定否定"属性叫作否定之否定规律，或者径直叫作"肯定否定"规律罢了。

原来，如前所述，一方面，一切事物——不论是对立事物还是非对立事物——都具有变化属性，都具有新旧更替的属性，都具有新对旧的否定，都具有否定属性。另一方面，新事物只能从旧事物来，却不能凭空产生。所以，一切否定，一切新对旧的否定，都不是全盘否定，而是否定旧事物的一部分，又肯定旧事物一部分，是既否定又肯

---

① 《列宁全集》第31卷，人民出版社1992年版，第44页。

定。反之，一切新对旧的肯定，也都不能是全盘肯定，而是肯定一部分，否定一部分，是既肯定又否定。这就是"否定"和"肯定"的基本属性。

由此可见，"肯定"与"否定"，与"否定之否定"，除了字面相似之外，实在风马牛不相及："肯定、否定"是一切事物——不论是对立事物还是非对立事物——都具有的属性，它是一切事物的新旧更替关系；反之，"否定之否定"却仅仅是对立事物的规律，仅仅是对立事物新旧更替的规律。所以，我们绝不能因为"否定之否定"与"肯定、否定"何其相似，就把二者混为一谈。相反地，"肯定、否定"乃是一切事物的属性，是一切事物的变化属性，是一切事物的新旧属性，因而是在"变化与不变"范畴之中来研究；而"否定之否定"因其是对立事物的新旧更替规律，所以在"对立"范畴中研究。

然而，当代哲学家们却把"肯定否定"与"否定之否定"搅到一起，名之为否定之否定规律。那么，他们是怎样完成把这两个根本不同的东西搅到一起的奇迹的呢？很简单，那就是，他们所谓的否定之否定规律，已不是真正的否定之否定规律，而不过是否定之否定的词义解释，亦即将否定之否定规律理解为两次否定：旧的东西被新的东西否定，而新的东西也会衰老而被更新的东西否定，这种在第一次否定之后一定要发生与第一次否定有内在联系的第二个否定的过程，便是否定之否定。他们说任何一个事物的这种"由肯定到否定再由否定到第二次否定"，便是否定之否定规律。著名当代哲学家李达便这样写道：

"当事物内部的肯定因素居于矛盾的主要方面时，事物的性质不变，这是事物的肯定阶段。当事物内部的否定因素通过斗争战胜了肯定因素而跃居于矛盾的主要方面时，事物就发生质变，否定自己，变成另一事物，这叫作事物的否定阶段。事物的否定阶段同样也包含着自己的矛盾，由于同样的原因也要发生质变，否定自己，变成另一事物，这是否定之否定阶段，也就是新的肯定阶段。这是两个过程：一个是由肯定到否定，另一个是由否定到肯定。事物的发展就是这样循环往复进行的；而每一次的循环总是使事物发展到了比较高级的程度。这是事物发展所遵循的一般道路。"①

照此说来，人变成粪土被粪土否定，而粪土又被植物否定，就是否定之否定规律了！这哪里还有一点否定之否定规律的味道呢？就是当代哲学家自己也不满意这种"否定之否定"，所以他们只是从理论上、逻辑上把否定之否定规律理解为两次否定，而在例证上却仍然采用诸如"公有制——私有制——新的公有制"之类的真正否定之否定规律的事实。但是，他们也仅仅在例证上坚持否定之否定规律罢了，而在理论上却仍然把否定之否定规律归结为：

"事物发展的总的趋势是前进的，但发展的道路是曲折的。事物总是通过肯定、否定、再肯定、再否定的道路，波浪式地向前发展的。"②

这不明明是一切事物（对立物与非对立物）的由存在（肯定）到消灭（否定）又由消灭而产生新事物（再肯定），而新事物又走向衰老死亡（再否定）的属性吗？这不明明是一切事物的运动变化、新旧更替的肯定和否定属性吗？这哪里还是什么对立物变化发展的否定之否定规律呢？怪不得一些当代的哲学家不把它叫作否定之否定规律，而干脆称之为"肯定否定规律"了！

黑格尔发现、马克思批判继承、恩格斯在"反杜林论"中予以经典论述的对立事物变化发展的否定之否定规律，竟这样轻轻易易地被一些当代哲学家所抛弃，而代之以一切事物都具有的肯定否定属性。这就是当代哲学家们把否定之否定既当作一切事物规律而又没有把它弄成荒谬绝伦的聪明手腕。单单凭着这一手，这些哲学家便堪称阉割

---

① 李达主编：《唯物辩证法大纲》，人民出版社 2022 年版，第 274 页。
② 康斯坦丁诺夫主编：《马克思主义哲学原理》，人民出版社 1959 年版，第 113 页。

马克思主义的能手!

诚然,一些当代哲学家还是承认否定之否定规律的。但是,一方面,他们把"否定之否定"与"肯定、否定"拼凑一起,而并不懂得否定之否定仅仅是对立事物变化规律,却由肯定否定属性是一切事物都具有的,而以为否定之否定规律也是一切事物变化规律。因此,否定之否定规律在他们的论述中就像在车尔尼雪夫斯基手中一样,不过是一种三段式的偶然游戏,而丧失了必然性,不成其为规律。另一方面,他们所论述的否定之否定规律,实质上连一切对立面的规律都谈不上,而把否定之否定局限于一部分对立事物上,狭隘化了否定之否定规律。即使连普列汉诺夫也是如此!因为他论及否定之否定规律时,就曾这样写道:

"任何现象,发展到底,转化为自己的对立物;但是因为新的、与第一个现象对立的现象,反过来,同样也转化为自己的对立物,所以发展的第三阶段与第一阶段有形式上的类同。"①

可见,就连普列汉诺夫所说的否定之否定规律——即使修改为更加完善的表述——也不过如此:

对立物在发展过程中,一方必然经过变成对方复由对方变成新的自身。

此乃片面之见也!因为,不难看出,普列汉诺夫们的否定之否定规律,不能存在和适用于那些只能相互产生、相互作用而不能互相直接变化的对立物。譬如,物质与精神、质量和能量,这些对立物,并不能一方变成对方,复由对方变成新的自身;而只能一方产生对方,复由对方产生新的自身。所以,普列汉诺夫们所说的否定之否定规律,就仅仅存在于能够互相直接变化的对立事物中。但就是在能够互相直

---

① 《普列汉诺夫哲学著作选集》第1卷,生活·读书·新知三联书店2004年版,第635页。

第九章　对立

接变化的对立物中，这种否定之否定规律也不是必然的、普遍的。因为就是能够互相直接变化的对立物，如"好事和坏事"，在变化中，也既可能一方变成对方，复变成新自身；又可能不变成对方，而通过不被对方克服的斗争，复由这种斗争变成新自身。

因此，如果按照普列汉诺夫们把否定之否定规律表述为"一方变成对方复由对方变成新的自身"，那么，否定之否定就根本不存在于"只能互相产生互相作用、却不能互相变化的对立"中；充其量，也只能偶然存在于能够互相直接变化的对立中。于是，否定之否定也就不成其为规律，而不过是对立面的偶然属性之偶然游戏罢了。

可见，把否定之否定规律表述为"一方变成对方，复由对方变成新的自身"虽然干脆利索、简明扼要，却是一种断送否定之否定规律的简明扼要。这就是为什么，我们把否定之否定规律表述为："一方必然经过变成对方、或产生对方、或同对方的斗争，然后又必然由对方变成或产生新自身"的缘故。只有如此表述的否定之否定规律，才不仅普遍存在于"不能互相变化只能互相产生的对立"中，而且也普遍存在于"能够互相变化的对立"中：

能够互相变化的对立，或者必然一方变成对方，又必然由对方变成新自身；或者一方经过不变成对方的斗争，而又必然由与对方的斗争，变成新自身。

然而，学界大都以为，在互相变化的对立中，一方不变成对方而直接变成新自身，是跳跃了中间环节，因而不再是三段而是二段式了。这不过是由于，把否定之否定规律仅仅理解为"一方变成对方复变为新的自身"；而不理解为"一方经过不变成对方的斗争，复由同对方的斗争而变成新自身"的缘故。

殊不知，不但"一方变成对方，复由对方变为新自身"，没有跳跃中间环节而成三段式，而且"一方没有变成对方、却通过不变成对方的斗争，复由同对方的斗争，变成新自身"，也没有跳跃中间环节

471

而成二段式。后者也经过了中间环节,只不过,不是经过变成对方的环节,而是经过了不变成对方的"同对方斗争"的环节罢了。难道一方变成对方之中间环节,不也是一方同对方的斗争吗?只不过是变成了对方的斗争罢了:二者的区别仅仅在于,前者的中间环节是变成对方的同对方斗争;后者的中间环节则是不致变成对方的同对方的斗争。举例说:

好事没有变成坏事而变成了新的好事,并不是没有经过坏事的中间环节,而只是没有经过变成坏事的好坏斗争的中间环节,却经过了同坏事的不变成坏事的斗争、不变成坏事的好坏斗争的中间环节。所以,好事没有变成坏事而变成了新的好事,也同样是"好事——坏事——新好事"的三段式,而非"好事——新好事"的两段式。

公有制没有变成私有制,而变成了新的公有制,并不是没有经过私有制的中间环节,而只是没有经过"变成私有制"的"公有制同私有制斗争"的中间环节;却经过了"不变成私有制"的"公有制同私有制斗争环节"。所以,公有制不变成私有制而直接变成新公有制,也并不是跳跃了中间环节,并不是"公有制——新的公有制"的两段式,而也是"公有制——私有制——新公有制"的三段式。

这又有什么费解呢?难道一切对立事物,每方不都是只有在对方的作用下,只有在同对方的斗争中,才能发展变化吗?因而每方也就绝不能跳跃对方、不在对方作用下、不经过同对方斗争,就直接变成新的自身。这样一来,每方的变化,也就绝不能是两段式,而必是三段式。

综上所述,可知否定之否定乃是一切对立事物变化的普遍规律。我们既不能把否定之否定狭隘表述为"一事物必然变成对方、复由对方变成新的自身",致使否定之否定不过是对立面的偶然游戏;也不能把否定之否定与一切事物都具有的"肯定否定"属性混在一起,从而将否定之否定规律夸大为一切事物变化规律,致使否定之否定规律牵强附会、荒谬绝伦。

不但此也！我们还不能因为否定之否定不能适用于一切事物（即不能适用非对立事物）便以为它不是自然、社会、思维三大领域一切事物的普遍规律。因为一切事物的变化，虽然不都遵循否定之否定规律；但一切事物都由于包含对立面，而包含否定之否定规律。所以，否定之否定规律就由于它仅仅是对立事物变化的普遍规律，而同时也就是存在于一切事物之中的普遍规律。这就是为什么，恩格斯曾这样自问自答：

"否定之否定究竟是什么呢？它是自然界、历史和思维的一个极其普遍的、因而极其广泛地起作用的、重要的发展规律。"①

三、黑格尔的否定之否定理论

1. 黑格尔否定之否定规律的理论渊源

否定之否定规律的真正发现者和系统阐述者，如所周知，乃是黑格尔。但是，否定之否定规律理论渊源，无疑可以追溯到古希腊哲学，特别是毕达哥拉斯学派的"三元"思想。黑格尔说：

"这种三元是什么，亚里士多德说得非常确定；凡是圆满的，或具有实在性的，都是在三元中：开始，中间和终了。开始是单纯者；中间是它的变易（二元、对立）；统一（精神）是终了：终了是从开始的对方回到统一。每一事物都是：（一）有，单纯者；（二）殊异性，杂多性；（三）二者的统一，在它的对方中的统一。"②

但是，对黑格尔否定之否定规律理论影响最大者，无疑是康德，特别是他的《纯粹理性批判》先验逻辑第一卷第二章"范畴的推演"。

---

① 恩格斯：《反杜林论》，人民出版社1956年版，第145页。
② 黑格尔：《哲学史讲演录》第一卷，商务印书馆2019年版，第259页。

康德将所推演的范畴列表如下:

"范畴表:

一、量

单一性

多数性

总体性

二、质

实在性

否定性

制限性

三、关系

依附性与存在性(实体与属性)

原因性与依存性(原因与结果)

交互性(能动的与被动的之间的交互作用)

四、样式

可能性——不可能性

存在性——非存在性

必然性——不必然性"[①]

接着,康德说:"这范畴表提示某些微妙论点,可能发现为对于理性一切知识的科学形式是极关重要的。(1)范畴分为四类,很自然地又分为两组;其第一组的范畴是有关于纯粹的和经验的直观之对象的,而第二组的范畴是有关于那些对象的存在的,在于这些对象的相互间、或对于知性的关系的。第一组的范畴可以称为数学的范畴,而第二组的范畴则称为力学的范畴。前者显然没有与之两相关连的范畴的,而后者有。这种区别一定是在知性的性质中有某一种根据。(2)每一类

[①] 约翰·华特生编选:《康德哲学原著选读》,商务印书馆1963年版,第48页。

范畴的数目是三，这也是很有意思的，因为一切验前的划分通常必须用二分法。应当附带指出，每类第三个范畴都是联结第一个和第二个范畴而来的。例如总体性或一切性只是多数性之作为单一性看，制限性只是实在性和否定性的结合，交互性是原因性中两个实体的相互确定而最后，必然性正是存在性仅由可能性本身所给予。"①

对康德范畴推演的"这种三一的方式，这个毕泰戈拉派、新柏拉图派和基督教的古老的形式"②，黑格尔这样评价道："伟大的[辩证法]概念的本能使得康德说：第一个范畴是肯定的，第二个范畴是第一个范畴的否定，第三个范畴是前两者的综合。三一的形式，在这里虽只是公式，在自身内却潜藏着绝对形式、概念。康德并没有[辩证地]推演这些范畴，他感觉到它们是不完备的，不过他说，其他的范畴应该从它们推演出来。"③

康德的范畴推演的肯定—否定—综合之三一式方法对黑格尔的影响是如此巨大，以致黑格尔的否定之否定规律，不但可以归结为正题（肯定）—反题（否定）—合题（综合）三段式，而且也是并且主要是黑格尔整个哲学体系构成的根本规律，是他的哲学体系范畴推演规律：黑格尔没有对否定之否定规律的系统的专门的阐述。张世英说：

"黑格尔在'逻辑学'中，除了在最后一章——'绝对观念'中比较多地从正面对'否定之否定'的规律作了某些阐述外，一般则主要只是在对逻辑概念的推演过程中实际运用了这个规律。（与此不同，质量互变的规律和对立面相互渗透的规律则还在'有论'与'本质论'中，得到了系统的、正面的阐述。）"④

---

① 约翰·华特生编选：《康德哲学原著选读》，商务印书馆1963年版，第48—49页。
② 黑格尔：《哲学史讲演录》第一卷，商务印书馆2019年版，第268—269页。
③ 黑格尔：《哲学史讲演录》第一卷，商务印书馆2019年版，第269页。
④ 张世英：《论黑格尔的"逻辑学"》，上海人民出版社1959年版，第96页。

2. 黑格尔否定之否定理论主要内容

因此，研究黑格尔否定之否定的根据，只能是他的哲学范畴推演体系及其对否定之否定的有关论述。首先，黑格尔在其《哲学全书》导言结尾写道："因此［哲学］这门科学可以分为三部分：1.逻辑学，研究理念自在自为的科学。2.自然哲学，研究理念的异在或外在化的科学。3.精神哲学，研究理念由它的异在而返回到它自身的科学。"①

其次，黑格尔在《逻辑学》"导论"最后这样写道："逻辑学可以分为三部分：1.存在论；2.本质论；3.概念论和理念论。"②

最后，《逻辑学》第一篇"存在论"的范畴是：A.质；B.量；C.尺度。第二篇"本质论"的范畴是：A.本质作为实存的根据；B.现象；C.现实。第三篇"概念论"的范畴是：A.主观概念；B.客体；C.理念。

黑格尔的《自然哲学》与《精神哲学》的范畴推演体系，也是如此这般的三段式：第一个范畴是正题（肯定）；第二个范畴是反题（否定）；第三个范畴是合题（综合），是对反题的否定，亦即正题的否定之否定。对此，黑格尔在《逻辑学》最后一章"绝对理念"中这样总结道：

"上面考察过的否定性，构成概念运动的转折点。这个否定性是自身的否定关系的单纯之点，是一切活动——生命的和精神的自身运动——最内在的源泉，是辩证法的灵魂，一切真的东西本身都具有它，并且唯有通过它才是真的；因为概念和实在之间对立的扬弃，以及成为真理的那个统一，都唯一地依靠这种主观性。——第二个否定的东西，即我们所达到的否定的否定。"③

在《逻辑学》导论中，黑格尔更为精辟地概括了范畴推演的否定

---

① 黑格尔：《小逻辑》，商务印书馆1981年版，第60页。
② 黑格尔：《小逻辑》，商务印书馆1981年版，第184—185页。
③ 黑格尔：《逻辑学》下卷，商务印书馆2017年版，第543页。

第九章　对立

之否定，并称之为"对立物的统一"：

"为了争取科学的进展——为了在基本上努力于对这件事有十分单纯的明见——唯一的事就是要认识以下的逻辑命题，即：否定的东西也同样是肯定的；或说，自相矛盾的东西并不消解为无，消解为抽象的无，而是基本上仅仅消解为它的特殊内容的否定；或说，这样一个否定并非全盘否定，而是自行消解的被规定的事情的否定，因而是规定了的否定；于是，在结果中，本质上就包含着结果所从出的东西；——这原是一个同语反复，因为否则它就会是一个直接的东西，而不是一个结果。由于这个产生结果的东西，这个否定是一个规定了的否定，它就有了一个内容。它是一个新的概念，但比先行的概念更高、更丰富；因为它由于成了先行概念的否定或对立物而变得更丰富了，所以它包含着先行的概念，但又比先行概念更多一些，并且是它和它的对立物的统一。——概念的系统，一般就是按照这条途径构成的，——并且是在一个不可遏止的、纯粹的、无求于外的过程中完成的。"①

黑格尔将否定之否定称之为"对立物的统一"，发现对立物的变化，就是双方相互间的肯定和否定的辩证发展过程，因而在每一方的发展变化中，必然经过对方的否定，复由对方的否定之否定而返回新的自身：甲方是正题（肯定）；对方是反题（否定）；新的甲方是合题（综合），是对反题的否定，亦即正题的否定之否定。这就是黑格尔所发现的否定之否定规律。对此，马克思曾有极为透辟的解释和说明：

"纯粹理性的运动又是怎么回事呢？就是设定自己，自相对立，自相合成，就是把自身规定为正题、反题、合题，或者就是它自我肯定、自我否定和否定自我否定。理性怎样进行自我肯定，把自己设定为特定的范畴呢？这就是理性自己及其辩护人的事情了。但是理性一旦把

---

① 黑格尔：《逻辑学》上卷，商务印书馆1977年版，第36页。

自己设定为正题,这个正题、这个与自己相对立的思想就会分为两个互相矛盾的思想,即肯定和否定,'是'和'否'。这两个包含在反题中的对抗因素的斗争,形成辩证运动。'是'转化为'否','否'转化为'是'。'是'同时成为'是'和'否','否'同时成为'否'和'是',对立面互相均衡,互相中和,互相抵消。这两个彼此矛盾的思想的融合,就形成一个新的思想,即它们的合题。这个新的思想又分为两个彼此矛盾的思想,而这两个思想又融合成新的合题。从这种生育过程中产生出思想群。同简单的范畴一样,思想群也遵循这个辩证运动,它也有一个矛盾的群作为反题。从这两个思想群中产生出新的思想群,即它们的合题。"①

3. 黑格尔否定之否定规律理论的谬误与缺憾

那么,黑格尔关于否定之否定规律理论究竟有什么错误或缺憾?显然,在马克思看来,除了唯心主义——亦即"把任何一种事物都归结为逻辑范畴"和"把逻辑范畴看作一切事物的实体"②——黑格尔关于否定之否定规律理论是能成立的。不但此也,黑格尔关于否定之否定规律的表述,与否定之否定规律的完善表述,相差无几也。因为,否定之否定规律的完善表述可以归结为:

首先,是恩格斯的表述:"按本性说是对抗的包含着矛盾的过程,每个极端向它的反面的转化,最后,作为整个过程的核心的否定之否定。"③

其次,是普列汉诺夫的表述:"任何现象,发展到底,转化为自己的对立物;但是因为新的与第一个现象对立的现象,反过来,同样也转化为自己的对立物,所以发展的第三阶段与第一阶段有形式上的

---

① 《马克思恩格斯选集》第1卷,人民出版社2012年版,第220—221页。
② 《马克思恩格斯选集》第1卷,人民出版社2012年版,第220页。
③ 《马克思恩格斯全集》第20卷,人民出版社1976年版,第153页。

类同。"[1]

最后，是我们的表述："在对立物变化过程中，一方必然经过产生对方、或变成对方、或同对方的（不被对方克服）斗争（否定），然后又必然由对方产生或变成新的自身（否定之否定）：新的一方是双方斗争（肯定和否定）的结合物。因此，一方只有并且必然经过产生对方或变成对方或同对方的斗争（否定），才能变成新的自身（否定之否定）。"

然而，黑格尔的否定之否定规律理论无疑有极大缺憾，那就是，黑格尔没有对否定之否定规律的系统的专门的阐述：否定之否定主要是黑格尔整个哲学体系构成的根本规律，是他的哲学体系范畴推演规律。问题是，构成三段式的这些范畴几乎皆非"对立"范畴，而绝大多数属于"差别"范畴。

首先，哲学的三门学科——逻辑学与自然哲学以及精神哲学——并非互相排斥又互相依赖的关系；《逻辑学》的三篇"存在论"、"本质论"与"概念论和理念论"也并非互相排斥又互相依赖的对立物。《逻辑学》"存在论"的"质、量与尺度"，唯有"质与量"是对立物；"本质论"的"本质作为实存的根据、现象与现实"，也并非互相排斥又互相依赖的对立物。"概念论"的范畴"主观概念、客体与理念"也并非互相排斥又互相依赖的对立物。逻辑学尚且如此，更不用说自然哲学与精神哲学了。

其次，哲学体系的三段式范畴推演体系中作为"合题"的范畴，与作为"正题"与"反题"的范畴，皆非既互相排斥又互相依赖的对立物，更不是新的正题。特别是，作为三段式的三个范畴，并不具有"正与反"、"肯定与否定"关系：这种关系完全是黑格尔牵强附会、任意强加的。更何况，虽然"肯定与否定"是对立物，但是，一事物否定另

---

[1] 《普列汉诺夫哲学著作选集》第1卷，生活·读书·新知三联书店1959年版，第635页。

一事物，二者并非互相依赖又互相排斥，因而并非对立。譬如，大象腐烂变成茄子而被茄子否定：大象与茄子并非互相依赖而构成对立。

最后，黑格尔将否定之否定规律作为科学——特别是哲学——范畴推演方法，堪称荒谬。他说："逻辑理念的发展是由抽象进展到具体。"① 然而，问题是，由抽象进展到具体的概念推演过程，在黑格尔看来，就是否定之否定的三段式。因为在范畴推演体系中，第一个范畴是正题（肯定）；第二个范畴是反题，是正题的否定，是比正题更具体、丰富和复杂的范畴："因为它是否定的东西，但却是肯定东西的否定，并把肯定的东西包括在自身之内。"② 第三个范畴是合题，是对反题的否定，亦即正题的否定之否定，因而把正题和反题都包括在自身之内，不但是比反题更具体、丰富和复杂的范畴，而且是正题之回复。这样一来，科学范畴推演体系就是一种从抽象到具体的三段式之圆圈："那在开端中由于其一般的抽象性与直接性而只是片面的东西，在这种进展中消失：它变成间接的东西，并且科学进展的路线因此而自成一个圆圈。"③

诚然，所有科学——特别是哲学——范畴体系的推演方法，如前所述，确实是从抽象到具体，更确切些说，是从抽象的一般的简单的范畴，上升到比较具体的个别的复杂的范畴。因为正如马克思所指出，只有懂得抽象的、一般的、简单的范畴，才能懂得包含它的具体的、个别的、复杂的范畴；而如果走相反的道路，则两者都无法理解："只要知道了剩余价值的各个规律，利润率是容易理解的。如果走相反的道路，则既不能了解前者，也不能了解后者。"④ 对此，亚里士多德早就说过："对个别特性的思考是在对共同东西的研究之后。"⑤

---

① 黑格尔：《小逻辑》，生活·读书·新知三联书店1954年版，第200页。
② 黑格尔：《逻辑学》下卷，商务印书馆2017年版，第542页。
③ 转引自张世英：《论黑格尔的"逻辑学"》，上海人民出版社1959年版，第111页。
④ 《马克思恩格斯全集》第23卷，人民出版社1971年内部版，第242页。
⑤ 苗力田主编：《亚里士多德全集》第二卷，中国人民大学出版社1991年版，第57页。

因此，黑格尔说的"逻辑理念的发展是由抽象进展到具体"无疑是真理！问题在于，否定之否定的三段式范畴推演，究竟是不是从抽象到具体的范畴推演？答案是否定的。因为，作为黑格尔哲学范畴三段式推演体系的三个范畴，如上所述，实际上绝大多数都不具有"正与反"、"肯定与否定"关系；这种关系完全是黑格尔牵强附会、任意强加的。即使是"正与反"、"肯定与否定"关系，否定（反）也未必比肯定（正）更加具体、丰富和复杂。因为正如恩格斯言："人类历史不仅有上升的过程而且也有下降的过程。"[①] 显然，一切事物皆是如此！因为在事物生灭变化过程中，任何事物，一方面，或者由简单事物进化而来，或者由复杂事物退化而来；另一方面，则或者向复杂事物进化而去，或者向简单事物退化而去。所以，一事物向对方变化，被对方否定，未必是上升发展，而可能是下降退化，因而否定就不比所否定的事物具体丰富复杂，而是恰恰相反。

譬如，人死变成粪土而被粪土否定：粪土难道比人更丰富具体复杂吗？好事变成坏事而被坏事否定：坏事难道比好事更丰富具体复杂吗？即便拿最为黑格尔三段式门徒津津乐道的三段式推演体系中罕见的对立范畴"有"与"无"来说，也是如此。试问，"无"是"有"的否定，难道"无"就比"有"更加具体丰富复杂吗？实际上，所有对立范畴，如肯定与否定、祸福、好坏等等，都是并列关系而皆非抽象与具体、一般与个别关系。有与无等对立范畴尚且如此，更何况其他范畴？实际上，黑格尔哲学三段式推演体系中的绝大多数范畴，皆非抽象与具体、一般与个别关系。因此，黑格尔将否定之否定的三段式，作为哲学范畴由抽象到具体的推演方式，是不能成立的。

---

① 《马克思恩格斯选集》第 4 卷，人民出版社 1972 年版，第 213 页。

四、对立规律：对立面的斗争与平衡规律

否定之否定规律是对立面每方自身的变化规律：每方必然经过同对方斗争才能变成新的自身。那么，在对立面每方变化过程中，双方相互间又遵循怎样的规律呢？在对立面每方遵循否定之否定规律变化过程中，双方相互间则遵循"对立面的斗争与平衡规律"。

1."对立面的斗争与平衡规律"与"对立统一规律"：概念分析

所谓"对立统一"，如所周知，具有两种不同含义。一种是指"对立统一"的概念定义，可以顾名思义，指两个对立面的关系。因为"对立"是指两个对立物、两个对立面；"统一"是指不同侧面联结为一个整体："对立统一"就是两个对立物既极端不同、互相排斥，而又互相依赖、互相联结地构成一个统一物。这是"对立统一"的概念定义。"对立统一"的另一种含义，则是指"对立统一规律"、"对立面的统一和斗争规律"：对立统一就是对立统一规律，也就是对立面的统一和斗争规律："对立统一规律"与"对立面的统一和斗争规律"是同一概念。

我们在前面关于"对立"的定义论述中，所说的"对立统一"是指两个对立面既互相排斥又互相依赖而构成一个统一物。这是对立的定义：对立就是互相排斥又互相依赖的两极差别。现在我们所说的"对立统一"是指"对立统一规律"、"对立面的统一和斗争规律"：这是对立的规律。对立定义与对立规律虽然名称相同，都叫作"对立统一"；但是，二者根本不同：

一方面，"对立的斗争"与"对立面的互相反对、互相排斥、极端相反"的关系，根本不同：对立双方互相反对互相排斥，还不是一方克服另一方的斗争、冲突、争斗。另一方面，与对立的斗争相对而

言的对立的"统一",并非"统一"的本意,并非不同侧面联结为一整体的意思,因而与对立的斗争相对而言的对立的统一,与对立面的互相依赖而构成一个整体的关系的那种"统一"是根本不同的:对立面的互相依存,还不是双方的平衡无斗争状态。一句话,"对立统一规律、对立面的统一和斗争规律",与"对立面互相排斥又互相依赖的对立统一关系"或对立的定义是根本不同的。

然而,根本不同的东西——对立的定义与对立规律——却用一个名称"对立统一"来称谓,势必导致混乱。因此,我们只用"对立统一"来称谓对立的定义("对立统一"仅仅是指两个对立面既互相排斥又互相依赖而构成一个统一物)而不再用"对立统一"来称谓对立规律:对立统一规律或对立面的统一和斗争规律。换言之,我们不再将对立规律(亦即对立面相互间的发展变化规律)叫作"对立统一规律"或"对立面统一和斗争规律"。因为称之为"对立统一规律"或"对立面统一和斗争规律",不但导致与对立定义(两个对立面既互相排斥又互相依赖而构成一个统一物)相混淆,而且也不恰当:将对立面相互间的发展变化规律叫作"对立统一规律"或"对立面统一和斗争规律"是不恰当、不科学的。那么,应该称之为什么?应该称之为"对立面的斗争和平衡规律"。对立面自身发展变化的规律叫作"否定之否定规律";而对立面相互间发展变化规律则应该称之为"对立面的斗争和平衡规律"。可是,我们将"对立统一规律"或"对立面的统一和斗争规律"更名为"对立面的斗争与平衡规律"是否恰当、科学?答案是肯定的。

2. 对立面的斗争与平衡规律:基本内容

原来,对立双方互相排斥又互相依赖的本性,不但导致每方自身必然遵循否定之否定规律而发展变化,而且导致双方相互间必然遵循对立面的斗争与平衡规律而发展变化:

对立双方互相排斥又互相依赖的本性,使对立面双方变化过程中,当一方经过否定之否定变为新事物,而对方尚未变为相应的新事物时,双方便发生矛盾、冲突、斗争;矛盾、冲突、斗争的结果,必使对方变成相应的新事物,而导致双方的平衡、均衡、适应。双方的适应、均衡、平衡,经过一定时期,必然又因为一方变为新事物,而对方未变为相应的新事物,又发生双方新的矛盾、冲突。新的矛盾、冲突、斗争的结果,必然又导致双方新的平衡、均衡、适应。如此循环往复,以至无穷。

这就是对立面的斗争与平衡规律,亦即当代马克思主义哲学家所谓"对立面的统一和斗争规律"或"对立统一规律"。巴甫洛夫在论述"放射率与集中率"对立面的发展变化规律时,曾十分精辟地揭示了放射与集中的对立面的斗争与平衡规律:"很显然,这些规律就本质言是对立的,在第一种场合,我们考察的是反应的泛滥,而在第二种场合,我们所考察的则是其在个别点上的集中。"[1]"因此,便可想象出两种对立过程之间的某些斗争,这些斗争照例以它们之间的某种均衡、某种平衡而结束的。"[2]

然而,真正讲来,科学系统地揭示对立面的斗争与平衡规律者,实乃马克思也!他在《〈政治经济学批判〉序言》中,论述了他所发现的生产力与生产关系、经济基础与上层建筑等对立面的斗争与平衡规律。他十分看重他的这一发现而称之为"我所得到的,并且一经得到就用于指导我的研究工作的总结果":

"我所得到的,并且一经得到就用于指导我的研究工作的总结果,可以简要地表述如下:人们在自己生活的社会生产中发生一定的、必然的、不以他们的意志为转移的关系,即同他们的物质生产力的一定

---

[1] 《巴甫洛夫全集》第三卷第一册,人民卫生出版社1959年版,第204页。
[2] 《巴甫洛夫全集》第三卷第一册,人民卫生出版社1959年版,第204页。

发展阶段相适合的生产关系。这些生产关系的总和构成社会的经济结构,即有法律的和政治的上层建筑竖立其上并有一定的社会意识形式与之相适应的现实基础。物质生活的生产方式制约着整个社会生活政治生活和精神生活的过程。不是人们的意识决定人们的存在,相反,是人们的社会存在决定人们的意识。社会的物质生产力发展到一定阶段,便同它们一直在其中运动的现存生产关系或财产关系(这只是生产关系的法律用语)发生矛盾。于是这些关系便由生产力的发展形式变成生产力的桎梏。那时社会革命的时代就到来了。随着经济基础的变更,全部庞大的上层建筑也或慢或快地发生变革。在考察这些变革时,必须时刻把下面两者区别开来:一种是生产的经济条件方面所发生的物质的、可以用自然科学的精确性指明的变革,一种是人们借以意识到这个冲突并力求把它克服的那些法律的、政治的、宗教的、艺术的或哲学的,简言之,意识形态的形式。我们判断一个人不能以他对自己的看法为根据,同样,我们判断这样一个变革时代也不能以它的意识为根据;相反,这个意识必须从物质生活的矛盾中,从社会生产力和生产关系之间的现存冲突中去解释。无论哪一个社会形态,在它所能容纳的全部生产力发挥出来以前,是决不会灭亡的;而新的更高的生产关系,在它的物质存在条件在旧社会的胎胞里成熟以前,是决不会出现的。"[1]

这就是马克思所发现的生产力与生产关系、经济基础与上层建筑等对立面的斗争与平衡规律。对于这一发现,显然可以提要而归结如下:

当生产力发展到一定阶段变成新生产力,便与未发生相应变化的旧生产关系发生矛盾、冲突、斗争;结果,或迟或早必然使原来的生产关系变革为相应的新生产关系,而导致生产关系与生产力的适应、

---

[1] 《马克思恩格斯选集》第2卷,人民出版社2012年版,第2—3页。

均衡、平衡。而一旦生产关系——即经济基础——变成新生产关系、新经济基础，便又与未发生相应变化的上层建筑发生矛盾、冲突、斗争。结果，又必然使原来的上层建筑变革为相应的新上层建筑，而导致上层建筑与经济基础的适应、均衡、平衡。但是，经过一定阶段，生产力又必然变成新的生产力、经济基础变成新经济基础，而又导致对立双方的新的斗争，新的斗争的结果，又导致新平衡。如此循环往复，以至无穷。

3. 对立面的斗争与平衡规律之根源

对立面的斗争与平衡规律表明，对立面相互间的"冲突、斗争"，和对立面的相互间的"平衡、均衡"，乃是有此无彼、有彼无此、此存彼亡、彼存此亡，而恰似日与夜一样无尽无休地互相更替着：冲突、斗争到一定时期，就让位给均衡、平衡、适应；适应、平衡一定时期又让位给冲突、斗争。因此，冲突和平衡都是暂时有条件的，都是相对的。那么，对立面相互间的冲突和平衡为什么都是相对有条件的？对立面相互间冲突和平衡的原因、根源、根据或本质是什么？

原来，在对立面的斗争与平衡规律中，对立双方相互间的相对的有条件的斗争与平衡，都只是对立双方的质的斗争和平衡，而不是量的斗争和平衡。对立面的质的相对有条件的斗争和平衡，不是别的，正是量的绝对永恒无条件斗争所造成的：对立双方量的绝对永恒无条件的斗争，是对立双方质的相对有条件的斗争和平衡的原因、根源、根据。

然而，究竟为什么，对立面的量的斗争是绝对永恒无条件的，而质的斗争和平衡是相对暂时有条件的？究竟为什么，对立面绝对的量的斗争，是对立面相对的质的斗争和平衡的原因呢？这是因为，如前所述，一事物的变化过程，就是被所变成的事物所克服的冲突、争斗过程，就是双方的斗争过程：变化过程与斗争过程是一回事。所以，如果对立面的变化是绝对的，那么对立面的斗争就是绝对的；如果对立面的变化是相对的，那么对立面的斗争就是相对的。

前此对于"质和量"范畴的研究表明，任何事物，不论是对立事物，还是非对立事物，源于永恒运动的量变都是绝对无条件的；而无条件的绝对量变，在一定限度内，保持事物的质的稳定不变，不使事物发生质变。但是，这种量变或迟或早必然要超过一定限度而造成质变：量变是绝对无条件的，而它所产生和决定的质的不变和变化，则都是相对有条件的。

这就是为什么，对立面的量变是绝对无条件的，而它所产生和决定的对立面的质变和质的稳定不变，则都是相对有条件的。因此，对立面的量的斗争也就是绝对永恒无条件的，对立面在量上不存在无斗争状态，亦即不存在均衡、平衡状态。对立面只有在质上才存在无斗争状态，才存在均衡、平衡状态；并且对立面的平衡和质的斗争一样，都是相对有条件的，因而平衡和质的斗争犹如日与夜一样，更替而无因果关系，二者同以对立面量的绝对无条件斗争为原因。举例说：

生产力和生产关系的量变，双方相互间在量上的斗争，乃是绝对永恒无条件的；当双方的量变及其斗争在生产力没有变成新质生产力的限度内，就保持着双方质的平衡、均衡、适应状态。但双方的量变及其斗争，或迟或早必然要使生产力变成新质生产力，那时，双方相互间就不再适应、均衡、平衡，而发生了质的冲突、斗争；斗争的结果，必然使生产关系变为相应的新生产关系，而又导致双方的平衡、均衡、适应状态。如此循环往复，以至无穷。

可见，对立面量的斗争，是绝对无条件的。这种绝对无条件的量的斗争，在一定时期内，就保持双方相互间的平衡、均衡、适应；而到了另一定时期，又消灭双方的平衡，而造成双方质的冲突、斗争。因此，对立双方的适应、平衡和质的冲突、斗争，都是相对有条件的，而犹如日与夜一样更替，却并无因果关系：二者都是绝对永恒无条件的量的斗争造成的。这就是对立面的斗争与平衡规律的根源、根据、本质。

对立面相互间量的斗争是绝对无条件的,而对立面相互间的平衡是相对有条件的:此乃辩证法之根本原理。列宁说:"对立的统一(一致、同一、均势),是有条件的、一时的、暂存的、相对的;互相排斥的对立的斗争则是绝对的,正如发展、运动是绝对的一样。"[①] 显然,列宁所说的对立的斗争,乃是指对立面量的斗争而不是质的斗争。对此,毛泽东曾有精彩解释:

"列宁这段话是什么意思呢?一切过程都有始有终,一切过程都转化为它们的对立物。一切过程的常住性是相对的,但是一种过程转化为他种过程的这种变动性则是绝对的。无论什么事物的运动,都采取两种状态:相对静止的状态和显著地变动的状态。两种状态的运动都是由事物内部包含的两个矛盾着的因素互相斗争所引起的。当着事物的运动在第一种状态的时候,它只有数量上的变化,没有性质的变化,所以显出好似静止的面貌。当着事物的运动在第二种状态的时候,它已由第一种状态中的数量的变化达到了某一个最高点,引起了统一物的分解,发生了性质变化,所以显出显著地变化的面貌。我们在日常生活中所看见的统一、团结、联合、调和、均势、僵局、静止、有常、平衡、凝聚、吸引等等,都是事物处在量变状态中所显现的面貌。而统一物的分解,团结、联合、调和、均势、相持、僵局、静止、有常、平衡、凝聚、吸引等等状态的破坏,变到相反的状态,便都是事物在质变状态中,在一种过程过渡到他种过程的变化中所显现的面貌。事物总是不断地由第一种状态转化为第二种状态,而矛盾的斗争则存在于两种状态中,并经过第二种状态而达到矛盾的解决。所以说,对立的统一是有条件的、暂时的、相对的,而对立的互相排除的斗争则是

[①] 《毛泽东选集》第1卷,人民出版社1991年版,第332页。

绝对的。"①

综上所述，对立双方量的绝对无条件的斗争，是对立双方质的相对有条件的斗争和平衡的原因、根源、根据，是"对立面斗争和平衡规律"的原因、根源、根据。因此，对立双方相互间（质）的冲突、斗争得到解决，而过渡到双方均衡、平衡的唯一之路，正是对立面绝对无条件的（量）斗争，而决不是通过双方的调和：双方量的绝对无条件的斗争达到一定程度，双方便发生质的激烈的冲突、斗争；而达到另一程度，双方便处于适应、均衡、平衡状态。这就是为什么，对于黑格尔力求调和对立双方的冲突、斗争，马克思这样写道：

"实际对立的尖锐性竟被认为是什么有害的东西，或认为需要尽可能地阻止这些对立的转变为极端的东西。其实，这种转变不是表示别的，一方面既是对立物的自我认识，另方面也是它们热衷于坚决的互相斗争。"②

4. 对立和对立面斗争：事物发生否定之否定的变化方式之根源

在当代主流马克思主义哲学家那里，对立面的斗争和平衡规律——亦即所谓"对立面的统一和斗争规律"或"对立统一规律"——的核心问题乃是：对立和对立面斗争是一切事物发展变化的源泉。苏联哲学教科书便这样写道：

"对立面的统一和斗争是这样一个规律，由于这个规律，一切事物、现象、过程内部都具有矛盾着的、斗争着的方面和倾向；对立面的斗争为发展提供内在的动因，引起矛盾的激化，而矛盾则在一定阶段上通过旧东西的消亡和新东西的产生得到解决。"③

---

① 《毛泽东选集》第 1 卷，人民出版社 1991 年版，第 333 页。
② 《马克思恩格斯全集》第 1 卷，1938 年俄文版，第 589 页。
③ 康斯坦丁诺夫主编：《马克思主义哲学原理》，人民出版社 1959 年版，第 289 页。

对立是一切事物发展变化源泉的观点源远流长，只不过被一些马克思主义哲学家称之为"对立统一规律"或"对立面的统一和斗争规律"罢了。据第欧根尼·拉尔修《名哲言行录·第九卷》记载，最早论及对立是一切事物发展变化源泉者，是赫拉克利特："他说一切都由对立而产生。"[①] 关于对立是一切事物发展变化源泉的理论，亚里士多德《物理学》和《形而上学》皆有大量论述。通过这些论述，他得出结论说：

"所有思想家都把对立作为本原，其中的有些人宣称万物是单一而且不被运动（巴门尼德也把热和冷作为本原，他称之为火与土），有些人则主张稀疏和稠密。还有德谟克里特断言的充实和虚空，他把前者称为存在，把后者称为非存在；此外，他也说到了位置、形状和次序，认为这些是对立的种；位置的朝上与向下、在前与在后，形状的角、直和曲。那么，所有这些人怎样把对立作为本原是很清楚的了。这是有道理的。"[②] "因为一切事物的变化都是从相反的一方到另一方，例如从热变成冷。"[③]

"如果这是真实的，那么，一切生成之物的生成以及一切消灭之物的消灭都或者源出于对立面或它们的居间者，或者变成为对立面或它们的居间者。居间者也是源出于对立双方的（例如，由白色和黑色所调制的各种颜色）。所以，由于自然而生成了的一切事物都应该或者是对立，或者是来源于对立。至此，大多数其他思想家在这个问题上的见解大体一致了，正如我们在前面说过的那样。因为他们全都断言对立是元素（被他们称之为本原）。"[④]

可见，依亚里士多德所见，所有思想家都认为对立是一切事物发

---

① 北京大学哲学系外国哲学史教研室编译：《古希腊罗马哲学》，商务印书馆2021年版，第16页。
② 苗力田主编：《亚里士多德全集》第二卷，中国人民大学出版社1991年版，第15页。
③ 苗力田主编：《亚里士多德全集》第二卷，中国人民大学出版社1991年版，第71页。
④ 苗力田主编：《亚里士多德全集》第二卷，中国人民大学出版社1991年版，第17页。

第九章 对立

展变化的本原,是一切事物发展变化的根源。因为所谓本原,也就是事物发展变化最初的根本的终极的原因、根源、源泉:"全部本原的共同之点就是存在或生成或认识由之开始之点。"[①] 那么,对立究竟是不是一切事物发展变化的本原、根源?对立和对立面的斗争是不是一切事物发展变化的本原、根源?答案是否定的。不是别的,正是否定之否定规律,颠覆了对立和对立的斗争是事物发展变化源泉的观点。

因为,否定之否定规律表明,事物之所以遵循否定之否定规律而变化,完全是因为事物的对立属性,即互相依赖又互相排斥的属性。事物互相排斥而又互相依赖、失去一方他方就不能存在的性质,便使每方事物的变化都与对方有必然联系,每方的变化必然是向对立面的变化及其与对立面的斗争,每方只有经过向对方变化或同对方斗争,才能变成新的自身。一句话,对立(即互相排斥又互相依赖属性)使事物在变化过程中,遵循着"每方必然经过向其对立面变化、斗争,复由其对立面而变成新的自身"的否定之否定的变化形式和方向而变化着:对立产生和决定着事物变化的否定之否定的方向、形式,而不是产生和决定事物的变化本身。

反之,不是对立的事物,亦即不具有互相排斥又互相依赖的事物,如大象和茄子,则由于它们不具有互相依赖又互相排斥的"对立"性质,所以,每方的变化就与对方没有必然联系,每方并不是只有在同对方的变化、斗争中才能发生变化,每方并不是遵循"必然经过向对方的变化、斗争,复由向对方的变化、斗争而变成新自身"的否定之否定的变化形式、方向而变化着:不具有对立性质的事物仍然变化着,只不过不具有否定之否定的变化的形式、方向罢了。

可见,对立(即互相依赖又互相排斥属性)只是产生和决定对立

---

① 苗力田主编:《亚里士多德全集》第七卷,中国人民大学出版社1993年版,第110—111页。

事物的变化和斗争"必然是向对方的转化和斗争"这种否定之否定的变化和斗争的具体方向、形式;而并不产生和决定事物的变化和斗争本身。因此,对立只是事物变化和斗争的必向对方变化、斗争的(否定之否定)方向和形式的源泉、原因,却不是事物变化和斗争本身的源泉、原因。

这还有什么奇怪吗?难道非对立的事物,不也与对立事物同样变化吗?只不过,非对立事物相互间不必然存在斗争和转化、不必然具有否定之否定的形式和方向罢了。倘若只有对立才是事物变化的原因、源泉,那么,天地间就只有对立事物才变化着,而非对立事物、实体就统统是静止不变的了;说到底,倘若只有对立才是事物变化的原因、源泉,那就意味着:唯有属性才变化着而实体皆是静止不变的。因为实体,正如亚里士多德所言,皆无相反者而与其构成对立事物:

"实体的另一标志是它没有相反者。什么东西能成为第一实体(比如个别的人或动物)的相反者呢?没有。种和类也没有相反者。然而,这一特点并非实体所专有,而是对于其他许多事物都是真实的。……但同一实体……却容许有相反的性质。同一个人,有时候白,有时候黑,有时候温暖,有时候寒冷,在某一时间是好的,在另一时间是坏的。"[①]

这样一来,"对立是变化的源泉"的观点,便因其导致"唯有属性变化而实体皆静止不变"的荒谬结论而是不能成立的。那么,剩下来的问题是:对立的斗争是变化的源泉吗?否!对立的斗争更不是变化的源泉了。因为对立的斗争,也就是对立物一方被对方克服的冲突、争斗的过程,也就是一方变成对方或使对方自身发生变化的过程。因此,对立的斗争就是对立事物的变化过程:二者是同一回事。所以,断言对立面的斗争是事物的变化源泉,也就等于说,变化的过程是变

---

① 亚里士多德:《工具论》,人民出版社 2015 年版,第 16—17 页。

第九章　对立

化的源泉，也就等于说：变化是变化的源泉。这恐怕就是为什么列宁说，对立面的变化就是对立面的斗争："发展即对立面斗争。"①

对立和对立面的斗争，又怎么能是一切事物变化的源泉呢？哲学和自然科学的现代发展充分说明，一切事物无非物质及其属性，一切事物变化的原因乃是物质运动，而物质运动的原因是物质相互作用，物质相互作用的原因是物质的质量，亦即物质的多少及其组合；物质的多少及其组合的变化是一切事物变化的终极原因。这可以从两方面看：

一方面，一切物质运动都是物质位移。只不过，机械运动是宏观物质位移，遵循经典机械力学规律；非机械运动是微观物质位移，遵循量子力学规律。物质相对一定位置参考系的运动——特别是物质自身的振动——是永恒的。这种永恒运动，造成物质成分、数目及其空间排列的绝对变化。这种质量的绝对变化，在一定限度内，保持物质形态不变；超过该限度，便导致物质形态变化：物质运动是物质变化的原因；而物质变化则是一切事物变化的原因。

另一方面，物质运动的原因是物质相互作用，亦即所谓"力"："力"与"物质相互作用"是同一概念。米切奥说："所有可以移动物体的东西就是力。比如磁性是一种力，因为它能让指南针转动。电是一种力，因为它能让我们的头发直立起来。在过去的二千多年里，我们逐渐认识到四种基本力的存在：引力、电磁力（光），以及两种核力——弱力和强力。"② 诚哉斯言！力就是可以移动物体的东西，就是物质运动的原因：当物体所受的力不平衡时，物体就向力大的方向移动，就发生了运动；而当物体所受的力平衡时，物体就会静止不动。因此，力的平衡是静止的原因，力的不平衡是运动的原因。力是物质

---

① 《联共（布）党史学习纲要》，山西人民出版社1955年版，第45页。
② 米切奥·卡库、詹妮弗·汤普逊：《超越爱因斯坦》，吉林人民出版社2001年版，第6页。

相互作用，产生和决定于物质，说到底，产生和决定于质量[①]，亦即物质的多少及其组合：质量（亦即物质的多少及其组合）变化是一切事物变化的终极原因。

[①] 这就是为什么，万有引力定律表明，物质引力的大小决定于质量的大小："任何两个质点都存在通过其连心线方向上的相互吸引的力。该引力大小与它们质量的乘积成正比，与它们距离的平方成反比。"（《牛顿自然哲学著作选》，上海人民出版社 1974 年版，第 14 页）

第十章 矛盾

本章提要 矛盾与对立根本不同。笼统言之,矛盾是一个事物在变化时存在的是什么同时又不是什么的互相否定的属性;对立则是两个不论在变化时还是在不变时都互相排斥又互相依赖的相反事物。具体言之,首先,矛盾之为矛盾,只因为变化;对立之为对立,则与变化无关。矛盾是一事物自身具有的两种属性,而不是两个事物的相互关系;对立则是一对相反事物,是两个相反事物的相互关系。其次,矛盾的基本性质是一事物处于自身向他物过渡的中间状态;对立的基本性质则是两个事物互相排斥又互相依赖。最后,矛盾的规律是一个事物在变化过程中,是什么同时又不是什么,不是什么同时又是什么,也是什么也是非什么:是—否、否—是、亦此亦彼。对立的规律则主要是两个对立面在变化过程中,一方必然经过同对方斗争,然后又必然由同对方的斗争而回复为新的自身:否定之否定。

一、矛盾：概念分析

1. 矛盾概念：矛盾公式、矛盾逻辑与矛盾规律

"矛盾"一词,源于《韩非子·难一》:"楚人有鬻盾与矛者,誉之曰:'吾盾之坚,物莫能陷也。'又誉其矛曰:'吾矛之利,于物无不陷也。'或曰:'以子之矛陷子之盾,何如？'其人弗能应也。夫不可陷之盾与无不陷之矛,不可同世而立……矛盾之说也。"

可见，矛盾的词义是互相否定。西文矛盾一词 contradiction 亦是此意。那么，矛盾概念是否可以如此定义？答案是肯定的。矛盾是事物互相否定的属性：这就是矛盾的定义。互相否定的属性，显然是两种属性的关系。所以，事物互相否定的属性，也就是事物所包含的互相否定的两种属性。而事物包含的互相否定的两种属性，不言而喻，便是这样的两种属性，其中每一种属性都否定着对方：一方肯定什么，对方便否定什么；一方否定什么，对方便肯定什么。因此，所谓事物互相否定的属性，也就是事物的肯定同时又否定、否定同时又肯定的属性，也就是事物"是什么同时又不是什么、不是什么同时又是什么"的属性。更具体些说，事物互相否定的属性，也就是事物"是什么同时又不是什么、不是什么同时又是什么、也是什么同时也是非什么：是—否，否—是，亦此亦彼"。

这就是说，当事物处于"是—否，否—是，亦此亦彼"的时候，事物就存在互相否定的属性，就存在矛盾。"是—否，否—是，亦此亦彼"乃是矛盾的公式、矛盾的逻辑、矛盾的规律：此乃辩证法基本原理也！马克思恩格斯亦曾屡次按照"是—否，否—是，亦此亦彼"的规律，来衡量事物有无矛盾，而把矛盾看做是事物"是—否，否—是，亦此亦彼"属性。试举几例：

马克思说，事物的矛盾就在于"是转化为否，否转化为是。是同时成为是和否，否同时成为否和是"[1]。因此，矛盾的学说——亦即所谓辩证法——认为，现存事物是存在的同时又是不存在的："辩证法在对现存事物肯定的理解中同时包含着对现存事物的否定的理解，即对于现存事物的必然灭亡的理解。"[2]

马克思还指出，"货币—商品—货币"这个直接在流通领域内表

---

[1] 《马克思恩格斯选集》第1卷，人民出版社1995年版，第107页。
[2] 《马克思恩格斯选集》第2卷，人民出版社1972年版，第218页。

现出的资本总公式的矛盾，即资本产生的矛盾就在于："资本不能从流通中产生又不能不从流通中产生，它必须既在流通中又不在流通中产生。"①

恩格斯也一再说，运动的矛盾就在于：运动的"物体在同一瞬间既在一个地方，同时又在另一个地方，既在同一个地方又不在同一个地方"②。生物的矛盾就在于："生物在每一瞬间是它自身同时又是别的东西。"③生命、蛋白体的存在方式的矛盾就在于："蛋白体在每一瞬间既是它自身同时又是别的东西。"④

恩格斯说，高等数学主要矛盾就在于，一方面，直线是直线同时又是曲线；另一方面，相交的线不是平行线同时又是平行线："高等数学的主要基础之一是这样一个矛盾：在一定条件下，直线和曲线应当是一回事。高等数学还有另一个矛盾：在我们眼前相交的线，只要离开交点五六厘米，就应当认为是平行的，即使无限延长也不会相交。"⑤

恩格斯说，初等数学也充满矛盾，如根不是幂同时又是幂、负数不是某数的平方根同时又是某数的平方根："就连初等数学也充满着矛盾。例如，A 的根应当是 A 的幂，这就是矛盾，可是毕竟 A = A。负数应当是某数的平方，这也是矛盾，因为任何一个负数自乘就得出正的平方。"⑥

可见，在马克思恩格斯看来，事物存在矛盾、矛盾存在的规律，就在于"事物是什么同时又不是什么，不是什么同时又是什么，也是什么也是非什么：是一否、否一是、亦此亦彼"。黑格尔也把矛盾看做"事物是什么同时又不是什么"的属性：

---

① 马克思：《资本论》第 1 卷，人民出版社 2004 年版，第 188 页。
② 恩格斯：《反杜林论》，人民出版社 1970 年版，第 117 页。
③ 《马克思恩格斯选集》第 3 卷，人民出版社 1995 年版，第 160 页。
④ 《马克思恩格斯选集》第 3 卷，人民出版社 1972 年版，第 121 页。
⑤ 恩格斯：《反杜林论》，人民出版社 1970 年版，第 118—119 页。
⑥ 恩格斯：《反杜林论》，人民出版社 1970 年版，第 119 页。

"有限事物中所包含的矛盾,即所谓有限之物既是某物复是它的别物。"① "某物之所以运动,不仅因为它在这个'此刻'在这里,在那个'此刻'在那里,而且因为它在同一个'此刻'在这里又不在这里。因为它在同一个'这里'同时又有又非有。我们必须承认古代辩证论者所指出的运动中的矛盾,但不应由此得出结论说因此没有运动,而倒不如说运动就是实有的矛盾本身。"② 他还举例说,星球运动的矛盾就在于:"在星球的运动里,一个星球现刻在此处,但它本身又有在另一处的可能,它凭借运动使之又存在于另处。"③

2. 矛盾概念:无矛盾公式、无矛盾逻辑、无矛盾规律

《汉书·艺文志》曰:"仁之与义,敬之与和,相反而皆相成也。"诚哉斯言!有矛盾律,就有无矛盾律:相反而相成也!何谓无矛盾律?"事物是什么,同时不能又不是什么;不是什么,同时不能又是什么;或者是什么或者是非什么:是一是、否一否、非此即彼",这便是无矛盾公式、无矛盾逻辑、无矛盾规律:当着事物处于"是一是、否一否、非此即彼"之时,事物也就不存在肯定同时又否定的属性,就不存在互相否定的属性,就不存在矛盾。

"是一是、否一否、非此即彼"之"无矛盾律"的真正发现者和系统阐述者,无疑是亚里士多德,他称之为"所有本原中最确实的本原"、"一切其他公理的本原":

"同一种东西不可能在同一方面既依存于又不依存于同一事物(所有可能的其他限制都应加上,以防备逻辑上的困难),它即是所有本原之中最为确实的一个,因为它具备了先前说过的规定。因为任何人都不可能主张同一事物存在又不存在,就如有些人认为赫拉克利特说

---

① 《黑格尔论矛盾》,商务印书馆1963年版,第161页。
② 黑格尔:《逻辑学》下卷,商务印书馆2017年版,第66—67页。
③ 《黑格尔论矛盾》,商务印书馆1963年版,第161页。

过一样，因为一个人说什么，并不必然就主张什么。假如相反的东西不可能同时依存于同一事物（通常的限制仍须加在这一命题中），一种意见与另一种意见相对立就是与它相反，很明显同一个人不可能主张同一事物同时存在又不存在；因为犯这种错误的人就会同时具有彼此相反的意见。因此，所有进行证明的人都把它作为一个可以追溯到的最终论断，因为它本性上就是一切其他公理的本原。"①

"假如所有相矛盾的表述在同一时间里对同一事物为真，明显地一切事物都将是一。如果说对于全部事物都允许肯定什么又否定什么，那样一来同一事物便会既是一艘三桨船又是一堵墙，又是一个人，正如对于宣扬普罗泰戈拉理论的人来说这是必然的结论一样。倘若有人认为人不是三桨船，显然他就不是一艘三桨船，可是只要矛盾的表述为真，他就要是一艘三桨船。"②

如果说"是—否、否—是、亦此亦彼"之为矛盾规律，直到黑格尔、马克思才得到学界承认，那么，"是—是、否—否、非此即彼"之为无矛盾律得到学界承认，则早得多：它早在亚里士多德时代就已成为公理，尔后被历代学者名之为"逻辑规律"，亦即今日学界所谓"形式逻辑规律"："是—是"（A 是 A）叫作"同一律"；"否—否"（A 不是非 A）叫作"矛盾律"；"非此即彼"（或者 A 或者非 A）叫作"排中律"。饶有趣味的是，罗蒙诺索夫曾将同一律作为他的"数学化学的元素"第三原理："同一个事物等于它自身"③；又将矛盾律作为他的"数学化学的元素"第一原理："同一个事物不可能同时是又同时不是该事物。"④

---

① 苗力田主编：《亚里士多德全集》第七卷，中国人民大学出版社 1993 年版，第 90—91 页。
② 苗力田主编：《亚里士多德全集》第七卷，中国人民大学出版社 1993 年版，第 95 页。
③ 北京大学哲学系外国哲学史教研室编译：《十八—十九世纪俄国哲学》，商务印书馆 1987 年版，第 7 页。
④ 北京大学哲学系外国哲学史教研室编译：《十八—十九世纪俄国哲学》，商务印书馆 1987 年版，第 6 页。

二、矛盾根源

1. 变化：矛盾的根源、性质和规律

事物为什么存在着"是—否、否—是、亦此亦彼"的互相否定属性而存在矛盾呢？反之，事物为什么又"是—是、否—否、非此即彼"而不存在互相否定属性、不存在矛盾呢？此乃变化和不变之故也：变化是矛盾根源；不变是无矛盾根源。

因为，如前所述，变化就是事物自身与自身不再相同，就是事物离开自己而向非自身的他事物的过渡。所以，正在变化着的事物，在不同的时间便是不同的事物，而在同一时间则处于自身和他事物的中间状态。这样，变化着的事物是自身还是他事物，就不存在界限和区别，因而便"是自己同时又不是自己，而是他事物；不是自己而是他事物，同时又是自己，也是自己同时也是他事物"，事物便互相否定而存在矛盾：变化是矛盾的原因。举例说：

运动的物体由一地方向另一地方的移动变化，就使运动的物体在不同时间处在不同地方，而在同一时间则处在一地方和另一地方的中间状态。这样，运动的物体，在一地方还是另一地方，就不存在界限和区别：运动的物体在原地方，同时又不在原地方而在另一地方；不在原地方而在另一地方，同时又在原地方；也在原地方同时也在另一地方：物体的位置变化就这样使运动物体存在互相否定属性、存在矛盾。

生物的变化，就使生物离开生物而向非生物过渡，就使生物在同一时间处于生物和非生物的中间状态。这样，生物和非生物在同一时间就不存在界限和区别，因而"生物便是生物，同时又不是生物而是非生物；不是生物同时又是生物，而不是非生物；也是生物同时也是非生物"：生物的变化就是这样使生物存在互相否定的属性、存在矛盾。

第十章　矛盾

在猿向人进化的历史上，曾使猿离开猿而向人过渡，使猿在同一时间处于猿和人的中间状态。这样，猿和人在同一时间就不存在界限和区别，因而"猿便是猿，同时又是人而不是猿；不是猿同时又是猿，而不是人；也是猿同时也是人"：猿的变化就是这样使猿存在互相否定的属性、存在矛盾。

可见，事物的变化，使事物处在自身与非自身的中间状态，因而事物便是自身同时又不是自身：矛盾就这样产生了！变化就是这样产生了矛盾！关于变化使事物处于自身和他物中间状态从而亦此亦彼产生矛盾的过程，恩格斯在《自然辩证法》中曾有深刻论述：

"绝对分明的界限是和进化论不两立的。……一切差别都在中间阶段中融合，一切对立的东西都经过中间环节而互相过渡；……辩证法不知道什么绝对分明的界限，不知道什么无条件的普遍有效的非此即彼，它使固定的形而上学的差异互相过渡，除了'非此即彼'又在适当的地方承认'亦此亦彼'，并且把对立的东西调和起来。"[①]

可见，事物"是—否、否—是、亦此亦彼"的矛盾规律，完全建筑在事物处于自身与他物的中间状态基础上；变化正是通过使事物处于自身与他事物的中间状态，而产生矛盾规律、产生矛盾的。这样一来，变化产生矛盾的全部过程，便可以归结为一个三段式：

一物的变化→该物处于向他物过渡的中间状态→是—否、否—是、亦此亦彼
　　（变化）→　　　　（中间状态）　　→　　　　（矛盾）

这个三段式表明：变化是矛盾的本质、根源；一物处于自身向他物过渡的中间状态，是被变化所产生和决定的矛盾性质；是—否、否—是、亦此亦彼，是被矛盾本质和性质所产生和决定的矛盾规律。

[①] 恩格斯：《自然辩证法》，人民出版社1955年版，第175页。

2. 不变：无矛盾的原因、根源和本质

变化产生矛盾，是矛盾的根源，显然意味着：不变是无矛盾的根源。如果事物不是变化的而是不变的，那么，不变就是事物自身与自身相同，就是保持自身的稳定而不向他事物过渡。所以，不变的事物在不同时间，便是同一事物；而在同一时间，也就不能处于自身向他事物过渡的中间状态。这样，事物自身与他事物，便存在分明的界限和区别，因而事物是什么就是什么，同时不会不是什么；而不是什么，便不是什么，同时不会又是什么；或者是什么，或者是非什么：是一是、否一否、非此即彼：不变就这样使事物不存在互相否定属性，不存在矛盾。举例说：

静止的物体，不能由一地方向另一地方移动变化。所以，静止物体在不同时间便仍处于同一地方，而在同一时间便不能处在一地方和另一地方的中间状态。这样，静止物体的位置在一地方和另一地方便存在分明界限，因而静止的物体在一地方同时就不会不在该地方；不在一地方同时就不会又在该地方；或者在一地方，或者在另一地方：位置不变就这样使静止物体的位置不存在互相否定属性，不存在矛盾。

在生物处于质的稳定不变时，生物在不同时间便仍是生物，而在同一时间也就不能处在生物和非生物的中间状态。这样，生物和非生物之间便存在分明的界限和区别，因而一事物是生物同时便不会不是生物，不是生物同时便不会又是生物；或是生物，或是非生物：不变就这样使生物不存在互相否定属性，不存在矛盾。现在动物园里的猿，不存在亦猿亦人之矛盾。为什么？无非因其不再向人进化因而不复处于猿和人之中间状态罢了。

可见，事物的不变，使事物不能处在自身与非自身的中间状态，因而事物是自身同时不能又不是自身：事物的无矛盾属性就这样地被不变所产生和决定。所以，不变决定无矛盾的过程，可以归结为一个三段式：

一物静止不变→该物与他物界限分明→是—是、否—否、非此即彼
（不变）　　→　　（孤立隔离）　→　　　　（无矛盾）

这个三段式表明："不变"是无矛盾的根源、本质；"孤立隔离"是被不变所产生和决定的无矛盾之性质；"是—是、否—否、非此即彼"是被不变和孤立隔离所产生和决定的无矛盾之规律。

3. 恩格斯：变化是矛盾源泉与不变是无矛盾源泉

变化是矛盾的原因、不变是无矛盾的原因；事物"是—是、否—否、非此即彼"被不变所产生和决定；而事物"是—否、否—是、亦此亦彼"是被变化所产生和决定：此乃古希腊哲学家所发现而为恩格斯进一步阐述之伟大真理也！

恩格斯说："当我们通过思维来考察自然界或人类历史或我们自己的精神活动的时候，首先呈现在我们眼前的，是一幅由种种联系和相互作用无穷无尽地交织起来的画面，其中没有任何东西是不动的和不变的，而是一切都在运动、变化、生成和消逝。这种原始的、素朴的、但实质上正确的世界观是古希腊哲学的世界观，而且是由赫拉克利特最先明白地表述出来的：一切都存在而又不存在，因为一切都在流动，都在不断地变化，不断地生成和消逝。"[①]

这岂不说得明明白白：事物之所以存在同时又不存在，之所以是矛盾的，原因就在于事物的运动变化：变化是矛盾的原因。亚里士多德亦多次论及，赫拉克利特断言事物是什么同时又不是什么而存在矛盾的原因，就在于事物的运动变化：

"因为在动变中的事物无可为之作真实的叙述。他们（赫拉克利特）看到了自然界事物在动变中，就说：'既然没一刻没一角落不在

[①] 恩格斯：《反杜林论》，人民出版社2015年版，第19页。

动变，所以没一事物可得到确实的予以肯定。'就是这一信念发展成上面提及的理论，如那个闻名已久的赫拉克利特学派坷拉底鲁所执持的学说，可算其中最极端的代表。他认为事物既如此动变不已，瞬息已逝，吾人才一出言，便已事过境迁，失之幻消，所以，他最后凡意有所指，只能微扣手指，以示其纵迹而已。他评议赫拉克利特所云'人没有可能再度涉入同一条河流'一语说：'在我想来，就是涉足一次也未成功。'"

柏拉图《克拉底鲁》篇曾深究，赫拉克利特"在某一个地方说过：一切皆流，无物常住。他把万物比作一道川流，断言我们不能两次走下同一条河流，不能两次接触到一件变灭的东西"①。两次不能踏入同一条河流，意味着，一次既踏进又不能踏进同样的河流，因而出现矛盾："我们既踏进又不能踏进同样的河流；我们走向而又不走向同一条河流；我们存在而又不存在。"② 关于事物"存在同时又不存在的矛盾属性"是变化的必然结果，柏拉图在《泰阿泰德》中借助苏格拉底和德奥多里的问答，叙述得更为清晰：

"苏：倘性质不居，则流动中的白物不居于白，白转为他色，色色流转，永不留住；如此是否能言此物之色，确指不讹？

"德：焉能，苏格拉底？任何此等事物，将何以名之，倘转喉之间，其物已逝，在流动中已成明日黄花？

"苏：万物在流动中，则可说其物是如此，也可说其物不如此。"③

恩格斯不但充分肯定赫拉克利特等古希腊哲学家关于"事物是什么同时又不是什么而出现矛盾之原因，乃在于运动变化"的辩证法原理，而且进而指出，"事物是什么同时不能不是什么"的无矛盾之原因，乃在于静止不变；这种与古希腊哲学家"变化产生矛盾"的辩证

---

① 北京大学哲学系外国哲学史教研室编译：《古希腊罗马哲学》，生活·读书·新知三联书店1957年版，第17页。
② 北京大学哲学系外国哲学史教研室编译：《古希腊罗马哲学》，生活·读书·新知三联书店1957年版，第17页。
③ 严群：《严群哲学译文集》，商务印书馆2016年版，第83页。

法原理相反的"不变产生无矛盾"原理，源于 15 世纪以来自然科学的考察方式，并被培根和洛克移植到哲学中，成为黑格尔所谓"形而上学"世界观：

"真正的自然科学只是从 15 世纪下半叶才开始，从这时起它就获得了日益迅速的进展。把自然界分解为各个部分，把各种自然过程和自然对象分成一定的门类。对有机体的内部按其多种多样的解剖形态进行研究，这是最近 400 年来在认识自然界方面获得巨大进展的基本条件。但是，这种做法也给我们留下了一种习惯：把各种自然物和自然过程孤立起来，撇开宏大的总的联系去进行考察，因此，就不是从运动的状态，而是从静止的状态去考察；不是把它们看做本质上变化的东西，而是看做固定不变的东西；不是从活的状态，而是从死的状态去考察。这种考察方式被培根和洛克从自然科学中移植到哲学中以后，就造成了最近几个世纪所特有的局限性，即形而上学的思维方式。

"在形而上学者看来，事物及其在思想上的反映即概念，是孤立的、应当逐个地和分别地加以考察的、固定的、僵硬的、一成不变的研究对象。他们在绝对不相容的对立中思维；他们的说法是：'是就是，不是就不是；除此以外都是鬼话。'在他们看来，一个事物要么存在，要么就不存在；同样，一个事物不能同时是自身又是别的东西。正和负是绝对互相排斥的；原因和结果也同样是处于僵硬的相互对立中。初看起来，这种思维方式对我们来说似乎是极为可信的，因为它是合乎所谓常识的。然而，常识在日常应用的范围内虽然是极可尊敬的东西，但它一跨入广阔的研究领域，就会碰到极为惊人的变故。形而上学的考察方式，虽然在相当广泛的、各依对象性质而大小不同的领域中是合理的，甚至必要的，可是它每一次迟早都要达到一个界限，一超过这个界限，它就会变成片面的、狭隘的、抽象的，并且陷入无法解决的矛盾，因为它看到一个一个的事物，忘记它们互相间的联系；看到它们的存在，忘记它们的生成和消逝；看到它们的静止，忘记它们的运动;因为它只见树木,不见森林。"①

恩格斯此见,真乃"放之四海而皆准,行之万世而不悖"之永恒真理也!不但辩证法是真理,所谓"形而上学"也是真理;不但辩证法所揭示的"运动变化是矛盾原因"是真理,而且"形而上学"所显示的"静止不变是无矛盾原因"也是真理。只不过,辩证法是更为深刻、高级和广阔领域的真理,因而有所谓"形而上学是初等数学而辩证法是高等数学"之说。所以,恩格斯一再强调:

"当我们把事物看成是静止而没有生命的、各自独立相互并列或先后相继的时候,我们在事物中确实碰不到任何矛盾。我们在这里看到某些特性,这些特性,一部分是共同的,一部分是相异的,甚至是相互矛盾的,但是在这种情况下,是分布在不同事物之中的,所以它们内部并不包含矛盾。如果限于这样的考察范围,我们用通常的形而上学的思维方式也就行了。但是一当我们从事物的运动、变化、生命和相互作用方面去考察事物时,情形就完全不同了。在这里我们立刻陷入了矛盾。运动本身就是矛盾:甚至简单的机械位移之所以能够实现,也只是因为事物在同一瞬间既在一个地方又在另一个地方,既在同一个地方又不在同一个地方。这种矛盾的连续产生和同时解决正好就是运动。"②

综上可知,变化是矛盾原因,不变是无矛盾原因;事物处于"是—是、否—否、非此即彼"无矛盾状态,是被不变所产生和决定;而事物处于"是—否、否—是、亦此亦彼"的矛盾状态,则为事物变化所产生和决定。对此,普列汉诺夫亦有精湛论述。他在恩格斯《费尔巴哈与德国古典哲学的终结》的俄文本序言中便这样写道:

"对于某物具有某种属性每一个这样问题,应当回答是与否。这是无庸置疑的。但是,当某物正在变化时,当它已经丧失或刚刚获得某

---

① 恩格斯:《反杜林论》,人民出版社 2015 年版,第 20—21 页。
② 《马克思恩格斯选集》第 3 卷,人民出版社 1995 年版,第 462 页。

种属性时，应当怎样回答呢？不言而喻，在这种情况下，也应当有确定的回答。不过，只有遵着'是—否、否—是'这一公式，才能得到确定的回答。如果按照宇伯威格所推荐的'或是或否'这种公式，这一问题就不能得到答复……古代爱非斯派有一位思想家说：'一切都在流动，一切都在变化。'我们叫做物的那些结合体经常（或快或慢）都在变化着。既然现存的结合体仍然是现存的结合体，那么我们就应当按照'是—是、否—否'这一公式来判断。但是，由于它们都在变化，并且它们不再像从前那样存在着；那么，我们就应当求助于矛盾逻辑；不管伯恩斯坦先生、H·F先生以及其他形而上学的同僚们对我们如何不满，我们还是要说：'也是也否，也存在也不存在。'"①

4. 黑格尔的二律背反：变化是矛盾源泉和矛盾是变化源泉

黑格尔《逻辑学》一开篇，在"有、无、变"三范畴的论述中，便揭示了变化使事物处于向他物过渡的中间状态，因而使事物是自身同时又是他物：变化产生矛盾。他这样写道：

"变包含着，无不仍然是无，而过渡到它的他物，过渡到有。"②"变是有的持续存在，又是非有的持续存在。"③"有与无是统一的不可分的环节，而这统一又与有、无本身不同，所以对有、无说来，它是一个第三者，这个第三者最特征的形式，就是变。过渡与变是同一的；只是由此过渡到彼的有、无两者。"④"有过渡到无，无过渡到有，是变易的原则。"⑤"凡变化之物即是别物，它将成为别物之别物。"⑥

---

① 《普列汉诺夫哲学著作选集》第3卷，生活·读书·新知三联书店1962年版，第84页。
② 黑格尔：《逻辑学》上卷，商务印书馆1977年版，第72页。
③ 黑格尔：《逻辑学》上卷，商务印书馆1977年版，第82页。
④ 黑格尔：《逻辑学》上卷，商务印书馆1977年版，第83页。
⑤ 黑格尔：《小逻辑》，商务印书馆1981年版，第198页。
⑥ 黑格尔：《小逻辑》，商务印书馆1981年版，第209页。

这种"变化使事物处于相互过渡的中间状态从而出现矛盾"的过程，在黑格尔看来，就是辩证法基本原理："我们所谓的辩证法，却是更高级的理性运动。在这个运动中，好像是绝对分离的东西，通过自身，通过它们是什么，相互过渡了。那个彼此分离的前提，也自身扬弃了。存在与不存在自身辩证的、内在的本性，就是把它们统一起来的'变'，表现为它们的真理。"[①] 黑格尔还进而以高等数学无限小量概念之辩证法为例，说明一切事物皆因变化而处于"有与无之间的中间状态"，因而出现"是什么同时又不是什么"的矛盾：

"知性反对高等数学分析中无限小量的概念所用的同样的辩证法……这些量是这样规定的，即是在消灭中；不在消灭以前，因为那样它们就是有限的量了；也不在消灭以后，因为那样，它们就没有了。这个纯概念经常遭到反复的责难，说这样的量要么是某物，要么是无；在有与非有之间是没有中间状态的。——这里同样假定了有与无的绝对分离。但反过来也正说明了有与无是同一的，或者用那样的语言来说，没有什么东西不是在有与无之间的中间状态。数学的辉煌成就，必须归功于接受了那种与知性矛盾的规定。"[②]

黑格尔的这些论述显然可以归结为：一方面，运动变化就是事物由存在向不存在、不存在向存在的过渡，就是事物向他物的过渡，因而也就使事物处于存在和不存在、自身与他物的中间状态。另一方面，事物既然处于存在与不存在、自身与他物的中间状态，那么，事物也就存在同时也不存在，是自身同时也是他物，即事物是存在矛盾的。合而言之，变化是产生矛盾的原因。因此，黑格尔说：

"一切有限事物皆免不了变化……某物成为一别物，而别物自身又是一某物，这某物自身同样又起变化，如此递进，以至无穷……这种无穷进展只是停留在说出有限事物所包含的矛盾，即有限之物既是

---

① 黑格尔：《逻辑学》上册，商务印书馆 2017 年版，第 79—80 页。
② 黑格尔：《逻辑学》上册，商务印书馆 1977 年版，第 95—96 页。

某物，又是它的别物。"①

难道还有比这更深刻的关于"变化使事物处于向他物过渡的中间状态，因而使事物是自身同时又是他物"——变化产生矛盾——的论述吗？然而，黑格尔强调指出，自古以来，思想家们大都否定矛盾的客观存在，而认为矛盾不过是存在于主观思维领域之谬误："这是自古以来的逻辑和普通的观念的根本成见之一。"②于是，黑格尔奋起为"矛盾"正名，以至本末倒置，竟然断言矛盾是运动变化的源泉，而运动变化反倒是矛盾的产物和表现：

"矛盾不单纯被认为仅仅是在这里、那里出现的不正常现象，而且是在其本质规定中的否定物，是一切自己运动的根本，而自己运动不过就是矛盾的表现。外在的感性运动本身是矛盾的直接实有。某物之所以运动，不仅因为它在这个'此刻'在这里，在那个'此刻'在那里，而且因为它在同一个'此刻'在这里又不在这里。因为它在同一个'这里'同时又有又非有。"③"矛盾则是一切运动和生命力的根源，事物只因为自身具有矛盾，它才会运动，才具有动力和活动。"④"矛盾是推动整个世界的原则。"⑤

这就是黑格尔的二律背反：一方面，在"有、无、变"等具体论述中，他认为变化产生矛盾；另一方面，在弘扬矛盾原理以反驳否定矛盾客观存在的所谓"形而上学"时，则断言矛盾是变化的源泉。这原本不足为怪。难道科学史上重大理论发现——尤其是当相反的理论盛行之时——被发现者吹得过火的事情还少吗？

但是，在矛盾已经得到普遍承认的现代哲学界，哲学家们却仍然在那里大吹特吹矛盾是运动源泉，以至竟把"矛盾是运动的源泉"作

---

① 黑格尔：《小逻辑》，商务印书馆1981年版，第206—207页。
② 黑格尔：《逻辑学》下卷，商务印书馆2017年版，第66页。
③ 黑格尔：《逻辑学》下卷，商务印书馆2017年版，第66—67页。
④ 黑格尔：《逻辑学》下卷，商务印书馆2017年版，第66页。
⑤ 黑格尔：《小逻辑》，商务印书馆1981年版，第258页。

为"对立面的统一和斗争规律"——亦即"对立统一规律"——之核心！苏联哲学教科书便这样写道：

"对立面的统一和斗争是这样一个规律，由于这个规律，一切事物、现象、过程内部都具有矛盾着的、斗争着的方面和倾向；对立面的斗争为发展提供内在的动因，引起矛盾的激化，而矛盾则在一定阶段上通过旧东西的消亡和新东西的产生得到解决。"①

这是一种双重谬误！因为，一方面，矛盾双方的斗争，也就是矛盾一方被对方克服的冲突争斗的过程，也就是一方变成对方的过程：矛盾的斗争就是变化过程，二者是同一过程，同一回事。所以，说矛盾的斗争是变化的源泉，就等于说变化过程是变化的源泉、变化是变化的源泉：岂非同义语反复？

另一方面，哲学家们把矛盾和对立等同起来。他们所说的矛盾，实际上并不都是矛盾，而更主要的却是对立。所以，他们所说的矛盾和矛盾斗争是变化的源泉，实际上乃是说：对立和对立面的斗争是事物变化的源泉。然而，对立和对立面的斗争并不是事物变化的源泉。因为，如上所述，我们关于"对立和对立面斗争在事物发展变化中的作用"之研究表明：

对立双方互相排斥而又互相依赖的本性，使每方事物的变化都与对方有必然联系，每方的变化必然是向对立面的变化及其与对立面的斗争，每方只有经过向对方变化或同对方斗争，才能变成新的自身。一句话，对立和对立面的斗争，只是使事物在变化过程中，遵循着"每方必然经过向其对立面变化、斗争，复由其对立面而变成新的自身"的否定之否定的变化形式和方向而变化着：对立和对立面的斗争产生和决定着事物变化的否定之否定的方向、形式，而不是产生和决定事物的变化本身。因此，对立和对立面的斗争并不是事物变化的源

---

① 康斯坦丁诺夫主编：《马克思主义哲学原理》，人民出版社1959年版，第289页。

泉，而仅仅是事物变化的否定之否定的方向、形式之源泉。

总而言之，当代哲学家并没有"发展"黑格尔。相反地，他们抛弃了黑格尔关于"变化产生矛盾"的正确的具体论述，而拾起黑格尔的"矛盾产生变化"的错误结论，并为了解释矛盾产生变化的这一个头脚倒置的谬误，便把"矛盾"与"对立"混为一谈，企图用对立及对立面的斗争来解释矛盾产生变化，结果是一错再错。其实也不能不如此。谁又能解释得了矛盾是怎样产生变化的？谁也解释不了！把矛盾说成是运动变化的源泉，也就是把矛盾推上了神秘的殿堂，使矛盾变得深奥高妙不可理解了。矛盾产生变化，实在是一场无法思议的迷梦！但是，如果把"矛盾产生变化"再颠倒过来，那么矛盾是个什么东西，它怎样为变化所产生的过程就昭然若揭了：

事物向他物变化就使事物在同一时间处在向他物过渡的中间状态，因而事物是自身同时又是他物：矛盾就这样产生了！

难道还有比这更明白的吗？真理像"哥伦布的鸡蛋"一样简单，就连矛盾这个炸破了多少人头颅的思辨的奥秘之结，一旦说穿也不例外。所以，我们应该把黑格尔关于"矛盾产生变化"的颠倒了的结论再颠倒过来，而使之与他关于"变化产生矛盾"的具体论述相一致：因为事物变化，所以事物才是矛盾的；变化是孕育矛盾之母，矛盾是变化的产儿；矛盾是事物前进的结果，是事物生命力的表现！

5. 变化是矛盾原因：必须以同一关系为前提

"变化是矛盾原因和不变是无矛盾原因"表明，哪里有变化，哪里就有矛盾，矛盾存在于一切事物变化过程中，又贯穿于一切事物变化过程的始终："矛盾存在于一切事物发展过程中；矛盾贯穿于每一事物发展过程的始终。"[①] 因此，一方面，一切事物变化都是矛盾转化，都是

---

① 《毛泽东选集》第 1 卷，人民出版社 1991 年版，第 308 页。

矛盾一方（即事物自身）向另一方（即非自身）的变化，都是矛盾一方被另一方克服的冲突、斗争，都是矛盾双方的斗争；另一方面，一切矛盾也都正在进行着矛盾一方向另一方的变化，正在进行矛盾一方被另一方克服的冲突、争斗，都正在进行矛盾双方的斗争。

不但此也！根据"变化是事物具有互相否定属性的原因，是矛盾的原因；不变是事物不具有互相否定属性而无矛盾的原因"，还可以得出另一个更为重要的结论，那就是："事物是一否、否一是、亦此亦彼"之为事物互相否定的属性而出现矛盾，必须以同一关系为前提。因为只有在同一关系中，事物是什么同时又不是什么，才是因为事物自身处于向他物变化的中间状态而造成的，因而事物是什么同时又不是什么，才互相否定而构成矛盾。

反之，在不同关系中，事物是什么同时不是什么，则只是事物的外部关系发生了变化，而事物自身却没有变化，没有向他物变化和处于向他物变化的中间状态。因此，在不同关系中，事物是什么同时又不是什么，就不是由于事物向他物变化所导致的中间状态造成的，而只是事物相对不同关系而具有的外部相对性，因而并不互相否定，并不构成矛盾。举例说：

张三对老张来说是儿子，对小张来说同时又不是儿子，而是父亲。这并不是因为张三自身发生了变化，并不是由于张三儿子的属性正在向父亲的属性变化着，以致张三处于儿子与父亲的中间状态，因而才是儿子同时又是父亲。相反地，张三是父亲同时又是儿子，正是在张三本身不变的前提下，由于张三相对不同对象——小张和老张——而具有的并不互相否定的外部相对性、外部关系：张三相对小张是父亲，并不否定相对老张是儿子。张三是父亲同时又不是父亲而是儿子，并不互相否定，因而并不构成矛盾。

以此类推，我面对着一棵树，可是一转身，我面对的又不是一棵树。下雨对于庄稼生长来说是好事，但对出行旅游来说又是坏事。如此等等，都是在不同关系中——而不是在同一关系中——才出现的是什么同时又不是什么，因而并不互相否定，并非矛盾；而不过是相对不同关系而具有的根本无关、互不妨碍的外部相对性、外部关系罢了。

可见，只有在同一关系中，事物是什么同时又不是什么，才互相否定而构成矛盾。因此，事物"是—否、否—是、亦此亦彼"之为矛盾规律，必须以同一关系为前提。这就是为什么，黑格尔说事物"之所以包含矛盾是因为它们在同一情况下的关系是互相否定"[①]的缘故，这就是为什么，否认矛盾客观存在的亚里士多德一再强调："同一事物同时可以是存在也可以是不存在，但不是就同一方面而言。"[②]

三、矛盾基本属性

1. 矛盾由一物向他物变化的两事物构成

矛盾是事物所包含的互相否定的两种属性。这就是说，矛盾是一事物自身的属性，这种属性由两个事物构成：矛盾是一事物的属性；矛盾由两事物构成。不言而喻，只有互相否定的两个东西，才能构成一事物的两种互相否定属性，才能构成矛盾。那么，究竟是怎样的两种事物，才是互相否定的两种事物，才能构成矛盾？

一切事物，如前所述，可以分为同一与差别两类。显然，矛盾、互相否定的两种事物决不会由"两种"同一事物构成："两个"同一事物实际上还是一个事物，而矛盾（即互相否定的两种事物）却必须是两个事物，必须由两种事物才能构成。因此，构成矛盾、构成互相否定的两个事物，只能是差别，只能是两个差别事物。那么，又是怎样

---

① 《黑格尔论矛盾》，商务印书馆1963年版，第117页。
② 苗力田主编：《亚里士多德全集》第七卷，中国人民大学出版社1993年版，第100页。

的两个差别事物才能构成矛盾？

原来，如前所述，变化产生矛盾，是矛盾的原因，是事物包含互相否定的两种属性的原因。这意味着，哪里有变化，哪里就有互相否定。所以，互相否定的两个事物，也就是这样的两个事物，其中一事物正在向另一事物变化。因为当此物向彼物变化的时候，此物就"是此物同时又是彼物而不是此物"，"是彼物同时又是此物而不是彼物"：彼此互相否定！因此，如果一物向他物变化，那么，不管这两个事物是什么，这两个事物都一定互相否定而构成矛盾。这个原理不妨借用两个最不像矛盾的事物——大象与茄子——来说明：

当大象腐烂而正在变成茄子的时候，那么，大象是大象同时又是茄子而不是大象；是茄子同时又是大象而不是茄子。大象为什么是大象同时又不是大象呢？就是因为大象是茄子了！所以，大象是茄子就意味着不是大象。于是，大象便被茄子否定而不是大象。反之，茄子也被大象否定而不是茄子：大象与茄子互相否定而构成每方自身中的矛盾。

可见，矛盾、互相否定的两个事物，并不都是相反、对立的事物：谁能说大象和茄子是相反、对立事物呢？并非只有相反、对立事物，才能相互否定而构成矛盾；而是任何两个事物，只要一事物向他事物变化，那么，这两个事物就互相否定而成为矛盾。人和玫瑰花、石头和小草、高山和大海等等一切可以一方向他方变化的两个事物，都可以是互相否定的两个事物，都可以是矛盾。

这有什么奇怪吗？难道事物只有变为相反的对立的事物，才是对自己的否定？难道变为非相反、非对立的差别事物，就不是对自己的否定？难道白只有变成黑，才是白的否定；而变成灰，就不是对白的否定？显然不是的。只不过，变成相反、对立事物，是较显著的否定；而变成差别事物，是较不显著的否定罢了。

因此，不能把矛盾——亦即一事物自身所包含的互相否定的两种属性——仅仅看作肯定和否定（是—否、否—是）两种属性，从而把矛盾仅仅看成是对立。因为两种肯定的属性（亦此亦彼）也可以是矛盾，从而两种差别事物也可以是矛盾。事物"是自身同时又不是自身"这两种对立属性，与"是自身同时又是他物"这两种差别属性，都同样是两种互相否定属性，都同样是矛盾。只不过，"是自身同时又不是自身（是—否）"和"不是自身同时又是自身（否—是）"，这两种肯定和否定的对立属性，是直接的互相否定的两种属性，是直接矛盾；而"事物是自身同时又是他事物（亦此亦彼）"，这两种肯定的属性，则是间接相互否定的两种属性，是间接矛盾。

如果只注意"矛盾是事物的是自身同时又不是自身"的肯定和否定两种属性，仅仅注意矛盾是直接互相否定的两种属性，而漠视"矛盾还是事物是自身同时又是他物"的两种肯定的属性，漠视矛盾还是间接互相否定的两种属性；那么，就会把矛盾仅仅看成是对立事物、相反事物，把矛盾与对立等同起来，而看不见矛盾也是非对立差别事物。因为"是—否、否—是"是对立，如果矛盾仅仅在于此，那么矛盾就仅仅是对立了。反之，"亦此亦彼"的两种事物，则既可能是一种对立，又可能是一种差别（非对立）；如果把矛盾还看作"亦此亦彼"、"是自身又是他物"，那么，矛盾就不仅仅是对立，而且还可以是非对立差别，于是矛盾与对立就根本不是同一概念。

然而，矛盾与对立往往被当作同一概念。就连否认矛盾客观存在的亚里士多德，也难免将对立与矛盾混为一谈："对立是指矛盾，相关、短缺和具有、由之所出最终又回归于它的终极之物，例如生成和消灭。"[①] 黑格尔逻辑学范畴体系虽然有"同一—差别—对立—矛盾"的推演顺序，但是，实际上，对立与矛盾却被当作同一概念。细究起来，黑格尔和当代哲学家们将矛盾与对立等同起来的原因之一，就在

---

① 苗力田主编：《亚里士多德全集》第七卷，中国人民大学出版社1993年版，第124页。

于仅仅注意矛盾是事物是自身同时又不是自身的属性，而漠视矛盾是自身同时又是他物的属性，因而以为矛盾都是对立事物、矛盾与对立是同一概念，而抹煞了矛盾还是非相反非对立事物。

殊不知，不管两个事物如何杂多而非对立，只要它们是一物向他物变化的两个事物，那么它们就一定互相否定构成矛盾。不但矛盾并非都是对立，而还是差别；而且反过来说也同样正确：对立也并非都是矛盾，而还有非矛盾对立。因为，不管两个事物如何对立，只要静止不变，不是一方向对方变化，那么双方就不能互相否定，就不能成为矛盾，从而只是对立而已。

因为一切事物——对立事物当然也不能例外——都既可能正在变化又可能处于静止不变状态。变化则有矛盾，不变哪来矛盾？只有正在变化的对立事物，每方才处于向对方过渡的中间状态，因而每方才是自身同时又是对方：双方互相否定而成为每方自身中的矛盾。反之，不变的对立事物，每方在不同时间仍是原来事物，而在同一时间也就不能处于向对方过渡的中间状态，因而每方也就只是自身而同时不能是他物，双方不互相否定，不构成矛盾。举例说：

当可能向现实变化的时候，可能就处于可能和现实的中间状态，因而可能是可能，同时又是现实而不是可能；不是可能，同时也不是现实而是可能；也是可能也是现实。这样，可能就被现实否定而不是可能，现实就被可能否定而不是现实，于是可能和现实就互相否定，而成为可能自身（或现实自身）所包含的矛盾。

反之，当可能没有向现实变化的时候，可能就不会处在可能与现实的中间状态。因此，可能只是可能，而不是现实；现实只是现实，而不是可能：可能并不否定现实，现实也并不否定可能。可能与现实并不互相否定，因而并不能构成可能自身或现实自身的矛盾：双方只构成对立。

当好事向坏事变化的时候，好事就处于好事与坏事的中间状态。

因此，好事是好事，同时又是坏事而不是好事；不是好事，同时又不是坏事而是好事；也是好事也是坏事。这样，好事被坏事否定而不是好事，坏事被好事否定而不是坏事，于是好事和坏事就互相否定而构成每方自身中的矛盾。

反之，当好事不向坏事变化的时候，好事就不能处于好事与坏事中间状态。因此，好事只是好事而非坏事，坏事只是坏事而非好事：好事坏事并不互相否定，因而不能构成每方自身中的矛盾：双方只构成对立。

可见，只有正在变化的两个相反、对立事物，才互相否定构成每事物自身的矛盾；而不变的相反、对立事物，则不互相否定，因而不构成矛盾，而只是对立。这一原理适用于一切对立，即使"肯定和否定"、"是和否"这种对立也不例外。粗略地看，肯定和否定，是和否，还不总是互相否定吗？但经过仔细分析，就会明白，只有处在变化状态的"肯定和否定"才相矛盾；而不变状态的"肯定和否定"，就并非矛盾，而只是对立。因为当"肯定向否定"、"是向否"变化的时候，肯定才处于肯定与否定的中间状态，因而肯定是肯定同时又是否定。这样，肯定与否定才互相否定而成为每方自身中的矛盾。举例说：

"一个人是人"这种肯定属性，向"不是人"这种否定属性变化时，他才处于人与不是人中间状态，因而他就是人同时又不是人："是人"这种肯定属性与"不是人"这种否定属性，互相否定而成为他自身中的矛盾。

然而，当肯定没有向否定变化的时候，肯定就不处于肯定和否定中间状态，因而肯定是肯定，同时不能是否定：肯定与否定并不互相否定，并非矛盾而只是对立。试想，事物的量是绝对运动变化而质是相对静止不变的。如果从质——而不是量——上看，那么，"一个人是人"这种肯定属性，不会向"不是人"这种否定属性变化，他也就不会处于人与不是人中间状态，因而他就是人同时不能不是人："是

人"这种肯定属性与"不是人"这种否定属性,并不互相否定而成为他自身中的矛盾。再譬如:

张三对小张来说是父亲,对李四来说又不是父亲。这就是在张三本身处于不变化状态时,相对不同对象而具有的肯定(是父亲)与否定(不是父亲)属性。这种张三本身处于不变状态而具有的肯定和否定属性,就不互相否定而构成矛盾。因为张三本身是处于不变状态,而不是处于父亲向不是父亲变化状态中。所以,在同一关系中,张三并不处于是父亲与不是父亲的中间状态,因而张三在同一关系中,是父亲同时就不能不是父亲:是父亲与不是父亲并不互相否定,因而是父亲这种肯定属性与不是父亲这种否定属性,并非矛盾而只是对立。

因此,只有处于变化状态的"肯定与否定"、"是与否"之对立,才是互相否定的两种属性,才是矛盾;而不处于变化状态的肯定和否定、是与否,就不互相否定,就不是矛盾。于是,"矛盾、互相否定的两种属性"与"肯定和否定"不是同一概念,因为,一方面,互相否定的两种属性,并不都是肯定和否定(是—否,否—是),而还可以是两种肯定属性(亦此亦彼);另一方面,肯定和否定也并不都是互相否定的属性,并不都是矛盾,而仅仅只是对立:"肯定与否定"同"互相否定(矛盾)"是交叉概念关系。

可见,矛盾、互相否定的属性,并不都是——而仅仅有一部分是——肯定和否定;反之,肯定和否定也并不都是——而仅仅有一部分是——互相否定、矛盾。矛盾与对立乃是交叉概念关系,也就彻底推翻了把"矛盾、互相否定属性"等同于"肯定和否定"——因而以为矛盾与对立是同一概念——的谬误。一言以蔽之,矛盾、互相否定的两种属性,既不可等同于肯定和否定,也不可等同于对立:肯定和否定以及一切对立,只有处于一方向对方变化的时候,才能互相否定而成为矛盾。

2. 为什么一物向他物变化的两个事物能够构成矛盾

变化着的对立、变化着的两个相反事物，之所以互相否定，乃是因为变化使这两个相反事物成了每一事物自身（在同一关系中）同时包含的两种属性：每方自身都是自身同时又是对方。这样，双方就处于互相否定关系之中而构成矛盾。譬如，好向坏变化，之所以使好坏互相否定，乃是因为变化使好与坏成为好（或坏）自身同时包含的两种属性：好是好同时又是坏（坏是坏同时又是好）；这样，好与坏就处于互相否定的关系中而构成矛盾。

反之，静止不变的两个相反、对立事物，之所以不能互相否定，乃是因为不变的两个对立事物，只能单单作为两个对立事物存在，而不能成为每一事物自身的两种属性：每方都只是自身而非对方。这样，双方就不存在互相否定关系，就不能构成矛盾。例如，好与坏的不变之所以使好坏不能互相否定，就是因为不变使好、坏只能单单作为两个相反事物存在，而不能成为好（或坏）自身的两种属性：好是好同时不能是坏（坏是坏不能同时又是好）。这样，好与坏就没有处于互相否定的关系而构成矛盾。

不仅变化的对立事物，而且一切变化的两个事物，都只是由于成为每一事物自身在同一关系中同时包含的两种属性——而不是作为单单的两种事物存在——的时候，才互相否定，才是矛盾；反之，一切不变的两个事物，则只是因为不能成为每一事物自身同时包含的两种属性——而只是单单作为两个事物存在着——才不能互相否定，才不是矛盾。举例说：

之所以腐烂大象向茄子的变化，使大象和茄子互相否定，就是由于变化使大象和茄子成了大象自身（或茄子自身）所包含的两种属性：大象是大象同时又是茄子（茄子是茄子同时又是大象）。这样，大象便被茄子否定而不是大象，茄子便被大象否定而不是茄子，二者处于互相否定关系之中。

反之，之所以大象不向茄子变化便使大象和茄子不能互相否定，就是由于不变使大象和茄子不能成为大象自身（或茄子自身）所包含的两种属性，而是单单作为大象和茄子两个事物存在：大象只是大象而不是茄子，茄子只是茄子而不是大象，大象不被茄子否定，茄子不被大象否定，二者不处于互相否定的关系中。

可见，不仅对立事物，而且一切事物，如果单单是两个事物，那就决不能互相否定，决不能是矛盾；而只有成为一事物在同一关系中同时具有的两种属性的两个事物，才互相否定，才构成矛盾。

这里的奥妙不妨从逻辑上考察一下。没有成为一事物两种属性的两个事物，就是没有"是"与"否"的联系的孤零零的两个事物，因而它们就只是概念；而成为一事物两种属性的两个事物，也就产生了是与否的联系而成为判断。难道不是只有判断才有互相否定关系，而概念却决不能存在互相否定关系吗？单单两个概念，不论是对立的，还是非对立的，都决不是矛盾；而只有成为一个判断中的两个概念的时候，这两个概念才可能是矛盾：矛盾是判断的属性而不是概念的属性，不是两个概念的关系。单单是概念，不论是如何对立的概念，都无所谓矛盾；只有判断才存在矛盾。这一原理不是别的，乃是矛盾规律之必然结论。

事物矛盾规律，如前所述，乃是："事物在同一关系中是什么同时又不是什么，不是什么同时又是什么，也是什么同时也是非什么：是—否、否—是、亦此亦彼。"任何事物，如果具有这种"是—否、否—是、亦此亦彼"的属性，那么，它便是矛盾的。否则，任何事物，如果不具有"是—否、否—是、亦此亦彼"的属性，它便不存在矛盾。显然，只有判断才能具有——而概念却不具有——"是—否、否—是、亦此亦彼"的属性。所以，只有判断才存在矛盾，而单单概念决无矛盾可言。

矛盾只是判断的属性而不是概念的属性，单单两个概念决不能是矛盾，而只有判断，只有成为一个判断的两个概念才可能是矛盾。换言之，矛盾只是一事物自身内部包含的两种属性，而并不是两个事物的相互关系；单单两个事物决不能是矛盾，而只有成为一事物自身内部两种属性的两个事物才是矛盾。一言以蔽之，矛盾并非事物相互关系，而是事物自身的内部属性。

因此，我们说两个互相否定的事物是一对矛盾，并不是说这两个相互否定的事物外部关系是一对矛盾，而是说这两个互相否定的事物是包含在每一事物自身中的矛盾：矛盾不是两个互相否定的事物相互关系，而是每一事物自身内部包含的两种互相否定的属性。举例说：

我们说互相否定的"可能和现实"是一对矛盾，并不是说"可能与现实"的外部关系、相互关系是一对矛盾，而是说可能和现实是每方自身中的矛盾：可能与现实之为矛盾，并不是就可能与现实的相互关系——而是就它们作为每方自身中的两种属性——来说的。所以，虽然一切一方向他方转化的两个事物，一切互相否定的两个事物都构成矛盾（矛盾也都由一方向他方变化的两个事物、互相否定的两个事物构成）；但是，矛盾并不能定义为一方向他方变化的两个事物，或定义为互相否定的两个事物，而只能定义为事物所包含的两种互相否定属性。

矛盾是事物自身内部的两种属性，而不是两个事物相互关系；是判断的属性而不是概念属性：此乃矛盾与对立不同的标志之一也！因为，一方面，对立不但是事物自身内部属性，而且是并且主要是两个事物的相互关系；另一方面，对立不但是判断属性，而且是并且主要是概念属性。对立就是两个相反事物、相反概念的相互关系：只有当这两个相反事物、对立事物存在于一事物自身中的时候，对立才是事物内部属性，才可能是矛盾；只有当两个相反概念、对立概念构成两个相反判断时，对立才是判断属性，才可能是矛盾。举例说：

好与坏的对立，就是好与坏的相互关系，只有当好与坏存在于一人之内时，好与坏的对立，才是人自身内部的东西，才可能是矛盾：该人是好人同时又不是好人而是坏人。好与坏的对立，就是好与坏的概念相互关系，只有当好与坏构成两个判断（"张三是好人"和"张三是坏人"）的时候，好与坏的对立，才是判断的属性，才可能是矛盾：张三是好人同时又是坏人而不是好人。

3. 矛盾存在属性：量的方面绝对存在矛盾和质的方面相对存在矛盾

矛盾由一物向他物变化的两事物构成表明，一切事物在量上都是绝对无条件地存在矛盾，而在质上则是相对有条件地存在矛盾。因为，对量变与质变的研究告诉我们，一切事物在量上都是绝对无条件变化，是绝对无条件地向他事物过渡，因而是绝对无条件地处于自身与他物的中间状态。因此，事物在量上便绝对无条件地是自身同时又是他物而不是自身，绝对无条件地包含"是自身同时又是他物"的两种互相否定属性，绝对无条件地存在矛盾。举例说：

生物的新陈代谢是绝对无条件的，亦即在量上是绝对无条件变化的，是绝对无条件地向非生物过渡，绝对无条件地处于生物与非生物的中间状态。因此，生物在量上便绝对无条件地是生物同时又不是生物而是非生物，便绝对无条件地包含着"是生物同时又是非生物"两种互相否定属性，便绝对无条件存在矛盾。

与事物的量的变化是绝对无条件的——而不存在静止不变——相反，事物的质的变化与不变都是相对有条件的。一方面，事物的质变是相对有条件的，事物相对有条件地向他事物过渡，相对有条件处于自身与他事物中间状态。因此，事物在质上便相对有条件地是自身同时又是他物，便相对有条件地包含着"是自身同时又是他物而不是自身"两种互相否定属性，相对有条件地存在矛盾。另一方面，事物在质上是相对有条件地静止不变，相对有条件地在不同时间仍是自身而不是他物，因而在同一时间也就不能处于自身与他物的中间状态。因此，事物在质上便相对有条件地是自身同时不能又是他事物而不是自身，因而相对有条件地不存在矛盾。举例说：

一方面，新陈代谢使生物的质变是相对有条件的，是相对有条件地向非生物过渡，相对有条件地处于生物和非生物中间状态。因此，生物在质上便相对有条件地是生物同时又不是生物而是非生物，便相对有条件地包含"是生物同时又是非生物而不是生物"两种互相否定属性，亦即相对有条件地存在矛盾。另一方面，新陈代谢又使生物在质上是相对有条件地静止不变，相对有条件地在不同时间仍是生物而不是非生物，因而在同一时间也就不能处于生物与非生物的中间状态。因此，生物在质上便相对有条件地是生物而不是非生物，便相对有条件地不存在矛盾。合而言之，生物在质上"存在变化、矛盾"和"不存在变化、矛盾"都是相对有条件的。

问题的关键还在于，事物——不论在量上还是在质上——具体向何种事物变化，如前所述，都是偶然和相对的：一方面，事物并不必然向何种具体事物变化，而只能偶然地向某种具体事物变化；另一方面，事物向何种具体事物变化，则都是有条件的、相对的，而不是无条件绝对地向某种具体事物变化。

一事物具体向何种事物的偶然和相对有条件的变化，也就使事物具体包含何种矛盾是偶然的和相对有条件的。因此，人的自由就在于，使事物包含所选择的矛盾物，加速或延缓这种矛盾的发展，以造福于人类。举例说：

粪土向高粱、大豆等植物或其他事物变化，是偶然的、相对有条件的。因此，粪土究竟是包含粪土与大豆的矛盾，还是包含粪土与高粱的矛盾，抑或包含其他矛盾，则都是偶然的、相对有条件的。人的自由就在于，选择粪土与何种事物构成矛盾，加速或延缓其发展，使之有利于人。

4. 结论：矛盾与对立关系

综上可知，矛盾与对立根本不同。矛盾是一事物自身所具有的两种互相否定属性，亦即肯定同时又否定的属性，譬如，曹操是奸雄同时又不是奸雄，即矛盾也。因此，矛盾乃是事物自身内部两种属性，而不是两个事物相互关系。这意味着，单单两个事物，单单两个概念，如"好人与坏人"，决非矛盾；而只有当两个事物成为一事物自身的两种属性时，只有当两个概念成为一个判断中的两个概念时，譬如"曹操是好人同时又不是好人而是坏人"，才是矛盾。

然而，两个事物成为一事物自身内部两种属性，还未必就是矛盾；只有当两个事物成为一事物自身在同一关系中同时具有的两种属性，亦即成为一事物自身互相否定的两种属性，才是矛盾；说到底，只有当一方向他方变化的两个事物，才能成为每方自身在同一关系中同时具有的两种互相否定属性，才是矛盾。因此，不论两个事物如何像"大象与香蕉"那样风马牛不相及，但只要大象腐烂而向香蕉变化，那么，二者便构成每方自身矛盾：大象是大象同时又不是大象而是香蕉；香蕉是香蕉同时又不是香蕉而是大象。反之，不论两个事物如何像"好事与坏事"那样对立、相反，只要一方不向对方变化，则二者便不是矛盾，而只是对立。

与矛盾根本不同，对立则是一对相反事物，是两个相反事物的相互关系，是两个相反事物的互相依赖又互相排斥的相互关系。只有当两个相反事物存在于一事物自身中的时候，对立才是事物内部属性；只有当两个对立概念存在于两个判断中的时候，对立才是判断的属性。譬如，好人与坏人是对立，其为对立，乃是二者外部相互关系。只有当"一个人是好人同时又是坏人而不是好人"，对立才是该人自身内部属性，才是该判断的属性。因此，不论两个事物如何僵硬不变，万古如斯，只要二者相反，如上与下、左与右，那么二者便是对立；反之，不论两个事物如何运动变化，譬如大象吃香蕉而使香蕉向大象变化——或者大象腐烂而向香蕉变化——二者却不是相反事物，因而二者便不是对立，而只是每方自身内部的矛盾。

矛盾与对立的规律也根本不同。矛盾的规律是一个事物在变化过程中，是什么同时又不是什么，不是什么同时又是什么，也是什么也是非什么：是—否、否—是、亦此亦彼。对立的规律比较复杂，一个是"否定之否定规律"，亦即两个对立面在变化过程中，一方必然经过同对方斗争，然后又必然由同对方的斗争而回复为新的自身：否定之否定。对立的另一个规律可以称之为"对立面的斗争和平衡规律"，亦即对立双方互相排斥又互相依赖的本性，使对立面双方变化过程中，当一方经过否定之否定变为新事物，而对方尚未变为相应的新事物时，双方便发生矛盾、冲突、斗争；矛盾、冲突、斗争结果，必由对方变成相应的新事物，而导致双方的平衡、均衡、适应。

可见，矛盾与对立根本不同。笼统言之，矛盾是一个事物在变化时存在的是什么同时又不是什么的互相否定的属性；对立则是两个不论在变化时还是在不变时都互相排斥又互相依赖的相反事物。具体言之，首先，矛盾之为矛盾，只因为变化；对立之为对立，则与变化无关。矛盾是一事物自身具有的两种属性，而不是两个事物的相互关系；对立则是一对相反事物，是两个相反事物的相互关系。其次，矛盾的基本性质是一事物处于自身向他物过渡的中间状态；对立的基本性质则是两个事物互相排斥又互相依赖。再次，矛盾的规律是一个事物在变化过程中，是什么同时又不是什么，不是什么同时又是什么，也是什么也是非什么：是—否、否—是、亦此亦彼。对立的规律则主要是两个对立面在变化过程中，一方必然经过同对方斗争，然后又必然由同对方的斗争而回复为新的自身：否定之否定。最后，矛盾比对立的外延广阔得多。因为变化是矛盾的原因，哪里有变化，哪里就有矛盾。而一切事物在量上都绝对无条件地变化着，因而都是绝对无条件地处于矛盾状态。所以，任何事物都是矛盾的；但任何事物却远不都是对立的，而是存在两种可能：或者自身就是对立面，或者自身不是对立面而包含某些对立。因此，对于任何事物，都可以说它是矛盾的，却不可以说它是对立的，而只能说它或是对立，或不是对立而包含对立。

四、矛盾学说

1. 辩证法

矛盾这个范畴，在人类认识史上创造的所有概念之中，恐怕是最艰难最深邃的了！已经有并且还将有多少大思想家，被它榨破自己的头颅，以致自古以来，围绕"矛盾"范畴，便存在截然相反的两种学说：辩证法与形而上学。辩证法（dialectics）的古希腊文是 διαλεχειχ τέχνη，本意是讨论、辩论、语言的艺术。克赛诺封论及苏格拉底的辩证法时便这样写道：

"他注意到 διαλέγεσθαι [辩证] 这个词导源于人们的一种活动，就是聚在一起讨论问题，按对象的种属加以辨析 [διαλέγο ντες]。因此他认为每个人都应当下决心掌握这种艺术，下苦功去学习它，因为一个人凭着它的帮助，就成了最有才干的人，最能指导别人的人，讨论时见解最深刻的人。"[①]

那么，这种讨论艺术的根本特征是什么？黑格尔指出，这种讨论艺术的根本特征就是"把与他谈话的人引导到他们当初自以为是的反面"[②]，使对方自相矛盾：辩证法是关于一切事物都存在矛盾的学说。这就是黑格尔从辩证法的词源本义所引申出的辩证法的概念定义。他这样写道：

"辩证法在哲学上并不是什么新东西。在古代，柏拉图被称为辩证

[①] 北京大学哲学系外国哲学史教研室编译：《西方哲学原著选读》上卷，商务印书馆 1987 年版，第 59 页。

[②] 黑格尔：《小逻辑》，商务印书馆 1981 年版，第 178 页。

法的发明者。就其指在柏拉图哲学中，辩证法第一次以自由的科学的形式，亦即以客观的形式出现而言，这话的确是对的。辩证法在苏格拉底手中，与他的哲学探讨的一般性格相一致，仍带有强烈的主观色彩，叫做讽刺的风趣（die Ironie）。苏格拉底常运用他的辩证法去攻击一般人的通常意识，特别攻击智者派。当他同别人谈话时，他总是采取虚心领教的态度，好象他想要向别人就当时所讨论的问题，求得一些更深切的启示似的。根据这种意向，他向对方发出种种疑问，把与他谈话的人引导到他们当初自以为是的反面。譬如当智者派自诩为教师时，苏格拉底便通过一系列的问题使得有名的诡辩家普洛泰戈拉自己必须承认一切的学习只是回忆。在他的较严格的纯哲学的对话里，柏拉图运用辩证法以指出一切固定的知性规定的有限性。譬如，在《巴曼尼得斯篇》中，他从一推演出多，但仍然指出多之所以为多，复只能规定为一。柏拉图处理辩证法，大都是采用这种宏大的方式。在近代，主要的代表人物是康德，他又促使人们注意辩证法，而且重新回复它光荣的地位。他指出辩证法是通过我们上面已经提及的对于理性矛盾（二律背反）的发挥。在理性矛盾的讨论里，他并不只是在揭示出两方论据的反复辩驳，或评论两方主观的辩难；而他所研讨的、宁可说是，在于指出每一抽象的知性概念，如果单就其自身的性质来看，如何立刻就会转化到它的反面。

"无论知性如何常常竭力去反对辩证法，我们却不可以为只限于在哲学意识内才有辩证法或矛盾进展原则。相反，它是一种普遍存在于其他各级意识和普通经验里的法则。举凡环绕着我们的一切事物，都可以认作是辩证法的例证。我们知道，一切有限之物并不是坚定不移，究竟至极的，而毋宁是变化、消逝的。而有限事物的变化消逝不外是有限事物的辩证法。有限事物，本来以它物为其自身，由于内在的矛盾而被迫超出当下的存在，因而转化到它的反面。在前面我们曾经说过，知性可以认作包含有普通观念所谓上帝的仁德。现在我们可以说，辩证法在同样客观的意义下，约略相当于普通观念所谓上帝的力量。当我们说，'一切事物（亦即指一切有限事物）都注定了免不掉矛盾'这话时，我们确见到了矛盾是一普遍而无法抵抗的力量，在这个大力之前，无论表面上如何稳定坚固的事物，没有一个能够持久不摇。虽则力量这个范畴不足以穷尽神圣本质或上帝的概念的深邃性，但无疑的，力量是任何宗教意识中的一个主要环节。此外，自然世界和精神世界的一切特殊领域和特殊形态，也莫不受辩证法的支配。例如，在天体的运动里，一个星球现刻在此处，但它潜在地又在另一处。由于它自身的运动，使得它又存在于另一处。"[1]

黑格尔此论篇幅虽长，却字字珠玑——辩证法是关于一切事物都存在矛盾的学说——真乃千古绝唱也！不过，如上所述，矛盾的根源是运动变化。因此，在马克思恩格斯看来，辩证法乃是关于一切事物变化和矛盾的学说。马克思说："辩证法在对现存事物的肯定的理解中同时包含着对现存事物的否定的理解，即对现存事物的必然灭亡的理解；辩证法对每一种既成的形式都是从不断的运动中，因而也是从它的暂时性方面去理解；辩证法不崇拜任何东西，按其本质来说，它是批判的和革命的。"[2] 恩格斯也这样写道：

"辩证法不过是关于自然、人类社会和思维的运动和发展的普遍规律的科学。"[3] "辩证法在考察事物及其在观念上的反映时，本质上是从它们的联系、它们的联结、它们的运动、它们的产生和消逝方面去考察的。"[4] 因此，"一切差别都在中间阶段融合，一切对立的东西都经过中间环节而不断过渡……辩证法不知道什么绝对分明的界限，不知道什么无条件的普遍有效的'非此即彼'，它使固定的形而上学的差异

---

[1] 黑格尔：《小逻辑》，商务印书馆1981年版，第178—179页。
[2] 《马克思恩格斯选集》第2卷，人民出版社1995年版，第218页。
[3] 《马克思恩格斯选集》第3卷，人民出版社1995年版，第138页。
[4] 恩格斯：《反杜林论》，人民出版社2015年版，第22页。

第十章　矛盾

互相过渡，除了'非此即彼'，又在适当的地方承认'亦此亦彼'，并且把对立的东西调和起来"①。

综上可知，辩证法乃是这样一种学说，它认为一切事物都是运动变化的，因而每一事物在不同时间便是不同事物，而在同一时间则处于自身向他事物过渡的中间状态。于是事物是自身，同时又是他物而不是自身；不是自身，同时又不是他物而是自身；也是自身同时也是他物：是一否、否一是、亦此亦彼。这样，每一事物自身便都具有互相否定的两种属性而存在着矛盾。因此，辩证法乃认为一切事物都在变化和矛盾的学说，是认为一切事物都是矛盾的学说："是一否、否一是、亦此亦彼"乃是辩证法公式、辩证法逻辑、辩证法规律。

辩证法的全部内容仅此而已，辩证法规律仅此而已！今日哲学家所谓辩证法三大规律——对立统一规律和否定之否定规律以及量变质变规律——皆与辩证法无关，皆非辩证法规律也。因为，如前所述，一方面，对立与矛盾根本不同：对立统一规律（亦即对立面的斗争与平衡规律或所谓对立面的斗争与统一规律）与否定之否定规律仅仅是对立范畴的内涵与规律，而绝不是矛盾范畴的内涵与规律；另一方面，量变与质变仅仅是"量与质"范畴的内涵与规律，更不是矛盾范畴的内涵与规律。至于今日哲学界所谓辩证法范畴，如内容与形式、原因与结果、偶然与必然等等，更不是什么辩证法范畴，而是元哲学范畴：所谓辩证法范畴和辩证法三大规律皆是元哲学范畴与规律。辩证法，充其量，不过是关于元哲学的一个范畴"矛盾"的学说，辩证法就是认为一切事物都是矛盾的学说："是一否、否一是、亦此亦彼"乃是辩证法公式、辩证法逻辑、辩证法规律。这就是辩证法的全部：辩证法如此而已，岂有他哉！

---

① 恩格斯：《反杜林论》，人民出版社1956年版，第18—19页。

2. 形而上学

"形而上学"的古希腊文是 τὰ μετὰ τὰ φυσικά，拉丁文是 metaphysica，英文是 metaphysics。其英文的前缀 meta，源于拉丁文，义为"变化"、"变形"、"超越"、"在……之后"。因此，从词源上看，形而上学就是"超物理学"。从概念定义上看，也是如此：形而上学就是超物理学，就是超越有形体的物理现象而达到无形体的最抽象、最普遍事物的科学。"metaphysics"的汉译"形而上学"，就是根据《易经·系辞》中"形而上者谓之道，形而下者谓之器"一语，而由日本哲学家井上哲次郎翻译的：形而上学就是关于最抽象最普遍的无形体的事物之科学，因而也就是哲学。

但是，哲学有很多分科，如逻辑学、精神哲学、自然哲学、社会哲学等等。那么，形而上学究竟是哲学的哪一门学科？亚里士多德的回答如所周知：形而上学是第一哲学。对此，亚里士多德《形而上学》第四卷和第六卷均有论述。他说：

"有多少种实体，哲学就有多少分支，因而其中必然存在着一种第一哲学以及后继的分支。因为存在和——旦有了种类，知识或科学就要相应地分门别类。哲学家与所谓的数学家一样，因为数学也有着分支，数学中存在着第一科学、第二科学以及其他后续的科学。"[①]

形而上学是第一哲学，就某种意义来说，也是形而上学的西文 metaphysics 的词源含义。因为 meta 义为"超越"，可以引申为"第一"、"元"：形而上学就是超物理学，就是超越有形体的物理现象而达到无形体的最抽象、最普遍事物的科学，说到底，就是"第一哲学"，就是"元哲学"，正如 metaethics 是"元伦理学"一样。这恐怕就是为什么，亚里士多德称形而上学是第一哲学。诚然，形而上学之所以是第一哲学，之所以是元哲学，说到底，正是因为它研究的是最

---

① 苗力田主编：《亚里士多德全集》第七卷，中国人民大学出版社 1993 年版，第 86 页。

抽象最普遍的事物。当然我们可以问：亚里士多德的《形而上学》研究的究竟是否最抽象最普遍的事物？

答案是肯定的。因为亚里士多德《形而上学》的研究对象无疑是最抽象最普遍的事物，亦即自然、人类社会和人类精神领域一切事物的共性、普遍性，如事物、本原、本质、存在、变化与不变、原因和结果、内容和形式、同一和差别、偶然和必然、可能和现实、质和量、对立、矛盾等等。亚里士多德《形而上学》研究的这些对象，不仅仅存在于自然界，不仅仅是自然界的普遍性，因而形而上学不是自然哲学；也不仅仅存在于社会，不仅仅是社会的普遍性，因而形而上学不是社会哲学；也不仅仅存在于精神领域，不仅仅是精神领域的普遍性，因而形而上学不是精神哲学。亚里士多德《形而上学》研究的这些对象，无疑是自然、社会与精神三大领域一切事物的普遍性，是宇宙一切事物的普遍性，是最抽象的普遍性，因而形而上学是第一哲学、元哲学。

问题的关键在于，亚里士多德《形而上学》研究这些对象的理论最根本的特征是什么？该书最根本最主要最重要最核心的理论是什么？无疑是无矛盾律，亦即同一律、矛盾律和排中律，说到底，亦即"是一是、否一否、非此即彼"，亚里士多德称之为"所有本原中最确实的本原"、"一切其他公理的本原"：

"同一种东西不可能在同一方面既依存于又不依存于同一事物（所有可能的其他限制都应加上，以防备逻辑上的困难），它即是所有本原之中最为确实的一个，因为它具备了先前说过的规定。因为任何人都不可能主张同一事物存在又不存在，就如有些人认为赫拉克利特说过一样，因为一个人说什么，并不必然就主张什么。假如相反的东西不可能同时依存于同一事物（通常的限制仍须加在这一命题中），一种意见与另一种意见相对立就是与它相反，很明显同一个人不可能主张同一事物同时存在又不存在；因为犯这种错误的人就会同时具有彼此相反的意见。因此，所有进行证明的人都把它作为一个可以追溯到的最终论断，因为它本性上就是一切其他公理的本原。"①

这样一来，形而上学最根本的特征——黑格尔称之为"抽象理智的规律"——就是无矛盾律，亦即所谓同一律、矛盾律和排中律，亦即"是—是、否—否、非此即彼"："于是同一律便被表述为'一切东西和它自身同一'；或'甲是甲'。否定的说法：'甲不能同时为甲与非甲'。这种命题并非真正的思维规律，而只是抽象理智的规律。"②恩格斯也这样写道：

"在形而上学者看来，事物及其在思想上的反映即概念，是孤立的、应当逐个地和分别地加以考察的、固定的、僵硬的、一成不变的研究对象。他们在绝对不相容的对立中思维；他们的说法是：'是就是，不是就不是；除此以外都是鬼话。'在他们看来，一个事物要么存在，要么就不存在；同样，一个事物不能同时是自身又是别的东西。"③

这就是为什么，"形而上学"虽然与"第一哲学"、"元哲学"是同一概念，却由于其根本特征与辩证法恰恰相反，因而自辩证法大师黑格尔以降，便成为一种与辩证法恰相对立的理论，亦即客观事物不存在矛盾——矛盾不过是一种主观谬误——的理论。按照这种"坚持着非此即彼的形而上学"④，事物是静止不变的，因而事物不能处在自身向他物过渡的中间状态，相互间便彼此隔离，存在僵硬的界限和固定的区别。于是，事物是自身，同时就不能又是他物而不是自身；不是自身，就不能同时又不是他事物而是自身；或是自身或是他物：是一是（同一律）；否—否（矛盾律）；非此即彼（排中律）。这样，事物就不存在互相否定属性，不存在矛盾。因此，形而上学乃认为一

---

① 苗力田主编：《亚里士多德全集》第七卷，中国人民大学出版社 1993 年版，第 90—91 页。
② 黑格尔：《小逻辑》，商务印书馆 1981 年版，第 248 页。
③ 恩格斯：《反杜林论》，人民出版社 2015 年版，第 20 页。
④ 黑格尔：《小逻辑》，商务印书馆 1981 年版，第 159 页。

切事物都是静止不变因而不存在矛盾的学说,说到底,是认为客观事物不存在矛盾——矛盾不过是一种主观谬误——的学说:"是—是;否—否;非此即彼"乃是形而上学公式、形而上学逻辑、形而上学规律。所以,黑格尔说:"康德以前的形而上学家,大都采取这种固执孤立的观点。"①"对于旧形而上学的方法加以概观,则我们便可见到,其主要特点,在于以抽象的有限的知性规定去把握理性的对象,并将抽象的同一性认作最高原则。"②

3. 辩证法与形而上学的适用范围

粗略看来,相反的学说似乎不可能都是真理,而必定一对一错。所以,人们大都以为形而上学和辩证法这两门截然相反的学说不可能皆真,而必定是一为错误,一为真理。其实不然。因为,如前所述,一切事物都包含双重对立属性:一方面是不变和无矛盾(在质上是相对有条件不变和无矛盾);另一方面则是变化和矛盾(在量上是绝对无条件变化矛盾和在质上是相对有条件变化矛盾)。分别对这两种对立方面的认识,便形成了形而上学和辩证法两门对立学说。因此,形而上学和辩证法都是片面的相对的有条件的真理。因此,恩格斯一再说:

"形而上学的考察方式,虽然在相当广泛的、各依对象性质而大小不同的领域中是合理的,甚至必要的,可是它每一次迟早都要达到一个界限,一超过这个界限,它就会变成片面的、狭隘的、抽象的,并且陷入无法解决的矛盾,因为它看到一个一个的事物,忘记它们互相间的联系;看到它们的存在,忘记它们的生成和消逝;看到它们的静止,忘记它们的运动;因为它只见树木,不见森林。"③"当我们把事物

---

① 黑格尔:《小逻辑》,商务印书馆 1981 年版,第 105 页。
② 黑格尔:《小逻辑》,商务印书馆 1981 年版,第 109 页。
③ 恩格斯:《反杜林论》,人民出版社 1956 年版,第 21 页。

看成是静止而没有生命的、各自独立相互并列或先后相继的时候，我们在事物中确实碰不到任何矛盾。我们在这里看到某些特性，这些特性，一部分是共同的，一部分是相异的，甚至是相互矛盾的，但是在这种情况下，是分布在不同事物之中的，所以它们内部并不包含矛盾。如果限于这样的考察范围，我们用通常的形而上学的思维方式也就行了。"①

细究起来，形而上学和辩证法虽然都是片面的相对的有条件的真理，虽然都只研究事物对立属性（变化矛盾和不变无矛盾）之一方面，但是，辩证法的方面却比形而上学方面无比地广阔、深刻和高级。因为形而上学的对象、领域，仅仅是事物质的相对不变无矛盾方面；而辩证法对象、领域，就不仅仅是事物质的相对变化矛盾——单单这一方面就恰好完全相当于形而上学的全部领域了——而且还包括比事物的质更深一层次的量的绝对变化矛盾。所以，就适用领域来说，辩证法不但比形而上学无比广阔，而且还比形而上学无比深刻、复杂和高级。因此，形而上学和辩证法，正如牛顿力学与量子力学一样，虽然都是片面的相对的真理，但是，后者远比前者广阔、深刻、复杂和高级。对此，恩格斯亦有极为精辟的论述。不过，如所周知，亚里士多德逻辑学——亦即所谓形式逻辑——的三大规律（同一律和矛盾律以及排中律）是形而上学的核心，因而自黑格尔和恩格斯以降，形而上学与形式逻辑便往往被当作同一概念。恩格斯在《反杜林论》中也曾将形而上学与形式逻辑等同起来而这样写道：

"形式逻辑也首先是探寻新结果的方法，由已知进到未知的方法；辩证法也是这样，不过它高超得多；而且，因为辩证法突破了形式逻辑的狭隘界限，所以它包含着更广泛的世界观的萌芽。在数学中也存在着同样的关系。初等数学，即常数数学，是在形式逻辑的范围内运

---

① 恩格斯：《反杜林论》，人民出版社 1956 年版，第 126—127 页。

作的，至少总的说来是这样；而变数数学——其中最重要的部分是微积分——本质上不外是辩证法在数学方面的运用。在这里，单纯的证明同这一方法在新的研究领域中多方面的运用相比较，显然退居次要地位。但是高等数学中的几乎所有的证明，从微分学的最初的一些证明起，从初等数学的观点看来严格地说都是错误的。如果像在这里的情形一样，人们要用形式逻辑去证明辩证法领域中所获得的结果，那么情况也不可能是另一个样子。"①

伟哉斯言！《自然辩证法》对于辩证法与形而上学的适用领域的论述，不但如此精辟，而且气势如虹："僵硬和固定的界线是和进化论不相容的——甚至脊椎动物和无脊椎动物之间的界线也不再是固定的了，鱼和两栖动物之间的界线也是一样。鸟和爬行动物之间的界线正日益消失。细颚龙和始祖鸟之间只缺少几个中间环节，而有牙齿的鸟喙在两半球都出现了。'非此即彼！'是越来越不够用了。在低等动物中，个体的概念简直不能严格地确定。不仅就这一动物是个体还是群体这一问题来说是如此，而且就进化过程中何时一个个体终止而另一个个体（'裸母虫体'）开始这一问题来说也是如此。——一切差异都在中间阶段融合，一切对立都经过中间环节而互相转移，对自然观的这样的发展阶段来说，旧的形而上学的思维方法不再够用了。辩证的思维方法同样不承认什么僵硬和固定的界线，不承认什么普遍绝对有效的'非此即彼！'，它使固定的形而上学的差异互相转移，除了'非此即彼！'，又在恰当的地方承认'亦此亦彼！'，并使对立的各方相互联系起来。这样的辩证思维方法是唯一在最高程度上适合于自然观的这一发展阶段的思维方法。当然，对于日常应用，对于科学上的细小研究，形而上学的范畴仍然是有效的。"②

然而，黑格尔却以为，只有形而上学才是片面的相对的抽象的

---

① 恩格斯：《反杜林论》，人民出版社2015年版，第143页。
② 恩格斯：《自然辩证法》，人民出版社2018年版，第83—84页。

真理，而辩证法则是包含形而上学的全面的绝对的具体的真理。因为他称形而上学为"知性"、"知性形而上学"，而称辩证法为"玄思哲学"："知性的定律是同一律。"[①] "就思维作为知性（理智）来说，它坚执着固定的规定性和各规定性之间彼此的差别。"[②] "在玄思的哲学里，知性亦应是必不可少的一'阶段'，但却是不能老是停滞不前的'阶段'。"[③] "知性形而上学的独断论主要在于坚执孤立化的片面的思想规定，反之，玄思哲学的唯心论则具有全体的原则，表明其自身足以统摄抽象的知性规定的片面性。"[④]

殊不知，不论辩证法比形而上学如何广阔、深刻和高级，却也毕竟只是事物的一个方面——即变化矛盾方面——的真理；而不是事物的两个方面——即变化矛盾和不变无矛盾——的全面真理。事物的不变和无矛盾方面，乃在辩证法视野之外，而是形而上学的领域。因此，事物的不变和无矛盾领域，只遵循形而上学而不遵循辩证法；正如事物的变化和矛盾领域只遵循辩证法而不遵循形而上学一样。

这样，只有形而上学才是——而辩证法则决不是——事物不变和无矛盾领域的真理；正如只有辩证法才是——而形而上学决不是——事物的变化和矛盾领域的真理一样。所以，只有形而上学才适用于事物的不变和无矛盾领域，而辩证法则不适用不变无矛盾领域；正像只有辩证法才适用于变化矛盾领域，而形而上学不适用于变化、矛盾领域一样。说到底，辩证法之为真理，是以排除事物的不变和无矛盾方面，而从变化矛盾方面认识事物为前提条件的；正像形而上学之为真理，是以排除事物变化和矛盾方面，而从事物不变无矛盾方面认识事物为前提条件一样。

---

① 黑格尔：《小逻辑》，商务印书馆1981年版，第173页。
② 黑格尔：《小逻辑》，商务印书馆1981年版，第172页。
③ 黑格尔：《小逻辑》，生活·读书·新知三联书店1954年版，第120页。
④ 黑格尔：《小逻辑》，商务印书馆1981年版，第101页。

因此，辩证法之为真理，是以把它局限在事物的变化矛盾领域——而不使它闯入不变和无矛盾领域——为前提条件的；正像形而上学之为真理，是以把它局限在事物不变和无矛盾领域，不使它闯入事物的变化矛盾领域一样。如果抛开这个前提条件，把辩证法夸大为全面的绝对的真理，滥用到事物的不变和无矛盾领域，以为事物的一切方面都遵循辩证法，那么，辩证法就变成了谬误；正像把形而上学夸大为全面的绝对的真理，而滥用到变化和矛盾领域就变成谬误一样；正像将一切片面的相对的有条件的真理，夸大为全面的绝对的无条件真理，就都变成错误一样。那么，如果把形而上学和辩证法夸大为全面的绝对的无条件的真理，它们各自会变成什么谬误呢？

4. 极端形而上学和辩证诡辩论

原来，凡是某一比较复杂的学术流派，大都分裂而有温和派与极端派之争。譬如，关于价值究竟存在于何处的学术流派，有客观论与主观论。客观论是认为价值存在于客体之中的理论，这种理论也分为两派。一派是温和客观论，认为价值存在于客体之中；但是，离开主体需要，客体自身并不存在价值，客体是价值存在的源泉，主体需要则是价值存在的条件：价值是客体的关系属性。反之，极端客观论则认为价值并不依赖主体的需要而为客体独自具有，是客体的一种可以离开主体需要而独立存在的事实，是客体固有属性。

形而上学无疑是一种十分复杂的学术流派，因而也有温和形而上学与极端形而上学之分。在温和形而上学看来，一切事物自身都包含对立属性：一方面是静止不变的；另一方面则是运动变化的。在静止不变的条件下，一事物便不能处在自身向他物过渡的中间状态，因而该事物是自身，同时就不能又是他物而不是自身；不是自身，就不能同时又不是他事物而是自身；或是自身或是他物：是一是（同一律），否—否（矛盾律），非此即彼（排中律）。这样，事物就不存在互相否定属性，不存在矛盾：温和形而上学是事物处于静止不变条件下的真理。温和形而上学的代表人物无疑是亚里士多德。因为，正如黑格尔所指出，亚里士多德哲学的中心原则仍永远是运动变化的玄思的概念，而决不让"知性的抽象法则"（亦即同一律和矛盾律以及排中律）滥用到较高级的哲学领域——亦即运动变化矛盾领域——里来：

"如果他的学说都接受知性的抽象法则的束缚，则他将没有一个学说会产生，或容许产生。亚氏对于分类描述和抽象分析，虽说有不少的特有贡献，但他的哲学的中心原则仍永远是玄思的概念，至于他最初曾有了确切表现的三段论式的推论，他决不让它闯进较高的哲学领域里来。"①

然而，如果让"知性的抽象法则"闯进较高的哲学领域，亦即将形而上学滥用到事物的变化和矛盾领域，那就会以为事物的一切方面都适用和遵循形而上学，势必抹煞事物的变化和矛盾方面，而以为事物是完全静止不变而绝对不存在矛盾，因而事物相互间绝对不可能处于互相过渡的中间状态，事物相互间便绝对彼此隔离、存在僵硬界限和固定区别。于是，事物便绝对地是自身同时不能又是他物而不是自身；不是自身不可能同时又不是他物而是自身；或是自身或是他物。这样一来，事物便绝对不存在矛盾。这就是极端形而上学：极端形而上学就是认为事物绝对静止不变、相互隔离、没有矛盾的学说。显然，这种由夸大形而上学适用领域而单单从推理上演化、产生的极端形而上学，势必有常识的修正粉饰。根据现实生活而修正粉饰了的极端形而上学，则大都认为事物实质上绝对静止不变而仅仅在现象上运动变化：这就是极端形而上学的主流观点。这种极端形而上学的典型，正如恩格斯《自然辩证法》所指出，乃是18世纪的自然观：

"这个时代的特征是一个特殊的总观点的完成，这个总观点的中

---

① 黑格尔：《小逻辑》，生活·读书·新知三联书店1954年版，第368页。

第十章 矛盾

心是关于自然界的绝对不变性的见解。不管自然界本身是怎样产生的，只要它一旦存在，那么在它存在的时候它始终总是这样。行星及其卫星，一旦被神秘的第一推动力使其运动起来之后，它们便依照预定的轨道一直运转下去，或者至少运转到一切事物消灭为止。恒星则永远静止地固定在自己位置上，借着万有引力而互相保持着这个未知。地球从开始起或从它被创造的日子起，便一成不变地总是原来的样子。现在的五大洲始终存在着，它们始终有同样不变的山岭、河谷、河流，同样不变的气候，同样不变的植物体系和动物体系。而这些植物和动物以后或许经过人手才发生一些变化或移植。植物和动物的种类，一产生便从此永远确定下来，相同的东西总是产生相同的东西。而当林奈附带说往往由杂交可能产生新种的时候，他已绝对做了太大的让步了。和时间上发展着的人类历史相反，自然界的历史只被认为在空间上可以扩张。自然界的任何变化，任何发展都被否定了。开始时那样革命的自然科学，突然站在这样彻头彻尾保守的自然界面前；自然界中今天的一切是和太初一样，并且直到世界末日或永远无穷一切都将和太初的一样。"①

正如温和形而上学乃是事物静止不变方面的真理，辩证法也仅仅是事物运动变化方面的真理。如果夸大辩证法作用，而把它滥用到事物的静止不变领域，以为事物的一切方面都适用和遵循辩证法，势必抹煞事物的不变和无矛盾方面，而以为事物完全处于绝对变化、矛盾状态，以为一切事物都完全是绝对变化，绝对处于互相过渡的中间状态，因而事物相互间绝对不存在界限区别。于是，事物便完全地绝对是自身，同时又是他物而不是自身；不是自身，同时又不是他物而是自身；也是自身也是他物：事物完全地绝对存在着矛盾。这就是辩证诡辩论。辩证诡辩论就是认为事物完全——不论量还是质——是绝

---

① 恩格斯：《自然辩证法》，人民出版社1955年版，第7页。

对变化矛盾而相互间不存在区别的诡辩论，就是由夸大辩证法而堕入的诡辩论。庄子便是这样夸大辩证法作用，以为事物完全处于变化矛盾状态而相互间不存在区别，从而堕入辩证诡辩论：

"人生天地之间，如白驹之过郤。"① "天下莫不沉浮，终身不故，阴阳四时运行，各得其序，惛然若亡而存，油然不形而神。"② "年不可举，时不可止，消息盈虚，终则有始。是所以语大义之方，论万物之理也。物之生也，若骤若驰，无动而不变，无时而不移，何为乎，何不为乎？夫固将自化。"③ "方生方死，方死方生；可方不可，方不可方可；因是因非，因非因是；是以圣人不由而照之于天，亦因是也。是亦彼也，彼亦是也。"④ 一言以蔽之："万物一齐。"⑤

夸大辩证法势必堕入诡辩论。这就是为什么，列宁在批判第二国际沙文主义者的诡辩论时这样写道："当然，马克思主义辩证法的基本原理在于自然界和社会中的一切界限都是有条件的和可变动的，没有一种显像不能在一定的条件下转化为其对立物。民族战争可以转化为帝国主义战争，也可以反过来转化……只有诡辩论者才会根据此可以转化为彼而抹杀帝国主义战争与民族战争的区别。辩证法曾经不止一次地成了——在希腊哲学史上也是这样——引向诡辩论的桥梁。"⑥

综上可知，一方面，如果夸大辩证法作用范围，以为事物一切方面（不但变化矛盾方面，而且不变无矛盾方面）都适用和遵循辩证法，那么，辩证法势必蜕变为诡辩论；另一方面，如果夸大形而上学作用，以为事物一切方面（不但不变无矛盾方面，而且变化矛盾方面）都适用和遵循形而上学，便沦为极端形而上学。一方面，辩证诡辩论

---

① 《庄子·知北游》。
② 《庄子·知北游》。
③ 《庄子·秋水》。
④ 《庄子·齐物论》。
⑤ 《庄子·秋水》。
⑥ 《列宁全集》第2卷，人民出版社2013年版，第302—303页。

是辩证法抛弃辩证法之为真理的"排除事物不变无矛盾而单从变化矛盾方面认识事物"的前提条件，不满足仅仅是事物变化矛盾领域的真理，而闯进不变无矛盾领域，妄图超越相对真理的门栏，跨入绝对真理王国的必然结果。另一方面，极端形而上学则是形而上学抛弃其为真理的"排除事物的变化矛盾而单从不变无矛盾方面认识事物"的前提条件，不满足仅仅是事物不变无矛盾领域真理，而闯入变化矛盾领域，妄图超越相对真理的门栏而跨入绝对真理王国的必然结果。一句话，辩证诡辩论是全面化绝对化的辩证法；极端形而上学则是全面化绝对化的形而上学。

因此，一方面，必须谨慎驾驭形而上学小船，使它流驶于不变无矛盾的狭小平静河床，而不闯入变化矛盾的广阔动荡的海洋。否则，形而上学就会沉入极端形而上学的深渊巨壑。另一方面，同样必须谨慎驾驭辩证法这艘巨舰，使它驰骋于变化矛盾的广阔海洋，而不流入不变无矛盾的狭小平静水面。否则，它就会触上诡辩论的暗礁浅滩。说到底，形而上学和辩证法乃是关于矛盾范畴所固有的两种对立属性的两种对立的相对真理；而极端形而上学和辩证诡辩论，则是形而上学和辩证法各自妄图一统"变化矛盾与不变无矛盾"天下、而自以为是全面反映矛盾范畴的绝对真理的两种相反谬论。因此，我们应该一方面坚持形而上学与辩证法，而抛弃极端形而上学和辩证诡辩论；另一方面，则要把形而上学与辩证法结合为一个统一学说，正如把光的微粒说与波动说结合为一个统一学说一样。

5. 形式逻辑与辩证逻辑

贺麟与张世英说："黑格尔是第一个提出辩证逻辑以与形式逻辑相区别的哲学家。"[①] 那么，为什么自黑格尔以降，逻辑学便被分为形式

[①] 贺麟、张世英：《黑格尔关于辩证逻辑与形式逻辑的关系的理论》，上海人民出版社1956年版，第1页。

逻辑与辩证逻辑？逻辑学的研究对象，如所周知，分为两部分：思维规律（同一律、矛盾律和排中律）和思维形式（概念、判断与推理）。所以，考察逻辑学分为形式逻辑与辩证逻辑之原因，必须从这两部分来探究。贺麟与张世英也这样写道：

"在黑格尔逻辑学中，辩证逻辑与形式逻辑的具体区别究竟何在呢？两者的特征如何？要说明辩证逻辑与形式逻辑的关系的理论，必须进一步对这些问题作出回答。下面分两部分来说明：（一）从思维的规律方面来看。（二）从思维的形式方面来看。"①

原来，形而上学规律"是—是；否—否；非此即彼"，如所周知，自亚里士多德逻辑学诞生以来，一直被当作思维规律、逻辑规律："是—是（A 是 A）"被称之为同一律；"否—否（A 不是非 A）"被称之为矛盾律；"非此即彼（A 或是 A 或是非 A）"被称之为排中律。问题的关键在于，这些思维规律、逻辑规律，与辩证法规律"是—否；否—是；亦此亦彼"恰恰相反。既然存在以"是—是；否—否；非此即彼"为逻辑规律的逻辑学，那也就必定存在着以"是—否；否—是；亦此亦彼"为逻辑规律的逻辑学：前者即所谓形式逻辑，后者即所谓辩证逻辑。更何况，黑格尔的代表作《逻辑学》乃是公认的辩证逻辑的奠基之作。所以，形式逻辑与辩证逻辑之分，原本基于同一律、矛盾律和排中律之为逻辑规律。

然而，如所周知，逻辑学并不是关于自然、社会和思维三大领域一切事物普遍性的科学，而是关于思维领域所特有的普遍性的科学。所以，逻辑学规律必非自然、社会和思维三大领域共有的普遍规律，而只能是思维领域特有的普遍规律。准此观之，同一律、矛盾律和排中律便不是逻辑学规律，因为它们不是思维领域特有规律，而是三大

---

① 贺麟、张世英：《黑格尔关于辩证逻辑与形式逻辑的关系的理论》，上海人民出版社 1956 年版，第 4 页。

第十章 矛盾

领域一切事物的共有的普遍的规律，亦即形而上学规律：

自然社会和人类思维一切事物，在静止不变条件下，如果一事物是什么，那同时它就是什么（A 是 A，同一律）；如果它不是什么，同时它就不是什么（A 不是非 A，矛盾律）；它或者是什么，或者是非什么（A 或是 A 或是非 A，排中律）。

可见，同一律、矛盾律和排中律都是三大领域一切事物的共同的普遍规律，而决非思维领域特有的普遍规律，因而也就是与辩证法规律相反而同属元哲学的规律——亦即形而上学规律——而决非逻辑学规律。这样，逻辑学就仅仅是关于概念、判断、推理和论证的科学，而决不包括同一律、矛盾律和排中律，同一律、矛盾律和排中律与逻辑学关系，跟辩证法与逻辑学关系，是完全一样的：同一律、矛盾律和排中律属于形而上学范畴，与辩证法都是最普遍的学说；而逻辑学则是具体哲学学科。同一律、矛盾律和排中律既然不是逻辑学规律，那自然也就没有什么形式逻辑了，也就没有什么辩证逻辑了——有的只是一门逻辑学和两种元哲学关于矛盾范畴的相反学说：形而上学与辩证法。

究其实，黑格尔的《逻辑学》名不副实而并非逻辑学也。黑格尔所谓的"逻辑"，虽然具有思维、思想的含义；但是，他是客观唯心主义者，在他那里，思想、逻辑还有本体论的含义：思想、逻辑就是一切事物的普遍性、共相、一般、本质。他一再说："当我们把思维认为是一切自然和精神事物的真实共性时，思维便统一这一切而成为这一切的基础了。"[①] "我们诚然可以说，逻辑是关于思维及其规定和规律的科学，但是思维本身只构成普遍的规定性或要素。"[②] "思想不但构成外界事物的实体，而且构成精神性东西的普遍实体。"[③]

---

① 黑格尔：《小逻辑》，商务印书馆 1981 年版，第 81 页。
② 黑格尔：《哲学科学全书纲要》，商务印书馆 2021 年版，第 45 页。
③ 黑格尔：《小逻辑》，商务印书馆 1981 年版，第 80 页。

因此，黑格尔的《逻辑学》乃是关于自然、社会和思维三大领域一切事物的普遍性的科学，亦即形而上学、元哲学："因此逻辑学便与形而上学合流了。形而上学是研究思想所把握住的事物的科学，而思想是能够表达事物的本质性的。"①此乃黑格尔本人自白也！这就是为什么，黑格尔《逻辑学》的主要研究对象并不是概念、判断与推理等思维形式；而是自然、社会与人类思维三大领域一切事物的普遍性，如质、有、无、变、有限与无限、排斥与吸引、量、度、本质与现象、同一、差别、对立、矛盾、形式与内容、相对、绝对、偶然与必然、原因与结果、可能与现实、机械性、化学性、目的性、目的与手段等等。因此，黑格尔的《逻辑学》并不是逻辑学，更不是辩证逻辑学：连逻辑学都不是，怎么还能是辩证逻辑学？连动物都不是，怎么还能是人？

那么，从逻辑学研究对象的另一部分——概念和判断以及推理——来看，是否有不同于亚里士多德所创立的逻辑学，而可以称之为"辩证逻辑"？答案也是否定的。黑格尔《逻辑学》对于概念和判断以及推理的研究，若从区别于所谓形式逻辑的视野来看，显然可以归结为他所谓的"具体概念"。因为，一方面，正如贺麟与张世英所言："黑格尔是第一个提出'具体概念'以区别于'抽象概念'的哲学家。他认为形式逻辑的概念是抽象概念，辩证逻辑的概念是具体概念。"②另一方面，亦正如贺麟和张世英所指出："在黑格尔看来，具体概念之外并不存在有什么和具体概念相平列的别的思维形式；判断和推论等思维形式，亦只不过是具体概念之发挥。"③"具体概念"是如此重要，以致竟然是黑格尔《逻辑学》的唯一目标："黑格尔认为逻辑学

---

① 黑格尔：《小逻辑》，商务印书馆1981年版，第79页。
② 贺麟、张世英：《黑格尔关于辩证逻辑与形式逻辑的关系的理论》，上海人民出版社1956年版，第17页。
③ 贺麟、张世英：《黑格尔关于辩证逻辑与形式逻辑的关系的理论》，上海人民出版社1956年版，第22页。

所要把握的唯一目标是'具体概念'。"①

果真"形式逻辑的概念是抽象概念，辩证逻辑的概念是具体概念"吗？黑格尔的具体概念与抽象概念理论能成立吗？贺麟与张世英的那句话还没有说完，让我们听听他们接下来说的话："黑格尔是第一个提出'具体概念'以区别于'抽象概念'的哲学家。他认为形式逻辑的概念是抽象概念，辩证逻辑的概念是具体概念。抽象概念所把握的是抽象的同一，具体概念所把握的是具体的同一。"②

诚哉斯言！因为，如前所述，黑格尔所谓"抽象同一"，就是不包含差别的同一，亦即所谓形式逻辑的同一律，说到底，亦即在静止不变条件下，事物自身与自身所具有的只是同一而不包含差别的无矛盾性：是—是；否—否；非此即彼。反之，他所谓"具体同一"，则是包含差别的同一，是指正在变化的事物是自身（同一）同时又不是自身（差别）的矛盾性：是—否；否—是：亦此亦彼。

从此出发，一方面，黑格尔认为抽象概念所把握的是抽象同一，这种概念的特点是排除、舍弃事物的不同特性而抽取其共同性，是脱离特殊性的一种抽象共同性，不包含特殊性、差异性、对立和矛盾，因而越是普遍的概念，也就越贫乏越空洞：

"一说到概念人们心目中总以为只是一抽象的普遍性，于是概念便常被界说为一个普遍的观念。因此人们说颜色的概念，植物动物的概念等等。而概念的形成则被认为是由于排除足以区别各种颜色、植物、动物等等的特殊部分，而坚持其共同之点。这就是知性怎样去了解的概念的方式。人们在情感上觉得这种概念是空疏的，把它们只认为抽象的格式和阴影，可以说是很对的。"③

---

① 张世英：《论黑格尔的"逻辑学"》，上海人民出版社1959年版，第70页。
② 贺麟、张世英：《黑格尔关于辩证逻辑与形式逻辑的关系的理论》，上海人民出版社1956年版，第17页。
③ 黑格尔：《小逻辑》，商务印书馆1981年版，第332页。

另一方面，黑格尔认为具体概念所把握的是具体同一，这种概念的特点是包含一切特殊性、差异性、对立成分和矛盾性的具体普遍性，因而越是普遍的概念，也就越丰富越具体：

"概念的普遍性并非单纯是一个与独立自存的特殊事物相对立的共同的东西，而毋宁是不断地在自己特殊化自己，在它的对方里仍明晰不混地保持它自己本身的东西。无论是为了认识或为了实际行为起见，不要把真正的普遍性或共相与仅仅的共同之点混为一谈，实极其重要。"① "这种普遍性并不只是某种在人的别的抽象的质之外或之旁的东西，也不只是单纯的反思特性，而毋宁是贯穿于一切特殊性之内，并包括一切特殊性于其中的东西。"② 因此，概念外延越广，内涵便越丰富越深邃："外延最广也就是内包最深……外延越广，内容越丰富。"③

这就是黑格尔的抽象概念与具体概念理论，这就是自黑格尔以降，逻辑学分为形式逻辑与辩证逻辑的另一方面原因："形式逻辑的概念是抽象概念，辩证逻辑的概念是具体概念。"④ 然而，不难看出，此亦为谬论也！

首先，黑格尔这种理论的基础——抽象同一与具体同一理论——如前所述，犯有偷换概念的错误，亦即黑格尔将"在变化时事物自身既包含同一又包含差别（亦即事物是自身同时又不是自身）"的真理，偷换为"事物自身与自身的同一包含差别，是包含差别的同一"之谬论；说到底，将"事物自身既包含同一又包含差别"的真理，偷换为"同一包含差别"的谬论，从而得出了存在着"包含差别的具体同一"与"不包含差别的抽象同一"之谬论。

殊不知，一方面，事物在变化时，只是"事物自身与自身的关

---

① 黑格尔：《小逻辑》，商务印书馆1981年版，第332页。
② 黑格尔：《小逻辑》，商务印书馆1981年版，第351页。
③ 黑格尔：《哲学史讲演录》第一卷，商务印书馆2019年版，第34—35页。
④ 贺麟、张世英：《黑格尔关于辩证逻辑与形式逻辑的关系的理论》，上海人民出版社1956年版，第17页。

系"，才既包含同一又包含差别（亦即事物是自身同时又不是自身）；而决不是事物自身的"同一性"既包含同一又包含差别。另一方面，事物在不变时，只是"事物自身与自身的关系"，才具有只是同一而没有差别的无矛盾性（亦即事物是自身同时不能不是自身）；而不是事物自身的"同一性"具有只是同一而没有差别的无矛盾性。事物在变化和不变时的同一性，乃是完全相同的同一性，亦即皆为不包含差别的同一性；不同的只是事物在变化和不变时"自身与自身的关系"：变化时事物自身具有包含差别的同一性（矛盾性）；而不变时事物自身具有不包含差别的同一性（无矛盾性）。

其次，黑格尔进而推广"包含差别的具体同一"与"不包含差别的抽象同一"之谬论，遂导致双重的错误结论：一方面，他断言存在着包含一切特殊性的具体普遍性，亦即所谓具体概念；另一方面，他断言存在着舍弃事物的不同特性而抽取其共同性的脱离特殊性的抽象普遍性，亦即抽象概念。这是大错特错的。因为，一方面，所有普遍，都是舍弃事物的不同特性而抽取其共同性的脱离特殊性的抽象普遍，根本不存在包含特殊性的具体普遍。另一方面，概念越普遍，外延便越广，内涵便越稀少；概念越具体，外延便越窄，内涵便越丰富。所有概念皆是如此，根本不存在黑格尔所谓越普遍内涵便越丰富的"具体概念"。

更何况，黑格尔具体概念与抽象概念理论意味着："形式逻辑的概念是抽象概念，辩证逻辑的概念是具体概念。"[①] 照此说来，辩证逻辑中的概念都是具体概念，而没有抽象概念；相反地，形式逻辑中的概念都是抽象概念，而没有具体概念。这样一来，譬如，"张三"、"中国人"、"人"、"动物"、"生物"、"物质"等概念，若出现在辩证逻辑

[①] 贺麟、张世英：《黑格尔关于辩证逻辑与形式逻辑的关系的理论》，上海人民出版社1956年版，第17页。

中，便统统都是具体概念；而出现在形式逻辑中，这些概念便统统都是抽象概念：何其荒谬也！

可见，概念的内涵与外延成反比之本性，不论在哪里，不论在哪一门科学中，皆是如此，决不存在黑格尔所谓越普遍内涵便越丰富的"具体概念"。因此，判断和推理等思维形式——它们都不过是揭示概念内涵和外延的思维形式——之本性，也不论在哪里，不论在哪一门科学中，皆是一样；决不存在发挥和揭示黑格尔所谓外延越普遍内涵便越丰富的"具体概念"的判断和推理等思维形式。

综上可知，形式逻辑与辩证逻辑皆乌有之物也，存在的只是一门逻辑学！一方面，从所谓思维规律看。同一律、矛盾律和排中律都是三大领域一切事物的共同的普遍规律，而决非思维领域特有的普遍规律，因而也就是与辩证法相反而同属元哲学的规律——亦即形而上学规律——而决非逻辑学规律。既然不存在以"是—是；否—否；非此即彼"为逻辑规律的逻辑学（所谓形式逻辑），显然也就不存在以"是—否；否—是；亦此亦彼"为逻辑规律的逻辑学（所谓辩证逻辑）：存在的只是一门逻辑学和两种元哲学学说：形而上学与辩证法。

另一方面，从思维形式看。概念的内涵与外延成反比之本性，不论在哪里，不论在哪一门科学中，皆是如此。绝对不存在黑格尔所谓越普遍内涵便越丰富的"具体概念"——因而也绝对不存在发挥和揭示黑格尔所谓"具体概念"的判断与推理等思维形式——绝对不存在揭示黑格尔所谓"具体概念"内涵与外延的辩证逻辑和揭示黑格尔所谓"抽象概念"内涵与外延的形式逻辑；存在的只是一门关于概念、判断和推理等思维形式——这些思维形式不论在哪里和哪一门科学中都具有完全相同的普遍性——的逻辑学：亚里士多德所开创的逻辑学。

然而，坚持存在两种逻辑学——形式逻辑与辩证逻辑——的哲学家们还争辩说：亚里士多德所开创的逻辑学仍然应用和包含着静止不变、孤立隔离的同一律、矛盾律和排中律，因而仍然是一种孤立静止的形式逻辑；因而也就仍然要有另一种应用和包含运动变化的辩证法的辩证逻辑。这种理由能否成立？否！因为任何一门科学的存在，完全取决于该门科学特有的研究对象，取决于该门科学研究对象所特有的普遍性；而与该门科学应用、包含了哪些普遍规律毫不相干。逻辑学的存在，也只是取决于人类思维所特有的研究对象，取决于人类思维所特有的普遍性；而与逻辑学所应用和包含的三大领域共同规律的科学毫不相干，与它所应用包含的同一律、形而上学和辩证法毫不相干。

因此，逻辑学也就决不会因为既包含及应用了静止孤立、无矛盾的同一律等形而上学规律，又包含及应用了运动、变化和矛盾的辩证法规律，于是乎就既有一门包含、应用同一律等形而上学规律的静止孤立无矛盾逻辑学（形式逻辑）；又有一门包含应用辩证法规律的运动变化矛盾逻辑学（辩证逻辑）。正像社会学决不会因为既包含、应用同一律等形而上学规律，又包含、应用辩证法规律，于是就既有一门包含、应用同一律等形而上学规律的形式社会学，又有一门包含、应用辩证法规律的辩证社会学一样：有的只是一门既包含应用同一律等形而上学规律又包含应用辩证法规律的研究社会普遍性的社会学；有的只是一门既包含应用同一律等形而上学规律又包含应用辩证法规律的研究人类思维特有普遍性的逻辑学。

第十一章　价值

本章提要　优良的、好的、对的、正确的行为规范是与行为价值相符的行为规范；恶劣的、坏的、不对的、不正确的行为规范则是与行为价值不相符的行为规范。因此，行为应该如何的规范虽然都是人制定的、约定的；但是，只有恶劣的、坏的、不对的、不正确的行为规范才可以随意制定、约定。反之，优良的、好的、对的、正确的行为规范决非可以随意制定，而只能根据"行为价值"——亦即"行为事实如何"对于"主体需要、欲望和目的"之效用——推导、制定出来，说到底，只能通过"主体的需要、欲望和目的"，从"行为事实如何"中推导、制定出来。因此，所制定的行为规范之优劣，直接说来，取决于对行为应该如何的"价值判断"之真假；根本说来，则一方面取决于对行为事实如何的"事实判断"之真假，另一方面取决于对"主体的需要、欲望、目的判断"之真假。

这就是优良规范的推导和制定过程，这就是伦理学（伦理学是关于道德规范优劣好坏的价值科学）和国家学（国家学是国家制度好坏的价值科学）以及中国学（中国学是中国国家制度好坏的价值科学）等一切价值科学的优良规范推导公理，可以归结为一个公式：

前提1：事实如何（价值实体）
前提2：主体需要欲望目的如何（价值标准）

第十一章　价值

结论 1：应该如何（价值）

结论 2：规范之优劣（规范是否与价值相符）

一、价值：概念分析

1. 价值概念：效用价值论

粗略看来，价值似乎是个不言自明的概念：价值不就是好坏吗？谁不知道好坏是什么呢？确实，价值与好坏是同一概念，价值就是好坏：好亦即正价值，坏亦即负价值。可是，细究起来，正如波吉曼所言："'价值'是一个极为含糊、暧昧、模棱两可的概念。"[1] 布赖恩·威尔逊斯（Bryan Wilsons）甚至认为："即使就全部概念来说，也几乎没有像价值概念这样难以界定的。"[2] 这种困难，恐怕首先表现在：给价值或好坏下定义，必须用"客体和主体"这些本身就相当复杂、人们一直争论不休的概念。因为所谓价值或好坏，如所周知，是个关系范畴：它们不是某物独自具有的东西，而是某物对于他物来说才具有的东西。我们说石头有价值，是个好东西，必定是对于什么东西——比如一个被狗追赶的人——来说的；离开这些东西，单就石头自身来说，石头是无所谓价值或好坏的。因此，价值总是指"什么东西对什么东西有价值"，总是指"什么东西有价值"和"对谁（或对什么东西）有价值"。什么东西有价值，也就是所谓的价值客体问题；对谁有价值或对什么东西有价值，则是所谓价值主体问题。所以，界定价值概念的前提是界定主体和客体。

主体与客体：主体性亦即自主性　主体首先是个关系范畴：一事物只有相对另一事物来说，才可能是主体；离开一定关系，仅就事物

---

[1] Louis P. Pojman, *Ethical Theory: Classical and Contemporary Readings*, Wadsworth Publishing Company, USA, 1995, p. 145.

[2] Bryan Wilsons, *Values Humanities*, Press International, Inc., Atlantic Highlands, 1988, p. 1.

自身来说，是无所谓主体的。那么，主体是否只有相对客体来说，才是主体？并不是。主体还可以相对"属性"而言，是属性的本体、承担者，是属性所依赖从属的事物，亦即所谓的"实体"。从主体的词源来看，也是这个意思。主体源出于拉丁语 subjectus，意为放在下面的、作为基础的，引申为某种属性的本体、实体、物质承担者。所以，亚里士多德说："第一实体之所以最正当地被称为第一实体，是因为它们乃是所有其他东西的基础和主体。"[①] 马克思恩格斯也这样写道："物质是一切变化的主体。"[②] 主体还可以相对"宾词"而言，是主词、被述说者："一切可以表述宾词的事物，也可以被用来表述主体。"[③] 主体还可以相对"次要组成部分"而言，指主要组成部分，如我们说"建筑中的主体工程"、"学生是五四运动的主体"等等。主体的这些含义，显然不是主体作为伦理学等一切价值科学范畴的定义。因为作为价值科学范畴的"主体"，如所周知，乃是相对"客体"而言的主体。那么，相对客体而言的主体究竟是什么？

不难看出，相对客体而言的主体，是指活动者、主动者：主体是活动者、主动者，客体是活动对象，是被动者。但是，这并不是主体和客体的定义。因为反过来，活动者、主动者并不都是主体；活动对象、被动者也并不都是客体。举例说，火山有活动期。活动期的火山，处于活动状态，是一种活动的东西，是活动者。活动着的火山吞没了一座村子，村子是火山吞没的对象，是火山活动的对象：火山是主动者；村子是被动者。但是，我们显然不能说火山是主体，也不能说村子是被火山所吞没的客体。可见，主体虽然都是活动者、主动者；但是，活动者、主动者却未必都是主体。那么，主体究竟是什么样的活

---

① 北京大学哲学系外国哲学史教研室编译：《古希腊罗马哲学》，生活·读书·新知三联书店 1957 年版，第 309 页。
② 《马克思恩格斯全集》第 2 卷，人民出版社 1974 年版，第 164 页。
③ 苗力田主编：《亚里士多德全集》第一卷，中国人民大学出版社 1990 年版，第 4 页。

第十一章 价值

动者、主动者？

原来，主体是一种能够自主的东西，是能够自主的主动者、活动者。所谓自主，如所周知，亦即选择之自主、自主之选择。这种选择与达尔文的"自然选择"不同。自然选择是一种自动机械式的自在的选择，是不具有分辨好坏利害能力的选择，是不具有"为了什么"属性的选择，是不能够趋利避害的选择。反之，自主的选择则是具有分辨好坏利害能力的选择，是具有"为了什么"属性的选择，是一种为了保持自己存在而趋利避害的选择，是一种自为的选择。因此，主体是能够自主的活动者，便意味着：主体就是能够自主选择的活动者，就是具有分辨好坏利害能力的活动者，就是具有"为了什么"属性的活动者，就是能够为了保持自己存在而趋利避害的活动者。

试想，为什么吞没村子的活动者、主动者——火山——不是主体，然而洗劫村子的活动者、主动者——土匪——却是主体？岂不就是因为土匪具有自主的能力，而火山不具有自主能力？不就是因为土匪是能够自主的活动者，而火山是不能够自主的活动者？不就是因为土匪具有分辨好坏利害能力，而火山不具有分辨好坏利害能力？不就是因为土匪具有"为了什么"的属性，能够为了保持自己存在而趋利避害，而火山则不具有"为了什么"的属性，不能够趋利避害？所以，自主性就是主体之为主体的特性，就是所谓的主体性：它一方面表现为"分辨好坏利害的能力"；另一方面则表现为"为了保持自己存在而趋利避害的选择能力"。这样，相对客体而言的主体便仍然具有实体、本体的一切内涵，因为能够自主的活动者无疑属于实体、本体范畴。但是，主体同实体、本体是种属关系：实体、本体是一切属性的物质承担者；主体则仅仅是"自主"属性的物质承担者，是"分辨好坏利害的能力"和"为了保持自己存在而趋利避害的选择能力"的属性的物质承担者。

随着主体的界定，何谓客体也就迎刃而解了。因为所谓客体，显然就是主体的活动对象，是能够自主的活动者的活动对象，是活动者的自主活动所指向的对象。从客体的词源来看，也是此意。客体源于拉丁语 objicio，意为扔在前面、置诸对面，引申为活动者的活动对象、主体的活动对象。这样，客体范畴就比主体范畴广泛、简单多了。因为一切东西——日月、星球、山河、湖泊、飞禽、走兽、人类、社会、思想、观念、实体、属性等等——都可以是主体的活动对象，因而也就都可以是客体：客体既可能是实体，也可能是属性。甚至主体自身也可以是主体的活动对象，因而可以同时既为主体，又为客体。因为主体自身的活动也可以指向自身：自我认识、自我改造——作为认识者、改造者的自我是主体；作为认识对象、改造对象的自我则是客体。

价值：客体对主体需要的效用　从主体和客体的基本含义——主体是能够分辨好坏利害的自主的活动者，客体是主体的活动所指向的对象——可以看出，主体的活动之所以指向客体，显然是因为客体具有某种属性，这种属性对主体具有好坏之效用，因而引起主体指向它的活动，以便获得有好处的东西，而避免有坏处的东西。然而，究竟何谓好坏？

李德顺说："'好'和'坏'合起来，正是包含了正负两种可能的一般'价值'的具体表现。"[1] 是的，好坏合起来，便构成了所谓的价值概念。价值或好坏，就其最广泛的意义来说，无疑是主体和客体的一种相互作用、相互关系。[2] 但是，正如培里（Ralph Barton Perry）所说，价值不是主体对于客体的作用或关系，而是客体对于主体的作用或关系："价值可以定义为客体对于评价主体的关系。"[3]

---

[1] 李德顺：《价值论》，中国人民大学出版社 1987 年版，第 12 页。
[2] 李连科：《哲学价值论》，中国人民大学出版社 1991 年版，第 88 页。
[3] Ralph Barton Perry, *General Theory of Value: Its Meaning and Basic Principles Construed in Terms of Interest*, Longmans, Green, and Company, 55 Fifth Avenue, New York, 1926, p. 122.

第十一章　价值

然而，价值是客体对于主体的一切东西的作用或关系吗？否！那么，价值是客体对于主体的什么东西的作用或关系？培里著名的"兴趣说"对此做了极为精辟的回答："现在可以承认，客体的价值在于它对于兴趣的关系。"[①]"价值可以定义为兴趣的函数。"[②] 问题的关键在于，培里的兴趣概念外延极为广泛："兴趣是一连串由对结果的期望所决定的事件。"[③] 它包括"'欲望'、'意愿'或'目的'"[④]。总之，"'兴趣'一词应被视为下述名称的类名称，诸如，喜欢—不喜欢、爱—恨、希望—恐惧、欲求—避免及其他类似名称。这些名称所表示的意思就是兴趣一词所表示的意思"[⑤]。因此，培里在用兴趣界定价值之后，又写道："就现在的观点来说，价值最终必须被看作意愿或喜欢的函数。"[⑥]

可见，培里所说的"兴趣"之真谛，乃是需要经过意识的各种转化形态；更确切些说，也就是需要及其意识形态，如欲望、意愿、目的、兴趣、喜欢等等。因此，我们可以进一步说：价值是客体对于主体的需要——及其各种转化形态，如欲望、目的、兴趣等等——的作用。因为不言而喻，客体能够满足主体需要的作用，对于该主体来说，便叫作好、正价值；客体阻碍满足主体需要的作用，便叫作坏、负价值；客体无关主体需要的作用，对于该主体来说，便叫作非好非坏，亦即所谓无价值。客体对于主体的好坏、非好非坏，无疑都是客体对主体需要的某种作用，亦即所谓的效用：效用显然属于作用范畴，

---

① Ralph Barton Perry, *General Theory of Value: Its Meaning and Basic Principles Construed in Terms of Interest*, Longmans, Green, and Company, 55 Fifth Avenue, New York, 1926, p. 52.

② Ralph Barton Perry, *General Theory of Value: Its Meaning and Basic Principles Construed in Terms of Interest*, Longmans, Green, and Company, 55 Fifth Avenue, New York, 1926, p. 40.

③ 培里等著：《价值和评价》，中国人民大学出版社1989年版，第45页。

④ Ralph Barton Perry, *General Theory of Value: Its Meaning and Basic Principles Construed in Terms of Interest*, Longmans, Green, and Company, 55 Fifth Avenue, New York, 1926, p. 27.

⑤ 培里等著：《价值和评价》，中国人民大学出版社1989年版，第51页。

⑥ Ralph Barton Perry, *General Theory of Value: Its Meaning and Basic Principles Construed in Terms of Interest*, Longmans, Green, and Company, 55 Fifth Avenue, New York, 1926, p. 81.

是对于需要的作用。所以，牧口常三郎说："价值可以定义为人的生活与其客体之间的关系，它与经济学家们所使用的'效用'和'有效'这些术语没有什么不同。"①

于是，价值便是客体对于主体需要——及其各种转化形态，如欲望、目的、兴趣等等——的效用性，简言之，便是客体对主体需要的效用。从价值的词源上看，也是此义。因为价值一词，正如马克思所指出，源于梵文的 Wer（掩盖、保护）和 Wal（掩盖、加固）以及拉丁文 vallo（用堤围住、加固、保护）和 valeo（成为有力的、坚固的、健康的），引申为"有用"。所以，马克思说："贝利和其他人指出，'value，valeur'这两个词表示物的一种属性。的确，它们最初无非是表示物对于人的使用价值，表示物的对人有用或使人愉快等等的属性。事实上，'value，valeur，Wert'这些词在词源学上不可能有其他的来源。"②

那么，价值是客体的一切属性对于主体的需要——及其各种转化形态，如欲望、目的、兴趣等等——的效用吗？是的。客体的一切属性无非固有属性和关系属性。固有属性如质量的多少和电磁波长短等。关系属性则分为事实关系属性（如颜色和声音）与价值关系属性（如好坏、用途）。价值可以是客体的固有属性和事实属性对于主体的作用，自不待言；价值也可以是客体的价值、用途、效用对于主体的效用。举例说，商品的使用价值是商品事实属性对于使用、消费需要的边际效用；而商品交换价值则是商品使用价值对于交换需要的效用，说到底，也就是商品边际效用对于交换需要的效用。

因此，价值乃是客体的一切属性对于主体的需要——及其各种转化形态，如欲望、目的、兴趣等等——的效用，亦即客体对于主体的

---

① Tsunesaburo Makiguchi, *Philosophy of Value*, Seikyo Press, Tokyo, 1964, p. 75.
② 《马克思恩格斯全集》第 26 卷，人民出版社 1974 年版，第 326 页。

第十一章　价值

需要——及其各种转化形态，如欲望、目的、兴趣等等——的效用，简言之，亦即客体对主体需要的效用。这一定义，不妨称之为"效用论价值定义"。这个定义，不但符合常识，而且在学术界，正如赖金良所言，实际上也已经得到公认。① 甚至那些反对效用论的定义，推敲起来，实际上与效用论也并无二致。试看几个颇具代表性的定义：

首先，是所谓的"关系说"。李连科写道："所谓价值，就是客体与主体需要之间的一种特定（肯定与否定）的关系。"② 客体对于主体需要的肯定与否定的关系，岂不就是客体对主体需要的某种效用性吗？再看李德顺所下的定义："'价值'这个范畴的最一般含义，是对主客体关系一种特殊内容的表述。这种内容的特质就在于，客体对于主体的作用是否同主体的结构或尺度或需要相符合、一致或接近：'是'者，即属于人们用各种褒义词所指谓的正价值；'否'者，则属于人们用各种贬义词所指谓的负价值。"③ 可是，客体对于主体需要的"相符合"、"一致"或"接近"，岂不也都是客体对主体需要的某种效用性吗？

其次，是所谓的"意义说"。袁贵仁写道："价值是客体对主体所具有的积极或消极意义。"④ 所谓意义，如所周知，有两种含义：一是语言的意思、意谓；一是客体对于主体的需要的作用、效用。用意义来界定价值，显然是意义的后一种含义。因此，说价值是客体对主体的意义，无异于说价值是客体对于主体需要的效用。所以，袁贵仁也承认："价值关系是一种意义关系或一种效用关系，它们是等值的。价值是客体对主体的意义，也就是客体对主体的作用、效用。"⑤

最后，是"属性说"。李剑峰写道："价值就是指客体能够满足主

---

① 王玉樑主编：《中日价值哲学新论》，陕西人民教育出版社1994年版，第47页。
② 李连科：《哲学价值论》，中国人民大学出版社1991年版，第62页。
③ 王玉樑主编：《价值和价值观》，陕西师范大学出版社1988年版，第31页。
④ 袁贵仁：《价值与认识》，《北京师范大学学报》1995年第3期。
⑤ 袁贵仁：《价值学引论》，北京师范大学出版社1991年版，第49页。

体需要的那些功能和属性。"[1]客体能够满足主体需要的那些功能和属性，如果离开主体的需要，是无所谓价值的；这些客体的功能和属性之所以是价值，只是相对主体的需要才能成立。然而，对于主体的需要来说，这些客体的功能和属性不就是客体对主体需要具有某种效用的属性吗？不就是客体对主体需要的某种效用性吗？

总之，正如赖金良所言："从国内价值论研究的情况来看，尽管人们对'价值'范畴的定义略有区别，例如，有的人把价值规定为客体对主体需要的满足或肯定，也有的人把价值规定为客体对主体需要的适应、接近或一致，等等，但这些定义的效用主义倾向是相当明显的，或者说，都可以归类于关于'价值'的效用论定义。"[2]

价值：只能用"客体"与"主体"来界定　饶有风趣的是，效用论价值定义却遭到赖金良等学者在方法论方面的质疑：用主客体关系模式来界定价值究竟有什么根据？[3]确实，我们为什么一定要说"价值是客体对于主体需要的效用"？为什么一定要用本身还需要说明的主客体关系模式去界定价值？说"价值是一事物对于另一事物的需要的效用"不是更明白吗？或者像大卫·高蒂尔那样，把价值与效用完全等同起来，岂不更简单吗？[4]舒虹也反对用主客体关系模式来界定价值："按照这个想法，似乎可以给价值下这样一个定义：某一事物对与其有联系的事物存在与发展的意义和作用。"[5]然而，这些逃避主客体概念的价值定义都是不能成立的；价值只能用主客体关系模式来界定。

原来，任何东西——不论是生物还是非生物——都具有需要。因为所谓需要，如所周知，乃是事物因其存在和发展而对某种东西的依赖性。生物需要阳光，意味着，阳光是生物存在和发展的条件，生

---

[1] 王玉樑主编：《价值和价值观》，陕西师范大学出版社1988年版，第163页。
[2] 王玉樑主编：《中日价值哲学新论》，陕西人民教育出版社1994年版，第47页。
[3] 王玉樑主编：《中日价值哲学新论》，陕西人民教育出版社1994年版，第40页。
[4] 参阅盛庆琜：《功利主义新论》，上海交通大学出版社1996年版，第137页。
[5] 王玉樑主编：《价值和价值观》，陕西师范大学出版社1988年版，第185页。

物的存在和发展依赖阳光。好事的存在和发展对于坏事具有某种依赖性,所以,好事的存在和发展需要坏事:需要和坏事斗争、克服坏事。石头的存在依赖于它与其内外环境的平衡,所以,石头的存在需要它与其内外环境的平衡。可见,需要是一切事物——不论是有机体还是无机物——所共同具有的普遍属性。

那么,是否可以说,保障一事物的存在和发展因而满足其需要的东西,对于这个事物来说就是好的、正价值的?反之,阻碍一事物的存在和发展因而不能满足其需要的东西,对于这个事物来说就是坏的、负价值的?答案是否定的。因为虽然任何事物都具有需要,但是,说"满足某物需要的东西对于它是好的、有正价值的",显然必须以它具有分辨好坏利害的评价能力为前提,必须以它具有趋利避害的选择能力为前提。只有对于具有分辨好坏利害评价能力和趋利避害选择能力的东西来说,才有所谓好坏;对于不具有分辨好坏利害的评价能力和趋利避害的选择能力的东西来说,是无所谓好坏的。

举例说,对于一块铁来说,任何东西显然都无所谓好坏、有价值还是无价值。我们甚至不能说把铁块烧化、使它不复存在对于铁块来说就是坏事:铁块存在还是不存在,对于铁块自身来说是无所谓好坏价值的。为什么?显然只能是因为铁块不具有分辨好坏利害的评价能力和趋利避害的选择能力。反之,对于人来说,生物、植物、动物、大地等一切事物或多或少都具有某种好坏的意义、价值。原因何在?岂不就是因为人具有分辨好坏利害的评价能力和趋利避害的选择能力吗?

可见,说"价值是一事物对于另一事物的需要的效用"是不确切的。因为一事物对于另一事物的需要的效用,并不都是价值;一事物只有对于"具有分辨好坏利害的评价能力和趋利避害的选择能力"的另一事物的需要的效用,才是价值。而"分辨好坏利害的评价能力和趋利避害的选择能力",如上所述,也就是所谓的主体性:主体是具

559

有分辨好坏利害的评价能力和趋利避害的选择能力的活动者。这就是为什么，一事物只有对于主体的需要的效用，才是价值。相对主体的需要来说的那个对于主体需要具有效用的事物，也就是所谓的客体。因此，价值只能定义为客体对于主体需要的效用，只能用主客体模式来界定。所以，牧口常三郎一再说："就价值这个概念来说，只有用主体和客体的关系才能加以说明。"①

那么，我们为什么一定要说"价值是客体对于主体的需要的效用性"？是否可以更简单地说价值是客体对主体的效用？或者说价值是客体对于主体的其他东西——亦即需要及其各种转化形态之外的东西，如结构和能力等等——的效用？李德顺的回答是肯定的："价值可以定义为：客体的存在、属性及其变化同主体的结构、需要和能力是否相符合、相一致或相近的性质。"②

这是不妥的。试想，一个人有当官的能力，他的身体素质和结构也适于饮酒。但是，如果他没有做官和饮酒的需要，那么，官和酒虽然符合他的能力和结构，我们也不能说官和酒对他是有价值的。所以，我们不能说价值是客体对主体的结构或能力的是否相符的效用，也不能泛泛地说价值是客体对主体的效用，而只能说价值是客体对主体的需要——或其各种转化形态，如欲望（需要的觉知）、目的（为了实现的需要和欲望）等等——的效用。

2. 价值概念：自然内在价值论

价值是客体对于主体的需要的效用性的定义进一步表明：价值总是指"什么东西对什么东西有价值"，总是指"什么东西有价值"和"对谁（或对什么东西）有价值"。什么东西有价值，乃价值客体

---

① Tsunesaburo Makiguchi, *Philosophy of Value*, Seikyo Press, Tokyo, 1964, p. 20.
② 李德顺主编：《价值学大词典》，中国人民大学出版社 1995 年版，第 261 页。

是什么的问题；对谁有价值或对什么东西有价值，乃价值主体是什么的问题。什么东西有价值，或价值客体是什么，是个十分简单的问题。因为不论什么东西——石头、山河、日月、飞禽走兽乃至人类等等——都可以具有价值，都可以是价值客体。反之，对什么东西有价值，或价值主体是什么，则是个极为复杂的问题。

按照流行的观点，只有人才可能是价值主体，只有对于人来说，石头、山河、日月、飞禽走兽等等才具有价值，一句话，价值是属人的："价值关系实质上是一种属人的关系。"[①] 然而，20世纪60年代以来西方兴起的生态伦理学，向这种观点提出了挑战。几乎所有的生态伦理学家都认为，价值主体并非仅仅是人，并非只对于人来说，自然界才有价值，价值主体也可以是生物、生态系统，甚至可以是大地、非生物；对于生物、生态系统来说，甚至对于大地、非生物来说，自然界也是有价值的。这就是所谓的"自然界的内在价值"。那么，价值究竟是不是仅仅属人的？对生物、植物、动物、大地等非人的存在物来说，是否有价值这种东西？或者说，自然界存在所谓"内在价值"吗？这些问题的解析无疑是确切界定价值概念的前提。因为如果我们不知道价值是对什么东西来说才存在的，我们显然不可能确切地知道价值究竟是什么。所以，进一步确证价值概念的起点，便是分析生态伦理学的自然界内在价值论：自然界具有内在价值从而可以是价值主体吗？

自然界内在价值概念：自然界可以是价值主体　罗尔斯顿一再说：自然界内在价值是生态伦理学的具有导向作用的、关键的、基本的、核心的范畴。[②] J. 奥尼尔也这样写道："持一种环境伦理学的观点就是

---

① 李德顺、龙旭：《关于价值和人的价值》，《中国社会科学》1994年第5期，第120页。

② Holmes Rolston, *Environmental Ethics: Duties to and Values in the Natural World*, Temple University Press, Philadelphia, 1988, p. 2.

主张非人类的存在和自然界其他事物的状态具有内在价值。这一简洁明快的表达已经成为近来围绕环境问题讨论的焦点。"[1] 那么，究竟何谓"内在价值"？

所谓内在价值，如所周知，相对工具价值、手段价值或外在价值而言，是一个歧义丛生、颇有争议的概念。但是，有一点毫无疑义：它们源于"内在善"与"手段善"之分。内在善与手段善之分始于亚里士多德。他写道："善显然有双重含义，其一是事物自身就是善，其二是事物作为达到自身善的手段而是善。"[2] 因此，所谓"内在价值"也可以称之为"目的价值"（value as an end）或"自身价值"（value-in-itself），是其自身而非其结果就是可欲的、就能够满足需要、就是目的的价值。例如，健康长寿能够产生很多有价值的结果，如更多的成就、更多的快乐等等。但是，即使没有这些结果，仅仅健康长寿自身就是可欲的，就是人们追求的目的，就是有价值的。因此，健康长寿乃是内在价值。所以，保罗·泰勒（Paul W. Taylor）说："内在价值（Intrinsic value）被用来表示这样一些目标，这些东西自身就被当作目的而为有意识的存在物所追求。"[3] 培里则干脆把内在价值表述为一个公式："object-desired-for-itself"，亦即"客体因其自身而被欲望"。[4]

反之，所谓工具价值也可以称之为手段价值或外在价值，乃是其结果是可欲的、能够满足需要、从而是人们追求的目的的价值，是能够产生某种有价值的结果的价值，是其结果而非自身成为人们追求的目的的价值，是其自身作为人们追求的手段——而其结果才是人们所

---

[1] 徐嵩龄主编：《环境伦理学进展：评论与阐释》，社会科学文献出版社1999年版，第135页。

[2] 亚里士多德：《尼各马科伦理学》，中国社会科学出版社1990年版，第8页。

[3] Paul W. Taylor, *Respect For Nature: A Theory of Environmental Ethcs*, Princeton University Press, Princeton, New Jersey, 1986, p. 73.

[4] Ralph Barton Perry, *General Theory of Value: Its Meaning and Basic Principles Construed in Terms of Interest*, Longmans, Green, and Company, 55 Fifth Avenue, New York, 1926, p. 133.

追求的目的——的价值。举例说，冬泳的结果是健康长寿。所以，冬泳的结果是可欲的，是有价值的，是人们所追求的目的；而冬泳则是达到这种价值的手段，因而也是有价值的。但是，冬泳的这种价值与它的结果——健康长寿——不同，它不是人们追求的目的，而是人们用来达到这种目的的工具或手段：是"工具价值"或"手段价值"。因此，罗尔斯顿总结道："工具价值是指某些被当作实现某一目的之手段的东西；内在价值指自身就有价值而无须其他参照物的东西。"①

准此观之，断言自然界具有内在价值是不会有多大争议的。因为，比如说，如果我深深地爱一条曾经救过我的命的狗，以致我把它的健康当作我的一种目的，那么，这条狗的健康对于我来说，就具有内在价值。反之，如果我只是把狗当作我的玩物，它的健康会给我减少麻烦，那么，它的健康对于我就仅仅具有工具价值。这些显然是没有什么好争论的。那么，为什么自然内在价值论会引起那么多的争论呢？

原来，内在价值的定义——亦即自身就有价值——细究起来，可以有两种含义；因而可以有两种类型的内在价值。因为"自身就有价值"可以有两种含义。一种是：自身对他物就有价值。例如，狗的健康自身对于爱它的主人就具有价值，亦即具有内在价值。这是内在价值的一种含义或类型。这种类型的内在价值可以称之为"自在的内在价值"（intrinsic valuable in itself）。"自身就有价值"的另一种含义是：自身对于自身就有价值。例如，狗的健康对于狗自身就具有价值，亦即具有内在价值。这是内在价值的又一种含义或类型，这种类型的内在价值可以称之为"自为的内在价值"（intrinsic valuable for itself）。

引起争论的正是内在价值的第二种含义或类型：自身对于自身就有价值。按照这种含义，内在价值就是某物对于自己的价值，是作

---

① Holmes Rolston, *Environmental Ethics: Duties to and Values in the Natural World*, Temple University Press, Philadelphia, 1988, p. 186.

为客体的自身对于作为主体的自身的价值。自然内在价值论的"内在价值"概念正是这种含义,正是指"自为的内在价值",而不是"自在的内在价值"。这一点,克里考特(J. Baird Callicott)讲得很清楚:"一个具有内在价值的事物,就是该物对于自己的价值(valuable for its own sake),这种价值是自为的,而不是自在的(valuable in itself)。"[①] 泰勒则把这种内在价值叫作"拥有自己的善(having a good of its own)";而具有这种内在价值的事物则是"拥有自己的善的实体(entity having a good of its own)"。[②]

这样,所谓自然界内在价值,也就是自然界对于自己的价值,也就是作为客体的自然界对于作为主体的自然界的价值:自然界是拥有自己的"善"的实体。这就是自然界内在价值概念为什么会引起激烈争执的原因:自然界内在价值意味着自然界与人一样,可以拥有自己的善,可以是价值的所有者,亦即价值主体。所以,自然界内在价值论者罗尔斯顿一再说:"有机体能够拥有某种属于它自己的善(good-of-its-kind),亦即某种内在善。"[③]"没有感觉的有机体是价值的所有者(holders of value)。"[④] 总之——中国的自然界内在价值论者余谋昌先生总结道——"价值主体不是唯一的,不仅仅人是价值主体,其他生命形式也是价值主体。"[⑤]

自然界的内在价值问题:生物内在价值论 非人的生命或自然界

[①] Holmes Rolston, *Environmental Ethics: Duties to and Values in the Natural World*, Temple University Press, Philadelphia, 1988, p. 113.

[②] Paul W. Taylor, *Respect For Nature: A Theory of Environmental Ethcs*, Princeton University Press, Princeton, New Jersey, 1986, pp. 73-75.

[③] Holmes Rolston, *Environmental Ethics: Duties to and Values in the Natural World*, Temple University Press, Philadelphia, 1988, p. 106.

[④] Holmes Rolston, *Environmental Ethics: Duties to and Values in the Natural World*, Temple University Press, Philadelphia, 1988, p. 112.

[⑤] 余谋昌:《生态人类中心主义是当代环保运动的唯一旗帜吗?》,《自然辩证法研究》1997年第9期。

第十一章 价值

究竟能否是价值主体？对于生物、植物、动物、大地等非人的存在物来说，是否有价值这种东西？或者说，自然界果真存在所谓"内在价值"吗？自然界果真拥有自己的"善"吗？对于这些问题，泰勒回答道："要知道一些东西是否属于拥有自己的善的实体的一种方法是：看看说某物对于这些东西是好的或坏的，是否有意义。"[①] 那么，就让我们察看一下毫无疑义可以是价值主体的人类和显然不可能是价值主体的石头吧。恐怕决不会有人断定石头可以是价值主体，具有内在价值。因为对于石头来说，任何东西显然都无所谓好坏、有价值还是无价值：说什么东西对于石头是好或坏，显然是毫无意义的。我们甚至不能说把石头打碎烧化、使它不复存在对于石头来说就是坏事：石头存在还是不存在，对于石头自身来说是无所谓好坏价值的。为什么？只能是因为石头不具有分辨好坏利害的评价能力和趋利避害的选择能力。

反之，人是价值主体，具有内在价值：对于人来说，生物、植物、动物、大地等一切事物或多或少都具有某种好坏利害的意义、价值。原因何在？岂不就是因为人具有分辨好坏利害的评价能力和趋利避害的选择能力吗？人具有分辨好坏利害的评价能力和趋利避害的选择能力，所以当人与生物、植物、动物、大地等一切事物发生关系时，这些事物对于人就具有了好坏利害的意义，这些事物与人的关系就是一种利害好坏的关系，因而也就都具有了好坏价值。反之，石头不具有分辨好坏利害的评价能力和趋利避害的选择能力，所以，任何东西对于石头都不具有利害好坏的意义，因而任何东西与石头的关系都不是利害好坏的关系，都不具有好坏价值。

可见，分辨好坏利害的评价能力和趋利避害的选择能力，是价值主体和内在价值或"拥有自己的善"的充分且必要条件：当且仅当 A 具有分辨好坏利害的评价能力和趋利避害的选择能力，对于 A 来说，

---

① Paul W. Taylor, *Respect For Nature: A Theory of Environmental Ethcs*, Princeton University Press, Princeton, New Jersey, 1986, p. 61.

事物便具有了好坏价值，说什么东西对于 A 是好或坏便是有意义的；因而 A 便可以是价值主体，便具有内在价值，便"拥有自己的善"。那么，是否只有人才具有分辨好坏利害的评价能力和趋利避害的选择能力？泰勒的回答是否定的："所有的动物，不论它们如何比人类低级，都是拥有自己的善的存在物……所有的植物也同样是拥有自己的善的存在物。"①

原来，如上所述，任何物质形态——不论是生物还是非生物——都具有需要，都需要保持内外平衡。就拿一块石头来说，它也有需要：它的存在之保持，便需要它与其内外环境的平衡。这种平衡一旦被打破，它便风化瓦解、不复存在了。但是，物质形态越高级，它的内外平衡的保持也就越困难，因而它保持平衡的条件也就越高级、越复杂。非生物是最低级的物质形态，它的平衡几乎在任何条件下都可以保持，而不会被所受到的内外作用破坏。所以，非生物对于作用于它的任何东西，都不具有分辨好坏利害的评价能力和趋利避害的选择能力。例如，任何一块石头、一块铁，显然都不具有分辨好坏利害的评价能力和趋利避害的选择能力，它们既不会趋近也不会躲避而是毫无选择地承受风吹雨淋。这是因为石头、铁等任何非生物都不需要具有分辨好坏利害的评价能力和趋利避害的选择能力：没有这些能力，非生物也能够保持平衡和存在。

反之，相对非生物来说，最简单最低级的生物也是极其复杂、高级的。因为生物的平衡比非生物的平衡难于保持，很容易被它所受到的内外环境作用破坏。所以，任何生物对于作用于它的东西，都具有分辨好坏利害的评价能力和趋利避害的选择能力。就这种能力的最基本的形态来说，便是所谓的向性运动与趋性运动。

向性运动为一切植物固有。向光性：茎有正向光性，朝着光生长，

---

① Paul W. Taylor, *Respect For Nature: A Theory of Environmental Ethcs*, Princeton University Press, Princeton, New Jersey, 1986, p. 66.

根有负向光性，背着光生长。向地性：根有正向地性，向下长，茎有负向地性，往上长。向水性：根有很强的正向水性，强到足以使榆树的根找到、长入并阻塞下水管道。这些向性运动显然是分辨好坏利害的评价能力和趋利避害的选择能力的表现：直接说来，是为了获得有利自己的光、水、营养等；根本说来，则都是为了保持内外平衡稳定，从而生存下去。植物也都具有趋性运动。例如，叶肉细胞中的叶绿体，在弱光作用下，便会发生沿叶细胞横壁平行排列而与光线方向垂直的反应；在强光作用下，则会发生沿着侧壁平行排列而与光线平行的反应。这两种反应显然都是分辨好坏利害的评价能力和趋利避害的选择能力的表现：前者是为了吸收有利自己的最大面积的光；后者是为了避免吸收有害自己的过多的光；说到底，都是为了保持内外平衡，从而生存下去。

动物的趋性运动发达得多。即使最简单的原生动物，也可以自由地做出接近或躲避运动，最后到达或避开某一种刺激来源。例如，当变形虫在水中遇到载有食物的固体时，它就放射式地展开伪足爬向固体，从而轻易地接触到固体上的食物。可是，当它在遇到水面上的小棒一类固体时，它就把伪足撤向和不可食的物体位置相反的一边。变形虫的这种反应显然是分辨好坏利害的评价能力和趋利避害的选择能力的表现：直接说来，是为了求得有利自己的食物；根本说来，则是为了保持内外平衡从而生存下去。所以，泰勒总结道：

"全部有机体，不论是有意识的还是无意识的，都是目的论为中心的生命，也就是说，每个有机体都是一种完整的、一致的、有序的'目的—定向'的活动系统，这些活动具有一个不变的趋向，那就是保护和维持有机体的存在。"[1]

可见，分辨好坏利害的评价能力和趋利避害的合目的性选择能力

---

[1] Paul W. Taylor, *Respect For Nature: A Theory of Environmental Ethcs*, Princeton University Press, Princeton, New Jersey, 1986, p. 122.

是一切生物 —— 人、动物、植物、微生物 —— 所固有的属性。所以，罗尔斯顿写道："有机体是一种具有自发的评价能力的存在物"[1]；"生态系统无疑是有选择性的系统，就像有机体是有选择性的系统一样"[2]。因此，对于生物来说，事物是具有好坏利害的，是具有价值的；生物可以是价值主体，具有内在价值。换言之，生物具有对于自己的价值，是拥有自己的善的实体："它是拥有这样一致和完整的功能的有机体，所有这些功能都指向实现它自己的善。"[3] 所以，罗尔斯顿说："有机体是一种价值系统，一种评价系统。因此，这样，有机体才能够生长、生殖、修复伤口和抵抗死亡。我们可以说，有机体所寻求的那种有计划性的、理想化的自然状态，是一种价值状态。价值就呈现于这种成就中。……活的个体具有某种自在的内在价值，因为生命为了它自己而保卫自己。……有机体拥有某些它一直保全的东西和某些它一直追求的东西：它自己的生命。这是一种新的场所的'价值所有权'。"[4]

只不过，生物因其等级不同，所具有的分辨好坏利害的评价能力和趋利避害的选择能力也有所不同，因而它们所具有的价值也有所不同。一般说来，生物因其等级不同所具有的分辨好坏利害的评价能力和趋利避害的选择能力之不同，表现为两方面。一方面，分辨好坏利害的评价能力和趋利避害的选择能力，在植物和微生物以及不具有大脑的动物那里，是无意识的、合目的性的；而在人和具有大脑的动物那里则是有意识的、目的性的。另一方面，人的分辨好坏利害的评价能力和趋利避害的选择能力，是能用语言符号表达的，因而能够具有

---

[1] Holmes Rolston, *Environmental Ethics: Duties to and Values in the Natural World*, Temple University Press, Philadelphia, 1988, p. 186.

[2] Holmes Rolston, *Environmental Ethics: Duties to and Values in the Natural World*, Temple University Press, Philadelphia, 1988, p. 187.

[3] Paul W. Taylor, *Respect For Nature: A Theory of Environmental Ethcs*, Princeton University Press, Princeton, New Jersey, 1986, p. 122.

[4] Holmes Rolston, *Environmental Ethics: Duties to and Values in the Natural World*, Temple University Press, Philadelphia, 1988, p. 100.

理性的意识和目的；而动物的分辨好坏利害的评价能力和趋利避害的选择能力则是不能用语言符号表达的，因而只具有感性的、经验的意识和目的。生物这种分辨好坏利害的评价能力和趋利避害的选择能力之不同，使生物价值主体和内在价值存在着如下三大等级：

首先是无意识生物价值主体。事物对于植物、微生物和无脑动物虽有价值，可是，它们却意识不到、感觉不到而只能无意识地反应其价值。所以，植物、微生物和无脑动物是低级的价值主体，是无意识的价值主体，事物与它们的价值关系是一种无意识的价值关系。这样，价值对于植物、微生物和无脑动物来说，只能是客体对于主体的需要的效用，而不可能是客体对于主体的欲望、兴趣、目的——它们是需要经过意识的各种转化形态——的效用。因为植物、微生物和无脑动物只有需要而没有对于需要的意识，没有欲望、兴趣、目的等等活动。所以，如果从字面上理解培里的定义，把价值定义为客体对于主体的兴趣、欲望或目的的效用，那么，它便不适用于植物、微生物和无脑动物所拥有的价值，因而犯了以偏概全的错误。

其次是有脑动物价值主体。有脑动物是高级价值主体，因为它们是有意识的价值主体；事物与有脑动物的价值关系，是一种有意识的价值关系。所以，"价值是客体对于主体的兴趣、欲望或目的的效用"的定义，适用于有脑动物所拥有的价值。

最后是人类价值主体。贝塔朗菲曾说："生物的价值和人类特有的价值的区别就在于，前者涉及个体的维持和种族的生存，而后者总是涉及符号总体。"[①] 与其说这是生物价值主体与人类价值主体的区别，不如说是有脑动物价值主体与人类价值主体的区别。因为有脑动物虽然能够意识到、知道、感觉到事物对于它们的价值，却不能够通过语

---

① 庞元正等编：《系统论、控制论、信息论经典文献选编》，求实出版社1989年版，第112页。

言符号把这种价值科学地、理性地表达出来,不能够科学地、理性地预见这些事物对于它们的价值。这样,价值对于有脑动物来说,虽可以是客体对于主体的需要、兴趣、欲望、目的的效用;却不可能是客体对于主体的理想——亦即理性的、理智的、远大的需要、兴趣、欲望、目的——的效用。只有人类才能够通过语言符号把价值科学地、理性地表达出来,才能够科学地、理性地预见到事物对于他们的价值。所以,人是最高级的价值主体,是拥有语言符号、拥有理性、拥有科学的价值主体,事物与人的价值关系可以是一种有语言符号的、理性的、科学的价值关系。这样,价值对于人类来说,不但是客体对于主体的需要、兴趣、欲望、目的的效用,而且还可以是客体对于主体的理想的效用。赖金良先生说:"价值就是人类所赞赏、所希望、所追求、所期待的东西。"[1] 显然,这仅仅是人类所特有的价值之定义。

总之,价值是客体对于主体的需要——及其经过意识的各种转化形态——的效用,是普遍适用于一切价值领域的定义。准此观之,自然界是具有内在价值的。然而,并非一切自然物都具有内在价值;只有一切生物具有内在价值。对于生物来说,事物是具有好坏利害的,是具有价值的;生物可以是价值主体,具有内在价值:生物具有对于自己的价值。反之,对于非生物来说,事物是不具有好坏利害的,是不具有价值的;非生物不可能是价值主体,不可能具有内在价值:非生物不可能具有对于自己的价值。因此,波普尔总结道:

"我想,如果我们正确地假定,从前曾经有过一个无生命的物理世界,那么这个世界大概是一个没有问题因而也没有价值的世界。人们常常提出,价值只同意识一起才进入世界。这不是我的看法。我认为,价值同生命一起进入世界,而如果存在无意识的生命,那么,我想,即使没有意识,也存在客观的价值。可见,存在两种价值,由生命创

---

[1] 王玉樑主编:《价值与发展》,陕西人民教育出版社 1999 年版,第 35 页。

第十一章 价值

造的、由无意识的问题创造的价值,以及由人类心灵创造的价值。"[1]

我们可以把这种自然界内在价值论,叫作"生物内在价值论"。然而,证明生物内在价值论的真理性,无疑还须驳斥反对它的两种谬论:非生物内在价值论与人类内在价值论。

两种谬论:人类内在价值论与非生物内在价值论 非生物内在价值论的创始人,如所周知,是有机哲学家怀特海。不过,这种理论的真正代表,当推系统论哲学家拉兹洛等人。乍一看来,怀特海似乎也是生物内在价值论者。因为他承认:"机体是产生价值的单位。"[2] 但是,怀特海是个泛生论者,他所说的机体或有机体,并不是生物有机体,而是具有内在的规律性的相互联系、相互作用——亦即所谓有机联系——的一切物体;把有机体与有机联系的物体混为一谈。于是,一切事物,不论是电子原子还是生物抑或人类,便都因其是互相联系互相作用的有一定规律的有序结构体而都是有机体:"一个原子,一个晶体或一个分子,都是有机体。"[3] 这样,原子、分子等非生物也就都可以是价值主体而具有内在价值了。

拉兹洛从怀特海抹煞生物与非生物根本区别的机体一元论出发,为非生物内在价值论提出了更有分量的论据:系统的自组织理论。何谓自组织?自组织理论创始人哈肯回答道:"如果系统在获得空间的、时间的或功能的结构的过程中,没有外界的特定干预,我们便说系统是自组织的。"[4] 简言之,自组织也就是系统在没有外界干预的条件下能够自己形成某种结构和功能的组织。系统论表明,系统的自组织过程普遍存在于生物和非生物之中:一切系统,从基本粒子、原子、分子到微生物、植物、动物、人类以至星球、星系团、超星系,都存在

---

[1] 波普尔:《波普尔思想自述》,上海译文出版社1988年版,第275页。
[2] 怀特海:《科学与近代世界》,商务印书馆1989年版,第104页。
[3] 庞元正等编:《系统论、控制论、信息论经典文献选编》,求实出版社1989年版,第66页。
[4] 哈肯:《信息与自组织》,四川教育出版社1988年版,第29页。

新哲学

不同程度的自组织过程。可是，系统的自组织过程是怎样成为拉兹洛非生物内在价值论证据的？

原来，任何自组织系统——不论生物还是非生物——都能够在与外界进行物质、能量和信息交换的过程中，通过自动选择性的调节活动，以形成和维持某种稳定有序结构。例如，当原子受激时，就能够自动地发射能量子以返回低能级的基态，从而达到自稳定状态。拉兹洛由此进一步认为，系统自动选择性的调节活动是系统活动的手段，而它总是趋向形成和维持的某种稳定有序结构则是系统活动的目的："系统自己非要拖到目的点或目的环上才罢休，这就是系统的自组织。"① 这样一来，任何自组织系统自身对于自身就有价值——系统的自动选择性的调节活动对于形成系统稳定有序结构具有工具价值——因而任何自组织系统也就都可以是价值主体而具有内在价值："我们最终必得承认，所有自然的系统，毫无例外，都具有主体性。"②"所有系统都有价值和内在价值。"③

拉兹洛的观点能成立吗？不能。因为他由自组织系统总是自动地趋向于形成和维持某种稳定有序结构，便断言形成和维持某种稳定有序结构就是系统的目的。照此说来，我们同样可以断言重物是有目的的：它的目的就是下降而达到它的自然位置。因为重物总是自动地趋向下降而达到它的自然位置。这岂不回到了古老的目的论自然观吗？显然，我们不能由自组织系统总是自动地趋向于形成和维持某种稳定有序结构，便断言形成和维持某种稳定有序结构就是系统的目的。

原子、电子等非生物系统的自动选择性的调节活动，既不可能具有目的性，也不可能具有合目的性。因为现代生命科学和行为科学的研究表明，所谓目的性仅为生有大脑的动物所具有：目的性是有意识

---

① 钱学森等：《论系统过程》，湖南科学技术出版社1982年版，第78页。
② 拉兹洛：《用系统论的观点看世界》，中国社会科学出版社1985年版，第81页。
③ 拉兹洛：《用系统论的观点看世界》，中国社会科学出版社1985年版，第109页。

地为了什么的属性,是有意识地为了达到某种结果而进行过程的属性;反之,合目的性则仅为生物具有:合目的性是无意识地为了什么的属性,是无意识地为了达到一定结果而发生一定过程的属性。原子、电子等非生物系统显然并不具有为了什么的属性,并不具有为了形成和维持某种稳定有序结构,而进行选择性的调节活动的属性。形成和维持某种稳定有序结构,只是系统趋向达到的结果;自动选择性的调节活动只是系统趋向达到某种稳定有序结构的原因:二者只是因果关系而并非目的手段关系。对此,马成立讲得很清楚:"不论是生命系统,还是非生命系统,只要以某种程度的自组织性为基础产生自组织过程,常常先形成一个增长核心,继而从这个组织核心开始形成一条有链锁因果关系的自动选择链,而这个组织核心和自动选择链条的形式如何,在很大程度上决定着系统将发展成什么样的有序的组织结构。"① 那么,原子、电子等非生物的自动选择性的调节活动,为什么不可能具有目的性或合目的性而只具有因果性?

原来,原子、电子等非生物系统不具有分辨好坏利害的评价能力和趋利避害的选择能力。如果说原子、电子等非生物具有分辨好坏利害的评价能力,那无异于痴人说梦,是十分可笑的。谁能说星际系统维护一种平衡,是因为它具有分辨好坏利害的评价能力,知道平衡对它是好事而不平衡是坏事呢?谁能说晶体能够复制其结构并可以使受到损害的表面复原,是因为它具有分辨好坏利害的评价能力,知道复制其结构和使受到损害的表面复原对它是好事呢?非生物系统不具有分辨好坏利害的评价能力,也就不具有趋利避害的选择能力。它们所具有的选择能力,如所周知,并不是自主的、趋利避害的选择能力——不能够分辨利害当然也就谈不到趋利避害——而是自动的选择性能力,是一种像自动机械那样的"刺激—反应"能力。不言而

---

① 《自然辩证法百科全书》,中国大百科全书出版社1994年版,第793页。

喻，只有自主的、趋利避害的选择活动，才可能具有目的性或合目的性；而自动的"刺激—反应"模式的选择性活动则只能具有因果性。这就是为什么非生物系统的选择性活动只具有因果性而不具有目的性或合目的性的缘故：它们是一种自动的"刺激—反应"模式的选择性活动，而不是自主的、趋利避害的选择活动。

非生物系统既然不具有分辨好坏利害的评价能力和趋利避害的选择能力，不具有目的性或合目的性，那么，对于非生物系统来说，也就没有好坏价值这种东西：非生物不具有内在价值，不拥有自己的善。泰勒认为，这就是非生物和生物的根本区别："使我们意识到一块石头和一个植物或动物的基本区别的东西是：植物或动物是目的论为中心的生命，反之，石头则不是。所以，石头没有自己的善。"[1]

可见，非生物内在价值论是不能成立的。那么，人类内在价值论呢？人类内在价值论以为，只有对于人来说，才有所谓价值，只有人类才具有内在价值："人，也只有人才是名副其实的主体。"[2] 细察这种多年来一直占统治地位的流行观点，实在令人惊奇；因为它并没有什么像样的根据。它的全部根据，如所周知，无非是：主体是具有实践能力和认识能力的活动者；而只有人类才具有实践和认识活动。例如，李连科说："主体之所以成为主体，是由于它有认识和实践的力量。"[3] 肖前说："主体，就是人，就是有实践能力、有认识能力，并且运用这些能力来进行实践和认识的人。"[4] 李德顺也这样写道："毫无疑问，在任何意义上说，主体都只能是广义的人（包括人的各种社会集合形式），而不是神、'客观精神'、其他生命形式和物。因为只有人才是

---

[1] Paul W. Taylor, *Respect For Nature: A Theory of Environmental Ethcs*, Princeton University Press, Princeton, New Jersey, 1986, p. 123.
[2] 李德顺、龙旭：《关于价值和人的价值》，《中国社会科学》1994年第5期，第120页。
[3] 李连科：《哲学价值论》，中国人民大学出版社1991年版，第74页。
[4] 《社会科学辑刊》编辑部主编：《主体—客体》，辽宁人民出版社1983年版，第2页。

实践者、认识者。"①

这种流行的观点也是不能成立的。首先，把主体界定为"具有实践能力和认识能力的活动者"，是以偏概全。因为，如所周知，主客体关系并不仅仅是实践关系和认识关系，而且还包括价值关系。这样，主体便不仅有实践主体、认识主体，而且还包括价值主体。因此，主体的定义显然必须普遍适用于实践主体、认识主体、价值主体。适用于这三种主体的定义只能是：主体是具有分辨好坏利害的评价能力和趋利避害的选择能力的活动者。因为实践主体是具有实践能力的主体，认识主体是具有认识能力的主体，价值主体则是具有分辨好坏利害的评价能力和趋利避害的选择能力的主体。这样，实践主体和认识主体同时都是价值主体，因为具有实践能力和认识能力的主体，无疑都具有分辨好坏利害的评价能力和趋利避害的选择能力。

反之，价值主体不都是实践主体和认识主体，因为具有分辨好坏利害的评价能力和趋利避害的选择能力的主体——如植物——却不都具有实践能力和认识能力。所以，朱葆伟先生说："从发生学的角度来看，对利害的感受和某种偏好都远在认知之先。"②这样，实践能力和认识能力便仅仅是部分主体才具有的特征，而只有分辨好坏利害的评价能力和趋利避害的选择能力，才是一切主体普遍具有而又区别于不可能是主体的事物的根本特征。所以，主体只能界定为具有分辨好坏利害的评价能力和趋利避害的选择能力的活动者；而认为主体是具有实践能力和认识能力的活动者的定义，犯了以偏概全的错误。

其次，具有实践能力和认识能力的活动者也并非仅仅是人，一切具有大脑的动物都具有实践能力和认识能力。因为，心理学表明，任何具有大脑的动物，如狗、狼、狐狸等等，都具有知（认知、认识）、

---

① 李德顺：《价值论》，中国人民大学出版社1987年版，第59页。
② 吴国盛主编：《自然哲学》第一辑，中国社会科学出版社1994年版，第173页。

情（感情）、意（意志）的心理、意识活动，因而也就都具有实践活动。因为一切认识、认知等心理活动，只能从实践中来：有心理、意识活动者，必有实践活动。否则，岂不否认了实践乃是认识的唯一源泉之公理？试举一例。恐怕很难否认，狗有认识：难道谁敢说狗不认识人吗？那么，狗的这种认识从何而来？首先无疑是从"看"而来。"看"是什么？是实践。如果说一个人在看是实践，那么，一条狗在看岂不也是实践？有什么理由说只有人的"看"是实践，而一条狗的"看"就不是实践？狗的"看"，无疑就是狗的一种实践，就是狗的"认识人"等等认识的一种来源。

可见，"人类内在价值论"的两条论据——主体是具有实践能力和认识能力的活动者，而只有人类才具有实践和认识活动——都是不能成立的。其实，对于这种流行的观点，只要稍加思索，便可以看出它的荒唐可笑。因为按照这种观点，事物只有对于人类来说才具有好坏价值。这怎么能说得通呢？试想，人吃桃子和猴吃桃子究竟有什么不同呢？人类和猴子一样都知道桃子是好东西，桃子对于人类和猴子一样，都是能够满足其食欲的食物。可是，按照"人类内在价值论"的流行观点，桃子对于人类是有营养的好东西，是有价值的；然而，却不能说桃子对于猴子是有营养的好东西，不能说桃子对于猴子是有价值的。这说得通吗？赖金良先生问得好：

"人吃饭与牛吃草，就它们都是生存需要，都是有机体从外界摄取物质和能量的过程而言，两者并无什么区别，为什么前者可称为'价值关系'而后者则不能称为'价值关系'？人类与动物一样，都必须同外界进行物质、能量和信息的交换并保持这种交换的相对平衡，既然阳光、空气、水等自然物对人的有用性可称为'价值'，为什么它们对动物的有用性就不能称为'价值'？"[①]

---

① 王玉樑：《中日价值哲学新论》，陕西人民教育出版社1994年版，第43页。

显然，并不是只有对于人来说，才有所谓好坏价值，只有人才可以是价值主体，才具有内在价值；对于牛、猴子、狗等动物来说，也有所谓好坏价值，这些动物也可以是价值主体，也具有内在价值。拉兹洛说："如果我们承认人都有主体性，那么我们就必须承认，猩猩和狗也有主体性，因为它们也具有感觉器官，并且也显示出有目的的行为的迹象。"①

总而言之，非生物内在价值论和人类内在价值论都是错误的；真理只能是生物内在价值论：对于一切生物来说，事物都是具有好坏利害的意义的，都是具有价值的，因而一切生物也就都可以是价值主体，都具有内在价值。所以，价值是客体对于主体的需要——及其经过意识的各种转化形态——的效用，是普遍适用于一切价值领域的定义：它在植物、微生物和无脑动物所拥有的价值领域表现为客体对主体需要的效用；在有脑动物所拥有的价值领域表现为客体对主体的需要及其各种转化形态——欲望、兴趣、目的等等——的效用；在人类所拥有的价值领域则不但表现为客体对于主体的需要、兴趣、欲望、目的的效用，而且还可以表现为客体对于主体的理想——亦即主体的理性的、理智的、远大的需要、兴趣、欲望、目的——的效用。

3. 价值概念：商品价值论

价值是客体对主体"需要"——及其经过意识的各种转化形态如"欲望"和"目的"——的效用；说到底，是客体对主体需要、欲望和目的的效用；简言之，是客体对主体需要的效用。这一定义不但符合常识，而且在当代学术界实际上也已经大体得到公认。但是，真正讲来，这个所谓"效用价值论"的价值定义能否成立，仍然很成问题。因为经济学关于商品价值是不是商品效用的问题，正如维克塞尔所说，

---

① 拉兹洛：《用系统论的观点看世界》，中国社会科学出版社1985年版，第78页。

"曾争论了一个世纪以上"[①]。李嘉图甚至认为："在这门科学中，造成错误和分歧意见最多的，莫过于有关价值一词的含糊观念。"[②] 如果商品价值，确实如劳动价值论所说，不是商品对人的需要的效用，而是凝结在商品中的一般人类劳动，那么，从"商品价值不是商品效用"命题之真，便可以推知它的矛盾命题"价值是效用"之假，效用价值论便被证伪了。这就是为什么，价值的效用论定义实际上虽已得到公认，但许多学者却极力避免以"效用"来界定价值。因此，商品价值是不是商品效用，乃是攸关效用论价值定义的真假之大问题。那么，商品价值究竟是不是商品的效用呢？

商品价值：商品对人的需要的效用　我国学术界颇为流行"两种价值概念"。一种是哲学的价值概念：价值是客体对主体需要的效用。另一种是经济学的价值概念：商品价值不是商品对人的需要的效用，而是凝结在商品中的一般人类劳动。两种价值概念说显然是不能成立的：它违背了两个矛盾判断——亦即"一切价值都是客体对主体需要的效用"与"商品价值不是商品对人的需要的效用"——不可能同真的逻辑规律。"价值是客体对主体需要的效用"与"商品价值不是商品对人的需要的效用"不可能同真：一个是真理；另一个必是谬误。我们已经说明，所谓哲学的价值定义——价值是客体对主体需要的效用——是真理。这就意味着："商品价值不是商品对人的需要的效用"是谬误。那么，为什么商品价值是凝结在商品中的一般人类劳动——而不是商品对人的需要的效用——的定义是谬误？商品价值究竟是什么？

经济学家晏智杰说："经济学中的价值概念应是一般意义的价值概念，即主体与客体关系的具体化，就是说，商品价值是指财富和商品

---

① 维克塞尔：《国民经济学讲义》，上海译文出版社1983年版，第21页。
② 李嘉图：《政治经济学及赋税原理》，商务印书馆1972年版，第9页。

第十一章 价值

同人的需求的关系。价值有无及其大小,均以是否能够满足需求以及满足的程度为转移。"[1]诚哉斯言!所谓价值,如前所述,就是客体对于主体的需要的效用性。因此,根据"遍有遍无"演绎公理,价值是客体对于主体的需要的效用性,显然意味着,商品价值是商品所具有的满足人的需要的效用:满足物主自己直接使用需要的效用,叫作商品使用价值;满足物主用以与其他商品相交换的需要之效用,叫作商品交换价值。这就是自亚里士多德以来历代相沿——斯密和李嘉图以及马克思所代表的历史阶段除外——的所谓效用价值论的商品价值的定义和分类。

亚里士多德不但发现商品价值就是商品效用,而且将商品价值分为使用价值与交换价值,认为两者都是商品对于人的需要的效用、用途。只不过,他将使用价值看作商品的"适当的用途",而将交换价值当作商品的"不适当的或交换的用途":"我们所有的任何东西都有两种用途。这两者都属于物品本身,但是方式不同。一个是适当的用途,另一个则是不适当的或次要的用途。例如,鞋可穿,也可用于交换,两者都是鞋的用途。"[2]不过,效用论商品价值定义最清楚的表达,当推英国重商主义者尼古拉·巴尔本的界说:"一切商品的价值都来自商品的用途;没有用处的东西是没有价值的,正如一句英文成语所说,它们一文不值。商品的用途在于满足人们的需要。"[3]

边际效用论则继承亚里士多德以降的商品效用价值论,进而发现,商品使用价值是商品对于人的消费需要和欲望的边际效用。所谓商品边际效用,就是最后增加的那个单位商品的效用。萨缪尔森说:"'边际'是经济学的关键词,通常义为'额外'或'新增'。边际效用指多

---

[1] 晏智杰:《经济价值论再研究》,北京大学出版社2005年版,第9页。
[2] 晏智杰:《劳动价值学说新探》,北京大学出版社2001年版,第98页;参阅《亚里士多德全集》第九卷,中国人民大学出版社1994年版,第18页。
[3] 巴尔本:《贸易论》,商务印书馆1982年版,第55页。

消费一单位产品时所带来的新增的效用。"①"我们使用边际效用这个词表示'添增最后一个单位的物品所增加的效用'。"②因此,商品使用价值是商品对于人的消费需要和欲望的边际效用,意味着:每个商品的使用价值都是最后增加的那个单位商品的效用。

原来,商品使用价值是商品满足人的消费需要和欲望的效用,也就等于说,商品使用价值是对人的还没有满足的消费需要和欲望的效用,而不是对已经满足的消费需要和欲望的效用。因为需要和欲望一旦得到满足,便不再是需要和欲望。只有尚未满足的需要才是需要;而已被满足的需要不再是需要。只有对未被满足的需要的心理体验才是欲望;而对于已被满足的需要的心理体验不再是欲望:欲望是需要不满足而求满足的心理体验。商品使用价值是对人的还没有满足的需要的效用——而不是对已经满足的需要的效用——意味着:商品使用价值也就是对人的剩余需要的效用,是对人的剩余需要的满足。

因此,每个单位商品的使用价值也就同样都是对人的"减去其他商品已经满足的需要"之后所剩余的需要的满足,是对人的减去其他商品已经满足的需要之后所"剩余的需要"的效用,因而也就是最后增加的那个单位商品对人的需要的满足效用,也就是单位商品的边际效用:边际效用就是最后增加的那个单位商品的效用。单位商品使用价值是单位商品边际效用;商品总使用价值则是每个商品的边际效用之和。因此,萨缪尔森说:"消费一定量商品的总效用等于所消费的每个商品的边际效用之和。"③

举例说,假设现有 10 个暖瓶。每个暖瓶的使用价值都同样是对人的还没有满足的需要的效用,都同样是对人的剩余需要的效用,说到

---

① Paul A. Samuelson, William D. Nordhaus, *Microeconomics* (16th Edition), The McGraw-Hill Companies, Inc., Boston, 1998, p. 81.
② 萨缪尔森:《经济学》中册,商务印书馆 1986 年版,第 77 页。
③ Paul A. Samuelson, William D. Nordhaus, *Microeconomics* (16th Edition), The McGraw-Hill Companies, Inc., Boston, 1998, p. 81.

第十一章　价值

底，也就都同样是对减去其他9个暖瓶已经满足的需要之后所剩余的需要的满足，因而也就是最后的那个暖瓶——亦即第10个暖瓶——的效用，亦即暖瓶的边际效用。10个暖瓶各自的边际效用之和，构成10个暖瓶的总使用价值。

那么，商品交换价值是什么？商品之所以能够进行交换，从而具有交换价值，正如李嘉图所说，只是因为商品具有使用价值；不具有使用价值的东西不可能具有交换价值："一种商品如果毫无用处，换言之，如果它对我们欲望的满足毫无用处，那么，不论它怎样稀少，也无论获得它耗费多少劳动，也不会具有交换价值。"[1] 因此，所谓商品交换价值，不过是商品使用价值对人的交换需要的效用；而商品使用价值则是交换价值的原因、实体和物质承担者。

这样一来，商品使用价值是商品的边际效用，便意味着：商品交换价值就是商品的边际效用对于换取其他商品的效用。因此，商品有多少边际效用量，就有多少交换价值量：商品的交换价值量与其边际效用量相等。这个公式，正如庞巴维克所说，乃是商品交换价值量的决定规律："统摄价值量的规律，可以归结为一个相当简单的公式：一件物品的价值是由它的边际效用量来决定的。"[2]

因此，商品价值——使用价值与交换价值——必定随着商品的增多而递减。因为商品越多，人的需要和欲望得到满足便越多，而没有得到满足的需要和欲望便越少且越不重要，最后的单位增量所能够满足的需要和欲望也就最少且最不重要，商品的边际效用也就最小，单位商品的使用价值和交换价值也就最小。这个定律堪称商品价值——使用价值与交换价值——递减定律；该定律的核心内容无疑

---

[1] Divid Ricardo, *Principles of Political Economy and Taxation*, George Bell and Sons, London, 1908, p. 6.

[2] Eugen V. Böhm-Bawerk, *The Positive Theory of Capital*, G. E. STECHERT & CO., New York, 1930, p. 149.

是商品边际效用递减,因而被叫作边际效用递减定律:"边际效用递减规律可以归结为:当一种消费品的量增加时,该消费品的边际效用趋于递减。"[1]

"价值悖论"的破解:使用价值是商品的边际效用 经济学所谓的"价值"或"商品价值",正如穆勒所指出,往往是指"交换价值"或"商品交换价值":"价值一词在没有附加语的情况下使用时,在政治经济学上,通常是指交换价值。"[2] 商品价值或交换价值不是商品效用的观点,主要源于这样一种"事实":水的效用极大,却不具有任何交换价值;钻石的效用很小,却具有很大的交换价值。这就是令斯密等经济学家困惑不解的所谓"价值悖论":

"使用价值极大的东西,往往具有极小或没有交换价值;反之,交换价值极大的东西,往往具有极小或没有使用价值。没有什么东西比水更有用,但用水不能购买任何物品,也不会拿任何物品与水交换。相反,金刚钻几乎没有任何使用价值可言,却须具有大量其他物品才能与之交换。"[3]

这意味着:效用论价值定义内涵着悖论。因为根据效用价值论定义,商品价值或交换价值亦即商品满足人的需要的效用。照此说来,"水的效用大,但交换价值小",也就无异于说"水的交换价值大,却又交换价值小",亦即"水的交换价值大又不大":悖论。这就是所谓"价值悖论",亦即"价值定义悖论",说到底,亦即"效用论价值定义悖论"。效用论价值定义内涵着悖论,意味着效用论价值定义是谬误。这就是为什么面对"价值悖论",一些经济学巨匠,如斯密、李嘉图和马克思,遂否认商品价值或交换价值是商品效用,而认为商品

---

[1] Paul A. Samuelson, William D. Nordhaus, *Microeconomics* (16th Edition), The McGraw-Hill Companies, Inc., Boston, 1998, p. 81.

[2] 穆勒:《政治经济学原理》上卷,商务印书馆1997年版,第493页。

[3] Adam Smith, *The Wealth of Nations*, Books I-III, England Penguin Inc., 1970, pp. 131-132.

价值或交换价值是商品所凝结的劳动："一切商品作为价值只是结晶的人类劳动。"①

然而，边际效用论科学地破解了这个困惑思想家们两千余年的"价值悖论"。因为边际效用论发现，商品使用价值是商品的边际效用，是商品的最后单位增量的效用；商品的边际效用随着该商品的增多而递减，因而商品使用价值便随着该商品的增多而递减。这样一来，钻石交换价值大，决不是因其效用和使用价值小；恰恰相反，钻石交换价值大，只是因其数量少，因而边际效用大，从而使用价值大。水交换价值小，决不是因其效用大，而是因其数量多，因而边际效用小，从而使用价值小。因此，交换价值与使用价值成正比：价值悖论不能成立。

通俗言之——边际效用论发现——水具有极大的效用，这仅仅是就水的总和的、一般的、抽象的效用来说的。具体地、实际地看，每一单位的水都具有不同的效用：一个人所拥有的水越多，每一单位的水对于他的效用就越小；超过一定量后，其效用就会等于零，甚至成为负数："价值在其发展中一定两度为零：一次是在我们什么都没有的时候；另一次是在我们什么都有了的时候。"② 所以，水没有交换价值并不是因其总和效用大，而是因其超过一定量后，其单位效用是零；钻石交换价值大，则不是因其总和效用小，而是因其极为稀少因而单位效用大。

因此，事实上并不存在什么"价值悖论"，并不存在"效用论价值定义悖论"，并不存在与商品价值效用论定义——商品价值是商品对人的需要的效用——相矛盾的所谓"事实"，说到底，"水的效用大却无交换价值，而钻石无用却有极大交换价值"并不是事实而是假

---

① 马克思：《资本论》第 1 卷，中国社会科学出版社 1983 年版，第 27 页。
② Friedrich Von Wieser, *Natural Value*, Kelley & Millman, Inc., New York, 1956, p. 31.

583

象：它不但没有证伪反倒证实了效用论价值定义。因为这种假象的破解表明，水和钻石等一切商品的使用价值和交换价值都是商品的某种效用：使用价值是商品对于消费需要的边际效用；交换价值则是使用价值——亦即边际效用——对于交换需要的效用。

"价值悖论"的误解：商品价值是商品中凝结的人类劳动　所谓劳动价值论，如所周知，亦即认为劳动是创造和决定商品价值或交换价值的唯一的源泉与实体的理论，其主要代表人物是斯密、李嘉图和马克思。① 然而，劳动价值论并不否认——也没有任何经济学家否认——劳动与土地是创造使用价值的两个源泉和实体，而只是否认劳动与土地是创造价值或交换价值的两个源泉和实体。那么，究竟为什么劳动价值论认为劳动与土地只是使用价值——而不是交换价值或价值——的两个源泉和实体？

斯密、李嘉图和马克思的著作表明，劳动价值论的理论前提或认识论根源可以归结为"价值悖论"：交换价值与使用价值大小往往相反或完全无关。② 那么，实际上是否如斯密、李嘉图和马克思所深信，从"价值悖论"可以推导出劳动价值论呢？答案是肯定的。

因为，一方面，"劳动和土地是创造使用价值的两个源泉和实体"乃是一种不争的事实和常识。另一方面，"价值悖论"——亦即使用价值与交换价值的大小相反或完全无关——意味着：使用价值的源泉和实体（劳动和土地）不可能是交换价值的源泉和实体；否则，交换价值怎么会与使用价值的大小相反或完全无关呢？那么，交换价值的源泉、实体是什么？显然只有劳动。因此，米克将劳动价值论否定土地是创造交换价值的源泉——而认为劳动是创造交换价值的唯一

---

① Adam Smith, *The Wealth of Nations*, Books I-III, England Penguin Inc., 1970, p. 133.
② Adam Smith, *The Wealth of Nations*, Books I-III, England Penguin Inc., 1970, p. 140; Divid Ricardo, *Principles of Political Economy and Taxation*, George Bell and Sons, London, 1908, pp. 5-7; 马克思：《资本论》第 1 卷，中国社会科学出版社 1983 年版，第 15、50、51 页。

第十一章　价值

源泉——的理由和前提，归结为"价值（亦即交换价值）"与"财富（亦即使用价值）"的根本不同，亦即归结为"价值悖论"：

"只有弄清楚财富和价值的根本区别以后，才能澄清土地的作用问题。当然，人们在相当早的时期就知道商品的使用价值和它的交换价值是不同的。在斯密以前就已经有一些作家用过钻石与水的有名例证，而赫起逊以前也有一些经济学家指出过商品的交换价值往往同它的效用没有多大关系。但是李嘉图一直强调的财富（由土地和劳动两者共同创造的一定数量的使用价值）与价值（完全由劳动决定的）之间的区别，还要经过相当时期才能确切地表述出来，尽管早先有些经济学家讨论过这个区别，却没有充分意识到这个区别的意义。一旦土地不算作决定价值的一个因素，那么剩下来的问题就仅只是说明：劳动赋予商品的价值，不是通过对劳动的报酬，而是通过劳动本身的耗费。"①

诚哉斯言！如果"劳动是创造交换价值的唯一源泉"，那么，交换价值与使用价值——劳动和土地是创造使用价值的两个源泉——往往相反显然就可以理解了。② 因此，有关劳动是否创造价值或交换价值唯一源泉——亦即劳动价值论能否成立——之争论，说到底，乃在于所谓"价值悖论"能否成立：误以为"价值悖论"能够成立，乃是劳动价值论最深刻的理论前提或认识论根源；只要"价值悖论"不能成立，交换价值与使用价值的大小成正比，从而使用价值是交换价值的源泉和实体，那么，劳动与土地便无疑是创造价值、交换价值

---

① 米克：《劳动价值学说的研究》，商务印书馆1979年版，第42页。
② 这就是为什么，马克思一再说：劳动是创造商品价值或交换价值的唯一源泉；商品价值或交换价值是商品中凝结的人类劳动。可是，价值实体与价值无疑根本不同，马克思为何既说劳动是价值又说劳动是价值实体？原来，马克思是商品价值实在论者，认为商品价值是商品固有属性，是一种实体。因此，在他看来，价值与价值实体并没有什么不同。只不过，流动的活的劳动是创造价值的源泉和实体；凝结的物化在商品中的劳动就是商品价值："处于流动状态的人类劳动力或人类劳动形成价值，但本身不是价值。它只是在凝固的状态中，在物的形式上才成为价值。"（马克思：《资本论》第1卷，中国社会科学出版社1983年版，第28页）

的两个源泉,劳动价值论便不能成立了。

劳动价值论不能成立,不但因其理论前提"价值悖论"被边际效用论的伟大发现——使用价值是商品的边际效用,因而与交换价值的大小成正比——所破解而不能成立;而且就其自身来说,也是不能成立的。因为商品中凝结的人类劳动之存在,并不依赖于人的需要,甚至也不依赖于人。一件金首饰所凝结的人类劳动,即使人类灭亡了,它也照样凝结在该金首饰中。一部《红楼梦》凝结着曹雪芹"十年辛苦不寻常"的劳动,即使人类灭亡了,它也照样凝结这些人类劳动。因此,商品中凝结的人类劳动,乃是商品的不依赖人的需要而存在的属性,是商品固有属性。

这样一来,按照劳动价值论的观点,商品价值是凝结在商品中的人类劳动,岂不意味着:商品价值是商品的固有属性?是的,马克思确实认为价值是商品的固有属性,主张商品价值实在论,因而一再说:"生产使用物所耗费的劳动,表现为这些物固有的性质,即它的价值。"[1] "如果我们说,一切商品作为价值只是结晶的人类劳动,那么,我们的分析就是把商品化为价值抽象,但是,它们仍然只是具有唯一的形式,即有用物的自然形式。在一个商品和另一个商品发生价值关系时,情形就完全不同了。从这时起,它的价值性质就显露出来并表现为决定它与另一个商品的关系的固有的属性。"[2]

可是,以为商品价值是商品的固有属性,岂不荒谬之极?因为毫无疑义,正如罗德戴尔和晏智杰所言,任何价值都不可能是客体固有属性,而只能是客体关系属性:"价值一词,无论是在其本来意义上,还是在人们通常说法中,都不表示商品固有属性。"[3] "价值是一个关系

---

[1] 马克思:《资本论》第1卷,中国社会科学出版社1983年版,第39页。
[2] 马克思:《资本论》第1卷,中国社会科学出版社1983年版,第27页。
[3] 晏智杰:《经济学中的边际主义》,北京大学出版社1987年版,第49页。

第十一章 价值

范畴，不是实体范畴。"①

不但此也，"价值是商品中所凝结的劳动"的定义之荒谬还在于：如果商品价值就是商品中所凝结的劳动，那么，非劳动或不凝结劳动的物品，如土地等等，就不可能有商品价值或交换价值。是的，马克思竟然承认确实如此："如果一个使用价值不用劳动也能创造出来，它就不会有交换价值。"②"土地不是劳动产品，从而没有任何价值。"③"瀑布和土地一样，和一切自然力一样，没有价值，因为它本身中没有任何对象化劳动。"④

这种论断，岂止不能成立，而且近乎荒唐。因为不论任何东西，只要能够买卖，只要能够交换，只要能够用以换取其他东西，显然就必定具有交换价值；否则，如果一种东西不具有交换价值，就必定不能够买卖，必定不能够进行交换，必定不能够用以换取其他东西。那么，能够买卖、交换从而具有交换价值的条件是什么？不难看出，一个条件是有用，亦即具有使用价值；没有使用价值的东西显然不能够买卖，不能够交换，因而不具有交换价值。另一个条件是稀缺性，因为具有使用价值的东西如果不具有稀缺性，而是无限多的，如水、阳光和空气等等，显然不能够买卖交换，不具有交换价值。任何东西，不论是否包含或凝结劳动，只要具有使用价值并且稀缺，显然就能够进行交换或买卖，因而必定具有交换价值：使用价值和稀缺性是任何东西具有交换价值的充分且必要条件。

因此，土地与空气和水根本不同。空气和水等具有使用价值而不具有交换价值，并不是因其不包含劳动，而是因其不具有稀缺性从而不能够买卖交换。相反地，不论是经过开垦从而凝结劳动的土地，还

---

① 晏智杰：《经济价值论再研究》，北京大学出版社2005年版，第9页。
② 马克思：《资本论》第3卷，人民出版社2004年版，第728页。
③ 马克思：《资本论》第3卷，人民出版社2004年版，第702页。
④ 马克思：《资本论》第3卷，人民出版社2004年版，第729页。

是未经开垦从而不包含劳动的土地，显然都同样既具有使用价值又具有稀缺性，因而同样能够买卖交换，同样具有交换价值，同样具有价值。土地能够买卖交换是个不争的事实，恐怕只有傻瓜才能否认。既然土地能够买卖交换，怎么会不具有交换价值？天地间哪里会有能够买卖交换却不具有交换价值的东西！土地能够买卖交换，就已经意味着土地具有交换价值；断言能够买卖交换的东西却不具有交换价值岂不自相矛盾？

综上可知，误以为"价值悖论"是个不争的事实，使斯密、李嘉图和马克思否认"商品价值是商品效用"的效用价值论之真理，而堕入"劳动是创造商品价值的唯一源泉"和"商品价值是商品中所凝结的劳动"的劳动价值论之谬误。边际效用论则通过"使用价值是商品边际效用"的伟大发现，科学地证明了"使用价值与交换价值的大小成正比"，从而表明"价值悖论"不能成立，终结了劳动价值论的统治，使我们又回到了自亚里士多德以来历代相沿的效用价值论：商品价值就是商品满足人的需要和欲望的效用。

只不过，商品的使用价值是商品事实属性对于消费需要的边际效用；而商品交换价值则是商品使用价值对于换取其他商品的交换需要的效用，说到底，也就是商品边际效用对于交换需要的效用：商品使用价值——亦即商品边际效用——是商品交换价值的源泉和实体。因此，交换价值量的大小与使用价值量的大小一样，都完全取决于边际效用量：商品的交换价值量与其边际效用量相等。这就是为什么，熊彼特论及边际效用论的贡献时说："他们证明了亚当·斯密、李嘉图和马克思认为不可能证明的事：用使用价值来解释交换价值。"[1]

边际效用论取代马克思和古典经济学派劳动价值论，堪称经济学

---

[1] Joseph A. Schumpeter, *History of Economic Analysis*, George Allen & Unwin Ltd., London, 1955, p. 960.

第十一章　价值

革命。熊彼特将这种革命比作日心说取代地心说:"日心说取代地心说和边际效用理论取代'古典经济学说',是同一种类的业绩。"[①] 马克·斯考森论及边际革命的意义时也一再说:"它的发现解决了价值悖论,这个悖论曾让从亚当·斯密到约翰·穆勒的古典经济学家们灰心丧气。这一思想也破坏了马克思主义经济学。边际效用革命拯救了垂死的科学。那是令经济学家精神振奋的时代。"[②]

我们终于完成了商品价值论和自然内在价值论的解析。一方面,商品价值论的分析表明,任何商品价值都是商品对人的需要的效用:商品的使用价值是商品的边际效用;而商品交换价值则是商品使用价值对于换取其他商品的交换需要的效用,说到底,也就是商品边际效用对于交换需要的效用:商品使用价值——亦即商品边际效用——是商品交换价值的源泉和实体。所以,商品价值论并没有证伪而是证实了"价值就是客体对主体需要——及其经过意识的各种转化形态,如欲望、兴趣、目的等等——的效用"的效用论价值定义。

另一方面,自然内在价值论的研究表明,只有生物才具有分辨好坏利害的评价能力和趋利避害的选择能力,因而对于生物来说,事物是有好坏利害之分的,是有价值可言的:生物可以是价值主体,具有对于自己的价值,亦即具有内在价值。这样,价值是客体对于主体的需要——及其经过意识的各种转化形态——的效用,便被自然内在价值论证明是普遍适用于一切价值领域的定义:它在植物、微生物和无脑动物所拥有的价值领域表现为客体对主体需要的效用;在有脑动物所拥有的价值领域表现为客体对主体的需要及其各种转化形态——欲望、兴趣、目的等等——的效用;在人类所拥有的价值领域则不但

---

① 熊彼特:《经济分析史》第三卷,商务印书馆 1991 年版,第 251 页。
② 马克·斯考森:《现代经济学的历程》,长春出版社 2009 年版,第 169 页。

表现为客体对于主体的需要、兴趣、欲望、目的的效用，而且还可以表现为客体对于主体的理想——亦即主体的理性的、理智的、远大的需要、兴趣、欲望、目的——的效用。

因此，我们可以得出结论说："客体对主体需要——及其经过意识的各种转化形态，如欲望、兴趣、目的等等——的效用"乃是价值概念的科学界定。界定了价值，不言而喻，也就不难理解评价概念了。

4. 价值反应：评价概念

反映与反应：真假与对错　何谓评价？迄今最为恰当且广为接受的定义恐怕就是：评价是对价值的意识，是对价值的反映。然而，细究起来，这个定义并不确切：它误将"反应"当作"反映"。因为真正讲来，评价是对价值的反应，而不仅仅是对价值的反映。那么，反映与反应究竟有什么不同？

所谓反应，如所周知，是事物相互作用的产物。任何事物无疑都与他事物存在着相互作用，因而不断变化着。一事物在他事物作用下所发生的变化，就是对他事物的作用和属性的回答、表现。这种变化、回答或表现，相对他事物的作用和属性来说，便叫作反应：反应就是一事物在他事物作用下所发生的变化，就是对他事物的作用和属性的回答或表现。举例说，滴水穿石，是石头在滴水的作用下所发生的机械变化，叫机械反应：它是对水的"柔弱胜刚强"的属性和作用的表现。水热蒸发，是水在热的作用下所发生的物理变化，叫物理反应：它是对热的属性和作用的表现。铁生锈，是铁在氧的作用下所发生的化学变化，叫化学反应：它是对氧的属性和作用的表现。含羞草受到震动，叶柄便耷拉下来，是含羞草在震动的作用下发生的生物变化，叫生物反应：它是对震动的属性和作用的表现。显然，反应是一切事物都具有的属性。

然而，反映并不是一切事物都具有的属性。所谓反映，如所周知，

第十一章　价值

原本是一种特殊的物理现象，如镜子里面的东西就是镜子外面的东西的反映。认识论借用这个原本属于物理现象的反映概念来定义认识：认识就是大脑对外界事物的反映，如同镜子里的影像就是镜子对外界事物的反映一样。反映是一种特殊的反应，属于反应范畴。因为镜子对外物的反映，就是外物通过作用于镜子而使镜子发生的一种变化：镜子的反映就是镜子的一种特殊的反应。同理，大脑对外界事物的反映，就是外界事物通过感官作用于大脑而使大脑发生的变化，也就是大脑通过感官在外界事物作用下所发生的变化，也就是大脑对外界事物的作用和属性的一种回答、表现，因而属于反应范畴。所以，反映是一种特殊的反应。这种特殊性可以归结为：一方面，就物理世界来说，反映只是某些特殊物质（如镜子、水面、眼睛、电视、摄影等等）才具有的反应；另一方面，就精神世界来说，反映只是一种更为特殊的物质——亦即大脑——对外界事物的反应，是反应发展的最高阶段。

因此，反映与反应具有根本不同的性质：反映有所谓"真假"；反应无所谓真假，而只可能有所谓"对错"。所谓"真假"，亦即相符性，亦即反映与其对象的相符性：相符为真，不符为假。对于大脑的反映——亦即认识——来说，这种相符性或真假性就是所谓的真理性：相符者为真理，不符者为谬误。所谓"对错"，则是效用性，亦即客体对主体需要的效用，指客体是否有利于满足主体的需要、欲望、目的：有利于满足者叫作"对"、"好"、"应该"、"正确"；有害于满足者叫作"错"、"坏"、"不应该"、"不正确"：对错与好坏、应该不应该以及正确不正确大体说来是同一概念。那么，为什么反映有所谓真假，而反应则只可能有所谓对错？

这是因为，反映的基本性质，正如反映论理论家们所言，是对象的复制和再现。康福尔特说："反映过程本身包括两个特殊的物质过程之间的这样一种相互联系，在这种相互联系中，第一个过程的特点再现为第二个过程的相应的特点。"① 乌克兰采夫也一再说："反映是客体（或主体与客体）相互作用的一个特殊方面和特殊产物，这种产物是被反映的外部客体的过程的若干特点在反映的客体（或主体）过程变化的诸特点中或多或少相符的复制。"② 我国学者夏甄陶也这样写道："一切反映的最简单也是最普遍的本质规定，是它对其原型相应特点的复制与再现。"③ 反映既然是对象的复制和再现，因而也就存在着是否与对象相符的问题，亦即所谓真假：相符者为真或真理，不符者为假或谬论。如果反映是主体对客体的反映，那么，这种反映不仅有真假，而且有对错：真的反映有利于满足主体需要，因而是对的、好的、应该的、正确的；假的反映有害于满足主体需要，因而是错的、坏的、不应该的、不正确的。

反之，反应虽然与反映一样，也是对于对象的作用和属性的表现，是对象的作用和属性的某种表现形式；但是，反应却不是对象的作用和属性的复制或再现，因而没有是否与对象相符的问题，无所谓真假，更无所谓真理性的问题。反应只可能有是否与对象适应从而是否与主体的需要相符的问题，因而便只可能有所谓对错，只可能有所谓效用性：适应对象从而符合主体需要者，就是对的、好的、应该的、正确的；不适应对象从而不符合主体需要者，就是错的、坏的、不应该的、不正确的。举例说：

达尔文有一次在野外遇见老虎，他直面老虎，慢慢后退。因为他知道，见到老虎如果转身就跑，老虎定来追赶，必被老虎吃掉。只有面对老虎慢慢后退，老虎才不敢来追，才可能保全性命。达尔文对于老虎的这种认识，是他的大脑对老虎本性的反映，是对老虎本性的复制和再现，因而有个是否与老虎本性相符的问题，有个真假的问题：

---

① 乌克兰采夫：《非生物界的反映》，中国人民大学出版社1988年版，第6页。
② 乌克兰采夫：《非生物界的反映》，中国人民大学出版社1988年版，第80页。
③ 夏甄陶主编：《认识发生论》，人民出版社1991年版，第63页。

它是真理，因为它与老虎的本性相符。同时，它也是对的、应该的、正确的，因为它能够使达尔文避免被老虎吃掉，有利于满足自己的生存需要。至于达尔文直面老虎慢慢后退，则是他对老虎本性的反应。这种反应显然只是对老虎本性的应答和表现，却不是对老虎本性的复制和再现，因而无所谓真假，无所谓真理性；而只有所谓对错，只有所谓效用性：它是对的、应该的、正确的，因为它使达尔文避免了被老虎吃掉，满足了自己的生存需要。

评价：价值的反应　对于反映与反应的辨析表明，"意识或心理都是大脑的反映"的主流观点，是不能成立的。因为"心理或意识"，如所周知，分为"知（认知、认识）"、"情（感情、情感）"和"意（意志）"：只有认识、认知是大脑对事物的反映；感情和意志则并非大脑对事物的反映，而是大脑对事物的反应。因为只有认识、认知才是对象的复制与再现，因而才有是否与对象相符的问题，才有所谓真假：相符者为真，是真理，不符者为假，是谬误。

反之，感情和意志并不是对象的复制与再现，而只是对于对象的回答和表现：感情是主体对其需要是否被对象满足的内心体验；意志是主体对其行为从确定到执行的心理过程。所以，感情和意志虽属于心理、意识范畴，却与行为一样，都不是对客观对象的反映，而是对客观对象的反应；都不是对客观对象的摹写、复制、揭示、说明，而是对客观对象的要求、设计、筹划、安排；都不是提供关于客观对象的知识，而是提供如何利用和改造客观对象的方案；都不是寻求与客观对象相符，而是寻求对主体需要的满足。所以，感情和意志都无所谓是否与对象相符的问题，无所谓真理性；而只有是否符合主体需要的问题，只有所谓效用性，亦即所谓对错：有利于满足主体需要者，就是对的、好的、应该的、正确的；有害于满足主体需要者，就是错的、坏的、不应该的、不正确的。

举例说，孔明认为马谡是大将之才，属于认识、认知范畴。它是孔明大脑对于马谡才能的反映，是马谡才能的复制和再现，因而有是否与马谡才能相符的问题，有所谓真假或真理性：它是假的，因为它与马谡的才能不符。反之，孔明对马谡的偏爱和重用之意，则属于感情和意志范畴。它们只是孔明大脑对马谡才能的反应，而不是对马谡才能的反映。因为它们都不是对马谡才能的复制和再现，因而都不具有是否与马谡才能相符的所谓真理性问题：谁能说孔明对马谡的偏爱和重用之意是真理或谬误？孔明的偏爱和重用之意显然只有是否有利于满足主体的需要、欲望以及目的的问题，因而只有所谓效用性，亦即只有所谓对错：它们是错的、不应该的、不正确的，因为它们导致街亭失守，不符合蜀国和孔明的需要、欲望、目的。

这样一来，将评价定义为对价值的反映，就犯了以偏概全的错误。因为评价的外延，如所周知，并非只有认知评价：至少还包括情感评价和意志评价。认知评价与价值判断是同一概念，是对价值的认识、认知，属于认知、认识范畴，因而是对价值的反映。但是，情感评价是对价值的心理体验，属于感情范畴；意志评价是对价值的行为选择从确定到执行的心理过程，属于意志范畴。因此，情感评价和意志评价便与感情和意志一样，不属于反映范畴而属于反应范畴：它们不是对价值的反映，而是对价值的反应。

举例说，张三看见牡丹花，"认为牡丹花很美"，"觉得牡丹花可爱"，"决定买两朵牡丹花"。"认为牡丹花很美"，是认知评价，是大脑对牡丹花的价值的反映。因为这种认知评价属于认识范畴，是对牡丹花的价值的复制和再现，具有真假或真理性：它是真理，因为它与牡丹花的价值相符。反之，"觉得牡丹花可爱"是情感评价，是对牡丹花价值的心理体验，属于情感范畴；"决定买两朵"是意志评价，是对牡丹花价值的行为选择的心理过程，属于意志范畴：二者都仅仅是大脑对牡丹花价值的反应，而不是对牡丹花价值的反映。因为它们都不是对牡丹花的价值的复制和再现，都不具有真假或真理性，而只具有对错或效用性：它们是对的、应该的、正确的，因为它们符合主体（张三）的需要、欲望和目的。

可见，只有认知评价才是对价值的反映；而情感评价和意志评价则不是对价值的反映，而只是对价值的反应。因此，将评价定义为对价值的反映，犯了以偏概全的错误：评价是对价值的反应，而不仅仅是对价值的反映。不过，细究起来，评价的这个定义仍有缺憾：评价究竟是什么东西对价值的反应？

当然，这个问题现在不难回答。因为我们已经知道，一方面，价值是客体对于主体的需要、欲望和目的的效用，是客体对主体的效用；另一方面，反应是一事物在他事物作用下所发生的变化。因此，对价值发生反应的东西，不是别的，正是所谓主体：价值是客体对主体的效用，评价则是主体对于客体的效用或作用——亦即价值——的反应；价值是客体的效用、作用，评价则是主体的反应、回答。因此，牧口常三郎写道："主体在一定程度上意识到客体的影响时，主体就相应而动，这个活动就叫作评价。"[①] 所以，精确讲来，评价是主体对价值的反应，是主体对客体价值的反应；简言之，评价是对价值的反应，是对价值的表现、表达。

评价类型：认知评价、情感评价、意志评价与行为评价 评价是主体对客体价值的反应，无疑仅仅是评价的定义，因而仅仅是对评价外延的界定；而要真正把握评价概念，显然还必须对这个界限所包括的事物进行划分：这就是评价的分类。粗略看来，评价分为三类：认知评价、情感评价和意志评价。这也是流行定义"评价是对于价值的意识"的应有之意，因为意识便分为认知、情感和意志三类。

然而，评价的这个定义和分类是错误的：它们也犯了以偏概全的错误。因为我们对于价值不仅可以发生意识反应，而且也可以发生行

---

① 牧口常三郎：《价值哲学》，中国人民大学出版社1989年版，第22页。

为反应：后者同样是对价值的反应，同样是对价值的表现、表达，因而同样是评价。所以，不仅有意识评价（包括认知评价、情感评价和意志评价，它们是对于价值的意识，是对于价值的意识反应，是对于价值的意识表现），而且有行为评价：它是价值引发的行为，是对价值的行为反应，是对价值的行为表现、表达。举例说：

我们看见牡丹花，对于它的价值，不仅会发生种种意识反应，如"认为牡丹花很美"（认知评价）、"觉得牡丹花可爱"（情感评价）、"决定买两朵牡丹花"（意志评价），而且可能发生行为反应："买了两朵牡丹花。"试想，如果"决定买两朵牡丹花"是对牡丹花价值的评价，那么"买了两朵牡丹花"岂不更加是对牡丹花价值的评价？只不过，"决定买两朵牡丹花"是对牡丹花价值的意志评价、意志表现；而"买了两朵牡丹花"则是对牡丹花价值的行为评价、行为表现。并且，行为评价的本性显然与意志评价或情感评价的本性完全相同：无所谓真假或真理性，而只有所谓对错或效用性。因为，谁会说"买了两朵牡丹花"和"决定买两朵牡丹花"是真理还是谬论？岂不只能说它们是对还是错吗？

可见，评价就是对价值的反应：不仅是对价值的意识反应，因而分为认知评价、情感评价和意志评价；而且是对价值的行为反应，因而还包括行为评价。但是，这种评价分类仍然有以偏概全之嫌。真正讲来，评价不仅包括意识反应和行为反应，而且包括合意识反应与合行为反应，亦即生物对价值的反应。因为评价是对价值的反应，显然意味着：一切事物对价值的反应都是评价。当然，这并不是说：一切事物都能够对价值发生反应、都具有评价能力。不是的！并非任何事物都能够对价值发生反应。试想，石头等非生物能够对价值发生反应吗？不能。因为对于石头等非生物来说，任何东西显然都无所谓好坏，无所谓有价值还是无价值。我们甚至不能说把石头打碎烧化、使它不复存在对于石头来说就是坏事：石头存在还是不存在，对于石头自身来说是无所谓好坏价值的，因为石头等非生物不具有分辨好坏价值的能力。既然对于石头来说，一切事物都无所谓好坏价值，那么，价值对于石头来说就是根本不存在的：石头怎么能够对不存在的东西发生反应呢？所以，石头等非生物只能够对打碎它的铁锤和烧化它的烈火发生反应，却不能够对铁锤和烈火的好坏价值发生反应：对于石头等非生物来说，根本就没有价值这种东西。

能够对价值发生反应的事物，无疑仅仅是那些对价值具有分辨能力的事物，也就是那些具有分辨好坏利害能力的事物，说到底，也就是生物。因为如前所述，生物与非生物根本不同：一切生物都具有分辨好坏利害能力，都具有对于价值的分辨能力。就这种能力最为普遍的形态来说，便是所谓的向性运动与趋性运动：这种运动为一切植物、动物和微生物所固有。举例说，植物叶肉细胞中的叶绿体，在弱光作用下，便会发生沿叶细胞横壁平行排列而与光线方向垂直的反应；在强光作用下，则会发生沿着侧壁平行排列而与光线平行的反应。这两种反应显然是对弱光和强光的价值的合目的反应：前者是无意识地为了吸收有利自己因而具有正价值的最大面积的光；后者是无意识地为了避免吸收有害自己因而具有负价值的过多的光。植物的这种趋性运动是对弱光和强光的价值的合目的反应，因而也就是对弱光和强光的一种评价，亦即合行为评价。因为所谓合行为，如前所述，就是一切生物都具有的合目的反应，就是有机体无意识地为了什么所发生的反应。

现代生物学表明，生物的这种合行为评价，引发于生物所固有的合意识评价。所谓合意识，也就是一切生物都具有的合目的反映，就是有机体无意识地为了什么所发生的反映，也就是所谓"分子识别"和"细胞识别"。"分子识别"和"细胞识别"是现代生物学广泛使用的概念，对于这些概念，胡文耕先生曾有十分深刻的论述。通过这些论述，他得出结论说："当无机界出现有机大分子之后，开始有了以分子相互作用为基础的'识别'"[1],"分子识别完备的表现包括：识别、反应、调节、控制"[2],"细胞识别是指生物细胞对胞外信号物质的选择性相互作用，并因而引起细胞发生专一的反应或变化"[3]。有机体的分子和细胞对客体的好坏利害有无价值的这种内在的无意识而又合目的的"识别"或反映，就是合意识评价；有机体根据这种评价而发生的无意识而又合目的的外在的反应（调节、控制或变化），就是合行为评价。

总之，评价是一切生物——人、动物、植物和微生物——所固有的反应。所以，罗尔斯顿说："有机体是一种价值系统，一种评价系统。这样，有机体才能够生长、生殖、修复伤口和抵抗死亡。"[4] 只不过，生物因其等级不同，所具有的评价水平也有所不同：植物和微生物以及不具有大脑的动物的评价，都是无意识的、合目的性的，是主体对于客体价值的无意识的、合目的的反应，可以称之为合意识评价与合行为评价；反之，人和具有大脑动物的评价，则是有意识的、目的性的，是主体对于客体价值的有意识的、目的性的反映和反应，是意识评价（亦即认知评价、情感评价、意志评价）与行为评价。

我们终于完成了价值与评价的概念分析。那么，价值与评价究竟从何而来？它们的根源究竟是什么？说到底，如何回答"休谟难题"：能否从"事实"或"是"推导出"价值"？因此，对于价值范畴的分析，势必导致对"是"或"事实"的研究。

---

[1] 胡文耕：《信息、脑与意识》，中国社会科学出版社1992年版，第222页。
[2] 胡文耕：《信息、脑与意识》，中国社会科学出版社1992年版，第139页。
[3] 胡文耕：《信息、脑与意识》，中国社会科学出版社1992年版，第140页。
[4] 罗尔斯顿：《环境伦理学》，中国社会科学出版社2000年版，第148页。

第十一章 价值

二、事实

1. 事实：广义事实概念

一切事物，据其存在性质，无疑可以分为两类："事实"与"非事实"。所谓事实，不言而喻，就是"在思想认识之外实际存在的事物"，是"不依赖思想认识而实际存在的事物"；非事实则是"仅仅存在于思想之中而在思想之外并不存在的事物"，是"实际上不存在而只存在于思想中的事物"。例如，一个人得了癌症，不论他怎样想，是承认还是不承认，他都一样患了癌症。所以，他患癌症，是事实。反之，如果在他思想中，他否认患了癌症，他认为他根本没有得什么癌症。那么，他未患癌症，便是所谓的"非事实"。因此，罗素在界说事实概念时便这样写道：

"我所说的'事实'的意义就是某件存在的事物，不管有没有人认为它存在还是不存在。"[1]"事实本身是客观的，独立于我们对它的思想或意见的。"[2]

准此观之，价值无疑属于事实范畴。因为价值显然是"不依赖思想认识而实际存在的东西"。试想，鸡蛋的营养价值岂不是"不依赖我们怎样思想它而实际存在"的吗？不管你认为鸡蛋有没有营养价值，鸡蛋都同样具有营养价值。鸡蛋有没有营养价值"不依赖思想认识而存在"，因而是一种事实，可以称之为"价值事实"。

但是，这种外延包括"价值"的"事实"概念乃是"广义事实"概念：它只适用于认识论等非价值科学，而不适用于伦理学等一切价值科学。因为伦理学等一切价值科学的根本问题，无疑是"应该"或"价值"产生和存在的来源、依据问题，无疑是"应该、价值、应该如

---

[1] 罗素：《人类的知识》，商务印书馆1983年版，第177页。
[2] 罗素：《我们关于外间世界的知识》，上海译文出版社1990年版，第40页。

何"与"是、事实、事实如何"的关系问题,说到底,亦即著名的休谟难题:"能否从'是'、'事实'、'事实如何'推导出'价值'、'应该'、'应该如何'"?

这一难题的存在,或者当你试图解析这一难题从而证明"价值能否从事实推出"的时候,显然就已经蕴含着,价值不是事实,事实不包括价值:事实与价值是外延毫不相干的对立概念。否则,如果事实是"不依赖思想认识而实际存在的东西",从而事实之中包含价值,那么,"从事实中推导出价值"与"从事实中推导出事实"就是一回事,因而也就不可能存在"从事实中能否推导出价值"的难题了。

这就是为什么,自休谟难题问世以来,价值与事实属于外延毫不相干的两大对立领域已经近乎共识。这就是为什么,罗素一方面在《人类的知识》和《我们关于外间世界的知识》中,将"事实"定义为"不依赖思想认识而实际存在的事物"——因而"价值"属于"事实"范畴——另一方面却又在《宗教与科学》中,自相矛盾地否认价值是事实:"当我们断言这个或那个具有'价值'时,我们是在表达我们自己的感情,而不是在表达一个即使我们个人的感情各不相同但仍然是可靠的事实。"[1]

罗素并非自相矛盾。因为当罗素在《人类的知识》和《我们关于外间世界的知识》中,断言事实是"不依赖思想认识而实际存在的事物"——因而包括价值——的时候,他说的是认识论等非价值科学的事实概念,亦即"广义事实概念";而当他在《宗教与科学》中,断言价值不是事实——事实不包括价值——的时候,他说的是价值科学中的事实概念,亦即"狭义事实概念"。

这种不包括价值的"狭义事实概念",之所以是伦理学等价值科学的事实概念,源于"价值能否从事实中推导出来"的休谟难题之为

---

[1] 罗素:《宗教与科学》,商务印书馆1982年版,第123页。

价值科学的根本问题。因此,事实概念的广义与狭义之分,主要缘于是否包括价值。认识论等非价值科学的、包括价值的"广义事实概念",是"不依赖思想认识而实际存在的事物"。那么,伦理学等价值科学中的、不包括价值的"狭义事实概念"究竟是什么?

2.是:狭义事实概念

原来,广义的事实——亦即不依赖思想意识而实际存在的事物——可以分为主体性事实与客体性事实:主体性事实就是不依赖思想而实际存在的"自主活动者"及其属性;客体性事实则是不依赖思想而实际存在的"活动对象"及其属性。举例说,一个雕刻家正在雕刻鹰。这个雕刻家便是自主活动者,因而这个雕刻家及其需要、欲望、目的等等便是主体性事实;他所雕刻的鹰,则是他雕刻活动的对象,因而这个鹰及其大小、质料、颜色等等便是客体性事实。

问题的关键在于,客体性事实依据其是否依赖于主体的需要、欲望和目的之性质,又进而分为"价值事实"与"非价值事实"。"价值事实"就是"价值"这种类型的事实,也就是"价值",也就是客体中所存在的对主体的需要、欲望和目的具有效用的属性,也就是客体对主体需要欲望和目的的效用性,因而是客体的依赖于主体的需要欲望和目的而存在的东西。可是,为什么"价值"可以叫作"价值事实"呢?因为价值虽然依赖于主体的需要欲望和目的而存在,却是不依赖思想意识而实际存在的东西:价值是一种事实。"价值事实"属于广义事实——亦即不依赖思想认识而实际存在的事物——范畴,适用于认识论等非价值科学。

相反地,"非价值事实"则不但不依赖思想意识而实际存在,而且不依赖主体的需要欲望和目的而独立存在,是客体的不依赖主体的需要欲望和目的而实际存在的东西,也就是客体中实际存在的非价值属性,也就是价值之外的客体性事实,就是客体的不包括"价值"而与"价值"是对立关系的"事实"。这就是伦理学等一切价值科学的"事实"概念,亦即"狭义事实概念":事实是客体不依赖主体的需要欲望和目的而实际存在的东西。因为伦理学等一切价值科学的根本问题——能否从"事实"推导出"价值"——意味着:价值不是事实,事实不包括价值;事实与价值是外延毫不相干的对立概念关系。

这样一来,便在与"非事实"对立的"广义事实"概念的基础上,因价值科学的根本问题——能否从"事实"推导出"价值"——而形成了与"价值"对立的"狭义事实"概念:广义的事实是"不依赖思想而实际存在的事物",包括价值,适用于认识论等非价值科学;狭义的事实是"不依赖主体的需要、欲望和目的而实际存在的事物",不包括价值,适用于伦理学等一切价值科学。举例说:

猪肉有营养,是不是事实?当然是事实,因为猪肉有没有营养是"不依赖我们怎样思想而实际存在的"。只不过,"猪肉的营养"是一种价值,可以称之为"价值事实";其为事实,虽然不依赖思想而实际存在,却依赖于人的需要而存在,是猪肉对人的需要的效用,因而属于"广义事实"概念,适用于认识论等非价值科学。反之,"猪肉有重量",也是事实,但不是猪肉对人的需要的效用,不是价值,不是价值事实;而是非价值事实,是价值之外的事实,不但不依赖于思想而实际存在,而且"不依赖主体需要而实际存在",因而属于"狭义事实"概念,适用于伦理学等一切价值科学。

可见,价值科学的根本问题——能否从"事实"推导出"价值"——决定了:价值科学中的"事实"概念,乃是不包括"价值"而与"价值"相对立的狭义的事实,说到底,是"客体的不依赖主体的需要、欲望、目的而独立存在的事物";反之,"价值"则是客体对主体需要、欲望和目的的效用,是"客体依赖主体的需要、欲望、目的而存在的属性",因主体的需要、欲望、目的之变化而变化,因主体的需要、欲望、目的之有无而有无——"情人眼中出西施"——因而不是事实。

这种不包括"价值"而与"价值"相对立的狭义的事实概念,不但是价值科学的事实概念,而且是物理学等自然科学的事实概念。爱因斯坦曾一再说,自然科学只研究事实而不研究应该:"科学只能断言'是什么',而不能断言'应该是什么'。可是在它的范围之外,一切种类的价值判断仍是必要的。"[1] "科学的思维方式还有另一个特征。它为建立它的贯彻一致的体系所用到的概念是不表达什么感情的。对于科学家,只有'存在',而没有什么愿望,没有什么价值,没有善,没有恶;也没有什么目标。只要我们逗留在科学本身的领域里,我们就决不会碰到象'你不可说谎'这样一类的句子……关于事实和关系的科学陈述,固然不能产生伦理的准则,但是逻辑思维和经验知识却能够使伦理准则合乎理性,并且联贯一致。"[2]

可见,在爱因斯坦看来,自然科学只研究"事实"、"是什么";而不研究"价值"、"应该是什么"。这岂不意味着:自然科学的"事实"概念是不包括"价值"而与"价值"相对立的狭义的事实概念?因此,休谟难题"能否从'事实'推导出'价值'",将"事实"当作不包括"价值"而与"价值"相对立的概念,不但根据"这种事实"与"价值"之根本不同——前者不依赖而后者依赖主体欲望——而且继承了自然科学中的事实概念。

这样一来,休谟难题中的狭义事实概念不但与自然科学中的事实概念完全一致,而且这一难题的答案将决定伦理学等价值科学能否成为真正的科学,亦即像自然科学那样的科学。因为自然科学的对象就是这种不包括"价值"而与"价值"相对立的狭义的事实;而伦理学对象却是应该、价值。因此,"价值"能否从"事实"推导出来,就是

---

[1] 《爱因斯坦文集》第3卷,商务印书馆1976年版,第182页。
[2] 《爱因斯坦文集》第3卷,商务印书馆1976年版,第280页。

伦理学等价值科学能否成为真正科学的关键：如果价值能够从事实推导出来，那么，伦理学对象虽然是应该、价值，但是，说到底，却是事实，因而伦理学就与自然科学一样，是一门真正的科学；如果价值不能够从事实推导出来，那么，伦理学就仅仅研究应该、价值，而并不研究事实，因而伦理学就不是真正的科学。

因此，休谟难题——价值能否从事实推导出来——意义极其巨大，实乃伦理学等一切价值科学的最重要最具决定性的根本的问题。因此，赫德森（W. D. Hudson）说："道德哲学的中心问题，乃是那著名的是—应该问题。"[①] 这一意义如此巨大的难题，既然使伦理学等一切价值科学中的"事实"概念，与自然科学中的"事实"概念一样，乃是不包括"价值"而与"价值"相对立的狭义的事实概念，那么，在伦理学等一切价值科学中，便与在自然科学中一样，所谓"价值事实"概念，就如同"圆的方"一样，是个荒谬的、矛盾的、不能成立的概念。

但是，"价值事实"在认识论等非价值科学中，却是个科学的概念。因为，在一些非价值科学——如认识论——中，所谓"事实"是广义的，是指不依赖思想认识而实际存在的事物；而价值的存在，无疑只依赖主体的需要、欲望、目的，却不依赖主体的思想认识：鸡蛋有没有营养价值是仅仅依赖人的需要而不依赖人的思想的。所以，在一些非价值科学中，价值属于事实范畴，因而"价值事实"概念是科学的：价值事实与非价值事实是划分事实概念的两大类型。因此，我国一些学者在伦理学等价值科学领域大谈"价值事实"概念是很错误的：他们混淆了"事实"概念在价值科学和一些非价值科学中的不同含义。

---

① W. D. Hudson, *The Is-Ought Question: A Collection of Papers on the Central Problem in Moral Philosophy*, St. Martin's Press, New York, 1969, p. 11.

第十一章　价值

在伦理学等一切价值科学中，这种不包括价值而与价值对立的狭义的事实，正如休谟所发现，往往通过以"是"或"不是"为系词的判断（"是什么"和"不是什么"）反映出来；而以"应该"或"不应该"为系词的判断（"应该是什么"和"不应该是什么"）所反映的则是价值。[①] 所以，在伦理学等一切价值科学中，一方面，"事实"与"是"被当作同一概念来使用，因而所谓"是"也就是不包括价值而与价值对立的事实，就是不依赖主体的需要、欲望、目的而独立存在的事物；另一方面，只有与"应该"相对而言的事实才叫作"是"，而与"价值"相对而言的事实大都叫作事实，因而在伦理学等价值科学中便出现两个对子："事实与价值"、"是与应该"。

这样一来，在伦理学等一切价值科学中，一切事物便分为两类：客体与主体；客体又进而分为两类：价值与事实。于是，一切事物实际上便分为三类：价值、事实和主体。价值是客体对于主体的需要、欲望、目的的效用性，是客体依赖主体的需要、欲望、目的而存在的事物。"事实"亦即"是"，也就是价值的对立物，就是客体不依赖主体的需要、欲望、目的而独立存在的事物。主体及其需要、欲望和目的等等则是客体的对立物——主体与客体是构成一切事物的两大对立面——因而既不是价值也不是事实，而是划分"客体"为"价值"与"事实"的依据，是联接价值与事实的中介物。如图：

事物 { 主体：需要、欲望和目的
　　　 客体 { 价值：客体依赖主体的需要、欲望、目的而存在的事物
　　　　　　 事实：客体不依赖主体的需要、欲望、目的而存在的事物

---

① 休谟：《人性论》下册，商务印书馆 1983 年版，第 509 页。

3. 结论：两种事实概念

综上可知，一切事物，依据其存在性质，可以分为两类：事实与非事实。但是，存在着两种事实：广义事实与狭义事实。广义事实概念适用于认识论等一些非价值科学；它是一切在思想认识之外实际存在的事物，是一切不依赖思想认识而实际存在的事物，因而包括"价值"：价值是不依赖思想而实际存在的事物，可以称之为"价值事实"。狭义的事实也可以称之为"是"，不包括价值而与价值是外延毫不相干的对立概念关系："是"或"狭义事实"是客体不依赖主体需要、欲望和目的而独立存在的事物；价值则是客体对主体需要、欲望和目的的效用，依赖主体需要、欲望和目的而存在。狭义的事实概念主要因伦理学等价值科学的根本问题——能否从"事实"推导出"价值"——而诞生，说到底，则是因自然科学的事实概念而诞生，适用于伦理学等一切价值科学和自然科学。如图：

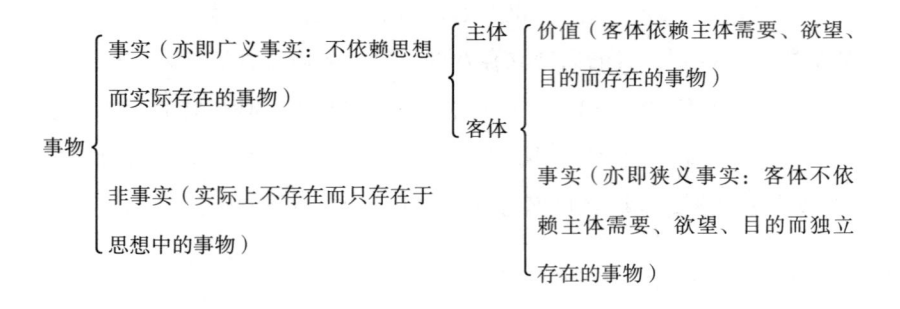

事物 { 事实（亦即广义事实：不依赖思想而实际存在的事物） { 主体 价值（客体依赖主体需要、欲望、目的而存在的事物） 客体 事实（亦即狭义事实：客体不依赖主体需要、欲望、目的而独立存在的事物） ; 非事实（实际上不存在而只存在于思想中的事物） }

三、价值的存在属性

1. 价值存在本质

价值最为基本的内涵恐怕是：它是否实际存在？乍一看来，这个问题似乎很荒唐：难道价值会是实际不存在的乌有之物？是的，李凯尔特就这样写道："关于价值，我们不能说它们实际存在着或不存在着,而只能说它们是有意义的,还是无意义的。"① 李凯尔特此见能否成立? 价值实际上是否存在? 这就是价值的存在本质问题。

价值的存在本质:客体的属性 价值,如前所述,乃是客体的事实属性对于主体的需要、欲望、目的的效用性,因而属于"属性"范畴。然而,人们大都以为价值是一种主体客体关系,属于"关系"范畴而不属于"属性"范畴。这是很荒唐的。因为如所周知,自亚里士多德以来,一切事物被划分为两类:实体和属性。何谓实体? 亚里士多德说:"实体,在最严格、最原始、最根本的意义上说,是既不能述说一个主体,也不存在一个主体之中,如'个别的人'、'个别的马'。而人们所说的第二实体,是指作为属而包含第一实体的东西,就像种包含属一样,如某个具体的人被包含在'人'这个属之中,而'人'这个属又被包含在'动物'这个种之中。所以,这些是第二实体,如'人'、'动物'。"②

这就是说,所谓实体,也就是能够独立存在的东西,因而也就是一切独一无二的、单一的、个别的、感官能够感觉到的事物以及这些事物的总和,亦即单一事物及其"属"或"种":单一事物是第一实体;单一事物的属或种则是第二实体。反之,所谓属性,则是依赖的、从属的而不能够独立存在的东西,也就是不能够独立存在而从属于、依赖于实体的东西,也就是实体之外的一切东西,如马和人的各种颜色、感情心理活动等等。这样,属性和实体便是极为广泛的概念:一切事物不是实体就是属性,概莫能外。所以,朱光潜说:"一个概念不属于'本体'范畴,就得属于'属性'范畴。"③ 因此,那种认为价值不属于"属性"范畴而属于"关系"范畴的观点是很荒唐的。因为即使价值是一种主客体"关系",那么,一切"关系"显然都是不能独

---

① 李凯尔特:《文化科学与自然科学》,商务印书馆1986年版,第17页。
② 苗力田主编:《亚里士多德全集》第一卷,中国人民大学出版社1990年版,第6页。
③ 《朱光潜文集》第三卷,上海文艺出版社1983年版,第67页。

立存在的，都是从属于某些实体的东西，因而都属于"属性"范畴。如果说价值不是属性，那么它就只能是实体：说价值是实体，岂不荒唐？

价值属于属性范畴。那么，它究竟是客体的属性还是主体的属性？"价值是客体的事实属性对于主体需要的效用性"的定义，岂不已经说得明明白白：价值是客体的效用属性？确实，只有客体才具有价值，而主体是不具有价值的：价值是客体属性而不是主体属性。试想，当人吃面包的时候，人是主体，面包是客体。那么，在这种主客体关系中，具有营养价值的究竟是客体面包还是主体人？显然是面包而不是人：营养价值是面包的属性而不是人的属性。恐怕只有疯子才会说人——而不是面包——具有营养价值。所以，安德森（R. M. Anderson）说："价值并不存在于主体中，而是存在于客体之中。"[1] 邦德（E. J. Bond）也这样写道："价值存在于客体自身，而并不在客体使我快乐的情感之中。"[2]

但是，我国一些学者，如赖金良先生，却认为不但客体具有价值，而且主体也具有价值："如果人作为价值主体没有价值，他又如何能够衡量和判定作为价值客体的物有无价值呢？"[3] 确实，一切东西都具有价值，因此，作为主体的存在物，如贾宝玉、林黛玉等等，都具有价值。但是，当我们说这些作为主体的人也具有价值时，这些作为主体的人便不再是主体而是客体了。举例说，当贾宝玉追求林黛玉时，贾宝玉是主体，林黛玉是客体。对于贾宝玉来说，林黛玉具有莫大的价值：价值是客体所具有的属性。那么，作为主体的贾宝玉有没有价值呢？

---

[1] Ralph Barton Perry, *General Theory of Value: Its Meaning and Basic Principles Construed in Terms of Interest*, Longmans, Green, and Company, 55 Fifth Avenue, New York, 1926, p. 70.

[2] E. J. Bond, *Reason and Value*, Cambridge University Press, 1983, p. 63.

[3] 王玉樑主编：《中日价值哲学新论》，陕西人民教育出版社 1994 年版，第 47 页。

当然有。然而，当我们说作为主体的贾宝玉也具有价值时，显然或者是对于林黛玉等人来说的，或者是对于他自己的某种需要来说的：二者必居其一。如果贾宝玉有价值是对于林黛玉来说的，那么，作为主体的贾宝玉便不再是主体而是林黛玉的客体了：贾宝玉是林黛玉所追求的对象。如果贾宝玉有价值是对于贾宝玉自己的某种需要——如吟诗作赋的需要——来说的，那么，贾宝玉便既是主体又是客体：拥有这种需要的贾宝玉是主体，能够满足这种需要因而有价值的贾宝玉，则是客体。可见，价值只能是客体的属性，而不可能是主体的属性：当我们说作为主体的存在物也具有价值时，这些存在物便不再是主体而是客体了。

如果说价值是客体的属性，那么，根据逻辑学的"遍有遍无"演绎公理，应该、正当、善等等一切从属于价值范畴的下位概念，无疑也通通只能是客体的属性了。然而，有些学者却由"应该只是行为的属性，只是有意识、有目的的活动的属性"的正确前提，而得出结论说，应该是主体的属性而不是客体的属性；只有主体才有所谓应该如何，而客体则无所谓应该如何：

"应当是一种纯然的主体活动。"[1] "'应当'是主体之应当，而不是客体之应当。严格地讲，客体本身没有应当不应当的问题，它永远按照客观规律运动、变化和发展，只存在'是'或'将是'的问题。"[2]

照此说来，应该便不但不属于价值范畴，而且恰恰与价值相反：应该是主体的属性；价值是客体的属性。这样一来，应该如何的判断也就不是价值判断了。错在哪里？原来，有意识、有目的的活动或行为固然只能是主体的活动或行为，但主体的一切活动或行为都具有主客二重性：它是主体的活动，是主体的属性，属于主体范畴；同时又

---

[1] 陈华兴：《应当：真理性和目的性的统一》，《哲学研究》1993年第8期。
[2] 袁贵仁：《价值学引论》，北京师范大学出版社1991年版，第395页。

是主体的活动对象，属于客体范畴，是客体的属性。因为主体在进行某种行为之前后，都可能对该行为进行认识和评价：如果该行为能够达到目的从而是应该的，主体便会从事和坚持该行为；否则，便会放弃该行为。这样，主体的行为与该主体便有双重关系：一方面，它是该主体的行为，属于主体范畴；另一方面，它又是该主体的认识和评价的对象，是该主体应该还是不应该进行的行为，属于客体范畴。举例说：

我是自主活动者，是主体，我的冬泳行为无疑是一种主体活动，属于主体属性。但是，我冬泳前后，都可能对我的冬泳行为进行认识和评价：我应该还是不应该冬泳。这样，我的冬泳行为，便成了我的认识和评价的对象，便是客体，属于客体范畴。当我确认冬泳符合我健康长寿的目的，因而应该冬泳之后，我便进行和坚持冬泳。所以，"我冬泳"和"我应该冬泳"根本不同："我冬泳"是主体的活动、属性，属于主体范畴；"我应该冬泳"则是主体的认识和评价的活动对象，是主体的认识和评价活动的对象的属性，属于客体范畴。

可见，以为"应该"是"主体的活动和属性"的错误，就在于将"行为"（"我冬泳"）与"行为的应该不应该属性"（"我应该冬泳"）等同起来，因而由"行为是主体活动和属性"进而断言："行为的应该不应该"是主体的活动和属性。殊不知，虽然行为是主体的活动，属于主体属性；但是，主体的行为也可以是主体的评价对象而成为客体：行为符合主体目的之效用性就是应该；不符合主体目的之效用性就是不应该。因此，行为应该不应该的属性，乃是行为作为客体对于主体目的的效用性。这样一来，"行为"虽然是主体的活动而属于主体范畴；但是"行为的应该不应该属性"，却是行为作为客体而是否符合主体目的之效用性，因而属于客体范畴。

价值的存在本质：客体的关系属性和第三性质　价值是客体的属性。那么，它究竟如同形体大小、质量多少一样，是客体的"第一性

第十一章　价值

质"，还是如同重量、颜色一样，是客体的"第二性质"？或者说，它究竟是客体的不依赖主体而独自存在的"固有属性"，还是客体的依赖主体而存在的"关系属性"？价值之存在本质的进一步确证的关键，乃是对于"属性"（property）的类型的研究。所以，图尔闵（Stephen Edelston Toulmin）的元伦理学确证理论名著《推理在伦理学中的地位》一开篇便是："三种属性"（Three Types of Property）。然而，对于价值的存在本质的确证来说，他沿袭摩尔的传统而把属性分为单纯性质与复合性质，是不科学的。[1]因为价值的存在本质，与单纯还是复合性质无关；它的存在本质，正如布劳德（C. D. Broad）所说，乃在于它是客体的"关系属性"还是"纯粹属性"？[2]更确切些说，价值究竟是客体的关系属性还是固有属性？

所谓固有属性，便是事物独自具有的属性。一事物无论是自身独处，还是与他物发生关系，该物都同样具有固有属性。因为这种属性，正如马克思所说，"不是由该物同他物的关系产生，而只是在这种关系中表现出来"[3]。反之，关系属性则是事物固有属性与他物发生关系时所产生的属性。因此，一事物自身不具有关系属性；只有该物与他物发生关系，才具有关系属性。举例说：

质量的多少是物体独自具有的属性。无论就物体自身，还是就其与引力的关系来说，物体都具有一定的质量。所以，质量多少是物体固有属性。反之，重量则是物体的质量与引力发生关系时所产生的属性。物体自身不具有重量，只有当物体与引力发生关系时，物体才具有重量。所以，重量是物体的关系属性。

电磁波长短是物体独自具有的属性。无论就物体自身，还是就物

---

[1] Stephen Edelston Toulmin, *The Place of Reason in Ethics*, The University of Chicago Press, 1986, pp. 10-18.
[2] C. D. Broad：《近代五大家伦理学》，商务印书馆 1932 年版，第 215 页。
[3] 马克思：《资本论》第 1 卷上，人民出版社 1975 年版，第 103 页。

体与眼睛的关系来说，物体都同样具有一定长短的电磁波。所以，电磁波长短是物体固有属性。反之，颜色则是物体的电磁波与眼睛发生关系时所产生的属性。一般说来，波长760—400dmm之间的电磁波，经过人眼中锥状体以及其他生理器官的接受、加工、转换，便生成各种各样的颜色。如波长590—560dmm的电磁波，经过人眼的作用生成黄色；而波长560—500dmm的电磁波经过人眼的作用则生成绿色。物体自身仅仅具有电磁波而不具有颜色；只有当物体的电磁波与眼睛发生关系时物体才有颜色。所以，颜色是物体的关系属性。

与黄、绿等颜色一样，善、应该等价值显然也是客体的关系属性，而不是客体的固有属性。因为，如上所述，价值是客体对主体需要的效用性，因而也就是客体的只有与主体发生关系才会存在的属性，而不可能是客体独自具有的属性。那么，颜色与价值的区别何在？善与黄的区别，是揭示价值的存在本质的枢纽，因而是价值哲学家——从摩尔到图尔闵——一直争论不休的难题。破解这一难题的关键，恐怕是比较三种属性——固有属性和关系属性以及事实属性——之关系。

客体的事实属性与客体的固有属性显然并不是同一概念。因为所谓客体的事实属性，乃是客体的不依赖主体需要而存在的属性；而不依赖主体需要而存在的属性，却可能依赖主体的其他东西，因而便是关系属性，而不是固有属性。颜色、味道、声音都是不依赖主体需要的属性，却仍然依赖主体而存在：颜色依赖主体的眼睛，味道依赖主体的舌头，声音依赖主体的耳朵。所以，颜色、味道、声音都既是客体的事实属性，同时又是客体的关系属性。反之，客体的固有属性必是客体的事实属性。因为固有属性是事物独自具有的属性，客体固有属性便是客体不依赖主体而独自具有的属性。这就是说，客体固有属性，如质量多少和电磁波长短，是不依赖主体的任何东西而独立存在的属性，因而也就是不依赖主体需要而存在的属性，也就都是客体的事实属性。

第十一章　价值

　　因此，客体固有属性与客体事实属性是种属关系：客体的一切固有属性都是客体的事实属性；但客体事实属性却既可能是客体的固有属性，也可能是客体的关系属性。更确切些说，客体的事实属性主要是客体的固有属性，如质量多少和电磁波长短等不依赖主体而存在的属性；但也包括客体的关系属性，如颜色、味道、声音等依赖主体而存在的属性。那么，客体的关系属性是否也都是客体的事实属性？否。因为价值是客体的依赖主体而存在的属性，是关系属性；但是，价值不是事实属性。所以，客体的关系属性与客体的事实属性是交叉关系：一方面，客体的有些事实属性，如颜色，是客体的关系属性，有些事实属性，如电磁波长短，则不是关系属性；另一方面，客体的有些关系属性，如颜色，是客体的事实属性，有些关系属性，如价值，则不是事实属性。

　　这样，黄、绿等颜色与善、应该等价值都是客体的关系属性，而不是客体的固有属性。但是，黄、绿等颜色是不依主体的需要欲望而转移的关系属性，是客体的事实关系属性。反之，善、应该等价值则是依主体的需要欲望而转移的关系属性，是客体的价值关系属性。所以，培里写道："我们现在可以把价值界定为任何兴趣和它的客体之间的一种特殊关系；或者说，它是客体的这样一种特性，这种特性使某种兴趣得到了满足。"①

　　于是，一切属性便可以经过两次划分而分为三类。第一次是根据一事物所具有的属性是否依赖于该物与他物的关系，将属性分为固有属性和关系属性两类。第二次是依据是否依主体需要而转移的性质而把关系属性再分为两类：价值（亦即价值关系属性）和事实（亦即事实关系属性）。所以，一切属性实际上便分为三类：A. 固有属性或固

---

① Ralph Barton Perry, *General Theory of Value: Its Meaning and Basic Principles Construed in Terms of Interest*, Longmans, Green, and Company, 55 Fifth Avenue, New York, 1926, p. 124.

有的事实属性，如质量多少、电磁波长短；B.关系的事实属性或事实关系属性，如红、黄、颜色；C.价值关系属性，如正当、应该、善等价值。如图：

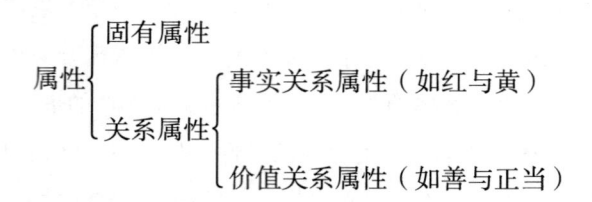

$$
属性\begin{cases}固有属性\\关系属性\begin{cases}事实关系属性（如红与黄）\\价值关系属性（如善与正当）\end{cases}\end{cases}
$$

不难看出，这三种属性的客观性和基本性是有所不同而递减的。因为固有的事实属性，如质量多少、电磁波长短等等，是一事物完全不依赖他物和主体而存在的东西，是完全客观的和独立的东西，因而我们可以像洛克那样，称之为"第一性质"（primary qualities）。事实关系属性，如红黄颜色，是客体的固有属性或第一性质与主体的某种客观的器官——如眼睛——发生关系的产物，是在固有属性或第一性质基础上产生同时又依赖主体的某种器官而存在的东西，因而是不能独立存在的和不完全客观的东西：它们正如洛克所言，是"第二性质"（secondary qualities）。价值关系属性，如应该、善等等，是客体的事实属性——亦即第一性质和第二性质——与主体的某种主观的东西，如欲望、愿望、目的等等，发生关系的产物，是在第一性质和第二性质基础上产生的、并且依赖主体的某种主观的东西而存在的东西，因而是更加不能独立、更加不基本和更少客观性的东西，我们可以像现代英美哲学家亚历山大（S. Alexander）和桑塔亚那（George Santayana）那样，称之为"第三性质（tertiary qualities）"。

因此，价值与颜色的区别，一方面在于所依属的实体（亦即所由以产生的基础）的不同：价值的实体较广，是客体的事实属性，因而既可能是"第一性质"，也可能是"第二性质"；颜色的实体较窄，是客体的固有属性，因而只是"第一性质"。因为红、黄等颜色是"客体的不依赖主体的属性(电磁波长短)"与主体发生关系的结果,因而也就是客体的固有属性、"第一性质"与主体发生关系的结果。反之,价值则是"客体的不依赖主体需要、欲望、目的的属性"与"主体的需要、欲望、目的"发生关系所产生的属性,因而也就是客体的事实属性("第一性质"和"第二性质")与"主体需要、欲望、目的"发生关系所产生的属性,是客体事实属性("第一性质"和"第二性质")对于"主体需要、欲望、目的"的效用性。

价值与颜色的区别,另一方面则在于所依赖的主体的属性不同。因为红、黄等颜色是客体与主体的某种客观的东西(眼睛)发生关系的结果;反之,善、应该等价值则是客体与主体的某种主观的东西(需要、欲望、目的)发生关系的结果。因此,离开主体,二者都不可能存在。但是,颜色却可以离开主体的需要、欲望、目的而存在,因而属于"事实"范畴,是客体的第二性质。反之,应该、善的存在却依赖主体的需要、欲望、目的,因而属于事实的对立范畴"价值",是客体的第三性质。

结论：价值存在本质　综观颜色和价值的存在本质之比较,可知价值与颜色一样,都是存在于客体之中的客体的关系属性。只不过,颜色是客体不依赖主体的需要而具有的属性,是客体无论与主体的需要、欲望、目的发生还是不发生关系都具有的属性,因而是客体的事实属性,是客体的事实关系属性,是客体的"第二性质"。反之,善、应该、价值则是客体不能离开主体需要而具有的属性,是客体的事实属性与主体的需要、欲望、目的发生关系时所产生的属性,是客体的事实属性对主体的需要、欲望、目的的效用,是客体的价值关系属性,是客体的"第三性质"。这样,颜色与电磁波虽有"第一性质"和"第二性质"之别,却同样属于事实范畴,是构成事实的两部分(颜色是客体的关系事实属性;电磁波是客体的固有事实属性)而与价值相对立。于是,我们可以得出结论说：

"价值、善、应该如何"与"是、事实、事实如何"都是存在于客体之中的客体的属性。只不过,"是、事实、事实如何"是客体不依赖主体需要而具有的属性,是客体无论与主体的需要发生还是不发生关系都具有的属性,是客体的固有属性或事实关系属性,是客体的"第一性质"和"第二性质"。反之,"价值、善、应该如何"则是客体依赖主体需要而具有的属性,是客体的"是、事实、事实如何"与主体的需要、欲望、目的发生关系时所产生的属性,是"是、事实、事实如何"对主体的需要、欲望、目的的效用,是客体的关系属性,亦即客体的价值关系属性,说到底,是客体的"第三性质"。这就是价值的存在本质。举例说:

牡丹花的"形状和颜色"与牡丹花的"美、价值",都是牡丹花的属性。只不过,牡丹花的"形状和颜色"是牡丹花的"是、事实、事实如何",是牡丹花不依赖人的需要而具有的属性,是牡丹花无论与人的需要发生还是不发生关系都具有的属性,是牡丹花的固有属性和事实关系属性,是牡丹花的"第一性质"和"第二性质"。反之,牡丹花的"美、价值",则是牡丹花依赖人的需要而具有的属性,是牡丹花的"形状和颜色"与人的需要、欲望、目的发生关系时所产生的属性,是牡丹花的"形状和颜色"对人的需要、欲望、目的之效用,是牡丹花的价值关系属性,是牡丹花的"第三性质"。

2. 价值存在结构

实体与标准:价值的存在结构 价值的存在本质("价值、善、应该、应该如何"是客体依赖主体的需要而具有的属性,是客体的"是、事实、事实如何"与主体的需要、欲望、目的发生关系时所产生的属性,是客体的"是、事实、事实如何"对主体的需要、欲望、目的的效用,是客体的关系属性)表明,离开主体需要、欲望、目的,客体自身便不具有应该、善、价值;只有当客体事实属性与主体需要、欲望、目的发生关系时,客体才具有应该、善、价值。因此,"应该"、"善"、"价值"的存在便由客体事实属性与主体需要、欲望、目的两方面构成:客体事实属性是"应该"、"善"、"价值"产生的源泉和存在的载体、本体、实体,可以名之为"应该的实体"、"善的实体"、"价值实体"或"善事物"、"价值物";主体需要、欲望、目的则是"应该"、"善"、"价值"从客体事实属性中产生和存在的条件,是衡量客体事实属性的价值或善之有无、大小、正负的标准,可以名之为"应该的标准"、"善的标准"、"价值标准"。这就是"价值、善、应该和正当的存在结构",简言之,亦即"价值存在结构"。此理极端重要,是破解休谟难题——能否从事实推导出价值——的关键。试举几例以明之:

首先,牡丹花的"美"是牡丹花对人的审美需要的效用。所以,离开人的审美需要,牡丹花自身并不存在美;只有牡丹花的形状、颜色等事实属性与人的审美需要发生关系时,牡丹花才具有美。因此,牡丹花的"美"是由牡丹花的形状、颜色等事实属性与人的审美需要构成:牡丹花的形状、颜色等事实属性是牡丹花的美产生的源泉和存在的载体、本体、实体,可以名之为"牡丹花的美的实体";人的审美需要则是牡丹花的美从牡丹花的事实属性中产生和存在的条件,是衡量牡丹花的形状、颜色等事实属性是否美的标准,可以名之为"牡丹花的美的标准"。

其次,鸡蛋的营养价值是鸡蛋对人的饮食需要的效用。所以,离开人的饮食需要,鸡蛋自身并不具有营养价值;只有当鸡蛋的蛋白和蛋黄等事实属性与人的饮食需要发生关系时,鸡蛋才具有营养价值。因此,鸡蛋的营养价值是由鸡蛋的蛋白和蛋黄等事实属性与人的饮食需要、欲望、目的构成:鸡蛋的蛋白和蛋黄等事实属性是鸡蛋的营养价值存在的源泉和实体,人的饮食需要则是鸡蛋营养价值存在的条件和标准。

最后,"应该"饮食有节,是饮食有节行为对人的健康长寿的需要的效用。所以,离开人的健康长寿需要,饮食有节行为自身并不具有"应该"属性;只有当饮食有节行为事实与人的健康长寿需要发生关系时,饮食有节才具有"应该"的属性。因此,饮食有节的"应该"属性之存在,是由饮食有节行为的事实属性与人的健康长寿的需要构成:饮食有节的事实属性是饮食有节的"应该"属性的存在的源泉和实体,人的健康长寿的需要则是饮食有节的"应该"属性的存在的条件和标准。

可见,任何价值都不过是客体对于主体需要、欲望和目的的效用,因而皆由客体事实属性与主体需要、欲望、目的两方面构成:客体事实属性是价值产生的源泉和存在的实体,可以称之为"价值实体";主体需要、欲望、目的则是价值从客体事实属性中产生和存在的条件,是衡量客体事实属性的价值之有无、大小、正负的标准,可以名之为"价值标准"。于是,在价值领域,正如普罗泰戈拉所言:"人是万物的尺度。"更确切些说:主体的需要、欲望和目的是万物价值之尺度。

实在与潜在:价值存在结构的二重性 我们进一步审视价值的存在结构时,可以看出:客体的事实属性,有些已为主体所认识,有些则尚未被主体认识。已被主体认识的客体事实属性,对于主体需要的效用,是现实的、实际存在的,因而可以称之为"实在价值实体"。尚未被主体认识的客体事实属性,对于主体需要的效用,则处于可能的、潜在的状态,因而可以称之为"潜在价值实体"。举例说:

一个铁矿,一片油田,尚未被人发现时,对人的效用便处于潜在的、可能的状态,所以是潜在价值实体、潜在善实体。而当它们被人发现时,对于人的效用,便是现实的、实际存在的,所以是实在价值实体。

同理,价值之标准也有潜在与实在之分。因为主体的一切目的,如所周知,都产生于主体的需要和欲望:凡是主体的行为目的都是为

第十一章 价值

了满足主体的需要和欲望；反之，凡是为了满足的主体的需要与欲望也都是主体的行为目的。因此，"目的"与"为了满足的需要与欲望"是同一概念。这意味着，主体的一切需要和欲望并不都引发行为、产生目的。已引发行为、产生目的的需要和欲望，便是为了满足的需要和欲望，便是目的，可以名之为实在需要和欲望，也不妨称之为"有效需求"；未引发行为、产生目的的需要和欲望，便不是为了满足的需要和欲望，不是目的，可以称之为潜在的需要和欲望，亦不妨称之为"无效需求"。

举例说，一个专心攻读考取博士而不交女友的青年，其交结女友的需要和欲望便未引发行为、产生目的，因而不是为了满足的需要和欲望，不是目的，所以是潜在的需要和欲望，不妨称之为"无效需求"；而当他终于考上博士而交结女友时，则其交结女友的需要和欲望便已引发行为、产生目的，是为了满足的需要和欲望，是目的，所以是实在需要和欲望，不妨称之为"有效需求"。

目的是实在需要和欲望，因而也就是衡量客体事实属性价值如何、应该与否的现实的、实在的标准，是价值的实在标准；非目的需要和欲望是潜在需要和欲望，因而也就是衡量客体事实属性价值如何、应该与否的潜在的、可能的标准，是价值的潜在标准。

刚刚说到的那位青年，原本既有交结女友的两性需要和欲望，又有考取博士的需要和欲望。但是，专心准备考取博士的那些年月，他的目的是考取博士而不是交女朋友：交女朋友的需要和欲望受到压抑而处于潜在状态。这样，交女朋友对于他，一方面，实在说来，便因其浪费时间违背他考取博士的目的而是不应该的；另一方面，潜在说来，则因其符合他交女朋友的非目的需要而是应该的。所以，他考取博士的目的，亦即实在的需要和欲望，是衡量他行为应该与否的实在价值标准；而他交女朋友的非目的需要，亦即潜在的需要和欲望，则是衡量他的行为应该与否的潜在价值标准。

619

结论：价值存在结构公理与道德价值存在结构公设 综上可知，"价值"、"应该"、"善"是客体的"是、事实、事实如何"对主体的需要、欲望、目的的效用，因而由客体事实属性与主体需要、欲望、目的两方面构成：客体事实属性是"应该"、"善"、"价值"产生的源泉和存在的载体、本体、实体，叫作"价值实体"；主体需要、欲望、目的则是"应该"、"善"、"价值"从客体事实属性中产生和存在的条件，是衡量客体事实属性的价值或善之有无、大小、正负的标准，叫作"价值标准"——目的是"实在价值标准"；非目的需要和欲望是"潜在价值标准"。这就是价值的存在结构。举例说：

商品使用价值是商品事实属性对人的消费需要、欲望和目的之边际效用，因而由商品事实属性与人的消费需要欲望和目的构成：商品事实属性是使用价值产生的源泉和存在的载体、本体、实体，叫作"使用价值实体"；人的消费需要、欲望、目的则是商品使用价值从商品事实属性中产生和存在的条件，是衡量商品事实属性的使用价值之有无、大小的标准，叫作"商品使用价值标准"。然而，问题的关键还在于：

商品所有者虽然也有消费他的商品的需要与欲望，他的商品也能满足他的消费需要与欲望；但是，他生产商品的目的，却不是消费而是交换。所以，实在说来，商品对于他便没有使用价值，而只有交换价值；使用价值对于他仅仅是潜在的。因此，马克思说："商品所有者的商品对他没有直接的使用价值。一切商品对它们的所有者是非使用价值。"[①]

更全面些说，一方面，商品所有者的目的（交换），是衡量其商品对于他的价值的实在标准，因而实在说来，他的商品对于他便没有使用价值，而只有交换价值；另一方面，商品所有者的非目的需要和

---

① 马克思：《资本论》第1卷上，人民出版社1975年版，第103页。

欲望（消费），则是衡量其商品对于他的价值的潜在标准，因而潜在说来，他的商品对于他也具有使用价值：使用价值对于他仅仅是潜在的。

3. 价值存在性质

价值存在性质：特殊性与普遍性　据说，斯宾诺莎有一天在一个树下发现，没有两片完全相同的树叶。由此他领悟到：任何事物都有其特殊性。但是，他忽略了问题的另一面：也没有两片完全不同的树叶，一切事物都有其共同点、普遍性。所谓普遍性，就是某一种类所有事物都具有的属性，是一类事物的共同性；反之，特殊性则是某一种类部分事物所具有的属性，是某一种类事物的不同性。例如，喜爱美食和游戏，是人"类"所有的人都具有的属性，因而是普遍性；反之，爱吃萝卜而不是白菜、陶醉于打扑克而不是乒乓球，则是人"类"的一部分人所具有的属性，因而是特殊性。

因此，所谓特殊的应该、善和价值，也就是仅仅对于某类主体的部分个体才存在的应该、善和价值，也就是对于该类部分主体才存在的应该、善和价值。这样，特殊的应该、善、价值便因主体不同而不同：对一定的主体是应该的、善的、有价值的，对于另一定主体却不是应该的、善的、有价值的，甚至是恶的、具有负价值的。反之，普遍的应该、善和价值，则是对于某类主体的一切个体都相同的应该、善和价值，也就是对于该类任何主体都一样的应该、善和价值。这样，普遍的应该、善、价值的存在，便不会因主体的不同而不同：它们对于任何主体都同样是应该的、善的、有价值的。

举例说，菊花对于爱菊者是善的、有价值的；特别是陶渊明，菊花对其价值莫大焉："采菊东篱下，悠然见南山。"但是，菊花对于不爱菊者，特别是对于那些对菊花过敏者，却不是善的、有价值的。所以，菊花的善或价值是特殊的，是特殊的善，是特殊的价值。反之，美对于一切人——不论是爱菊者还是不爱菊者——都同样有价值，同样是善。所以，美的价值或善是普遍的，是普遍价值、普遍善。

不难看出，应该、善、价值的普遍与特殊之分，首先源于主体的需要（及其经过意识的各种转化形态，如欲望、目的）的普遍与特殊之分。所谓主体的特殊需要，亦即某类主体的不同需要，也就是仅为该类一些主体具有而另一些主体却不具有的需要；所谓主体的普遍需要，亦即某类主体的共同需要，也就是该类任何主体都同样具有的需要。

例如，就人"类"来说，一方面，"白菜萝卜各有所爱"，有些人喜欢吃白菜，有些人却不喜欢吃白菜，而喜欢吃萝卜：爱吃白菜或萝卜是人"类"的某些人的不同需要，因而是主体的特殊需要。另一方面，虽然众口难调，但正如孟子所言："口之于味，有同嗜焉。"各人的口味不论如何不同，却同样都有美食需要：美食的需要是人类的共同需要，因而是主体的普遍需要。

不言而喻，所谓特殊的应该、善、价值，也就是客体事实属性满足主体特殊需要之效用；它们满足的是主体的特殊的需要，所以便因主体的不同而不同。所谓普遍的应该、善、价值，也就是客体事实属性满足主体普遍需要之效用；它们满足的是主体的普遍需要，所以对于任何主体便都是一样的，而决不会因主体的不同而不同。

为什么菊花的价值或善是特殊的？为什么菊花对一些人有价值、是善，对另一些人却无价值而不是善？岂不就是因为，菊花的形状和颜色以及香味等事实属性满足的是主体的特殊需要：爱菊仅仅是有些人才具有的需要。反之，美的价值或善为什么是普遍的？为什么美对于任何主体都同样有价值，同样是善？岂不就是因为，美的客体的"比例和谐"等事实属性满足的是主体的普遍需要：爱美之心人皆有之。

那么，究竟怎样的客体才能满足主体的特殊需要而具有特殊的价值、善、应该？怎样的客体才能满足主体的普遍需要而具有普遍的价值、善、应该？显然，只有普遍性的客体、客体的普遍性事实，才能满足主体的普遍需要；只有特殊性的客体、客体的特殊性事实，才能满足主体的特殊需要。但是，任何普遍都存在于特殊之中；任何特殊都包含着普遍。"食物"是普遍性客体，必定存在于"白菜"或"萝卜"等特殊性客体之中；"白菜"或"萝卜"等特殊性客体，也必定包含着"食物"等普遍性客体。

因此，如果一种特殊性客体，如白菜，它的特殊的颜色和味道等事实属性，能够满足某主体爱吃白菜的特殊需要，从而具有特殊的善和价值；同时也就因其包含"食物"这种客体的"可被主体消化吸收、新陈代谢"等普遍性事实属性，而满足了该主体的饮食和生存等普遍需要，从而具有普遍价值或善。反之亦然，如果一种普遍性客体，如食物，它的"可被主体消化吸收、新陈代谢"等普遍性事实属性，能够满足主体饮食和生存普遍需要，从而具有普遍的善和价值；同时也就因其必定包含于某种特殊性客体，如萝卜，而以萝卜特殊的颜色和味道等特殊性事实，满足了该主体的爱吃萝卜的特殊需要，从而具有特殊价值或善。

于是，总而言之，可以得出结论说，价值既具有特殊性又具有普遍性，因其"价值标准（主体的需要、欲望、目的）"和"价值实体（客体的事实属性）"都既具有特殊性又具有普遍性。客体的特殊性事实具有满足主体特殊需要的效用，因而有一种特殊价值。这种价值是特殊的，因为它们只是对于具有这种特殊需要的主体才是有价值的。客体的普遍性事实具有满足主体普遍需要的效用，因而有一种普遍的价值。这种价值是普遍的，因为它们对于任何主体都因其有相同的需要而同样是有价值的。

换言之，价值既具有特殊性又具有普遍性。因为价值是客体对主体的需要、欲望、目的的效用，由"客体事实属性（价值实体）"与

"主体需要、欲望、目的（价值标准）"两方面构成。所以，一方面，价值被"主体特殊需要、欲望、目的"和"客体特殊性事实"所决定，因而具有特殊性：它们只是对于具有这种需要的那些主体才是有价值的，因而是特殊的价值；另一方面，价值又被"主体普遍需要、欲望、目的"和"客体普遍性事实"所决定，因而具有普遍性：它们对于任何主体都因其有相同的需要而同样有价值，因而是普遍的价值。这就是价值存在的普遍性与特殊性原理。

价值的存在性质：相对性和绝对性 价值的特殊性、普遍性，与其相对性、绝对性密切相关：特殊性都是相对性；绝对性都是普遍性。因为，所谓绝对，亦即无条件，也就是在任何条件——对象条件和时间条件——下都相同不变的东西，亦即对于任何对象在任何时间中都一样的东西；反之，相对则是有条件，亦即因条件——对象条件和时间条件——不同而不同的东西。举例说，曹雪芹是物质，是绝对的，因为他在任何条件——在任何时间和对于任何对象——下都是物质。但是，曹雪芹是人和儿子，则是相对的，因为这是有时间和对象条件的：他只是在1715—1763年间是人；他只有相对于他父母来说才是儿子。

因此，所谓绝对的价值，也就是无条件的价值，也就是对于某类主体的任何个体在任何时间都存在的价值。反之，相对的价值则是有条件的价值，也就是只有对于某类主体的部分个体——或任何个体在一定时期——才存在的价值。举例说，食物的价值是绝对的，因为食物对于任何人在任何时间都是有价值的。反之，牛肉和性对象的价值则是相对的，因为，一方面，牛肉只是对于某些人才是有价值的；另一方面，性对象虽然对于每个人都是有价值的，但只是对于青春期之后的每个人才是有价值的。

不难看出，一切特殊的价值，都是相对的。因为一切特殊的价值，都仅仅对于某类主体的部分个体才是存在的，只是对于一些主体才是

第十一章 价值

有价值的；而对于另一些主体则不是有价值的，甚至是恶的、具有负价值的。例如，猪肉的价值是特殊的，因为只是对于一些人来说，猪肉才是有价值的。这样，猪肉的价值也就是相对的：它只是对于需要猪肉的人才是有价值的，而对于不需要猪肉的人，则不是有价值的。

那么，是否一切普遍的价值都是绝对的？否。不妨就客体对于人的价值来说。普遍价值无疑是对于一切人都存在的价值，因而其存在是无对象条件的；而绝对价值则是对于一切人在任何时间都存在的价值，因而其存在不但无对象条件，而且无时间条件。因此，绝对价值都是普遍价值；普遍价值却不都是绝对价值：绝对价值仅仅是那种既无对象条件又无时间条件的普遍价值，亦即对于任何人在任何时间都一样存在的价值，可以说"绝对价值"与"绝对的普遍价值"是同一概念。举例说：

古人云"食色性也"。但是"食"与"性"的价值并不相同。食物不但对于任何人都是有价值的，因而有普遍价值；而且对于任何人在任何时间都是有价值的，因而有绝对价值。性对象也是对于任何人都有价值，因而有普遍价值；但性对象并不具有绝对价值，而只具有相对价值，有相对的普遍价值。因为性对象并不是对于任何人在任何时间都是有价值的。性对象只是在人们进入青春期性成熟以后才是有价值的；而处于青春期之前的人，没有性爱需要，性对象对于他们也就没有什么价值可言。试想，对一个没有性爱需要的人说"生命诚可贵，爱情价更高"，岂不可笑？

价值的相对与绝对之分，首先源于"主体的需要、欲望、目的"的相对与绝对之分。因为所谓主体的绝对需要，也就是某类主体的任何个体在任何时间都普遍具有的需要，如每个人的自由需要、游戏需要、审美需要和食物需要等等。所谓主体的相对需要，则是仅为某类主体的部分个体具有——或为任何个体在一定时间具有——的需要：前者如牛肉需要；后者如性需要。

于是，满足主体绝对需要的价值，对于任何主体在任何时间便都因其有相同的需要而同样有价值，同样是善的、应该的。所以，它们是绝对的。反之，满足主体相对的需要之应该、善、价值，便会或者因主体的不同而不同，或者因主体在不同时期的需要不同而不同：它们对于具有这种需要的主体便有价值，便是善的、应该的；对于不具有这种需要的主体则无价值，则不是善的、应该的。所以，它们是相对的。

为什么食物的价值或善是绝对的？为什么食物对于任何人在任何时间都同样有价值，同样是善？显然是因为食物满足的是人的绝对需要：任何人在任何时间都具有对于食物的需要。为什么牛肉和性对象的价值或善是相对的？无疑是因为牛肉和性对象满足的是人的相对需要：吃牛肉仅仅是有些人才具有的需要；性欲则仅仅是每个人在青春期之后才具有的。

那么，究竟怎样的客体才能满足主体的相对的特殊的需要而具有相对价值？怎样的客体才能满足主体的绝对需要而具有绝对的价值？毫无疑义，只有绝对性的客体、客体的绝对性事实，才能满足主体的绝对需要；只有相对性的客体、客体的相对性事实，才能满足主体的相对需要。但是，任何绝对和普遍都存在于相对和特殊之中；任何相对和特殊都包含着绝对和普遍。"美"的客体是绝对的普遍性客体，必定存在于"菊花"和"庐山"等相对的特殊的美的客体之中；"菊花"和"庐山"等美的相对的特殊的客体，也必定包含着"美"的绝对的普遍性客体。

因此，如果一种相对性特殊性客体，如菊花，它的特殊的形状、耐寒、花开季节以及周敦颐所谓的"予谓菊，花之隐逸者也"[1]等特殊的相对的事实属性，能够满足陶渊明的"隐逸"等相对的特殊的需要，

---

[1] 周敦颐：《爱莲说》。

从而具有相对的价值；同时也就因其包含"美"这种客体的"比例和谐"等绝对的普遍事实属性，而满足了陶渊明等爱菊者的"爱美之心"的绝对需要，从而具有绝对价值。

反之亦然，如果一种绝对性的普遍客体，如"美"的客体，它的"比例和谐"等绝对的普遍性事实属性，能够满足陶渊明和周敦颐等一切人的审美的绝对性普遍需要，从而具有绝对的价值；同时也就因其必定包含于某种特殊性客体，如莲花，而以其"出淤泥而不染，濯清涟而不妖，中通外直，不蔓不枝，香远益清，亭亭净植，可远观而不可亵玩焉"①等特殊性相对性事实属性，满足了周敦颐"将莲花比君子"（"莲，花之君子者也"②）的爱莲花的特殊的相对的需要，从而具有相对价值。

综上可知，价值既具有相对性又具有绝对性，因其"价值标准（主体的需要、欲望、目的）"和"价值实体（客体的事实属性）"都既具有特殊性和相对性，又具有普遍性和绝对性。客体的特殊性相对性事实，具有满足主体特殊的相对的需要之效用，因而是一种相对的价值。这种价值是相对的，因为其对于具有这种需要的主体便有价值；对于不具有这种需要的主体则无价值。客体的绝对性的普遍事实具有满足主体绝对的普遍需要的效用，因而是一种绝对的价值。这种价值是绝对的，因为它对于任何主体在任何时间都因其有相同的需要而同样有价值。

换言之，价值的存在既具有相对性又具有绝对性。因为价值是客体对主体的需要、欲望、目的的效用，由"客体事实属性（价值实体）"与"主体需要、欲望、目的（价值标准）"两方面构成。所以，一方面，价值被"主体的特殊的相对的需要、欲望、目的"和"客体

---

① 周敦颐：《爱莲说》。
② 周敦颐：《爱莲说》。

的特殊的相对的事实"所决定,因而具有相对性:它们对于具有这种特殊需要的主体便是有价值的,而对于不具有这种特殊需要的主体则不是有价值的,因而是相对的价值;另一方面,价值又被"主体的绝对的普遍需要、欲望、目的"和"客体的绝对的普遍事实"所决定,因而具有绝对性:它们对于任何主体在任何时间都因其有相同的需要而同样有价值,因而是绝对的价值。这就是价值存在的绝对性与相对性原理。

价值的存在性质:主观性与客观性 弄清了价值存在的普遍性和特殊性以及绝对性和相对性,便可以解析基于二者的更为复杂的客观性和主观性难题了。价值的客观性和主观性,首先源于主体需要——及其经过意识的各种转化形态——的客观性和主观性。不过,所谓主观和客观,如所周知,含义有二。一个含义是:主观指意识、精神;客观指意识或精神之外的物质世界。另一个含义是:主观指事物的依人的意志而转移的属性;客观指事物的不依人的意志而转移的属性。主体需要、欲望、目的之"主观与客观",系指主观和客观的后一种含义:是否依人的意志而转移。因为,如果就第一种含义来看,欲望属于意识范畴,因而一切欲望都是主观的,根本不存在什么客观的欲望。欲望的主观与客观之分,显然只能是指"是否依人的意志而转移"含义:依人的意志而转移的欲望,如偷盗的欲望,就是主观欲望;不依人的意志而转移的欲望,如性欲和食欲,就是客观欲望。

因此,所谓主体的主观需要,也就是依人的意志而转移的需要;而主体的客观需要则是不依人的意志而转移的需要。那么,究竟主体的什么需要是依人的意志而转移的?无疑是主体的特殊需要:主体的主观需要都是主体的特殊需要。因为每个人的特殊的需要、欲望、目的,大都是偶然的、可变的、可以自由选择的,因而具有依自己的意志而转移的主观性。举例说:

张三醉心于打扑克游戏,对于扑克有强烈的需要;李四则醉心于

第十一章　价值

下象棋游戏，对于下棋有强烈需要。这些都是特殊需要。张三和李四的这些特殊需要，都是偶然的、可变的、可以自由选择的。因为张三和李四都可能认识到打扑克和下象棋有损健康而逐渐喜欢打乒乓球，从而对打乒乓球产生强烈需要而不再需要打扑克和下象棋。所以，张三的打扑克的需要和李四的下象棋的需要是主观随意的：特殊需要大都具有依自己的意志而转移的主观性。

主体特殊需要的主观随意性决定了价值具有主观随意性。因为主体的需要是价值标准：如果衡量客体的价值标准是主观随意的，那么，客体的价值又怎么能不是主观随意的呢？确实，如果张三李四打扑克和下象棋的需要是主观随意的，那么，打扑克和下象棋的价值也就不能不是主观随意的。因为当张三李四有打扑克和下象棋的需要时，打扑克和下象棋就是有价值的。但是，当他们一旦戒掉这些嗜好而不再有这些需要时，打扑克和下象棋就不再有价值了。

因此，究竟应该打扑克还是应该下象棋抑或打乒乓球？究竟打扑克有价值还是下象棋有价值？究竟当官好、发财好还是当教授好？如此等等满足每个主体的一切特殊需要的价值，皆因时因地而异，依主体的意志而转移，都是主观随意和偶然多变的，以致王羲之叹曰：

"当其欣于所遇，暂得于己，快然自足，曾不知老之将至。及其所之既倦，情随事迁，感慨系之矣。向之所欣，俯仰之间，已为陈迹，犹不能不以之兴怀。"①

但是，价值并不完全是主观的。如果它们完全是主观的，因而仅仅取决于我们的意志，那么，岂不是只要我们愿望和思想某些东西有价值，它们也就一定有价值吗？但是，恰恰相反，难道蚊子、苍蝇有害而青蛙、蜘蛛有益是因为我们的愿望就是如此吗？难道我们愿望、想望、希望什么东西有价值，什么东西就有价值吗？并不

---

① 王羲之：《兰亭集序》。

是。所以，邦德说："思想某些东西有价值，亦即评价它们，不可能使它们真就有价值。"[1] 价值显然具有某种不依人的意志而转移的客观性。

价值是客观的、具有客观性，首先源于它们的标准——主体的需要、欲望、目的——具有客观性，是客观的。所谓主体的客观需要，如上所述，乃是不依人的意志而转移的需要。那么，究竟主体的什么需要是不依人的意志而转移的？无疑是主体的普遍需要。因为每个人的普遍的需要、欲望、目的，都是必然的、不可改变的、不能自由选择的，因而具有不依人的意志而转移的客观性。举例说，每个人都具有饮食需要、性需要、游戏的需要、审美需要、自我实现需要；每个社会都有节制、诚实、自尊、中庸、勇敢、正义等道德需要。所以，这些都是普遍需要。这些普遍需要之所以是每个主体都具有的，乃是因为它们是必然的、不可改变的、不能自由选择的，因而具有不依人的意志而转移的客观性。

试想，你是想有性欲就有性欲、想没有性欲就没有性欲吗？并不是。否则，马克思就不会谈恋爱和结婚了。因为他曾说过，一个想要干一番事业的人，谈恋爱和结婚是最大的蠢事。他之所以谈恋爱和结婚，是因为性欲具有某种不依他的意志而转移的客观性：这种客观性就是一种所谓的人性而蕴涵于他的机体构造及其需要之中。因此，弗洛伊德一再说，恒久地看，人并不是自己的躯体欲望和它所引发的行为目的的主人："自我就是在自己的家里也不是主人。"[2] "人是智力薄弱的动物，是受其本能欲望支配的。"[3]

这样，性对象的价值也就是客观的、不依人的意志而转移的。因

---

[1] E. J. Bond, *Reason and Value*, Cambridge University Press, 1983, p. 100.

[2] Sigmund Freud, *Introductory Lectures on Psycho-Analysis*, translated by James Strachey, W. W. Norton & Company, New York, 1966, p. 353.

[3] 宾克莱：《理想的冲突》，商务印书馆 1983 年版，第 131 页。

第十一章 价值

为不论一个人的意志如何,他都不可能没有性欲;不论他的意志如何,性对象都能够满足他的性欲而具有价值:性对象的价值是不依人的意志而转移的,是客观必然的。同理,一切满足主体普遍需要的价值,如食物的价值、爱情的价值、游戏的价值、美的价值、自我实现的价值、诚实的价值、勇敢的价值等等,也就都具有不依人的意志而转移的客观性,都是客观的价值:客观的价值就是不依主体的意志而转移的价值。所以,价值的客观性源于主体的普遍需要的不依人的意志而转移的客观性。

价值具有客观性,不仅因其价值标准——主体的普遍的需要、欲望、目的——是客观的,更重要的,还因其乃是客体的事实属性对于主体的需要、欲望、目的的效用:客体事实属性是它们产生的源泉和存在的实体。这样,它们的存在便具有不依主体的意志为转移的性质。因为客体的事实属性是不依赖主体的需要、欲望、目的而存在的:事实之为事实就在于它们是不依赖主体的需要、欲望、目的而存在的东西。白菜有价值,并不仅仅取决于人们的口味,更重要的,还取决于白菜所具有的那些不依人的意志而转移的事实的属性,如含有蛋白质、脂肪、碳水化合物、钙、胡萝卜素、核黄素等等。

如果白菜没有这些属性,而具有其他一些事实属性,比如说,乙肝病毒和艾滋病病毒,我们还能说它们有价值吗?所以,我们说白菜有价值,并不仅仅是因为我们的欲望如何,更重要的是因为这些东西具有某些不依人的意志而转移的事实属性。反之,即使一个人不喜欢吃白菜,白菜对于他也是具有营养价值的。所以,白菜因其含有蛋白质、脂肪、碳水化合物等事实属性而具有的营养价值,是不依赖主体的口味、嗜好、欲望、愿望而转移的,因而是客观的,是客观价值:客观价值就是不依主体的欲望、愿望、意志为转移的价值。

综上可知,价值既具有主观性又具有客观性。一方面,价值具有主观性,因其标准——主体的需要、欲望、目的——具有特殊性,因而是主观的、偶然的、可变的、依人的意志而转移的；另一方面，价值又具有客观性，不但因其实体（客体的事实属性）是客观的、不依人的意志而转移的，而且因其标准（主体的需要、欲望、目的）具有普遍性，因而也是客观的、必然的、不可改变的、不依人的意志而转移的。

换言之，价值既具有主观性又具有客观性，因为价值是客体对主体的需要、欲望、目的的效用，由"客体事实属性（价值实体）"与"主体需要、欲望、目的（价值标准）"两方面构成。所以，一方面，价值被"主体的特殊的、主观的、可以因人的意志而转移的需要、欲望、目的"所决定，因而具有主观性：它们是依人的意志而转移的，因而是主观的价值。另一方面，价值又被"客体的事实属性和主体的普遍的、客观的、不依人的意志而转移的需要、欲望、目的"所决定，因而具有客观性：它们是不依人的意志而转移的，因而是客观的价值。这就是价值存在的客观性与主观性原理。

综观价值的存在性质可知，价值的存在既具有特殊性、相对性和主观性，又具有普遍性、绝对性和客观性。因为客体对主体的需要、欲望、目的的效用，由客体事实属性（价值实体）与主体需要、欲望、目的（价值标准）构成。所以，一方面，价值被"主体特殊性、相对性需要"和"客体特殊性、相对性事实"所决定，因各主体需要的不同而不同，是特殊的、相对的和主观随意的；另一方面，价值又被"主体普遍性、绝对性需要"和"客体普遍性、绝对性事实"所决定，对任何主体都因其有相同的需要而是同样的，因而是普遍的、绝对的和客观的而不依人的意志为转移。这就是价值的存在之性质。举例说：

许多初民社会都处于生产力极端低下的同样社会发展阶段：所提供的食品不足以养活所有人口。但是，这些社会所制定和奉行的道德规则却不相同。因纽特人的规则是将一部分女婴和年老体衰的父母置于雪地活活冻死。巴西的雅纳马莫人的规则是杀死或饿死女婴，并在男人之间不断进行流血的战斗。新几内亚的克拉基人的规则是男人在进入青春期以后的数年内只可建立同性恋关系。这充分表明行为应该如何的道德价值和道德规范的特殊性、相对性和主观任意性;而这种特殊性、相对性和主观性无疑主要取决于:初民社会"为了避免饿死所有人"的特殊的和相对的道德目的。

然而,无论如何,古今中外,有哪一个社会、哪一个时代、哪一个阶级,不倡导诚实、自尊、爱人、尽忠、勤勉、慷慨、勇敢、公平、廉洁、善、幸福、谦虚、智慧、节制等等道德规范?绝对没有!这充分表明行为应该如何的道德价值和道德规范的普遍性、客观性和绝对性;而这种普遍性、客观性和绝对性,主要讲来,无疑取决于一切社会创造道德的普遍的、最终的和绝对的目的:保障社会存在发展和增进每个人利益。

4. 关于价值存在的证明理论:客观论、实在论、主观论与关系论

客观论与实在论 所谓客观论(Objectivism),乃是认为价值存在于客体之中的证明理论。持有客观论观点的思想家甚多,如柏拉图、亚里士多德、托马斯·阿奎那、沙甫慈伯利、赫起逊、埃德蒙·柏克(Edmund Burke)、康德、歌德、黑格尔、摩尔、邦德、戴维·布云克(David O. Brink)、乔德(C. E. M. Joad)、罗尔斯顿等等。不过,客观论可以分为两派。一派是温和客观论,认为价值不能离开主体而独立存在于客体之中;另一派是极端客观论,认为价值可以离开主体而独立存在于客体之中。

在温和客观论看来,价值存在于客体之中;但是,离开主体,客体自身并不存在价值:客体是价值存在的源泉;主体是价值存在的条件。这一点,罗尔斯顿说得最清楚:"观赏建构了花的价值,这种价值不是某种与人的观赏无关的、早就存在于花中的价值。但它仍然是这

样一种价值：它们虽然表现为人的主观意识的产物，却仍然是客观地附丽在绽开于草丛中的鲜花身上的。"① 所以，朱狄先生在考察客观论之后得出结论说："一般说来，客观论者也承认不仅需要一个客体，而且也需要一个主体才能发生整个的审美过程，但……客观论者仅仅承认审美愉快的获得需要主体，而并不认为美的根源在需要客体存在的同时也需要主体的存在。"② 这种客观论，正如朱狄所说，是"一般说来"的客观论，亦即多数客观论者的客观论、温和客观论。

反之，极端客观论则认为价值是客体的一种可以离开主体而独立存在的事实，因而叫作"实在论"（Realism）：实在论是认为价值是客体的可以离开主体而独立存在的事实的理论。邦德、布云克、威根斯（David Wiggins）、麦克道尔（John Mcdowell）、博伊德（Richard N. Boyd）、斯图尔根（Nicholas L. Sturgeon）、麦考德（Geoffrey Sayre-McCord）、普莱特斯（Mark Platts）以及乔德和中国美学家蔡仪的观点，都属于实在论。诚然，他们正确看到：价值存在于客体中。但是，他们却否认主体的需要——及其转化形态——是价值存在的条件，认为价值并不依赖主体的需要、欲望、目的而为客体独自具有，是客体的一种可以离开主体而独立存在的事实，是一种实在，是客体固有或事实属性。这一点，邦德讲得最清楚：

"对于欲望某物的人来说，欲望和目的并不是该物实际具有价值的条件：既不是必要条件，更不是充分条件。"③ "一切价值都是客观的，也就是说，它们是独立于欲望和意志而存在的。……价值是一种独立的存在。在这个世界上，即使没有人，即使没有有意识、有食欲的力量，价值也能够独立存在。"④

---

① 罗尔斯顿：《环境伦理学》，中国社会科学出版社 2000 年版，第 153 页。
② 朱狄：《当代西方美学》，人民出版社 1984 年版，第 176 页。
③ E. J. Bond, *Reason and Value*, Cambridge University Press, 1983, p. 59.
④ E. J. Bond, *Reason and Value*, Cambridge University Press, 1983, pp. 84-85.

可见，温和客观论与实在论的共同点是都认为价值完全存在于客体中，因而二者都属于客观论。但是，温和客观论认为价值是客体与主体发生关系时所产生的属性，是依赖主体而存在于客体中，是客体的一种不能独自具有的属性，是客体的关系属性；反之，实在论则以为价值并不依赖主体需要而为客体独自具有，是客体的一种可以离开主体需要而独立存在的事实，是一种实在，是客体的固有或事实属性。所以，实在论是一种极端的客观论。

不难看出，温和客观论是真理，而实在论是谬误。因为，如前所述，价值是客体的关系属性，是客体的事实属性与主体的需要、欲望、目的发生关系时所产生的属性：客体事实属性是价值产生的源泉和存在的实体；主体需要、欲望、目的则是价值从客体事实属性中产生、存在的条件与标准。实在论的错误就在于，它只看到客体是价值产生的源泉和存在的实体，却看不到主体是价值产生的条件和存在的标准；只看到价值产生和存在于客体之中，却看不到价值只有在客体与主体发生关系的条件下，才能从客体中产生，才能存在于客体。于是，实在论便误以为不论有无主体，客体都具有价值，因而价值也就不是客体的价值关系属性，而是客体的固有属性或事实属性了。因此，实在论的错误，说到底，就在于：把客体的关系属性，当作客体的固有属性；把客体的价值关系属性，当作客体的事实关系属性；把价值的源泉和实体，当作价值本身。

实在论的几种类型 实在论广泛存在于道德、美和经济等价值科学领域。它在道德领域的表现是所谓"道德实在论"(Moral Realism)。道德实在论的基本特征是承认存在所谓"道德事实"。波吉曼说："道德实在论者关于伦理学持有一种这样的观点：存在道德事实（moral facts）。"[①] 戴维·布云克在谈到他所主张的"道德实在论"时也这样写

---

① Louis P. Pojman, *Ethical Theory: Classical and Contemporary Readings*, Wadsworth Publishing Company, USA, 1995, p.456.

道:"我把道德实在论归结为这样一种元伦理观:它认为存在道德事实。"① 然而,究竟何谓"存在道德事实"?

黑尔在解释这一点时写道:"它的意思无非是:诸如不正当之道德特性和一种行为是不正当之道德事实,是事物固有本性之存在(exist in rerum natura)。因此,如果一个人说某种行为是不正当的,那就意味着:不正当的特性以某种方式、在某个地方存在着,它也不能不存在于那里,如果那种行为是不正当的;并且意味着:那种行为是不正当的事实也以某种方式、在某个地方存在着。"②

可见,所谓"存在道德事实",也就是说:正当、道德善、道德价值是一种事实,甚至是事物固有属性,属于事实范畴,因而也就是不依赖主体需要而存在的属性。它不依赖主体,那么,它是不是像马奇所说的那样,是与物理属性无关而自成一类的实体?戴维·布云克的回答是否定的:"道德实在论认为道德属性是在物理属性基础上产生的。"③ 那么,它究竟是一种在行为物理属性基础上产生的怎样的属性呢?黑尔对布云克此见诠释道:"我们所说的'不正当'之属性和一种行为是不正当之事实,就如同说'红'之属性和某种东西是红的事实一样。"④

道德实在论的错误,首先在于等同客体的事实关系属性与价值关系属性。他们大都正确看到:道德善、道德价值与红色一样,都是客体依赖主体而存在的关系属性,而不是客体的固有属性。但是,他们却没有看到:一方面,红色是客体不依赖主体的需要、欲望和目的而具有的属性,因而是客体的事实属性,是客体的事实关系属性,是客

---

① Louis P. Pojman, *Ethical Theory: Classical and Contemporary Readings*, Wadsworth Publishing Company, USA, 1995, p. 530.

② Ted Honderich, *Morality and Objectivity*, Routledge & Kegan Paul, London, 1985, p. 40.

③ Louis P. Pojman, *Ethical Theory: Classical and Contemporary Readings*, Wadsworth Publishing Company, USA, 1995, p. 533.

④ Ted Honderich, *Morality and Objectivity*, Routledge & Kegan Paul, London, 1985, p. 45.

体的"第二性质";另一方面,道德善、道德价值则是客体的不能离开主体需要、欲望和目的而具有的属性,是客体的事实属性对主体的需要、欲望、目的的效用——亦即"行为事实"符合"道德目的"的效用性——是客体的价值关系属性,是客体的"第三性质"。道德实在论的错误就在于等同价值与颜色的存在性质,因而由颜色是事实的正确观点得出错误结论:道德价值也是事实,存在道德事实。

道德实在论的错误,还在于混淆广义的事实与狭义事实概念。因为,如前所述,一方面,广义事实是不依赖思想意识而存在的事物,包括价值——价值无疑是不依赖思想意识而存在的事物,该概念适用于认识论等非价值科学。另一方面,狭义的事实是不依赖主体需要而存在的事物,不包括价值——价值是依赖主体需要而存在的事物,与价值是外延毫不相干的对立概念关系。这种狭义事实概念适用于伦理学等一切价值科学,因为伦理学等一切价值科学的根本问题——能否从"事实"推导出"价值"——意味着:价值不是事实,事实不包括价值,事实与价值是外延毫不相干的对立概念。

问题的关键在于,"道德善"是个伦理学概念,属于"价值"范畴,因而与"事实"是外延毫不相干的对立概念关系,不可能属于"事实"范畴,不可能是事实,说到底,不可能存在什么"道德事实"。所谓"道德事实",完全与伦理学等一切价值科学的根本问题——能否从"事实"推导出"价值"——相悖,因而在伦理学中便如同"圆的方"一样,是个荒谬的、矛盾的、不能成立的概念。

但是,"道德事实"在认识论等非价值科学中,却是个科学的概念。因为,在非价值科学中,所谓"事实"是广义的,是指不依赖思想意识而实际存在的事物;而"道德善"的存在只依赖主体的需要、欲望和目的,只依赖社会创造道德的目的,却不依赖思想意识,因而属于事实范畴:"道德事实"概念在认识论等非价值科学中是个科学的概念。

可见，道德实在论者在伦理学领域大谈"道德事实"是错误的：他们混淆了"事实"概念在非价值科学和价值科学中的不同含义，混淆了广义事实与狭义事实概念。殊不知，"道德事实"概念在认识论等非价值科学中是个科学的概念；而在伦理学等价值科学中却是个荒谬概念。

实在论在美学领域的表现，亦即"审美价值实在论"：把美界定为客体的比例和谐。如果美就在于客体的比例和谐，那么，美就不依赖人的审美需要、欲望、目的而为客体独自具有，就是客体的一种可以离开人而独立存在的事实，就是一种实在，就是客体的固有属性。因此，审美价值实在论者乔德写道："美是一种独立的、自满自足的对象，它在宇宙中是种真实的和独特的要素……当我们说一幅画或一首乐曲是美的时候……是指图画和乐曲本身所具有的那种特质和属性。"一句话——中国的审美价值实在论者蔡仪总结道——"美是不依赖于欣赏的人而存在的。"①

因此，假如世界上的人都没有了，拉斐尔的《西斯廷圣母》像的美将依然如故："难道有任何变化会发生在这幅画上吗？难道对它的经验会有任何变化吗？""唯一发生变化的只不过是它不再被欣赏罢了。但难道会使它自动地变得不再是美的了吗？毋庸置疑的事实是，我们所有的人都将认为，即使无人静观的《西斯廷圣母》像的存在，也总要比无人静观的臭水坑要好。"②这种观点的错误显然在于把美的价值等同于美的价值实体：比例和谐乃是美的实体，而并不是美；美乃是客体的比例和谐对于人类审美需要的效用。

实在论在经济学领域的表现，是"商品价值实在论"，主要是马克思的"劳动价值论"，亦即把商品价值界定为凝结在商品中的一般

---

① 朱狄：《当代西方美学》，人民出版社 1984 年版，第 172 页。
② 朱狄：《当代西方美学》，人民出版社 1984 年版，第 173 页。

第十一章　价值

人类劳动:"一切商品作为价值只是结晶的人类劳动。"①然而,商品中凝结的人类劳动,就其存在来说,显然并不依赖于人的需要,甚至也不依赖于人。一件金首饰所凝结的人类劳动,即使人类灭亡了,它也照样凝结在该金首饰中。因此,如果商品价值是凝结在商品中的一般人类劳动,那么,商品价值就不依赖人的需要而为商品独自具有,就是商品的一种可以离开人而独立存在的事实,就是商品的固有属性。马克思也确实认为价值是商品的固有属性:"生产使用物所耗费的劳动,表现为这些物固有的性质,即它的价值。"②

商品价值实在论之错误,显然在于把商品价值等同于劳动等商品价值实体。因为,"劳动等生产要素及其产品",乃是商品价值的源泉和实体,而并不是商品价值;商品价值乃是"劳动等生产要素及其产品"对人的需要的效用:商品使用价值是"劳动等生产要素及其产品"对消费需要的边际效用;商品交换价值则是商品的这种边际效用对交换需要的效用。

主观论　主观论(Subjectivism)乃是认为价值存在于主体中的证明理论。主观论观点的代表当推培里(R. B. Perry)、詹姆斯(W. James)、马奇(J. L. Mackie)以及洛德·卡门斯(Lord Kames)和高尔泰。主观论比实在论离真理更远。诚然,一方面,它正确看到客体自身不存在价值:主体的需要、欲望、目的存在,价值才存在;主体的需要、欲望、目的不存在,价值便不存在。但是,它却由此得出错误结论:主体的需要、欲望、目的是价值产生和存在的源泉,价值存在于主体的需要、欲望、目的之中,是主体的需要、欲望、目的之机能和属性;因而也就没有什么客观的价值,价值是一种完全主观的东西。

高尔泰便这样写道:"有没有客观的美呢? 我的回答是否定的。"③

---

① 马克思:《资本论》第1卷,中国社会科学出版社1983年版,第27页。
② 马克思:《资本论》第1卷,中国社会科学出版社1983年版,第39页。
③ 高尔泰:《论美》,甘肃人民出版社1982年版,第1页。

因为"美，只要人感受到它，它就存在；不被人感受到，它就不存在"①。所以，"人的心灵，是自然美之源泉，也是艺术美之源"②。洛德·卡门斯亦如是说："美并不存在于被爱者身上，而存在于爱者的眼睛里。"③培里也曾这样写道："价值就其最根本的意义来说，必须被看作意志或爱的机能。"④"就最初的和一般的意义来说，当一个事物（任何事物）是一种兴趣（任何兴趣）的客体的时候，它就拥有价值，或是有价值的。"⑤詹姆斯也说："我们周围的世界似乎具有的那些价值、兴趣或意义，纯粹是观察者的心灵送给世界的礼物。"⑥

确实，客体自身不存在价值：价值是客体与主体的需要、欲望、目的发生关系时产生的。因此，离开主体的需要、欲望、目的，价值便不存在；有了主体的需要、欲望、目的，价值才存在。但是，由此不能说价值存在于主体的需要、欲望、目的中，而只能说价值存在于客体中。因为价值是在客体事实属性与主体的需要、欲望、目的发生关系时，从客体的事实属性中——而不是从主体的需要、欲望、目的中——产生的属性：主体的需要、欲望、目的只是价值从客体事实属性中产生的条件，只是价值存在的条件；客体事实属性才是价值产生的源泉、存在的源泉。主观论的错误就在于把价值产生和存在的条件，当作了价值产生和存在的源泉。

另一方面，主观论正确看到，价值的存在被主体特殊的需要、欲望、目的所决定，因而具有特殊性、相对性、主观性：价值是依主体不同的欲望、愿望、意志而转移的，是因主体的需要不同而不同的。

---

① 高尔泰：《论美》，甘肃人民出版社1982年版，第4页。
② 高尔泰：《论美》，甘肃人民出版社1982年版，第33页。
③ 朱狄：《当代西方美学》，人民出版社1984年版，第172页。
④ Ralph Barton Perry, *General Theory of Value: Its Meaning and Basic Principles Construed in Terms of Interest*, Longmans, Green, and Company, 55 Fifth Avenue, New York, 1926, p. 54.
⑤ R. B. Perry, *Realms of Value*, Cambridge, Mass., 1954, p. 2.
⑥ 罗尔斯顿：《环境伦理学》，中国社会科学出版社2000年版，第151页。

第十一章 价值

但是，主观论却由此得出错误结论：价值完全是主观的，没有客观的价值。马奇便一再说："没有客观价值。""价值不是客观的，不是世界结构的一部分。"①"源于相对性的论据可以作为'没有客观价值'结论的前提。这些前提也就是众所周知的道德规范的易变性——从一个社会到另一个社会和从一个时期到另一个时期——和道德信仰的不同：在一个复杂的共同体中的不同的群体和阶级之间……一些人认为某些东西是善或正当，另一些人则以为是恶或不正当。"② 杜卡斯也这样写道：美是纯粹主观的，因为"美的最为众所周知的事实之一就是它的易变性：一个人说美，另一个人则说不美，一个人可以把昨天还被他判断为美的东西，在今天则判断为是单调的，或今天判断为美的，明天也许判断为是单调的，甚至是丑的"③。

主观论这一论证的错误显然在于片面性。它只看到，一方面，价值的存在，被主体的可以因主体的意志而转移的特殊需要欲望目的所决定，因而具有主观性、特殊性和相对性：价值是依主体的欲望、愿望、意志而转移的，是因主体需要的不同而不同的。但是，主观论没有看到，另一方面，价值的存在，同时还被客体的事实属性（白菜有价值取决于白菜所具有的那些不依人的意志而转移的客观事实属性，如含有蛋白质、脂肪、碳水化合物、钙、胡萝卜素、核黄素等等）和主体的不依主体意志为转移的普遍需要、欲望、目的（"口之于味，有同嗜焉"）所决定，因而具有客观性、普遍性和绝对性：价值是不依主体的欲望、愿望、意志而转移的，是对于任何主体都是一样的，而并不因主体的不同而不同。

关系论 所谓关系论，亦即主客关系论或主客统一论，是认为价

---

① J. L. Mackie, *Ethics: Inventing Right and Wrong*, Singapore Ricrd Clay Pte Ltd., 1977, p. 15.

② J. L. Mackie, *Ethics: Inventing Right and Wrong*, Singapore Ricrd Clay Pte Ltd., 1977, pp. 36-37.

③ 朱狄：《当代西方美学》，人民出版社 1984 年版，第 205 页。

641

值存在于客体与主体的关系之中的证明理论。关系论的代表，有文德尔班、兰菲尔德（H. S. Langfeld）、朱光潜、李德顺等等。关系论貌似真理，因为它正确看到"在孤立的主体或客体身上都不存在着价值"[①]，于是便得出结论说：价值必产生于、存在于客体与主体的关系之中，是一种主客关系。文德尔班写道："价值决不是作为客体自身的某种特性而被发现的。它存在于与某个欣赏它的心灵的关系之中。"[②] 兰菲尔德说：美"既不完全依赖于人的经验，也不完全依赖于被经验的物。它既不是主观的，也不是客观的，既不是一种纯粹的智力活动的结果，也不是客观对象的一种固有价值，而是这两方面变化无常的关系，即人的机体和客观对象之间的关系"[③]。朱光潜写道："美是客观与主观的统一。"[④] "美……它在心与物的关系上。"[⑤] "所谓'价值'都是由于物对于人的关系所发生出来的。"[⑥] 李德顺说："价值，既不在现实的世界、事物之外，又不是任何既成的现实事物和它们的属性本身，同时又不是人头脑和心灵的主观现象。那么，它在哪里呢？回答是：价值存在于主客体之间的关系之中，是这种客观关系的状态、内容本身。这种观点，可以叫'关系说'。"[⑦]

关系论虽然得到我国学术界很多学者认可，却并非真理。因为价值是"客体与主体需要发生关系时所产生的属性"，而不是"在客体与主体的关系中产生的属性"；价值是"客体的关系属性"，而不是"客体与主体的关系"：它们根本不同。价值是"客体与主体需要发生关系时所产生的属性"，意味着：价值产生于、存在于客体，是客

---

① 李德顺：《价值论》，中国人民大学出版社 1987 年版，第 124 页。
② 罗尔斯顿：《环境伦理学》，中国社会科学出版社 2000 年版，第 150 页。
③ 朱狄：《当代西方美学》，人民出版社 1984 年版，第 215 页。
④ 朱光潜：《朱光潜美学文集》第三卷，上海文艺出版社 1982 年版，第 43 页。
⑤ 朱光潜：《朱光潜美学文集》第一卷，上海文艺出版社 1982 年版，第 153 页。
⑥ 朱光潜：《朱光潜美学文集》第一卷，上海文艺出版社 1982 年版，第 148 页。
⑦ 李德顺：《价值新论》，中国青年出版社 1993 年版，第 68 页。

体的关系属性;反之,价值是"在客体与主体的关系中产生的属性",则意味着:价值产生于、存在于主客关系,是一种主客关系。价值是"客体的关系属性",意味着:价值产生于、存在于客体,是客体的关系属性;反之,价值是"客体与主体的关系",意味着:价值产生于、存在于主客关系,是一种主客关系。

关系论的错误就在于把"价值是客体的关系属性"说成是"价值是客体与主体的关系",把"价值是客体在与主体发生关系时产生的"说成是"价值是在客体与主体的关系中产生的",从而以为价值产生于、存在于主客关系,是一种主客关系。照此说来,面包的营养价值并不存在于面包里,而存在于面包与人的关系里;并不是面包有营养,而是面包与人的关系有营养;我享用的并不是面包的营养,而是面包与我的关系:这岂不荒谬绝伦?

综观价值存在理论,可知唯有温和客观论是真理:价值存在于客体之中;但是,离开主体,客体自身并不存在价值——客体是价值存在的源泉;主体是价值存在的条件。实在论——亦即极端客观论——和主观论以及关系论都是夸大客观论这一真理的某些方面而导致的错误。实在论夸大价值产生的源泉和存在的实体方面,因而只看到客体是价值产生的源泉和存在的实体,而抹煞主体是价值产生的条件和存在的标准,从而误以为价值是客体的一种可以离开主体而独立存在的事实;主观论则夸大价值产生和存在的条件方面,因而把价值产生和存在的条件当作了价值产生和存在的源泉,从而误以为价值存在于主体中;关系论则把"价值是客体的关系属性"夸大成"价值是客体与主体的关系",把"价值是客体在与主体发生关系时产生的"夸大成"价值是在客体与主体的关系中产生的",从而误以为价值产生于、存在于主客关系,是一种主客关系。

四、价值产生和推导过程

价值存在属性的分析，使我们弄清了价值产生的"源泉和条件"及其存在的"实体和标准"。从此出发，便可以解析价值的产生和推导的过程了。价值的产生和推导过程，也就是哲学家所说的价值的"推导逻辑"，说到底，亦即所谓"休谟难题"："价值"能否从"事实"推导出来？

1. 休谟难题："价值"能否从"事实"推导出来

休谟难题之答案 18世纪30年代末，英姿勃发年方24岁的休谟在《人性论》中写出了伦理学等一切价值科学史上最伟大的发现："在我所遇到的每一个道德体系中，我一向注意到，作者在一时期中是照平常的推理方式进行的，确定了上帝的存在，或是对人事作一番议论；可是突然之间，我却大吃一惊地发现，我所遇到的不再是命题中通常的'是'与'不是'等连系词，而是没有一个命题不是由一个'应该'或一个'不应该'联系起来的。这个变化虽是不知不觉的，却是有极其重大的关系的。因为这个应该与不应该既然表示一种新的关系或肯定，所以就必须加以论述和说明；同时对于这种似乎完全不可思议的事情，即这个新关系如何能由完全不同的另外一些关系推出来的，也应该指出理由加以说明。不过作者们通常既然不是这样谨慎从事，所以我倒想向读者们建议要留神提防；而且我相信，这样一点点的注意就会推翻一切通俗的道德学体系。"①

这就是所谓"休谟难题"或"休谟法则"："应该、价值"能否从"是、事实"产生和推导出来？它是伦理学等一切价值科学的根本问题。赫德森（W. D. Hudson）说："道德哲学的中心问题，乃是那著名

---

① 休谟：《人性论》下册，商务印书馆1983年版，第509页。

的是—应该问题。"① 但是，这一问题的难度之大，竟至从休谟起一直到 19 世纪末，没有一人能对其进行系统论述和解决。

1903 年，摩尔发表了标志元伦理学诞生的划时代著作《伦理学原理》，系统论述了这个问题。但是，充其量，他也只是揭示了以往伦理学在这个问题上的所谓"自然主义谬误"，而并没有正面解析这个难题。从那以后，百余年来，伦理学家等价值科学家们对于这个难题进行了大量研究。麦金泰尔、福特、艾伦·吉沃思（Alan Gewirth）、J. L. 马奇、马克斯·布莱克（Max Black）等人或许已接近解决该难题。因为他们或多或少、或明或暗地指出，应该如何是通过"主体的需要、欲望和目的"而从事实如何产生和推导出来的。② 不过，说得比较清楚的，恐怕只有布莱克。他这样写道：

"对于那些宣称在'应该'和'是'之间的逻辑断裂不存在桥梁的人，我提出一个反例证：

费希尔想要将死伯温克。

对于费希尔来说，将死伯温克唯一的棋步是走王后。

因此，费希尔应该走王后。"③

为了进一步诠释这个例证，布莱克又提出一个推理：

"你要达到 E。

达到 E 的唯一方法是做 M。

因此，你应该做 M。"④

---

① W. D. Hudson, *The Is-Ought Question: A Collection of Papers on the Central Problem in Moral Philosophy*, St. Martin's Press, New York, 1969, p. 11.

② 参阅 W. D. Hudson, *The Is-Ought Question:A Collection of Papers on the Central Problem in Moral Philosophy*, St. Martin's Press, New York, 1969, p. 11; George Sher, *Moral Philosophy: Selected Readings*, Harcourt Brace Jovanovich, Publishers, New York, 1987, p. 329。

③ W. D. Hudson, *The Is-Ought Question: A Collection of Papers on the Central Problem in Moral Philosophy*, St. Martin's Press, New York, 1969, p. 102.

④ W. D. Hudson, *The Is-Ought Question: A Collection of Papers on the Central Problem in Moral Philosophy*, St. Martin's Press, New York, 1969, p. 106.

新哲学

通过分析这些推论,布莱克得出结论说:"事实如何的前提与应该如何的结论之间有一断裂,连接这一断裂的桥梁只能是当事人从事相关活动或实践的意愿。"① 这就相当清晰地指出了"应该如何"是通过"主体的需要、欲望和目的"而从"事实如何"产生和推导出来的:

客体之事实如何→主体的需要、欲望和目的→客体应该如何

布莱克此见甚为精当。因为,不言而喻,应该、善、价值之产生和推导过程,说到底,不过是关系属性的产生和推导过程的特例,完全隶属于关系属性的产生和推导的普遍过程,因而可以从关系属性产生和推导的普遍过程演绎出来。不难看出,关系属性与固有属性的产生和推导过程显然不同:固有属性不需要中介,而直接产生和存在于某实体;关系属性则需要关系物的中介,通过中介而间接产生和存在于某实体。例如,质量是一物体的固有属性,它不需要任何中介,而直接产生和存在于该物体。重量是一物体的关系属性,它需要地球引力的中介,而间接地产生和存在于该物体。于是,二者产生和推导的过程可以归结为两个公式:

公式1 固有属性推理:物体→质量
公式2 关系属性推理:物体→地球引力→重量

推此可知,客体的关系属性与客体的固有属性的产生和推导过程不同:固有属性不需要主体的中介,而自身直接产生和存在于客体;关系属性则需要主体的中介,通过主体的中介而间接产生和存在于客

---

① W. D. Hudson, *The Is-Ought Question: A Collection of Papers on the Central Problem in Moral Philosophy*, St. Martin's Press, New York, 1969, p. 111.

体。例如，电磁波是客体的固有属性，它不需要主体的眼睛的中介，而完全直接地产生和存在于客体。反之，黄、红等颜色，是客体关系属性，则需要主体的眼睛的中介，间接地产生和存在于客体。

同理，"价值"、"善"、"应该如何"，也是客体的关系属性，因而它们的产生和推导也需要主体的中介。只不过，黄、红等颜色是客体的事实关系属性，是第二性质，中介物是主体的某种客观物：眼睛；而价值、善、应该如何则是客体的价值关系属性，是第三性质，中介物主要是主体的某种主观的东西，如欲望、愿望、目的等等。于是，黄、红等"颜色"与应该、善等"价值"的产生和推导的过程，可以归结为两个公式：

公式3　客体事实关系属性推理：客体→主体的眼睛→黄、红、颜色

公式4　客体价值关系属性推理：客体→主体的需要、欲望和目的→价值、善、应该如何

休谟难题答案之证明：价值产生和推导过程　细究起来，布莱克关于休谟难题的答案——"应该如何"是通过"主体的需要、欲望和目的"而从"事实如何"产生和推导出来——之所以是正确的，乃是因为，如前所述，价值存在属性表明：

"是、事实、事实如何"与"价值、善、应该如何"都是客体的属性。只不过，"是、事实、事实如何"是客体不依赖"主体需要、欲望和目的"而具有的属性，是客体无论与"主体需要、欲望和目的"发不发生关系都具有的属性，是客体的事实属性。反之，"价值、善、应该如何"则是客体依赖主体需要而具有的属性，是客体的"是、事实、事实如何"与主体的需要、欲望、目的发生关系时所产生的属性，是客体的"是、事实、事实如何"对主体的需要、欲望、目的的效用，

是客体的关系属性：客体事实属性是"价值"、"善"、"应该"产生的源泉和存在的实体；主体需要、欲望、目的则是"价值"、"善"、"应该"从客体事实属性中产生和存在的条件，是衡量客体事实属性的价值或善之有无、大小、正负的标准。

因此，"价值、善、应该如何"产生于"是、事实、事实如何"，是从"是、事实、事实如何"推导出来的。不过，仅仅"是、事实、事实如何"自身决不能产生"价值、善、应该如何"；因而仅仅从"是、事实、事实如何"决不能推导出"价值、善、应该如何"。只有当"是、事实、事实如何"与"主体需要、欲望和目的"发生关系时，从"是、事实、事实如何"才能产生和推导出"价值、善、应该如何"，说到底，"价值、善、应该如何"，是通过主体的需要、欲望和目的，而从"是、事实、事实如何"产生和推导出来的："正价值、善、应该"就是"事实"符合"主体需要、欲望和目的"之效用，全等于"事实"对"主体需要、欲望和目的"之符合；"负价值、恶、不应该"就是"事实"不符合"主体需要、欲望和目的"之效用，全等于"事实"对"主体需要、欲望和目的"之不符合。举例说：

人类是主体，燕子是客体。于是，"燕子吃虫子"与"燕子是具有正价值的、善的鸟"都是客体燕子的属性。只不过，"燕子吃虫子"是燕子独自具有的属性，是无论是否与人的需要、欲望、目的发生关系都具有的属性，是燕子的事实属性。反之，"燕子是具有正价值的善的鸟"则不是燕子独自具有的属性，而是"燕子吃虫子"的事实属性与人的需要、欲望、目的发生关系时所产生的属性，是"燕子吃虫子"的事实属性对人的需要、欲望、目的之效用，是燕子的关系属性："燕子吃虫子"的事实属性是"燕子是具有正价值的善的鸟"产生的源泉和存在的实体；"人类有消除虫子的需要、欲望、目的"则是"燕子是具有正价值的善的鸟"从"燕子吃虫子"的事实属性中产生和存在的条件，是衡量"燕子吃虫子"的事实属性好坏的价值标准。因此，"燕

第十一章 价值

子是具有正价值的善的鸟",便是通过"人类消除虫子的需要、欲望、目的",从"燕子吃虫子"事实中产生和推导出来的:"燕子是具有正价值的善的"就是"燕子吃虫子"事实符合"人类消除虫子的需要、欲望、目的"之效用。这个案例可以归结为一个公式:

前提1:燕子吃虫子(事实如何:价值实体)
前提2:人类有消除虫子的需要(主体需要、欲望和目的如何:价值标准)

结论:燕子是具有正价值的善的鸟(价值)

可见,所谓"价值、善、应该如何",说到底,不过是客体的"是、事实、事实如何"对主体的需要、欲望、目的相符与否的效用。因此,"价值、善、应该如何",是通过主体的需要、欲望和目的,而从"是、事实、事实如何"产生和推导出来的:"正价值、善、应该"就是"事实"符合"主体需要、欲望和目的"之效用,全等于"事实"对"主体需要、欲望和目的"之符合;"负价值、恶、不应该"就是"事实"不符合"主体需要、欲望和目的"之效用,全等于"事实"对"主体需要、欲望和目的"之不符合。

这就是"休谟难题"——价值能否从事实产生和推导出来——之答案,这就是价值的产生和推导的过程,这就是价值的推导方法,这就是价值的发现和证明方法,可以归结为一个公式:

前提1:事实如何(价值实体)
前提2:主体需要、欲望和目的如何(价值标准)

结论:应该如何(价值)

举例说：

"张三不该杀人"是张三杀人事实对道德目的的效用。因此，张三不该杀人，便是通过道德目的，从张三杀人事实中产生和推导出来的："张三不该杀人"全等于"张三杀人事实不符合道德目的——保障社会存在发展和增进每个人利益——之效用"。这就是道德价值产生和推导过程、推导方法的一个实例，可以归结为一个公式：

前提1：张三杀人了（行为事实如何：道德价值实体）
前提2：道德目的是保障社会存在发展和增进每个人利益（道德目的如何：道德价值标准）

结论：张三不应该杀人（行为应该如何：道德价值）

2. 评价的产生和推导过程

价值判断（认知评价）的产生和推导过程 "价值、应该如何"从"是、事实如何"之中产生和推导过程的考察，使价值判断如何产生和推导于事实判断的过程一目了然。因为事实判断与事实认识显然大体是同一概念，都是人们对于"是"、"事实"、"事实如何"的认识，是大脑对"是"、"事实"、"事实如何"的反映。反之，价值判断与价值认识、认知评价则大体是同一概念，都是人们对于"价值"、"善"、"应该"、"应该如何"的认识，是大脑对价值、善、应该的反映。这样，既然价值、应该、善可以从是、事实推导出来，那么，价值判断无疑可以从事实判断推导出来。

但是，黑尔认为，价值判断决不能从事实判断中推导出来。因为在他看来，价值判断只能通过祈使句表达；而祈使句的逻辑规则是："从一组不包含至少一个祈使句的前提，不能正确地推出祈使句结论。"① 所以，"从一系列的关于'客体的任何特征'之陈述句中，不能推导出关于应做什么的祈使句，因而也不能从这种陈述句中推导出道德判断"②。

对此，约翰·R. 塞尔（John R. Searle）举出一个反例证：

"（1）琼斯说：'我特此许诺付给你，史密斯，5元。'

（2）琼斯许诺付给史密斯5元。

（3）琼斯置自己于付给史密斯5元的义务之下。

（4）琼斯负有付给史密斯5元的义务。

（5）琼斯应该付给史密斯5元。"③

这是一个在元伦理学界引起众多争议的著名例证。G. H. 沃赖特（G. H. von Wright）将它压缩如下：

"前提1：A许诺做P。

前提2：由于许诺做P，A置自己于做P的义务之下。

结论：A应该做P。"④

显然，这两组推理的前提都是陈述句，结论却是祈使句，因而便推翻了黑尔"从纯粹的陈述句不能推出祈使句"的逻辑规则。但是，这两组推理却不能推翻黑尔"从纯粹的事实判断不能推出价值判断"的观点。因为价值判断并非如黑尔所说，只有通过祈使句才能表达；价值判断也可以通过陈述句表达。第一组推理的（1）和（2）以及第二组推理的前提1，都是陈述句，反映的也是琼斯许诺付给史密斯5元的事实，因而都是事实判断。但是，第一组推理的（3）和（4）

---

① R. M. Hare, *The Language of Morals*, Oxford University Press, Amen House, London, 1964, p. 30.

② R. M. Hare, *The Language of Morals*, Oxford University Press, Amen House, London, 1964, p. 28.

③ W. D. Hudson, *The Is-Ought Question: A Collection of Papers on the Central Problem in Moral Philosophy*, St. Martin's Press, New York, 1969, p. 121.

④ M. C. Doeser and J. N. Kraay, *Facts and Values*, Martinus Nijhoff Publishes, Boston, 1986, p. 33.

以及第二组推理的前提2，虽然也是陈述句，反映的却是琼斯负有付给史密斯5元的义务，因而是义务判断、价值判断，而不是事实判断。这样，这两组推理的前提虽然都是陈述句，却不都是事实判断，而至少都含有一个价值判断。因此，这两组推理只能驳倒黑尔"从纯粹的陈述句不能推出祈使句"的逻辑规则，却不能推翻他的"从纯粹的事实判断不能推出价值判断"的观点。所以，G. H. 沃赖特说："塞尔并没有表明从'是'可以推出'应该'，而只是表明从一个'是'和一个'应该'的结合可以推出一个'应该'。"[1] 那么，究竟从纯粹事实判断能否推出价值判断？

图尔闵的回答是肯定的。他在《推理在伦理学中的地位》中，发觉道德价值判断是通过道德目的——他称之为"道德功能"——判断，从事实判断推导出来的。他一再说，道德的目的或功能是减少人际利害冲突、实现每个人的欲望和幸福[2]；于是，一种习惯是否正当的道德判断，便是从该习惯是否减少利害冲突、增进幸福的事实判断推导出来的：

"我们对于道德功能的研究，使我们发现了道德判断的法则。……当然，'这是在该环境下可达到最小利益冲突的习惯'和'这是正当的习惯'含义并不一样；'这是比较和谐如意的生活方式'和'这是比较好的生活方式'所指的意思也不相同。但是，在这两组判断中，第一个都是第二个的充足理由：'道德上中性'的事实是'动词形容词'之道德判断的一个充足理由。如果该习惯真会减少利益冲突，它就是一个值得采纳的习惯。如果该生活方式真会导致更为深远和一致的幸福，它就是一种值得追求的生活方式。假如把道德功能判断记在心中，

---

[1] M. C. Doeser and J. N. Kraay, *Facts and Values*, Martinus Nijhoff Publishes, Boston, 1986, p. 41.

[2] Stephen Edelston Toulmin, *The Place of Reason in Ethics*, The University of Chicago Press, 1986, p. 137.

第十一章 价值

那么，这个道理显然是十分自然而可以理解的。"[1]

诚哉斯言！因为价值判断与事实判断都属于认识范畴，都是大脑对客体属性的反映，都以客体属性为对象。只不过，事实判断的对象是"是"、"事实"、"事实如何"，也就是客体的事实属性，是客体的不依赖主体需要、欲望、目的而存在的属性，是客体不论与主体需要、欲望、目的发生关系还是不发生关系都具有的属性；反之，价值判断的对象则是"价值"、"善"、"应该"、"应该如何"，也就是客体事实属性与主体需要、欲望、目的发生关系时所产生的关系属性，是客体的依赖主体需要、欲望、目的而存在的属性，是客体的事实属性对主体需要、欲望、目的相符与否的效用。

因此，价值判断便产生于事实判断，是从事实判断中推导出来的。只不过，仅仅事实判断自身决不能产生和推导出价值判断；只有当事实判断与关于主体需要、欲望、目的的判断发生关系时，从事实判断才能产生和推导出价值判断，说到底，价值判断是通过主体需要、欲望、目的的判断，而从事实判断产生和推导出来的：肯定的价值判断等于事实判断与主体需要、欲望、目的判断之相符；否定的价值判断等于事实判断与主体需要、欲望、目的判断之相违。

举例说，"张三杀人了"是事实判断，它所反映的对象，便是张三杀人的行为事实，是张三杀人的行为（客体）不依赖社会创造道德的目的（主体的目的）而独自具有的属性，是张三杀人的行为无论与道德目的发生关系还是不发生关系都具有的属性。反之，"张三不该杀人"是道德价值判断，它所反映的对象则是张三杀人的道德价值，是张三杀人的行为独自不具有的属性，是张三杀人的行为事实与道德目的发生关系时所产生的关系属性，是张三杀人的行为事实对道德目的

---

[1] Stephen Edelston Toulmin, *The Place of Reason in Ethics*, The University of Chicago Press, 1986, p. 224.

相符与否的效用。

因此,"张三不应该杀人"的价值判断便产生于"张三杀人"的事实判断,是从"张三杀人"的事实判断推导出来的。只不过,仅仅从"张三杀人"事实判断自身决不能产生和推导出"张三不应该杀人"的道德价值判断;只有当"张三杀人"的事实判断与道德目的判断发生关系时,从"张三杀人"的事实判断才能产生和推导出"张三不应该杀人"的道德价值判断,说到底,"张三不应该杀人"的道德价值判断是通过道德目的判断,而从"张三杀人"的事实判断产生和推导出来的:"张三不应该杀人"的价值判断等于"张三杀人"的事实判断与道德目的判断之相违。

可见,价值判断所反映的对象是价值,说到底,亦即客体的事实属性对主体需要、欲望、目的的相符与否之效用。于是,价值判断(认知评价)便是通过主体需要、欲望、目的判断,而从事实判断产生和推导出来的:肯定的价值判断(认知评价)等于事实判断与主体需要、欲望、目的判断之相符;否定的价值判断(认知评价)等于事实判断与主体需要、欲望、目的判断之相违。这就是价值判断(认知评价)的产生和推导的过程,这就是价值判断(认知评价)的推导方法,这就是价值判断(认知评价)的发现和证明方法。我们可以把它归结为一个公式而名之为"价值判断(认知评价)的推导公式":

前提1:事实判断
前提2:主体需要、欲望和目的判断
_____
结论:价值判断(认知评价)

情感评价、意志评价和行为评价的产生和推导过程 情感评价、意志评价和行为评价,是否与价值判断、认知评价一样,可以通过关于主体的需要、欲望、目的判断，从事实判断产生和推导出来？是的。因为现代心理学表明，认知是感情和意志的基础，因而认知评价是情感评价、意志评价和行为评价的基础：情感评价、意志评价和行为评价是从认知评价或价值判断产生和推导出来的。

这是千真万确的。因为情感无疑是伴随感觉（感性认知）而发生的，没有感觉、认知，显然便没有情感。天生的盲人不可能有观赏夕阳西下之情怀，天生的聋人不可能有聆听贝多芬交响乐之激情。我们对什么事物的价值发生情感评价、意志评价和行为评价，显然首先必须知道它是什么，必须看到它、嗅到它、听到它、摸到它、感知到它，进而理解它；必须先有认知和认知评价、价值判断，尔后才能有感情评价、意志评价和行为评价。

我们岂不只有先看到狼，知道它能吃人，在这种认知和认知评价、价值判断的基础上，才会产生"恐惧"的情感评价和"决定逃跑"的意志评价以及"逃跑"的行为评价？初生之犊不怕虎，岂不正是因为它不知道虎的厉害？认知评价、价值判断是情感评价、意志评价和行为评价的基础，其理至明矣！所以，情感评价和意志评价以及行为评价跟价值判断是一致的，是以价值判断或认知评价为基础而从中产生和推导出来的。这样一来，一切评价，说到底，便与价值判断一样，最终都是通过关于主体的需要、欲望、目的判断，从事实判断产生和推导出来。

试想，我们看见苍蝇，为什么不禁有一种厌恶之情（感情评价）、思量着打死它（意志评价）、最终将它打死（行为评价）？岂不就是因为，我们知道，健康是人类基本需要（主体需要、欲望和目的判断）；而苍蝇传播细菌（事实判断），具有不符合人类健康需要的效用，是坏的、恶的（认知评价、价值判断）。所以，一切关于苍蝇的评价最终便都是通过主体的需要、欲望、目的判断，而从苍蝇传播细菌的事实判断产生和推导出来的。

可见，情感评价、意志评价和行为评价都是从价值判断（认知评价）产生和推导出来；而价值判断所反映的对象是价值，亦即客体的事实属性对主体需要、欲望、目的相符与否的效用。于是，一切评价最终都是通过关于主体的需要、欲望、目的判断，从事实判断产生和推导出来：肯定的评价，说到底，等于事实判断与主体需要、欲望、目的判断之相符；否定的评价，说到底，等于事实判断与主体需要、欲望、目的判断之相违。这就是评价的产生和推导过程 A，这就是评价的发现和证明方法 A，可以归结为一个公式而名之为"评价推导公式 A"：

前提 1：苍蝇传播细菌（事实判断）
前提 2：健康是人类的基本需要（主体的需要、欲望、目的判断）

结论 1：苍蝇传播细菌，不符合人类的健康需要，是坏的、恶的（认知评价、价值判断）
结论 2：见到苍蝇会有一种厌恶之情（感情评价）、不禁想打死它（意志评价）、最终打死它了（行为评价）

可是，为什么称之为"评价推导公式 A"，而不称之为"评价推导公式"？原来，评价的两个前提——关于事实判断和主体的需要、欲望、目的判断——都是非价值判断、非评价性认识，有学者名之为"认知"，以与评价对立。这是不妥的。因为评价与认知并非对立或矛盾概念关系，而是交叉概念关系。这可以从两方面看。一方面，在评价的外延中包括一部分认知，即认知评价；因为如上所述，评价分为"认知评价"、"情感评价"、"意志评价"和"行为评价"。另一方面，在认知的外延中也包括一部分评价，即评价性认知；因为如所周知，认知也分为评价性认知与非评价性认知。例如,"花是美的"便是评价性认知;"花是红的"则是非评价性认知。

可见,评价与认知是交叉关系而不是矛盾或对立关系。因此,不可以把非评价性认识、非价值判断叫作认知,以与评价对立。显然,我们应该沿用西方元伦理学术语而把非评价性认识叫作"描述",以与评价对立。这样,所谓描述便是非评价性认识、非价值判断:它一方面是客体事实如何的描述,也就是事实判断、事实认识,是对客体事实如何的反映;另一方面则是主体描述,也就是主体判断、主体认识,是对主体的需要、欲望、目的的反映。

于是,虽然从事实判断不能直接产生和推导出评价,但是,从描述却可以直接产生和推导出评价:一个评价是由两个描述——客体事实如何之描述和主体需要、欲望、目的之描述——产生和推导出来的:肯定的评价等于事实描述与主体需要、欲望、目的描述之相符;否定的评价等于事实描述与主体需要、欲望、目的描述之相违。这就是评价的产生和推导的过程B,这就是评价的推导方法B,可以把它归结为一个公式而名之为"评价的推导公式B":

前提1:苍蝇传播细菌(事实描述)

前提2:健康是人类的基本需要(主体的需要、欲望、目的描述)

结论1:苍蝇传播细菌,不符合人类的健康需要,是坏的、恶的(认知评价、价值判断)

结论2:见到苍蝇会有一种厌恶之情(感情评价)、不禁想打死它(意志评价)、最终打死它了(行为评价)

综上可知,情感评价、意志评价和行为评价都是从价值判断(认知评价）产生和推导出来；而价值判断所反映的对象是价值，亦即客体的事实属性对主体需要、欲望、目的相符与否的效用。于是，一切评价最终都是通过关于主体的需要、欲望、目的判断，从事实判断产生和推导出来：肯定的评价，说到底，等于事实判断与主体需要、欲望、目的判断之相符；否定的评价，说到底，等于事实判断与主体需要、欲望、目的判断之相违。换言之，一种评价是从两种描述——客体事实描述和主体需要描述——产生和推导出来的：肯定的评价等于事实描述与主体需要、欲望、目的描述之相符；否定的评价等于事实描述与主体需要、欲望、目的描述之相违。

这就是评价的产生和推导的过程，这就是评价的推导方法，这就是评价的发现和证明方法，可以归结为两个公式：

评价的推导公式 A：

前提 1：事实判断
前提 2：主体的需要、欲望、目的判断
———————————————
结论 1：价值判断、认知评价
结论 2：情感评价和意志评价以及行为评价

评价的推导公式 B：

前提 1：事实描述
前提 2：主体需要、欲望、目的描述
———————————————
结论 1：认知评价、价值判断
结论 2：感情评价、意志评价和行为评价

举例说：

我们知道张三虐待父母确凿无疑（事实判断、事实描述），为什么会有一种鄙视愤恨之情（感情道德评价），不禁想狠狠教训他一番（意志道德评价），最终狠狠地教训了他一番（行为道德评价）？岂不就是因为，道德目的是保障社会存在发展和增进每个人利益（道德目的判断、道德目的描述）；而虐待父母违背道德目的，是不应该、不道德的，是缺德的、恶的（认知道德评价、道德价值判断）？所以，这一切道德评价最终便都是通过"道德目的判断"，而从"张三虐待父母"的事实判断产生和推导出来的：

前提1：张三虐待父母（事实判断、事实描述）。

前提2：道德目的是保障社会存在发展和增进每个人利益（道德目的判断、道德目的描述）。

结论1：张三虐待父母违背道德目的，是恶的、不道德的（认知道德评价、价值判断）。

结论2：见到张三虐待父母会有一种鄙视之情（感情道德评价），不禁想狠狠教训他一番（意志道德评价），最终狠狠地教训了他一番（行为道德评价）。

3. 评价真假对错的产生和推导过程

评价概念的研究表明，评价有真假对错之分。一方面，认知评价、价值判断有真假，有所谓真理性：相符为真，不符为假。另一方面，感情评价、意志评价和行为评价则无所谓真假，无所谓真理性，而只有所谓效用性，只有所谓对错好坏：有利于满足主体需要的效用，叫作"对"、"好"、"应该"、"正确"；不利于满足主体需要的效用，叫作"错"、"坏"、"不应该"、"不正确"："对错"与"好坏"、"应该不应该"以及"正确不正确"是同一概念。那么，评价究竟如何才能是真的、对的而不是假的、错的？或者说，如何才能证明评价之真假

新哲学

对错？说到底，评价的真假对错的产生和推导过程是怎样的？

价值判断真理性的产生和推导过程 对于价值判断真假的证明问题，黑尔曾以如何判断、确证一种草莓是好草莓为例，进行了十分深刻的论证："如果我们知道某种草莓所具有的一切描述性属性，如果我们还知道'好（good）'这个词的意思，那么，为了说明一种草莓是不是好草莓，我们还需要知道什么呢？问题一旦被这样提出来，答案就显而易见了。我们还需要知道的，无疑是赖以将一种草莓叫作好草莓的标准，或者说，使一种草莓成为好草莓的特征是什么，或者说，好草莓的标准是什么。"①

这就是说，对于一种草莓是好草莓的确证，需要三方面的知识：一是这种草莓事实如何的描述；二是好草莓的"好"是什么意思；三是草莓好坏的衡量标准。更确切些说，对于一种草莓是不是好草莓的价值判断真假之确证，需要解决三个问题：一是"草莓"好坏的价值判断是否与"草莓"的价值相符；二是对"草莓"事实如何的描述或事实判断之真假；三是对"草莓"好坏进行价值判断的标准——主体的需要、欲望、目的——的描述或判断之真假。

诚哉斯言！因为，如前所述，价值判断也就是对"价值"——亦即"客体事实如何对主体需要欲望目的的效用"——的判断，因而是通过"主体需要欲望目的"的判断，而从"事实判断"产生和推导出的："肯定的价值判断"等于"事实判断与主体需要欲望目的的判断之相符"；"否定的价值判断"等于"事实判断与主体需要欲望目的的判断之相违"。因此，"价值判断之真假"，直接说来，取决于"价值判断"与"价值"是否相符；但是，根本说来，则一方面取决于"事实判断"之真假，另一方面取决于"主体需要欲望目的判断"之真假——如果

---

① R. M. Hare, *The Language of Morals*, Oxford University Press, Amen House, London, 1964, p. 111.

660

第十一章 价值

二者都是真的,则由二者合乎逻辑地推导出的"价值判断"必真;如果所推导出的"价值判断"是假的,则它所由以推导出的"事实判断"和"主体需要欲望目的判断"必假:或者其一是假的,或者二者都是假的。举例说:

"鸡蛋有营养"的价值判断是真理,直接说来,是因为它符合鸡蛋的价值;根本说来,则一方面是因为"鸡蛋具有蛋白质"的事实判断是真理,另一方面则是因为"人体需要蛋白质"的主体需要判断是真理:二者都是真理,所以由二者合乎逻辑地推导出的"鸡蛋具有营养"的价值判断必定是真理。反之,如果关于鸡蛋的价值判断是谬误(比如说,认为鸡蛋没有营养价值),那么,直接说来,是因为它不符合鸡蛋的价值;根本说来,岂不必定是因为它所由以推导出的关于鸡蛋的"事实判断"和"主体需要判断"发生了错误(比如说,误以为鸡蛋没有蛋白质,或误以为人体不需要蛋白质)?

这就是价值判断之真假的产生和推导过程,这就是价值判断、认知评价的真理性推导方法,这就是价值判断、认知评价的真理性的发现和证明方法,可以归结为一个公式:

前提1:事实判断之真假
前提2:主体需要欲望目的判断之真假
———————————————
结论:价值判断之真假

价值判断之真假的产生和推导过程表明,一个价值判断或认知评价必定反映三个对象:直接说来,是反映评价对象事实如何对主体需要的效用,亦即评价对象的价值、应该、应该如何;根本说来,则一方面反映评价对象之事实如何,另一方面则反映主体的需要、欲望、感情和目的如何。因此,黑尔修正斯蒂文森关于价值判断具有情感和描述二重意义理论,认为任何一个价值判断都既具有一种评价意义,又具有一种描述意义[①],是一个很大的进步,但又不够确切。确切地说,任何一个价值判断都具有一种评价意义和两种描述意义——它具有一种评价意义:对评价对象的价值之认知评价;又具有两种描述意义:对评价对象事实如何与主体的需要、欲望、感情和目的之描述。

因此,关于价值的科学,比任何关于"是"、"事实"的科学都复杂得多。事实科学只由关于事实之一种认识构成;而价值科学则由关于价值和事实以及主体需要三种认识构成。事实科学的理论分歧,只是关于事实的认识之分歧;而价值科学的理论分歧,则包括三种分歧:直接说来,是关于评价对象的价值的认识之分歧;根本说来,则或是关于客体事实如何的认识之分歧,或是关于主体需要、感情和目的的认识之分歧,或是二者兼而有之。因此,斯蒂文森说伦理问题的分歧具有信念(亦即事实认识)和态度(亦即主体需要、感情的认识)二元性,是不确切的。确切地说,伦理分歧具有三元性:直接说来,是道德价值判断分歧,是对行为应该如何的认识之分歧;根本说来,则是描述分歧:或是对行为事实如何的描述之分歧,或是对道德目的的描述之分歧,或是二者兼而有之。

评价真假对错的产生和推导过程　情感评价、意志评价和行为评价,如上所述,与认知评价或价值判断是一致的,是以认知评价、价值判断为基础而从中产生和推导出来的。因此,感情评价和意志评价以及行为评价之对错,也就决定于价值判断或认知评价之真假,而必定与之一致:价值判断或认知评价真(亦即与价值相符),情感评价和意志评价以及行为评价必对(亦即必定有利于满足主体需要欲望目的);价值判断或认知评价假(亦即与价值不符),情感评价和意志评价以及行为评价必错(亦即必定不利于满足主体需要欲望目的)。

---

① 参阅 R. M. Hare, *Essays on the Moral Concepts*, University of California Press, Berkeley and Los Angeles, 1973, pp. 57-59。

第十一章 价值

这样一来，一切评价之真假对错，便都取决于价值判断之真假，最终都取决于事实判断和主体需要欲望目的判断之真假——二者都是真的，则由二者合乎逻辑地产生和推导出的价值判断或认知评价必真（亦即必定与价值相符），情感评价和意志评价以及行为评价必对（亦即必定有利于满足主体的需要、欲望、目的）；如果所推导出的价值判断或认知评价是假的（亦即与价值不相符），情感评价和意志评价以及行为评价是错的（亦即有害于满足主体的需要、欲望、目的），则它们所由以推导出的事实判断和主体需要欲望目的判断必假：或者其一是假的，或者二者都是假的。

这就是评价真假对错的产生和推导过程，这就是评价真假对错的推导方法，这就是评价真假对错的发现和证明方法，可以归结为一个公式：

前提1：事实判断之真假
前提2：主体需要判断之真假
_____

结论1：价值判断或认知评价之真假
结论2：感情评价、意志评价和行为评价之对错

举例说，如果我们一方面对某一食物的事实判断是真的（亦即与该食物事实如何相符），他方面对人体需要的主体判断是真的（亦即与人体需要相符）；那么，由二者合乎逻辑地推导出该食物是否有益健康的价值判断或认知评价显然也必是真的（亦即与该食物的价值相符）；由此而来的对于该食物的偏爱或厌弃之情（感情评价）和经常食用或拒之不食之意（意志评价）以及经常食用或拒之不食（行为评价）必定是对的（亦即必定有利于满足人体健康需要）。

相反地，一个送礼者误以为某礼品对某官员有用（价值判断、认

663

知评价是假的);于是他对某礼品的价值误生兴趣(感情评价是错的);遂错打主意、意欲买下该礼品送某官员(意志评价是错的);最终买下该礼品送某官员(行为评价是错的)。察其原因,岂不都是由于对某官员需要的"主体判断是假的"?诸葛亮"认为马谡是大将之才"的价值判断是假的,他对马谡的爱(感情评价)和重用之意(意志评价)以及重用之行为(行为评价)是错的,原因岂不都在于对马谡才能的"事实判断是假的"?

4. 优良规范产生和推导过程

评价真假对错产生和推导过程,是评价真假对错的推导方法,说到底,是制定优良规范方法。因为,优良规范之制定,牵连三个密不可分而又根本不同的重要概念:"规范"、"价值"和"价值判断"。然而,古今中外,价值哲学家们大都不区别"规范"与"价值",几乎皆将"道德"("道德"属于"规范"范畴,因而"道德"与"道德规范"是同一概念)与"道德价值"当作同一概念。殊不知,价值与规范根本不同。因为规范都是人制定或约定的。但是,价值却不是人制定或约定的。试想,玉米、小麦、大豆的营养价值怎么能是人制定或约定出来的呢?那么,价值与规范是何关系?

不难看出,价值是制定或约定规范的根据,规范则是根据价值制定或约定出来的。试想,为什么养生家将"每天应该吃一个鸡蛋"奉为如何吃鸡蛋的行为规范?岂不就是因为,在他们看来,每天吃一个鸡蛋具有正营养价值,而鸡蛋吃多了则具有负营养价值?道德规范亦然:行为应该如何的道德规范是根据行为的道德价值制定或约定出来的。

试想,为什么老子、韩非和爱尔维修、霍尔巴赫等合理利己主义论者,将"为己利他"奉为道德规范?岂不就是因为,在他们看来,为己利他具有正道德价值?相反地,孔子、墨子和康德、基督教伦理

第十一章　价值

学家却反对将"为己利他"奉为道德规范,岂不就是因为,在他们看来,为己利他具有负道德价值?

这样一来,规范便与价值判断一样,皆以价值为内容、对象和摹本,都是价值的表现形式。只不过,价值判断是价值在大脑中的反映,是价值的思想形式;而规范则是价值在行为中的反应,是价值的规范形式。因此,价值判断有真假之分:与价值相符的判断,便是真理;与价值不符的判断,便是谬误。规范则没有真假而只有对错优劣好坏之分:与价值相符的规范,就是优良的、好的、对的、正确的规范;与价值不符的道德规范,就是恶劣的、坏的、不对的、不正确的规范。举例说:

如果"每天吃一个鸡蛋"确如养生家们所言,具有正营养价值,那么,一方面,他们断言"每天应该吃一个鸡蛋"的价值判断,便与鸡蛋的营养价值相符,因而是真理;另一方面,他们把"每天应该吃一个鸡蛋"奉为如何吃鸡蛋的行为规范,也与鸡蛋的营养价值相符,因而是一种优良的好的行为规范。

如果"为己利他"确如儒家所言,具有负道德价值,那么,一方面,法家断言"为己利他是应该的"道德价值判断便与为己利他道德价值不符合,因而是谬误;另一方面,法家把"为己利他"奉为道德规范也与为己利他道德价值不符合,因而是一种恶劣的坏的道德规范。

然而,究竟怎样才能制定与价值相符的优良的、好的、对的、正确的规范呢?人们制定任何规范,无疑都是在一定的价值判断的指导下进行的。显而易见,只有在关于价值的判断是真理的条件下,所制定的规范,才能够与价值相符,从而才能够是优良的、好的、对的、正确的规范;反之,如果关于价值的判断是谬误,那么,在其指导下所制定的规范,必定与价值不相符,因而必定是恶劣的、坏的、不对的、不正确的规范。举例说:

如果每天吃10个鸡蛋具有正营养价值，因而"每天应该吃10个鸡蛋"的价值判断是真理，那么，把"每天应该吃10个鸡蛋"奉为如何吃鸡蛋的行为规范，便与每天吃10个鸡蛋的营养价值相符，因而是一种优良规范。反之，如果"每天应该吃10个鸡蛋"的价值判断是谬误，每天吃10个鸡蛋实际上具有负营养价值，那么，把"每天应该吃10个鸡蛋"奉为如何吃鸡蛋的行为规范，便与每天吃10个鸡蛋的营养价值不相符，因而便是一种恶劣规范。

如果"为己利他具有正道德价值"的道德价值判断是真理，为己利他确实具有正道德价值，那么，老子和韩非把"为己利他"奉为行为应该如何的道德规范，便与为己利他的道德价值相符，因而是一种优良道德规范。反之，如果"为己利他具有正道德价值"的道德价值判断是谬误，为己利他实际上具有负道德价值，那么，老子和韩非把"为己利他"奉为行为应该如何的道德规范，便与为己利他的道德价值不相符，因而便是一种恶劣道德规范。

可见，价值判断之真理，乃是达成制定优良规范的目的之手段，是制定优良规范的充分且必要条件：当且仅当我们的价值判断是真理，我们才能够制定与价值相符的优良的、好的、对的、正确的规范，而避免制定与价值不符的恶劣的、坏的、不对的、不正确的规范。道德价值判断之真理，则是达成制定优良道德规范的目的之手段，是制定优良道德的充分且必要条件：当且仅当我们的道德价值判断是真理，我们才能够制定与道德价值相符的优良的、好的、对的、正确的道德，而避免制定与道德价值不符的恶劣的、坏的、不对的、不正确的道德。

综上所述，首先，优良的、好的、对的、正确的行为规范是与行为价值相符的行为规范；恶劣的、坏的、不对的、不正确的行为规范则是与行为价值不相符的行为规范。其次，价值判断之真理，乃是达成制定优良规范的目的之手段，是制定优良规范的充分且必要条件。最后，评价真假对错产生和推导过程表明，"价值判断之真假"，直接

第十一章 价值

说来，取决于"价值判断"与"价值"是否相符；根本说来，则一方面取决于"事实判断"之真假，另一方面取决于"主体需要欲望目的判断"之真假。于是，合而言之，可以得出结论说：

优良的、好的、对的、正确的行为规范是与行为价值相符的行为规范；恶劣的、坏的、不对的、不正确的行为规范则是与行为价值不相符的行为规范。因此，行为应该如何的规范虽然都是人制定的、约定的；但是，只有恶劣的、坏的、不对的、不正确的行为规范才可以随意制定、约定。反之，优良的、好的、对的、正确的行为规范决非可以随意制定，而只能根据"行为价值"——亦即"行为事实如何"对于"主体需要、欲望和目的"之效用——推导、制定出来，说到底，只能通过"主体的需要、欲望和目的"，从"行为事实如何"中推导、制定出来。因此，所制定的行为规范之优劣，直接说来，取决于对行为应该如何的"价值判断"之真假；根本说来，则一方面取决于对行为事实如何的"事实判断"之真假，另一方面取决于对"主体的需要、欲望、目的判断"之真假：二者皆真，则由二者合乎逻辑地推导出的行为应该如何的价值判断必真，因而在其指导下所制定的行为规范必定与行为价值相符，必定是优良行为规范；如果所制定的行为规范与行为价值不相符，是恶劣的行为规范，那么，关于行为应该如何的"价值判断"必假，因而它所由以推导出的行为"事实判断"和主体需要的"价值标准"判断必假：或者其一假，或者二者皆假。

举例说：养生家洪昭光制定的"每天应该吃一个鸡蛋"的行为规范，之所以是优良的，直接说来，取决于"每天应该吃一个鸡蛋"的价值判断之真；根本说来，则一方面取决于"一个鸡蛋具有 X 量蛋白质"的事实判断之真，另一方面则取决于"人体每天需要 X 量蛋白质"的主体需要判断之真：二者皆真，则由二者合乎逻辑地推导出的"每天应该吃一个鸡蛋"的价值判断必真，因而在其指导下所制定的"每天应该吃一个鸡蛋"的行为规范，必定与"每天吃一个鸡蛋"的行为价值相符而是优良行为规范。

相反地，我少年时代，我爹教导我的"每天应该吃尽可能多的鸡蛋"的行为规范，之所以是恶劣的，直接说来，取决于"每天吃鸡蛋越多越好"的价值判断之假；根本说来，取决于它所由以推导出的关于鸡蛋的"事实判断"和"人体需要判断"之假：或者其一假（误以为一个鸡蛋具有远远少于 X 量的蛋白质，或误以为人体每天需要远远大于 X 量的大量蛋白质），或者二者皆假（既误以为一个鸡蛋具有远远少于 X 量的蛋白质，又误以为人体每天需要远远大于 X 量的大量蛋白质）。

这就是"优良规范"直接依据"价值判断"——最终依据"事实判断"和"主体需要判断"——之真理的推导和制定的过程，这就是优良规范的推导和制定之方法，这就是优良规范的发现和证明之方法，说到底，这就是伦理学（伦理学是关于道德规范优劣好坏的价值科学）和国家学（国家学是关于国家制度优劣好坏的价值科学）以及中国学（中国学是关于中国国家制度优劣好坏的价值科学）等一切价值科学的优良规范推导公理。我们可以将该公理归结为一个公式：

前提 1：事实如何（价值实体）判断之真假
前提 2：主体需要欲望目的如何（价值标准）判断之真假
―――――――――――――――――――
结论 1：应该如何的价值判断之真假
结论 2：规范之优劣（规范是否与价值相符）

该公式可以简化如下：

前提 1：事实如何（价值实体）
前提 2：主体需要欲望目的如何（价值标准）
―――――――――――――――――――

第十一章 价值

结论1：应该如何（价值）
结论2：规范之优劣（规范是否与价值相符）

然而，为什么优良规范的推导和制定之方法，乃是伦理学和国家学以及中国学等一切价值科学的优良规范推导公理？因为，一方面，按照亚里士多德和欧几里德的观点："公理是一切科学所公有的真理，而公设则只是为某一门科学所接受的第一性原理。"[①] 另一方面，从适用于一切价值科学的公理，可以推演出仅仅适用于每一门价值科学的公设；而从每一门价值科学公设，则可以推演出该门价值科学的全部对象、全部内容和全部命题，使该门价值科学成为一种公理化体系。譬如，拙著《新伦理学》便从适用于一切价值科学的优良规范推导公理，推演出仅仅适用于伦理学的优良道德规范推导公设：

前提1：行为事实如何（道德价值实体）
前提2：道德目的（道德价值标准）

结论1：行为应该如何（道德价值）
结论2：道德规范之优劣（道德规范是否与道德价值相符）

商务印书馆2023年出版我历时22年写成的一百八十余万字数的《新伦理学》（第三版）的全部对象、全部内容和全部命题，皆从这个公设推演出来，都是对这个公设的四个命题的研究。

拙著《国家学》则从适用于一切价值科学的优良规范推导公理，推演出仅仅适用于国家学的优良国家制度推导公设：

---

① 参阅克莱因：《古今数学思想》第1卷，上海科学技术出版社1979年版，第60、68—69页；《亚里士多德全集》第一卷，中国人民大学出版社1990年版，第266页。

前提1：国家事实如何（价值实体）
前提2：国家目的如何（价值标准）
―――――――――――――――――――
结论1：国家应该如何（价值）
结论2：国家制度之好坏（制度是否与价值相符）

中国社会科学出版社2012年出版我历时5年写成的142万字数的《国家学》的全部对象、全部内容和全部命题，皆从这四个命题推演出来，都是对这四个命题的研究。

拙著《中国学》则从适用于一切价值科学的优良规范推导公理，推演出仅仅适用于中国学的"优良的中国国家制度推导公设"：

前提1：中国国家制度事实如何（价值实体）
前提2：国家目的如何（价值标准）
―――――――――――――――――――
结论1：中国国家制度应该如何（价值）
结论2：中国国家制度之好坏（制度是否与价值相符）

我自2012年撰写而完稿于2022年的《中国学》（全四册，约190万字数）的全部对象、全部内容和全部命题，皆从这四个命题推演出来，都是对这四个命题的研究。

政治学与法学以及经济学等一切价值科学皆可如此公理化也。政治学与法学以及经济学都属于价值科学范畴，因为价值科学与规范科学是同一概念；而制度、价格等皆属于规范、契约范畴——制度与道德以及法与价格皆契约也——皆以价值为基础也。准此观之，政治学就是关于政治制度优劣好坏的价值科学。亚里士多德《政治学》曾多次论及政治学研究对象而一再说：

第十一章 价值

"我们打算阐明，政治团体在具备了相当的物质条件以后，什么形式才是最好而又可能实现人们所设想的优良生活的体制。因此我们必须考察其他各家的政体的［理想］形式［不以我们的理想为限］；我们应该全面研究大家所公认为治理良好的各城邦中业已实施有效的各种体制，以及那些声誉素著的思想家们的任何理想型式。"[①]"政治［政体］研究［既为各种实用学术的一门，］这一门显然也该力求完备：第一应该考虑，何者为最优良的政体，如果没有外因的妨碍，则最切合于理想的政体要具备并发展哪些素质。第二，政治学术应考虑适合于不同公民团体的各种不同政体。最良好的政体不是一般现存城邦所可实现的，优良的立法家和真实的政治家不应一心想望绝对至善的政体，他还须注意到本邦现实条件而寻求同它相适应的最良好政体。"[②]

法学是关于法优劣好坏的价值科学，自不待言。经济学是什么？布坎南说："经济学的基本理论是价格理论和运用于实际世界问题的价格理论。"[③]然而，马克思说："价格是价值的货币表现。"[④]价格就是价值的表现、规定、约定和契约，就是交换价值的表现形式，是人们就商品相交换的量的关系或比例所达成的契约：等价交换而与价值相等的价格即公平价格，而不等价交换即不公平价格也。因此，说到底，经济学乃是一种商品价值科学：经济学乃是关于商品价格公平不公平的价值科学。萨缪尔森与诺德豪斯合著的《经济学》亦曾有一极为深刻且意义深远的洞见，亦即将经济学分为实证经济学与规范经济学：

"在考虑经济问题时，我们必须区分事实本身和它是否公平这两个方面的问题。实证经济学讨论的是经济社会的事实，而规范经济学知识，提出价值判断。实证经济学（positive economics）回答如下的问

---

① 亚里士多德：《政治学》，商务印书馆1996年版，第43页。
② 亚里士多德：《政治学》，商务印书馆1996年版，第176页。
③ 布坎南：《自由、市场和国家》，北京经济学院出版社1988年版，第8页。
④ 《马克思恩格斯全集》第25卷，人民出版社1975年版，第397页。

题：为什么医生比门房赚的钱要多？自由贸易是提高了还是降低了大多数美国人的工资？计算机对生产力的影响是什么？尽管这些问题很难回答，但只要利用分析和经验例证就可以找到答案。因此将这类问题归于实证经济学的范畴。规范经济学（normative economics）涉及伦理信条和价值判断。穷人必须工作才能得到政府帮助吗？应该提高失业率以确保通货膨胀不会迅速上升吗？美国应否因为微软违反了反托拉斯法而将其拆分？由于这类问题涉及到伦理、价值而非事实本身，因此其答案也就无所谓正确或错误。它们只能靠政治辩论和决策来解决，而不能仅仅依靠经济分析。"①

诚然，萨缪尔森和诺德豪斯此言多有不当之处。怎么能说伦理等价值判断无所谓正确或错误？更何况，政治辩论和决策岂无正确或错误？其实，价值判断是从事实判断产生和推导出来的，因而不仅有真假对错之分，而且价值科学包括有关事实判断——虽然价值判断不包括事实判断——价值科学是价值判断与事实判断的理性知识体系。譬如，儒家所发现的爱有差等人性定律就是伦理学——伦理学无疑属于价值科学范畴——的基本对象和内容。谁能说伦理学不包括事实判断呢？

这样一来，既然存在着规范经济学，那么，就不存在实证经济学：规范经济学包括一切事实判断，包括有关经济问题的一切事实判断。因为所有关于经济问题的规范判断、价值判断都是从这些事实判断推导出来的。怎么能有独立于事实判断的规范经济学呢？怎么能有只研究价值判断的规范经济学呢？正如不可能有独立于事实判断的伦理学——不可能有只研究价值判断的伦理学——一样，不可能有只研究价值判断的规范经济学。正如不可能有只研究价值判断的规范伦

---

① 萨缪尔森、诺德豪斯：《经济学》（第17版），人民邮电出版社2004年版，第4、5页。

理学与实证伦理学一样,不可能存在只研究价值判断的规范经济学与实证经济学。因此,只可能有规范经济学,更确切些说,经济学是一种规范科学、价值科学,它包括一切有关经济问题的事实判断:经济学是价值判断与事实判断的理性知识体系,属于价值科学、规范科学范畴。因此,经济学、政治学、法学便与伦理学一样,皆可公理化也:一切价值科学或规范科学皆可构建公理化的科学体系。

5. 关于价值产生和推导的理论流派:自然主义、直觉主义与情感主义

价值范畴极端复杂、深邃、晦涩和难解,以致一方面,如前所述,哲学家们对于"价值存在属性"的研究,形成了四大理论流派:"客观论"、"实在论"、"主观论"、"关系论"。另一方面,我们将看到,哲学家们对于"价值产生和推导过程"的研究,分为五大流派:自然主义、直觉主义、情感主义、规定主义、描述主义。这五大流派都是关于价值的产生和推导过程的证明理论。显然,如果我们不进一步辨析这些理论,指出它们的得失对错,那么,我们对于价值产生和推导过程的研究是不充分、不全面的。

自然主义 何谓自然主义?赫德森(W. D. Hudson)说,自然主义是用自然的——亦即事实的——属性来定义"善"与"正当"等价值概念的学说:"'伦理自然主义者'乃是这样的人:他用自然属性来定义诸如'善'、'正当'等道德词。"[1] 彼彻姆则认为,自然主义是用事实判断来确证价值判断的推导或证明方法:"根据这种理论,价值判断能够确证于一种事实的方法(有时又被自然主义者称之为'理性方法')——一种与历史和科学的确证相同的方法。"[2]

---

[1] Lawrence C. Becker, *Encyclopedia of Ethics*, Volume II, Garland Publishing, Inc., New York, 1992, p.1007.

[2] Tom L. Beauchamp, *Philosophical Ethics*, McGraw-Hill, Inc., New York, 1982, p. 339.

二者结合起来堪称自然主义定义。因为自然主义无疑是一种关于价值的产生和推导过程的证明理论,是一种关于"价值"如何产生和推导于"事实"的证明理论。这种理论的特点,正如"自然主义"这个名词的创造者摩尔所指出——尔后为赫德森和彼彻姆所概括——一方面是用"事实"概念来定义"善"等价值概念,如"善是快乐";另一方面则是用事实判断来证明价值判断,如"因为我事实想望某物,所以我应该想望某物"[①]。合而言之,这种理论便误将"应该"、"价值"等同于"事实"、"自然",因而可以称之为"自然主义谬误"。

"自然主义谬误"无疑是摩尔的伟大发现!因为,一方面,很多大思想家确实用自然的、事实的概念来定义价值概念,犯有将"善"等价值概念,等同于"快乐"或"能够带来快乐的东西"等事实概念的自然主义谬误。洛克就曾这样写道:"善恶只不过是快乐和痛苦,或在我们身上引起和促进快乐与痛苦的东西。"[②]斯宾诺莎亦如是说:"只要我们感觉到任何事物使得我们快乐或痛苦,我们便称那物为善或为恶。"[③]殊不知,"善"与"快乐"或"能够带来快乐的东西"根本不同:"善"是"快乐"或"能够带来快乐的东西"满足主体需要的效用性,属于"价值"范畴;"快乐和能够带来快乐的东西"则是"善"的实体,属于"事实"范畴。因此,自然主义谬误就在于将"价值"与"事实"等同起来,将"价值"与"价值实体"等同起来,将"善"与"善的实体"等同起来。

另一方面,自然主义谬误,确如摩尔所发现,不但存在于善的定义中,而且存在于对善的定义的证明之中;不但存在于一个判断中,而且存在于若干个判断所组成的推理之中。所谓自然主义谬误,主要

[①] 参阅 Lawrence C. Becker, *Encyclopedia of Ethics*, Volume II, Garland Publishing, Inc., New York, 1992, p.1007; Tom L. Beauchamp, *Philosophical Ethics*, McGraw-Hill, Inc., New York, 1982, p. 339。
[②] 西季威克:《伦理学方法》,中国社会科学出版社 1993 年版,第 225 页。
[③] 斯宾诺莎:《伦理学》,商务印书馆 1962 年版,第 165 页。

讲来，正是仅仅从事实（自然）就直接推导出价值从而把价值等同于事实（自然）的谬论。穆勒，如摩尔所说，是这种谬论的代表。他在《功用主义》中便这样推论：

"我们最后的目的乃是一种尽量免掉痛苦、尽量在质和量两方面多多享乐的生活……照功用主义的看法，这种生活既然是人类行为的目的，必定也是道德的标准。"① "这一学说应该需要什么——它必须满足什么条件——才有充足的理由使人相信呢？可能提供的、证明一事物是可见的唯一证据，是人们实际看到了它。证明一种声音是可闻的唯一证据，是人们听到了它；并且，我们经验的其他来源也都是这样。同理，我觉得，可能提供的，证明一事物是值得想望的唯一证据，是人们确实想望它……幸福已经取得它是行为目的之一的资格，因而也取得作为德性标准之一的资格。"②

在这种证明中，正如摩尔所指出，犯了"自然主义"谬误：仅仅从行为事实如何便直接推导出行为应该如何（因为幸福事实上是人的行为目的，所以幸福应该是人的行为目的；因为人们确实想望某物，所以人们应该、值得想望某物），从而也就把行为事实如何当作了行为应该如何。很多大思想家都犯有这种自然主义错误。马斯洛亦曾如是说："你要弄清你应该如何吗？那么，先弄清你是什么人吧！'变成你原来的样子！'关于一个人应该成为什么的说明几乎和关于一个人究竟是什么的说明完全相同。"③ "关于世界看来如何的陈述也是一个价值陈述。"④

这种自然主义证明方法，虽然不能成立，却并非如摩尔所言，一无是处。因为，如前所述，"价值、善、应该如何"是"是、事实、事

---

① 穆勒：《功用主义》，商务印书馆1957年版，第13页。
② 穆勒：《功用主义》，商务印书馆1957年版，第37页。
③ 马斯洛：《人性能达到的境界》，云南出版社1987年版，第113页。
④ 马斯洛：《人性能达到的境界》，云南出版社1987年版，第110页。

实如何"对于主体需要的效用性,是在"事实"与主体需要发生关系时,从"事实"产生和推导出来的关系属性。因此,自然主义论者断言"应该如何存在于、产生于事实如何,是从事实如何推导出来的",确乎说出了一大真理。马斯洛说,"是命令应该"①,"事实创造应该"②,"一个人要弄清他应该做什么,最好的办法是先找出他是谁,他是什么样的人。因为达到伦理和价值的决定、达到聪明选择、达到应该的途径,是经过'是'、经过事实、真理、现实发现的,是经过特定的人的本性发现的"③。

这些说得多么深刻!自然主义的谬误不在这里。自然主义的谬误在于不懂得,虽然"价值"产生于"事实",是从事实中推导出来的;但只有与主体需要发生关系,从事实才能产生和推导出价值;离开主体,不与主体需要发生关系,仅仅事实自身是不可能产生和推导出价值的:"事实"是"价值"产生的源泉和实体;"主体需要"则是"价值"从事实中产生和推导出来的条件和标准。自然主义只看到事实是价值产生的源泉,却看不到主体需要是价值产生的条件;因而误以为仅从事实自身便能直接产生和推导出价值,于是误将"事实如何"当作"应该如何",把"事实"与"价值"等同起来。

价值直觉主义 摩尔在驳斥自然主义的论证中,确立了一种新的证明理论:价值直觉主义。何谓直觉?西季威克说:"当我把一个关于行为的正当性或错误性的判断称为'直觉性'的时候,我不是在预先断定这一判断从哲学角度思考的终极效准问题;我仅仅是指它的真实性是被当下明显地认识到的,而不是作为推理的结果而被认识到的。"[4] 这就是说,直觉亦即不必进行推理论证便可以直接觉知。因此,

---

① 马斯洛:《人性能达到的境界》,云南出版社1987年版,第113页。
② 马斯洛:《人性能达到的境界》,云南出版社1987年版,第122页。
③ 马斯洛:《人性能达到的境界》,云南出版社1987年版,第122页。
④ 西季威克:《伦理学方法》,中国社会科学出版社1993年版,第231页。

第十一章 价值

所谓直觉主义，正如沃尔特·辛诺特-阿姆斯特朗（Walter Sinnott-Armstrong）所说，是认为人们不必进行推理论证便可以直接觉知某些事物的本性——不是一切事物而是某些事物的本性——的学说："直觉主义是认为人们能够非推理地直接认知一些道德判断真实性的理论。"[1]

直觉主义的外延，如所周知，包括三种：一是以笛卡尔、斯宾诺莎、莱布尼茨、柏格森等为代表的普遍的一般的直觉主义，认为人们不必进行推理论证便可以直接觉知诸如"两点间直线最短"等某些事物的本性；二是以沙甫茨伯利、赫起逊、巴特勒、普赖斯、西季威克等为代表的道德常识直觉主义，认为人们不必进行推理论证便可以直接觉知诸如"不应该偷盗"等道德判断的真理性；三是以摩尔、普里查德、罗斯、艾温等为代表的价值哲学直觉主义，认为人们不必进行推理论证便可以直接觉知"善"、"应该"等价值本性是什么的直觉主义。

我们所要考察的，无疑只是价值哲学直觉主义。价值哲学直觉主义，如所周知，认为抽象普遍的价值概念，如善、应该、正当、义务、价值等等，是单纯的、自明的、不可定义或推理论证的，因而也是一种关于价值产生和推导过程的证明理论。摩尔写道："'善的'是一个单纯的概念，正象'黄的'是一个单纯的概念一样。正象决不能向一个事先不知道它的人阐明什么是黄的一样，你不能向他阐明什么是善的。"[2] 罗斯亦如是说：

"道德的正当性是一种不可定义的特性，即使把它归入一种更一般的概念，如恰当性，也不可能阐明它的种差，而只能出现'道德的正当性就是道德的正当性'的同义语反复；正如要通过阐述使红色与其

---

[1] Lawrence C. Becker, *Encyclopedia of Ethics*, Volume II, Garland Publishing, Inc., New York, 1992, p. 628.

[2] 摩尔：《伦理学原理》，商务印书馆 1983 年版，第 13 页。

677

他颜色区别开来,只能说红色就是红色一样。"①

善、正当等价值既然是单纯的、自明的、不可定义或推理论证的,那么,我们对于它们的本质无疑只能通过直觉直接觉知,正如我们直觉地觉知数学公理一样:"现在如果要问",罗斯接着写道,"我们究竟是怎样达到认识这些基本的道德原则的,那么,答案看来是……和数学一样,我们是通过直觉的归纳把握这些一般的真理的。"②对于"正当"等基本道德原则的这种直觉的理解力,普里查德也这样解释说:"这种理解力是直接的。所谓直接,精确地说,就是数学那种直接的理解力,如同'这个三角形由于有三条边而必有三个角'的直接理解力。两种理解力是直接的,是在这种意义上说的:两种对于主词本性的洞察使我们直接认识到主词具有谓词之本性;并且这只是表明——从认识对象方面来说——在这两种情形里,所直接理解的事实都是自明的。"③

那么,我们所直接觉知到的善和正当等价值本性究竟是什么?摩尔以为"善"既与"黄"一样,都是客体的属性;又与"黄"不同,"黄"是客体的自然属性,而善是客体的非自然属性:"我不否认,'善的'是某些自然客体的一个性质;要知道,我认为其中某些是善的。可是,我已经说过,'善的'本身并不是一自然性质。"④罗斯亦有此见,还曾指出正当或善这些客体的非自然属性,与客体的自然属性或事实属性,是一种因果关系:

"正当始终是一种作为结果而发生的属性,是行为由于具有其他属性而具有的属性。……只是通过认识和思考我的行为在事实上所具有的一种特性,我才知道或断定我的行为是正当的。……我断定我的行

---

① W. D. Ross, *Foundation of Ethics*, At the Clarendon Press, Oxford, 1939, p. 316.
② W. D. Ross, *Foundation of Ethics*, At the Clarendon Press, Oxford, 1939, p. 320.
③ A. I. Melden, *Ethical Theories: A Book of Readings*, Prentice-Hall, Inc., Englewood Cliffs, New Jersey, 1967, p. 531.
④ 摩尔:《伦理学原理》,商务印书馆 1983 年版,第 48 页。

第十一章 价值

为是正当的，因为它是一种救人出苦难的行为。"①

这就是说，同一行为同时具有两种属性，一种是可以感知的，是行为之事实如何（救人出苦难）；另一种是只能直觉的，是行为之应该如何，亦即所谓正当：只能直觉的行为之正当，依附于、产生于可以感知的行为之事实。

可见，价值直觉主义与它所反对的自然主义从根本上说是一致的：二者都正确地认为价值是客体的属性，都正确地认为价值源于事实，因而都被叫作客观主义。只不过，自然主义误以为从事实自身便能直接产生和推导出价值，因而误把事实与价值等同起来；而价值直觉主义则认为只有通过直觉的中介，从事实才能产生价值，因而把事实与价值区别开来。那么，价值直觉主义的这种与自然主义不同的见地是真理吗？

我们决不能笼统地说直觉主义是不是真理。因为，如上所述，直觉主义的根本特征在于认为人们不必进行推理论证便可以直接觉知某些事物的本性：不是一切事物而是某些事物的本性。这样，直觉主义是否为真理，便完全取决于它所认为可以直觉的某些事物究竟是什么事物：如果这些事物是可以直觉的，那么，主张这些事物是可以直觉的直觉主义便是真理；如果这些事物是不可以直觉的，那么，主张这些事物是可以直觉的直觉主义便是谬误。例如，认为不必进行推理论证便可以直接觉知某些数学公理的直觉主义便是真理，因为某些数学公理确实是不可论证而只能直觉的。同理，认为不必进行推理论证便可以直接觉知某些道德判断的直觉主义也可能是真理，因为某些道德判断，诸如罗斯所举证的"应该帮助盲人过大街"、"不应该撒谎"等等，确实是不必论证便可以直觉的。因此，某些哲学直觉主义和伦理直觉主义可能是真理。那么，价值哲学直觉主义也可能是真理吗？

---

① W. D. Ross, *Foundation of Ethics*, At the Clarendon Press, Oxford, 1939, p.168.

任何价值哲学直觉主义都是错误。因为任何抽象普遍的价值概念，不论是"善"还是"正当"抑或是"应该"，都是不可能依靠直觉认识的。摩尔认为"善"只能依靠直觉把握的根据，在于"善"是最单纯、最简单因而是自明的、不可分析的东西。确实，最单纯、最简单因而是自明的、不可分析的东西，如数学公理，只有依靠直觉才能认识。但是，"善"是这种东西吗？摩尔的论证是不能令人信服的，因为照此说来，古今中外两千多年人们竟会为一个自明的东西而一直争论不休，是十分可笑的。

普里查德所举证的关于"义务"、"善"的本性是自明而为直觉所认识的根据，主要是诸如 $7 \times 4 = 28$ 等数学命题的自明性。[①] 罗斯所举证的关于"正当"、"义务"、"应该"的本性是自明的而为直觉所认识的根据，主要是诸如"应该帮助盲人过大街"、"不应该撒谎"等道德判断的自明性。[②] 艾温所举证的关于"应该"、"正当"、"善"的本性是自明的而为直觉所认识的根据，主要是认为如果不诉诸直觉，那么，从一个判断推出另一个判断的论证过程便会无穷地推导下去。[③] 不难看出，三人都犯了"以偏概全"和"推不出"的逻辑错误。$7 \times 4 = 28$ 等数学命题和"应该帮助盲人过大街"等具体个别的道德判断，确实都是自明的；如果不诉诸直觉，从一个判断推出另一个判断的论证过程确实会无穷地推导下去。但是，由这些前提显然推不出一切道德概念和判断都是自明的，推不出"正当"和"善"等价值概念和判断的本性是自明的。

综上可知，价值哲学直觉主义与自然主义一样，也是一种关于价值的产生和推导过程的证明理论，是一种关于"价值"能否从"事实"

---

① A. I. Melden, *Ethical Theories: A Book of Readings*, Prentice-Hall, Inc., Englewood Cliffs, New Jersey, 1967, p.537.

② W. D. Ross, *Foundation of Ethics*, At the Clarendon Press, Oxford, 1939, p. 316.

③ A. C. Ewing, *The Definition of Good*, Hyperion Press, Inc., Westport, Connecticut, 1979, pp. 25-26.

第十一章 价 值

产生和推导出来的证明理论。它比自然主义更接近真理：它一方面正确看出自然主义仅仅从"事实"自身就直接推导出"价值"、因而把"价值"与"事实"等同起来的错误；另一方面则正确指出只有通过一种中介，才能从"事实"产生"价值"，从而把"价值"与"事实"区别开来。但是，价值哲学直觉主义未能发现这种中介是"主体的需要、欲望、目的"，而误以为是"直觉"，从而误认为价值是通过"直觉"产生于事实。

情感主义 价值直觉主义，从上可知，与其说是自然主义的对头，不如说是它的一个堂兄弟：它们同属"认为价值存在于客体中"的客观论大家庭。它们的共同敌手，乃是"认为价值存在于主体中"的主观论：情感主义。所谓情感主义，正如厄姆森（J. O. Urmson）所说，是认为价值判断的本质在于表达主体的情感而不是描述客体事实的证明理论："从否定方面讲，这些理论的共同点在于否定评价言辞的基本功能是传达关于世界任何方面的真或假的信息；从肯定方面看，尽管在细节上有所不同，它们都主张评价言辞的基本功能是表达说话者的情感或态度。"[1] 情感主义的代表，如所周知，是罗素、维特根斯坦、卡尔纳普、艾耶尔、斯蒂文森。但是，里查德·A. 斯帕隆（Richard A. Spinello）说得不错：情感主义的真正奠基人是休谟。[2]

休谟等情感主义者看到，一方面，事实自身无所谓价值，价值的存在依赖于主体；另一方面，价值必与主体一致而与事实却往往相反。于是他们便进而得出结论说，价值存在于主体，是主体的情感、意志、态度，是主体的属性，而不是客体的、事实的属性：

"就以公认为有罪的故意杀人为例，你可以在一切观点下考察它，

---

[1] Lawrence C. Becker, *Encyclopedia of Ethics*, Volume II, Garland Publishing, Inc., New York, 1992, pp. 304-305.

[2] John K. Roth, *International Encyclopedia of Ethics*, Printed by Braun-Brumfield Inc., U. C, 1995, p. 258.

681

看看你能否发现出你所谓恶的任何事实或实际存在来。不论你在哪个观点下观察它,你只发现一些情感、动机、意志和思想……你如果只是继续考察对象,你就完全看不到恶。除非等到你反省自己内心,感到自己心中对那种行为发生一种谴责的情绪,你永远也不能发现恶。因此,恶和德都不是对象的性质,而是心中的知觉。"[1]

因此,"关于'价值'的问题完全在知识的范围以外",罗素补充道,"这就是说,当我们断言这个或那个具有'价值'时,我们是在表达我们自己的感情,而不是在表达一个即使我们个人的感情各不相同但仍然是可靠的事实。"[2] 艾耶尔也这样写道:"伦理词的功能纯粹是情感的,它用来表达关于某些客体的情感,但并不对这些客体做出任何断定。"[3] 斯蒂文森虽然承认伦理词具有描述事实和表达情感的双重意义,但是,他以为情感意义是主要的、完全的、独立的,而描述意义是为情感意义服务的,因而是不完全的、不独立的:

"无疑,在伦理判断中总有某些描述成分,但这决非完全意义上的描述:它们的主要用途并不是说明事实,而是要产生一种影响;它们并非仅仅描述人们的兴趣,而是改变或强化这些兴趣;它们推荐对于一种客体的兴趣,而不是陈述已经存在的兴趣。"[4]

价值既然仅仅是或主要是主体的情感、属性,而不是客体的、事实的属性,那么显然,价值也就只能从主体而不可能从事实推导出来了。所以,休谟在阐明应该是主体的情感而不是客体的事实属性之后,接着便提出了那个尔后成为价值哲学基石的顶顶有名的论断:"应该"

---

[1] 休谟:《人性论》下册,商务印书馆1983年版,第508页。
[2] 罗素:《宗教与科学》,商务印书馆1982年版,第123页。
[3] Louis P. Pojman, *Ethical Theory: Classical and Contemporary Readings*, Wadsworth Publishing Company, USA, 1995, p. 415.
[4] Charles L. Stervenson, *Facts and Values: Studies in Ethical Analysis*, Yale University Press, New Haven and London, 1963, p. 16.

第十一章　价值

不能由"是"推导出来，"应该"与"是"之间存在着逻辑鸿沟。[1] 斯蒂文森亦曾这样总结道："从经验事实并不能推导出伦理判断，因为经验事实并非伦理判断的归纳基础。"[2]

价值判断既然只是主体情感的表达而不是事实的属性的陈述，不可能从事实判断推导出来，那么，价值判断便无所谓真假而是非认识的。所以，罗素说："严格地讲，我认为并不存在道德知识这样一种东西。"[3] "一个价值判断"，卡尔纳普说，"既不是真的，也不是假的。它并没有断定什么，而是既不能被证明也不能反证的。"[4] 艾耶尔则一再说："只表达道德判断的句子没有陈述任何东西，它们是纯粹的情感表达，因而不能归入真假范畴。"[5]

斯蒂文森只认为价值判断的情感意义无真假，而承认其描述意义有真假。然而，由于他以为情感意义是主要的、起着统一的和支配的作用，所以，他也认为价值判断——主要讲来——是无真假、非认识的，它们只是在某种程度上依赖知识，而自身并不是知识："伦理问题包含着个人和社会对于应该赞成什么所做的决定，这些决定虽然完全依赖知识，但自身并不构成知识。"[6] 于是，他也就与罗素、维特根斯坦、卡尔纳普一样，认为规范伦理学并不是科学：

"我的结论是，规范伦理学不是任何科学的一个分支。它所审慎地论述的分歧类型，正是科学所审慎地避开的东西。……它是从所有的科学中引出的，但是，一个道德家的特有的目的——亦即改变态

---

[1]　休谟：《人性论》下册，商务印书馆1983年版，第509页。
[2]　Charles L. Stervenson, *Facts and Values: Studies in Ethical Analysis*, Yale University Press, New Haven and London, 1963, p. 28.
[3]　罗素：《为什么我不是基督徒》，商务印书馆1982年版，第55页。
[4]　卡尔纳普：《哲学和逻辑句法》，上海人民出版社1962年版，第9页。
[5]　Charles L. Stervenson, *Facts and Values: Studies in Ethical Analysis*, Yale University Press, New Haven and London, 1963, p. 415.
[6]　斯蒂文森：《伦理学与语言》，中国社会科学出版社1991年版，第4页。

度——是一种活动，而不是知识，因而不属于科学。"①

可见，情感主义与自然主义和价值直觉主义一样，也是一种关于"价值"的产生和推导过程的证明理论，亦即关于"价值"能否从"事实"产生和推导出来的证明理论。但是，情感主义无疑比二者离真理更远。

首先，情感主义误认为，价值是主体的情感属性，而不是客体的事实属性，因而也就只能从主体——而不可能从事实——推导出来。这一错误，如上所述，依据于：一方面，事实自身无所谓价值，价值的存在依赖于主体；另一方面，价值必与主体一致而与事实却往往相反。这些依据能成立吗？价值的存在，确如情感主义论者所说，依赖于主体：离开主体便无所谓价值；存在主体便有所谓价值。但是由此只能说主体是价值存在的条件，而不能说主体是价值存在的源泉。价值，确如情感主义所说，必与主体一致而与事实却往往相反。但是，由此只能说主体是价值的标准，而不能说主体是价值的源泉。因为，如前所述，价值是客体事实对主体需要的效用性，是在事实与主体需要发生关系时，从事实中——而不是从主体需要中——产生的属性：主体需要只是价值从事实中产生的条件和衡量事实是否有价值的标准；事实才是价值产生和存在的载体、实体。情感主义的错误在于：把价值产生、存在的条件和标准——主体的需要、欲望、感情——当作价值产生、存在的源泉，因而误以为价值存在于主体的需要、欲望、感情之中，是主体的需要、欲望、感情的属性，于是也就只能从主体的需要、欲望、感情——而不能从事实中——推导出来。

其次，情感主义的错误在于认为：价值判断仅仅是或主要是主体情感的表达。因为，如上所述，一个价值判断必定反映三个对象，

---

① Charles L. Stervenson, *Facts and Values: Studies in Ethical Analysis*, Yale University Press, New Haven and London, 1963, p. 8.

第十一章 价值

从而具有一种评价意义和两种描述意义：直接说来具有一种评价意义——表达的是评价对象事实如何对主体需要的效用，亦即评价对象的价值、应该、应该如何；根本说来则具有两种描述意义——一方面表达评价对象之事实如何，另一方面则表达主体的需要、欲望、感情。准此观之，罗素、维特根斯坦、卡尔纳普、艾耶尔等认为价值判断仅仅是主体情感的表达，其错误显然在于抹煞价值判断对客体的事实属性的反映和对客体的价值属性的反映，而只看到价值判断对主体情感的反映；斯蒂文森承认价值判断具有情感和描述双重意义，其错误则在于抹煞价值判断的评价意义和夸大价值判断的情感描述意义而缩小价值判断的事实描述意义。

最后，情感主义的错误，在于由"价值判断是情感的表达"之片面性谬误进一步断言：价值判断完全是或主要是非认识的而无所谓真假。殊不知，即使"价值判断是情感的表达"是真理，也得不出"价值判断无真假"的结论。因为只有"情感"才无所谓真假，而"情感的表达"——如情感的认知表达——却可以有真假。那么，情感主义者是怎样由"价值判断是情感的表达"而得出价值判断无真假的？原来，当情感主义断言"价值判断是情感的表达"的时候，情感主义的错误比这句话的表面含义要严重得多。因为"情感的表达"无疑可以包括两个方面：一是"情感的认知表达"，如我做出"张三很痛苦"的判断，它属于认识范畴，因而具有真假之分；二是"情感的非认知表达"，如"呻吟"或"叫喊"，则主要属于行为范畴，因而无所谓真假。那么，"价值判断是情感表达"究竟是指哪一种情感表达？无疑是情感的认知表达而不是情感的非认知表达，因为价值判断属于判断范畴，因而属于认知范畴。然而，情感主义者却以为断言价值判断是"情感的认知表达"——他们称之为"情感断定"（assertion of feeling）——是错误的，是传统主观主义（orthodox subjectivism）观点。而按照情感主义论者的定义，所谓情感表达，决非情感断定，决

685

非情感的认知表达；而是指情感的非认知表达。因而在情感主义者看来，所谓价值判断是情感表达，乃是说价值判断是情感的非认知表达。艾耶尔在论及这种"情感表达与情感断定"之分时写道："这是在考虑我们的理论与普通主观主义理论的区别时所要把握的关键。因为主观主义者相信伦理陈述实际上断定某些情感的存在；而我们则相信伦理陈述是情感的表达和刺激，这种表达和刺激不必涉及任何断定。"① 可见，情感主义的错误在于否定"情感的表达"是"情感的认知表达"，而片面地把"情感的表达"定义为"情感的非认知表达"，从而误将"价值判断是情感的表达"等同于"价值判断是情感的非认知表达"，因而错误地得出价值判断无所谓真假的非认识主义结论。

规定主义 黑尔虽然看到价值判断具有评价与描述双重意义，但是，正如 W. D. 赫德森所言："黑尔坚信，事实上，道德语言的最核心最重要的用法，是规定的。"② 诚哉斯言！因为黑尔在《道德语言》一开篇，便明确指出道德语言的本性在于它的规定性："道德语言属于'规定语言'的种类。"③ 在《伦理学理论》中，黑尔又进一步阐明道德判断具有两种"逻辑特色"（logical features）：

"第一种有时被叫作道德判断的规定性（prescriptivity）；第二种特色通常被叫作可普遍化性（universalizability）。可普遍化性的意思是，一个人说'我应该'，他就使他自己同意处在他的环境下的任何人应该。"④

显然，可普遍化性是修饰规定性的：道德语言是具有可普遍化规定性的规定语言。所以，道德语言、道德判断的逻辑特色也就可以归

---

① Charles L. Stervenson, *Facts and Values: Studies in Ethical Analysis*, Yale University Press, New Haven and London, 1963, p. 416.
② W. D. Hudson, *Modern Moral Philosophy*, The Macmllan Press, Ltd., London, 1983, p. 203.
③ R. M. Hare, *The Language of Morals*, Oxford University Press, Amen House, London, 1964, p. 2.
④ R. M. Hare, *Essays in Ethical Theory*, Clarendon Press, Oxford, 1989, p. 179.

结为一种：可普遍化的规定性。所以，黑尔的伦理学说便被叫作"规定主义"；黑尔亦自称为"普遍规定主义"（Universal Prescriptivism）："'普遍规定主义'意味着，它是普遍性（认为道德判断是可普遍化的）和规定主义（认为道德判断在一切典型的情况下都是规定的）的结合。"①

可见，所谓规定主义也就是认为道德语言、道德判断的本性在于规定性的学说："规定主义是认为道德语言的主要的意义和目的在于规定或命令的理论。"②道德判断的本性既然在于规定，那么，道德判断便无所谓真假，便是非认识的了。因为所谓规定，正如 G. H. 沃赖特所说，是无所谓真假的，是非认识的："规定（prescription）既不是真的也不是假的。"③所以，约翰·K. 罗思（John K. Roth）说："规定主义含有伦理知识不可能存在之意……因为与陈述不同，命令无所谓真假。"④因此，规定主义仍属于非认识主义、情感主义，说到底，也是一种关于伦理学推导公理和推导公设的证明理论。对于黑尔与他的情感主义前辈的异同，路易丝·P. 波吉曼（Louis P. Pojman）曾有很好的说明：

"他与那些情感主义者一样认为，我们不能把真假属性归于道德陈述，因为道德判断是态度的；但是，他改变了道德词表达的重点：从赞成不赞成的感情到包括可普遍化特色和规定成分的判断类型。"⑤

因此，根本说来，规定主义与情感主义的错误是一样的：片面

---

① R. M. Hare, *Freedom and Reation*, Clarendon Press, Oxford, 1963, p. 16.
② John K. Roth, *International Encyclopedia of Ethics*, Printed by Braun-Brumfield, Inc., U. C, 1995, p. 693.
③ M. C. Doeser and J. N. Kraay, *Facts and Values*, Martinus Nijhoff Publishes, Boston, 1986, p. 36.
④ John K. Roth, *International Encyclopedia of Ethics*, Printed by Braun-Brumfield, Inc., U. C, 1995, p. 693.
⑤ Louis P. Pojman, *Ethical Theory: Classical and Contemporary Readings*, Wadsworth Publishing Company, USA, 1995, p. 428.

化价值判断对主体的需要、感情、命令的表达。他对情感主义错误的"新贡献"显然是：把"规定"的本性（无真假、非认识）和"关于规定的判断"的本性（有真假、是认识）等同起来，把"道德（亦即道德规范）"的本性（无真假、非认识）和"道德判断"的本性（有真假、是认识）等同起来；从而断言规定语言、道德语言的本性就是规定，就是无真假、非认识的规定。

描述主义 非认识主义之谬意味着：认识主义是真理。因为所谓认识主义，如前所述，是认为一切价值判断都属于认识范畴因而有真假之分的学说。但是，人们往往夸大认识主义之真理，由一切价值判断都有真假之分，进而断言一切评价都有真假之分。李连科便这样写道："价值评价实际上是价值、即客体与主体需要的关系在意识中的反映，是对价值的主观判断、情感体验和意志保证及其综合。价值评价作为一种意识反映，当然有主观随意性，有真有假。"①

然而，价值判断与评价并非同一概念。价值判断无疑都是评价。但是，评价却不都是价值判断。因为评价，正如李连科所说，是一种心理、意识，属于心理、意识范畴；而一切心理、意识都分三而为"知（认知）"、"情（感情）"、"意（意志）"。所以，评价也就相应地分三而为"认知评价"、"情感评价"、"意志评价"。

可见，评价与价值意识是同一概念，它们的外延较广，包括对于价值的认识、情感、意志等全部心理活动；而价值判断与价值认识、价值认知则大体是同一概念，它们的外延较狭，仅指对于价值的认识活动。问题的关键在于，如前所述，只有认知才有真假，而感情和意志则只有对错而并无真假。因此，只有一部分评价——亦即价值判断或价值认识——才有真假；而其他的评价——亦即价值情感和价值意志——则只有对错而并无真假。试想，谁能说贾宝玉对林黛玉的爱

---

① 李连科：《世界的意义——价值论》，人民出版社1985年版，第106页。

第十一章　价值

是真理还是谬论？岂不只能说贾宝玉对林黛玉的爱是对还是错吗？

非认识主义是谬误而认识主义是真理，并不意味着凡是反对非认识主义而主张认识主义的学说都是真理。自然主义与直觉主义都反对非认识主义而主张认识主义，但是，如前所述，它们都不是真理。那么，反对非认识主义——特别是规定主义——的描述主义究竟是不是真理？

描述主义是什么？劳伦斯·C. 贝克（Lawrence C. Becker）说："根据描述主义理论，诸如'善'和'不正当'等道德词与'红'和'长方形'等普通的描述词相似，二者的意义和使用条件密切相连。"① 确实，描述主义的著名代表菲力帕·福特（Philippa Foot）在论证诸如"正当、义务、善、责任、美德"等价值词与"伤害、利益、便利、重要"等描述词如何相似相连之后，得出结论说：

"当人们论证什么是正当、善、义务或某种人格特质是不是美德时，他们并没有局限于引证通过简单观察或明晰化技巧所得到的事实……这种讨论正像其他的讨论，如文学批评或性格讨论，在很大的程度上要依靠经验和想象。"②

这就是说，道德论证与描述推理一样，都依靠事实、经验和想象。质言之，评价的推理逻辑与描述的推理逻辑是一样的，区分二者为具有不同功能的两种逻辑类型是错误的。于是，从描述到评价与从描述到描述的推理逻辑也就是一样的，因而正如从描述可以直接推出描述一样，从事实描述也可以直接推出评价或从事实可以直接推出价值：在评价与描述以及价值与事实之间，根本不存在什么逻辑鸿沟。福特举例说，"某人好冒犯别人"，是事实判断，是事实描述；从这个判断

---

① Lawrence C. Becker, *Encyclopedia of Ethics*, Volume II, Garland Publishing, Inc., New York, 1992, p. 1007.

② Philippa Foot, *Virtues and Vices and Other Essays in Moral Philosophy*, University of California Press, Berkeley and Los Angeles, 1978, p. 106.

就可以直接推出评价、价值判断"该人没有礼貌":

"当一个人判断某种行为是不是无礼貌时,他必得运用公认的标准。既然这标准就是'冒犯',那么,一个人如果肯定'冒犯'便不可能否定'无礼貌'。它遵循的逻辑规则是,如果 P 是 Q 的充分条件,那么肯定 P 却否定 Q 便是矛盾的。这样,我们就得到了从一个非评价前提推导出一个评价结论的例子。"[①]

可见,描述主义是一种把评价逻辑等同于描述逻辑的元伦理证明学说,是认为评价与描述的推理逻辑并无不同,因而从事实描述可以直接推出评价(或从事实可以直接推出价值)的元伦理证明学说,说到底,是一种自然主义的元伦理认识论。因为所谓自然主义,如前所述,便是认为仅仅从事实(自然)便可以直接推导出应该(价值)的元伦理证明学说。因此,描述主义便与自然主义一样,是一种谬论。那么,描述主义究竟错在哪里?

不难看出,描述主义的错误主要在于等同评价的逻辑与描述的逻辑,亦即等同事实判断的逻辑和价值判断的逻辑。描述的逻辑显然是:从一个描述或事实判断可以直接推导出一个描述或事实判断,如从"天下雨"可以直接推导出"地上湿"。反之,评价的逻辑,如前所述,则是:至少从两个描述——一个事实如何的描述和一个主体需要如何的描述——才能推导出一个评价或价值判断。更确切些说,评价的逻辑是:一个评价或价值判断是通过一个主体需要如何的描述判断,而间接地从一个事实如何的描述判断中推导出来的。

诚然,从"某人好冒犯别人"可以直接推出"该人没有礼貌"。但是,细细想来,只有"该人不应该没有礼貌"才是评价或价值判断;而"该人没有礼貌"则与其前提"某人好冒犯别人"一样,都是描述

[①] Philippa Foot, *Virtues and Vices and Other Essays in Moral Philosophy*, University of California Press, Berkeley and Los Angeles, 1978, p. 104.

或事实判断。所以,福特是从一个描述前提直接推出一个描述结论;而并没有从一个非评价前提直接推导出一个评价结论。

显然,描述主义与自然主义一样,其错误在于不懂得,虽然评价和价值判断确实产生于描述和事实判断,是从描述和事实判断中推导出来的;但只有与主体需要的描述发生关系,从事实描述才能产生和推导出评价和价值判断——离开主体描述,不与主体需要的描述发生关系,仅仅事实判断自身是不能产生和推导出评价和价值判断的:事实描述是评价产生、存在的源泉和根据;主体需要的描述则是评价或价值判断产生于、推导于事实描述的条件和标准。描述主义与自然主义一样,只看到事实描述是价值判断产生的源泉和根据,却看不到主体需要的描述是价值判断产生的条件和标准;因而误以为仅从事实判断自身便能直接产生和推导出价值判断,误以为从一个描述便可以直接推导出一个评价,于是也就误将根本不同的评价的推理逻辑与描述的推理逻辑完全等同起来。

综观自然主义、直觉主义、情感主义以及规定主义和描述主义,可知五者都是关于价值产生和推导过程的片面的错误的证明理论,都是关于价值能否从事实产生和推导出来的片面的错误的证明理论:

情感主义和规定主义把"价值"所由以产生和存在的条件与标准——主体的需要、欲望、感情——当作价值产生和存在的源泉与实体;因而误认为价值存在于主体的需要、欲望、感情之中,是主体的需要、欲望、感情的属性,于是也就只能从主体的需要、欲望、感情而不能从事实中推导出来。反之,自然主义和描述主义则未能看到主体的需要、欲望、目的是"价值"产生和存在的条件与标准,而只看到"事实"是"价值"产生和存在的源泉与实体;因而误以为从事实自身便能直接产生和推导出价值,于是也就把事实与价值等同起来。直觉主义正确看到只有通过一种中介,才能从事实产生价值,却未能发现这种中介就是主体的需要、欲望、目的，而误以为是直觉；从而误认为价值是通过直觉产生于事实。这些理论的片面性进一步显示了我们所揭示的"价值产生和推导过程"的真理性：

"价值、善、应该如何"是"是、事实、事实如何"对主体的需要、欲望、目的之效用："客体事实属性"是"价值、善、应该如何"产生的源泉和存在的实体；"主体需要、欲望和目的"则是"价值、善、应该如何"从客体事实属性中产生的条件和标准。因此，"价值、善、应该如何"，是通过主体的需要、欲望和目的，而从"是、事实、事实如何"产生和推导出来的："善、应该、正价值"就是"事实"符合"主体需要、欲望和目的"之效用，全等于"事实"对"主体需要、欲望和目的"之符合；"恶、不应该、负价值"就是"事实"不符合"主体需要、欲望和目的"之效用，全等于"事实"对"主体需要、欲望和目的"之不符合。

这就是自然主义、直觉主义、情感主义以及规定主义和描述主义所苦苦求索的价值的产生和推导之真实过程；这就是至今西方公认未能破解的"休谟难题"（"价值"能否从"事实"推导出来）之答案，可以归结为一个公式：

前提1：事实如何（价值实体）
前提2：主体需要、欲望和目的如何（价值标准）
———————————————————
结论：应该如何（价值）

本书所引证的主要文献
（按书名字首拼音顺序排列）

中文文献

A

周敦颐：《爱莲说》。

爱因斯坦：《爱因斯坦文集》第1卷，商务印书馆2009年版。

爱因斯坦：《爱因斯坦文集》第3卷，商务印书馆1976年版。

B

巴甫洛夫：《巴甫洛夫全集》第三卷，第一册，人民卫生出版社1959年版。

班固：《白虎通·情性》。

张巨青等：《辩证逻辑》，吉林人民出版社1981年版。

张光楠主编：《辩证唯物主义和现代自然科学 论文集》，生活·读书·新知三联书店1960年版。

王太庆译：《柏拉图对话集》，商务印书馆2004年版。

柏拉图：《柏拉图全集》第一卷，人民出版社2002年版。

柏拉图：《柏拉图全集》第二卷，人民出版社2003年版。

波普尔：《波普尔思想自述》，上海译文出版社1988年版。

戴维·米勒、韦农·波格丹诺主编：《布莱克维尔政治学百科全书》，中国政法大学出版社1992年版。

C

米切奥·卡库 詹妮弗·汤普逊：《超越爱因斯坦》，吉林人民出版社2001年版。

徐元诰主编：《辞海》。

海德格尔：《存在与时间》，生活·读书·新知三联书店1987年版。

萨特：《存在与虚无》，生活·读书·新知三联书店1987年版。

萨特：《存在主义是一种人道主义》，上海译文出版社1991年版。

D

朱狄：《当代西方美学》，人民出版社1984年版。

施太格缪勒：《当代哲学主流》上卷，商务印书馆1989年版。

老子：《道德经·第二章》。

邓小平：《邓小平文选》第二卷，人民出版社1994年版。

狄慈根：《狄慈根哲学著作选集》，生活·读书·新知三联书店1978年版。

胡塞尔：《第一哲学》，商务印书馆2010年版。

马斯洛：《动机与人格》，华夏出版社1987年版。

F

博登海默：《法理学——法哲学及其方法》，华夏出版社1987年版。

黑格尔：《法哲学原理》，商务印书馆1961年版。

恩格斯：《反杜林论》，人民出版社1957年版。

恩格斯：《反杜林论》，人民出版社2015年版。

亚里士多德：《范畴篇 解释篇》，商务印书馆1959年版。

乌克兰采夫：《非生物界的反映》，中国人民大学出版社1988年版。

G

亚里士多德：《工具论》，人民出版社2015年版。

穆勒：《功用主义》，商务印书馆1957年版。

盛庆琜：《功利主义新论》，上海交通大学出版社1996年版。

北京大学哲学系外国哲学史教研室编译：《古希腊罗马哲学》，生活·读书·新知三联书店1957年版。

北京大学哲学系外国哲学史教研室编译：《古希腊罗马哲学》，商务印书馆2021年版。

克莱因：《古今数学思想》第1卷，上海科学技术出版社1979年版。

玻恩：《关于因果和机遇的自然哲学》，商务印书馆1964年版。

维克塞尔：《国民经济学讲义》，上海译文出版社1983年版。

H

贺麟、张世英：《黑格尔关于辩证逻辑与形式逻辑的关系的理论》，上海人民出版社1956年版。

黑格尔：《黑格尔论矛盾》，商务印书馆1963年版。

胡明主编：《胡适精品集》第14卷，光明日报出版社2000年版。

罗尔斯顿：《环境伦理学》，中国社会科学出版社2000年版。

徐嵩龄主编：《环境伦理学进展：评论与阐释》，社会科学文献出版社1999年版。

洛伦兹：《混沌的本质》，气象出版社1997年版。

郑春顺：《混沌与和谐》，商务印书馆2002年版。

J

王玉樑主编：《价值和价值观》，陕西师范大学出版社1988年版。

培里等：《价值和评价》，中国人民大学出版社1989年版。

李德顺：《价值论》，中国人民大学出版社1987年版。

李德顺：《价值新论》，中国青年出版社1993年版。

李德顺主编：《价值学大词典》，中国人民大学出版社1995年版。

袁贵仁：《价值学引论》，北京师范大学出版社1991年版。

金岳霖：《金岳霖文选》，中国社会科学出版社2000年版。

中国孔子基金会学术委员会：《近四十年来孔子研究论文选编》，齐鲁书社1987年版。

D. Broad：《近代五大家伦理学》，商务印书馆1932年版。

牧口常三郎：《价值哲学》，中国人民大学出版社1989年版。

萨缪尔森：《经济学》中册，商务印书馆1986年版。

熊彼特：《经济分析史》第三卷，商务印书馆1991年版。

晏智杰：《经济学中的边际主义》，北京大学出版社1987年版。

晏智杰：《经济价值论再研究》，北京大学出版社2005年版。

黑格尔：《精神现象学》上册，商务印书馆2015年版。

K

约翰·华特生编选：《康德哲学原著选读》，商务印书馆1963年版。

卡尔·皮尔逊：《科学的规范》，商务印书馆2012年版。

弗兰克：《科学的哲学》，上海人民出版社1985年版。

张巨青主编：《科学理论的发现、验证与发展》，湖南人民出版社1986年版。

哈雷：《科学逻辑导论》，浙江科学技术出版社1990年版。

丹皮尔：《科学史及其与哲学和宗教的关系》，商务印书馆1975年版。

林德宏：《科学思想史》，南京大学出版社2020年版。

怀特海：《科学与近代世界》，商务印书馆1989年版。

马利坦：《科学与智慧》，商务印书馆1995年版。

林德宏：《科技哲学十五讲》，北京大学出版社2004年版。
尼采：《快乐的科学》，中国和平出版社1987年版。

L
米克：《劳动价值学说的研究》，商务印书馆1979年版。
晏智杰：《劳动价值学说新探》，北京大学出版社2001年版。
宾克莱：《理想的冲突》，商务印书馆1983年版。
联共（布）中央特设委员会：《联共（布）党史学习纲要》，山西人民出版社1955年版。
尼柯尔斯卡娅主编：《列宁论国家和法》第1卷，法律出版社1960年版。
列宁、斯大林：《列宁 斯大林论国家》，新华书店1950年版。
列宁：《列宁全集》第2卷，人民出版社2013年版。
列宁：《列宁全集》第6卷，人民出版社1986年版。
列宁：《列宁全集》第18卷，人民出版社2007年版。
列宁：《列宁全集》第31卷，人民出版社1959年版。
列宁：《列宁选集》第1卷，人民出版社1973年版。
列宁：《列宁选集》第3卷，人民出版社1995年版。
列宁：《列宁选集》第4卷，人民出版社1972年版。
列宁：《论马克思恩格斯及马克思主义》，外国文书籍出版局1950年版。
列宁：《论马克思恩格斯及马克思主义》，人民出版社1973年版。
卢梭：《论不平等的起源和基础》，商务印书馆1959年版。
洪堡：《论国家的作用》，中国社会科学出版社1998年版。
高尔泰：《论美》，甘肃人民出版社1982年版。
包尔生：《伦理学体系》，中国社会科学出版社1988年版。
摩尔：《伦理学》，中国人民大学出版社1985年版。

摩尔：《伦理学原理》，商务印书馆1983年版。

钱学森等：《论系统过程》，湖南科学技术出版社1982年版。

斯宾诺莎：《伦理学》，商务印书馆1962年版。

斯蒂文森：《伦理学与语言》，中国社会科学出版社1991年版。

西季威克：《伦理学方法》，中国社会科学出版社1993年版。

张世英：《论黑格尔的"逻辑学"》，上海人民出版社1959年版。

罗森塔尔：《逻辑辩证原理》，生活·读书·新知三联书店1962年版。

洪谦主编：《逻辑经验主义》，商务印书馆1989年版。

黑格尔：《逻辑学》上册，商务印书馆1977年版。

黑格尔：《逻辑学》下卷，商务印书馆2017年版。

布拉德雷：《逻辑原理》下册，商务印书馆1962年版。

王羲之：《兰亭集序》。

陆九渊：《陆九渊全集·杂说》。

M

《马克思恩格斯选集》第1卷，人民出版社1995年版。

《马克思恩格斯选集》第2卷，人民出版社2012年版。

《马克思恩格斯选集》第4卷，人民出版社2012年版。

《马克思恩格斯全集》第1卷，人民出版社1956年版。

《马克思恩格斯全集》第2卷，人民出版社1974年版。

《马克思恩格斯全集》第3卷，人民出版社2002年版。

《马克思恩格斯全集》第6卷，人民出版社1961年版。

《马克思恩格斯全集》第20卷，人民出版社1976年版。

《马克思恩格斯全集》第23卷，人民出版社1971年内部版。

《马克思恩格斯全集》第26卷，人民出版社2014年版。

《马克思恩格斯全集》第46卷上册，人民出版社1979年版。

《马克思恩格斯文集》第 4 卷，人民出版社 2009 年版。
《马克思恩格斯文集》第 8 卷，人民出版社 2009 年版。
《马克思恩格斯文集》第 9 卷，人民出版社 2009 年版。
高清海主编：《马克思主义哲学原理》，人民出版社 1985 年版。
康斯坦丁诺夫主编：《马克思主义哲学原理》，人民出版社 1959 年版。
苏联科学院哲学研究所：《马克思主义哲学原理》，人民出版社 1959 年版。
巴尔本：《贸易论》，商务印书馆 1982 年版。
毛泽东：《毛泽东选集》第一卷，人民出版社 1991 年版。
扎布罗茨基：《门得列也夫的世界观》，生活·读书·新知三联书店 1959 年版。
孟子：《孟子·离娄章句上》。
拉尔修：《明哲言行录》，吉林人民出版社 2011 年版。

N

尼耳斯·玻尔：《尼耳斯·玻尔哲学文选》，商务印书馆 2007 年版。
亚里士多德：《尼各马科伦理学》，中国社会科学出版社 1990 年版。
塞耶编：《牛顿自然哲学著作选》，上海人民出版社 1974 年版。

P

皮亚杰：《皮亚杰发生认识论文集》，华东师范大学出版社 1991 年版。
普列汉诺夫：《普列汉诺夫哲学著作选集》第 1 卷，生活·读书·新知三联书店 1962 年版。

普列汉诺夫：《普列汉诺夫哲学著作选集》第2卷，生活·读书·新知三联书店1962年版。

普列汉诺夫：《普列汉诺夫哲学著作选集》第3卷，生活·读书·新知三联书店1962年版。

普列汉诺夫：《普列汉诺夫哲学著作选集》第4卷，生活·读书·新知三联书店1974年版。

R
马斯洛等：《人的潜能与价值》，华夏出版社1987年版。
罗素：《人类的知识》，商务印书馆1983年版。
洛克：《人类理解论》，商务印书馆1958年版。
休谟：《人类理解研究》，商务印书馆1957年版。
张品兴主编：《人生哲学宝库》，中国广播电视出版社1992年版。
马斯洛：《人性能达到的境界》，云南出版社1987年版。
夏甄陶主编：《认识发生论》，人民出版社1991年版。
休谟：《人性论》上册，商务印书馆1997年版。
休谟：《人性论》下册，商务印书馆1983年版。

S
柳鸣九编选：《萨特研究》，中国社会科学出版社1981年版。
冯友兰：《三松堂全集》第五卷，河南人民出版社1986年版。
冯友兰：《三松堂全集》第七卷，河南人民出版社2000年版。
陈波等编著：《社会科学方法论》，中国人民大学出版社1989年版。
横山宁夫：《社会学概论》，上海译文出版社1983年版。
龙冠海：《社会学》，三民书局1986年版。
卢梭：《社会契约论》，商务印书馆1991年版。

孙本文：《社会学原理》上册，商务印书馆 1934 年版。

谢康：《社会学研究》，商务印书馆 1974 年版。

伊恩·罗伯逊：《社会学》上册，商务印书馆 1990 年版。

张德胜：《社会原理》，巨流图书公司 1986 年版。

李连科：《世界的意义——价值论》，人民出版社 1985 年版。

霍金：《时间简史——从大爆炸到黑洞》，湖南科学技术出版社 1996 年版。

霍金：《时间简史》，湖南科学技术出版社 2002 年版。

毛泽东：《实践论 矛盾论》，上海人民出版社 1968 年版。

北京大学哲学系外国哲学史教研室编译：《十八—十九世纪俄国哲学》，商务印书馆 1987 年版。

威尔·杜兰：《世界文明史·凯撒与基督》上卷，东方出版社 1999 年版。

斯大林：《斯大林全集》第 13 卷，人民出版社 1956 年版。

T

梅留兴：《谈谈有限和无限问题》，生活·读书·新知三联书店 1962 年版。

巴甫洛夫：《条件反射演讲集》，人民卫生出版社 1954 年版。

W

罗素：《为什么我不是基督徒》，商务印书馆 1982 年版。

李达主编：《唯物辩证法大纲》，人民出版社 2022 年版。

李凯尔特：《文化科学与自然科学》，商务印书馆 1986 年版。

福泽谕吉：《文明论概略》，商务印书馆 1995 年版。

李荣善：《文化学引论》，西北大学出版社 1996 年版。

马克斯·玻恩：《我这一代的物理学》，商务印书馆 2015 年版。

海森伯:《物理学家的自然观》,商务印书馆1990年版。

海森伯:《物理学与哲学》,商务印书馆1984年版。

亨德尔:《物理学的基本定律》,上海教育出版社1963年版。

李浙生:《物理科学与辩证法》,冶金工业出版社2008年版。

卢克莱修:《物性论》,商务印书馆2007年版。

罗素:《我们关于外间世界的知识》,上海译文出版社1990年版。

皮埃尔·迪昂:《物理学理论的目的与结构》,商务印书馆2011年版。

X

王太庆主编:《西方自然哲学原著选辑》(一),北京大学出版社1998年版。

王太庆主编:《西方自然哲学原著选辑》(三),北京大学出版社1993年版。

罗素:《西方哲学史》上卷,商务印书馆2013年版。

罗素:《西方哲学史》下卷,商务印书馆1988年版。

梯利:《西方哲学史》,商务印书馆2006年版。

北京大学哲学系编:《西方哲学原著选读》上卷,商务印书馆1987年版。

庞元正等编:《系统论、控制论、信息论经典文献选编》,求实出版社1989年版。

马克·斯考森:《现代经济学的历程》,长春出版社2009年版。

陈启伟主编:《现代西方哲学论著选读》,北京大学出版社1992年版。

洪谦主编:《现代西方哲学论著选辑》上册,商务印书馆1993年版。

黑格尔:《小逻辑》,生活·读书·新知三联书店1954年版。

胡文耕:《信息、脑与意识》,中国社会科学出版社1992年版。

哈肯:《信息与自组织》,四川教育出版社1988年版。

亚里士多德:《形而上学》,商务印书馆1997年版。

Y

亚里士多德:《亚里士多德全集》第九卷,中国人民大学出版社1994年版。

苗力田主编:《亚里士多德全集》第一卷,中国人民大学出版社1990年版。

苗力田主编:《亚里士多德全集》第二卷,中国人民大学出版社1991年版。

苗力田主编:《亚里士多德全集》第七卷,中国人民大学出版社1993年版。

严群:《严群哲学译文集》,商务印书馆2016年版。

萨特:《厌恶及其他》,上海译文出版社1986年版。

洛斯基:《意志自由》,生活·读书·新知三联书店1992年版。

拉兹洛:《用系统论的观点看世界》,中国社会科学出版社1985年版。

海克尔:《宇宙之谜》,上海人民出版社1974年版。

格林:《宇宙的琴弦》,湖南科学技术出版社2002年版。

戴维斯:《原子中的幽灵》,湖南科学技术出版社1995年版。

Z

列宁:《哲学笔记》,人民出版社1956年版。

《社会科学辑刊》编辑部主编:《主体—客体》,辽宁人民出版社1983年版。

曹础基:《庄子浅注》,中华书局1982年版。

冯友兰:《中国哲学简史》,北京大学出版社 1985 年版。

冯友兰:《中国哲学史新编》第一册,人民出版社 1964 年版。

伏尔泰:《哲学辞典》下册,商务印书馆 2005 年版。

黑格尔:《哲学科学全书纲要》,商务印书馆 2021 年版。

黑格尔:《哲学史讲演录》第一卷,商务印书馆 1962 年版。

黑格尔:《哲学史讲演录》第二卷,商务印书馆 1996 年版。

胡塞尔:《哲学作为严格的科学》,商务印书馆 2010 年版。

霍伊:《自由主义政治哲学》,生活·读书·新知三联书店 1992 年版。

金岳霖:《知识论》,商务印书馆 1958 年版。

卡尔纳普:《哲学和逻辑句法》,上海人民出版社 1962 年版。

李嘉图:《政治经济学及赋税原理》,商务印书馆 1972 年版。

刘纯、王扬宗编:《中国科学与科学革命》,辽宁教育出版社 2002 年版。

罗伯特·C. 所罗门:《哲学导论》,世界图书出版公司 2012 年版。

洛克:《政府论》下篇,商务印书馆 1993 年版。

马起华:《政治学论》,台湾商务印书馆 1977 年版。

牛顿:《自然哲学著作选》,上海译文出版社 2001 年版。

萨拜因:《政治学说史》下册,商务印书馆 1986 年版。

王玉樑主编:《中日价值哲学新论》,陕西人民教育出版社 1994 年版。

文德尔班:《哲学史教程》上卷,商务印书馆 1997 年版。

朱光潜:《朱光潜美学文集》第一卷,上海文艺出版社 1982 年版。

朱光潜:《朱光潜美学文集》第三卷,上海文艺出版社 1982 年版。

庄子:《庄子·齐物论》。

庄子:《庄子·秋水》。

庄子:《庄子·天下》。

庄子:《庄子·知北游》。

马克思:《资本论》第1卷,商务印书馆2001年版。

马克思:《资本论》第1卷,人民出版社2004年版。

马克思:《资本论》第3卷,人民出版社2004年版。

穆勒:《政治经济学原理》上卷,商务印书馆1997年版。

石里克:《自然哲学》,商务印书馆2007年版。

吴国盛主编:《自然哲学》第一辑,中国社会科学出版社1994年版。

萧焜焘:《自然哲学》,商务印书馆2018年版。

恩格斯:《自然辩证法》,人民出版社1955年版。

于光远:《自然辩证法百科全书》,中国大百科全书出版社1994年版。

阿克顿:《自由与权力》,商务印书馆2001年版。

奥斯特瓦尔德:《自然哲学概论》,商务印书馆2012年版。

范伯格:《自由、权利和社会正义》,贵州人民出版社1998年版。

黑格尔:《自然哲学》,商务印书馆1980年版。

黑格尔:《自然哲学》,商务印书馆2006年版。

霍尔巴赫:《自然的体系》上卷,商务印书馆1999年版。

柯林武德:《自然的观念》,商务印书馆2018年版。

庞加莱:《最后的沉思》,商务印书馆1996年版。

罗素:《宗教与科学》,商务印书馆1982年版。

外文文献

A

John Stuart Mill, *A System of Logic: Ratiocinative and Inductive*, Longmans, Green, and Co. London, 1919.

Aristotle, *Aristotle's Nicomachean Ethics*, translated with commentaries and glossary by Hippocrates G. Apostle, Grinnell, Iowa., Peripatetic Press, 1984; At the Clarendon Press, 1888.

John Rawls, *A Theory of Justice* (Revised Edition), The Belknap Press of Harvard University Press, Cambridge, Massachusetts, 2000.

C

M. W. Wartofsky, *Conceptual Foundations of Scientific Thought*, The Macmillan Company, New York, Collier-Macmillan Limited, London, 1968.

E

Lawrence C. Becker, *Encyclopedia of Ethics*, Volume II, Garland Publishing, Inc., New York, 1992.

Dayid Hume, *Enquiries Concerning the Human Understanding and Concerning the Principles of Morals*, Second Edition, Oxford At the Clarendon Press, 1888.

R. M. Hare, *Essays in Ethical Theory*, Clarendon Press, Oxford, 1989.

M. Hare, *Essays on the Moral Concepts*, University of California Press, Berkeley and Los Angeles, 1973.

A. I. Melden, *Ethical Theories: A Book of Readings*, Prentice-Hall, Inc., Englewood Cliffs, New Jersey, 1967.

Barbara MacKinnon, *Ethics*, Wadsworth Publishing Company, San Francisco, 1995.

Gene Blocker, *Ethics: An Introduction*, Haven Publications, 1988.

Holmes Rolston, *Environmental Ethics: Duties to and Values in the Natural World*, Temple University Press, Philadelphia, 1988.

L. Mackie, *Ethics: Inventing Right and Wrong*, Singapore Ricrd Clay Pte Ltd., 1977.

Louis P. Pojman, *Ethical Theory: Classical and Contemporary Readings*, Wadsworth Publishing Company, USA, 1995.

F

Charles L. Stervenson, *Facts and Values: Studies in Ethical Analysis*, Yale University Press, New Haven and London, 1963.

C. Doeser and J. N. Kraay, *Facts and Values*, Martinus Nijhoff Publishes, Boston, 1986.

W. D. Ross, *Foundation of Ethics*, Oxford At The Clarendon Press, 1939.

Isaiah Berlin, *Four Essays on Liberty*, Oxford University Press, Oxford, New York, 1969.

G

Ralph Barton Perry, *General Theory of Value: Its Meaning and Basic Principles Construed in Terms of Interest*, Longmans, Green and Company, 55 Fifth Avenue, New York, 1926.

Robert Maynard Hutchins, *Great Books of the Western World*, Volume 43, *UTILITARIANISM*, by John Stuart Mill, Encyclopaedia Britannica, Inc., 1980.

H

Joseph A. Schumpeter, *History of Economic Analysis*, George Allen & Unwin Ltd., London, 1955.

I

John K. Roth, *International Encyclopedia of Ethics*, Printed by Braun-

Brumfield Inc., U.C, 1995.

Sigmund Freud, *Introductory Lectures on Psycho-Analysis*, Translated by James Strachey, W. W. Norton & Company, New York, 1966.

J

Edgar Bodenheimer, *Jurisprudence: The Philosophy and Method of The Law*, Massachusetts: Harvard University Press, 1967.

L

Thomas Hobbes, *Leviathan*, Simon & Schuster Inc., New York, 1997.

Sissela Bok, *Lying: Moral Choice in Public and Private Life*, New York: Vintage Books, 1989.

M

Paul A. Samuelson, William D. Nordhaus, *Microeconomics* (16th Edition), Boston: The McGraw-Hill Companies, Inc., 1998.

George Sher, *Moral Philosophy: Selected Readings*, Harcourt Brace Jovanovich, Publishers, New York, 1987.

Ted Honderich, *Morality and Objectivity*, Routledge & Kegan Paul, London, 1985.

W. George Sher, *Moral Philosophy: Selected Readings*, Harcourt Brace Jovanovich, Publishers, New York, 1987.

Abraham H. Maslow, *Motivation and Personality*, second edition, Harper & Row, Publishers, New York, 1970.

P

Tom L. Beauchamp, *Philosophical Ethics*, McGraw-Hill, Inc., New

York, 1982.

Tsunesaburo Makiguchi, *Philosophy of Value*, Seikyo Press, Tokyo, 1964.

Divid Ricardo, *Principles of Political Economy and Taxation*, George Bell and Sons, London, 1908.

R

B. Perry, *Realms of Value*, Cambridge, Mass., 1954.

J. Bond, *Reason and Value*, Cambridge University Press, 1983.

Paul W. Taylor, *Respect for Nature: A Theory of Environmental Ethics*, Princeton University Press, Princeton, New Jersey, 1986.

S

Joseph Fletcher, *Situation Ethics*, The Westminster Press, Philadelphia, 1966.

T

A. C. Ewing, *The Definition of Good*, Hyperion Press, Inc., Westport, Connecticut, 1979.

W. D. Hudson, *The Is-Ought Question: A Collection of Papers on the Central Problem in Moral Philosophy*, St. Martin's Press, New York, 1969.

Adam Smith, *The Wealth of Nations*, Books I-III, England Penguin Inc., 1970.

Friedrich A. Hayek, *The Constitution of Liberty*, The University of Chicago Press, 1978.

Giovanni Sartori, *The Theory Democracy Revisited*, Chatham House Publisher, Inc., Chartham, New Jersey, 1987.

Hans Reichenbach, *The Rise of Scientific Philosophy*, University of California Press, Berkeley and Los Angeles, 1954.

Karl R. Popper, *The Logic of Scientific Discovery*, Harper Torchbooks, Harper & Row, Publishers, New York, 1959.

Stephen Edelston Toulmin, *The Place of Reason in Ethics*, The University of Chicago Press, 1986.

V

Philippa Foot, *Virtues and Vices and Other Essays in Moral Philosophy*, University of California Press, Berkeley and Los Angeles, 1978.

索　引

A

阿基里斯追不上乌龟 90, 122
爱有差等 35, 51, 258, 673

B

巴门尼德 17, 44, 48, 318, 320, 336, 337, 413, 491
包含差别的同一 284, 285, 291, 292, 295, 312—314, 546—548
爆发式飞跃 430, 431
本原 8—10, 17, 20, 90, 112, 119—121, 123, 205, 210, 212, 213, 234—236, 255, 249, 357, 443, 491, 492, 499, 500, 532, 533
本质 1, 3, 4, 8, 12, 17—19, 31, 40, 45, 57, 59, 62, 74, 83, 84, 92, 195, 196, 210, 228, 240, 288, 295, 309, 310, 316—324, 326, 342—344, 350, 351, 357, 359, 431, 443, 459—462, 467, 476, 477, 480, 532, 544, 545

必然 339—350, 405
边际效用 557, 580—585, 587, 589, 590, 621, 640
变化 137—147, 149, 151, 152, 154—161
辩证诡辩论 135, 204, 538, 540—542
辩证法公式 60, 175, 530
辩证法规律 60, 175, 530, 543, 544, 550
辩证法逻辑 60, 175, 530
辩证逻辑 312, 314, 434, 542—550
波粒二象性运动 149—152
不变 137—146, 149, 153, 155, 156, 158, 159, 161, 165, 166
不可知论 201, 202, 204
不应该 125, 128, 129, 191, 197, 592, 594, 606, 611, 620, 645, 649, 650, 660

不正确 125, 128, 129, 551, 592—595, 660, 666—668

C

测不准原理 150, 151

差别 285—295, 307—310

差异律 246—251

场 22, 25, 112—121, 148, 438, 443, 444, 447, 448, 450, 461

超历史 57—62, 66, 67, 100

超历史分析法 66—68

超社会 58—61, 63, 66

超时代 57—62, 65, 66

超意识 58, 60

超自然 58, 60

抽象 303, 304, 307, 309, 310, 312—314

抽象概念 82, 312—314, 323, 333, 334, 336, 545—549

抽象同一 284, 292, 294, 312, 313, 362, 546—548

从抽象到具体 1, 15, 79—83, 91, 137, 170, 204, 252, 310—312, 332, 333, 335, 336, 338, 431, 481, 482

从简单到复杂 79—81, 83, 137, 170, 204, 252, 311, 312, 331—334, 338, 431

从一般到个别 79—83, 137, 170, 204, 252, 311, 312, 333, 336, 338, 428

D

单一 295—303, 307

道德 636, 639

道德实在论 636—638

德治 35, 96, 99—103, 395, 461

第一实体 107—109, 320, 324, 462, 463, 493, 553, 608

第一性质 615—617

第一哲学 1, 11, 14—19, 38, 82, 336, 531—533

第二实体 107, 108, 320, 324, 608

第二性质 612, 615—618

第三性质 611, 615—617, 638

洞穴比喻 317, 318

度 12, 17, 18, 326, 337, 413, 416—419

对立 436—495, 525—527

对立面的斗争 50, 441, 442, 446, 449, 450, 465, 483—490, 493, 494, 511, 512, 526, 530

对立面的斗争与平衡规律 50, 446, 483—487, 489, 490, 526, 530

索 引

对立面的统一和斗争规律 530
对立统一 25, 29, 34, 39, 315, 440, 442—446, 483—485, 490, 530
对立统一规律 25, 29, 34, 39, 440, 485, 490, 530

E

恶劣的、坏的、不对的、不正确的行为规范 551, 667, 668

F

法 14, 16, 35, 39, 96, 102, 103, 239, 395, 461
法律 58, 59, 71, 105, 107, 109, 197, 205, 211, 238, 244, 279, 281, 372, 373, 375, 377, 380, 486
反射 30, 397
反应 24, 30, 95, 96, 104, 123—129, 258, 397, 568, 570, 574, 575, 591—599, 666
飞矢不动 159, 161, 217
非爆发式飞跃 430, 431
非决定论 226—229, 231—234, 344, 386, 388—390
非生物内在价值论 572, 573, 575, 578
非统计性规律 175

非主要事物 123, 131—133
分辨好坏利害的评价能力 434, 554, 560, 561, 566—570, 574—576, 590
分析 55, 56
分析方法 56, 57, 59—61, 66—68
否定之否定规律 14, 25, 29, 34, 39, 40, 436, 448, 450, 451, 457—460, 453—474, 476, 478—481, 483, 484, 492, 526, 530
否定之否定规律的原因 436, 459
否定之否定规律作用范围 460

G

概率 175, 232, 233, 333, 410
概念 30—32, 330—339
概念所反映的事物的历史发生次序 330, 331, 333, 334, 338
感情 24, 30, 93, 95, 108, 126, 128, 226, 372, 381, 382, 384, 403, 577, 594, 595, 601, 604, 608, 656
感情评价 656—660, 663—665
感性知识 3, 6, 54, 447
个别 305—309, 320—324
个人自由 45, 394, 396, 398
个体性 295, 297
个性 46, 401, 402

713

各范畴相互间的排列顺序 77
根本原因 181, 205, 210—212, 215, 238—244, 255, 259, 275, 354
工具价值 563, 564, 573
公民自由 395, 396
共变律 245, 250, 251
共相 195, 196, 313, 315, 318, 320—326, 544, 547
固有属性 151, 279, 344, 414—416, 419, 421, 538, 557, 586, 587, 612—617, 636, 637, 639, 640, 647, 648
归纳 55, 56, 68, 216, 219—226, 228, 353, 437, 449, 451, 679, 684
归纳问题 220, 221
规定主义 435, 674, 687, 688, 690, 692, 693
规范之优劣 551, 552, 668—670
规律 3, 4, 19
诡辩论 131, 134—136, 201—204, 538, 540—542
关节点 118, 121, 417
关系论 435, 634, 642—644, 674
关系属性 279, 292, 538, 557, 587, 611—617, 636—638, 643, 644, 647—649, 654, 677
观察 3, 22, 53, 56, 84, 153, 174, 217, 223, 329, 362, 419, 641, 683, 690

管理 35, 98—103, 133, 395

H

合二而一 436, 440, 442, 445—447
合理性与现实性等同公式 357
黑格尔的现实概念 356
宏观物质 25, 149—152, 175, 494
互为因果 165, 214, 271, 275, 348
化学运动 71, 148, 149, 152
怀疑论 201, 203, 204, 217, 220, 225

J

机械运动 71, 148—150, 152, 153, 494
积极自由 339, 375—381, 383—386
极端客观论 538, 634, 635, 644
极端形而上学 201, 538, 539, 541, 542
集体自由 394, 395
纪律 450
价值 1, 16, 19, 39, 40, 47, 48, 50, 58, 71, 76, 80, 83, 86, 551, 552, 555—557, 569—573, 575—581, 582—591, 594—645
价值悖论 583—587, 589
价值关系属性 557, 614—617,

636—638
价值实体 108, 551, 586, 618, 619, 621, 624, 631, 633, 638, 640, 650, 651, 669—671, 675, 693
价值主体 434, 435, 552, 562, 565—567, 569—573, 576, 578, 590, 609
交换价值 108, 557, 580, 582—590, 621, 640, 672
结果 205—215, 245—252
结社集会自由 394, 395
经济 96, 98—103
经济自由 379, 394, 395
精神哲学 1, 12—16, 20, 28—30, 32, 33, 38—40, 44, 49, 52, 72, 82, 83, 127, 204, 467, 468, 477, 480, 531, 532
静止 19, 20, 22, 23, 26, 60, 61, 91, 94, 105, 107, 109, 138, 121, 145, 153, 155, 158—160, 166, 174—176, 180, 235, 287, 289, 292, 294, 299, 315, 344, 375, 420, 430, 438, 443, 447, 461, 489, 493, 503—507, 518, 520, 523, 524, 533—535, 538—540, 544, 546, 550
旧 140—143, 161—170, 359, 454, 458, 461, 465, 468—470, 486

具体 303—325
具体概念 82, 312—315, 333, 334, 336, 545—549
具体同一 284, 292, 294, 295, 313, 314, 546—548
决定论 226—234, 333, 344, 386, 388—390
绝对 171—205
绝对主义 59, 186, 195, 196, 198, 199, 201
绝对自由 396

K

科学 2—12, 36—52
科学体系中概念排列顺序 330, 334—336
可能 352—367
客观论 435, 538, 634—636, 646, 674, 682
客观事物 32, 53, 55, 61, 69, 83, 94, 123, 126, 127, 129, 175, 202, 203, 256, 260, 262, 263, 274, 303, 362, 533, 534
客观性 46, 130, 131, 216, 229, 615, 629, 631—634, 642
客体 124, 125, 434, 450, 477, 480, 538, 552—559, 561—563, 565,

570, 571, 576, 578—580, 587, 590—593, 596, 599, 602, 606—621, 623—630, 632—644, 647—650, 652, 654, 657—659, 679, 680, 682, 683, 685, 686, 689, 693

空间 20—22, 25, 26, 51, 71, 90, 109, 112—121, 123, 145—148, 151, 153—155, 174, 176, 181, 205, 212, 213, 285, 286, 298—301, 345, 421, 422, 443, 461, 494, 540, 572

L

劳动价值论 579, 585—587, 589, 639

理念 12—14, 17, 74, 82, 195, 196, 315—318, 320, 328, 335, 350, 357, 358, 477, 480—482

理念论 195, 196, 315, 318—323, 326, 327, 480

理性知识 3—5, 37, 38, 84, 351, 447, 673, 674

力 13, 26, 49, 50, 56, 121, 221, 252

历史分析法 57, 59, 61, 62, 65—68

利用自由的能力 339, 369, 372—375, 377, 378, 384

两种自由概念 339, 375, 376

量 412—415

量变类型 419, 421

量变引发质变规律 412, 416, 417, 419, 422—426, 429

量子力学 50—52, 149—151, 165, 227, 232—234, 322, 333, 410, 494, 535

伦理绝对主义 198, 199

伦理相对主义 187—193, 195, 198

论证 30—32, 37, 39, 41, 46, 56, 114, 122, 136, 195, 219, 221, 383, 388, 544, 642, 661, 677—681, 690

逻辑学 12, 13, 15, 17, 29, 30, 32, 33, 38, 39, 43, 44, 82, 92, 127, 138, 139, 206—208, 251, 287, 326, 336, 467, 476, 477, 480, 516, 531, 535, 542—545, 547, 549, 550

逻辑与历史 326—328, 333, 334, 337

逻辑与历史一致 325, 326—328, 330, 334

M

矛盾 496—501, 504—512, 514—527, 534—549

矛盾公式 496

矛盾规律 496, 500, 502, 514, 521

索 引

矛盾逻辑 496, 508
矛盾律 61, 157, 252, 292, 293, 499, 500, 532, 533, 535, 538, 539, 543, 546, 549, 550
矛盾与对立关系 525
每个范畴自身的研究顺序 83
描述主义 435, 674, 689—693
目的价值 399, 563
穆勒五法 244, 245, 251

N

内容 253—283
内容与形式的相互作用 269
内因 240—244, 348, 349
内在差别 285, 288, 291, 294
内在价值 399, 400, 561—566, 569—573, 575, 577, 578, 590
内在善 399, 563, 565
内在同一 287, 291, 294
牛顿力学 149, 174, 175, 227, 230, 232, 233, 410, 535

O

偶然 339—352, 405

P

排中律 61, 252, 292—294, 500, 532, 533, 535, 538, 543, 544, 549, 550
派生 26, 80, 81, 83, 84, 118, 129, 214, 215, 228, 240, 242, 243, 269, 275, 307, 311, 312
判断 30, 31, 32
评价 40, 130, 194, 434, 555, 560, 561, 566—570, 574—576, 590, 591, 595—599, 611, 631, 651, 655—665, 667, 682, 686, 687, 689—692
普遍 295—298, 307
普遍性 298—302

Q

契合差异结合律 247, 248, 250
契合律 245—247, 249—251
潜在对立 436, 447, 449—451, 454—458
潜在对立的否定之否定规律 436, 454, 457
潜在价值标准 620, 621
情感主义 59, 435, 674, 682, 685—689, 692, 693
趋利避害的合目的性选择能力 568
权力 35, 65, 99—103, 240, 254, 263, 265
全盘否定 168—170, 468, 478

全盘肯定 168—170, 469

R

人际 34, 96—99, 102, 103, 653

人际活动 34, 96, 99, 100, 102, 103

人类内在价值论 572, 575, 577, 578

人类社会 1, 6, 10, 13, 14, 16, 17, 19, 20, 22—25, 28, 39, 44, 51, 58, 83, 94—96, 98, 104, 105, 175, 176, 240, 365, 376, 435, 529, 532

人类意识 1, 6, 10, 11, 13, 14, 16, 17, 19, 20, 22—25, 28, 58, 83, 94—96, 103—105, 174—176, 238, 435, 461

人身自由 396

人为 13, 23, 24, 46, 94—96, 104, 105, 168, 423

人性定律 35, 51, 258, 673

认识 28, 30

认识论 30, 59, 66, 124, 585, 586, 592, 600—603, 605, 607, 638, 639, 691

认知评价 595—597, 599, 651, 652, 656—660, 662—664, 689

S

三从 59, 62, 63

三纲 58, 62

商品价值 578—580, 582—590, 639, 640, 672

商品价值实在论 586, 587, 639, 640

社会 90—105

社会发展规律 35, 409

社会运动 148, 149

社会哲学 1, 12, 14—16, 20, 28, 33—36, 38—40, 44, 49, 51, 52, 70, 71, 82, 83, 531, 532

社会自由 395

社团 103—105, 394, 395

神学知识 2, 6

审美价值实在论 639

生物运动 148, 149

剩余律 250, 251

实践 13, 14, 22, 23, 30, 52, 54, 72, 73, 75, 76, 85, 86, 95, 96, 98, 103—105, 107, 109, 111, 149, 189, 206, 210, 211, 214, 216, 217, 238, 241—244

实体 10, 17, 20, 25, 50, 94, 103—105, 107—113, 144, 184, 212, 230, 234, 236, 297, 316—324, 357, 413, 414, 421, 450, 462, 463, 475, 476, 479

实物 22, 25, 112, 114—118, 120—

索 引

123, 154, 212, 325, 438, 443, 444, 447, 448, 450, 451

实验 3, 53, 54, 56, 84, 197, 217, 223, 232, 233

实在对立 436, 447, 449—451, 453, 454, 457, 458

实在对立的否定之否定规律 436, 451, 454

实在价值标准 620, 621

实在可能 360, 362—364, 408

实在论 322, 435, 586, 587, 634—640, 644, 674

使用价值 108, 557, 580—690, 621, 622, 640

始源 25, 26, 90, 118—121, 123, 205, 213—215, 240, 242, 243, 269, 275

事实 3, 50, 54, 63, 188, 189, 191—193, 217, 218, 221, 224, 315, 538, 551, 557, 599—609, 613—621, 623—629, 634—665, 668—677, 679—686, 691—693

事实关系属性 557, 614—617, 636—638

事实如何 189, 551, 601, 617, 621, 646—651, 654, 658, 661—663, 668, 669, 671, 676, 677, 680, 686, 691, 693

事实属性 557, 589, 608, 609, 613—621, 623, 624, 627, 629, 632, 633, 635—638, 641, 642, 648, 649, 654, 655, 657, 659, 679, 683, 685, 686, 693

事物 90—94

是 602—607

手段价值 399, 563

手段善 412, 563

思维 2, 3, 8, 11—13, 17, 19, 29—31, 33, 53—57, 59, 61, 66, 73, 74, 77, 78, 84, 93, 98, 99, 111, 112, 151, 179, 180, 201, 213, 222, 251, 293, 303, 304, 307, 309, 310, 315—319, 324—327, 332, 349, 350, 353, 355, 360, 417, 430, 443, 450, 474, 504, 506, 507, 510, 529, 533, 535—537, 543—545, 549, 550, 604

四因说 234, 235, 258

T

特殊 1, 8, 16, 19, 30, 55, 56, 58, 59, 63, 83, 84, 103, 105, 129, 146, 184, 191, 193—195, 219, 222, 224, 228, 230, 232, 282, 283, 295—297, 303—305, 307—309, 313, 315—317, 321, 327, 338, 344, 345, 347,

719

349, 389, 390, 394, 431—433, 435, 443, 546, 547, 622—625, 627, 629, 630, 633, 634, 641, 642

特殊性 3, 66—68, 72, 124, 182—184, 190, 207, 282, 296—303, 305, 308—310, 313, 314, 316, 318, 319, 323, 327, 328, 330, 338, 342—347, 349, 353, 546—548, 592, 622, 624, 625, 627—629, 632—634, 641, 642

同一 284—295, 307

同一律 60, 252, 286—288, 292—294, 312, 500, 532, 533, 535, 537—539, 543, 544, 546, 549, 550

统计性规律 175

推理 30—32

W

外因 205, 234—244, 348, 349, 652

外在差别 285, 289, 290, 292—294

外在价值 399, 400, 563,

外在同一 287, 288, 290, 292, 294

微观物质 25, 149—152, 175, 494

唯名论 320—322, 324, 325

唯实论 320—323

位置变化 144—147, 152, 501

温和客观论 538, 634—636, 644

温和唯名论 322

温和形而上学 538—540

文化 96—98

无穷大 90, 122, 123, 212, 213

无穷短 90, 122

无限 12, 17, 20, 21, 25, 26, 90, 112, 113, 115, 116, 120, 122, 123, 171, 179—181, 183—186, 205, 212, 213, 326, 328, 437, 443, 449, 461, 545

无限大 90, 122, 212

无限可分 90, 122, 212

无限小 90, 122, 212, 509

无限长 90, 122, 179—181

无效需求 620

物理运动 71, 148, 149, 152

物体 112—115

物质 22—25, 105—111

物质形态 26, 147, 149, 151, 152, 154, 155, 172, 182, 238, 397, 398, 421, 422, 443, 450, 494, 567

X

弦 50, 90, 121—123, 212, 213, 218

现实 352—367, 405—411

现象 1, 3, 12, 14, 17, 19, 31, 40, 51, 56—58, 74, 83, 84, 112, 119, 149,

151, 153, 174, 179, 195, 205, 210, 215, 226—228, 230, 237, 258, 261, 277, 309, 310, 316—319, 324, 326, 329, 330, 335, 342, 346, 350, 357, 358, 365, 430, 431, 443, 461, 467, 471, 477, 479, 480, 590, 591, 539, 545, 592, 643

相对 171—204

相对主义 59, 135, 186—193, 196, 198, 201—204

相互作用 115, 117, 119, 123, 125, 209, 214, 269, 271, 272, 275, 276, 358, 449—453, 471, 494, 495, 504, 507, 555, 591, 593, 599

消极自由 339, 375—381, 384—386

效用 10, 85, 86, 100, 102, 108, 124—126, 128, 386, 418, 434, 551, 552, 555—561, 570, 571, 578—687, 689—697, 602, 603, 606—609, 611, 613, 616—619, 621, 623, 624, 628, 632, 633, 638—640, 651, 655—657, 659—663, 668, 677, 685, 696, 693

效用价值论 552, 578—580, 583, 589

新 161—170

形而上学 1, 11—19, 38—40, 42—44, 50, 57, 59—61, 72—74, 140, 157, 175, 176, 201, 285, 293, 294, 321, 326, 434, 502, 506—508, 510, 527, 529, 531—545, 549, 550

形式 253—283

形式可能 360—364, 408

形式逻辑 252, 312, 314, 434, 500, 535, 536, 542—550

形式与内容的适应和不适应关系 266

形式与内容的相符和不相符关系 262

形式与内容之相称和不适相称关系 262

行为规范 102, 191, 551, 665—669

行为价值 551, 667, 668

行为评价 596—599, 655—660, 663—665

行为事实如何 551, 651, 663, 668, 670, 676

性质 19

性质变化 144, 145, 147, 489

休谟怀疑主义 217, 220

休谟难题 50, 217, 599, 601, 605, 618, 645, 648, 650

虚幻可能 360, 62

学科 1, 12, 14—16, 19, 25, 28, 29, 33, 36—39, 42, 44, 48—52, 82, 83, 310, 435, 480, 531, 544

Y

言论出版自由 395, 396

演绎 55, 56, 68, 80, 221, 311, 449, 580, 610

一般 305—309

一分为二 442, 444—447

异化 44—47

意识 28—50

意识论 30

意志 594, 596

意志评价 595—597, 655—660, 663—665, 689

意志自由 339, 386—394, 396

因果律 215—217, 219, 220, 226, 228, 231—234, 343, 388—390

应该 99—106, 124—237, 190—200, 217, 326—388, 551, 592—693

应该如何 189, 191, 551, 552, 601, 610, 617, 634, 646—651, 662, 663, 665, 667—671, 676, 677, 680, 686, 693

永恒 17, 26, 153—155, 166, 174—177, 180—182, 196, 197, 213, 277, 299, 307, 316—318, 344, 420, 422, 424, 487, 488, 494

优良的、好的、对的、正确的行为规范 551, 566, 667, 668

优良规范的推导和制定过程 551, 669, 670

优良规范推导公理 551, 669—671

有限 12, 17, 20, 21, 25, 26, 112, 115, 116, 118, 171, 179—195, 184—186, 213, 294, 326, 437, 443, 449, 461, 499, 509, 528, 529, 545

有效需求 620

宇宙 1, 6, 10, 11, 16, 17, 19, 21, 22, 24, 25, 44, 50, 57, 58, 83, 90, 91, 93—95, 105—107, 110, 112, 118, 119, 121, 123, 151, 153—155, 172, 173, 179, 180, 184—186, 203, 205, 211—213, 216, 218, 227, 228, 238, 243, 285, 286, 326, 336, 413, 421, 434, 443, 461, 532, 639

宇宙万物之始源 190, 121, 123, 205, 213, 216

元哲学 1, 11, 12, 14-20, 24, 25, 28, 29, 33, 34, 38, 39, 49, 50, 52, 57, 72, 82, 83, 94, 138, 175, 206,

251, 252, 337, 434, 435, 530—533, 544, 545, 549

原因 205—209, 236—252

原子 22, 23, 71, 90, 91, 107, 108, 112, 113, 117—121, 123, 133—136, 141, 142, 199, 216, 232, 233, 252, 303, 333, 409, 425, 572—574

运动 146—155

Z

杂多 287—289, 316, 432, 474, 517

折衷主义 131, 133—135

哲学 1—52

哲学的终结 42, 43, 435

哲学方法 53, 59, 61, 66, 68

哲学体系顺序 77

哲学与其他科学关系 68

真理 5—7, 11, 12, 14, 20, 28, 30, 32, 33, 36—38, 68, 70, 107, 124—126, 128, 148, 172, 174, 175, 179, 186, 196, 197, 218, 220, 229, 231, 263, 284, 295, 310, 314, 318—320, 323, 324, 338, , 357—359, 384, 388, 415, 443, 449, 461, 463, 477, 482, 504, 507, 509, 512, 534, 535, 537—540, 542, 547, 572, 578, 579, 592—595, 597, 636, 640, 643, 644, 660—663, 667, 669, 670, 678, 680, 682, 685, 686, 689, 690

真实可能 360—362

正确 55, 56, 73—88, 79, 124—126, 128, 188—191, 193—195, 386, 551, 592—594, 596, 660, 666—668, 673

政治 15, 16, 22, 23, 35, 58, 59, 61, 64, 65, 71, 75, 96, 99—103, 105, 107, 109, 111, 132, 134, 165, 205, 206, 210, 211, 214, 238, 240, 241, 259, 262, 269, 273, 275, 278, 280, 281, 289, 302, 359, 362, 374, 379, 394—396, 404, 436, 448, 451—453, 458, 461, 486, 671, 672

政治自由 374, 379, 394—396

直觉主义 59, 435, 674, 677, 678, 680

质 412—415

质变类型 419

质量 26, 50, 51, 118, 150—152, 172, 174, 182, 186, 191, 238, 239, 243, 421, 422, 443, 450, 471, 494, 495, 557, 611—615, 647

质量互变规律 25, 34, 39, 50, 424,

723

425, 428, 429, 476
质料 17, 23, 94, 235, 236, 253, 259—261
终极结果 211—213
终极原因 210—213, 236, 244, 494, 495
主观论 435, 538, 634, 640—642, 644, 674, 682
主观事物 94, 123, 126, 127—129, 260, 274
主观唯心论 201, 203, 204
主观性 129, 477, 629, 630, 632—634, 641, 642
主体 47, 107, 112, 124, 125, 128, 129, 131, 202, 204, 257, 297, 369, 378, 434, 435, 450, 538, 551—562, 565—567, 569—573, 575—580, 591—596, 599, 602—638, 640—644, 646—650, 654—665, 668, 669, 675, 677, 682—686, 689, 691—693
主体性 552, 554, 560, 573, 578, 602
主体需要、欲望和目的 551, 578, 603, 607, 616—619, 621, 625, 628, 629, 633, 636, 638, 649, 650, 654—659, 668, 693

主要事物 94, 131—133
主要原因 211, 212, 241, 242, 244
自然 1—3, 6, 9—13, 15—17, 19—25, 27—30, 33, 35, 36, 39, 48—52, 57—60, 62, 73, 77, 83, 84, 94, 95, 97, 98, 103—105
自然辩证法 27, 28
自然界内在价值 562, 565, 572
自然内在价值论 561, 564, 565, 590
自然哲学 1, 12—16, 20—22, 24, 25, 27, 28, 38—40, 44, 49—52, 71, 72, 82—84, 112, 119, 213, 235, 255, 259, 467, 468, 480, 531, 532
自然主义 59, 435, 646, 674—677, 680—682, 685, 690—693
自然自由 395, 396
自我价值 399, 563
自我实现 18, 45, 130, 131, 254, 398, 400—404, 631, 632
自由 1, 10, 14, 17—19, 40, 44—48, 58, 63, 67, 83, 115, 129, 130, 167, 168, 240, 254, 272, 338, 339, 350, 364, 367—410, 461, 524, 528, 568, 626, 629—631
自由反射 397

索 引

自由价值 396
自制 376, 382—384
自主性 552, 554
宗教 14, 21, 28, 30, 34, 35, 37, 44, 64, 315, 395, 403, 417, 434, 461, 486, 529
综合 39, 55—57, 61, 80, 304, 449, 476—478
总念 315